Droits de la défense
et enquête policière

Logiques Juridiques

Fondée par Gérard Marcou

Dirigée par Jean-Claude Némery et Thomas Perroud

Le droit n'est pas seulement un savoir, il est d'abord un ensemble de rapports et pratiques que l'on rencontre dans presque toutes les formes de sociétés. C'est pourquoi il a toujours donné lieu à la fois à une littérature de juristes professionnels, produisant le savoir juridique, et à une littérature sur le droit, produite par des philosophes, des sociologues ou des économistes notamment.

Parce que le domaine du droit s'étend sans cesse et rend de plus en plus souvent nécessaire le recours au savoir juridique spécialisé, même dans des matières où il n'avait jadis qu'une importance secondaire, les ouvrages juridiques à caractère professionnel ou pédagogique dominent l'édition, et ils tendent à réduire la recherche en droit à sa seule dimension positive. À l'inverse de cette tendance, la collection « Logiques juridiques » des éditions L'Harmattan est ouverte à toutes les approches du droit. Tout en publiant aussi des ouvrages à vocation professionnelle ou pédagogique, elle se fixe avant tout pour but de contribuer à la publication et à la diffusion des recherches en droit, ainsi qu'au dialogue scientifique sur le droit. Comme son nom l'indique, elle se veut plurielle.

Dernières parutions

Georges-Philippe ZAKHOUR, *Les investissements étrangers, Droit application et tribunal compétent*, 2019.
Rachid EL BAZZIM, *Conseil de la concurrence au Maroc*, 2019.
Bienvenu OKIEMY, *L'OMC, une ingénierie juridique et commerciale à reconfigurer*, 2019.
Didier JAMOT, *Annuaire des engagements internationaux ayant fait l'objet d'une loi d'autorisation sous la Ve République*, 2019.
Sotirios LYTRAS, *Le phénomène disciplinaire dans le droit public héllenique contemporain,* 2019.
Massimo VOGLIOTTI, *Pour une nouvelle éducation juridique*, 2018.
Claire AGUILON, *Justice constitutionnelle et subsidiarité. L'apport de l'expérience canadienne pour la construction européenne*, 2018.
Jackeline Patricia CESPEDES ARTEAGA, *La contribution de la CJUE dans la construction du droit de la Communauté andine*, 2018.
Michaël MARTINEZ, *Le train de vie en droit privé*, 2018.
Hafedh BOUAZIZ, *La conversion des actes juridiques,* 2018.
Gabriel ECKERT et Jean-Philippe KOVAR, *La régulation économique et financière face aux défis de l'information,* 2018.

Sangoné Thiam

Droits de la défense et enquête policière

L'Harmattan

5-7, rue de l'Ecole-Polytechnique, 75005 Paris

http://www.editions-harmattan.fr

ISBN : 978-2-343-17250-7
EAN : 9782343172507

À mes parents,

Ngoné Diouf
Macodou Thiam

À mes frères et sœurs,

À tous ceux qui m'ont apporté leur soutien.

PRINCIPALES ABRÉVIATIONS

AFDI	Annuaire Français de Droit International
AJDA	Actualité Juridique Droit Administratif
AJ Pénal	Actualité Juridique Pénal
Arch. pol. crim.	Archives de politique criminelle
Art.	Article
Ass.	Assemblée
c/	Contre
Cass.	Cour de cassation (France)
chap.	chapitre
CDFUE	Charte des Droits Fondamentaux de l'Union Européenne
CDH	Comité des Droits de l'Homme des Nations Unies
CEDH	Cour européenne des droits de l'homme
CESDH	Convention de sauvegarde des droits de l'homme et des libertés fondamentales
Chron.	Chronique
Circ.	Circulaire
CIC	Code d'Instruction Criminelle
COJ	Code de l'Organisation Judiciaire
CPC	Code de Procédure Civile
CPP	Code de Procédure Pénale
Comm.	Commentaire
concl.	Conclusions
Cons. Const.	Conseil Constitutionnel
D.	Recueil Dalloz Sirey
Dr. pén.	Droit pénal
Fas.	Fascicule
Gaz. Pal.	La Gazette du Palais
Ibid	Au même endroit
infra	Ci-dessous

JLD	Juge des Libertés et de la Détention
J.-Cl. Proc. Pén.	Juris-Classeur Procédure Pénale
JCP G	La Semaine Juridique édition générale
JDI	Journal du droit international
JORF	Journal Officiel de la République Française
LPA	Les Petites Affiches
Mél.	Mélanges
Mém.	Mémoire
n°	Numéro
Obs.	Observations
op. cit.	Ouvrage cité
OPJ	Officier de Police Judiciaire
Ord.	Ordonnance
p.	page(s)
PIDCP	Pacte international relatif aux Droits Civils et Politiques
plén.	Assemblée Plénière de la Cour de cassation)
préc.	Précité (e)
PUAM	Presse Universitaire d'Aix Marseille
PUG	Presse Universitaire de Grenoble
PUF	Presse Universitaire Française
PUR	Presse Universitaire de Rennes
PUS	Presse Universitaire Septentrion
Rép. Dr. Eur.	Répertoire de Droit Européen
Rép. Dr. Intern.	Répertoire de Droit International
Rép. Pén.	Répertoire de droit pénal et de procédure pénale Dalloz
Rép. Resp. Puis. Publ.	Répertoire de la Responsabilité de la Puissance Publique
RFDA	Revue Française de Droit administratif
req.	Requête
Rev. UE	Revue de l'Union Européenne
Rev. trim. dr. h.	Revue Trimestrielle des Droits de l'Homme

RPDP	Revue Pénitentiaire et de droit Pénal
RTD Civ.	Revue Trimestrielle de Droit Civil
RSC	Revue de science criminelle et de droit pénal comparé
s.	Et suivant(s).
Soc.	Chambre sociale de la Cour de cassation
supra	Ci-dessus
v.	Voir

SOMMAIRE

Chapitre 2 – Une remise en cause de la catégorisation des suspects dans l'attribution des droits de la défense

Titre II - La recherche d'un équilibre procédural pour une effectivité des droits de la défense

Chapitre 1 – La nécessite d'une nouvelle répartition des rôles entre la défense et l'accusation

Chapitre 2 – Une juridictionnalisation de l'enquête policière pour une effectivité des droits de la défense

CONCLUSION

« La loi […] ne doit pas être faite pour les malfaiteurs ».

Chancelier Poyet[1]

[1]Cité par C. MORIZOT-THIBAULT, *De l'instruction préparatoire (Étude critique du Code d'instruction criminelle)*, LGDJ, 1906, p. 5.

INTRODUCTION

1. Quel équilibre de la procédure pénale ? Le suspect doit-il bénéficier des droits de la défense ? Les propos du chancelier Poyet semblent légitimer une privation de droits à toute personne qui oserait porter atteinte à une valeur protégée par la société[2]. Cette conception tirée de l'Ancien droit qui met les intérêts de la société au-dessus de ceux de l'accusé créant un déséquilibre entre les parties au procès, n'est pas absente de notre procédure pénale actuelle. D'ailleurs, il est reconnu que « *notre procédure pénale est par son histoire et ses traditions volontairement déséquilibrée* »[3]. Cette affirmation partagée par plusieurs auteurs comme le Professeur Delmas Marty[4] démontre l'utilité de procéder à un rappel historique.

2. L'utilité du rappel historique. Nous partageons l'affirmation du Professeur Carbasse selon laquelle, « *le droit, comme tous les autres arts, est essentiellement historique* »[5]. S'il est certain que le droit pénal évolue selon les époques et doit tenir compte des mutations de la société[6], son

---

[2] « *L'ordonnance de 1539, rédigée par le chancelier Poyet, dépouilla la législation criminelle du peu de dispositions sages qu'elle conservait encore* », J. G. M. ROCQUES de MONTGAILLARD, *Histoire de France : depuis la fin du règne de Louis XVI jusqu'à l'année 1825*, vol. 2, éd. 5, 1833, p. 165 ; Pour démontrer la sévérité et la privation de droits auxquels était confronté le malfaiteur, le Professeur Foyer note que
« *Poyet cependant a fortement durci une procédure déjà sévère* [...]. *Plus graves sont assurément les refus à l'accusé de droits de la défense qui lui sont indispensables au jugement des esprits modernes* », J. FOYER,
« L'ordonnance de Villers-Cotterêts » in *Comptes rendus des séances de l'Académie des inscriptions et Belles-Lettres*, 1989, n°3, p. 636 et s. ; cette même remarque est faite par d'autres auteurs comme M. Tillet qui note que l'interdiction de l'avocat par l'ordonnance de Poyet était le « *dernier degré d'injustice à l'égard de l'accusé* », v. É. TILLET, « La place de l'Inquisition dans la doctrine pénale des Lumières » in *Inquisition et pouvoir*, éd. PUP, 2004, p. 337 et s.

[3] S. CLÉMENT, *Les droits de la défense dans le procès pénal : Du principe contradictoire à l'égalité des armes*, thèse, Nantes, (Dir.) J. DANET et R. OTTENHOF, 2007, p. 29.

[4] M. DELMAS-MARTY, « *Le déséquilibre du système pénal sape l'État de droit* », disponible en ligne sur www. lemonde.fr.

[5] J.-M. CARBASSE, *Histoire du droit*, Que sais-je, éd. PUF, 2008, p. 6.

[6] M.-H. RENAUT, *Histoire du droit pénal*, éd. Ellipses, 2005, p. 5.

appréhension nécessite de « *recourir à l'histoire* »[7]. L'architecture de la procédure pénale française s'explique pour une grande partie à travers l'histoire. Nier l'apport de l'histoire dans le monde judiciaire, c'est s'inscrire contre les propos de M. Dumoulin. Selon ce dernier, les historiens, « *traditionnellement garants du passé, ils se reconnaissent maintenant des droits dans l'élaboration de l'avenir et participent au processus judiciaire* »[8]. Par exemple, si la torture et l'extorsion d'aveux sont bannies de la procédure pénale moderne, c'est parce que l'histoire démontre qu'ils compromettent la défense du malfaiteur. Cette défense depuis longtemps a toujours fait l'objet de tiraillement. Si certains étaient pour une reconnaissance d'une défense à l'accusé, d'autres rejetaient cette thèse. Cerner les droits de la défense, son importance et sa place dans le procès pénal nécessite d'évoquer l'histoire qui les place parmi les droits naturels.

3. Les droits de la défense : des droits naturels. Face au refus de reconnaître à l'accusé des droits pour sa défense, Lamoignon rétorquait que cette défense « *qu'on avait accoutumé de donner aux accusées, n'est point un privilège accordé par les ordonnances ni par les lois* [...] *c'est une liberté acquise par le droit naturel, qui est plus ancien que toutes les lois humaines* »[9]. Ces arguments sont partagés par plusieurs auteurs qui vont démontrer que les droits de la défense sont des droits historiquement naturels. Ainsi, certains diront que « *les droits de la défense expriment une très vieille notion, héritée d'une époque où les justiciables subissaient les procès plutôt qu'ils n'y participaient* »[10]. Cette vision de la défense comme des droits naturels n'est qu'un rappel des propos d'Ortolan et de Motulsky. En effet, dès 1855 Ortolan soulignait que « *ni autrefois ni aujourd'hui, le droit de défense n'est formulé en une déclaration générale de principe* [...] *; c'est un droit qui n'a pas besoin d'être écrit nulle part pour appartenir à tous. Sans ce droit exercé largement et librement, la justice pénale n'est pas justice, elle est oppression* »[11]. Henri Motulsky, abondant dans le même sens, note que les droits de la défense « *constituent au sens plein, une donnée de droit naturel* » [12] d'où l'importance de s'intéresser à cette notion de droit naturel.

---

[7] B. ANGIBAUD, *Le parquet*, Que sais-je, éd. PUF, 1999, p. 10.

[8] O. DUMOULIN, *Le rôle social de l'historien : De la chaire au prétoire*, éd. A. Michel, 2003.

[9] A. LAINGUI, A. LEBIGRE, *Histoire du droit pénal, T. II, la procédure criminelle*, éd. Cujas, 1979.

[10] L. CADIET, J. NORMAND, S. A. MEKKI, *Théorie générale du procès*, éd. PUF, 2010, p. 627.

[11] J.-L.-E. ORTOLAN, *Éléments de droit pénal*, éd. Plon, 1855, n°1853, p. 869.

[12] H. MOTULSKY, « le droit naturel et la pratique jurisprudentielle : le respect des droits de la défense en procédure civile », *Mél. Roubier*, 1961, Tome 2, p.18 ; Sur ce point

4. La notion de droit naturel. Il ne s'agira pas pour nous de rentrer dans le débat sur l'étendue et les controverses doctrinales relatives à cette notion, mais d'en démontrer son caractère fondamental. En effet, certains auteurs, pour illustrer son importance, n'hésitent pas à faire appel à plusieurs sources qui peuvent être philosophiques ou religieuses[13]. L'Antigone de Sophocle[14] constitue à ce titre une référence privilégiée pour définir le droit naturel. Ce droit, en dépit des nombreuses définitions notées, peut être considéré comme ce qui est né avec nous, « *celui qui dérive d'une obligation naturelle, de sorte que cette obligation étant posée, il faut que ce droit existe* »[15]. Il est possible de trouver d'autres définitions comme celle donnée par Bélime qui note que le droit naturel est un droit immuable, « *gravé par Dieu dans la conscience de tous les hommes, en sorte qu'il n'a pas besoin d'être décrété ou confirmé par le législateur pour être réputé obligatoire* »[16]. Autrement dit, les droits de la défense en tant que droits naturels n'ont pas besoin pour leur reconnaissance de textes au regard de ces affirmations. Mais son importance dans le procès est un des facteurs de sa consécration par plusieurs sources dont la première est la jurisprudence civile.

5. La consécration des droits de la défense par la jurisprudence civile. La matière civile a beaucoup participé à l'émergence de la notion de « défense » dans le cadre du procès. Dès 1828, la jurisprudence de la chambre civile de la Cour de cassation va se rallier à cette thèse faisant

---

v : S. AMRANI-MEKKI, « Qu'est devenue la pensée de Henri Motulsky ? Les droits de la défense », *Procédure*, n°3, Mars 2012, dossier 6.

13 S. GOYARD-FABRE, *Les embarras philosophiques du droit naturel*, éd. Vrin, 2002, p. 23 et s. ; H. MARTIN, *Essai sur l'histoire du droit naturel*, éd. S.N. Londres, 1757, p. 51 ; J.-L VIEILLARD-BARON, Y. C. ZARKA, *Hegel et le droit naturel moderne*, éd. Librairie philosophique J. Vrin, 2006, p. 18 et s.

14 Réponse que fait la jeune Antigone au Roi Créon qui lui reproche d'avoir enterré son frère malgré la défense qui lui en avait été faite : « *Je ne pensais pas, dit Antigone, que vos ordres pussent prévaloir sur la volonté des immortels, sur ces lois qui ne sont point écrites et qui ne sauraient être effacées. Ce n'est pas d'aujourd'hui, ce n'est pas d'hier que ces lois existent ; elles sont de tous les temps et personne ne peut dire quand elles ont pris naissance* », V. Y. BUFFELAN-LANORE, V. LARRIBAU-TERNEYRE, *Droit civil, Introduction Biens Personnes Familles*, 20e éd. Sirey, 2018, p. 6 et s. ; B. PAUVERT, *Droit Constitutionnel*, 8e éd. Studyrama, 2017, p.64 et s.

15 J.-L. VIEILLARD-BARON, Y. C. ZARKA, *op. cit.*, p. 19 ; M. FABRE-MAGNAN, *Introduction au droit*, Que sais-je, n° 1808, éd. PUF, p. 85 et s.

16 W. BÉLIME, *Philosophie du droit, ou Cours d'introduction à la science du droit*, vol. 1, éd. Joubert, 1844, p. 464.

des droits de la défense un droit naturel. Dans sa décision du 7 mai 1828, la chambre civile de la Cour de cassation affirmait que « *la défense étant un droit naturel, personne ne doit être condamné sans avoir été interpellé et mis en demeure de se défendre* »[17]. Partant de cette jurisprudence, certains auteurs ont pu affirmer que « *le principe des droits de la défense a connu une véritable consécration, qui est venue d'abord de la jurisprudence civile* »[18]. Aujourd'hui, les droits de la défense constituent un principe directeur du procès civil[19]. En dépit de cette emprise sur la procédure civile, sa connotation pénale demeure très forte.

6. La forte connotation pénale des droits de la défense. Le caractère transversal des droits de la défense n'est plus à démontrer. Ces droits sont présents dans plusieurs disciplines juridiques[20]. Cette présence permet de dire que les droits de la défense ne peuvent être spécifiques au droit pénal, mais ils sont, comme le note le Professeur Ginestet, « *consubstantiels à la procédure pénale* »[21]. D'autres auteurs comme le Professeur Bergel viennent confirmer cette position[22]. Attribuer aux droits de la défense une forte connotation pénale semble se justifier par les libertés individuelles qui sont en jeu dans le cadre du procès pénal[23]. Pour le Doyen Carbonnier, cette notion de liberté individuelle renvoie

---

17 Cass. Civ., 7 mai 1828, Sirey, 1828, I, p. 193 ; v. S. GUINCHARD, F. FERRAND, C. CHAINAIS, *Procédure civile*, 5eéd., Dalloz, 2017, p. 354.

18 L. CADIET, J. NORMAND, S. A. MEKKI, *op. cit.*, p. 630 et s.

19 S. GUINCHARD, F. FERRAND, C. CHAINAIS, *Procédure civile : Droit interne et de l'Union européenne*, 33eéd., Dalloz, 2016, p. 530 et s.

20 Sur point v., S. CLEMENT, *Les droits de la défense dans le procès pénal : Du principe du contradictoire à l'égalité des armes*, thèse, Nantes, (Dir.) J. DANET, 2007, p. 12 et s. ; P. LEWALL, *Contentieux administratif*, éd. Larcier, 2008, p. 202. Dans son arrêt du 5 mai 1954, le Conseil d'État avait noté que *« Considérant qu'eu égard au caractère que présentait, dans les circonstances susmentionnées, le retrait de l'autorisation et à la gravité de cette sanction, une telle mesure ne pouvait légalement intervenir sans que la dame veuve Trompier-Gravier eût été mise à même de discuter les griefs formulés contre elle ; que la requérante n'ayant pas été préalablement invitée à présenter ses moyens de défense, est fondée à soutenir que la décision attaquée a été dans des conditions irrégulières par le préfet de Seine et est, dès lors, entachée d'excès de pouvoir »*, CE, 5 mai 1954, Dame veuve Trompier-Gravier, Rec. Lebon, p.133.

21 C. GINESTET, « Les droits de la défense en procédure pénale » in *Libertés et droits fondamentaux*, éd. Dalloz, 2017, p. 661.

22 J.-L. BERGEL, *Théorie générale du droit*, 5e éd., Dalloz, 2012, p. 367.

23 *Ibid.*

dans une certaine mesure aux droits de la défense[24]. C'est d'ailleurs dans le cadre pénal que leur caractère constitutionnel a été consacré.

7. Une consécration constitutionnelle émanant de la matière pénale. C'est dans sa thèse sur « *les principes directeurs du procès dans la jurisprudence du Conseil constitutionnel* » que M. Lestrade souligne à propos des droits de la défense que : « *C'est* [...] *dans le cadre d'une procédure juridictionnelle répressive que leur valeur constitutionnelle a été consacrée* »[25]. Précisément, le Conseil constitutionnel, dans sa décision du 2 décembre 1976 a élevé les droits de la défense au rang de principe fondamental reconnu par les lois de la République[26].Depuis cette décision, les droits de la défense se sont affirmés dans la jurisprudence du Conseil constitutionnel[27]. Dans sa décision du 2 février 1995, les sages de la rue de Montpensier sont venus réaffirmer le caractère fondamental des droits de la défense comme dans leur décision du 2 décembre 1976, mais en rajoutant d'autres éléments, faisant des droits de la défense des droits sans lesquels le procès ne peut pas être équitable[28]. Si de l'équité du procès dépend l'exercice juste des droits de la défense, il est nécessaire du fait de leur forte connotation pénale qu'ils soient consacrés par la jurisprudence pénale.

8. Sa consécration par la jurisprudence pénale. La chambre criminelle de la Cour de cassation a très tôt fait référence à la notion de droits de la défense. En effet, dans sa décision du 16 novembre 1849, elle note que « *l'interrogatoire est non seulement un moyen d'instruction, mais aussi un moyen de défense* »[29]. Mais comme nous le verrons plus loin, c'est à partir de

---

24 Sur ce point v., D. TERRÉ, « Jean Carbonnier et la procédure pénale », in *L'année sociologique*, éd. PUF, 2007, vol. 57, p. 320.

25 E. LESTRADE, *Les principes directeurs du procès dans la jurisprudence du Conseil constitutionnel*, thèse, Bordeaux IV, (Dir.) F. MÉLIN-SOUCRAMANIEN, 2013, p. 421 ; v. aussi É. VERGÈS, *Les principes directeurs du procès judiciaire : Étude d'une catégorie juridique*, thèse, université de Droit, d'Economie et des Sciences d'Aix-Marseille, (Dir.) S. CIMAMONTI, 2000, p. 63.

26 Cons. const., 2 décembre 1976 n° 76-70DC ; *RFDA*, 1998, p. 477, note B. GENEVOIS ; *JCP G.*, 4 décembre 2007, n° 338, p. 3, note P. KRIKORIAN.

27 V. J.-L. DEBRÉ, « Le Conseil constitutionnel et les droits de la défense », disponible en ligne : www.conseil-constitutionnel.fr.

28 Cons. const., 2 février 1995, n°95- 360 DC, *RTD civ.*, 1995, p. 445, obs. A. COEURET.

29 Cass. crim., 16 novembre 1849, Bull. crim. n° 303, *D.*, 2010, p. 2254, note J. PRADEL.

la loi dite Constans du 8 décembre 1897[30] que les droits de la défense gagnent une ampleur considérable en se développant dans l'avant-procès pénal. Depuis cette date, la chambre criminelle ne cesse de rappeler son importance. L'Assemblée plénière est venue rappeler dans une décision du 30 juin 1995 « *que la défense constitue pour toute personne un droit fondamental à caractère constitutionnel* »[31]. La chambre criminelle de la Cour de cassation dans cette logique continue de confirmer le respect des droits de la défense dans la réalisation de l'équité procédurale. Cette importance croissante l'a par exemple amené à tolérer le vol de documents par un salarié pour assurer sa défense[32]. Les droits de la défense sont devenus comme le note le Professeur Mayaud une « *cause d'irresponsabilité pénale* »[33]. Cette valeur accordée aux droits de la défense n'a pas épargné le législateur qui les consacre au niveau interne.

9. Consécration législative au niveau interne. L'article préliminaire de notre Code de procédure pénale constitue un bel exemple de consécration des droits de la défense au niveau interne. La loi du 15 juin 2000[34] est venue consacrer, comme le remarquent plusieurs auteurs, les principes directeurs du procès parmi lesquels figure le principe du contradictoire, élément essentiel dans l'accomplissement des droits de la défense, mais aussi les droits de la défense en tant que tels. D'ailleurs le Professeur Vergès affirme que préliminaire « *contient de ce qu'il est convenu d'appeler les principes directeurs du procès pénal pour établir un parallèle*

---

30 Loi du 8 décembre 1897 ayant pour objet de modifier certaines règles de l'instruction préalable en matière de crime et délits, JORF, 10 décembre 1897, p. 6907.

31 Cass. Ass. plén., 30 juin 1995, n° 94-20302, *D.*, 1995, p. 513, note R. DRAGO ; *D.*, 1995, p. 513, concl. M. JEOL ; *JCP G.*, 1995, p. 319 et s., note A. PERDRIAU.

32 Cass. crim., 11 mai 2004, n°03-80254 et n° 03-85521, *LPA*, 24 novembre 2004, n° 235, p. 14 note P. BOUGHAMI-PAPI ; *RSC*, 2004, p. 635, obs. E. FORTIS ; *RSC*, 2004, p. 866, obs. G. VERMELLE.

33 Y. MAYAUD, « Les droits de la défense, cause d'irresponsabilité pénale », in *Mél.* offerts à R. GASSIN, éd. PUAM, 2007, p. 297.

34 Loi n° 2000-516 du 15 juin 2000 renforçant la protection de la présomption d'innocence et les droits des victimes ; v. B. BOULOC, « La loi du 15 juin 2000 renforçant la protection de la présomption d'innocence et les droits des victimes », *RSC*, 2001, p. 193, 619 et 633 ; B. VATIER, « Le souffle nouveau de la loi du 15 juin 2000 », *Gaz. Pal.*, 14 août, 2001, n° 226, p. 2 ; O. DUFOUR, « Loi du 15 juin 2000 : Une réforme efficace mais qui nécessite l'allocation de moyens nouveaux », *LPA*, 02 juillet, 2001, n° 130, p. 5 ; H. LECLERC, « La loi du 15 juin 2000 renforçant la protection de la présomption d'innocence et les droits des victimes », *Gaz. Pal.*, 30 septembre, 2000, n° 274, p. 2; C. C. F.-J. PANSIER, « La loi du 15 juin 2000 sur la présomption d'innocence : première approche », *Gaz. Pal.*, 22 juin 2000, n° 174, p. 11.

avec les principes directeurs du procès civil»[35]. Dans le Code de procédure pénale figurent plusieurs dispositions ayant trait à la défense de la personne dans le cadre d'une procédure pénale. En fixant dès le début du Code une disposition traitant de la défense, le législateur est venu rappeler l'obligation du respect de ce droit qui est déjà dans le code, mais aussi qui est consacré par les dispositions européennes et internationales.

10. Consécration des droits de la défense par les dispositions européennes et internationales. Le législateur en adoptant par la loi du 15 juin 2000 un article préliminaire, entend regrouper dans un seul article des notions essentielles qui rendent le procès équitable. Parmi ces notions figure celle de «*défenseur*». Mais ce texte concurrence d'autres textes qui l'ont précédé. La Déclaration Universelle des Droits de l'Homme (DUDH), le Pacte International relatif aux Droits Civils et Politiques (PIDCP) et la Convention européenne de Sauvegarde des Droits de l'Homme (CESDH), pour ne citer que ceux-là, reconnaissent respectivement aux articles 11, 14 § 3 et 6§3 les droits de la défense comme participant à l'équité du procès. En dépit de cette large consécration au niveau international et européen, seule la CESDH a eu à exercer une forte influence au niveau interne. Certains auteurs n'ont pas hésité à souligner la participation de la CESDH dans la mise en place de l'article préliminaire du Code de procédure pénale. Le Professeur Vergès note à ce sujet que l'article préliminaire «*s'impose aujourd'hui comme l'équivalent en droit interne de l'article 6 de la Convention européenne des droits de l'homme*»[36]. Cette consécration européenne et internationale n'a pas pour autant fait des droits de la défense une notion facile à circonscrire. Cette difficulté résulte d'une absence de définition.

11. Absence de définition des droits de la défense. L'ensemble des auteurs ayant traité des droits de la défense ont tous souligné cette absence de définition qui caractérise cette notion. Selon M. Clément, «*la première difficulté que soulèvent les droits de la défense est, sans nul doute, celle de leur*

---

[35] É. VERGÈS, «Principes directeurs du procès pénal. Origine et force normative des principes directeurs», *J. Cl. pén.*, Fas. 20 ; v. aussi H. HENRION, «L'article préliminaire du Code de procédure pénale : vers une théorie législative du procès pénal», *Arch. pol. crim.*, 2001/1, n° 23, éd. A. Pédone, p. 192; G. ROYER, «L'article préliminaire du Code de procédure pénale, quand vient l'âge de la maturité», *D.*, 2006, p. 3045 ; J. DANET, «Le nouvel alinéa de l'article préliminaire du code de procédure pénale nous prémunit-il des erreurs judiciaires ?», *AJ. pén.*, 2011, p. 311.

[36] É. VERGÉS, «Principes directeurs du procès pénal. Origine et force normative des principes directeurs», *J. Cl. pén.*, Fasc. 20.

définition»[37]. D'autres auteurs vont venir confirmer cette remarque. Aussi, M. Bolze dans sa thèse démontre qu'il y a une absence d'accord sur la définition des droits de la défense parce que cette notion est « *transversale aux différentes branches du droit*»[38]. Au regard de cette transversalité, les définitions se feront donc en fonction de la spécificité des matières. L'ambiguïté des droits de la défense quant à leur définition s'explique par l'existence d'approches jurisprudentielles et doctrinales[39] de cette notion qui ont permis de constater des tentatives de définitions doctrinales, limitant cependant l'exercice des droits de la défense dans la phase de jugement.

12. Des tentatives de définitions doctrinales limitant les droits de la défense dans le cadre du jugement. Au regard des articles prévoyant les droits de la défense, il est exigé la saisine d'un tribunal avant la mise en œuvre de ces droits. Dans les dispositions européennes et internationales, surtout celles de la CESDH qui influencent fortement le législateur français, les droits de la défense ne sont invoqués qu'après mention de la notion de tribunal. Dès le début de l'article 6 de la CESDH, on peut ainsi lire : « *toute personne a droit à ce que sa cause soit entendue équitablement, publiquement et dans un délai raisonnable, par un tribunal indépendant et impartial, établi par la loi qui décidera soit des contestations sur les droits et obligations de caractère civil, soit du bien-fondé de toute accusation en matière pénale dirigée contre elle* ». Cette disposition démontre que l'exercice des droits de la défense exige un préalable, à savoir l'existence d'un tribunal présentant certaines qualités. Les définitions qui font des droits de la défense des droits englobants tout le procès, c'est-à-dire de l'enquête au jugement[40], sont extensives et ne tiennent pas compte de cette spécificité. En effet, ces définitions ne font pas état de l'autorité chargée de veiller à l'application et au respect effectif des droits de la défense. C'est pourquoi les définitions limitant les droits de la défense dans la phase de jugement

---

[37] S. CLÉMENT, Les *droits de la défense dans le procès pénal : Du principe du contradictoire à l'égalité des armes*, thèse, université de Nantes Faculté de Droit et des Sciences Sociales, (Dir.) J. DANET, 2007, p. 17.

[38] P. BOLZE, *Le droit à la preuve contraire en procédure pénale*, thèse, université Nancy 2, (Dir.) F. FOURMENT, 2010, p. 75 et s.

[39] Y. CAPDEPON, *Essaie d'une théorie générale des droits de la défense*, éd. Dalloz 2013, p.6.

[40] Selon le Professeur Pradel, les droits de la défense peuvent être définis comme « *l'ensemble des prérogatives accordées à une personne pour lui permettre d'assurer la protection de ses intérêts tout au long du procès face aux actes d'investigations, de poursuite ou de juridiction d'une autorité publique qui porte atteinte à sa situation* », J. PRADEL, *Procédure pénale*, 19[e]éd., Cujas, 2017, p. 75 et s.

sont *a priori* plus conformes à l'esprit des textes. Dans la phase de jugement, le tribunal présente certaines garanties favorables à l'application et au respect des droits de la défense. L'indépendance est la première des garanties.

13. L'indépendance de la juridiction de jugement. Selon l'article 16 de la DDHC « *toute société dans laquelle la garantie des droits n'est pas assurée ni la séparation des pouvoirs déterminée n'a point de constitution* ». Pour garantir l'indépendance du pouvoir judiciaire, il faut le séparer de l'exécutif. Cette indépendance, du fait de son importance, possède une valeur constitutionnelle[41]. L'indépendance du tribunal est également prévue à l'article 6§1 de la CESDH, à l'article 47§2 de la CDFUE et à l'article 14 § 1 du PIDCP. Cette indépendance permet à l'institution judiciaire de rendre des décisions sans être subordonnée à l'exécutif[42]. Cette absence de subordination est gage d'une équité procédurale. Le magistrat pourra en toute indépendance rendre une décision en tenant compte de son intime conviction. L'accusation pourra déposer devant lui tous les éléments justifiant la poursuite et la défense aura bénéficié de larges prérogatives pour les combattre. Mais lorsque le magistrat dépend de l'exécutif, il est évident que l'équité de la procédure sera sujette à discussion. Cette absence d'indépendance peut surtout découler du pouvoir d'éviction dont dispose l'exécutif à l'encontre du magistrat[43]. Elle peut aussi découler du mode de nomination[44], mais aussi de la durée du mandat du magistrat[45]. C'est pourquoi dans la plupart des États démocratiques, l'inamovibilité du magistrat est considérée comme garantie de son indépendance.

14. L'inamovibilité du magistrat. Ce principe d'inamovibilité ne profite cependant qu'aux magistrats du siège[46]. Il est aussi reconnu que ce principe d'inamovibilité permet, dans une certaine mesure, de garantir l'équilibre de la procédure. Cette garantie passe par la protection des

---

41 Art. 64 de la Constitution.

42 « *L'indépendance suppose l'absence de lien de subordination* », v. F. STASIAK, « Autorités administratives indépendantes », *Rép. Pén. D.*, 2015.

43 O. PLUEN, *L'inamovibilité des magistrats : un modèle* ?, thèse, Université Panthéon-Assas, (Dir.) J. MORANGE, 2011, p.29

44 S. GUINCHARD, G. MONTAGNIER, A. VARINARD, T. DEBARD, *Institutions juridictionnelles*, 11e Dalloz, 2011, p. 116 ; CEDH, *Smarsk c/ Autriche*, 22 octobre 1984, req. n° 8790/79, § 38,

45 CEDH, 28 juin 1984, *Campbell et Fell c/ RU.*, req. n° 7819/77 ; 7878/77, § 78.

46 L. BELFANTI, « Juge d'instruction », *Rép. Pén.*, janvier 2016 ; M. DOUENCE, M. AZAVANT, *Institutions juridictionnelles*, Dalloz, 2010, p. 27 et s.

droits et libertés des justiciables[47]. Parmi ces droits figurent les droits de la défense dont le juge, de par son indépendance et son inamovibilité, va assurer le plein exercice. L'importance de l'indépendance est aujourd'hui appréciée par la Cour de cassation au regard de l'article 6§1 de la CESDH. La Haute Cour ne se limite plus au magistrat, elle considère que même l'expert qui intervient dans la procédure doit être indépendant. Dans son arrêt du 25 octobre 2012, elle rejette le pourvoi du procureur et de la partie civile au motif que la « *désignation d'un expert dépendant de l'une des parties ne permet pas de garantir les conditions du procès équitable* »[48]. Il est clair, au regard de cet arrêt, que les conclusions de l'expert allaient à l'encontre des intérêts de la défense du fait de l'existence d'un « *lien direct et hiérarchique* » entre lui et la partie civile[49]. Même si la CEDH ne mentionne pas explicitement ce principe, elle l'a reconnu de manière implicite dans sa décision *Cooper contre Royaume Uni* du 16 décembre 2003[50] comme important pour garantir l'indépendance du tribunal. Il est opportun que le juge soit protégé contre une éviction pour garantir de façon sereine les droits de la personne poursuivie. Cette sérénité est un moyen pour le juge de refuser toute pression.

15. Le refus des pressions de la part du juge. La sérénité du magistrat dans l'exercice des fonctions est une garantie d'une bonne administration de la justice. Le juge ne doit en effet subir aucune pression de nature à influencer sa décision. D'ailleurs, nul ne doute que l'influence d'un procès médiatisé peut avoir parfois des conséquences négatives sur le sort de la personne poursuivie et sur sa stratégie de défense. Cette influence peut provenir de l'exécutif qui peut intervenir et mettre la pression sur le juge pour obtenir la condamnation. Cette intervention va à l'encontre de l'équité de la procédure. À ce propos, le Comité des droits de l'homme des Nations Unies, dans l'affaire *Angel Bahamonde contre Guinée équatoriale,* note qu'« *une situation dans laquelle les fonctions et les attributions du pouvoir judiciaire et du pouvoir exécutif ne peuvent être clairement distinguées ou dans lesquelles le second est en mesure de contrôler ou de diriger le premier est incompatible avec le principe de tribunal indépendant* [...] »[51]. La

---

47 *Ibid.*

48 Cass. crim., 15 octobre 2012, n°12-82.770 ; *Dalloz actualité*, 15 octobre 2012 ; obs. M. LÉNA.

49 M. LENA, « Procès équitable et nécessaire indépendance de l'expert judiciaire », *Dalloz actualité*, 15 octobre 2012.

50 CEDH, *Cooper c/ RU*, 16 décembre 2003, req. n° 57067/00, § 107 et s.

51 CDH, *Angel N. Olo Bahamonde c/ Guinée équatoriale*, 11 juin 1991, n° 468/1991, § 9.4.

CEDH, dans l'affaire *Daktaras contre Lituanie,* adopte la même position[52]. Le juge pour être indépendant et garantir la défense de la personne poursuivie devant le tribunal doit être à l'abri de toute pression. L'apparence même d'un tribunal dépendant[53] peut pousser la personne poursuivie à se douter de l'équité du procès et au respect de ses droits. Pour éviter les pressions, il faut assurer l'indépendance du tribunal à l'égard du pouvoir exécutif, de la presse, des groupes de pression, mais aussi à l'égard du pouvoir législatif. Ce dernier ne doit pas, par des lois relatives au dénouement de procédure, influencer le cours du procès.

16. L'interdiction des lois relatives au dénouement de la procédure. S'il appartient au législateur de fixer les lois en matière pénale, il ne lui revient pas d'intervenir sur le déroulement des procédures judiciaires en adoptant des dispositions nouvelles rétroactives de nature à modifier son dénouement. Même si son intervention dans le monde judiciaire est rare et concerne souvent les litiges auxquels l'État est partie[54], il ne faut pas perdre de vue l'impact de son intervention sur le procès. La CEDH a d'ailleurs condamné la France pour non-respect du procès équitable « *en raison d'une loi adoptée en matière sociale, dont la rétroactivité a permis d'éviter à l'État un risque financier important en modifiant la solution du fond des litiges, au profit de l'État, en rendant vaines les continuations des poursuites [...] en raison de la rétroactivité de la nouvelle loi* »[55]. Si l'intervention du pouvoir législatif est bien présente dans le procès, il faut cependant noter qu'en matière pénale, il existe un principe qui ne permet pas au législateur d'exposer le délinquant à une situation pire que celle qu'il encourait au moment de la commission de l'infraction. Ce principe est celui de la légalité criminelle dont l'un des corollaires est le principe de la non-rétroactivité des lois pénales plus sévères[56]. C'est pourquoi le Conseil constitutionnel, tout en reconnaissant le droit pour le législateur dans certains cas d'intervenir dans le procès par l'adoption de dispositions rétroactives, fixe l'exception en matière pénale. Dans sa décision du 22 juillet 1980[57], il note que ne « *s'oppose pas à ce que dans*

---

[52] CEDH, *Daktaras c/ Lituanie*, 10 octobre 2000, req. n°42095/98, § 35.

[53] CEDH, *Sahiner c/ Turquie*, 25 septembre 2001, req. n° 29279/95, § 44.

[54] L. Milano, *op. cit*, p. 410.

[55] CEDH, *Zielinki et Pradal, Gonzalez a. c/ France,* 28 octobre 1999, req. n° 24846/94, § 56, *RTD. Civ.*, 2000, p. 436, obs. J.-P. MARGUÉNAUD ; *JCP G.*, 2000, p. 194 et s., obs. F. SUDRE ; CEDH, *Raffineries grecques Stran et Stratis Andreadis c/ Grèce*, 9 décembre 1994, req. n°13427/87, § 49, *JCP. G.*, 1995, p. 85 et s, obs. F. SUDRE.

[56] X. PIN, *Droit pénal général*, éd. Dalloz, 2016, p. 95.

[57] Cons. Const., 22 juillet 1980, n° 80-119 DC.

l'exercice de sa compétence et au besoin, sauf en matière pénale, par voie de dispositions rétroactives, le législateur modifie les règles que le juge a pour mission d'appliquer»[58]. Le juge, en matière pénale, doit appliquer en toute indépendance la loi en vigueur au moment de la commission de l'infraction et faire bénéficier la personne poursuivie de tous les droits que la loi lui accorde. Il doit refuser de subir des pressions de la part du législateur, qui l'inciterait à appliquer une loi nouvelle à moins qu'elle ne soit plus douce ou qu'elle ne soit une loi pénale de forme.

17. L'exception relative aux lois pénales de forme. Selon le Professeur Bouloc, les lois pénales de forme « *ne modifient ni les caractéristiques de l'infraction, ni la responsabilité de l'auteur, ni la fixation de la peine, mais* [elles] *sont relatives à la constatation et à la poursuite des infractions, à la compétence et à la procédure* »[59]. Le pouvoir législatif peut adopter de telles lois sans compromettre les intérêts de la personne poursuivie. Il existe cependant des exceptions visant à assurer à cette dernière le respect de ses droits acquis[60]. En effet, la saisine des juridictions externes comme la CEDH n'est possible qu'après épuisement des voies de recours internes. Ces voies de recours permettent à la personne poursuivie qui pense que ses droits n'étaient pas respectés par une juridiction inférieure de saisir la juridiction supérieure pour qu'elle statue sur les violations alléguées. Ces voies de recours contribuent au respect des droits de la défense. Elles permettent une analyse à différents degrés des arguments de la personne poursuivie quant à sa défense. C'est pourquoi le législateur ne peut apporter des modifications de nature à les compromettre[61]. Il ne peut donc pas intervenir en matière pénale pour porter atteinte aux droits de la personne poursuivie, il ne doit pas influencer le juge sur l'issue de la procédure. Ce dernier doit demeurer indépendant à son égard comme il doit l'être à l'égard des parties. Il doit tout d'abord être indépendant à l'égard de l'accusation.

18. Indépendance du juge à l'égard de l'accusation. Le procureur de la République, chargé de poursuivre les infractions à la loi pénale, est une partie au procès, comme la personne poursuivie. Au regard de cette position, il ne doit pas être privilégié au détriment de la

---

[58] L. MILANO, *op. cit.*, p. 418 et s.

[59] B. BOULOC, *Droit pénal général*, 25^eéd., Dalloz, 2017, p. 167.

[60] *Ibid.*

[61] X. PIN, *op.cit.*, p. 118 ; B. BOULOC, H. MATSOPOULOU, *Droit pénal général et procédure pénale*, 20^eéd. Sirey, 2016, p.73 ; P. CONTE, P. Maistre du CHAMBON, *Droit pénal général*, éd. Dalloz, 2008, p. 238 et s.

défense. Le principe d'équilibre de la procédure veille à ce que le juge soit indépendant par rapport à lui. Étant tous les deux magistrats, il ne doit y avoir aucun lien de subordination de nature à compromettre l'indépendance du juge. Le parquet ne doit ni le noter ni participer à son avancement comme ce fut le cas du juge d'instruction avec le parquet sous le CIC[62]. L'existence d'un lien hiérarchique entre l'accusation et le juge serait de nature à porter atteinte aux intérêts de la défense. Le juge subordonné serait enclin à privilégier la thèse de l'accusation et faire échec aux droits de la défense. Un tel processus serait contraire au procès équitable. Si le parquet peut être subordonné à l'exécutif[63] et participe à la politique pénale de l'État, le juge du siège ne peut pas l'être dans l'exercice de sa mission aussi bien à l'égard du parquet que de la partie civile.

19. Indépendance à l'égard à l'égard de la partie civile. Selon le Professeur Bonfils, l'expression de partie civile « *désigne la personne qui se prétend victime d'une infraction pénale lorsqu'elle entend, à ce titre, être présente au procès* »[64]. Ayant la capacité de mettre en mouvement l'action publique[65], son action se joint souvent à celle de l'accusation. À ce titre, elle est bien partie au procès pénal[66] et le juge doit être indépendant à son égard. Il ne doit exister aucun rapport de subordination, affectif ou professionnel, entre elle et le juge. L'indépendance reste donc un pilier essentiel du procès équitable et le juge doit l'être à l'égard de l'accusation, de la partie civile, mais aussi à l'égard de la personne poursuivie pour garantir l'équilibre procédural.

20. Indépendance à l'égard de la personne poursuivie. Le juge, dans le respect du droit au procès équitable, ne doit pas avoir non plus de lien avec la personne poursuivie sous peine de faire échec aux intérêts de la société. Cet intérêt qui consiste en une répression des infractions à la loi pénale ne doit pas être freiné pour des raisons liées à la qualité de la personne poursuivie. La recherche d'un équilibre entre les intérêts de la répression et les intérêts de la personne poursuivie doit amener le juge à être neutre à l'égard des deux parties qui incarnent ces intérêts. L'absence d'indépendance du juge à l'égard de la personne poursuivie peut être une

---

[62] V. *infra* n° 143 et s.

[63] C. VIENNOT, *Le procès pénal accéléré : Étude des transformations du jugement pénal*, vol. 120, éd. Dalloz, 2012, p. 97 et s.

[64] P. BONFILS, « Partie civile », *Rép. Pén.*, janvier 2016.

[65] *Ibid*

[66] *Ibid*

cause d'impunité. Il va mettre de côté l'ensemble des éléments de l'accusation de nature à retenir la culpabilité pour que la personne poursuivie puisse échapper à la répression. Pour éviter cette situation, il est tout à fait évident que l'interdiction déjà posée dans les autres cas s'applique à l'encontre de la personne poursuivie. Il ne doit donc exister aucun lien affectif ou professionnel entre le juge et celui-ci. Les juges composant la juridiction de jugement doivent non seulement être indépendants, mais aussi impartiaux. Cette impartialité est aussi un critère nécessaire pour garantir une application effective des droits de la défense.

21. L'impartialité du juge, la neutralité et l'absence de préjugés. Selon M. Kuty, la neutralité est « *l'attitude d'impartialité du juge qui, exempt de toute idée préconçue, examine avec la même attention les éléments favorables ou défavorables à chacune des parties* »[67]. Pour le Professeur Labbé, cette neutralité est la garantie à l'existence d'un procès équitable[68]. La CEDH dans l'arrêt *Buscemi contre Italie* du 16 septembre 1999[69] et le Comité des Droits de l'Homme dans son avis *Arvo O. Kartunnen contre Finlande*[70] rappellent cette neutralité qui doit animer le juge durant le procès. Les droits de la défense deviennent inopérants face à un juge qui s'est déjà fait une idée préconçue du procès et qui s'est fixé dans son for intérieur la culpabilité de la personne présente devant lui. Une telle attitude va à l'encontre de l'équité du procès. Le juge doit en toute circonstance se débarrasser des préjugements et se fier à son intime conviction qui doit découler des éléments de preuve présentés et débattus devant lui.

22. L'importance de l'intime conviction. Présente dans toutes les procédures pénales européennes[71], l'intime conviction est aujourd'hui respectivement reconnue en droit français en matière criminelle, correctionnelle et contraventionnelle par les articles 353, 427 et 536 du CPP. Elle traduit l'idée selon laquelle le juge ne peut fonder sa décision que sur les éléments de preuves débattus à l'audience. Pour cela, il doit prendre en compte les preuves rapportées par l'accusation, mais aussi par

---

67 F. KUTY, *L'impartialité du juge en procédure pénale : De la confiance décrétée à la confiance justifiée*, éd. Larcier 2005, p. 75.

68 X. LABBE, *Introduction générale au droit : pour une approche éthique*, éd. PUS, 2006, p. 176.

69 CEDH, *Buscemi c/ Italie*, 16 septembre 1999, req. n° 29569/95, § 68.

70 CDH, *Arvo. O. Kartunnen c/ Finlande*, 2 novembre 1989, communication n° 387/1989, § 7.2.

71 L. CADIET, M. MEKKI, C. GRIMALDI, *La preuve : Regards croisés*, éd. Dalloz, 2015, p. 128.

la défense[72] et non se référer à des éléments extérieurs au procès. D'ailleurs, la chambre criminelle de la Cour de cassation dans son arrêt du 29 mars 1977 a cassé un arrêt d'une cour d'appel au motif que « *les juges ont fondé, au moins partiellement, leur conviction sur la connaissance personnelle d'éléments de preuves puisés dans d'autres procédures qui, en l'absence de jonction, étaient étrangères à la cause alors débattue devant eux* »[73]. Les droits de la défense, au regard de cet arrêt, ne pouvaient prospérer devant la juridiction d'appel dans la mesure où les juges de cette juridiction n'avaient pas fondé leur décision sur les éléments produits devant eux, mais sur des éléments extérieurs au procès. Si le juge s'écarte de son intime conviction pour retenir des éléments étrangers au procès, l'impartialité du tribunal est remise en cause. Il en va de même si le juge entretient des liens avec une des parties au procès.

23. L'interdiction des liens avec les parties au procès. Le droit ne s'est pas désintéressé des liens proches pouvant exister entre deux personnes et qui sont de nature à jeter la suspicion sur l'équité de la procédure. Le juge, évoluant dans une société, ne peut s'empêcher d'avoir des rapports familiaux, professionnels voire des convictions religieuses[74]. Cet ensemble ne doit cependant pas intervenir dans le déroulement du procès sous peine de compromettre la neutralité du juge. Le Professeur Fricero note d'ailleurs que « *le magistrat doit se déporter si ses engagements associatifs privés interfèrent avec son domaine de compétence au sein de la juridiction, ou encore si l'affaire implique l'un de ses proches, directement, ou concerne une partie avec laquelle il entretient des liens d'amitié, de proximité ou d'intimité, sans attendre une éventuelle récusation* »[75]. Cette technique de récusation qui est un moyen de garantir l'impartialité en excluant le juge partial du procès peut être mise en œuvre par la défense, mais aussi par le magistrat qui doute de son impartialité[76]. En l'absence de récusation du magistrat partial,

---

72 J. BORE, L. BORE, *La cassation en matière pénale*, éd. Dalloz, p. 193 ; J.-M. FAYOL-NOIRETERRE, « L'intime conviction, fondement de l'acte de juger », *Information sociale* 7/2005 (n°127), p. 46 et s.

73 Cass. crim., 29 mars 1977, Bull. crim. n° 16 ; v. aussi Cass. crim., 20 mai 1992, Bull. crim. n° 201.

74 S. JOSSERAND, *L'impartialité du magistrat en procédure pénale*, éd. LGDJ, 1998, p. 244.

75 N. FRICERO, « Récusation et abstention des juges : analyses comparatives de l'exigence commune d'impartialité, in *Nouveaux Cahier du Conseil constitutionnel* n° 40 (Dossier : le Conseil constitutionnel : trois ans de QPC) juin 1993. Disponible en ligne www.conseil-constitutionnel.fr

76 I. CARBONNIER, « Récusation », *Rép. Pén.*, 2015, p. 13 et s.

l'équité du procès serait compromise[77]. Cela s'explique par le fait que l'existence de lien entre le juge et l'une des parties au procès aura des conséquences sur la suite de la procédure.

24. Conséquences des liens de proximité sur la procédure. Dire que l'impartialité du juge, ses liens avec une partie au procès ne mettent pas à mal la mise en œuvre des droits de l'accusation comme ceux de la personne poursuivie, c'est ignorer le rôle et l'importance du juge dans l'équité de la procédure[78]. C'est pourquoi les juridictions administratives comme judiciaires n'hésitent pas à prononcer des sanctions en cas de lien entre le juge et une des parties au procès. Le Conseil d'État, dans sa décision du 2 octobre 1996, sanctionnait la partialité au motif que « *l'un des magistrats composant le tribunal administratif qui a rendu le jugement attaqué est la fille* » de l'une des parties au procès[79]. La Cour de cassation n'a pas manqué de son côté de condamner aussi la partialité découlant des liens pouvant exister entre le juge et une des parties. Dans sa décision du 9 juin 2015, la Haute Cour notait que « *la déclaration de culpabilité mentionne qu'a siégé un conseiller, qui est le conjoint du procureur de la République au nom duquel les poursuites ont été engagées* [...] *en statuant dans cette composition, alors que celle-ci était de nature à créer, dans l'esprit du prévenu, un doute raisonnable sur l'impartialité de la juridiction, la cour d'appel a méconnu les textes susvisés* »[80]. Cette dernière décision prise sur le fondement de l'article 6§1 de la CESDH démontre le rapprochement entre la jurisprudence interne et l'idée de procès équitable retenue par la CEDH. Si l'impartialité est fondamentale dans la réalisation de l'équité procédurale, il faut noter que cette impartialité peut être subjective, mais aussi objective comme le démontre la CEDH dans son arrêt *Piersack contre Belgique*[81]. L'impartialité subjective renvoie à ce que le juge pense dans son for intérieur alors que l'impartialité objective est relatif à l'organisation de la procédure. Le juge

---

[77] *Ibid.*

[78] « *La juridiction est la pierre angulaire, qui permet au droit d'être effectif* », M.-A. FRISON-ROCHE, « L'impartialité du juge », *D.*, 1993, p. 53 ; S. GUINCHARD, « Procès équitable », *RPC*, 2013.

[79] C.E., 2 oct. 1996, Commune de Sartrouville, Rec. Lebon 1996, n°158463, *AJDA*, 2004, p. 121 et s., obs. J. BOURDON.

[80] Cass. crim., 9 juin 2015, n° 14-83 322, *Journal des jeunes*, 2015, /5-6, n°345-346, p. 120, comm. J.-L. RONGÉ.

[81] CEDH, *Piersack c/ Belgique* 1er octobre 1982, req. n° 8692/79, § 30, *AFDI*, 1985, p. 415, obs. V. COUSSIRAT-COUSTÈRE ; *JDI*, 1985, p. 210, obs. P. ROLLAND et P. TAVERNIER.

de la juridiction ne doit pas participer dans une certaine mesure à l'avant-procès.

25. Une absence de participation du juge à l'avant-procès. Dans le but de garantir le principe d'impartialité, le législateur a mis en place le principe de la séparation des fonctions de poursuite, d'instruction et de jugement[82]. La jurisprudence du Conseil constitutionnel, de la Cour de cassation, et des juridictions externes retiennent également ce principe. Le Conseil constitutionnel dans sa décision du 2 février 1995, affirme que la séparation des autorités dans le cadre de la procédure pénale « *concourt à la sauvegarde de la liberté individuelle* »[83]. De même, la Cour de cassation dans plusieurs de ses décisions comme celle du 26 avril 1990[84] souligne en faisant référence à l'article 6 de la CESDH qu'un magistrat de la chambre de l'instruction ne peut participer au jugement de l'affaire dont il a eu à connaître avant le procès. La CEDH dans ses arrêts *Hauschildt contre Danemark* du 24 mai 1989[85] et *Chesne contre France* du 22 avril 2010[86], adopte la même démarche. Cette position jurisprudentielle semble se fonder sur le principe selon lequel si la défense présentée devant le juge lors de l'enquête policière n'a pas prospéré, il est évident que ce même juge ne pourra pas les admettre s'il siège le jour du procès. Parce que l'autorité judiciaire qui décide la saisine d'une juridiction impute déjà de manière implicite l'infraction au suspect.

26. L'imputation implicite de l'infraction au suspect. Il est clair qu'en droit, une infraction ne sera définitivement imputée à la personne poursuivie que si toutes les voies de recours ont été épuisées. La décision ayant l'autorité de chose jugée est seule susceptible de retenir la culpabilité du suspect. Mais, lorsque le procureur, suite à une enquête menée par l'OPJ, détient des charges contre le suspect et décide de son renvoi devant une juridiction de jugement, il est clair que dans son

---

82 Art. prélim., al. 2, CPP

83 Cons. const., 2 février 1995, n° 95-360 DC, *RTD. Civ.*, 1995, p.445, obs. A. COEURET.

84 Cass. crim., 26 avril 1990, Bull. crim. n° 162 ; v. aussi Cass. crim., 15 septembre 2004, Bull. crim. n° 210, *Gaz. Pal.*, 10 février 2005, p. 28, note Y. MONNET ; Cass. crim., 24 mai 2005, Bull. crim. n° 152, *Gaz. Pal.*, 17 novembre 2005, n° 321, p. 37, note Y. MONNET.

85 CEDH, *Hauschildt c/ Danemark*, 24 mai 1989, req. n° 10486/83, § 46 et s, *JDI*, 1990, p. 727, obs. P. TAVERNIER, *AFDI*, 1991, p.585, obs. V. COUSSIRAT-COUSTÈRE.

86 CEDH, *Chesne c/ France*, 22 avril 2010, req. n° 29808/06 ; § 36, *D.*, 2010, p. 1215, obs. S. LAVRIC.

raisonnement existe une présomption de culpabilité de la personne renvoyée devant la juridiction. C'est pourquoi il ne pourra être magistrat du siège le jour du jugement de l'affaire[87]. Ce principe de séparation dite fonctionnelle[88] qui traverse toute la procédure pénale[89] est retenu aussi par la CEDH[90]. Pour protéger les droits de la défense, il faudrait que leur exercice soit apprécié à chaque étape de la procédure par des magistrats différents, même si la loi a cependant prévu des exceptions. Parmi ces exceptions figure l'absence de participation du juge dans l'établissement des charges.

27. L'absence de participation du juge dans l'établissement des charges. Si le principe est l'interdiction du cumul des fonctions, le législateur a apporté à ce principe des exceptions. Il est communément admis que le juge ne siège pas s'il a été amené à prendre des mesures d'investigation, à apprécier les charges relatives à la culpabilité, comme c'est le cas pour le procureur de la République. Dans les cas où son intervention demeure peu conséquente, les cas où il ne se serait pas prononcé sur tout ce qui est relatif aux charges, il peut siéger dans la formation de jugement. C'est d'ailleurs ce qu'avait retenu la Cour de cassation dans deux décisions du 6 novembre 1986[91]. En effet, dans la première affaire, la Haute Cour note que l'intervention du magistrat s'étant limitée à l'appréciation du maintien de la personne en détention provisoire, elle en conclut que ce juge pouvait faire partie de la juridiction de jugement. Dans la seconde affaire en revanche, le magistrat ayant apprécié les charges ne pouvait pas, au nom de la séparation des fonctions, participer au jugement de cette affaire. Cette jurisprudence interne acceptée par la CEDH[92] touche aussi le juge des enfants qui, au regard du but poursuivi par ses décisions, peut dans une certaine mesure cumuler les fonctions.

28. Le but poursuivi par le juge. Il a été toujours admis que le juge des enfants pouvait instruire et juger l'affaire dont il est saisi. Ce cumul se justifie par la nature de ses mesures qui sont souvent des mesures

---

[87] Art. 251-3 al. 2 COJ

[88] « *Cette impartialité est intimement liée au principe de séparation des fonctions dans la procédure pénale* », É. VERGES, « Principe directeur du procès pénal. Principe commun aux parties », in *JCl. Procédure pénale*, Fasc. 30 février 2016.

[89] V. les articles, 137-1 du CPP, art. 253 CPP.

[90] V. arrêt *Piersack* préc.

[91] Cass. crim., 6 novembre 1986, Bull. crim. n°328, *D.*, 1987, p. 237, note J. PRADEL.

[92] A. GIUDICELLI, « Exigence d'impartialité et participation d'un même magistrat aux phases d'instruction et de jugement d'une même procédure », *RSC*, 2012, p. 617.

d'assistance, d'éducation et de surveillance[93]. La jurisprudence aussi bien interne qu'externe, soutenait en la matière cette particularité du juge des enfants. En effet, la Cour de cassation et la CEDH considéraient respectivement dans l'arrêt du 7 avril 1993[94] et dans l'arrêt *Nortier contre Pays-Bas* du 24 août 1993[95] que le juge des enfants en exerçant les fonctions d'instruction et de jugement n'allait pas à l'encontre de l'équité de la procédure garantie par l'existence d'un tribunal impartial. Mais ces décisions ne concernaient apparemment que les mesures d'éducation, de surveillance et d'assistance. Quid du prononcé d'une peine ? Il est normal que lorsqu'une juridiction se prononce sur des sanctions pénales sévères l'impartialité soit respectée. Ce respect passe par l'interdiction faite au magistrat qui a mené l'enquête à charge de participer au jugement de l'affaire. C'est ce qui ressort de la décision de la CEDH *Adamkiewicz contre Pologne* du 2 mars 2010[96]. Le Conseil constitutionnel saisi d'une Question Prioritaire de Constitutionnalité (QPC) rejoint la position des magistrats de Strasbourg en affirmant par une décision du 8 juillet 2011 que le juge des enfants qui a procédé aux investigations et qui a décidé du renvoi du mineur devant une «*juridiction de jugement habilitée à prononcer des peines*» ne peut y siéger sous peine de partialité[97]. Il décide d'abroger l'article L. 251-3 du Code de l'Organisation Judiciaire (COJ) qui permettait ce cumul[98]. Cette décision reflète bien l'idée selon laquelle *« le principe d'impartialité est indissociable de l'exercice de fonctions juridictionnelles »*[99]. L'indépendance et l'impartialité du juge participent à l'application

93É. VERGES, «Impartialité du juge des enfants et composition des juridictions des mineurs : le revirement de jurisprudence», *RSC,* 2012-1, p. 201 ; N. DEFFAINS, «le cadre constitutionnel de la justice pénale des mineurs», *Gaz. Pal,* 12 juillet 2012, n°194, p. 13.

94 Cass. crim., 7 avril 1993, n°92-84725, *RSC,* 1994, p. 75, obs. C. LAZERGES ; *RSC,* 1994, p. 67, obs. M. HUYETTE ; *RTD. Civ.* 1993, p. 561, obs. J. HAUSER.

95 CEDH, *Nortier c/ Pays-Bas,* 24 août 1993, req. n° 13924/88, § 33, *D.,* 1995, p. 105, note J.-F. RENUCCI ; *RSC,* 1994, p. 362, obs. R. KOERING-JOULIN.

96 CEDH, *Adamkiewicz c/ Pologne,* 10 mars 2010, req. 54729/00, *D.,* 2010, p. 1324, note P. BONFILS ; *D.,* 2011, p. 1107, obs. M. DOUCHY-OUDOT ; *RSC,* 2010, p. 687, obs. D. ROETS.

97 Cons. const., 8 juillet 2011, n° 2011-147-QPC, *Gaz. Pal.,* 2 août, 2011, n° 214, p. 10, note, A. BORZEIX.

98 B. de LAMY, «Droit pénal des mineurs : une spécificité toujours limitée», *RSC,* 2012, p. 227 ; S. LAVRIC, «Justice des mineurs : Censure du cumul de fonctions d'instruction et de jugement du juge des enfants», *Dalloz actualité,* 13 juillet 2011.

99 Cons. const., 8 juillet 2011, n° 2011-147-QPC, décision préc.

effective des droits de la défense. Mais quels sont ces droits ? En effet, si certaines sources ne donnent pas une définition des droits de la défense, elles n'ont pas hésité à procéder à leur énumération.

29. L'énumération des droits de la défense. Les droits de la défense constituent une notion composite. Pour certains auteurs si les droits de la défense sont difficiles à appréhender c'est du fait de ce caractère composite[100]. Les dispositions internes, européennes et internationales ne font que lister les droits qui participent à la réalisation de la défense. Cette manière de procéder n'est pas fortuite, car en listant les droits concernés, ils évitent d'encadrer, de limiter les droits de la défense. D'ailleurs, l'emploi de l'adverbe « *notamment* » qui précède la plupart des dispositions relatives aux droits de la défense en est une parfaite illustration. L'article 6§3 de la CESDH utilise cet adverbe en soulignant que *« tout accusé a droit notamment »*[101]. Le PIDCP ne fait pas mention de cet adverbe, mais la tournure de l'article 14§3 laisse penser que ces droits cités par l'article ne sont pas limitatifs. En effet, l'article dispose que « *toute personne accusée d'une infraction pénale a droit, en pleine égalité, au moins aux garanties suivantes* »[102]. L'expression « *au moins* » utilisée par le PIDCP démontre que les droits cités ne constituent qu'un minimum au regard de tous les droits existants et participants à la défense de la personne. Si le caractère non limitatif des droits de la défense est partagé par plusieurs sources, leur consécration n'est pas cependant uniforme, elle est variable selon les sources.

30. Une consécration des droits de la défense variable selon les sources. Il est aujourd'hui unanimement admis que les droits de la défense font l'objet d'une consécration dans toutes les branches du droit. À l'aune du procès équitable, cette consécration devient un impératif pour tout État démocratique. Aucun État n'est insensible à l'équité procédurale surtout au respect des droits de la personne auteur d'une infraction pénale. M. Roussel note sur ce point que « *le procès équitable correspond bien à l'introduction de l'équité dans le procès au profit du justiciable : le suspect* »[103]. L'équité passe par la reconnaissance de droits à la personne suspecte afin qu'elle puisse faire face à l'accusation. Ces droits qui renvoient à la défense sont d'origines diverses, ils peuvent être consacrés

---

[100] F. DESPORTES, L. LAZERGES-COUSQUER, *Traité de procédure pénale*, 4e éd. Economica, 2015, p. 328.

[101] V. Art. 6 CESDH.

[102] V. Art. 14§3 PIDCP.

[103] G. ROUSSEL, *Suspicion et procédure pénale équitable*, éd Harmattan, 2010, p. 20 et s.

par un texte ou par la jurisprudence. Cette consécration variable selon les sources n'affecte en rien la juridicité des droits consacrés. Qu'ils soient d'origine légale ou jurisprudentielle, les droits de la défense bénéficient d'un même degré de protection et leur atteinte sanctionnée. La Cour européenne des Droits de l'Homme (CEDH) a consacré des droits de la défense que la CESDH ne prévoit pas et ces droits consacrés ont la même force juridique que les autres dispositions de la Convention. Parmi les droits consacrés, on peut citer le droit à l'information. La personne doit connaître la nature de l'infraction.

31. Une information relative à la nature de l'infraction. Devant la juridiction de jugement, il est du devoir du juge de communiquer à la personne poursuivie les charges retenues contre elle. En effet, l'article 6§3a de la CESDH et l'article 14 § 3a du PIDCP, prévoient le droit pour l'accusé d'être informé non seulement de la nature, mais aussi de la cause de l'accusation portée contre lui. Selon le Professeur Renucci, « *la nature de l'infraction n'est autre que sa qualification juridique, tandis que la cause de ladite accusation s'entend des faits matériels reprochés à la personne intéressée* »[104]. La CEDH a rappelé dans son arrêt *Pélissier et Sassi contre France* du 25 mars 1999 l'importance pour la personne poursuivie de bénéficier de ces informations[105]. En son absence, le déséquilibre peut naître et risque de mettre « *l'accusé dans une situation désavantageuse au regard de ses accusateurs* »[106]. De plus, le défaut d'information est contraire au principe d'égalité des armes, principe qui veut qu'aucune partie ne soit placée dans une situation qui la désavantage par rapport à son adversaire[107]. L'accusé doit, comme la partie poursuivante, disposer de toutes les informations nécessaires à sa défense, car le droit à l'information est un droit fondamental du procès. Le juge doit non seulement lui notifier la qualification de l'infraction, mais aussi toute

---

[104] J. -F. RENUCCI, *Droit européen des droits de l'homme, droits et libertés fondamentaux garantis par la CEDH*, 7e éd. LGDJ, 2017, p. 495.

[105] CEDH, *Pélissier et Sassi c/ France*, 25 mars 1999, req. n°25444/94, § 51, *D.* 2000, p.3 57, note D. ROETS ; *Rev. trim. dr. h.*, 2000, p. 281, obs. G. FLÉCHEUX et T. MASSIS ; v. aussi : R. KOERING-JOULIN, « Droit à être informé de l'accusation », *RSC.*, 1997, p. 479.

[106] G. BETROM, *Le principe d'égalité des armes au sens de la Convention européenne des droits de l'homme*, thèse, Montpellier 1, 2006, p. 164.

[107] CEDH, *Werner c/ Autriche*, 24 novembre 1997, req. 21835/93, § 65, *JCP. G.*, 1998, chron. F. SUDRE ; v aussi : J.-P. DINTILHAC, « L'égalité des armes dans les enceintes judiciaires », www.courdecassation.fr ; J.-F. RENUCCI, « La requalification des faits doit respecter les droits de la défense », *RSC*, 2004, p. 966.

requalification[108] des faits initialement retenus et si la personne n'est pas en mesure de comprendre la langue du tribunal, la désignation d'un interprète est nécessaire.

32. Le droit à un interprète. Le droit à un interprète figure parmi les droits de la défense, car il est essentiel que la personne poursuivie qui ne parle pas la langue du tribunal puisse bénéficier d'un interprète qui se chargera de lui traduire en toute fidélité l'ensemble des éléments nécessaire à sa défense. Cette traduction ne se limite pas seulement aux paroles échangées à l'audience, mais doit aussi concerner les pièces de la procédure utile à la défense[109]. C'est ce qui ressort d'ailleurs de l'arrêt de la CEDH *Kamasinski contre Autriche* du 19 décembre 1989[110]. Dans l'administration des preuves, il est nécessaire autant pour le juge que pour l'accusé que leur échange soit compréhensible. Il peut arriver que le juge ne parle pas la langue de la personne poursuivie ou que cette dernière ne parle pas la langue du tribunal d'où la nécessité d'un interprète. Le Comité des droits de l'homme des Nations Unies a eu à se

---

108S. GUINCHARD, T. DEBARD, *Lexique des termes juridiques*, 25e Dalloz, 2017, p. 946 ; J.-L. LENNON, « Saisine du juge correctionnel et requalification des faits », *D.*, 2008, p. 1805 ; C. SAAS, « La requalification face au respect du procès équitable », *AJ. Pén.*, 2007, p. 87 ; D. ROETS, « Le pouvoir de requalification du juge pénal à l'épreuve de la Convention européenne des droits de l'homme », *D.*, 2000, p. 357 ; J. F. RENUCCI, « Requalification des faits et convention européenne des droits de l'homme », *RSC.*, 2008, p. 984 ; CEDH, *Pélissier et Sassi c/ France*, déjà cité § 56 ; v. aussi : CEDH, *Le Pen c/ France*, 10 mai 2001, req. n° 55173/00 ; CEDH, *Drassich c/ Italie*, 11 décembre 2007, req. n° 25575/04 ; § 34 ; CEDH, *Giosakis c/ Grèce*, 3 mai 2011, req. n° 5689/08, § 29 ; CEDH, *Mattoccia c/ Italie*, 25 juillet 2000, req. n° 23969/94, § 60 ; Comm. EDH, *Guy Boyadjian c/ France*, 13 octobre 1993, req. n° 21167/93 ; CDH, *Leroy Morgan et Samuel Williams c/ Jamaïque*, 25 novembre 1998, n° 720/96, § 7.1 ; Cass. crim., 6 décembre 1972, Bull. crim. n° 380, *D.*, 2008, p. 109, chron. D. CARON et S. MÉNOTTI ; Cass. crim., 16 mai 2001, Bull. n° 128, *D.*, 2002, p. 31, note B. LAPÉROU-SCHENEIDER ; *Dr. pén.* 2001, comm. 109, A. MARON ; v. aussi : C. FONTEIX, « Requalification : exigence de respect des droits de la défense », *Dalloz actualité*, 6 novembre 2004 ;

109 C. GUERY, B. LAVIELLE, *Guide des audiences correctionnelles*, 2eéd., Dalloz, 2017, p. 293 et s ; J.-L SAURON, A. CHARTIER, *Les droits protégés par la Convention européenne des droits de l'homme*, éd. Gualino, 2014, p. 188 et s.

110 CEDH, *Kamasinski c/ Autriche*, 19 décembre1989, req. 9783/82, § 74 ; v. sur ce point : J.-P. COSTA, « Les droits de la défense selon la jurisprudence de la Cour européenne des droits de l'homme », *Gaz. Pal.*, 5 octobre 2002, n° 278, p. 4 ; S. MONJEAN-DECAUDIN, « Les fonctions de la traduction dans le mandat d'arrêt européen », *Gaz. Pal.*, 24 décembre 2009, n° 358, p. 55.

prononcer sur ce problème relatif à la présence d'un interprète dans trois affaires concernant la France. Elle note que « *l'obligation de respecter le droit à un procès équitable n'oblige pas non plus les États partis à mettre les services d'un interprète à la disposition d'un individu dont la langue maternelle n'est pas la même que la langue officielle du tribunal si l'intéressé peut comprendre cette langue et s'exprimer correctement dans cette langue* »[111]. La chambre criminelle de la Cour de cassation, depuis le CIC, a retenu ce principe[112] et ne cesse de le réitérer dans nombreux arrêts. Il appartient à l'État de rendre ce droit effectif en permettant à la personne poursuivie un accès gratuit à un interprète[113]. L'interprétation et la traduction des pièces de la procédure permettent une bonne réception de l'information par la personne qui ne parle pas la langue du tribunal[114]. C'est une fois l'information reçue de la manière la plus détaillée que la mise en œuvre de la défense pourra prendre place. La personne pourra en dehors de certaines hypothèses se défendre seule.

33. La défense personnelle de la personne poursuivie. La personne poursuivie devant le tribunal peut prévoir de se défendre seule face à l'accusation. Ce droit découle des articles 6§3 c de la CESDH[115] et 14§ 3d du PIDCP[116]. Le droit reconnu à toute personne poursuivie de se défendre seule est prévu aussi au niveau interne. Il peut arriver cependant au regard de la complexité de l'affaire, comme en matière criminelle, que le tribunal ne respecte pas la volonté de la personne poursuivie en lui désignant un avocat. Cette représentation forcée comme le note M. Sicilianos, « *vise à préserver les intérêts de l'accusé* »[117] et est admise par la jurisprudence européenne[118]. L'exigence d'une défense obligatoire n'est pas propre à la procédure pénale, car la procédure civile

---

[111] V. sur ce point J. DHOMMEAUX, « Le Pacte relatif aux droits civils et politiques et le breton », *Revue Juridique de l'Ouest*, 1991, vol. 4, n° 4, p. 519-523 ; v. aussi L. HENNEBEL, *La jurisprudence du Comité des droits de l'homme des Nations Unies*, éd. Bruylant, 2007, p. 223 et s.

[112] Cass. crim., 16 février 1860, Bull. crim. n° 41.

[113] J.-L. SAURON, A. CHARTIER, *op.cit.*, p. 188 et s.

[114] P. GILLIAUX, *op. cit.*, p. 865.

[115] Art. 6§3c CESDH : « *Tout accusé a droit* [...] *de se défendre lui-même* [...] ».

[116] Art. 14§3d PIDCP : « *Toute personne a droit* [...] *à être présente au procès et à se défendre elle-même* [...] »

[117] L.-A. SICILIANOS, « Conv. EDH, art. 6 : La protection du droit à un procès équitable dans la jurisprudence de la Cour européenne des droits de l'homme », *Rép. Dr. Eur.*, 2017.

[118] CEDH, *Croissant c/ Allemagne*, 25 septembre 1992, req. n° 13611/88, § 29.

le prévoit au regard de l'article 18 du Code de procédure civile (CPC)[119]. Les droits de la défense de l'accusé doivent être protégés par la juridiction de jugement. Dans les cas où l'intervention d'un tiers est nécessaire pour assurer la défense de la personne poursuivie, le tribunal se chargera via le bâtonnier de le désigner. L'intéressé peut lui aussi solliciter la présence de l'avocat pour mieux assurer sa défense.

34. L'assistance d'un avocat. Pour certains auteurs, les droits de la défense renvoient à l'avocat[120]. Dans sa thèse, M. Bolze note que le droit à l'avocat « *est présenté comme la première manifestation des droits de la défense* »[121]. Au regard de la notion de procès équitable, le droit à l'avocat semble être un droit inhérent au procès pénal et ne s'applique pleinement que lorsqu'une juridiction de jugement est saisie. C'est ce qui ressort du droit international et européen. En effet, le PIDCP de même que la CESDH reconnaissent respectivement aux articles 6§3 c et 14 § 3d le droit de toute personne poursuivie devant un tribunal d'être assisté par un avocat. Dans l'optique de faciliter la défense de la personne poursuivie, il est prévu qu'elle s'entretienne en toute confidentialité avec son conseil sans qu'il ne soit possible de la priver de cette assistance. À l'image des exigences découlant de la notion d'interprète, si la personne poursuivie ne dispose pas de moyens suffisants, elle doit en bénéficier gratuitement dans la mesure où parfois c'est de la présence de l'avocat que dépend l'équité de la procédure. Mais encore faut-il que le principe du contradictoire soit respecté.

35. Une procédure contradictoire. Que la défense soit mise en œuvre par la personne poursuivie toute seule ou par l'intermédiaire d'un avocat, le principe du contradictoire doit s'appliquer sous peine d'entraver l'équité de la procédure. Même si sa relation avec les droits de la défense a fait l'objet de polémique[122], le principe du contradictoire est reconnu ainsi que le note le Professeur Ambroise-Castérot, comme « *un*

---

119 « *Les parties peuvent se défendre elles-mêmes, sous réserve des cas dans lesquels la représentation est obligatoire* », art 18 CPC.

120 Y. CAPDEPON, *Essai d'une théorie générale des droits de la défense*, éd. Dalloz, 2013, p. 145.

121 P. BOLZE, *Le droit à la preuve contraire en procédure pénale*, thèse, Nancy 2, 2010, p. 76.

122 Y. CAPDEPON, *op. cit.*, p. 25 et s ; M. GUERRIN, « Nullité de procédure », *Rép. Pén.*, juin 2015 ; A. CAPELLO, « Question prioritaire de constitutionnalité », *Rép. Pén. D.*, juin 2015.

principe directeur de l'instance et un principe général de droit»[123]. Ce principe rejoint celui du droit à l'information dans la mesure où il implique que la copie du dossier soit transmise à la personne poursuivie qui se défend seule[124] ou à l'avocat dans le but d'assurer le principe de l'égalité des armes[125]. L'accès au dossier permet la réalisation du contradictoire. Aussi bien les juridictions externes comme internes reconnaissent la valeur de ce principe dans la réalisation de l'équité de la procédure. Le Comité des Droits de l'Homme des Nations Unies dans l'affaire *Dieter Wolf contre Panama* rappelle que le procès équitable ne peut se tenir en l'absence du contradictoire[126]. Cette position est également tenue par la CEDH[127] et par la Cour de cassation[128]. Cette reconnaissance jurisprudentielle s'explique par le fait que le droit au contradictoire renvoi à plusieurs autres droits comme celui de faire appel aux témoins[129].

36. L'appel aux témoins. Ce droit reconnu à la personne poursuivie est une manière de lui donner la faculté de participer à la recherche des preuves, à la découverte de la vérité. Cette participation se manifeste par le droit de citer et d'interroger les témoins à charge comme à décharge. Cela rejoint un peu le principe du contradictoire parce que le juge ne peut se fonder uniquement sur la déclaration d'un témoin pour condamner la personne poursuivie sans les avoir confrontés au

---

123 C. AMBROISE-CASTEROT, « Des contradictions dans le contradictoire en matière d'expertise pénale », *Mel.* en l'honneur de Jean Burgelin, éd. Dalloz 2008, p. 19 ; C. AMBROISE-CASTEROT, *La procédure pénale*, éd. Gualino, 2007, p. 340 et s. ; F. MATHIEU, « *Avant le procès équitable : la place du contradictoire dans la procédure pénale française depuis l'époque médiévale* », *Le contradictoire dans le procès pénal nouvelles perspectives*, actes de colloque organisé le 8 décembre 2011 Institut de Sciences Criminelles de Grenoble (ISCG), p. 13 et s.

124 M. GUERRIN, « Nullité de procédure », *Rép. Pén.*, juin 2015, J. LARGUIER, P. CONTE, *op.cit.*, p. 339

125 M. LENA, « Jugement », *Rép. Pén. D.*, octobre 2013.

126 CDH, *Dieter Wolf c/ Panama*, 30 janvier 1988, n° 289/1988, § 6.6.

127 CEDH, *Brandstetter c/ Autriche*, 28 août 1991, req. n° 11170/84 ; 12876/87, § 66 ; 13468/87 ; CEDH, *Mantovanelli, c/ France*, 18 mars 1997, req. n° 21497/93, § 33, *RTD Civ.*, p. 1008, obs. J.-P. MARGUÉNAUD et J. RAYNARD ; v. aussi : J.-F. RENUCCI, « L'expertise pénale et la Convention européenne des droits de l'homme », *JCP. G.*, 2000, p. 850 et s.

128 Cass. crim., 21 décembre 1987, Bull. crim. n° 475 ; Cass. crim., 12 juin 1996, Bull. crim. n° 248.

129 F. SUDRE, *Droit européen et international des droits de l'homme*, 13e éd. refondue PUF, 2016, p. 664 et s.

préalable[130]. Ce droit revêt une importance particulière dans le respect du procès équitable[131]. Il est aussi bien prévu au niveau interne[132] qu'au niveau externe. La CEDH au regard de l'article 6§3 exige le respect de ce droit[133] de même que la Cour de cassation[134]. Il faut cependant remarquer que cette exigence de respect du droit à la personne poursuivie de faire appel aux témoins connaît des limites. C'est le cas par exemple, si les témoins sont introuvables, si c'est fantaisiste ou si les témoins ont été déjà entendus[135]. Mais encore, parmi les droits auxquels le suspect doit bénéficier devant un tribunal, figure le droit au silence. Ce droit permet de lutter contre certaines formes d'aveux.

37. L'exclusion de l'aveu. L'établissement de la culpabilité ne devrait point découler de l'utilisation d'une quelconque coercition amenant la personne poursuivie à s'autoaccuser. Certains auteurs n'ont pas hésité à souligner l'inconvénient d'un tel procédé qui serait source d'erreur judiciaire[136]. C'est sans doute ce qui explique aussi bien au niveau interne qu'international et Européen, la consécration du droit de garder le silence et faire obligation à la juridiction de jugement de notifier ce droit dès l'ouverture des débats[137]. Ce droit de se taire, qui participe à l'équité de la procédure, est consacré expressément au niveau

---

130 M. GIACOPELLI, Y. JOSEPH-RATINEAU, « Témoin », *Rép. Pén.*, septembre 2015 ; J.-F. RENUCCI, « L'importance du droit d'interroger les témoins à charge », *D.*, 2004, p. 988.

131 J.-F. RENUCCI, « Le droit aux témoins et les exigences du procès équitable », *RSC.*, 2004, p. 965 ; M. GIACOPELLI, Y. JOSEPH-RATINEAU, « Témoin », *Rép. Pén. D.*, septembre 2015.

132 J. PRADEL, « Droit de l'accusé ou du prévenu d'interroger ou de faire interroger des témoins lors de l'audience, *D.*, 1991, p. 213.

133 CEDH, *Saidi c/ France*, 20 septembre 1993, req. 14647/89, § 43,», *RSC.*, 1994, p. 142, obs. L.-E. PETTITI ; *JCP G.*, 1994, p. 75, note P. CHAMBON ; CEDH, *Gokbulut c/ Turquie*, 29 mars 2016, req. n° 7459/04, *Dalloz actualité*, 31 mars 2016, obs. A. PORTMANN.

134 Cass. crim., 4 mars 2014, Bull. crim. n° 62, *Procédures*, n° 4, avril 2014, comm. 120, « *Le tribunal doit répondre aux conclusions en vue d'entendre un témoin* », A.-S. CHAVENT-LECLÈRE.

135 J. PRADEL, « Droit de l'accusé ou du prévenu d'interroger ou de faire interroger des témoins lors de l'audience, *D.*, 1991, p. 213.

136 P. DURNEAU-JOSETTE, « Convention européenne des droits de l'homme (jurisprudence de la Cour européenne des droits de l'homme en matière pénale) », *Rép. Pén.*, octobre 2013.

137 Art. 406, 328, 512 CPP ; Cass. crim., 8 juillet 2015, n° 14-85.699, *Dalloz actualité*, n°178, 29 juillet 2015, obs., L. PRIOU-ALIBERT.

international par l'article 14 § 3g du PIDCP. Si ce droit n'est pas explicitement mentionné par la CESDH, il apparaît dans la jurisprudence de la CEDH et figure parmi les droits de la défense. D'ailleurs, les professeurs Renucci et Sudre le placent parmi les « *garanties implicites* » participant à la défense de l'accusé[138]. La juridiction ne peut donc exiger de l'accusé de lui fournir des éléments de nature à retenir sa culpabilité[139], elle doit éviter toute extorsion d'aveu et respecter le droit au suspect de se taire et de ne pas participer à son incrimination. L'exercice de ce droit, en dépit des limites fixées[140], ne doit pas compromettre la défense de la personne poursuivie. La juridiction de jugement ne peut présumer la culpabilité du prévenu ou de l'accusé sur le simple fait pour celui-ci d'user de son droit de se taire.

38. La prise en compte du silence par la juridiction. L'usage par l'accusé ou le prévenu de son droit de garder le silence a toujours été perçu comme le signe d'une reconnaissance de culpabilité. Certains auteurs considèrent que « *l'innocence ne se prévaut jamais du droit au silence, elle réclame le droit de parler comme le crime invoque le privilège de se taire* »[141]. À l'aune du procès équitable, une telle assertion semble dépassée. Aucune juridiction ne peut asseoir une condamnation sur le simple fait pour l'accusé d'user de son droit de se taire. C'est d'ailleurs ce que rappelle la chambre criminelle de la Cour de cassation française qui suit la logique de la CEDH. La Haute Cour avait retenu dans sa décision du 1 octobre 2008 que « *le fait que le prévenu ne reconnaisse pas sa culpabilité ne saurait constituer un motif de nature à justifier le prononcé d'une peine d'emprisonnement sans sursis* »[142]. Dans cette décision, la personne poursuivie refusait de

---

138 J. F. RENUCCI, *Droit européen des droits de l'homme*, 7e éd. LGDJ, 2017, p. 506 ; F. SUDRE, *Droit européen et international des droits de l'homme*, 13e éd. refondue, PUF, 2016, p. 651.

139 CEDH, *Funke c/ France*, 25 février 1993, req. n° 10588/33, § 44, *JCP G.*, 1994, p. 108 et s., note F. SUDRE ; *Gaz. Pal.*, 24 mai 2012, n° 145, p. 44, note L. DONNEDIEU DE VABRES-TRAINE.

140 « *Le droit de garder le silence, cependant, n'est pas absolu, et il faut tenir compte de l'ensemble des circonstances, notamment du poids accordé aux divers éléments de preuve, pour rechercher si le fait de tirer de son silence des conclusions défavorables à l'accusé enfreint l'article 6* », F. SUDRE, *Droit européen et international des droits de l'homme*, 13e éd. refondue, PUF, 2017, p. 653 ; « *le droit de garder le silence n'est pas un droit absolu. Il convient de nuancer en fonction des circonstances et de l'objet même dudit droit* », P. GILLIAUX, *op.cit.*, p. 772.

141 Cité par P. BOLZE, *Le droit à la preuve contraire en procédure pénale*, thèse, Nancy 2, 2010, p. 29.

142 Cass. crim., 1er octobre 2008, Bull. crim. n° 201.

participer à son incrimination, ce que la Cour de cassation admet largement. Il n'appartient pas à la personne poursuivie d'établir sa culpabilité, il peut ne pas participer à l'établissement des preuves s'il n'y va pas de son intérêt. Il ne doit pas s'auto-incriminer, il doit bénéficier du principe de la présomption d'innocence.

39. La présomption d'innocence. Il est reconnu que le droit de se taire est « *étroitement lié au principe de la présomption d'innocence* »[143]. S'il est légitimement admis que la personne n'est coupable qu'après une décision définitive provenant d'une juridiction impartiale, indépendante et légalement composée, elle demeure donc innocente jusqu'à l'arrivée de cette sentence et par conséquent elle peut laisser à l'accusation le soin de prouver l'existence de l'infraction. Le Professeur Ambroise-Castérot parlant de la présomption d'innocence retient d'ailleurs qu'elle « *peut être considérée comme une dispense de preuve au profit de la personne poursuivie* »[144]. Il revient donc à l'accusation de produire seule ses éléments de preuve devant la juridiction de jugement. L'importance de ce principe n'est plus discutable dans le procès pénal. Il est reconnu comme principe à valeur constitutionnelle au regard de l'article 9 de la Déclaration des droits de l'homme[145], principe directeur du procès pénal au regard de l'article préliminaire du CPP, mais aussi élément incontournable du procès équitable au regard des articles 6§2 de la CESDH, de l'article 14§2 PIDCP, et 48 § 1 de la CDFUE. La présomption d'innocence participe ou encore facilite la défense de la personne poursuivie dans la mesure elle fixe les modalités d'administration de la preuve. Elle fait peser la charge de la preuve sur la partie poursuivante et non sur la personne poursuivie. Ce qui suppose que la juridiction de jugement doit, avec l'accusation, sans la participation de la personne poursuivie, établir la véracité des éléments probatoires recueillis pour entrer en voie de condamnation. Cependant, l'établissement de ces éléments ne doit pas se faire en violation des droits du suspect, il doit se faire dans une loyauté certaine.

40. La loyauté dans l'établissement de la preuve. Comme Motulsky, il est reconnu par plusieurs auteurs que la loyauté est l'une des

---

143 P. DOURNEAU-JOSETTE, « Convention européenne des droits de l'homme (Jurisprudence de la Cour européenne des droits de l'homme), *Rép. Pén.*, octobre 2013.

144 C. AMBROISE-CASTEROT, « Présomption d'innocence », *Rép. Pén.*, octobre 2013.

145 V. MASSOL, *La présomption d'innocence*, thèse, Toulouse 1, T. 1, 1996, p. 23 ; C. LAZERGES, « La présomption d'innocence en Europe », *Arch. pol. crim.*, 2004/1, n°26, p. 230 et s.

composantes des droits de la défense[146]. Mme Boursier note d'ailleurs que « *le principe général de loyauté est une composante du principe des droits de la défense, mais aussi un instrumentum de leur articulation pour préserver la teneur protectrice de ses composantes et la finalité effective du principe des droits de la défense comme entité fondatrice du procès équitable* »[147]. Confier à l'accusation l'établissement des preuves profite certes à l'accusé, mais il faut des garanties qui l'entourent. Et parmi ces garanties, figure la loyauté. En effet, ce n'est pas parce que la personne poursuivie a usé de son droit au silence que les preuves doivent être produites de manière déloyale[148]. Le juge doit dans l'établissement des preuves agir loyalement, de manière à ce que l'ensemble des preuves contre la personne poursuivie soit recueilli sans ruse, stratagème ou coercition[149]. L'application du principe du contradictoire implique un débat loyal entre l'accusation et la défense devant la juridiction. Il appartient au juge de veiller à cette loyauté. Devant donc la juridiction de jugement, du CIC à nos jours, la personne poursuivie, grâce au système accusatoire bénéficie de droits pour se défendre et d'un juge indépendant et impartial chargé de lui notifier ces droits et de veiller à leur respect. Jusqu'à une période récente, une telle conception des droits de la défense n'était pas admise dans l'enquête policière. Mais qu'est-ce que l'on entend par police ?

41. La notion de police. La police est « *une des plus anciennes institutions de protection sociale, elle est aussi une des plus vieilles représentations de la puissance publique* [...] »[150]. Le premier constat, en analysant cette notion, est son caractère polysémique[151]. Un caractère polysémique que relève M. Buisson dans sa thèse relative à « L'acte de police ». Selon lui, « *la police est l'un des termes les plus généraux qu'il soit* »[152]. L'auteur poursuit en affirmant que « *celui qui veut entreprendre l'étude de la notion de police bute sur des obstacles du vocabulaire* »[153]. Ainsi note-t-on plusieurs approches de la notion

---

146 M.-E. BOURSIER, *Le principe de loyauté en droit processuel*, éd. Dalloz, 2003, p. 310 ; A. DECOCQ, J. MONTREUIL, J. BUISSON, *Le droit de la police*, éd. Litec, 1991, p. 496.

147 M.-E. BOURSIER, *op.cit.*, p. 310.

148 M.-E. BOURSIER, *op.cit.*, p. 153 et s. ; Y. CAPDEPON, *op.cit.*, p. 175 et s.

149 J. BUISSON, « Preuve », *Rép. Pén. D.*, janvier 2016 ; S. RAYNE, « Perquisition saisie visite domiciliaire », *Rép. Pén. D.*, janvier 2016.

150 V. HREBLAY, *La police judiciaire*, Que sais-je, éd. PUF, 1988, p. 11 ; v. aussi E. PICARD, *La notion de police administrative*, vol. 1, éd univ. Rouen Havre, 1984, p. 455.

151 V. G. CORNU, *Vocabulaire juridique*, 12e, éd., PUF, 2018, p. 773 et s.

152 J. BUISSON, *L'acte de police*, T. 1, thèse, Lyon 3, 1988, p. 21 et s.

153 *Ibid.*

de police[154]. Concernant l'approche juridique de cette notion, celle-ci laisse paraître deux polices, à savoir une police administrative et une autre police dite judiciaire.

42. La police administrative. Si la notion de police administrative est protéiforme comme le souligne M. Buisson[155], sa finalité est partagée par plusieurs auteurs. En effet, il est reconnu que le but de la police administrative est la protection de l'ordre public[156]. Cette notion d'ordre public renvoie à la tranquillité, la sécurité et la salubrité publiques[157]. Cette trilogie caractérise de manière générale la police administrative même si elle demeure pour certains auteurs « *une conception purement extérieure* »[158]. La police administrative doit agir en amont afin d'éviter le trouble à l'ordre public ou encore en aval pour rétablir l'ordre en cas de trouble[159]. Cette tâche est placée sous la responsabilité du pouvoir exécutif. Le caractère préventif des actes de police administrative permet souvent de les distinguer des actes de la police judiciaire[160].

43. La police judiciaire. La police judiciaire, contrairement à la police administrative, est caractérisée par la répression[161]. Ce caractère apparaît dans la définition fonctionnelle[162] consacrée par l'article 14 du

---

154 *Ibid.*

155 J. BUISSON, *op. cit.*, p. 217.

156 M. LOMBARD, G. DUMONT, J SIRINELLI, *Droit administratif*, 12e éd., Dalloz, 2017, p. 356 ; M.-C. ROUAULT, *Droit administratif et institutions administratives*, 4e éd., Larcier, 2017, p. 266 ; J. MORAND-DEVILLER, P. BOURDON, F. POULET, *Droit administratif*, 15e éd., LGDJ, 2017, p. 640 ; H. VLAMYNCK, *Droit de la police*, 6e éd., Vuibert, 2017, p. 3 et s. ; J. LARGUIER, PH. CONTE, *Procédure pénale*, 24e éd., Dalloz, 2016, p. 66 ; J. LEROY, *Procédure pénale*, 5e éd., LGDJ, 2017, p. 90 et s. ; R. VANDERMEEREN, « Police », *Rép. Resp. Puis. Publ.*, avril 2017 ; J. BUISSON, « Police judiciaire dispositions générales. Direction, surveillance et contrôle de l'autorité judiciaire. Officiers de police judiciaire », *J. Cl. proc. pén.*, Fasc. 20.

157 J. MORAND-DEVILLER, P. BOURDON, F. POULET, *op. cit.*, p. 640.

158 M. LOMBARD, G. DUMONT, J SIRINELLI, *op. cit.*, p. 357.

159 C. RENAULT-BRAHINSKHY, *Procédure pénale*, 18e éd., Gualino, 2017, p. 47.

160 Sur ce point v., la thèse de L. BEAULAC, *La distinction police administrative et police judiciaire conserve-t-elle une utilité*, thèse, Pau, (Dir.) P. BON, 2001 ; v. aussi : M.-C. ROUAULT, *op. cit.*, p. 266.

161 Selon M. Roussel, « *l'activité de police judiciaire possède donc une finalité répressive, déjà dans le code d'instruction criminelle qui disposait que la police judiciaire recherche les crimes, les délits et les contraventions, en rassemble les preuves et en livre les auteurs aux tribunaux chargés de les punir* », G. ROUSSEL, « Police judiciaire », *Rép. pén.*, 2017.

162 « *La police judiciaire a aussi une définition fonctionnelle fournie essentiellement par l'article 14 du code de procédure pénale* », v. H. VLAMYNCK, *op. cit.*, p. 4.

CPP qui dispose que la police est chargée « *de constater les infractions à la loi pénale, d'en rassembler les preuves et d'en rechercher les auteurs tant qu'une information n'est pas ouverte* ». À cette conception fonctionnelle s'est adjointe une conception organique de la police découlant de l'article 15 qui détermine les membres composant la police judiciaire[163]. *A priori*, procéder la distinction police administrative et police judiciaire semble évidente. Entre prévention et répression, séparer les fonctions de police administrative de celles de police judiciaire devient tâche aisée. Mais la réalité est toute autre. Des difficultés existent dans la mise en œuvre de cette distinction.

44. Les difficultés tenant à la distinction entre police administrative et police judiciaire. Cette distinction entre police administrative et police judiciaire tirée du Code du 3 brumaire an IV[164] a toujours été source de discorde. Au sein de ce même code, la distinction entre police administrative et police judiciaire est bien mentionnée[165]. La séparation entre ces deux polices n'est pas fortuite, elle a pour objectif de distinguer deux ordres de juridiction, à savoir la juridiction administrative d'une part et la juridiction judiciaire d'autre part[166]. Les actes de police administrative relèvent des juridictions administratives alors que les actes de police judiciaire relèveraient des tribunaux de l'ordre judiciaire. Mais les deux polices entretiennent des rapports étroits à tel point que les distinguer devient une opération délicate. Ce sont en effet les mêmes hommes qui assurent tantôt la mission de police judiciaire et tantôt la mission de police administrative. De plus, les opérations entre police administrative et police judiciaire peuvent être tellement proches, voire liées[167], que les distinguer devient une opération périlleuse[168]. Si des

---

163 *Ibid.*

164 J. BUISSON, « Les leçons de l'histoire sur la notion de police judiciaire », in *Une certaine idée du droit*, Mél. en l'honneur du professeur André Décocq, éd. Litec, 2004, p. 38.

165 « *La police se divise en police administrative et police judiciaire. La police administrative a pour objet le maintien habituel de l'ordre public dans chaque lieu. Elle tend principalement à prévenir les délits. La police judiciaire recherche les délits que la police administrative n'a pas pu empêcher de commettre, en rassemble les preuves et en livre les auteurs aux tribunaux chargés par la loi de les punir* », v. J. BUISSON, *L'acte de police*, *op. cit.*, p. 41.

166 L. BEAULAC, *op. cit.*, p. 22 et s. ; J-C. ZARKA, *Les fondamentaux du droit public : Droit constitutionnel, droit administratif, droit de l'Union européenne, droit de la fonction publique*, éd Gualino, 2017, p. 131.

167 Les deux polices à savoir la police administrative et la police judiciaire visent la protection de l'ordre public, v. L. BEAULAC, *op. cit.*, p. 59.

critères ont été posés pour procéder à leur distinction, ces critères deviennent de plus en plus inopérants[169] face à la montée de certaines formes de délinquance comme le terrorisme et les nouvelles lois prises par le législateur accordant des pouvoirs aux autorités administratives et qui, jusqu'alors, relevaient du judiciaire[170]. Notons toutefois que dans le cadre de notre étude, l'accent sera mis sur la police judiciaire. Comment les droits de la défense, qui nécessitent pour leur application et leur respect l'exigence d'un juge indépendant et impartial, peuvent s'appliquer à l'enquête policière qui, comme nous allons le voir, est par nature inquisitoire et ne dispose pas de juge présentant les mêmes qualités que la juridiction de jugement, à savoir un juge du siège indépendant et impartial. Pour répondre à cela, il est nécessaire aussi de procéder à un rappel historique, de démontrer qu'il existait un rejet des droits de la défense non pas dans l'enquête policière, mais dans la phase préparatoire de manière générale.

45. Le rejet des droits dans la phase préparatoire du procès. Initialement, la division de la procédure pénale en phases n'était pas fortuite, car elle obéissait à une logique bien structurée par le législateur français. Pour ce dernier, mettre en place une procédure mixte avec le CIC revenait à cantonner les droits de la défense dans la procédure de jugement qui est accusatoire et favorable à l'exercice des droits de la défense. Dans la phase préparatoire de manière générale, il avait opté pour une procédure inquisitoire. Cette procédure comme nous le démontrerons plus loin est peu favorable à la défense. Mais encore, l'absence de juge du siège constitue un obstacle à l'exercice des droits de la défense. Le juge d'instruction étant un Officier de Police Judiciaire (OPJ) et placé, sous le CIC, sous la direction du parquet, il ne pouvait être comparé au magistrat du tribunal qui présente davantage de garanties. Le législateur, de par cette organisation de la procédure pénale,

---

168 « *On peut partir d'une opération de police administrative pour aboutir à une opération de police judiciaire mais l'inverse est difficilement concevable* », J. BUISSON, *L'acte de police*, *op. cit.*, p. 41.

169 Les critères organique, matériels et finaliste ne permettent pas de procéder à une distinction satisfaisante entre police administrative et police judiciaire. Si le critère finaliste a été plus développé par la jurisprudence et la doctrine, il demeure insatisfaisant, v. L. BEAULAC, *op. cit.*, p. 30 et s.

170 Sur ce point v. : E. RASCHEL, « La sécurité intérieure et la lutte contre le terrorisme entre cadence et décadence : commentaire de la loi n° 2017-1510 du 30 octobre 2017 », *Dr. pénal*, décembre 2017, n°12, p. 7. ; T. HERRAN, « L'impact de la loi relative à la sécurité publique sur la distinction entre la police judiciaire et la police administrative », *AJ. pén.*, 2017, p. 472.

conforte l'idée selon laquelle les droits de la défense sont les droits du procès *stricto sensu* et non de l'avant-procès pénal. Ainsi, sous le CIC de 1808, les droits de la défense étaient-ils exclus de l'instruction comme de l'enquête de police. Du reste, cette dernière n'était pas développée. Il revenait au juge d'instruction de mener les enquêtes et de prononcer les mesures attentatoires aux droits du suspect. La police judiciaire n'agissait qu'en cas de flagrance. Même dans ce cadre, elle ne disposait pas de la possibilité de garder à vue la personne soupçonnée. Elle devait toujours solliciter le juge d'instruction. Cette situation sera vite remise en cause par l'introduction de la défense dans le cabinet du juge d'instruction par la loi Constans du 8 décembre 1897. Cette loi marque ainsi l'affirmation de l'enquête policière.

46. L'affirmation de l'enquête policière. L'hostilité à l'égard droits de la défense pousse les autorités judiciaires à contourner le juge d'instruction pour saisir la police qui va désormais s'arroger des prérogatives du juge d'instruction en développant une nouvelle enquête dite enquête officieuse. Dans cette nouvelle enquête, les autorités policières placées sous la direction du parquet mènent des investigations complètes et placent en garde à vue. L'instruction officielle, à savoir celle menée par le juge d'instruction, se trouve désormais concurrencée par une instruction dite officieuse menée par la police judiciaire. Celle-ci était officieuse eu égard au fait qu'aucune disposition du CIC ne la prévoyait puisqu'elle découlait d'une pratique policière. Autrement dit, la police agissait dans l'illégalité. Puis, le législateur, face aux critiques adressées à l'enquête officieuse, est venu lui donner une base légale, mais aussi reconnaître à la police le pouvoir de placer une personne en garde à vue. Si le contournement des droits de la défense a été aussi facile, c'est parce que l'enquête de police se rapproche largement de l'instruction.

47. Le rapprochement des actes de police judiciaire avec ceux de l'instruction. La police judiciaire avait procédé à un « copié-collé » de l'instruction. Si cette dernière était inquisitoire, c'est-à-dire caractérisée par le secret, l'écrit et l'absence de contradiction, la police judiciaire, dans l'enquête officieuse, avait posé les mêmes principes. Les mêmes actes que l'on retrouvait en instruction devenaient possibles dès la mise en œuvre de l'enquête officieuse. Et cette situation n'épargne pas notre procédure pénale actuelle qui prévoit des transferts de compétence entre le juge d'instruction et la police judiciaire. Ces transferts s'opèrent dans le cadre d'une commission rogatoire[171]. Durant ces commissions rogatoires, la police accomplit des actes à la place du juge d'instruction. Ces actes ne sont pas différents de ceux qu'effectue la police dans le cadre d'une enquête préliminaire ou encore dans le cadre d'une enquête de flagrance. Les actes sur les personnes comme les investigations matérielles sont présents dans les deux types d'enquêtes. La désignation du juge d'instruction comme OPJ n'est pas fortuite. Celle-ci se justifie en effet par le fait que ce juge, à l'instar des OPJ, mène des investigations pour élucider les faits objet de l'instruction. Mais depuis la loi Constans, l'enquête de police a pris le dessus sur l'instruction et la police accomplit des actes d'investigations qui ne sont pas sans conséquence sur les droits de la défense.

48. Les actes de police judiciaire et les droits de la défense. La police judiciaire dispose de plusieurs moyens ou techniques pour mener ses enquêtes. En cas d'existence d'une infraction pénale, elle peut ouvrir une enquête préliminaire[172] ou encore une enquête de flagrance[173] si les conditions relatives au flagrant délit sont réunies. Elle peut aussi opter pour une procédure dérogatoire dès lors que l'infraction rentre dans la catégorie de celles visées à l'article 706-73 du CPP[174]. L'ensemble de ces opérations n'est pas sans conséquence sur les droits fondamentaux de la personne suspecte, droits parmi lesquels figurent les droits de la défense. Les actes concernant les personnes comme la garde à vue, les auditions, les confrontations, les arrestations pour ne citer que ceux-là, sont en effet autant de sources d'atteintes aux droits de la défense. De la même manière que les investigations matérielles comme les perquisitions, les saisies, les fouilles, les écoutes ou encore la géolocalisation sont aussi des

---

[171] J. LARGUIER, P. CONTE, *Procédure pénale*, 24eéd. 2017, Dalloz, p. 241 ; B. BOULOC, *Procédure pénale*, 26eéd. Dalloz, 2017, p. 822 ; B. BOULOC, H. MATSOPOULOU, *Droit pénal général et procédure pénale*, 20eéd. Dalloz, 2016, p. 412 et s ; C. GUÉRY, « Commission rogatoire », *Rép. pén.*, 2017 ; C. LOMBOIS, « Commission rogatoire (matière pénale) », *Rép. Dr. Intern.*, 2017.

[172] V. art. 75 et s. ; v. aussi M. BLONDET, « L'enquête préliminaire dans le nouveau code de procédure pénale, *JCP G.*, 1959, p. 1513 ; C. ABROISE-CASTEROT, P. BONFILS, *Procédure pénale*, éd. PUF, 2011, p.263 et s. ; M.-L. RASSAT, *Procédure pénale*, 3eéd., Ellipses, 2017, p. 483 et s. ; J. PRADEL, *Procédure pénale*, 19eéd., Cujas, 2017, p. 601.

[173] V. art. 53 et s. ; v. aussi J. PRADEL, *op. cit.*, p. 609 ; S. GUINCHARD, J. BUISSON, *Procédure pénale*, 10eéd. Lexisnexis, 2014, p. 550 et s. ; J. LEROY, *Procédure pénale*, 5eéd., LGDJ, 2017, p. 349 et s.

[174] Cet article traite « *de la procédure applicable à la criminalité et à la délinquance organisée* »

actes de nature à porter atteinte aux droits de la défense. Ces atteintes sont de plus en plus présentes dans l'enquête policière où aucun droit n'était reconnu au suspect. Comment aujourd'hui les droits de la défense qui sont des droits du procès, de la juridiction de jugement, depuis 1897 ceux de l'instruction, vont s'appliquer à une enquête policière inquisitoire sans juge ? C'est la CEDH qui a été à l'initiative d'une extension des droits de la défense dans l'enquête policière.

49. L'extension des droits de la défense sous l'initiative de la CEDH. Le juge strasbourgeois a très vite saisi la nécessité d'adapter la loi à son époque. Il s'est vite débarrassé de la conception littérale faisant des droits de la défense des droits de la phase de jugement. Dans son arrêt *Tyer contre Royaume-Uni*, il note que *« la Convention est un instrument vivant à interpréter* [...] *à la lumière des conditions actuelles* »[175]. Comme nous allons le voir, le juge européen ne dissocie plus l'enquête du jugement s'agissant du respect de l'article 6 de la CEDH surtout le paragraphe 3 relatif aux droits de la défense. Le procès est en effet désormais apprécié dans son ensemble. De plus, la Cour démontre que les droits de la défense constituent une garantie pour l'équité du procès et de ce fait, qu'ils doivent être observés dès l'enquête policière et non seulement à partir du moment où les poursuites sont engagées. Ce revirement de la part de la CEDH à travers son interprétation dynamique des dispositions de l'article 6 n'a pas été sans effet au niveau interne. En effet, le législateur français n'a pas été insensible à cette nouvelle orientation de la procédure. Ainsi celui-ci procéda à des réformes de son enquête policière pour introduire les droits de la défense qui, jusqu'ici, étaient des droits de « l'après-poursuite », c'est-à-dire de l'instruction et de la phase de jugement.

50. Plan. Dès 1993, le législateur français introduit l'avocat au commissariat. Cette introduction est nécessaire, car sans elle le procès ne serait pas équitable et la démocratie française serait mise à mal. La CEDH le rappelle d'ailleurs dans ses arrêts *Diennet contre France* du 26 septembre 1995[176] et *Werner contre Autriche* du 24 novembre 1997[177], soulignant en effet que le procès équitable figure parmi les exigences

---

175 CEDH, *Tyer c/ Royaume-Uni*, 25 avril 1978, n° 5856/72, §31, *JDI*, 1980, p. 457, obs. P. ROLLAND.

176 CEDH, *Diennet c/France*, 26 septembre 1995, req. n° 18160/91, § 33, *JCP G.*, 1996, p. 101 et s., obs. F. SUDRE.

177 CEDH, *Werner c/ Autriche*, 24 novembre 1997, req. n° 21835/93, § 45, *JCP G.*, 1998, p. 177 et s., obs. F. SUDRE.

d'un État démocratique[178]. Mais le législateur français peine à insérer convenablement les droits de la défense dans l'enquête policière. Cette volonté de conserver le système inquisitoire dans la phase d'enquête demeure toujours présente. C'est pourquoi depuis cette loi de 1993 les réformes qui se sont succédé n'ont pas connu un grand succès. Certes, le législateur insère les droits de la défense dans l'enquête policière, mais toujours de manière limitée (Partie 1). En réalité, le pouvoir législatif devrait procéder à un élargissement de ces droits dans l'enquête policière (Partie 2) en prenant compte leur nécessaire effectivité à travers l'existence d'un juge indépendant et impartial chargé de veiller à leur bonne application et ce, comme dans la phase de jugement.

178 V. aussi, S. GUINCHARD, V. MAGNIER, H. RUIZ-FABRI, L. SINOPOLI, J.-M. SOREL, C. CHAINAIS, C. DELICOSTOPOULOS, L. DELICOSTOPOULOS, M. DOUCHY-OUDOT, F. FERRAND, X. LAGARDE, *Droit processuel. Droits fondamentaux du procès*, 9e éd. Dalloz, 2017, p. 8 et s.

PARTIE I

L'insertion limitée des droits de la défense dans l'enquête policière

51. Une constante hostilité à l'exercice des droits de la défense. L'exercice des droits de la défense dans la phase préparatoire du procès pénal n'était pas posé par les anciennes ordonnances criminelles[179] ni par le Code d'Instruction Criminelle (CIC) de 1808[180]. L'accusé ne pouvait se prévaloir de tels droits, il était face à un juge d'instruction qui initialement était le seul investi de pouvoirs d'enquête[181]. Cette procédure inquisitoire[182], dont la recherche de l'aveu était le fondement, ne tardera pas à faire l'objet de critiques poussant le législateur à introduire l'avocat dans le cabinet du juge d'instruction par une loi du 8 décembre 1897 dite loi Constans. Si certains auteurs apprécièrent cette insertion de la défense dans cette phase du procès, où l'arbitraire du juge a été souvent dénoncé, d'autres comme les magistrats manifestèrent leur hostilité[183] à l'égard de cette nouvelle loi. Pour la Cour de cassation, autoriser la défense en instruction était « *inacceptable* » et « *destructif de toute enquête judiciaire utile* »[184]. Face à cette menace, il fallait donc trouver une alternative pour mener des enquêtes sans que l'inculpé ne puisse bénéficier de droits lui

---

179 J. FOYER, *L'ordonnance de Villers-Cotterêts*, in : Comptes rendus des séances de l'Académie des Inscriptions et Belles-Lettres, 133e année, n°3, 1989, p. 636 – 646 ; Revue historique de droit français et étranger, éd. Auguste Durand, T.4, V. 2, 1858, p.290 ; F. S. PIERRE, *Avocat de la défense*, éd. Odile Jacob, 2009, p.110 – 111.

180 M. DELMAS-MARTY, La mise en état des affaires pénales : sous le code d'instruction criminelle « *aucune disposition n'obligeait le juge à notifier à l'inculpé ni ne prévoyait l'assistance d'un conseil au cours de la mise en état* », La Documentation Française (www.ladocumentationfrancaise.fr).

181 « *Le Code d'instruction criminelle de 1808* [...] *confiait toujours la conduite des enquêtes de façon prépondérante aux magistrats* », B. DUMONTET, « L'avocat et la garde à vue : aspects pratiques et critiques », *AJP*, 2004, p. 275 ; C. ETRILLARD, *Le temps dans l'investigation pénale*, éd. Harmattan, 2004, p.33 ; « *les actes de recherche rassortissaient à la compétence de magistrats qui détenaient les pouvoirs juridictionnels nécessaires pour statuer rapidement sur l'éventualité d'une mesure coercitive prolongée* », J. LEROY, *La garde à vue après la réforme*, Lexisnexis, 2011, p. 1.

182 Dans la procédure inquisitoire le juge joue un rôle actif dans la recherche des preuves, v. C. RENAULT-BRAHINSKY, *Procédure pénale, 18e* éd., Gualino, 2017/2018, p. 26.

183 G. VOGEL, *Lexique de procédure pénale de droit luxembourgeois*, 3e éd., Larcier, 2009, p. 98.

184 V. H. LECLERC, *Un combat pour la justice*, éd. La Découverte, 1994, p. 262 ; J. C FARCY, *Les sources judiciaires de l'époque contemporaine : XIXe – XXe siècles*, éd. Bréal, 2007, p.149 ; G. VOGEL, *op.cit.*, p. 98.

permettant de se défendre, un endroit où recueillir l'aveu, où pousser le suspect à s'auto-incriminer[185].

52. Le recours illégal à l'enquête policière. Dès l'entrée en vigueur du CIC, nous le verrons un peu plus loin, se développait à côté de l'instruction officielle une instruction dite officieuse menée par le parquet et ses auxiliaires. Rappelons que ce Code, en dehors des cas de flagrance, n'avait pas accordé à la police de pouvoirs d'enquête, encore moins de pouvoirs de rétention[186]. La pratique de l'instruction officieuse ou « enquête officieuse » faisait ainsi l'objet de divergences au sein de la doctrine quant à sa légalité. Elle coexistait avec l'instruction officielle et se déroulait presque dans les mêmes conditions. C'est pourquoi, pour contourner la défense introduite en instruction officielle, les magistrats[187] soutenus par une partie de la doctrine[188] s'orientèrent vers cette instruction dite officieuse menée par les OPJ. Ils confièrent ainsi à la police, en dehors de toute légalité, des pouvoirs qui jusque-là relevaient de la compétence du juge d'instruction, faisant de cette phase le lieu où se menait une grande partie des investigations. Cette procédure défavorable au suspect ne tardera pas à être critiquée et remise en cause par des facteurs internes et externes[189], obligeant le législateur à revoir cette phase du procès.

---

185 Avant la loi du 8 décembre 1897, le suspect n'avait aucune défense, le juge d'instruction était à la recherche d'un aveu.

186« *Le code d'instruction criminelle de 1808 ne prévoyait également aucune disposition générale sur l'arrestation policière* [...] », B. DUMONTET, *op. cit.*, p. 275 ; V. aussi F. HELIE, *Traité de l'instruction criminelle ou théorie du Code d'instruction criminelle : De la police judiciaire*, V. 3, éd. Plon, 1886, p.473-502 ; parlant de la police sous le CIC « *la seule véritable enquête qui leur est confiée ne peut être mise en œuvre qu'au cas de crime flagrant, et encore doit-on observer que cette enquête (qui ne comporte pas de mesure de garde à vue) est empruntée aux attributions du procureur* », A. DECOCQ, J. MONTREUIL, J. BUISSON, *Le droit de la police*, éd. Litec, 1991, p. 88.

187 G. TARDE : « *cette loi est mal accueillie par les magistrats qui auront tendance à la tourner en délivrant davantage de commissions rogatoires, transférant une partie de l'information aux mains de la police judiciaire* », cité par J. C. FARCY, *Les sources judiciaires de l'époque contemporaine XIX*e *et XX*e *siècles*, éd Bréal, 2007, p. 149.

188 R. GARRAUD, *Précis de droit de criminel, contenant l'explication élémentaire de la partie générale du Code pénal, du Code d'instruction criminelle et des lois qui ont modifié ces deux codes*, éd. L. Larose et Forcel, 1909, *p.* 713 et s.

189 Les Conventions auxquelles la France adhère invitent les États à assurer au suspect des garanties tout au long du procès. La CEDH est un exemple à travers ses condamnations en cas de violation de droits garantis par la Convention.

53. Une révision incessante et inachevée de l'enquête policière. C'est le Code de Procédure Pénale (CPP) de 1958 qui vient mettre fin au débat relatif à la légalité des actes de police en attribuant une base légale à l'enquête officieuse, qui devient l'enquête préliminaire et la garde à vue. Cette intervention, aussi déterminante qu'elle puisse être, semblait incomplète parce qu'elle ne reconnaissait toujours pas au suspect de droits pour se défendre devant l'OPJ. C'est seulement en 1993 que le législateur se penchait sur son sort en introduisant l'avocat au commissariat. Mais celui-ci, comme nous le verrons plus tard, avait un rôle passif et ne pouvait exercer pleinement une défense effective. Cette situation ne pouvait prospérer face aux conventions internationales auxquelles la France a adhéré et qui veillent au respect des droits fondamentaux du suspect dans le procès pénal. Parmi ces dernières figures la Convention européenne de Sauvegarde des Droits de l'Homme (CESDH) qui, en son article 6, traite du procès équitable et vise en son 3e paragraphe les droits de la défense. Un paragraphe de la Convention dont la Cour européenne des Droits de l'homme (CEDH) vient préciser les contours au gré de l'évolution[190] de la société et invite les États membres à travers l'effet déclaratoire[191] de ses arrêts à accorder au suspect le droit de se défendre, droit sans lequel le procès ne saurait être équitable. Ainsi, pour ne pas s'attirer les foudres de la CEDH, le législateur procéda à des réformes afin de trouver l'équilibre entre l'efficacité de la répression et le respect des droits de la défense[192]. Des réformes et rapports[193] se sont ainsi succédé manifestant une volonté

---

190 « *La convention est un instrument vivant à interpréter à la lumière des conditions de vie actuelles* », CEDH, 25 avril 1978, *Tyrer c/ RU.*, Req. n°5856/72 ; CEDH, 9 oct. 1979, Airey c/ Ireland, Req. n° 6289/73, V. J.-F. RENUCCI, *Introduction générale à la Convention européenne des Droits de l'Homme : droits garantis et mécanismes de protection*, Conseil de l'Europe, 2005, p. 6 ; P. DOURNEAU-JOSETTE, *Quel filtrage des requêtes par la Cour européenne des droits de l'homme*, éd. Council of Europe, 2011, p.110, S. V. DROOGHENBROECK, *La proportionnalité dans le droit de la Convention européenne des droits de l'homme : prendre l'idée simple au sérieux*, éd. Fac St Louis, 2001, p.156.

191 G. de LAVAL, F. BALOT, F. GEORGES, *L'effet de la décision de justice : contentieux européens, constitutionnel, civil et pénal, éd. Anthémis*, 2008, p. 67 ;

192 La procédure pénale est : « *entre deux intérêts, également puissants, également sacrés, qui veulent à la fois être protégés, l'intérêt général de la société, qui veut que la juste et prompte répression des délits, l'intérêt des accusés qui est lui aussi un intérêt social et qui exige une complète garantie des droits de la collectivité et de la défense* », V. F. HELIE, *Traité de l'instruction criminelle*, 2e éd, 1866, T. 1, p. 4.

193 C. COURTIN : « *La phase préparatoire du procès pénal a donné lieu à de nombreux rapports désormais célèbres pour les pénalistes* », in L. SCHENIQUE, *La réforme de la procédure pénale*, éd.

législative de mise en place d'une procédure pénale cohérente et respectueuse des droits de la défense. Mais, l'équilibre tant recherché entre l'accusation et la défense n'est toujours pas acquis et cela semble provenir de la manière de réformer. Le législateur procède souvent à des reformes « *a minima* », inachevées pour reprendre le Professeur Matsopoulou[194] rendant ainsi la procédure pénale « [...] *illisible pour les justiciables et complexe pour les praticiens* »[195].

54. Plan. Si initialement l'enquête de police avait exclu tout exercice des droits de la défense (Titre 1), c'est parce qu'elle obéissait aux mêmes règles que l'instruction d'avant 1897. Mais avec le développement de la notion de procès équitable, les droits de la défense, une composante[196] de cette notion, ne peuvent être éludés et doivent être présents à toutes les étapes du procès pénal. Le législateur, conscient de ce principe, reconnaît à tout accusé à partir de 1993 des droits dès l'enquête policière, mais toujours de façon limitée (Titre 2).

Harmattan, 2014, p. 13 ; « *La procédure pénale française a connu près de quarante réformes législatives depuis l'entrée en vigueur du Code actuel.* », M. ALLIOT-MARIE, « Pour une refondation de la procédure pénale », *AJP*, 2010, 158 ; « Plusieurs lois se sont succédé ces dernières années en matière d'enquête pénale [...] », *Avis sur la refondation de l'enquête pénale (1)*, JORF, n°0108 du 10 mai 2014, texte n°84, p.1 ; V. aussi, Commission Donnedieu de Vabres de 1949, Commission « Justice pénale et Droits de l'homme », Mireille Delmas-Marty de 1991, Rapport Leger de 2009, Rapport sur la procédure pénale de Jacques Baume de 2014.

194 H. MATSOPOULOU, « la garde à vue une réforme inachevée », *JCP G*, 2011, n° 632.

195 M. ALLIOT- MARIE, « Pour une refondation de la procédure pénale », *AJP*, 2010, n°158.

196 Au regard de l'article 6 de la CESDH, le droit à un procès équitable renvoie aussi aux droits de la défense : V. G. VOGEL, *op. cit*, p. 84 ; la garantie du droit à un « *procès équitable* [est] *fournie par le droit à la défense* », M. F. COSTINIU « Réouverture d'un procès comme suite au constat, par la Cour EDH, d'une violation de l'article 6 de la CESDH », in : *La réforme de la Convention européenne des droits de l'homme : un travail continu,* éd. Conseil de l'Europe, 2009, p. 388.

TITRE 1 : L'INCOMPATIBILITÉ INITIALE ENTRE LES DROITS DE LA DÉFENSE ET L'ENQUÊTE POLICIÈRE.

55. La nécessité d'une accusation. Le terme accusation tel que retenu au niveau interne renvoie à la personne soupçonnée d'avoir commis un crime et traduite devant une cour d'assises alors qu'au niveau externe, la CEDH considère comme accusé « *toute personne soupçonnée d'une infraction et traduite devant un juge pour être entendue et jugée, quelle que soit la gravité de l'infraction* »[197]. Si le législateur interne désigne la personne soupçonnée devant la cour d'assises par le terme « accusé » alors qu'il utilise le terme « prévenu » devant le tribunal correctionnel et le tribunal de police, c'est pour suivre la logique de la classification des infractions pénales en crime, délit et contravention. Chaque infraction correspond à une juridiction précise. Au-delà de cette distinction, il existe un point commun qui est celui de la saisine d'un tribunal en cas d'éléments objectifs de nature à motiver cette saisine. Cette dernière, à savoir la saisine du tribunal, marque l'ouverture du procès, et le début de l'application des droits de la défense au regard de la conception mixte de la procédure. C'est donc devant un juge que la personne poursuivie recevra l'ensemble des droits nécessaires à sa défense et non dans l'enquête policière ou il n'existe aucune poursuite, mais des soupçons.

56. La suspicion dans l'enquête policière. Le suspect, au sens restrictif du terme, est la « *personne soupçonnée d'avoir participé à la commission d'une infraction sans que l'action publique ait été encore déclenchée* »[198]. En cette qualité, il ne peut bénéficier de droits de défense. Le renvoi de la personne soupçonnée devant une juridiction de jugement semble donc être un élément déterminant dans l'exercice des droits de la défense, surtout sous le CIC de 1808[199]. Ce renvoi est une décision des autorités de la phase policière, plus particulièrement du procureur de la République qui, au regard des éléments de preuves recueillis pendant l'enquête, apprécie sa nécessité conformément à son pouvoir de

---

197 S. GUINCHARD, T. DEBARD, *Lexique des termes juridiques*, 25eéd., Dalloz, 2017, p.16.

198 R. CABRILLAC, *Dictionnaire du vocabulaire juridique*, éd. Lexisnexis, 2017, p. 526 ; S. GUINCHARD, T. DEBARD, *op. cit.*, p. 1045

199 Parce que sous le CIC de 1808 même devant le juge d'instruction, la personne poursuivie qui demeure encore suspecte n'avait pas de droits pour se défendre.

poursuivre ou de ne pas poursuivre encore appelé l'opportunité des poursuites[200].

57. Plan. Les droits de la défense avaient donc initialement pour finalité de permettre à la personne de combattre l'accusation portée contre elle devant une juridiction de jugement. L'absence d'accusation dans l'enquête policière constituait un obstacle à l'exercice de toute défense. L'exercice des droits de la défense était initialement subordonné à la saisine d'un tribunal (Chapitre 1). Mais, cette vision restrictive de la défense fera l'objet de critiques amenant le législateur à étendre les droits de la défense dans l'enquête policière (Chapitre 2).

200 Art. 40-1 CPP.

CHAPITRE 1 : UN REJET DES DROITS DE LA DÉFENSE LIÉ AUX CARACTÈRES DE L'ENQUÊTE POLICIÈRE

58. L'enquête policière, une instruction « bis ». L'instruction officielle était caractérisée par des droits de défense « *inexistants* »[201] et comme le remarque M. Saint Pierre, « *durant toute la procédure [...], l'inculpé était privé de tout droit de se défendre : il ne disposait ni du droit de choisir un avocat, de le consulter ou d'en être assisté lors des interrogatoires ni du droit d'être informé des charges justifiant les poursuites et de prendre connaissance du contenu du dossier, car l'instruction judiciaire était secrète, y compris à son égard* »[202]. Un tel système inquisitoire ne lui était guère favorable, il se voyait seul face à un juge d'instruction toujours à la recherche d'un aveu. Le développement de l'instruction officieuse à côté de l'instruction officielle n'avait pas opéré de changement dans la situation du suspect. Les auxiliaires du parquet (O.P.J.) suivaient les mêmes règles que le juge d'instruction. C'est pourquoi certains auteurs avaient pu constater que « *l'enquête de police ne connaissait pas les droits de la défense* »[203] ou que « *les droits de la défense ne pouvaient s'exercer pendant la phase policière* »[204]. Comment ces droits allaient-ils s'appliquer dans une instruction officieuse non reconnue par le législateur, une instruction officieuse en dehors des textes ?

59. Une instruction officieuse en dehors des textes. Les différences entre ces deux formes d'instructions se situaient au niveau de la légalité des investigations, mais aussi des autorités chargées de l'enquête. Si l'instruction officielle était prévue par le CIC, l'instruction officieuse quant à elle se déroulait en dehors des textes. En effet, le CIC n'avait pas reconnu au parquet et à ses auxiliaires le droit de mener des enquêtes en dehors des cas de flagrance. Mais ils se sont attribué, pour des raisons que nous exposerons plus loin, les prérogatives du juge d'instruction, faisant ainsi de l'instruction officieuse l'égale de l'instruction officielle.

---

201 F. SAINT - PIERRE, *Le guide de la défense pénale*, 8e éd., Dalloz, 2015/2016, p. 5.

202 *Ibid.*

203 H. CONCHON, *L'évolution des nullités préparatoires*, éd. Harmattan, 2002, p. 78.

204 J. BORRICAND, A.-M. SIMON, *Droit pénal et procédure pénale*, 9e éd., Dalloz, 2016, p. 296.

60. Plan. Exercer les droits de la défense dans l'instruction officieuse était quasi impossible parce qu'elle se déroulait non seulement en dehors des textes (Section 1), mais également parce qu'elle avait hérité du système inquisitoire de l'instruction d'avant 1897 (Section 2).

Section 1 : L'absence de base légale de l'enquête policière

61. Une atteinte au principe de légalité criminelle. Comme le note le Professeur de Lamy, « *le principe de légalité criminelle ne joue pas seulement au profit des délits et des peines, mais aussi de la procédure pénale. Le droit pénal substantiel et la procédure pénale sont trop intimement liés pour que ce principe essentiel ne garantisse pas le droit criminel dans son ensemble* »[205]. Pour le Professeur Gassin, le CIC était cependant « *muet sur la légalité en matière de procédure pénale* »[206]. Les autorités policières et judiciaires avaient sans doute profité de ce mutisme pour développer en dehors des textes, de façon illégale l'enquête policière portant ainsi atteinte à la légalité criminelle qui constitue une garantie pour tout suspect. Cette atteinte était censée être justifiée par la nécessité.

62. La dérogation au principe de légalité par la nécessité. La dérogation au principe de légalité semblait trouver son fondement dans la nécessité de corriger les lacunes du CIC de 1808. Ces lacunes, selon Mme Grosclaude, avaient poussé « *les membres du corps judiciaire à imaginer des solutions en dehors des textes* »[207]. Ces solutions, si elles étaient utiles pour les autorités policières et judiciaires pour trouver une solution au dysfonctionnement du service public de la justice, n'en demeuraient pas moins illégales et allaient à l'encontre des droits du suspect. Il en était ainsi de l'instruction officieuse ou enquête officieuse (§1), enquête ou instruction face à laquelle, la Cour de cassation avait une position ambiguë (§2).

---

205 B. de LAMY, « Le principe de la légalité criminelle dans la jurisprudence du Conseil constitutionnel », *Cahier du Conseil constitutionnel*, n°26 (Dossier : la constitution et le droit pénal), 2009, p. 16-20.

206 V. R. GASSIN, « Le principe de légalité et la procédure pénale », *RPDP*, 2001, n° 2, p. 300.

207 A. BINET-GROSCLAUDE, *L'avant-procès pénal : étude comparée Angleterre-France*, thèse Paris 1 Panthéon- Sorbonne, éd. Bruylant, 2011, p. 40

§ 1 : La pratique de l'enquête officieuse

63. Une pratique des parquets. Sous le CIC de 1808, la poursuite et l'instruction étaient bien séparées[208], ce principe qui visait à assurer au suspect un traitement impartial de l'affaire[209] a été remis en cause par le parquet. En effet, son rôle sous ce Code était bien restreint, il se limitait à la poursuite des infractions pénales, le juge d'instruction étant chargé de mener l'enquête et de rassembler les preuves. Une position qui lui semblait sans doute peu confortable et qui ne permettait *« pas à la société qu'il représente de faire entendre pleinement sa voix lorsqu'elle a été outragée par la commission d'une infraction »*[210]. Il fallait donc puiser des solutions en dehors du Code pour sortir de ce « *confinement* »[211] et la solution était de *« s'arroger des fonctions juridictionnelles »*[212], attribuant à ses auxiliaires, c'est-à-dire les OPJ, des pouvoirs d'investigations comparables à ceux du juge d'instruction.

64. Une attribution de pouvoirs à la police judiciaire. Étant le chef de la police judiciaire, le parquet pour accomplir ces actes d'instruction recourait aux OPJ. La police devenait ainsi le cadre où se menait l'instruction officieuse avec des auxiliaires de police ne présentant pas les mêmes garanties que le juge d'instruction à savoir son impartialité. Ce contexte non prévu par le CIC et peu favorable à la défense du suspect était pourtant soutenu par certains auteurs, mais rejeté par d'autres, faisant ainsi de cette instruction officieuse, une instruction très controversée (A). Cette controverse était sans doute liée aux violations des droits du suspect, violations qui étaient perceptibles à travers les manifestations de cette instruction dite officieuse (B).

---

208 R. GARRAUD, *Précis de droit criminel, comprenant l'explication élémentaire de la partie générale du Code pénal, du Code d'instruction criminelle en entier et des lois qui ont modifié ces deux codes*, éd. Larose et Forcel, 1892, p. 585 ; F. HELIE, *Pratique criminelle des Cours et tribunaux, résumé de la jurisprudence sur les codes d'instruction criminelle et pénal*, éd. Marchal, Billard et Cie, 1877, p. 65.

209 R. de GOUTT, « L'impartialité du juge Connaitre, traiter et juger : quelle compatibilité », *RSC*, n°1, 2003, p. 69.

210 X. MOROZ, « Les initiatives procédurales des parquets au XIXe siècle », *A.P.C.*, éd. A. Pédone, 2003/1, n°25, p. 85-100.

211 *Ibid.*

212 *Ibid.*

A- Le fondement controversé de l'enquête officieuse

65. L'instruction officieuse, comme nous l'avons déjà souligné, se passait en dehors des prescriptions légales. Au moment où certains auteurs s'opposaient à cette violation de procédure au nom du respect des droits du suspect, d'autres ont tenté de lui trouver une justification, faisant ainsi naître, au sein de la doctrine, une approche divergente de la légalité de cette instruction (1). À côté de la doctrine, des circulaires et directives étaient mises en place par les autorités judiciaires pour approuver l'instruction officieuse (2).

1. *Une approche doctrinale divergente de la légalité de l'enquête officieuse*

66. L'instruction officieuse, très tôt, avait trouvé des partisans au sein de la doctrine. En effet certains auteurs en dépit de l'absence de cette enquête dans le Code, l'ont qualifiée d'extra-légale et non d'illégale (a). Cette position n'était pas partagée par d'autres auteurs qui voient dans la pratique de cette instruction une violation des droits du suspect et une illégalité au regard des dispositions du CIC (b).

a. L'enquête officieuse, une enquête extra-légale

67. L'affirmation de l'extralégalité. Garraud reconnaît que sous le CIC, les actes accomplis par les officiers de police judiciaire ne relevaient pas de leur compétence, mais il n'avait pas pour autant condamné ces pratiques. Selon lui, l'instruction officieuse n'était pas illégale, elle était « *extra-légale* »[213]. Cette théorie d'extralégalité n'avait pas seulement été retenue par Garraud. En effet, Henri Nadau avait lui aussi dans sa thèse

---

213 R. GARRAUD, *Traité théorique et pratique d'Instruction criminelle et de procédure pénale*, 1909, T. II, n°750.

« Des enquêtes officieuses » essayé de démontrer que cette enquête n'avait rien d'illégal, elle était plutôt extra-légale[214]. M. Levy, dans sa thèse soutenait aussi l'information officieuse, mais à condition qu'elle ne s'appliquât qu'à des infractions mineures[215]. Enfin, le Professeur Vitu approuvait aussi cette théorie d'extralégalité. Selon lui, « *l'enquête officieuse ne serait pas illégale, mais seulement extra-légale, dans la mesure où elle ne serait pas une procédure judiciaire, à l'usage des juridictions, mais seulement une enquête de type administratif, à l'usage des parquets* [...] »[216]. Ces pratiques policières faites en dehors des textes n'avaient ainsi rien d'illégal[217], elles étaient même considérées comme une simple prise de renseignements de la part du procureur pour s'assurer de la réalité de l'infraction avant d'engager une quelconque poursuite.

68. Une simple prise de renseignements. L'absence d'exercice des droits de la défense semblait se justifier par la nature des actes de police qui ne sont rien d'autre que des « *renseignements sans caractère officiel ni valeur légale* [...] »[218], et qui ne pouvait être utilisée devant une juridiction[219]. En plus, les infractions soumises à cette forme d'enquête sont des infractions simples qui ne nécessitaient pas l'intervention du juge d'instruction. Une affirmation que Levy ne partageait pas. Pour lui, « *les enquêtes officieuses concernaient bien souvent des affaires délicates* »[220]. L'absence de valeur légale des enquêtes était aussi discutable. Même si Garraud, éternel défenseur de l'instruction officieuse, disait à propos des actes accomplis par les auxiliaires du parquet que : « *ce ne sont pas là des actes d'instruction,*

---

214 « Je pense pouvoir démontrer que le procédé de l'enquête officieuse n'est en aucune façon illégal » : H. NADAU, *Des enquêtes officieuses dans l'instruction criminelle*, thèse, Lyon, 1913, p. 24.

215 M. LEVY, *De l'information officieuse*, thèse Nancy, 1934, p. 223-224.

216 A. VITU, *Procédure pénale*, PUF, Coll. Thémis, Paris 1957, p. 240.

217 R. GARRAUD, *Précis de droit criminel, contenant l'explication élémentaire de la partie générale du Code pénal, du Code d'instruction criminelle et des lois qui ont modifié ces deux codes*, 1909, p. 714.

218 R. GARRAUD, *op. cit.*, n°749, p. 627.

219 « Les enquêtes officieuses auxquels on recourt si souvent [...], ne peuvent valoir que comme renseignements », M. G. LE POITTEVIN, *Journal des parquets : revue mensuelle : contenant : des études théoriques et pratiques, des arrêts et jugements annotés ; les lois ou décrets se rattachant aux fonctions du ministère public et à l'administration des parquets ainsi que les circulaires et décisions de la chancellerie et des procureurs généraux*, éd. Arthur Rousseau, 1886, p. 96.

220 Cité par G. Denis, *L'enquête préliminaire*, thèse, Aix Marseille, 1973, p. 29.

c'est une prise de renseignement»[221], nous allons voir qu'il arrivait que le juge fonde sa décision sur ces actes dits de renseignements. Quoi que l'on puisse dire, ces renseignements étaient jugés nécessaires par les partisans de l'instruction officieuse, car ils permettaient selon eux de ne pas encombrer le cabinet du juge d'instruction. Le procureur pouvait à travers ces renseignements apprécier la nécessité de soumettre telle ou telle affaire au juge, en d'autres termes de décider de l'opportunité des poursuites.

69. Opportunité des poursuites. Cette opportunité a été avancée pour justifier l'enquête officieuse. En effet, « *depuis longtemps, avant de mettre l'action publique en mouvement, les magistrats du ministère public éprouvaient le besoin de se renseigner. Tout naturellement, ils s'adressaient aux officiers et agents de police judiciaire qui se trouvaient ainsi chargés de conduire des enquêtes. Celles-ci leur permettaient de conclure soit à la nécessité d'informer, soit au classement pur et simple de l'affaire*»[222]. Selon Pierre Bouzat et Jean Pinatel, les renseignements recueillis, avaient pour but d'éclairer le ministère public[223] sur la suite à donner à l'affaire. Il fallait qu'il s'informe[224]. Mais d'autres auteurs ne partageaient pas cette vision. Pour eux si l'enquête avait été confiée à un juge d'instruction sous le CIC, c'était pour que le suspect puisse bénéficier d'une certaine garantie, d'une certaine impartialité, qualité que les OPJ n'avaient pas. En plus, cette instruction officieuse ou enquête officieuse n'était pas prévue par le CIC et, selon eux, tous ces éléments démontraient son illégalité.

---

221 R. GARRAUD, *Précis de droit criminel, contenant l'explication élémentaire de la partie générale du Code pénal, du Code d'instruction criminelle et des lois qui ont modifié ces deux codes, op. cit.*, p. 867.

222 P. BOUZAT, J. PINATEL, *Traité de droit pénal et de criminologie*, T. II, Procédure pénale. Régime des mineurs. Domaine des lois pénales dans le temps et dans l'espace, 2e éd., Dalloz 1970, p.1178.

223 « *Le procureur de la République* [...] *a cependant le droit et le devoir de s'éclairer, avant d'exercer l'action publique, sur l'opportunité d'une poursuite* », R. GARRAUD, *Précis de droit criminel contenant l'explication élémentaire de la partie générale du Code pénal, du Code d'instruction criminelle et des lois qui ont modifié ces deux codes, op.cit.*, p. 867 ; v. aussi M. LEVY, *op. cit.*, p. 9.

224 « *Afin de mettre en mouvement les actions qui s'imposaient, encore fallait-il que les magistrats du parquet soient informés* », H. MATSOPOULOU, *Les enquêtes de police*, LGDJ, 1996, p. 144 ; v. aussi, R. MERLE, A. VITU, *Traité de droit criminel, procédure pénale*, 5e éd. Cujas, 2000, p. 354 ; « *Le procureur de la république qui reçoit une plainte doit vérifier si elle est sérieuse et il doit recueillir des renseignements qui lui permettront de choisir, suivant l'importance de l'affaire et les difficultés de la preuve entre la citation directe et l'information préalable.* », M. BLONDET, « La légalité de l'enquête officieuse », *JCP*, 1955, n°1233.

b. L'illégalité de l'enquête officieuse

70. Une violation formelle de la loi. En dépit des arguments avancés pour soutenir la thèse de la légalité de l'information officieuse, il existait une autre partie de la doctrine qui visait à démontrer l'illégalité de cette enquête et son danger pour les libertés individuelles. Faustin Hélie, en réaction à l'instruction officieuse, se demandait s'il « *était possible de se jouer avec plus de légèreté des prescriptions de la loi et des garanties stipulées en faveur des citoyens* »[225]. Selon le même auteur, le terme « renseignement » ne saurait justifier la violation des droits du suspect[226], et l'usage introduit par la nécessité n'était pas non plus opérant. Pour Hélie, « *il faut le proscrire, quels que soient les motifs invoqués pour l'excuser, puisqu'il est en opposition formelle avec la loi* »[227]. Cette violation formelle de la loi est d'ailleurs rappelée par Lambert qui, dans son traité de police judiciaire, affirme que « *l'enquête officieuse est une information que le Code d'instruction criminelle ni aucune loi n'a prévue et définie* »[228]. Pour appuyer son idée, il fait appel au principe de légalité criminelle en soulignant que « *s'il est des lois strictes, ce sont bien les lois pénales et de procédure, que l'on ne devrait en aucun cas tourner ou étirer* »[229]. Malheureusement, ce ne fut pas le cas, l'instruction officieuse était née des étirements des dispositions du CIC et les OPJ sous la direction du parquet obtenaient à travers cette instruction des renseignements et des aveux du suspect. Et ces renseignements pouvaient être utilisés pour asseoir une condamnation.

71. Une utilisation des renseignements. Dire que les renseignements recueillis par les officiers de police judiciaire n'avaient pas de valeur légale ou ne seront pas utilisés par les juridictions était erroné. En effet, « *les renseignements recueillis par les officiers de police judiciaire,*

---

[225] F. Hélie, *Traité de l'instruction criminelle ou théorie du code d'instruction criminelle : De la police judiciaire*, V. 3, éd. Plon, 1866, p. 69.
[226] *Ibid.*
[227] *Ibid.*
[228] L. LAMBERT, *Traité théorique et pratique de police judiciaire à l'usage des commissaires de police ainsi que des Procureurs de la République, des Juges d'instruction et des autres officiers de police judiciaire*, 3e éd., Joannès Desvigne et Cie, 1951, p. 363, « L'enquête officieuse pratique irrégulière », L. PRIMOT, *Le concept d'inquisitoire en procédure pénale, représentations, fondements et définitions*, LGDJ, 2010, p. 38.
[229] L. LAMBERT, *op. cit.*, p. 364.

lors de cette enquête, seront très bien utilisés par la juridiction de jugement »[230]. Selon Blondet « *les tribunaux ne font aucun scrupule de former leur conviction sur les renseignements contenus dans le procès-verbal d'enquête officieuse* [...] »[231]. Selon Guy Quériaux, ces procès-verbaux « *pourront se voir reconnaître une force supérieure* [...] *ils pourront être retenus pour motiver une condamnation* »[232]. La première autorité judiciaire à recourir aux informations officieuses était le procureur de la République, qui est le chef de la police judiciaire. Les informations recueillies vont lui servir pour son réquisitoire introductif[233]. Il n'était pas cependant le seul magistrat à recourir à ses renseignements. En effet, si « *le réquisitoire introductif puise en quelque sorte sa substance dans l'enquête officieuse qui le précède* [...], *le magistrat instructeur lui-même n'hésite pas à se servir des données que lui transmet le procureur de la République. Il peut en tenir compte pour motiver ses ordonnances* »[234]. Les tribunaux n'étaient pas non plus épargnés, ils avaient aussi le droit de faire état des documents officieux[235]. Dire que ces informations étaient dépourvues de base légale et n'étaient que des renseignements n'était donc pas opérant, les OPJ menaient une véritable instruction sans que l'inculpé ne puisse bénéficier de la présence d'un juge impartial pour s'assurer de l'équilibre de la procédure. Et comment peut-on infliger une peine à partir des éléments officieux si on sait, comme le souligne Maurice Garçon, que « *l'instruction du commissaire de police n'offre aucune garantie* »[236] à l'inculpé ? Mais l'instruction officieuse était intéressante, elle désengorgeait les cabinets des juges d'instruction et permettait le traitement rapide des dossiers. Il fallait donc lui trouver des fondements, des justifications. C'est ce que les autorités judiciaires avaient d'ailleurs fait en approuvant l'instruction officieuse.

---

230 À propos des renseignements Trolliet note : « *le parquet* [...] *les utilise à l'audience comme preuves et, de leur côté, les magistrats de jugement appuient sur ces renseignements leur conviction, n'hésitant pas, le cas échéant à retenir un aveu passé devant la police et rétracté* », F. TROLLIET, *Les gardes à vue dérogatoires*, thèse, Aix-Marseille, 2002, p. 44 ; v. aussi R. MERLE, A. VITU, *Traité de droit criminel, Procédure pénale*, T. II, 3e éd. Cujas, 1979, p. 311

231 M. BLONDET, "La légalité de l'enquête officieuse", *JCP G.*, 1955, numéro 1233.

232 G. QUERIAUX, *La garde à vue*, Paris, 1965, p. 18.

233 « *Le Procureur de la République qui reçoit de ses auxiliaires un volumineux dossier, relatant les faits d'une gravité certaine, se borne à épingler à ces pièces un réquisitoire introductif et transmet le tout au juge d'instruction.* », M. LEVY, *op. cit.*, p. 172.

234 *Ibid.*

235 M. LEVY, *op. cit.*, p. 175.

236 Cité par L. LAMBERT, *op. cit.*, p. 368.

2. *Une approbation de l'enquête officieuse par les autorités judiciaires*

72. Les circulaires de la chancellerie encourageant l'enquête officieuse. Très tôt, les autorités judiciaires vont s'inviter au débat relatif à l'instruction officieuse. En effet, la chancellerie soulignait l'utilité de cette instruction et n'avait pas hésité à mettre en avant des circulaires encourageant cette pratique qu'elle jugeait « *indispensable et qu'il ne [fallait] jamais négliger d'y recourir* »[237]. C'est dans cette optique de défense de l'instruction officieuse qu'une circulaire en date du 9 avril 1825 venait préciser en ces termes que : « *c'est en prenant à l'avance des renseignements précis auprès des officiers de police judiciaire, sur les personnes qui peuvent avoir eu connaissance directe ou indirecte des faits incriminés, ainsi que des circonstances qui l'ont accompagné, qu'on parviendra presque toujours à n'appeler que des témoins véritablement utiles* »[238]. Une autre circulaire du 23 avril 1825 vient poser avec plus de précision le choix de la chancellerie qui était de diminuer la saisine du juge d'instruction au profit de l'instruction officieuse. En effet, elle notait que : « *il ne faut pas multiplier les informations écrites ; quand une affaire est évidemment de la compétence du Tribunal correctionnel, si les témoins ne sont pas suffisamment désignés dans la plainte, le procureur du Roi n'a toujours pas besoin de requérir une information régulière. Il faut charger les juges de paix, le commissaire de police et les autres officiers de police judiciaire, du soin de prendre des renseignements* [...] »[239]. Une autre circulaire du 16 août 1842 venait confirmer la position de la chancellerie faisant d'elle une partisane de l'enquête officieuse. Le procureur de la République n'était pas en reste. À travers ses instructions, il soutenait aussi cette instruction officieuse menée par ses auxiliaires (OPJ).

73. Les instructions du procureur de la République. Étant une pratique des parquets, il n'était pas surprenant que ces derniers soutiennent l'instruction officieuse. En effet, Jacquinot-Pampelune, procureur du Roi près le tribunal de Seine, avait dès 1817 dit aux OPJ de

---

237 H. NADAU, *op. cit.*, p. 168

238 *Ibid ;* G. DENIS, *op.cit.*, p. 88 ; H. MATSOPOULOU, *Les enquêtes de police*, LGDJ, 1996, p. 144 ; A. PIQUEMAL, *op.cit.*, p. 35.

239 Cité par H. NADAU, *op.cit.*, p. 18 ; v. aussi, G. Le POITTEVIN, *Dictionnaire formulaires des parquets et de la police judiciaire*, T. II, 8e éd, Rousseau, Paris, 1885, p. 64 ; F. TROLLIET, *op. cit.*, p. 32.

son ressort « *quoique la loi ne semble vous charger, Messieurs, de dresser des procès-verbaux qu'en cas de crime et de délit flagrant, cependant l'usage introduit par la nécessité est que vous en dressiez aussi hors le cas de flagrant délit, et même quand il s'agit seulement d'un fait correctionnel. Si vos procès-verbaux, dans ce cas, paraissent n'avoir pas la même force, ils servent au moins de renseignements* »[240]. Ce terme renseignement n'était rien d'autre qu'un *« euphémisme »*[241], car ces renseignements pouvaient servir de base pour asseoir une condamnation[242]. La position du procureur dans l'instruction officieuse ou enquête officieuse sera confortée par deux circulaires du garde des Sceaux de 1842 et de 1855. Elles venaient encourager les procureurs à recourir à cette enquête *« pour des raisons matérielles d'économie budgétaire »*[243]. Il recommandait aux procureurs de ne pas « *requérir des informations dans des circonstances où le titre des inculpations, le peu de complication des faits, la position des personnes poursuivies ne les rendent pas réellement nécessaires. Ils ne doivent pas se débarrasser ainsi sur les juges d'instruction, au détriment de la prompte expédition des affaires, du soin de compléter les procès-verbaux par quelques investigations de détails, tandis qu'à l'aide d'une correspondance avec leurs auxiliaires ils arriveraient plus rapidement à ce résultat* »[244]. Avec ces circulaires et instructions, l'instruction officieuse se développait à côté de l'instruction officielle, mais contrairement à cette dernière, elle ne présentait aucune garantie et les manifestations de cette enquête en sont des preuves.

B- Les manifestations de l'enquête officieuse

74. L'instruction officieuse, au-delà des controverses doctrinales liées à sa légalité, allait ouvertement à l'encontre d'un des droits les plus essentiels qu'est celui d'aller et de venir. En effet, les OPJ, sous la direction du parquet, n'hésitaient pas à recourir à la garde à vue. Cette dernière n'était prévue par aucun texte (1), et les auxiliaires du parquet,

---

240 Cité par H. NADAU, *op. cit.*, p. 16 ; G. DENIS, *L'enquête préliminaire*, *op. cit.*, p. 85 ; F. HELIE, *Traité de l'instruction criminelle*, 2e éd., T.III, 1866, n°1165; H. MATSOPOULOU, *op.cit.*, p. 88.

241 F. TROLLIET, *op. cit.* ; p. 44.

242 A. J. MARS, *Corps de droit criminel, ou Receuil complet, méthodique, et par ordre des matières des codes d'instruction criminelle et pénal*, éd. Ménard et Desenne, 1821, p. 16.

243 G. DENIS, *op. cit.*, p. 91.

244 *Ibid.*

c'est-à-dire les OPJ, dans l'application de cette mesure, ne faisaient pas de distinction entre suspect et témoin (2).

1. *Le recours illégal à la garde à vue*

75. Si l'instruction officieuse était illégale, il ne serait pas étonnant de comprendre l'illégalité des actes qui étaient effectués dans le cadre de cette instruction. Il en était ainsi de la garde à vue, une mesure non prévue par le Code (a). Ce dernier avait reconnu aux auxiliaires du parquet un pouvoir de rétention dans des cas très restreints (b).

a. L'inexistence de la garde à vue dans le CIC

76. Une mesure non prévue par le CIC. Comme l'instruction officieuse, la garde à vue a débuté dès l'entrée du CIC[245]. En effet, cette pratique était ignorée[246] par le législateur, et pourtant les auxiliaires du parquet y recouraient couramment dans le cadre de l'instruction officieuse. La question principale qu'il fallait soulever était de savoir s'ils avaient le droit d'user de cette mesure ? La réponse à cette question qui selon Levy, s'est posée depuis 1863 était sans doute négative, car la police légalement n'avait pas ce droit[247]. Lambert vient préciser cette thèse de Levy soulignant « *qu'aucun article du code, qu'aucune loi n'accorde à la police un droit quelconque de détention ou de rétention sur les individus qu'elle a*

---

245 La garde à vue « a pris naissance dès l'apparition du Code d'instruction criminelle [...] », G. QUERIAUX, *op.cit.*, p. 1.

246 M-J ARCAUTE-DESCAZEAUX, *L'aveu Essai d'une contribution à l'étude pénale de la justice Pénale Négociée*, thèse, T.1, Toulouse 1, p. 211 ; N. T. GARCON, *Le secret et le procès pénal,* thèse, Paris 2, 2000, p. 280 ; O. B. Pawlotsky, *Le contrôle de la garde à vue*, Panthéons Assas, 2011, p.3 ; « le Code d'instruction criminelle de 1808, qui a régi pendant un siècle et demi notre procédure pénale, ignorait totalement la garde à vue », S. THERY, *Les nullités de la garde à vue depuis les réformes de 1993*, DEA, Bordeaux, 1998, p. 5 ; « Sous l'empire du Code d'instruction criminelle, aucune de ses dispositions ne prévoyait la garde à vue », J. LEROY, « La garde à vue : des pistes pour une réforme », *La réforme du Code pénal et du Code de procédure pénale, Opinio doctorum*, éd. Dalloz, 2009, p. 179.

247 M. LEVY, *op.cit.*, p. 119 ;

appréhendée, même légalement»[248]. Les auxiliaires du parquet devraient, après l'appréhension du suspect, le conduire immédiatement devant le procureur ou le juge d'instruction ou encore à la maison d'arrêt. Et « *différer cette conduite en détenant ou retenant indûment, ne serait-ce qu'une heure, l'homme au commissariat, cela constitue juridiquement une détention illégale* »[249]. Le retard dans la présentation du suspect au magistrat ou sa conduite à la prison pouvait être toléré seulement en cas « *d'impossibilités matérielles* »[250]. En dépit de cette absence de réglementation, les OPJ retenaient quand même, pour les nécessités de l'enquête, la personne[251], mais en dehors de toute contrainte.

77. L'absence de coercition. Dans le cadre de l'instruction officieuse, le recours à la contrainte était interdit[252]. Ainsi, la garde à vue qui intervenait dans le cadre de cette enquête n'était pas appréhendée comme une mesure de coercition, la personne qui faisait l'objet de la mesure y consentait[253]. Mais s'agissait-il de consentement libre et éclairé ? Dire qu'il y avait une absence de coercition était un peu inexact, car il existait à l'encontre du suspect une coercition morale[254]. Selon Lambert, l'absence de résistance face à la mesure de garde à vue résultait de deux facteurs : l'aveu du suspect et son ignorance des dispositions du CIC qui lui accordaient la faculté de refuser cette mesure[255] illégale. Mais le suspect n'avait pas aussi d'autres alternatives à part celui de se soumettre à cette rétention illégale, car en cas de refus de sa part de rester dans les

---

248 L. LAMBERT, *op.cit.*, p. 424 ; « *Sous le régime du Code d'instruction criminelle, en l'absence de cadre légal, la police n'avait* [...] *aucun pouvoir général d'arrestation ou de contrainte pour faire comparaître les suspects ou les témoins, ni pour les garder à leur disposition.* », G. MAUREL, *La garde à vue,* Journées régionales de police judiciaire, Aix-En-Provence, 6, 7 mai 1969, p. B/I.

249 *Ibid.*

250 Selon Lambert, ces impossibilités sont relatives à l'« *attente de l'heure d'un train, empêchement du procureur ou du juge, nécessité d'attendre au lendemain matin en raison de l'heure tardive de l'arrestation, etc.* », *Ibid.*

251« *Une rétention non prévue par la loi mais nécessitée par les besoins de l'enquête.* », A. Decocq, J. Montreuil, J. Buisson, *Le droit de la police*, Litec, 1998, p. 275.

252 « *Elle ne saurait comporter et entraîner aucune contrainte possible, matérielle ou morale* [...] », H. NADAU, *op. cit.*, p. 77. « *L'information officieuse étant en marge du Code, il est évident qu'elle ne peut être assortie d'aucune force coercitive* », M. LEVY, *op. cit.*, p. 141.

253 « *La personne retenue dans les locaux de la police n'a jamais été retenue physiquement, il y a eu un consentement tacite du défaut d'opposition de sa part* », G. QUERIAUX, *op. cit.*, p. 7. L. LAMBERT, op. cit., p. 425.

254 L. LAMBERT, *op. cit.*, p. 423.

255*Ibid.*

locaux de la police, les OPJ vont « *ouvrir sur-le-champ une information, afin que le juge d'instruction saisi* [...] *délivre immédiatement un mandat d'amener* »[256]. Les OPJ pouvaient donc maintenir la personne alors que la loi ne leur avait accordé ce droit que dans des cas très restreints.

b. Les cas restreints de rétention prévue par le CIC

78. Les cas de flagrance ou de vérification d'identité. Garder à vue le suspect ne relevait pas de la compétence des auxiliaires de police judiciaire. D'ailleurs « *sur quels textes législatifs ou réglementaires la police peut-elle s'appuyer pour justifier cette atteinte portée à la liberté individuelle d'un citoyen ?* » s'interroge Quériaux[257]. Et pourtant, certaines dispositions ont été évoquées pour justifier cette garde à vue. L'article 307 du décret du 20 mai 1903 portant règlement sur l'organisation et le service de la gendarmerie[258] fut cité, mais cette disposition ne « *s'applique qu'en cas de flagrant délit* »[259]. C'est ce que retiennent Nadau[260] et Levy. Ce dernier va d'ailleurs trouver un fondement légal de l'arrestation en cas de flagrant délit. Pour lui, les articles 40 et 116 du CIC accordaient aux procureurs et à ses auxiliaires le pouvoir de retenir dans les locaux de la police le suspect flagrant[261]. Pour justifier l'arrestation, la loi du 10 Vendémiaire An IV était aussi invoquée. Cette loi prévoyait la rétention de la personne interpellée pour vérification d'identité. Des auteurs ont même invoqué selon Quériaux l'article 11 de la Constitution de 1791 pour justifier l'arrestation par les auxiliaires du procureur. En tout état de cause, même si certaines dispositions légales, réglementaires, ou constitutionnelles

---

256 *Ibid.*

257 G. QUERIAUX, op.cit., p. 5.

258 « *Le prévenu qui ne peut être entendu immédiatement par le Procureur de la République* [...] *est déposé dans l'une des salles de la mairie où il est gardé à vue, ou dans la chambre de sûreté de la caserne* [...] », cité par Queriaux, *op. cit.*, p. 6.

259 *Ibid.* ; « le décret du 20 mai 1903, sur la gendarmerie nationale, paraît exclure formellement toute arrestation hors flagrant délit », M. LEVY, *op. cit.*, p. 119 ; « L'article 307 du décret du 20 mai 1903 réglementant le service de la gendarmerie utilisait certes l'expression de « garde à vue » mais n'accordait aucun droit de détention à une enquête », N.T. GARCON, *op. cit.* ; p. 280.

260 H. NADAU, *op. cit.*, p. 58

261 M. LEVY, *op. cit.*, p. 118.

prévoyaient des cas de rétention, elles les assortissaient d'un encadrement précis pour le respect de l'esprit du CIC.

79. L'encadrement des mesures de rétention. Afin d'éviter tout abus de la part des OPJ, la loi, tout en leur donnant dans certaines circonstances (flagrant délit) le pouvoir de retenir certaines personnes, fixait des limites. En effet, si l'article 307 du décret du 20 mai 1903 a été avancé pour justifier la rétention policière, il faut relever que cette disposition ne s'appliquait que lorsque le procureur était absent[262]. Même dans un état de flagrance, au regard de l'article 11 de la constitution de 1791, la personne suspecte devait être conduite sur-le-champ devant le magistrat. Et en cas de rétention, celle-ci ne pouvait dépasser vingt-quatre heures[263]. Dans le cadre des vérifications d'identité, la loi faisait obligation de libérer la personne une fois l'identification effectuée. La police ne pouvait plus retenir la personne[264]. « *La solution est donc nette, la police n'a aucun pouvoir général d'arrestation lors de l'enquête officieuse* [...] »[265], même en cas de flagrance tout était encadré. Mais, elle y procédait quand même pour les besoins de l'enquête[266], et ne faisait point de distinction entre le suspect et le témoin.

2. *L'absence de distinction entre témoin et suspect*

80. Pour placer en garde à vue, il n'y avait pas de critère précis (a) et cela semblait découler de son absence de réglementation dans le CIC. Ainsi, il appartenait aux OPJ de décider qui peut être placé en garde à

---

262 G. QUERIAUX, *op.cit.*, p. 6.

263 Article 11 de la Constitution de 1791

264 « La loi du 10 Vendémiaire An IV prévoit que la personne interpellée pour vérification d'identité peut être retenue jusqu'à ce qu'elle ait apporté les preuves de son état civil », « L'article 8 de la loi du 27 novembre 1943 autorise les officiers de Police judiciaire à pratiquer des vérifications d'identité lors de leurs recherches judiciaires. Si les personnes refusent de présenter leurs pièces d'identité ou si elles sont munies de titres dont l'authenticité paraît douteuse ; elles peuvent être conduites dans les locaux de la police », cité par G. QUERIAUX, op.cit., p. 4 et s.

265 G. QUERIAUX, *op.cit.*, p. 5 ; « le Code d'instruction criminelle, [...], ne prévoyait aucune disposition sur l'arrestation policière, et attribuait toujours la prépondérance aux magistrats dans la conduite de l'enquête », J. LEROY, *La garde à vue après la réforme*, Lexisnexis, 2011, p. 2

266La garde à vue est née « des nécessités de l'enquête policière », J. LEROY, *op. cit.*, p. 1.

vue, une situation qui paraissait arbitraire et portant atteinte aux droits des citoyens (b).

a. Des critères de rétention imprécis

81. Une libre appréciation de l'OPJ. La garde à vue sous le CIC était laissée à la libre appréciation des OPJ. En effet, étant illégale, il n'existait aucun critère objectif, précis pour décider du placement en garde à vue. La privation de liberté se justifiait par « *les nécessités de l'enquête* »[267], mais aussi son efficacité. Et, selon Braunschweig, « *l'efficacité commande parfois d'isoler également les témoins, c'est-à-dire des personnes susceptibles de fournir des renseignements sur les faits afin d'éviter entre elles toute communication de nature à fausser l'enquête* »[268]. Il n'y avait point une distinction entre témoin et suspect pour recourir à cette mesure. Cette privation de liberté, qui s'appliquait aussi bien en matière de flagrance qu'en matière préliminaire[269], était une pratique très courante[270]. Si on considère le témoin comme celui « *qui vient attester la vérité d'un fait dont on a la connaissance personnelle, soit pour l'avoir vu, soit pour l'avoir entendu* »[271], il est clair qu'il n'était pas suspect, et par conséquent ne pouvait faire l'objet d'une garde à vue. Mais face au mutisme de la loi[272] et au caractère vague et imprécis de la notion « pour les nécessités de l'enquête », il revenait à

267 « *Le législateur se référait aux seules nécessités de l'enquête* », N. LAURENT, *La notion de suspect en matière pénale, thèse*, C. GARCIN (Dir.), Lyon 3, 2001, p. 285.

268 A. BRAUNSCHWEIG, « la justice et les libertés individuelles », in *Les cahiers français*, N°156-157, 1972, p. 52.

269 « [...] *de simples témoins pouvaient être gardés à vue, et il en était de même en enquête de flagrance* [...] », H. MATSOPOULOU, *op. cit.*, p. 604.

270 « *Sous l'empire du code d'instruction criminelle, il était de pratique policière courante de garder les suspects et même les témoins à la disposition de l'enquêteur* », J. BUISSON, L'acte de police, thèse, Lyon 3, T. 1, 1988, p. 754.

271 R. GARRAUD, *Traité théorique et pratique d'instruction criminelle et de procédure pénale*, 1909, T. II, *op.cit.*, n°372.

272 B. BOULOC, « Convention européenne des droits de l'homme et procédure pénale, quelques aspects d'une incidence », in *Les cahiers de la sécurité intérieure*, n° 51, 2003, p. 53 - 69.

l'OPJ de décider de façon autonome la personne à placer en garde à vue[273] et cette mesure n'était soumise à aucun délai.

82. Absence de délai. Selon M. Buisson, la personne était retenue « *pendant le temps nécessaire à la conduite des opérations, c'est-à-dire parfois plusieurs jours* »[274]. Guy Quériaux vient conforter ces propos de M. Buisson en notant que « *La durée de rétention dans les locaux de la police n'était pas fixée par le législateur* »[275]. Ce qui était d'ailleurs compréhensible, le CIC ignorait cette pratique et par conséquent il ne pouvait la réglementer. La durée semblait cependant peu importante au regard de certaines autorités du ministère public. Selon le procureur Besson, « *la garde à vue s'apprécie non par sa durée, mais par les circonstances qui l'ont motivé* »[276]. Mais encore faudrait-il connaître les circonstances. Tout était laissé à l'appréciation de l'OPJ, ce qui entraînait parfois des « *rétentions arbitraires, non sanctionnées par la loi* »[277]. Une telle pratique rappelle l'ancien régime où « *une personne pouvait être détenue plusieurs jours, plusieurs semaines, plusieurs mois et davantage, sans être confrontée à un magistrat. Les policiers n'avaient pas de compte à rendre, seul comptait le résultait obtenu* »[278]. Sous le CIC, l'efficacité de l'enquête commandait toute la phase policière jusqu'à ignorer certains droits du suspect.

b. Violation des droits du suspect

83. La lutte contre les rétentions arbitraires. Comme le souligne M. Jean-Marie Pontier, « *l'une des revendications les plus fortes des révolutionnaires* » de 1789 était le droit à la sûreté[279]. Ce droit est posé par l'article 7 de la Déclaration des Droits de l'Homme et du Citoyen (DDHC) de 1789 en ces termes : « *nul homme ne peut être accusé, arrêté, ni*

---

273 « *Les critères des nécessités de l'enquête ressortent de l'appréciation des officiers de police judiciaire* […] », E. DAOUD, Stasi & associés, E. MERCINIER, Stasi & associés, « Garde à vue : la French touch », *AJP*, 2008, p. 269.

274 J. BUISSON, *L'acte de police*, *op.cit.*, p. 754.

275 G. QUERIAUX, *op.cit.*, p. 21.

276 Cité par Buisson, *Ibid.*

277 S. THERY, *op.cit.*, p. 5; « Le caractère absolument arbitraire de ces détentions n'était pas discutable », G. DENIS, *op.cit.*, p. 423.

278 P. VENERE, *Les flics sont-ils devenus incompétents ? Le commissaire au 40.000 garde à vue passe aux aveux*, éd. Max Milo, 2010, p.

279 J. -M. PONTIER, *Droits fondamentaux et libertés publiques*, 6e éd, Hachette, 2017, p. 19.

détenu que dans les cas déterminés par la loi, et selon les formes qu'elle a prescrites». Cette disposition était prise en réaction contre la justice d'avant 1789, caractérisée par son absence de formalisme mettant en danger les droits du suspect[280]. C'est pourquoi les révolutionnaires *«préconisaient des réformes à assurer les droits de la défense»*[281]. Et pour y parvenir, il fallait un respect strict du principe de légalité. En dépit de ce combat pour le triomphe des droits du suspect dans le procès pénal, le CIC de 1808 venait avec ses lacunes, ignorer les droits du suspect dans la phase préparatoire du procès, ce dernier n'avait pas de défense pendant l'instruction officielle et l'instruction officieuse qui se développait à côté ne se préoccupait guère des dispositions de la DDHC. Cette ignorance des droits faisait de l'instruction officieuse une instruction en marge de la DDHC.

84. L'instruction officieuse en marge de la DDHC. Si la liberté individuelle correspond à une notion typiquement française[282], il faut reconnaître qu'elle a été malmenée sous le CIC. En effet, les rétentions arbitraires (la garde à vue) de la police dans la cadre de l'instruction officieuse violaient les dispositions de l'article 7 de la DDHC. L'instruction officieuse n'était non seulement pas prévue par la loi, et elle se déroulait sans aucune règle de forme[283]. Et, comme l'affirme Nadau, « *s'il est exact que ces règles de forme ont pour essentiel et unique objectif la garantie des droits de l'individu* [...] a*ssurément on peut dire de l'enquête officieuse qu'elle ne présente pour celui-ci aucune garantie d'aucune sorte*»[284]. L'affirmation des droits par les révolutionnaires dans le procès pénal n'avait pas apparemment d'effet au regard des différentes extensions des mesures posées par le CIC. Toutes les mesures policières compromettant les droits de la personne suspecte ont été prises en violation d'un principe cher aux révolutionnaires qu'est le principe de légalité. Et, la Cour de cassation avait une position ambiguë face à cette enquête officieuse.

---

280 F. BERRIAT-SAINT-PRIX, *commentaire sur la charte constitutionnelle*, éd., Videcoq, 1836, p. 50.

281 J. L. LAFON, *La Révolution Française face au Système Judiciaire d'Ancien Régime*, éd. Droz, 2001, p.73.

282 L. FAVOREU, P. GAI, R. GHEVONTIAN, F. MELIN-SOUCRAMANIEN, A. PENA-SOLER, O. PFERSMANN, J. PINI, A. ROUX, G. SCOFFONI, J. TREMEAU, *Droit des libertés fondamentales*, 7e éd., Dalloz, 2015, p. 176 et s.

283 H. NADAU, *op. cit.*, p. 8.

284 H. NADAU, *op. cit.*, p. 77.

§ 2 : La position ambiguë de la Cour de cassation face à l'enquête officieuse

85. La Cour de cassation, en tant que juge du droit, était la première à contrôler le respect des dispositions du Code de 1808. « *Son rôle et sa fonction sont de veiller à l'interprétation unique de la règle de droit* »[285]. En effet, l'article 22 du CIC accordait au procureur le pouvoir de poursuivre les infractions à la loi pénale et l'article 47 du même Code lui faisait obligation de recourir en dehors des cas de flagrants délits au juge d'instruction pour ses réquisitions[286]. Mais avec l'instruction officieuse, comme nous l'avons démontré plus haut, le parquet et ses auxiliaires s'adonnaient à de véritables actes d'instruction. Ainsi, la Cour de cassation dans ses arrêts venait lui rappeler que son rôle était bien encadré par le législateur et qu'il ne devrait pas empiéter sur les fonctions du juge d'instruction. À première vue, la Cour de cassation était venue poser le respect de la volonté du législateur de séparer la poursuite de l'instruction. Mais sa position était très ambiguë, car après avoir posé comme principe l'interdiction au procureur et à ses auxiliaires de mener des actes d'instruction (A), elle avait adopté des solutions contraires dans certains de ces arrêts laissant penser qu'elle approuvait l'instruction officieuse (B).

A- L'affirmation de la séparation de la poursuite et de l'instruction par la Cour de cassation

86. La Cour de cassation, dans ses arrêts, avait dans un premier temps veillé au respect des dispositions du CIC en réservant de façon stricte les pouvoirs d'enquête au juge d'instruction (A). Mais face au

[285] X. LABBE, *Introduction générale au droit : pour une approche éthique*, 5e éd. PUS, 2011, p. 125 ; le rôle de la Cour de cassation est d'« assurer les plaideurs que le droit est interprété convenablement », P. MERCATI, A. BUCHER, M. H. BONIFASSI, C TREGUER, M. VARLET, *Introduction au droit*, 4e éd., Nathan, 2016, p. 91.

[286] F. HELIE, J.-S.-G, NYPELS, L. HANSSES, *Traité de l'instruction préparatoire et de la mise en accusation*, éd. Bruylant-Christophe, 1865, p. 231

flagrant délit, qui nécessitait urgence dans les actes, le CIC reconnaissait au ministère public et à ses auxiliaires la faculté de procéder de façon organisée à certaines investigations (B), et la Cour partageait cette position du législateur.

1. *La compétence exclusive du juge d'instruction pour une procédure impartiale*

87. Lors de l'élaboration du CIC, l'intervention de la défense dans la phase préparatoire ne semblait pas nécessaire aux yeux des rédacteurs du Code, et ce du fait de la qualité du juge d'instruction qui est une garantie pour l'impartialité du procès. Il est donc nécessaire de rappeler ce principe (1) avant de voir son application par la Cour de cassation (2).

a. Rappel du principe posé par le CIC sur les garanties offertes par le juge d'instruction

88. Un principal enquêteur : le juge d'instruction. Si l'instruction officieuse violait les dispositions du CIC, c'est parce qu'elle permettait aux OPJ d'empiéter sur les prérogatives du juge d'instruction. En effet, ce dernier disposait de pouvoirs très étendus. Si l'article 59 du CIC lui attribuait des pouvoirs en matière de flagrance, l'article 64 du même Code faisait obligation au procureur de lui transmettre les plaintes qui lui sont adressées. Il avait des attributions policières, mais aussi juridictionnelles. Selon C. Morizot Thibault, « *le procureur de la République communique au juge d'instruction la plainte ou le procès-verbal qui porte l'infraction à sa connaissance. C'est à ce magistrat que revient la mission de rechercher les preuves destinées à inspirer la conduite du ministère public* »[287]. Mais avec l'instruction officieuse, cette garantie qui visait à ce que le ministère public, adversaire du suspect dans le procès, ne puisse recueillir les éléments de preuve pour un procès équilibré n'avait pas été observée. Les OPJ, sous la direction du parquet cherchaient les preuves des infractions à la loi

[287] C. M.-THIBAULT, *op. cit.*, p. 83.

pénale et ne saisissaient le juge d'instruction qu'en cas de difficultés majeures. En procédant de la sorte, le parquet et ses auxiliaires sortaient du cadre légal, empiétaient sur les prérogatives du juge d'instruction.

89. Un défenseur naturel du suspect. Dans le cadre de la recherche des preuves, le juge d'instruction ne visait pas seulement les éléments à charge, il visait comme le note Nadau les éléments à décharge[288]. Cette garantie qu'elle présentait n'était pas observée dans l'instruction officieuse qui était dirigée par l'accusateur. C'est pourquoi il était noté qu'en dépit des critiques du système inquisitoire, la recherche judiciaire des preuves présentait une « *double garantie résultant, pour l'inculpé, de l'intervention d'un magistrat, dans la phase préalable du procès* »[289]. Face à une telle procédure, une présomption de défense du suspect était établie, le juge d'instruction de par son impartialité allait lui assurer un procès équitable. C'est d'ailleurs ce qui a fait dire à Nadau que « *le caractère du juge d'instruction, son indépendance, son intégrité donnent à l'inculpé, dans ce système, un défenseur naturel, arbitre impartial entre lui et l'accusateur* ». Le suspect semblait ne pas avoir besoin d'une défense lors de cette phase, car il existait comme dans la phase de jugement, un juge chargé de veiller au respect de la procédure à travers son rôle d'arbitre.

90. La réception des preuves des parties. En sa qualité d'arbitre lors de la phase préparatoire du procès pénal, le juge d'instruction recevait de la part du parquet tous les éléments qui fondaient son accusation à travers son réquisitoire. Il se chargeait aussi, pour mieux jouer son rôle d'arbitre, de recevoir de la part du suspect toute déclaration de nature à éclairer son absence ou degré de participation à l'infraction à travers les interrogatoires et autres actes nécessaires à l'établissement de la vérité. En procédant de la sorte, note Morizot-Thibault, « *les deux intérêts y seront mieux tenus en balance dans la main de l'informateur* »[290]. Ce système d'équilibre, selon M. Frencken, se rapprochait de celui de la Belgique. En effet, par l'institution du juge d'instruction le « *législateur belge [...] a tenté de créer entre l'accusation représentée par le Ministère public et la défense, un équilibre* [...] »[291]. Ces deux systèmes rappellent le système accusatoire anglais où le juge joue le rôle d'arbitre, à

---

288 H. NADAU, *op. cit.*, p. 9.

289 H. NADAU, *op. cit*, p. 6 ; C. MORIZOT-THIBAULT, *op. cit.*, p. 119.

290 C. MORIZOT-THIBAULT, *op. cit.*, p. 119.

291 E. FRENCKEN, « Compétence et obligation du procureur », in *La formation des magistrats aux questions relevant de leurs obligations professionnelles et de la déontologie de la profession*, Vol. 3, éd. Conseil de l'Europe, 1997, p. 33.

la différence que dans le cadre de la procédure pénale française, on ne saurait parler de système accusatoire, mais plus inquisitoire qui voit le juge participer en sa qualité d'OPJ à la recherche de la preuve et recourir parfois au secret pour les nécessités de l'information. Cette participation à la recherche de la preuve était aussi une garantie pour le suspect, il permettait au juge de décider de façon autonome de la suite à donner à l'affaire dont il était saisi.

91. Une décision autonome du juge. Il appartenait au juge dans son rôle d'arbitre de voir la nécessité de renvoyer le suspect devant le tribunal ou de le libérer des accusations. C'est ce que prévoyait d'ailleurs le CIC dans son chapitre IX intitulé « *du rapport des juges d'instruction, quand la procédure est complète* ». Le seul organe habilité à analyser l'ordonnance du juge d'instruction était la Chambre du conseil, car la loi avait voulu en procédant de la sorte chercher à avoir « *sous les yeux tous les éléments qui peuvent contribuer à la manifestation de la vérité* »[292]. M. Rogron décrit cette chambre comme étant « *une réunion de trois juges du tribunal de première instance, y compris le juge d'instruction, qui entendent le compte que ce magistrat est tenu de leur rendre des affaires dont l'instruction lui est dévolue, et qui statue sur la mise en liberté ou en prévention des individus inculpés* »[293]. L'intervention des magistrats dès la phase préalable du procès semblait être une source de garantie du suspect et la Cour de cassation avait cherché à appliquer ce principe en défendant à l'accusation de s'arroger les fonctions du juge d'instruction.

b. L'application du principe par la Cour de cassation

92. La participation du parquet à l'enquête : le réquisitoire. Aux termes des articles47, 53, 54, 61, 70 et 127 du CIC, le procureur et ses auxiliaires ne pouvaient, en dehors des cas de flagrance, intervenir dans la phase préparatoire du procès que par réquisitoire[294]. Ce dernier étant un

---

292 J.-F.-C. CARNOT, *De l'instruction criminelle, considérée dans ses rapports généraux et particuliers avec les lois nouvelles et la jurisprudence de la Cour de cassation*, vol. 2, éd. De Mat, 1831, p. 131.

293 J.-A. ROGRON, *Code d'instruction criminelle expliqué par ses motifs, par des exemples et par la jurisprudence*, éd. Videcoq, 1836, p. 117 et s.

294 Le CIC, place « *dès le début de l'enquête l'accusateur, dans son rôle de simple réquisition* », R. GARRAUD, *Traité théorique et pratique d'instruction criminelle et de procédure pénale*, T. III, *op. cit.*, p. 20 ; v. aussi H. NADAU, *op.cit.*, p. 35 ; le ministère public « *ne peut agir que par voie*

acte qui ouvre et clôt l'instruction[295] « *contient les faits et les témoins de qui l'on peut entendre des éclaircissements* »[296]. Une partie de la doctrine avait d'ailleurs souligné que le ministère public était « *incompétent pour faire ou ordonner des actes d'instruction* »[297]. Commentant les dispositions des articles 32 et 47, M. Bourguignon écrit aussi que : « *hors le cas de flagrant délit, et celui de réquisition mentionné dans l'article 46, le procureur impérial doit s'abstenir de faire personnellement des actes d'instruction, et se borner à requérir et à poursuivre ; c'est-à-dire, à remplir les fonctions du ministère public près le juge d'instruction* »[298]. La jurisprudence avait suivi la doctrine dans cette idée qui visait le respect de la séparation entre la poursuite et l'instruction. L'arrêt de la Cour de cassation en date du 19 avril 1855 rappelait que « *la loi n'attribue aux officiers du ministère public que le droit de réquisition* »[299]. Une telle décision venait confirmer celle du 27 août 1840 qui avait retenu la même solution et posait avec plus de précision l'indispensable respect des règles de compétence. En effet, après avoir rappelé l'obligation pour le ministère public de procéder par réquisition, elle ajoutait que « *les procureurs généraux ne peuvent sans violer les règles de compétence et sans intervertir l'ordre des juridictions, faire aucun acte d'instruction ni par conséquent déléguer pour faire ces actes, aucun magistrat ni officier de police judiciaire* »[300]. En dépit de ces rappels,

---

de réquisition » F. HELIE, *Traité de l'instruction criminelle ou théorie du Code d'instruction criminelle. De la mise en prévention. De la mise en accusation et du règlement de la compétence*, T. V., éd. H. Plon, 1866, p. 313 ; le procureur, *« lorsqu'il n'y a pas de flagrant délit, ses pouvoirs sont plus restreints ; il n'a pas le droit de constater comme dans le cas de flagrant délit, mais seulement de poursuivre ; il requiert le juge d'instruction* [...] », J. CHANTAGREL, *Manuel de droit criminel, Code pénal et d'instruction criminelle*, éd, Menard, 1866, p. 194 ; G. LE POITTEVIN, *Dictionnaire-Formulaire des parquets et de la police judiciaire*, T. III, éd. Rousseau, 1950, p. 240.

295 « *C'est le procureur de la République qui ouvre l'information par son réquisitoire introductif et c'est lui qui, après avoir examiné les charges, la ferme par ses réquisitions* ». C. M.-THIBAULT, *op.cit.*, p. 85.

296 D. EDOUARD, V. CHARLES, *Les codes annotés, code d'instruction criminelle*, éd. Jurisprudence générale, 1898, p. 147.

297 F. HELIE, J.-S.-G. NYPELS, L. HANSSENS, *Traité de l'instruction criminelle : des tribunaux de police, des tribunaux correctionnels, cours d'assises, pourvois en cassation*, vol. 3, éd. Bruylant-Christophe, 1869, p. 466.

298 C. S. BOURGUIGNON-DUMOLARD, *Manuel d'instruction criminelle : contenant le code criminel*, V.1, éd. Garney, 1811, p. 109.

299 Cass. Crim., 19 avril 1855, Bull. crim. n°130, p. 224 ; v. aussi *Recueil général des lois et des arrêts*, vol. 34, éd. Recueil Sirey, 1855, p. 547 et s.

300 Cass. Crim, 27 août 1840, décision citée par : A. D. DALLOZ, P. A. DALLOZ, in : *Répertoire méthodique et alphabétique de législation de doctrine et de jurisprudence : en matière de droit*

le parquet et ses auxiliaires agissaient en marge des textes violant ainsi ce principe de séparation des compétences.

93. La violation du principe par le parquet et ses auxiliaires. Morizot-Thibault a décrit comment le parquet se passait parfois du réquisitoire pour agir de façon autonome. Il écrit : « *un procès-verbal qui dénonce au ministère public une infraction pénale. La preuve du délit n'est pas encore suffisamment rapportée. Il y a des témoins à faire entendre et des indices matériels à relever. Le procureur de la République direz-vous, va communiquer la pièce au juge qu'il chargera d'informer. Vous avez raison de le penser, car c'est le seul mode d'obéir à la loi. Mais vous avez tort [...]. En fait, le chef du parquet reçoit tous les procès-verbaux. Il examine la nature de l'infraction, les circonstances au milieu desquelles elle s'est produite, la facilité des preuves à recueillir et il se réserve, s'il lui plaît, le soin de procéder lui-même à l'enquête* »[301]. La saisine du juge d'instruction se faisait seulement lorsque les OPJ comme le souligne Lambert se heurtaient à des difficultés majeures. Cette attitude n'était cependant pas tolérée par la Cour de cassation qui n'hésitait pas, parfois, à sanctionner les actes d'instruction effectués en violations des dispositions du CIC en procédant à leur annulation.

94. L'annulation des actes. Dans l'arrêt du 27 août 1840, « *Un procureur avait après un arrêt de mise en accusation, adressé un réquisitoire à un juge de paix pour qu'il eût à se transporter sur le lieu du crime et à vérifier diverses circonstances qui pouvaient servir et apprécier les déclarations de l'accusé. L'annulation de la procédure a été prononcée* »[302]. Dans un autre arrêt du 19 avril 1855, la Cour de cassation rappelait que « *hors les cas prévus par les articles 32 et 46 du Code d'instruction criminelle, les officiers du ministère public sont sans droit pour faire eux-mêmes ou pour faire procéder par délégations à aucun acte d'instruction* ». Avant 1855, la Haute Cour par un arrêt du 30 septembre 1826 avait sanctionné le procureur pour non-respect des règles de compétences telles qu'organisées par le CIC entre le procureur et le juge d'instruction. En effet, le procureur doit, en dehors des cas de flagrance, se transporter sur les lieux avec le juge d'instruction. Mais dans cet arrêt, il s'était rendu seul sur le lieu de l'infraction alors que l'état de flagrance n'était plus d'actualité. La Cour de cassation, en réaction à cette violation, écrivait que : « *en autorisant le procureur du roi à se transporter sur les lieux, sans*

---

civil, commercial, criminel, administratif, de droit des gens et de droit public, vol. 28, éd. Bureau de la jurisprudence générale, 1854, p. 108.

301 C. M.-THIBAULT, *op.cit.*, p. 87

302 Cass. crim., 27 août 1840, Bull. n° 239, cité par F. HELIE, *Traité de l'instruction criminelle ou théorie du code d'instruction criminelle*, éd. Plon, 1867, p. 313.

être accompagné du juge d'instruction, dans un cas où elle reconnaissait qu'il n'y avait plus flagrant délit, la Cour [...] *a faussement appliqué l'article 32 du Code d'instruction criminelle, et violé l'article 47 du même Code, et commis un excès de pouvoir en investissant le ministère public d'un droit que la loi lui refuse* : »[303]. Cette jurisprudence, reprise plusieurs fois par la Cour de cassation[304], circonscrivait de façon explicite le champ d'intervention du parquet et de ses auxiliaires elle ne reconnaît les actes d'instruction de ces derniers que dans les cas où le CIC les prévoit, c'est-à-dire les cas où le législateur accorde une marge de manœuvre.

2. *La reconnaissance par la Cour de cassation de la marge de manœuvre du parquet et de ses auxiliaires dans la phase préparatoire du procès*

95. La Cour de cassation, toujours dans sa logique de se conformer aux dispositions du CIC, interdisait l'accomplissement d'actes d'instruction par l'accusation, mais lui accordait dans le cadre du flagrant délit des pouvoirs (a) du fait de la nature de l'infraction. Tout en lui ouvrant cette possibilité, elle veillait au respect du principe légaliste qui encadre l'intervention du parquet et de ses auxiliaires (b).

a. Le flagrant délit : source de pouvoirs des OPJ

96. L'urgence dans l'infraction flagrante. Selon Boitard, « *lorsque la loi commande au procureur impérial de faire, par exception, certains actes d'instruction, c'est dans le cas de flagrant délit, c'est à raison de l'extrême urgence* »[305]. Urgence, poursuit l'auteur, qui impliquait la nécessité « *d'opérer de suite, de*

---

303 Cass. Crim., 30 sept. 1829, Bull. n° 9, p. 538.

304 Cass. Crim. 20 février 1857, Bull. n° 75, p. 118 ; Cass. Crim., 16 juillet 1892, Bull. n° 211, p. 342. V. pour l'ensemble des arrêts sur les sanctions des actes commis en violation des dispositions du CIC par le parquet : *Les codes annotés, code d'instruction criminelle, op.cit.*, p. 146.

305 J. E. BOITARD, *Leçons sur les Codes pénaux et d'instruction criminelle contenant le commentaire complet de ces codes*, éd. Cotillon, 1863, p. 471.

ne pas laisser dissiper les preuves»[306]. M. Faustin Hélie justifie quant à lui l'octroi des pouvoirs du juge d'instruction au procureur par l'urgence. Il note que c'est « *la nécessité d'intervenir immédiatement dans les cas de flagrant délit que la loi a délégué au ministère public le pouvoir extraordinaire de procéder d'urgence à une information provisoire. Dès que le délit n'est plus flagrant et que l'urgence de la constatation n'existe plus, il ne peut procéder que par voie de réquisition*»[307]. Enfin Jean Journel expliquant le rôle du ministère public, écrit que ce dernier «*n'a le droit que de faire la procédure d'urgence*»[308]. Une affirmation que confirmait la Cour de cassation.

97. Confirmation de l'urgence par la Cour de cassation. La Cour de cassation, dans l'optique du respect des dispositions du CIC, venait confirmer la position de ces auteurs à travers plusieurs de ses arrêts. Dans une décision en date du 22 décembre 1881, la Haute Cour rappelait que : «*il est permis aux officiers du ministère public de recueillir de simples renseignements en cas d'urgence et pour empêcher le dépérissement des preuves*»[309]. Pourquoi cette décision n'était qu'un rappel, parce que la Cour de cassation avait déjà retenu la même solution dans d'autres affaires. En effet, par un arrêt du 12 février 1879[310], elle avait rendu la même solution, de même dans l'arrêt du 12 février 1880[311]. Ainsi, en autorisant la police judiciaire sous la direction du parquet à effectuer des investigations en cas de flagrant délit, la Cour de cassation faisait une interprétation stricte des dispositions du CIC et confirmait par cette occasion les propos de Levy qui soutenait que si l'instruction et la poursuite doivent être séparées : «*La confusion des pouvoirs est, au contraire, de règles, si l'infraction est flagrante*»[312]. Et, cette confusion apparaissait lors de la mise en œuvre des actes d'instruction.

---

306 J. E. BOITARD, *op.cit.*, p. 498 ; en cas de flagrance, « *les preuves du crime gagnent à être recueillies tout de suite, alors qu'elles sont encore chaudes, nettes, palpables ; que les témoignages faits sous le coup de l'émotion, seront plus spontanés et sincères* », L. LAMBERT, *op.cit.*, p. 137.

307 F. HELIE, *Traité d'instruction criminelle ou théorie du Code d'instruction criminelle*, vol. 2, éd. Bruylant, 1865, p. 21.

308 J. JOURNEL, *Réflexion sur l'accusation résolue à la chambre des députés contre les derniers ministres du roi Charles X*, vol. 5, éd. F. Guyot, 1830, p. 35.

309 Cass. Crim., 22 déc.1881, Bull. crim., n° 267 ; V. H. NADAU, *op. cit.*, p. 169.

310 Cass. Crim., 12 février. 1879, Bull. n° 31, p. 48.

311 Cass. Crim., 12 février 1880, Bull. n° 31, p. 48.

312 M. LEVY, *op. cit.*, p. 34.

98. La mise en œuvre des actes d'instruction. Si « *l'agent de poursuite ne peut procéder à aucun acte d'instruction* »[313], la loi lui réservait cependant la possibilité d'intervenir en cas de flagrance. En effet, dans ces cas la loi lui attribuait des prérogatives du juge d'instruction. Il pouvait ainsi, avec ses auxiliaires, interroger toute personne capable de fournir des éclaircissements sur le fait[314], maintenir des personnes à sa disposition[315], effectuer des saisies[316], mais aussi, des perquisitions[317]. En réalisant des actes d'instruction, le pouvoir de poursuite et d'instruction étaient comme le remarque Piquemal « *confondu au profit exclusif du procureur de la République* »[318]. Il revenait ainsi à l'accusation de rassembler ses preuves, de préparer son dossier et de poursuivre, sans autre instruction que celle de la police judiciaire[319]. Dans l'arrêt du 1er septembre 1831, la Cour de cassation avait rappelé cette confusion de pouvoirs en cas de flagrance même si le fait n'était qu'un délit[320]. Dans un autre arrêt du 17 décembre 1875, elle reconnaissait la confusion des pouvoirs et sanctionnait un médecin qui n'avait pas répondu à l'appel du procureur usant de son droit de réquisition en cas de flagrance[321]. Les actes ainsi laissés entre les mains du parquet et des OPJ constituaient des actes d'instruction. Une fois ces actes effectués, ils pouvaient exercer toutes les prérogatives relatives à l'accusation.

99. L'exercice des prérogatives relatives à l'accusation. Les actes d'instruction effectués par la police judiciaire sous la direction du parquet ne visaient que l'obtention de preuves en vue d'établir l'existence de l'infraction. Une fois ces actes réalisés, le procureur se chargera d'exercer

313 A. PIQUEMAL, *Du flagrant délit en matière correctionnelle, loi du 20 mai 1863*, 1900, éd. V. Rivière, p. 34.

314 Art. 33 CIC

315 Art. 34 CIC

316 Art. 35 CIC

317 Art. 36 CIC

318 A. PIQUEMAL, *op.cit.*, p. 44 ; Il y a en cas de flagrance une « extension des attributions du procureur de la République », G. LE POITTEVIN, Dictionnaire-formulaire des parquets et de la police judiciaire, T. II, éd. Rousseau, 1884, p. 289 ; V. aussi le T. III, p. 342.

319 R. GARRAUD, *Traité théorique et pratique d'instruction criminelle et de procédure pénale*, T. III, *op. cit.*, p. 249.

320 Cass. Crim., 1er sept. 1831, cité dans : Arrêts de la Cour de cassation : Chambre criminelle, vol. 2, éd. Direction des Journaux officiels, 1857, p. 640, v. aussi F. HELIE, *Traité de l'instruction criminelle, ou théorie du Code d'instruction criminelle*, vol. 3, éd. Plon, 1866, p. 477.

321 Cass. Crim., 17 déc. 1875, Bull. n°353, p. 686.

ses fonctions habituelles consistant à requérir le juge d'instruction si l'affaire était complexe et nécessitait plus d'investigations, ou citer directement le suspect devant le tribunal si les preuves sont suffisamment réunies. Ce recours à la citation directe était reconnu à l'accusation par la Cour de cassation. Dans une décision du 8 décembre 1826, la Haute Cour selon les termes de M. Rogron avait retenu que le procureur pouvait «*poursuivre directement les délinquants, et les citer en police correctionnelle*»[322]. En l'absence de cette poursuite directe, le procureur se conformait à l'article 45 du CIC qui lui faisait obligation de transmettre au juge d'instruction tous les éléments obtenus lors de ses investigations relatives aux infractions flagrantes. Il revenait ainsi au magistrat instructeur de procéder au reste des investigations. Ceci prouvait l'encadrement strict des fonctions des OPJ agissant sous la direction du parquet.

b. Encadrement des pouvoirs des OPJ

100.L'existence d'un délai quant aux actes. Étant exceptionnelle, cette confusion obéissait à un critère temporel[323]. C'est ce que relève Garraud en ces termes : «*le procureur de la République et ses auxiliaires réunissent temporairement et provisoirement aux pouvoirs de la poursuite, les pouvoirs de l'instruction*»[324]. Ainsi, dans la réalisation des actes en cas de flagrance, ils pouvaient agir avec ses auxiliaires, mais *«si le juge d'instruction se transporte sur les lieux ou s'il arrive en même temps que le Procureur, les règles normales d'instruction joueront»*[325]. Cela démontrait que même en cas de flagrant délit, les pouvoirs du procureur étaient encadrés[326] pour plus de garanties. Il existait ainsi un délai fixé pour la réalisation des actes et leur transmission au juge d'instruction, mais aussi un délai quant à l'état de flagrance.

101. L'existence d'un délai quant à l'état de flagrance. L'état de flagrance est défini par l'article 41 du CIC en ces termes : *«Le délit qui se*

---

322 Cass. Crim, 8 déc. 1826, Dall., ann. 1827, I, 356 : citée par J. -A. ROGRON in : *Code d'instruction criminelle et code pénal expliqués*, vol. 1, éd. Videcoq, 1849, p. 100.

323 A. PIQUEMAL, *op. cit.*, p. 43.

324 R. Garraud, *Précis de droit criminel*, éd. L. Larose, 1881, p. 597.

325 M. LEVY, *op. cit.*, p. 36

326 Le procureur ne dispose pas cependant de tous les pouvoirs du juge d'instruction, ses prérogatives demeurent limitées. V. L. LAMBERT, *op. cit.*, p. 138.

commet actuellement, ou qui vient de se commettre est un flagrant délit. Seront aussi réputé flagrant délit, le cas où le prévenu est poursuivi par la clameur publique et celui ou le prévenu est trouvé saisi d'effets, armes, instruments ou papiers faisant présumer qu'il est auteur ou complice, pourvu que ce soit dans un temps voisin du délit». Le procureur et ses auxiliaires ne pouvaient agir que dans les cas où l'infraction présentait ces critères. En leur absence, ils devaient se transporter sur les lieux accompagnés du juge d'instruction conformément à l'article 47 du CIC. En cas de non-respect de cette procédure, ils encouraient une sanction de la Cour de cassation. C'est d'ailleurs ce que confirmait un arrêt du 30 septembre 1826, arrêt dans lequel la Cour notait : qu'« *en autorisant le procureur du roi de Montpellier à se transporter sur les lieux, sans être accompagné du juge d'instruction, dans un cas où elle reconnaissait qu'il n'y avait plus flagrant délit, la cour royale de Montpellier a faussement appliqué l'article 32 du Code d'instruction criminelle, et à violer l'article 47 du même code, et commis un excès de pouvoir en investissant le ministère public d'un droit que la loi lui refuse*»[327]. Les pouvoirs du parquet et de ses auxiliaires étaient donc limités. Et cette limitation touchait même les actes.

102. La limitation des actes du procureur et de ses auxiliaires. Si « *les infractions flagrantes ont toujours comporté des [...] des garanties moindres que tout autre délit*»[328], laissant au procureur et ses auxiliaires le soin de mener les investigations, il existait des limitations quant aux actes que ces derniers pouvaient accomplir. Levy y revient largement dans sa thèse. Il note que le procureur « *est privé de plusieurs prérogatives du magistrat instructeur régulier : la loi lui refuse le droit de perquisition chez les tiers, le droit de décerner un mandat de dépôt, et même les procès-verbaux rédigés par le procureur sont assujettis à des formalités supplémentaires : assistance signature du maire ou de deux citoyens domiciliés*»[329]. Cette limitation faite au procureur ne s'appliquait pas au juge d'instruction qui pouvait effectuer toutes les interdictions faites au procureur et à ses auxiliaires. Cette limitation était cependant peu observée et la loi du 20 mai 1863 venait le confirmer sur certains points.

103. Un réaménagement de la limitation par la loi du 20 mai 1863. Cette loi venait modifier les prérogatives du procureur en lui attribuant des compétences qu'il ne disposait pas et qui étaient réservées

[327] Cass. Crim., du 30 septembre 1826, Sirey, T. 27, I, 221, arrêt cité par J.-A. ROGRON, Code d'instruction et code pénal expliqué, vol. 1, éd. Videcoq, 1849, p. 81 et s.

[328] M. LEVY, *op. cit.*, p. 34.

[329] *Ibid.*

au juge d'instruction. Le placement sous mandat de dépôt ressortait de la compétence du juge d'instruction, mais avec cette loi le procureur pouvait interroger le suspect flagrant et le placer sous mandat de dépôt[330]. Cette procédure instituée par la loi du 20 mai 1863 visait à « *supprimer [...] l'intervention du juge d'instruction* [...] *pour concentrer toute la poursuite dans les mains du procureur impérial* »[331]. M. Chantagrel, dans son manuel de droit criminel, vient confirmer cette remarque en notant que dans cette procédure instituée par la loi de 1863, « le *juge d'instruction est mis à l'écart ; ses attributions sont supprimées. Le procureur impérial joue un rôle plus important que dans les affaires ordinaires* »[332]. Ainsi, le suspect se trouvait en face de son accusateur qui dirigeait la procédure et recueillait sa déclaration en l'absence de tout défenseur. C'est seulement devant le tribunal qu'il pouvait demander, conformément à l'article 4 de la loi de 1863, un « *délai de trois jours au moins pour préparer sa défense* ». Nous voyons ainsi que les pouvoirs du procureur et de ses auxiliaires s'élargissaient sans que le suspect ne puisse bénéficier de droits de défense et la Cour de cassation, en dépit de sa position pour le respect des dispositions du CIC, acceptait dans certaines décisions le cumul de fonctions par le parquet et ses auxiliaires fait en violation des textes, ce qui traduit l'ambiguïté de sa position.

B- L'acceptation par la Cour de cassation du cumul de fonctions par le parquet et ses auxiliaires

104. À côté du débat doctrinal sur l'instruction officieuse et des actes qui y sont effectués, la Cour de cassation n'avait pas manqué de prendre part à ce débat. Dans un premier temps, elle rejoint la thèse fortement développée par Garraud consistant à qualifier les actes de l'enquête officieuse de simples renseignements (1), élargissant par cette occasion le domaine d'intervention du parquet et de ses auxiliaires. Une

330 Art. 1 de la loi du 20 mai 1863 ; J.-P. ALLINE, *Gouverner le crime, les politiques criminelles françaises de la révolution au XIX*[e], *L'ordre des notables 1789-1920*, éd. L'Harmattan, 2003, p.91.

331 G. DUTRUC, *Le Code pénal modifié par la loi du 18 avril*, éd. Cosse et Marchal, 1863, p. 223.

332 J. CHANTAGREL, *Manuel de droit criminel*, éd. Menard, 1866, p. 254.

reconnaissance qu'elle allait accentuer en attribuant à ces actes la capacité d'interrompre la prescription de l'action publique (2).

1. *La qualification des actes de la police judiciaire de renseignements par la Cour de cassation*

105.L'affirmation de la jurisprudence. Nous avons déjà vu que la police judiciaire, sous la direction du parquet, s'adonnait à des instructions ou enquêtes officieuses et une partie de la doctrine y était favorable. La loi de 1863 venait élargir le domaine d'intervention du parquet et la Cour de cassation, dans certaines de ses décisions, adhérait au point de vue de la doctrine admettant l'enquête officieuse et validant les actes qui y sont effectués. Dans sa décision du 9 novembre 1843 la Cour notait : *« attendu que le ministère public, chargé par la loi de dresser la liste des témoins qui devront être assignés à sa requête pour déposer devant la Cour d'assises, doit employer tous les moyens pour ne faire citer que des témoins dont la déclaration peut être utile à la manifestation de la vérité, et qu'il ne l'est nullement interdit de faire prendre à cet égard des renseignements par les officiers de police judiciaire, ses auxiliaires légaux »*[333]. Dans deux décisions, l'une en date du 9 mars 1855 et l'autre du 4 août 1854, elle reconnaissait au procureur le droit de *« faire interroger par la gendarmerie, à titre de simples renseignements, deux personnes qui n'avaient point été entendues dans le cours de l'instruction »*[334]. La Cour de cassation, dans une constance, retenait ainsi que les actes effectués par le procureur de la République et ses auxiliaires n'étaient que des renseignements. Par la décision du 12 février 1880, la Haute Cour relevait d'ailleurs que c'était un « *droit des officiers du ministère public* [...] *à faire recueillir* [...] *de simples renseignements* »[335]. L'arrêt du 22 décembre 1881[336] venait conforter cette position de la Cour de cassation faisant des opérations de police un droit pour le ministère public. D'autres arrêts

---

333 Cass. crim., 9 novembre1843, Bull. n°443

334 Cass. crim., 4 août 1854 ; 5 mars 1852, 9 mars 1855, décisions cités par F. HELIE, J.-S.-G. NYPELS, L. HANSSENS in : *Traité de l'instruction criminelle : des tribunaux de police, des tribunaux correctionnels, cours d'assises, pouvoirs en cassation*, vol. 3, éd. Bruylant-Christophe, 1869, p. 466.

335 Cass. crim., 12 février 1880, Bull. n° 31, p. 48.

336 Cass. crim., 22 décembre 1881, Bull. n°267, p. 456.

vont venir poser le même principe[337] et la Cour de cassation approuvait que les procès-verbaux dressés dans le cadre de cette enquête soient joints à la procédure.

106.Des actes joints à la procédure à titre de renseignement. Dire que ces procès-verbaux constituaient de simples renseignements était discutable. Les tribunaux fondaient parfois leur conviction sur les procès-verbaux de la gendarmerie ou de la police judiciaire. L'arrêt de la Cour de cassation du 22 décembre 1887 en est une parfaite illustration. En effet, dans cet arrêt, la Cour de cassation soulignait que « *rien ne s'oppose à ce que le président des assises remette au jury un procès-verbal de gendarmerie, contenant à titre de renseignement, les déclarations de personnes à qui l'accusé a avoué le crime* [...] »[338]. La position de la Cour de cassation était ambiguë, difficile à comprendre. Elle annulait des actes de la police judiciaire parce que relevant des prérogatives du juge d'instruction, mais les laissait joints à la procédure à titre de renseignement. C'est ce que démontre Lambert en ces termes : « *c'est l'arrêt du 19 avril 1855 de la Cour de cassation qui, le ministère public ayant ordonné une autopsie hors des cas prévus par les articles 32 et suivants, confirme un arrêt de la chambre des mises en accusation de la Cour d'appel de Paris, laquelle avait annulé les actes du procureur en tant qu'actes d'instruction, mais les avait laissés annexés à la procédure comme simples renseignements* »[339]. Ces errement[340]s de la Cour de cassation ne permettaient pas d'apprécier sa position, elle qualifiait un acte illégal, mais le laissait joint à la procédure. Est-ce une façon de reconnaître la légalité de l'instruction officieuse ? En tous cas, elle avait reconnu que les actes de cette enquête interrompent la prescription.

---

337 Cass. crim., 9 mars 1855, Bull. n° 88, p. 151 ; Cass. crim., 19 avril 1855, Bull. n° 130, p. 224 ; Cass. crim., 18 août 1877, Bull. n° 198, p. 386. Cass. crim., 31 juillet 1884, Bull. n° 255, p. 425 ; Cass. crim., 22 décembre 1887, Bull. n° 441, p. 697.

338 Cass. crim., 22 décembre 1887, Bull. n° 441, p. 697.

339 L. LAMBERT, *op. cit.*, p. 372.

340 *Ibid.*

2. *Les actes de l'enquête officieuse interrompent la prescription*

107. Une persistance dans les errements. La Cour de cassation, comme nous l'avons déjà souligné, annulait les actes qualifiés d'instructions, mais les laissait joints à la procédure à titre de renseignement. Elle procédait presque de la même sorte s'agissant de la prescription de l'action publique. En effet, elle relevait d'abord que les actes accomplis par le parquet et ses auxiliaires étaient des actes d'instruction ne relevant pas de leur compétence, mais elle leur attribuait comme le démontre Lambert une « *vertu interruptive de la prescription* »[341]. Pour ce faire, Levy souligne que la Cour de cassation attribuait le nom de procès-verbal à de simples rapports. C'est ce qu'elle avait d'ailleurs fait dans son arrêt du 29 mars 1856[342]. En procédant de la sorte, la Haute Cour ne semblait point veiller à la distinction entre instruction officielle et instruction officieuse. Lors de l'instruction officieuse, les actes n'étaient que de simples renseignements. En les qualifiant de procès-verbaux, elle les intègre dans les dispositions des articles 637 et suivants du CIC qui prévoient la prescription de l'action publique. Cette position de la jurisprudence qui n'était guère approuvée par une partie de la doctrine et notamment par le Professeur Hugueney[343], constituait sans doute une manière indirecte pour la Cour de cassation de reconnaître l'instruction officieuse.

108. Une reconnaissance indirecte de l'instruction officieuse. Cette reconnaissance indirecte de l'instruction officieuse, comme le dit Mme Grosclaude, était perceptible au regard des arrêts de la Cour de cassation[344]. En effet, elle soulignait avec rigueur que les OPJ ainsi que leur chef, à savoir le parquet, ne pouvaient commettre des actes d'instruction qu'en cas de flagrant délit. Une conception qui correspond à l'esprit du CIC, mais elle posait le flou lorsqu'elle n'annulait pas les

---

341 L. LAMBERT, *op. cit.*, p. 373 ; « *La Cour de cassation a depuis longtemps admis que les procès-verbaux de l'enquête préliminaire interrompent la prescription de l'action publique ; or un acte purement officieux ne devrait pas produire cet effet* », R. MERLE, A. VITU, *op. cit.*, p. 311.

342 Cass. crim., 29 mars 1856, cité par M. LEVY, *op. cit*, p. 164 ; pour Lambert, il n'existe pas de procès-verbaux, il s'agissait « *de simples rapports de police établis en la forme de procès-verbal* », L. LAMBERT, *op. cit.*, p. 373.

343 L. LAMBERT, *op. cit.*, p. 374.

344 A. BINET-GROSCLAUDE, *op. cit.*, p. 45.

actes en violation des dispositions du Code. Ces actes qui passaient de renseignements à procès-verbaux, jusqu'à devenir actes interruptifs de la prescription de l'action publique, pouvaient laisser penser que la Cour de cassation, de façon indirecte, détournée, autorisait que la police judiciaire puisse mener des enquêtes. Et, les actes accomplis allaient avoir le même effet que les actes du juge d'instruction. Ils interrompaient la prescription, ils pouvaient être utilisés par une juridiction de jugement pour asseoir sa conviction. En dépit de cette reconnaissance indirecte, l'obstacle majeur résidait dans la légalité de cette enquête, qui non seulement n'était pas prévu par le Code de 1808, mais aussi qui s'inscrivait dans un système inquisitoire qui refusait toute possibilité de défense à l'accusé.

Section 2 : Le caractère inquisitoire de l'enquête policière, obstacle à l'exercice des droits de la défense

109.Un principe hérité de l'instruction pénale. Si aujourd'hui, lors du jugement, il est admis que les droits de la défense doivent recevoir pleine application devant des juges présentant certaines qualités comme l'indépendance et l'impartialité, leur application dans la phase policière s'est faite progressivement et n'est toujours pas complète. En effet, la police, sous le CIC de 1808, ne disposait pas de pouvoirs d'enquête en dehors des cas de flagrant délit. Toute l'enquête était placée entre les mains du juge d'instruction. Devant ce juge, aucune défense n'étant admise, il réunissait seul les éléments de preuve sans la participation du suspect alors que l'accusation pouvait avoir accès aux éléments de l'enquête. Une telle procédure caractérisée par un déséquilibre entre l'accusation et la défense était aussi présente dans la phase policière. Très tôt, la police s'était détachée de la limite fixée par le CIC concernant l'enquête de flagrance pour s'adonner à des instructions complètes, à l'image de celle du juge d'instruction, sans qu'aucune disposition ne lui en donne les prérogatives. En menant ces instructions dites officieuses, la police allait aussi appliquer la procédure inquisitoire comme le faisait le juge d'instruction dans l'instruction officielle. Or, ce système qualifié d'inquisitoire est connu comme étant hostile à l'exercice des droits de la défense.

110.Un système inquisitoire hostile à l'exercice des droits de la défense. La plupart des auteurs ayant traité du système inquisitoire n'ont pas hésité à le qualifier de système qui va à l'encontre du principe de l'égalité des armes et des droits de l'homme[345]. Contrairement à la procédure accusatoire qui régit la phase de jugement et qui est jugée plus protectrice des droits de la défense[346], la procédure inquisitoire vise

---

345 L. PRIMOT, *Le concept d'inquisitoire en procédure pénale, représentations, fondements et définitions*, éd. LGDJ, 2010, p. 71.

346 « *Le procès pénal accusatoire* [...] *le plus protecteur des droits de la défense* », L. SCHENIQUE, C. COURTIN, *La réforme de la phase préparatoire du procès pénal*, éd. L'Harmattan, 2014, p. 17 ; « *la procédure accusatoire est très séduisante car c'est manifestement la forme de procédure qui prend le plus grand compte des intérêts de la personne poursuivie et qui lui offre le plus de garanties* », M.-L. RASSAT, *Traité de procédure pénale*, éd. PUF, 2001, p. 31.

d'abord à assurer la protection de la société avant celle du suspect. Cette protection passe par l'octroi à l'accusation de plusieurs moyens d'investigation et le refus à la défense de toute participation à la procédure. Le système inquisitoire, en excluant la défense, semble donc créer un déséquilibre procédural. Si les droits de la défense s'exercent pleinement dans un système accusatoire, nous allons voir que les caractéristiques gouvernant le système inquisitoire font obstacle à l'exercice de ces droits (§1) dans la mesure où elles excluent la défense dans la recherche des preuves (§2).

§ 1 : Les caractéristiques du système inquisitoire

111.Le suspect, un sujet passif dans l'enquête policière. Le système inquisitoire sous le CIC de 1808, au regard de ses caractéristiques, rendait le suspect passif et faisait de lui un spectateur de la procédure. Contrairement à la procédure accusatoire où la personne poursuivie peut faire appel aux témoins, faire des demandes d'actes, le suspect dans la procédure inquisitoire sous le CIC était un « objet » d'instruction de la police judiciaire. Il ne disposait pas de droits devant l'OPJ pour asseoir une défense effective. Cette absence de défense était aussi observable dans le cabinet du juge d'instruction. La phase préparatoire dans son ensemble, à savoir l'instruction officielle menée par le juge d'instruction, l'instruction officieuse, et l'enquête de flagrance menée par l'OPJ sous la direction du parquet, était gouvernée par une absence de défense. Ce refus de garantir les droits de la défense dans la phase préparatoire de manière générale n'était cependant pas fortuit, car il traduisait la volonté répressive qui animait le législateur français.

112. L'existence d'une volonté répressive. L'adoption d'une procédure inquisitoire vise sans doute à garantir une meilleure répression des infractions à la loi pénale. Garraud, après avoir démontré la technicité qui gouverne cette procédure inquisitoire, la considère comme étant celle qui « *s'adapte mieux aux nécessités de la répression* »[347]. Le législateur,

[347] R. GARRAUD, *Théorie et pratique d'instruction criminelle et de procédure pénale*, T. 2, éd. Sirey, 1907, p.17.

en l'adoptant dans la phase policière, avait sans doute voulu que toute atteinte à la loi pénale soit effectivement sanctionnée. Cette volonté répressive se traduisait par une enquête policière qui, contrairement à la phase du jugement, privait le suspect du droit à l'information. Cette absence du droit à l'information entraînait non seulement une ignorance du suspect de la procédure (A), et avait pour conséquence une absence totale de contradiction (B) dans la recherche des preuves.

A – L'ignorance par le suspect de la procédure dans l'enquête policière

113. La défense ne peut s'effectuer sans mettre le suspect en état de comprendre les faits retenus contre lui, d'où la nécessité de lui garantir un droit à l'information. Ce droit qui constitue un préalable à toute défense permet la mise en œuvre du contradictoire à travers un débat oral devant un juge. Cependant, ce droit ne pouvait pas s'appliquer sous le CIC dans la phase policière. Ainsi cette phase, au regard du principe inquisitoire, privilégiait l'écrit au détriment de l'oral (1). Si devant la juridiction de jugement l'accès aux pièces de la procédure participe à la défense du suspect, cet accès n'existait pas dans la phase policière sous le CIC. Plutôt que l'accès au dossier, le législateur avait préféré le secret dans la recherche des preuves (2).

1. L'écrit, caractéristique du système inquisitoire dans l'enquête policière

114. L'application de l'écrit dans la phase préparatoire semblait trouver un fondement. Ce dernier résultait du fait qu'il avait longtemps été admis que cette phase établissait le dossier de la procédure (a), dossier qui, au regard de son contenu (b), ferait l'objet d'une discussion devant la juridiction de jugement.

a. L'établissement du dossier de la procédure dans l'enquête policière

115.Les justifications avancées. La juridiction de jugement étant le lieu d'exercice des droits de la défense, de l'accusatoire et de la discussion des éléments de preuves, il s'avère alors nécessaire de préparer cette phase. L'enquête de police participe donc à la préparation de cette phase en établissant le dossier[348]. Contrairement à la phase, du jugement ou l'oralité domine devant un juge arbitre qui statue contradictoirement, la phase policière est gouvernée par la réunion des pièces qui constituera le dossier final à remettre à la juridiction de jugement. Pour établir ce dossier, il a toujours été jugé sous le CIC que le suspect devait ignorer son contenu, car c'était dans cette ignorance ou encore dans cette discrétion que résidaient les chances d'accéder à la vérité. C'est sans doute ce qui expliquait que le secret soit pris comme un élément incontournable de la phase policière. De plus, l'accès au dossier à cette phase était souvent jugé précoce dans la mesure où ce dernier n'était pas réellement constitué.

116.L'état du dossier dans l'enquête policière. Il est souvent admis que dans la phase policière le dossier ne soit pas forcément ficelé. La police judiciaire mène au quotidien des actes d'enquête de nature à mettre en place un dossier solide et complet. Doit-on s'en tenir à ces propos pour dire que dans la phase policière l'état du dossier est incomplet ? La réponse est sans doute négative. Il arrive souvent que dès la phase policière un dossier bien complet soit déjà à la disposition des autorités chargées de l'enquête avant même la saisine de la juridiction de jugement. Par conséquent, dire qu'à ce stade le dossier est incomplet n'était pas toujours justifié. Dès lors, le refus à son accès devrait surtout être recherché dans la nature de la procédure inquisitoire qui posait comme principe la discrétion dans la réunion des éléments de l'infraction pénale. Cette discrétion plaçait alors le suspect dans un état de faiblesse lors de la phase policière en raison de son ignorance face au contenu du dossier.

---

348 F. DESPORTES, L. LAZERGES-COUSQUER, *op.cit.*, p. 6.

b. Le contenu du dossier dans l'enquête policière

117.Les interrogatoires et confrontations du suspect. Avant d'imputer des faits au suspect, il était nécessaire de l'interroger afin de recueillir ses propos. L'interrogatoire était donc essentiel dans la phase policière[349], car c'est un moyen de recherche de preuves, mais aussi un moyen de défense[350]. Réglementé aujourd'hui par le CPP[351], il obéit à des formes bien précises pour assurer plus de garanties au suspect. Par ailleurs, l'interrogatoire est une technique souvent utilisée par l'OPJ pour obtenir l'aveu. En cas de contradiction entre les déclarations faites par la personne interrogée et celles faites par les témoins ou la victime, l'OPJ peut, s'il l'estime nécessaire, les confronter afin de situer la vérité. À l'issue des interrogatoires et des confrontations, la loi fait obligation à l'OPJ de rédiger des procès-verbaux d'interrogatoire, de confrontation ou d'audition pour constituer le dossier. Cette rédaction est la conséquence même du caractère écrit de la procédure puisqu'il impose aux autorités chargées de l'enquête de rédiger des procès-verbaux non seulement pour les interrogatoires et confrontations, mais aussi pour tous les actes d'investigation.

118.La rédaction de procès-verbaux pour tous les actes d'investigation. Les procès-verbaux d'interrogatoire et de confrontation ne sont pas les seules pièces qui composent le dossier de l'enquête pénale. Dans le déroulement des investigations, l'OPJ peut être amené à effectuer tout acte nécessaire à la manifestation de la vérité. Parmi ces actes figurent entre autres les perquisitions, les saisies, les fouilles, les visites domiciliaires, les contrôles et vérification d'identité, ou encore les réquisitions. L'ensemble de ces opérations permettaient de découvrir des éléments nécessaires à l'établissement de l'infraction pénale. La réalisation de ces actes est cependant minutieusement réglementée afin d'éviter toute atteinte aux droits du suspect ou encore du témoin. Chaque acte devait faire l'objet d'un procès-verbal. Ainsi, le dossier doit contenir tous les actes effectués par les OPJ soit les interrogatoires, les confrontations et les autres actes d'investigations. Il est par la suite soumis à la juridiction de jugement afin que le suspect puisse en discuter

349 C. AMBROISE-CASTEROT, « Aveu », *Rép. Pén. D.*, janvier 2016.

350 *Ibid.*

351 Art. D.9 et s., art. 66, art.106, art.107, art.121, art.81 al 2 CPP

le bien-fondé. Ce dossier est cependant inaccessible au suspect durant toute la phase d'investigation pour des raisons liées à l'efficacité de l'enquête, mais surtout liées au caractère secret de la phase policière.

2. *Le secret, caractéristique de l'inquisitoire dans l'enquête policière*

119. Le secret dans le déroulement de l'enquête est un principe très ancien, il est même admis qu'il soit inhérent à l'enquête policière (a) en dépit des critiques dont il fait souvent l'objet (b).

a. Un principe inhérent à l'enquête policière

120.Un principe consacré par les ordonnances criminelles. La phase policière, phase d'investigation, de recherche de preuves, a toujours été soumise au secret. Le recours au secret dans la procédure pénale remonte aux ordonnances criminelles. Une des raisons avancées pour justifier le déroulement des opérations dans le secret peut être trouvée dans l'article 110 de l'ordonnance de Blois de 1498. Selon cet article, il faut que les investigations se déroulent sans *« qu'aucun n'en soit averti, pour éviter les subordinations, et forcement qui se pourraient faire en telles matières »*[352]. L'ordonnance de Villers-Cotterêts de 1539, dans la même logique, affirme que « *le renforcement du secret et la diminution des possibilités de défense de l'accusé* »[353]. En d'autres termes, le secret avait pour but de garantir une meilleure investigation afin d'assurer l'effectivité de la répression. De même, l'ordonnance de 1670 ne déroge pas à cette règle,

---

352 V. à propos du secret dans l'ord. de Blois de 1498, A. EISMEN, *op. cit.*, p. 139 ; C. GUERY, P. CHAMBON, *Droit et pratique de l'instruction préparatoire*, Dalloz, 2018/2019, p. 114 et s.

353 B. GARNOT, *La justice et l'histoire, sources judiciaires à l'époque moderne (XVIe, XVIIe, XVIIIe siècles)*, éd. Rosny-sous-Bois, 2006, p.129 ; « *l'ordonnance de 1539 a consacré, dans la procédure criminelle française, un usage qui malheureusement y a duré trop longtemps, le secret* […] », J. -E. BOITARD, *Leçons sur les codes pénal et d'instruction criminelle*, éd. Gustave Thorel, p. 5.

car elle « *prolonge les ordonnances de Blois (1498) et de Villers-Cotterêts (1539) et consacre une tradition inquisitoriale, écrite et secrète […]* ». Une telle procédure était retenue jusqu'à l'avènement du Code d'instruction criminelle de 1808.

121.La reprise du secret par le CIC de 1808. Le CIC a repris les grands aspects de l'ordonnance criminelle de 1670 parmi lesquels figurait le secret. Cependant, il faut souligner qu'aucune disposition du CIC ne mentionnait de façon explicite le secret[354]. Toutefois, celui-ci s'appliquait implicitement comme le note le Professeur Chambon : « *les auteurs sont unanimes pour reconnaître à l'instruction, sous le Code d'instruction criminelle, un caractère secret* »[355]. De même, les Professeurs Merle et Vitu attribuent ce secret au caractère inquisitoire de la recherche des preuves en ajoutant que dans cette procédure « *l'inculpé n'était averti ni de l'inculpation ni des charges pesant sur lui, il ne pouvait en discuter le bien-fondé* […] »[356]. Au moment où le suspect ne bénéficiait d'aucun droit, son adversaire, la partie poursuivante à savoir le procureur, avait accès au dossier à tout moment et pouvait effectuer des actes nécessaires pour asseoir son accusation. Une telle procédure, qualifiée non seulement d'inégale, mais aussi de choquante[357], s'appliquait aussi à l'instruction officieuse et l'enquête de flagrance menées par la police qui, rappelons-le, était un « copier-coller » de l'instruction officielle. En effet, quand le procureur et ses auxiliaires avaient initié l'instruction officieuse, ils en conservaient le secret.

122.L'application du secret dans l'instruction officieuse. La police judiciaire a, dès le début de l'instruction officieuse, adopté les mêmes pratiques que le juge d'instruction soit le caractère inquisitoire de la procédure en adoptant le secret lors de ses investigations. D'ailleurs, le commissaire Lambert, à propos du secret de l'instruction officieuse, écrivait que : « *Nous ne sommes pas obligés de donner à l'homme lecture de la plainte ou de la dénonciation qui le met en cause ; de lui exposer les faits qui lui sont imputés […]* »[358]. Pour Lambert, l'adoption de la procédure secrète dans l'instruction officieuse n'était pas fortuite parce qu'« *il est clair que c'est bien*

---

354 « *Sous l'empire du premier Code français de procédure, le Code d'instruction criminelle de 1808 qui a régi le système français pendant 150 ans, aucun article ne consacrait le secret de l'instruction ou de l'enquête* », J. PRADEL, in *Rapport d'information J. Larché*, Senat, n° 602, 1993-1994, p. 15.

355 P. CHAMBON, *Le juge d'instruction : Théorie et pratique de la procédure*, Dalloz, 1997, p. 36 ; R. MERLE, A. VITU, *Traité de droit criminel : procédure pénale, op.cit.*, p. 391.

356 R. MERLE, A. VITU, *op.cit.*, p. 391.

357 R. MERLE, A. VITU, *op. cit.*, p. 392.

358 L. LAMBERT, *op. cit.*, p. 397.

en cette non-connaissance du dossier déjà établi à l'encontre du présumé coupable, en cette ignorance [...] *en ce secret de l'enquête officieuse que résident les chances de succès de l'interrogatoire officieux de police*»[359]. Une telle organisation de la phase policière, au détriment des intérêts du suspect comme le note M. Benillouche[360], n'était pas exempte de critiques.

b. Les critiques du secret de l'enquête policière

123.Secret et droits de la défense : deux notions incompatibles. L'exercice des droits de la défense était jugé incompatible avec le secret de l'enquête. Pour qu'une défense soit effective, il fallait que le suspect puisse bénéficier d'une information complète sur les charges retenues contre lui. Si cette information était garantie devant la juridiction de jugement, elle ne l'était pas sous le CIC dans la phase préparatoire. Et pourtant, cette privation d'information ne résultait pas d'une pratique nouvelle au sein de la procédure pénale française. En effet, «*Les dispositions de l'ancien régime visaient à maintenir la personne mise en cause dans l'ignorance de la procédure*»[361]. Succinctement, le mouvement révolutionnaire de 1789 ne tarda pas à émettre des critiques à l'encontre du système inquisitoire français où le secret dominait la procédure. Parmi ces critiques, il est possible de citer Beccaria qui s'interrogeait à propos de cette procédure, «*Qui pourra se défendre de la calomnie, lorsqu'elle est armée du bouclier le plus sûr de la tyrannie : le secret*»[362]. De même, Pierre Ayrault notait que *« c'est véritablement couper la gorge à l'accusé que de lui tenir secret ce dont on le veut accuser*»[363]. Néanmoins, en dépit de ces critiques de la part de la doctrine et des révolutionnaires, le secret ne disparaissait pas de la procédure pénale. Précisément, le législateur de 1808, à travers l'organisation du CIC, possédait des arguments venant justifier la mise en

---

359 L. LAMBERT, *op. cit.*, p. 398.

360 M. BENILLOUCHE, *Leçons de procédure pénale*, 3e éd. Ellipses, 2017, p. 168 et s.

361 *Ibid.*

362 C. BECCARIA, *Des délits et des peines*, chapitre IX, éd. Flammarion, 2006, p.66.

363 P. AYRAULT, *L'ordre, formalité, et instruction judiciaire, dont les Grecs et Romains ont usé és accusations publiques : Conféré au stil et usage de nostre France* ; *avec les plaidoyers et arrêts, opuscules et diuerstraictez du mesmeautheur*, éd. Lean Caffin, et F. Plaignard, 1642, p.217.

place d'un système inquisitoire dans la phase policière et accusatoire dans la phase de jugement.

124.Les arguments justifiant l'inquisitoire dans l'enquête policière. Face aux critiques à l'encontre du système inquisitoire, le législateur de 1808 a dû trouver des arguments afin de le légitimer. En effet, dans l'organisation du procès pénal, il avait mis en place, comme le remarquent les professeurs Bouloc et Ambroise-Castérot, le système inquisitoire dans la phase d'enquête et le système accusatoire dans la phase de jugement[364]. Dans une telle procédure qualifiée de procédure mixte, le législateur affirmait alors que si le suspect ne connaissait pas les charges lors de la phase policière, il les connaîtra lors du jugement et pourra en discuter. Pour Mme Corinne Renault-Brahinsky, « *ce système permet de trouver un équilibre entre la protection de la société et les garanties de l'individu* »[365]. Cependant, cet équilibre demeurait sous le CIC discutable dans la mesure où il ne concernait qu'une seule étape de la procédure, à savoir la phase de jugement, et non la procédure préalable au jugement composée de l'instruction officielle, de l'instruction officieuse et de l'enquête de flagrance. En d'autres termes, la phase préparatoire de manière générale n'était pas sujette à cet équilibre. Dès lors, cette absence d'information avait pour conséquence d'entraîner une absence de contradiction.

B -L'absence de contradiction dans l'enquête policière

125. Dans la phase de jugement, le droit à l'information, le droit de se défendre seul ou de bénéficier de la présence d'un avocat et le droit d'accéder au dossier permettent à la personne poursuivie de se défendre de manière effective en menant un débat contradictoire. Cependant, dans la phase policière sous le CIC, le contradictoire ne pouvait pas

---

364 B. BOULOC, *op. cit.*, p. 65 ; C. AMBROISE-CASTEROT, *La procédure pénale*, 2e éd., Gualino, 2009, p. 44 ; J. LARGUIER et P. CONTE, *Procédure pénale*, 24e éd., Dalloz, 2016, p. 3 et s. ; « *Le code d'instruction criminelle de 1808 instaurant une procédure mi- inquisitoire, mi- accusatoire est à l'origine, un compromis entre sécurité et liberté* », J. -L. NADAL, in : *La procédure pénale en quête de cohérence sous l'égide de la Cour de cassation*, éd. Dalloz, 2007, p. 12.
365 C. RENAULT-BRAHINSKY, *Procédure pénale*, 18eéd., Gualino, 2017/2018, p. 26.

s'appliquer parce qu'il n'y avait pas de défense effective (1). La recherche de l'aveu était le principe et cette recherche passait par la négation du droit au silence (2).

1. *L'absence d'une défense effective dans l'enquête policière*

126. Dans la phase de jugement, conformément à la procédure mixte, la personne poursuivie peut bénéficier d'un avocat ou se défendre elle-même, ce qui permet la réalisation du contradictoire. Dans la phase policière, sous le CIC, le contradictoire était absent, car le suspect n'avait pas le droit à un avocat (a), et s'il essayait de se défendre seul, sa défense prospérait rarement (b).

a. L'absence du droit à l'avocat dans l'enquête policière

127.Les raisons de l'exclusion. La présence de l'avocat dans la phase préparatoire à savoir dans l'instruction officielle, dans l'instruction officieuse ou dans l'enquête de flagrance, faisait souvent l'objet de polémiques. Pour ce qui était de l'instruction officielle, il était souvent admis que le juge d'instruction présentait les garanties nécessaires pour sauvegarder les intérêts de la défense. Il n'était donc pas nécessaire de faire appel à un avocat pour assister le suspect. En plus, il existait une méfiance vis-à-vis de l'avocat. Pour certains auteurs, « *si l'avocat rentre dans un cabinet d'instruction, c'est la paralysie de l'instruction [...] le juge ne pourra plus instruire sereinement [...] c'est une défiance inacceptable vis-à-vis du juge d'instruction* »[366]. Si dans l'instruction officielle menée par le juge d'instruction la présence de l'avocat était exclue, il était évident que cette même défense ne s'appliquerait pas dans l'instruction officieuse menée par l'OPJ du fait de leur identité quant au déroulement de la procédure. Cette absence de l'avocat rendait le contradictoire inexistant dans la

---

[366] P. LEMAIRE, « la nécessaire refondation de la procédure pénale : l'enquête et l'instruction », *LPA*, 25 octobre 2000, n° 213, p. 17.

phase d'instruction officielle, comme dans la phase policière. Il n'y avait pas de discussion des éléments recueillis par les autorités judiciaires ou policières, et même si le suspect se défendait seul, sa défense était souvent inopérante

128.b. Une défense personnelle du suspect souvent inopérante.

129.Le moment de la défense. Dans la procédure inquisitoire, les seuls moments pour le suspect de présenter sa défense étaient lors des confrontations ou lors des interrogatoires. C'est ce qu'affirmait Lamoignon lors de la préparation de l'ordonnance de 1670. Il écrivait que « *c'est particulièrement dans l'interrogatoire que l'accusé peut employer ses moyens naturels de défense* »[367]. Le CIC s'inspirant de cette ordonnance avait laissé subsister dans la phase d'instruction un suspect assurant seul sa défense. Lors de l'interrogatoire par le juge d'instruction dans le cadre de l'instruction officielle, ou par l'OPJ dans le cadre de l'instruction officieuse ou de l'enquête de flagrance, le suspect pouvait, sans avoir accès au dossier, comprendre ce qu'on lui reprochait et asseoir une technique de défense. Ainsi, l'interrogatoire était à la fois une technique de recherche des preuves, mais aussi un moyen pour le suspect de saisir des informations et se défendre. Mais cette défense face à un juge d'instruction ou un OPJ expérimenté à la recherche d'un aveu était souvent défaillante.

130.Une défense défaillante. La défaillance de la défense du suspect s'appréciait à plusieurs niveaux. D'abord, l'absence de connaissance de l'ensemble du dossier et le refus fait au suspect de faire appel aux témoins constituaient un obstacle majeur à toute défense utile. Ensuite, les autorités policières ou judiciaires étaient souvent plus expérimentées et pouvaient à travers des questions captieuses pousser le suspect à s'auto-incriminer. Enfin l'interrogatoire et la confrontation ne suffisaient pas à assurer l'effectivité de la défense. En plus, il ne faut pas perdre de vue que l'interrogatoire était redoutable, car, comme le remarque le commissaire Lambert, « *de question en question de réponse en réponse, l'homme est pris davantage dans son interrogatoire, car une première explication imprudemment fournie en appelle une seconde, et le moteur de la logique est plus puissant que le frein de la prudence, qui conseillerait ici de s'arrêter et de se taire* »[368]. Mais comment se taire si ce droit n'existe pas.

---

[367] A. MORIN, *Dictionnaire du droit criminel : répertoire raisonné de législation et de jurisprudence, en matière criminelle, correctionnelle, et de police, contenant le résumé de toutes les lois, opinions d'auteurs et solutions de jurisprudence*, éd. Durand, 1842, p. 439.
[368] L. LAMBERT, *op. cit.*, p. 404

2. *L'inexistence du droit au silence dans l'enquête policière*

131. L'absence de notification du droit au silence. Au regard des propos du commissaire Lambert, il apparaît la volonté de la part des OPJ de s'abstenir de demander au suspect de se taire lors de son interrogatoire. Lambert évoquant le déroulement de l'interrogatoire officieux écrivait que les OPJ qui y procédaient n'avaient pas à notifier au suspect « *qu'il peut s'abstenir de* [...] *faire des déclarations* »[369]. De même, le juge d'instruction n'était pas obligé de le faire. D'ailleurs, Nadau note « *que l'inculpé ne reçoit pas avis, lors de son premier interrogatoire, qu'il est libre de ne point faire de déclaration* »[370]. C'est pourquoi Levy, souligne que *« L'interrogatoire était de nature à causer à l'inculpé un grave préjudice* »[371]. Si pour Kuty, le droit au silence « *est une technique de défense licite* » et permet « *de ne pas témoigner contre soi-même* [...], *le droit de ne pas contribuer à sa propre incrimination* »[372], le CIC ne l'avait pas pour autant prévu. Cette absence de prévision de la part du législateur se justifiait par la recherche d'un aveu du suspect.

132.La recherche de l'aveu du suspect. La recherche de l'aveu dans le cadre de la procédure inquisitoire était primordiale. Pour l'obtenir, il fallait parfois recourir à la torture. Mme Arcaute-Descazeaux le résume parfaitement lorsqu'elle note que « *pendant longtemps la procédure criminelle a reposé sur la recherche de l'aveu* [...], *la torture paraissait alors légitime. Non seulement l'aveu pouvait être provoqué, mais il pouvait être extorqué par la violence ou la souffrance* »[373]. Présent dans les ordonnances criminelles[374], et dénoncé par des auteurs comme Beccaria[375], l'aveu n'avait pas disparu avec le CIC. En

---

369 L. LAMBERT, *op.cit.*, p. 396.

370 H. NADAU, *Des enquêtes officieuses dans l'instruction criminelle*, Thèse, Lyon, 1913, p. 136.

371 M. LEVY, *De l'information officieuse*, thèse, Nancy, 1934, p. 99.

372 F. KUTY, *Justice pénale et procès équitable*, V. 1 et 2, éd. Larcier, 2006, p. 281.

373 M.-J ARCAUTE-DESCAZEAUX, *L'aveu Essai d'une contribution à l'étude pénale de la justice pénale négociée*, thèse, Toulouse 1, T.1, 1998, p. 1 ; v. aussi M. MAGNOL, L'aveu dans la procédure pénale in *RIDC.*, vol. 3, n°3, 1951, p. 516-541.

374 M. -H. RENAULT, *Histoire du droit pénal*, éd. Ellipses, 2005, p. 54-62.

375 « *C'est une barbarie consacrée par l'usage dans la plupart des gouvernements que de donner la torture à un coupable pendant que l'on poursuit son procès, soit pour tirer de lui l'aveu du crime ; soit pour éclaircir les contradictions où il est tombé ; soit pour découvrir ses complices, ou d'autres crimes*

effet, le juge d'instruction y recourait aussi lors de ses investigations. La police avait repris cette technique dans le cadre de l'instruction officieuse et de l'enquête de flagrance avec des méthodes comme le remarque le Doyen Magnol peu recommandables[376]. Pour certains auteurs, le recours à la torture pour obtenir l'aveu n'était que la conséquence d'une procédure inquisitoire[377]. Une procédure où l'on demandait au suspect de s'auto-incriminer, d'être son propre accusateur[378]. Et l'OPJ dans le cadre de l'instruction officieuse s'efforçait par tous les moyens d'y arriver[379]. L'ignorance du suspect de la procédure et l'absence du droit au silence facilitaient l'obtention de l'aveu. Cette procédure était peu soucieuse des droits de la défense, elle l'excluait dans la recherche des preuves.

§ 2 : L'exclusion de la défense dans la recherche des preuves

133. L'orientation de l'enquête sous le CIC ne relevait pas de l'appréciation du suspect. En effet, dans un système inquisitoire, l'enquête est de la compétence des juges du parquet ou du juge du siège contrairement à la procédure accusatoire où les parties « *ont un titre exclusif ou au moins principal dans le déroulement du procès* »[380]. Dans l'instruction officielle et dans l'instruction officieuse comme dans l'enquête de flagrance, les opérations étaient menées sous la direction de deux autorités judiciaires, à savoir le procureur de la République (A) ou le juge d'instruction (B).

---

dont il n'est pas accusé », C. BECCARIA, *Des délits et des peines*, éd. Flammarion, 1979, p.71-72.

376 M. MAGNOL, *op. cit.*, p. 519.

377 L. PRIMOT, *op. cit.*, p. 47 ; D. Salas, *Du procès pénal*, éd. PUF, 1992, p. 60.

378 « *Qu'il est monstrueux et absurde d'exiger qu'un homme soit lui-même son accusateur* », C. BECCARIA, *op. cit.*, p. 73.

379 L. LAMBERT, *op.cit.*, p. 399.

380 F. DESPORTES, L. LAZERGE-COUSQUER, *Traité de procédure pénale*, 4e éd., Economica, 2015 p. 5 et s.

A – La direction de l'enquête policière par le procureur

134. « *La procédure inquisitoire privilégie l'intérêt social. La poursuite pénale est déclenchée par un juge accusateur, doté de prérogatives énormes : on l'appelle le ministère public* »[381]. Qualifié d'« *instrument essentiel de la politique pénale* »[382], il est chargé de poursuivre les infractions à la loi pénale. À ce titre, il est chef de la police judiciaire (1), et partie poursuivante au procès pénal (2)

1. *Le procureur de la République, chef de la police judiciaire*

135. Réception des plaintes, dénonciations. Pour remplir pleinement son rôle de protection des intérêts de la société, il était nécessaire que le procureur puisse être informé des infractions à la loi pénale. Pour atteindre ce but, le CIC de 1808 lui attribuait le pouvoir de recevoir directement les plaintes et dénonciations. Cette réception découlait de l'article 9 du CIC qui faisait de lui un OPJ. D'autres dispositions du CIC venaient conforter cette thèse. Ce sont les articles 22, 29, 30 et 31. À côté de ces réceptions directes, il pouvait, par l'intermédiaire de ses auxiliaires recevoir les plaintes et dénonciations. En effet, aux termes de l'article 53 du CIC, « *les officiers de police auxiliaires renverront sans délai les dénonciations, procès-verbaux et autres actes par eux faits dans les cas de leur compétence, au procureur impérial, qui sera tenu d'examiner sans retard la procédure* [...] ». En tant que chef de la police judiciaire, il était nécessaire que tous les renseignements lui soient communiqués afin qu'il décide de l'orientation de l'affaire.

136. Orientation de l'enquête. Selon la nature de l'infraction, le procureur pouvait soit mener les investigations avec ses auxiliaires à

---

[381] M. -J. TOMAN, « Rôle du ministère public dans le domaine pénal » in : *Le rôle du ministère public dans une société démocratique*, éd. Conseil de l'Europe, 1997, p. 127.

[382] J. -C. FARCY, *Les sources judiciaires de l'époque contemporaine : XIXe –XXe siècles*, éd. Bréal, 2007, p.127.

savoir les OPJ soit saisir le juge d'instruction. Cette capacité à orienter l'enquête était organisée par le CIC. En effet, il fallait distinguer selon que l'infraction était flagrante ou pas. En cas de flagrance, le procureur pouvait, en dépit des interdictions qui lui étaient faites de mener des investigations, d'exercer avec ses auxiliaires de façon temporaire, les fonctions de poursuites et d'instruction. Les articles 32 à 44 du CIC lui conféraient ce pouvoir. Mais dans les autres cas, il était nécessaire, conformément à l'article 45 du CIC, de saisir le juge d'instruction afin qu'il diligente l'enquête pour une garantie de la séparation des fonctions de poursuite et d'instruction. C'est seulement après analyse de la nature de l'infraction et des preuves obtenues de la part de l'OPJ qu'il pouvait apprécier la suite à donner à l'affaire.

137.Appréciation de la suite donnée à l'enquête. Le procureur pouvait, après investigations, classer l'affaire sans suite s'il estimait que l'engagement des poursuites était inopportun. Si l'affaire n'était pas attribuée au juge d'instruction et que des preuves étaient obtenues surtout en cas de flagrance, il usait souvent de la citation directe. Selon Garraud, le recours à la citation directe « *est un moyen d'accélérer l'expédition des affaires* [...]. *Le procureur use de la voie de la citation directe* [...] *quand l'affaire est simple et qu'il n'y a aucune incertitude soit sur l'existence ou le caractère du délit, soit sur la désignation des témoins et des prévenus* »[383]. Ce procédé était initié et encouragé par les autorités judiciaires afin de permettre au juge d'instruction de se débarrasser de quelques dossiers au profit de la police à travers l'instruction officieuse. C'est ce qu'exprime M. Morizot-Thibault en ces termes : « *il n'y a qu'un seul juge d'instruction près la plupart des tribunaux et, s'il fallait qu'il informât sur tous les délits, il ne suffirait pas à la tâche. Le ministère public le débarrasse par des enquêtes officieuses* »[384]. Si le procureur disposait d'autant de pouvoirs, c'est parce qu'il soutenait l'accusation. Et, il lui fallait en cette qualité, des preuves pour exercer ce rôle de partie au procès pénal.

---

383 R. GARRAUD, *Précis de droit criminel, contenant l'explication élémentaire de la partie générale du Code pénal, du code d'instruction criminelle et des lois qui ont modifié ces deux codes, op.cit.*, p. 845.

384 C. MORIZOT-THIBAULT, *op.cit.*, p. 88 ; « *l'ouverture d'une information dans toutes les affaires correctionnelles avait pour effet d'encombrer le cabinet du juge d'instruction dont le temps se trouvait ainsi absorbé par des dossiers le plus souvent peu importants* » A. PIQUEMAL, *Du flagrant délit en matière correctionnelle,* thèse, Toulouse, 1900, p. 35.

138.L'accusateur dans le procès. Une fois les preuves obtenues à la suite d'un délit flagrant, à la suite d'une instruction officieuse ou encore d'une instruction officielle, il revenait au procureur de soutenir l'accusation. À ce titre, il était partie principale au procès pénal[385] et potentiel adversaire du suspect. Or, ces instructions étaient souvent menées du début à la fin par ses auxiliaires (OPJ) sans que le suspect ne puisse bénéficier d'une défense et encore moins participer à la procédure. L'absence d'équilibre dans cette procédure était manifeste. La cause de ce déséquilibre était sans doute à rechercher dans la procédure inquisitoire comme le remarque Mme Rassat. Elle note que « *dans un système inquisitoire pur, la charge de la preuve pèse uniquement sur les magistrats. C'est aux magistrats* […] *qu'il incomberait de rassembler les preuves, l'accusation et la défense* […] *n'ayant pas de pouvoirs d'initiative* »[386]. Il appartenait ainsi au magistrat du parquet, dès le début de l'enquête, de réunir les preuves, d'être partie au procès, de soutenir l'accusation pour obtenir la condamnation. Une fois la peine prononcée, il veillait avec l'aide de ses auxiliaires, à son exécution.

139.Le contrôle de l'exécution de la sanction. L'exécution de la sanction pénale relevait de la compétence du procureur de la République qu'il contrôlait par l'intermédiaire de ses auxiliaires. En effet, sous le CIC, les articles 165, 197 et 376 dudit Code accordaient au procureur de la République un pouvoir de contrôle de l'exécution des peines en matière de contravention de simple police, en matière correctionnelle et en matière criminelle[387]. C'est ce que rappelait d'ailleurs la Cour de cassation dans une décision du 6 avril 1827. Selon la Haute Cour, « *ce n'est point aux tribunaux qu'il appartient de pourvoir à l'exécution d'une condamnation prononcée conformément à la loi, que la loi s'est reposée quant à ce soin sur les officiers*

---

[385] C. AMBROISE-CASTEROT, *La procédure pénale*, 2e éd., Gualino, 2009, p. 68 ; C. RENAULT-BRAHINSKY, *Procédure pénale*, 18e éd., Gualino, 2017/2018, p. 71 et s. ; M.-L. RASSAT, *Procédure pénale*, 3e éd, Ellipses, 2017, p. 177 et s.

[386] M.-L. RASSAT, *op. cit.*, p. 245.

[387] F. HELIE, *Traité de l'instruction criminelle ou théorie du Code d'instruction criminelle*, Vol. 6, éd. Plon, 1867, p. 27, C. L. LEFEVRE, *Tarif raisonné des frais de justice criminelle, correctionnelle et de police*, éd. A. Wahlen et Cie, 1838, p. 26.

du ministère public»[388]. La doctrine venait conforter cette position de la jurisprudence en soulignant que « *l'exécution des jugements rendus par les tribunaux de répression est un des objets les plus importants confiés au soin et à la vigilance des officiers du ministère public*»[389]. Ainsi, les OPJ, sous la direction du procureur de la République, agissaient en amont et en aval de la procédure pénale. Ils constataient l'infraction, réunissaient les preuves, et assuraient l'exécution de la condamnation de la personne. Cette dernière ne pouvait cependant opérer une résistance du fait de l'absence de défense et de son exclusion de la procédure. Cette même procédure était presque observée lorsque le juge d'instruction dirigeait l'enquête.

B -La direction de l'enquête par le juge d'instruction

140. Dans le CIC de 1808, parmi les autorités qui dominaient la phase policière figurait aussi le juge d'instruction. Ce dernier avait de larges prérogatives en matière d'enquête ce qui faisait de lui un officier de police judiciaire (1). Considéré comme impartial, il était placé sous le contrôle du parquet (2) ce qui remettait en cause cette impartialité.

1. Le juge d'instruction, un officier de police judiciaire

141. La réception des plaintes. Pour saisir la qualité d'OPJ du juge d'instruction, il fallait regarder les attributions des OPJ dans le CIC. En effet, dans ce Code, les OPJ recevaient conformément à l'article 11

---

388 Cass. crim., 6 avril 1827 (J.P., tom. XXI, p. 328) cité par F. HELIE in : *Traité de l'instruction criminelle ou théorie du Code d'instruction criminelle*, Vol. 6, *op. cit.*, p. 726, V. aussi Cass. crim., 17 déc. 1850, Bull. n° 423 ; A. M. J. DUPIN, *Réquisitoires, plaidoyers et discours de rentrée, prononcés par M. Dupin depuis le mois d'août 1830 à ce jour*, vol. 1, éd. Joubert, 1836, p. 274 ; J. F. C. CARNOT, J. J. DRAULT, *Commentaire sur le Code pénal, contenant : la manière d'en faire une juste application, l'indication des améliorations dont il est susceptible, et des questions les plus importantes qui peuvent s'y rattacher*, vol. 2, éd. De Mat, 1825, p. 283.

389 J.-M. E. LE GRAVEREND, *Traité de législation criminelle en France : dédié à sa grandeur Monseigneur Dambray, chancelier de France*, vol. 2, éd. l'Auteur, 1816, p. 233.

alinéa 2 les plaintes et dénonciations. L'article 8 leur donnait le pouvoir de rechercher les crimes, les délits et les contraventions et d'en rassembler les preuves. Ces mêmes attributions étaient reconnues au juge d'instruction par l'article 63 du CIC lorsqu'il s'agissait de plainte avec constitution de partie civile. Il recevait aussi des plaintes de la part du procureur de la République. Rappelons que ce dernier, sous le CIC, ne pouvait, en dehors des infractions flagrantes, exercer avec la police judiciaire la fonction d'instruction. Il recevait les plaintes et les transmettait avec son réquisitoire au juge d'instruction[390]. Ce dernier, en recevant les plaintes, avait des pouvoirs plus étendus que les OPJ c'est ce que note M. Carnot lorsqu'il dit que « *tous les officiers de police judiciaire autorisés à recevoir les plaintes le sont-ils également à recevoir la déclaration du plaignant qui entend se rendre partie civile ? L'article 63 ne donne cette attribution qu'au juge d'instruction ; aucun autre article du Code n'étend cette mesure au Procureur du roi ni aux officiers de police auxiliaires* »[391]. Le juge d'instruction avait ainsi des pouvoirs très étendus, il pouvait opérer en cas de délit flagrant.

142. Les pouvoirs du juge d'instruction en cas de flagrant délit. C'est le législateur de 1808 qui accorde au juge d'instruction les prérogatives du procureur en cas de flagrant délit. En effet, l'article 59 du CIC disposait que : « *le juge d'instruction dans tous les cas réputés flagrants peut faire directement et par lui-même, tous les actes attribués au procureur impérial, en se conformant aux règles établies au chapitre des procureurs impériaux et de leurs substituts* ». Cela signifie que le juge d'instruction, qui ne devrait agir que sur réquisitoire du procureur, pouvait en cas de flagrance ne pas respecter cette règle[392]. Il suivra les articles 42 à 46 du CIC qui lui donnaient le pouvoir de transport sur le lieu pour y dresser les procès-

---

390 « *Les plaintes qui auraient été adressées au procureur impérial, seront par lui transmises au juge d'instruction avec son réquisitoire ; celles qui auraient été présentées aux officiers auxiliaires de police, seront par eux envoyés au procureur impérial, et transmises par lui au juge d'instruction, aussi avec son réquisitoire* », C.-S. BOURGUIGNON-DUMOLARD, *Manuel d'instruction criminelle : contenant le Code d'instruction criminelle, le Code pénal, la Loi et le Règlement*, éd. Garney, 1810, p. 113 ; J.-B. SIREY, *Code d'instruction criminelle annoté*, éd. Bureau de l'administration du Recueil général des Lois et des arrêts, 1817, p. 10 ; J.-E. BOITARD, *Leçons sur les codes pénaux et d'instruction criminelle*, 4e éd, Gustave Thorel, p. 318.

391 J.-F. -C. CARNOT, *De l'instruction criminelle, considérée dans ses rapports généraux et particuliers avec les lois nouvelles et la jurisprudence de la Cour de cassation*, éd. De Mat, 1810, p. 386.

392 P. CHAMBON, *Le juge d'instruction, théorie et pratique de la procédure*, *op.cit.*, p. 26.

verbaux, défendre des gens de s'éloigner, saisir des armes et tout ce qui paraissait avoir servi où avoir été destiné à commettre le crime ou le délit ou encore effectuer une perquisition. Toutes ces prérogatives reconnues au procureur étaient attribuées au juge d'instruction en raison de l'urgence. Et là encore, le juge d'instruction avait des pouvoirs plus étendus comme l'a remarqué M. Boitard. En effet, pour que le procureur puisse agir en flagrant délit il fallait conformément à l'article 32 « *qu'il s'agisse d'un fait emportant de sa nature peine afflictive ou infamante, qu'il s'agit d'un fait criminel, que la gravité de l'acte sanctionne l'urgence. Dans l'article 39 rien de pareil ; dans tous les cas de flagrant délit, quand même il ne s'agirait que d'un fait correctionnel, le juge d'instruction est autorisé à devancer l'action du procureur du roi, à agir directement et par lui seul* »[393]. Le juge d'instruction disposait de plus de pouvoirs, de plus de facultés que le procureur[394], il donnait même des directives aux auxiliaires du parquet en cas de commission rogatoire.

143. L'exercice des commissions rogatoires. L'expression « commission rogatoire » ne figurait pas selon la doctrine dans le CIC et son application était strictement limitée par le législateur[395]. Elle découlait comme le note M. Chambon des articles 83, 84, 90 et 103 du CIC et s'appliquait « *dans quelques cas particuliers, tels que l'audition des témoins malades, lorsque le juge d'instruction ne pouvait agir lui-même, et elles n'étaient données qu'à des magistrats* »[396]. C'est d'ailleurs ce qui ressort de la définition de la commission rogatoire donnée par M. Arexy Gaston dans son « *Traité de police à l'usage des commissaires de police, des maires, du personnel de la gendarmerie et des candidats au commissariat* ». Selon lui, « *une commission rogatoire est l'acte par lequel un magistrat délègue à un autre magistrat son droit d'effectuer une opération judiciaire* »[397]. Cette même définition était retenue par M. Delamorte-Feline dans son ouvrage intitulé « *Manuel du juge d'instruction* », mais il va plus loin en posant le débat doctrinal relatif à la capacité de certains OPJ à effectuer des commissions rogatoires. Si les juges de paix pouvaient recevoir des commissions rogatoires pour des

393 J.-E. BOITARD, *op.cit.*, p. 313.

394 *Ibid.*

395 L. LAMBERT, *op.cit.*, p. 284, P. CHAMBON, *Le juge d'instruction, théorie et pratique de la procédure, op.cit.*, p. 287.

396 P. CHAMBON, *op.cit.*, p. 287.

397 A. GASTON, *Traité de police à l'usage des commissaires de police, des maires, du personnel de la gendarmerie et des candidats aux commissariats : conforme aux programmes officiels et à la jurisprudence la plus récente*, T. I, éd. Dalloz, 1925, p. 300.

actes bien ciblés par le législateur, il arrivait souvent que les juges d'instruction dérogent aux dispositions du Code en leur confiant d'autres actes, mais aussi en saisissant d'autres OPJ[398]. Cet agissement qualifié d'extra légal par Lambert est encouragé par la chancellerie[399] et la Cour de cassation[400] tandis qu'au sein de la doctrine, les positions étaient divergentes[401]. Les OPJ agissaient ainsi sous la direction du juge d'instruction et faisaient comme sous les ordonnances criminelles, prêter serment au suspect sans défense[402], une prestation de serment que Beccaria avait toujours rejetée dans la procédure criminelle[403]. Le juge d'instruction était une autorité complexe, il était OPJ, il avait un pouvoir de direction de l'enquête de police en cas de commission rogatoire et il était placé sous le contrôle du parquet, ce qui laissait subsister des doutes quant à son impartialité et sa capacité à garantir les droits de défense de la personne.

2. *Un officier de police judiciaire placé sous le contrôle du parquet*

144.Le statut d'OPJ du juge d'instruction. Le placement du juge d'instruction « *sous la tutelle du parquet* » se justifie selon Mme Delmas-

---

398 L. LAMBERT, *op.cit.*, p. 287.

399 *Ibid* ; F. HELIE, *Traité de l'instruction criminelle ou théorie du Code d'instruction criminelle*, T. II, éd. Bruylant-Christophe, 1863-1869, p. 395 ; P. CHAMBON, *op. cit*, p. 287.

400 La Cour de cassation dans plusieurs de ses arrêts était favorable à l'étirement des dispositions du CIC ; v. F. HELIE, *Traité de l'instruction criminelle ou théorie du Code d'instruction criminelle*, T. II, éd. Bruylant-Christophe, 1863-1869, p. 395 ; P. CHAMBON, *op.cit.*, p. 287 ; L. LAMBERT, *op.cit.*, p. 288.

401 M. DELAMORT-FELINES, *Manuel du juge d'instruction*, éd. M. Aurel frères, 1836, p. 292 ; J. -M. E. LE GRAVEREND, *Traité de la législation criminelle en France*, T. I, éd. Vve C. Béchet, 1830, p. 285 ; F. HELIE, *Traité de l'instruction criminelle ou théorie du Code d'instruction criminelle*, T. II, éd. Bruylant-Christophe, 1863-1869, p. 394.

402 L'accusé « *doit prêter serment de dire la vérité et ne pas être assisté par un conseil* », P. MATHIEU, in, *Le contradictoire dans le procès pénal nouvelles perspectives*, actes de colloque organisé par l'Institut de Sciences Criminelles de Grenoble, 8 déc. 2011, p. 19.

403 « *C'est encore une contradiction entre les lois et les sentiments naturels, que d'exiger d'un accusé de dire la vérité, lorsqu'il a le plus grand intérêt à la taire ; comme si l'homme pouvait jurer de bonne foi qu'il va contribuer à sa propre destruction !...* », C. BECCARIA, *Des délits et des peines*, éd. Flammarion, 1979, p.70.

Marty par le fait qu'il est « *chargé de l'enquête comme un policier* »[404]. Cette surveillance du parquet sur le juge d'instruction était prévue aux articles 57 et 279 du CIC qui disposaient respectivement que « *les juges d'instruction seront, quant aux fonctions de police judiciaire, sous la surveillance du procureur général près de la Cour royale* » et que « *tous les officiers de police judiciaire, même les juges d'instruction sont soumis à la surveillance du procureur général* ». Mais il faudrait connaître l'étendue de cette surveillance. Sur ce point, au sein de la doctrine nous notons des divergences. Des auteurs, comme Graverend, Bourguignon et Carnot, soutenaient que les pouvoirs de direction du procureur pouvaient s'exercer à chaque fois que le juge d'instruction agissait en tant qu'OPJ. Alors que pour d'autres, comme Mangin et Hélie, ce pouvoir de direction du procureur à l'égard du juge d'instruction pouvait s'étendre « *sur chaque affaire dont l'instruction lui est confiée* »[405]. En dépit de cette controverse doctrinale, il était clair que sous le CIC, le juge d'instruction était surveillé par le procureur général qui pouvait, conformément aux articles 280 et 281 du CIC, l'avertir et même recourir à une condamnation en cas de récidive. Cette position du juge d'instruction compromettait son impartialité.

145.La remise en cause de son impartialité. Si « *le magistrat instructeur se trouvait en présence de deux parties* (procureur et suspect) *animées d'un sentiment différent et qui poursuivent un but contraire* »[406], comment pouvait-il assurer cette mission de « *gardien de la liberté individuelle,* (de) *protecteur né de l'inculpé* »[407]. La question de son impartialité était évoquée par la doctrine, et à ce propos M. Garraud note que : « *le juge est sous la surveillance et l'autorité de cet accusateur dont il doit cependant contenir et régulariser le zèle. Quelle impartialité peut-il donc garder ?* »[408]. Le juge d'instruction était le

---

[404] M. DELMAS-MARTY, « Le parquet enjeu de la réforme pénale », *Journal le monde*, 25 mai 2009 ; C. LACAZE, *Des enquêtes officieuses et des officiers de police judiciaire qui y procèdent*, thèse Toulouse, 1910, p. 25.

[405] F. HELIE, *Théorie du Code d'instruction criminelle : de l'instruction écrite et de la détention préalable*, vol. 5, éd. C. Hingray, 1853, p. 128 ; J. –F. –C. CARNOT, *De l'instruction criminelle : considérée dans ses rapports généraux et particuliers avec les lois nouvelles*, vol. 1, éd. De Mat, 1830, p. 364 ; J. M. LE GRAVEREND, Traité de législation criminelle, vol, éd. Talier, 1832, p. 180 ; G. LE POITTEVIN, *op.cit.*, p. 210 ; F. C. DUVERGER, *Manuel des juges d'instruction*, vol. 1, éd. Robin, 1839, p. 72.

[406] C. MORIZOT-THIBAULT, *op. cit.*, p. 90.

[407]C. MORIZOT-THIBAULT, *op. cit.*, p. 85.

[408] R. GARRAUD, *Traité théorique et pratique d'instruction criminelle et de procédure pénale,* T. 3, éd. Recueil Sirey, 1912, p. 8.

garant de l'équilibre de la procédure, mais la question de Faustin Hélie à propos de sa surveillance par le procureur nécessite réflexion. En effet, Hélie se posait la question de savoir : « *que devient cette garantie, qui est la base même de notre procédure, si le juge d'instruction reçoit du ministère public, non l'impulsion, mais la direction à laquelle il doit obéir ? N'est-il pas évident que l'instruction tout entière passerait au ministère public et que le juge ne serait plus qu'un instrument aveugle entre ses mains* ? »[409]. Le suspect a été le parent pauvre de cette procédure, il était exclu de la recherche des preuves, tout se passait entre deux autorités à savoir le juge d'instruction et le procureur. Ce dernier, partie au procès, détenait plus d'influence que son adversaire du fait de son autorité vis-à-vis de ses auxiliaires et du juge d'instruction. Et la Cour de cassation, face aux extensions des dispositions du CIC, à l'élargissement illégal des pouvoirs du parquet et de ses auxiliaires dans le cadre de l'instruction officieuse n'avait pas une position claire. Tantôt elle rappelait la nécessité de se conformer aux dispositions du Code, tantôt elle validait les actes effectués en violation de ces mêmes dispositions d'où l'ambiguïté de sa position face à l'instruction officieuse.

409 F. HELIE, *Théorie du Code d'instruction criminelle : de l'instruction écrite et de la détention préalable*, vol. 5, éd. C. Hingray, p. 131.

CONCLUSION CHAPITRE 1

146.« *L'un des défauts les plus graves de l'information officieuse était d'être conduite en dehors et à l'insu de l'inculpé* ». Cette assertion de M. Thibault démontre que les droits de la défense dans la phase policière étaient absents sous le CIC[410]. En effet, sous ce Code, le juge d'instruction était seul compétent pour mener les enquêtes. De par son impartialité et son rôle d'arbitre, il était perçu comme le défenseur né du suspect, car il veillait au respect de la procédure et surtout à l'équilibre entre les parties. Du fait de son statut, le législateur avait jugé qu'introduire un avocat n'était pas indispensable. Mais, très tôt, certains auteurs s'étaient rendu compte de l'aspect purement théorique de cette vision. En effet, dans la pratique, le juge d'instruction, au nom du système inquisitoire caractérisé par l'écrit, le secret et l'absence de contradiction, tenait le suspect hors de la procédure. Ce dernier n'avait pas un droit à l'information, il ignorait les charges, ne participait pas à la procédure, s'auto-incriminait et pouvait être placé en détention provisoire pour une durée parfois indéterminée. Étant le seul chargé de l'enquête, son cabinet était souvent encombré. Pour le désengorger, et ne retenir que les dossiers nécessitant une instruction, le parquet avait mis en place une instruction dite officieuse menée par ses auxiliaires (OPJ) afin d'apprécier la nécessité de saisir ou non le juge d'instruction. Mais cette procédure allait très vite concurrencer l'instruction officielle. En effet, la police judiciaire, sous le CIC, n'agissait qu'en cas de flagrance et ses pouvoirs étaient réduits. Mais avec la naissance de l'instruction officieuse, soutenue par la Chancellerie, une partie de la doctrine et la jurisprudence, elle commençait à s'arroger des fonctions du juge d'instruction en menant des enquêtes en dehors des cas de flagrance. Ainsi, à côté de l'instruction officielle menée par le juge d'instruction, se développait une instruction dite officieuse menée par le parquet et ses auxiliaires. Cette instruction officieuse, placée sous la direction de l'adversaire du suspect à savoir le procureur, avait repris les mêmes règles que l'instruction officielle à savoir l'exclusion de la défense et la possibilité de retenir le suspect (garde à vue), comme le faisait le juge d'instruction avec la détention provisoire. L'existence de cette instruction parallèle n'était prévue par aucune disposition du CIC

[410] M. THIBAULT, *op.cit.*, p. 89.

de 1808, d'où son illégalité. En dépit de cette illégalité, le parquet faisait toujours procéder par ses auxiliaires à des enquêtes, et saisissait parfois par citation directe la juridiction de jugement sans passer par le juge d'instruction. Son pouvoir s'élargissait et la loi du 20 mai 1863 venait confirmer cet élargissement en lui attribuant le pouvoir de placer en détention préventive le délinquant flagrant. Face à ce bouleversement de la procédure pénale, des critiques furent émises. L'instruction officielle fut dénoncée du fait de son caractère inquisitoire incompatible avec l'exercice des droits de la défense. Le législateur n'était pas insensible face à ces critiques. Par une loi du 8 décembre 1897, il introduisait les droits de la défense en instruction officielle. Comme cette dernière se déroulait dans les mêmes conditions que l'instruction officieuse, il apparaissait évident que la nouvelle loi puisse s'appliquer à cette instruction dite officieuse menée par les OPJ sous la direction du parquet. Mais très tôt, la jurisprudence avait fixé le domaine de la loi en décidant qu'elle ne s'appliquerait qu'à l'instruction officielle menée par le juge d'instruction et non à l'instruction officieuse. En se prononçant de la sorte, elle instaurait la différence entre ces deux instructions. Mais aussi, elle posait comme principe l'exercice des droits de la défense en fonction des phases. Lors de l'instruction officieuse, les auxiliaires du parquet, en toute illégalité, menaient des investigations en l'absence de toute défense du suspect. Et, c'est seulement après l'obtention des renseignements et la saisine du juge d'instruction, si le procureur l'estimait nécessaire, que l'exercice des droits de la défense pouvait commencer à s'exercer.

CHAPITRE 2 : L'INTRODUCTION DES DROITS DE LA DÉFENSE DANS L'INSTRUCTION, SOURCE DE DÉCLENCHEMENT DES DROITS DE LA DÉFENSE DANS L'ENQUÊTE POLICIÈRE

147. Distinction entre instruction officieuse et instruction officielle. Dans la phase préparatoire, il existait deux instructions, l'une dite officielle menée par le juge d'instruction et prévue par le CIC, et l'autre dite officieuse non prévue par le CIC menée par les OPJ sous la direction du parquet. Les deux instructions présentaient des points communs, dont le plus remarquable était celui de l'absence de défense du suspect. La procédure étant inquisitoire, tout était laissé à l'appréciation des autorités judiciaires et policières. La police judiciaire, dans le cadre de l'instruction officieuse et de l'enquête de flagrance, avait reproduit les règles de l'instruction officielle dans le déroulement de ses investigations. Mais les critiques de l'instruction officielle auront des conséquences sur l'ensemble de la phase préparatoire. En effet, du fait de sa position d'OPJ[411], sa subordination au parquet, et surtout face à la situation de faiblesse dans laquelle se trouvait la personne poursuivie, le législateur a introduit par une loi du 8 décembre 1897[412] l'avocat dans son cabinet pour plus d'équilibre. Cette introduction de la défense allait instaurer une distinction entre les deux instructions à savoir l'instruction menée par le juge d'instruction et celle menée par les OPJ sous la direction du parquet.

148. L'introduction de la défense en instruction officielle : instauration de la distinction. La présence de l'avocat lors de l'instruction officielle bouleversa l'architecture de la procédure pénale française. En effet, selon les observations de Gobet citées par Laveix, la loi de 1897 introduisant l'avocat dans le cabinet du juge d'instruction avait pour objet de *« protéger la liberté individuelle »*[413]. Cette affirmation était

---

411 Le juge d'instruction *« est sous la double surveillance du Procureur Général et de la Cour d'appel »*, C. LACAZE, *op. cit.*, p. 25 ; v. aussi J.-J. CLERE, J.-C. FARCY, *Le juge d'instruction approches historiques,* édition universitaire de Dijon, 2010, p. 230.

412 Loi du 8 décembre 1897 ayant pour objet de modifier certaines règles de l'instruction préalable en matière de crimes et de délits, *JORF*, 10 décembre 1897, p. 6907, *JCP G.*, 1952, I, n° 979, obs. P. CHAMBON.

413 Cité par J. LAVEIX, *Étude sur la loi du 8 décembre 1897 ayant pour objet de modifier certaines règles de l'instruction préalable en matière de crimes et délits*, thèse, Toulouse, 1898, p. 56.

partagée par une bonne partie de la doctrine et certains allaient même jusqu'à dire que cette loi avait été votée « *non pas seulement au profit de la liberté individuelle, mais encore et surtout, contre les juges d'instruction* »[414]. Quoi qu'il en soit, l'instruction officielle allait profondément être modifiée. Le suspect qui, jusqu'ici, demeurait isolé de la procédure allait bénéficier d'une assistance extérieure. Certaines règles qui étaient jusque-là cantonnées dans la phase de jugement, allaient pénétrer la phase préparatoire du procès pénal, et plus particulièrement, dans le cabinet du juge d'instruction. Face à cette nouvelle réforme de l'instruction officielle, l'accusation, c'est-à-dire le parquet, commençait à restreindre la saisine du juge d'instruction. En effet, pour contourner la défense introduite par la loi de 1897, il recourait plus à l'instruction officieuse qu'à l'instruction officielle. Était-ce une façon de nier au suspect son droit de bénéficier d'une défense ? En tout état de cause, si les deux instructions étaient quasi identiques, la loi Constans venait mettre fin à cette ressemblance en accordant au suspect l'exercice des droits de défense dans l'instruction officielle. Un tel exercice des droits de la défense ne s'appliquait pas à l'instruction officieuse ni à l'enquête de flagrance menée par la police. Ce refus d'appliquer la loi de 1897 dans cette phase entraînait une distinction dans l'attribution des droits de la défense selon que l'on se trouvait devant le juge d'instruction ou devant l'OPJ. Cette distinction instaurée par la loi de 1897, consistant à introduire la défense dans l'enquête officielle ou enquête judiciaire (Section 1) et à la refuser dans l'enquête officieuse, ce qui allait faire le succès de cette dernière (Section 2).

---

[414] F. RIGOULET, *op. cit.*, p. 69.
[414] V. J. LAVEIX, *op. cit.*, p. 56.

Section 1 : Une introduction des droits de la défense limitée à la phase judiciaire de l'enquête pénale

149. Une instruction officielle soucieuse des droits de la défense. Les droits de la défense qui, jusqu'ici, étaient absents de la phase préparatoire du procès allaient faire leur entrée dans le cabinet du juge d'instruction. Cette loi de 1897[415] était perçue comme une avancée significative dans le respect des droits de la personne devant le juge d'instruction. Certains auteurs n'hésiteront pas à dire que « *la loi de 1897 constitue une des plus belles concessions qui aient jamais été faites à la liberté individuelle* [...] » et que « *désormais l'individu, protégé jusque dans les détails de l'investigation judiciaire a, plus qu'auparavant, garantie d'une justice équitable et impartiale* »[416]. Si la défense n'était pas présente durant l'instruction officielle[417], la loi Constans venait donner « *la faculté à l'inculpé de faire suivre et contrôler l'instruction par son conseil* »[418]. Ces arguments suffisaient-ils pour dire que la procédure pénale dans son ensemble connaissait un équilibre entre l'accusation et la défense ? En tout état de cause, cette loi était une avancée pour la personne poursuivie devant le juge d'instruction et non pour le suspect devant l'OPJ qui ne bénéficiait pas de ces droits consacrés par la loi de 1897 dans la phase strictement policière.

150. Une enquête policière stagnante. La jurisprudence de la Cour de cassation allait très vite se prononcer sur l'application de la loi nouvelle. L'enquête officieuse se déroulait quasiment dans les mêmes conditions que l'enquête officielle et Mme Laure Hellenbrand dans sa thèse remarque d'ailleurs que « *les actes de police judiciaire sont alors pratiquement les mêmes que ceux qui interviennent au cours de l'instruction*

---

415 Loi du 8 décembre 1897 ayant pour objet de modifier certaines règles de l'instruction préalable en matière de crimes et de délits, *JORF*, 10 décembre 1897, p. 6907, *JCP G.*, 1952, I, n° 979, obs. P. CHAMBON.

416 P. DESSAIGNE, *Sanction de la loi sur la réforme de la loi sur la réforme de l'instruction criminelle* (8 décembre 1897), thèse, Paris, 1900, éd. A. Rousseau, p. 6.

417 « Le code de 1808 n'organise la défense que devant les juridictions de jugement. Mais aucun inculpé n'est assisté d'un conseil pendant le cours de l'information », R. GARRAUD, Traité théorique et pratique d'instruction criminelle et de procédure pénale, T. 3, op.cit., p. 38.

418 R. GARRAUD, *op. cit.* T. 3, p. 11.

préparatoire »[419]. Il serait donc logique que la loi Constans accordant au suspect la faculté de se défendre puisse s'appliquer aussi bien à l'instruction officielle menée par le juge d'instruction qu'à l'instruction officieuse faite par l'OPJ sous la direction du parquet. Mais la Cour de cassation en avait décidé autrement. Cette Haute Cour, avait réservé l'application de la loi à l'instruction officielle et la refusant à la phase policière. Cette position de la Cour de cassation installait une rupture entre l'instruction officielle et l'instruction officieuse (§1), rupture qui se caractérisait par la reconnaissance de droits au suspect uniquement devant le juge d'instruction et non devant l'OPJ (§2).

§ 1 : La loi Constans, source de la rupture entre instruction officieuse et instruction officielle

151.La réorganisation de l'instruction officielle. La loi Constans, en venant ouvrir le cabinet du juge d'instruction à la défense, porte atteinte au principe inquisitoire qui, depuis l'ordonnance criminelle de 1670, régissait cette phase. Cette ouverture fut largement saluée par certains auteurs qui virent en cette réforme une avancée de la liberté au détriment de l'autorité tandis que d'autres considéraient que cette loi augmentait les difficultés d'obtention de la vérité et les inégalités entre inculpés, seuls les fortunés pouvant se défendre. [420] En dépit de cette controverse, l'instruction officielle fut largement réorganisée afin de prendre en compte les droits de la défense qui, jusqu'ici, demeuraient inexistants.

152.Une prise en compte des droits de la défense dans l'instruction officielle. La position de la personne poursuivie allait connaître un changement notable avec l'arrivée de la loi de 1897. En effet, lors de l'instruction officielle, tout était organisé afin que la personne poursuivie ne puisse connaître les charges. Cette organisation qui était jugée utile à la manifestation de la vérité allait subir un profond réaménagement. Désormais, la nouvelle loi fait obligation au juge

---

419 L. HELLENBRAND, *Secret et justice pénale*, thèse, Nancy II, 1997, p.29.
420 J. PRADEL, *Procédure pénale*, 19e éd. Cujas, 2017, p. 702 et s.

d'instruction de notifier au suspect les charges retenues contre lui, ce qui provoquait un recul de l'inquisitoire au profit d'un droit à l'information (A). Ce droit à l'information qui n'était connu que devant la juridiction de jugement était utile à la défense de la personne poursuivie, mais il était cependant bien encadré (B) pour garantir l'efficacité de l'enquête.

A – Le recul de l'inquisitoire dans l'instruction officielle

153. Si le système inquisitoire régissait jusqu'ici la phase préparatoire du procès pénal, il allait sans doute avec la loi Constans connaître une atténuation. Certains droits qui n'existaient que dans la phase de jugement allaient faire leur entrée dans l'instruction officielle. L'ignorance par la personne poursuivie de la procédure qui caractérisait l'instruction officielle était atténuée par le droit à l'information introduit par la loi de 1897 (1). Et le juge d'instruction dans ses œuvres avait parfois des difficultés à obtenir l'aveu, car la loi l'obligeait à notifier au suspect son droit au silence (2). Ces règles n'étaient pas cependant étendues à l'instruction officieuse et à l'enquête de flagrance menées par l'OPJ sous la direction du parquet.

1. Le droit à l'information dans l'instruction officielle

154.La notification des charges au suspect. Si le juge d'instruction comme le note M. Pasquin « *avait le droit d'interroger l'inculpé immédiatement après son arrestation* »[421] sans la présence d'un avocat, l'article 3 de la loi Constans de 1897 venait mettre fin à cette pratique qui compromettait sa

[421] R. PASQUIN, *Organisation de la défense dans l'instruction préparatoire, loi du 8 décembre 1897*, thèse, Nancy, 1899, p. 15.

défense à travers « *des aveux* ou *des réticences irréfléchis* »[422]. Si l'ignorance de la procédure était le principe, la loi Constans fait obligation au juge d'instruction de faire connaître à l'inculpé « *d'une façon suffisamment détaillée et précise, les faits qui lui sont reprochés. Il faut, en effet, qu'il soit éclairé sur toutes les charges qui pèsent sur lui* »[423]. Ainsi, le fait pour le juge d'instruction de porter à la connaissance de la personne poursuivie des éléments du dossier entraînait une restriction au caractère secret de la procédure[424]. Et selon M. Luciani-Mien « *les auteurs du Code d'instruction criminelle avaient considéré le secret de l'instruction comme indispensable à la manifestation de la vérité. Ils pensaient que l'inculpé devait, jusqu'à la clôture de l'information, rester seul, sans appui ni conseil, en face du juge chargé de rechercher et de réunir les preuves de son innocence ou de sa culpabilité* »[425]. Mais, poursuit l'auteur, « *depuis la loi de 1897 l'instruction n'est plus secrète vis-à-vis de l'inculpé, lorsque celui-ci est assisté d'un défenseur, auquel le dossier droit être communiqué, la veille de chaque interrogatoire, ainsi que toutes les ordonnances intéressant l'instruction* »[426]. À côté de l'affaiblissement du secret dans l'instruction officielle le principe du contradictoire semblait prendre place avec le droit pour le suspect d'avoir un avocat.

155.Le droit à un avocat. La peur de la présence de l'avocat dans l'instruction pénale est aussi remise en cause. Si pendant longtemps des voix se sont levées pour dénoncer son entrée dans le cabinet du juge d'instruction, la loi Constans est venue mettre fin à cette réticence. En effet, pour certains « *si l'avocat rentre dans un cabinet d'instruction, c'est la paralysie de l'instruction [...] le juge ne pourra plus instruire sereinement [...] c'est*

---

422 *Ibid* ; v. aussi *Jurisprudence générale, Recueil périodique et critique de jurisprudence, de législation et de doctrine en matière civile, commerciale, criminelle, administrative et de droit public*, Dalloz, 1912, p. 161.

423 R. PASQUIN, *op. cit.*, p. 18.

424 « *Cette loi apportait autant de restrictions au caractère primitivement inquisitoire et secret de l'instruction* », H. CONCHON, *L'évolution des nullités de l'instruction préparatoire*, éd. L'Harmattan, 2002, p. 62.

425 L. MIEN, *L'effectivité des droits de la défense en procédure pénale*, thèse Paris 2, (Dir) Y. MAYAUD, 2006, p. 40.

426 R. GARRAUD, *Traité théorique et pratique d'instruction criminelle et de procédure pénale*, T. 3, p. 14 ; « *La loi de 1897 a cependant réalisé une réforme importante, elle a supprimé l'instruction secrète* [...] », H. COULON, *Ligue pour la défense de la liberté individuelle. Modifications essentielles à apporter à la loi de 1897 sur l'instruction criminelle*, éd. Marchal et Billard, 1902, p.3.

une défiance inacceptable vis-à-vis du juge d'instruction»[427]. Des arguments qui finalement n'avaient pas eu d'effet, car il était nécessaire pour le législateur de résoudre ce déséquilibre que créait la procédure inquisitoire entre l'accusation et la défense. Pour Garraud, avec la loi Constans, « *l'égalité est, en partie, rétablie entre l'accusation et la défense* »[428]. L'avocat, de par sa présence, semblait incarner le contradictoire. Si certains auteurs avaient cependant estimé que la loi Constans n'avait pas introduit le caractère contradictoire dans la phase d'instruction officielle[429], il faut reconnaître avec les Professeurs Conte et Du Chambon, qu'avec cette loi, on assistait à un « *déclin du caractère non contradictoire de l'instruction* »[430]. Fernand Rigoulet dans sa thèse sur la loi Constans affirme que *« la loi du 8 décembre 1897 a seule introduit le principe de la procédure contradictoire dans l'instruction préparatoire* »[431]. Avec l'entrée de l'avocat nous assistons à une altération du secret et une certaine présence du contradictoire[432], ce qui permettait de dire que la procédure inquisitoire perdait de sa pureté. Si la recherche de l'aveu était toujours un principe dans cette procédure qualifiée d'inquisitoire, l'obligation désormais faite au juge de notifier au suspect son droit de ne faire aucune déclaration venait encore porter un coup au caractère inquisitoire de l'instruction officielle.

156.La notification du droit de ne pas faire de déclaration. L'article 3 de la loi Constans fait désormais obligation au juge d'instruction de notifier au suspect lors de sa première comparution qu'il est libre de ne pas faire de déclarations. Cette protection du suspect contre toute réponse qui pouvait compromettre sa défense ne se limitait pas seulement au cabinet du juge d'instruction. En effet, lors de l'accomplissement de certains actes d'enquête comme la perquisition, le juge d'instruction pouvait poser des questions au suspect, mais il devait,

---

427 P. LEMAIRE, « la nécessaire refondation de la procédure pénale : l'enquête et l'instruction », *LPA*, 25 octobre 2000, n° 213, p. 17.

428 R. GARRAUD, *Traité théorique et pratique d'instruction criminelle et de procédure pénale*, T. 3, p. 8

429 « *En réalité la loi de 1897 n'a pas directement décidé que la procédure serait contradictoire. Mais la contradiction est la conséquence de son système* », R. GARRAUD, *op.cit.*, T.3, p. 10.

430 P. CONTE, P. M. Du CHAMBON, *Procédure pénale*, 4e édition, Armand Colin, 2002, p. 241.

431 F. RIGOULET, *op. cit.*, p. 19.

432 « *Cette entrée de l'avocat dans le cabinet du juge d'instruction introduit le principe de la contradiction dans l'instruction et lève en partie le secret qui la caractérisait depuis le début du siècle* » C. FARCY, Les sources judiciaires de l'époque contemporaine, XIX, XXe siècles, éd. Bréal 2007, p. 149.

comme le note Garraud, « *l'avertir qu'il est libre de ne pas faire de déclarations* »[433]. Cette même obligation s'imposait au parquet dans certaines conditions. En effet, l'article 5 de la loi Constans faisait obligation au procureur de la République en cas d'indisponibilité du juge d'instruction, de se référer à l'article 3 en notifiant au suspect son droit de garder le silence. Et le législateur, pour assurer cette garantie accordée au suspect, lui faisait obligation de mentionner au procès-verbal « *l'avis donné à l'inculpé qu'il est libre de ne pas faire de déclarations* »[434]. Cette faculté accordée à la personne poursuivie, en dépit des critiques[435], permettait sans doute d'éviter de compromettre sa défense avec des réponses spontanées, irréfléchies[436]. Ainsi, le droit au silence allait se substituer à l'aveu.

2. *La substitution du droit au silence à l'aveu dans l'instruction officielle*

157.La présence de la défense aux interrogatoires et confrontations. Lors de l'instruction pénale, le moment jugé propice pour obtenir l'aveu du suspect était l'interrogatoire. Hélie comme Pasquin le soulignent d'ailleurs : pour eux l'un des buts de l'interrogatoire était d'obtenir l'aveu du suspect[437]. Et souvent les juges utilisaient des procédés blâmables pour les obtenir[438]. La présence de l'avocat face à ces agissements du juge d'instruction était vue comme un moyen de

---

433 R. GARRAUD, *Traité théorique et pratique d'instruction criminelle et de procédure pénale*, T. 3, p. 46.

434 Art. 5 CIC

435 Certains auteurs jugeaient « ce *texte non seulement inutile, mais encore dangereux, les coupables ayant seuls intérêt à se taire, et les innocents ayant au contraire le plus grand intérêt à parler* », H. BRUN, *Des droits de la défense dans l'instruction criminelle spécialement d'après la loi du 8 décembre de 1897*, thèse, Paris, 1899, p. 70.

436 « *Le législateur tient compte ici de l'état de trouble inévitable dans lequel se trouve tout inculpé qui comparaît pour la première fois devant le juge d'instruction. Il importe de l'empêcher de faire des déclarations maladroites ou irréfléchies, car par la, l'œuvre du défenseur qui lui sera prochainement donnée, serait ou compromise ou rendue dans tous les cas plus difficile* ». H. BRUN, *op. cit.*, p. 69 et s.

437 F. HELIE, *Théorie du Code d'instruction criminelle, de l'instruction écrite et de la détention préalable*, T. 5, éd., C. Hingray, 1853, p. 722 ; R. PASQUIN, *op. cit.*, p. 6.

438 F. RIGOULET, *op. cit.*, p. 72.

contrôler ce dernier. C'est ce que note d'ailleurs Mme Conchon lorsqu'elle analyse la loi de 1897. Pour elle, cette loi avait instauré *« l'instruction contrôlée »*, une position que partage Fernand Rigoulet[439]. Avec les dispositions de cette loi de 1897, « *on évite les aveux de surprise ou obtenus par tout moyen anormal* »[440], car « *par sa seule présence, le conseil protégera l'inculpé contre les abus de pouvoir du magistrat, ses questions captieuses, ses promesses, séductrices, ses menaces, ses essais d'intimidation, en un mot, contre tous ces abus de la procédure inquisitoire* »[441]. Lionnard, dans sa thèse sur « *Les théories des nullités dans la loi du 8 décembre 1897* », faisait aussi cette remarque. Il notait que « *la loi de 1897 a brisé entre les mains du juge l'arme redoutable de l'interrogatoire qui, maniée habilement, provoquait souvent des aveux de l'inculpé* »[442]. L'obtention de l'aveu devenait ainsi difficile par la présence de l'avocat aux interrogatoires et confrontations. « *Lorsque l'aveu va arriver, ou seulement une déclaration intéressante, une phrase, un mot, un geste va faire rentrer la parole dans la gorge du client* »[443]. Avec l'avocat, la personne poursuivie ne se sentait plus seule face à un juge aux pouvoirs très étendus dont la recherche de l'aveu était presque un impératif. Mais il arrivait que le suspect renonce au droit à l'avocat.

158.La renonciation à l'assistance d'un avocat par le suspect. Toutes les garanties que la loi de 1897 était censée apporter au suspect ne pouvaient s'appliquer que lorsque ce dernier n'y renonçait pas. En effet, le principe posé par l'article 9 alinéa 2 du CIC était l'interdiction pour le juge d'instruction d'interroger ou de confronter le suspect sans la présence de son avocat. Mais le suspect pouvait y renoncer et cette renonciation devait obéir à certaines conditions. « *Il faut que l'inculpé ait été averti qu'il a le droit de se choisir un conseil, il faut que sur cette interpellation, il déclare expressément qu'il renonce à se prévaloir de ce droit ; il faut que l'observation de ces deux formalités ait été formellement constatée dans le procès-verbal du juge* »[444]. Le caractère exprès de cette renonciation était d'ailleurs souligné[445], il ne pouvait en aucun cas être déduit des actes du suspect ou de son

439 H. CONCHON, *op. cit.*, p. 62 ; F. RIGOULET, *op. cit.*, p. 59.

440 M. MAGNOL, « L'aveu dans la procédure pénale » in : *RIDC.*, vol. 3, numéro 3, Juillet-Septembre 1951, p. 516 et s.

441 F. RIGOULET, *op. cit.*, p. 71.

442 R. LIONNARD, *Théorie des nullités dans la loi du 8 décembre 1897 sur la réforme de l'instruction préparatoire*, thèse, Paris, 1902, p. 12.

443 F. RIGOULET, *op.cit.*, p. 82.

444 H. BRUN, *op.cit.*, p. 86.

445 P. DESSAIGNE, *op.cit.*, p. 60 ;

silence[446]. Le suspect se voit avec loi de 1897 protégé contre les manœuvres du juge d'instruction à travers la reconnaissance de nouveaux droits connus jusqu'ici à la phase de jugement. Mais le législateur tout en lui accordant cette faveur l'avait bien encadrée.

B -L'encadrement des droits reconnus dans la cadre de l'instruction

159. Le droit à l'information dans l'instruction officielle était certes le principe, mais un principe assorti de conditions. Si le secret était altéré pour permettre à la personne poursuivie de bénéficier de ce droit, il pouvait y avoir survie du secret s'il n'était pas assisté par un avocat (1). Cependant, il existait des exceptions à cette règle. Il était reconnu dans certains cas à la personne poursuivie sans avocat le droit de connaître certains éléments du dossier (2).

1. *La survie du secret pour le suspect sans avocat*

160.La subordination du droit à l'information au droit à un avocat. Le droit de connaître le dossier était fixé par l'article 10 de la loi du 8 décembre 1897. Mais ce droit était bien encadré par le législateur, il le subordonnait à l'assistance d'un avocat. Le suspect qui renonçait à son droit d'être assisté par un conseil ne pouvait prétendre obtenir la communication des pièces de la procédure. Des auteurs comme Rigoulet, Maurel et Lionnard allaient dans le sens de la loi qui refusait l'accès au dossier au suspect qui se défendait seul devant le juge d'instruction. Rigoulet était catégorique, il repoussait toute communication de la procédure à un suspect qui n'avait pas de conseil[447], une position qui semblait se justifier selon Maurel, car « *si l'accusé renonce à user de ce droit, il*

446 H. BRUN, *op.cit.*, p. 85.
447 F. RIGOULET, *op.cit.*, p. 125.

renonce à tous les avantages que le législateur y a attachés»[448] dont celui de connaître le dossier. L'auteur, dans l'optique de montrer la subordination du droit à l'information à l'avocat, note : « *c'est pour lui faire connaître les charges qui ont été réunies contre lui, lui permettre de se préparer efficacement à les combattre que le législateur a voulu mettre l'accusé à même de faire prendre connaissance du dossier par son conseil, afin qu'il puisse, avec lui, préparer ses armes et tirer de l'interrogatoire qui [...], est son seul moyen de défense*»[449]. Lionnard vient confirmer cette position lorsqu'il soutient que « *le législateur a organisé la défense de l'inculpé avec le concours de l'avocat, dont la loyauté justifiait sa confiance : si le prévenu refuse le secours d'un défenseur, c'est qu'il entend renoncer aux garanties que lui accorde la loi nouvelle*»[450]. La chambre criminelle de la Cour de cassation dans sa décision du 2 mai 1903 confirmait cette position doctrinale en retenant : « *en décidant par suite que le magistrat instructeur avait pu légalement refuser de communiquer à l'inculpée elle-même, le dossier de la procédure et de lui faire donner copie des pièces, l'arrêt attaqué n'a commis aucune violation des droits de la défense*»[451]. Dans une autre décision en date du 10 août 1906 la Haute Cour retenait « *que c'est seulement à la disposition du conseil que la procédure doit être mise* [...] *et que le bénéfice de cette formalité ne saurait être étendu à l'inculpé qui se défend lui-même*»[452]. Apparemment le suspect, ne pouvait pas seul, contrairement à la phase décisoire, prétendre accéder au dossier, il fallait l'intervention d'un avocat, mais il pouvait cependant après renonciation revenir sur sa décision.

161.Le suspect revenant sur sa décision de renoncer à l'avocat. Nous avons déjà évoqué les conditions nécessaires à la validité de la renonciation à l'avocat. Mais il pouvait arriver que le suspect se rende compte que « *c'est à l'avocat que la loi donne les divers droits qu'elle énumère* [...] »[453], sans lui il ne pouvait les exercer. Ainsi, il revenait sur sa décision d'y renoncer, une renonciation qui d'ailleurs ne présentait pas

---

448 J.-J. MAUREL, *Publicité et contradiction dans l'instruction préparatoire (loi du 8 décembre 1897)*, thèse, Bordeaux, 1900, p. 122

449 *Ibid.*

450 R. LIONNARD, *op. cit.*, p. 60.

451 Cass. crim., 2 mai 1903, décision citée par M.-C. JOLIBOIS, « proposition de loi autorisant un accès direct à leur dossier des personnes mises en examen », *Rapport Sénat*, n° 114, session ordinaire de 1995-1996.

452 Cass. crim., 10 août 1906. D. P. 1909. 1. 23 ; v. aussi 9 mars 1911. Bull. crim. n°107, p. 198, Décisions citées par P. CHAMBON, *L'instruction contradictoire et la jurisprudence (loi du 8 décembre 1897)*, éd. Librairie de la Cour de cassation, 1953, p. 71.

453 J.-J. MAUREL, *op.cit.*, p. 122.

conformément à l'article 9 alinéa 2 de la loi de 1897 un caractère « *définitif* » selon la Cour d'appel de Caen[454]. Mais le fait de revenir sur la décision ne pouvait compromettre les actes qui étaient déjà effectués. L'avocat qui prenait la procédure en cours pouvait ainsi prendre connaissance du dossier conformément à l'article 10 et informer son client de l'ensemble de la procédure. Toutefois, s'il était admis que le suspect sans avocat ne pouvait pas seul se prévaloir des dispositions de la loi de 1897 pour accéder au dossier, il existait des exceptions à ce principe.

2. *Les exceptions à la survie du secret à l'égard du suspect sans avocat*

162. La notification de certaines ordonnances au suspect. Avant la loi de 1897, certaines ordonnances du juge d'instruction étaient notifiées au suspect. Selon Rigoulet cette prérogative qui résultait de l'article 35 du CIC n'avait pas disparu avec la loi Constans. En effet, l'article 10 de cette loi venait encore consacrer la notification des ordonnances à la personne poursuivie. Mais de quelles ordonnances s'agissait-il ? Sur ce point il existait au sein de la doctrine une divergence. Si certains étaient pour la notification de toutes les ordonnances, d'autres étaient pour la notification des ordonnances susceptibles de recours. Mais la circulaire ministérielle du 10 décembre 1897 a mis fin à ce débat en décidant que « *les ordonnances dont il devra être donné connaissance sont celles qui ont un caractère juridictionnel* »[455]. Cette circulaire n'avait pas pour autant tout résolu dans la mesure où il était difficile de distinguer les ordonnances ayant un caractère juridictionnel de celles qui n'en avaient pas. La personne poursuivie ne connaissait donc pas les charges, mais uniquement les ordonnances du juge, ce qui ne permettait pas d'asseoir une défense organisée. Cela attestait de l'obligation implicite faite par le législateur d'inviter la personne poursuivie à recourir à un avocat pour bénéficier des dispositions de la loi de 1897. Il pouvait arriver cependant

---

454 H. BRUN, *op. cit.*, p. 86.

455 Sur l'ensemble de ces points v. F. RIGOULET, *op.cit.*, p.129 ; J. J. MAUREL, *op.cit.*, p. 128 et s.

que le juge lui-même dérogeât à la règle en décidant de notifier les charges au suspect sans avocat.

163.La liberté du juge de notifier certaines informations au suspect. Si les dispositions de la loi Constans semblaient bien rigides, il arrivait que le juge d'instruction, soucieux de garder l'équilibre entre les parties, exerce son rôle d'arbitre entre l'accusation et la défense. En effet, si la loi de 1897 refusait toute communication du dossier au suspect qui se défendait seul et ne lui permettait de prendre connaissance que de certaines ordonnances, le juge pouvait en décider autrement. Selon Rigoulet, « *rien n'interdit au juge d'instruction se trouvant en face d'un accusé dépourvu de conseil de mettre celui-ci au courant du dossier avant chaque interrogatoire* »[456]. Cette initiative n'était certes pas conforme à l'esprit de la loi de 1897 et allait à l'encontre de l'encadrement du droit à l'information, mais, elle correspondait à l'idée de procès équitable qui consiste à informer de manière égale les parties au procès. L'instruction officielle, contrairement à l'instruction officieuse, prenait ainsi de l'avance en tenant compte des droits de la personne poursuivie pour lui permettre de se défendre et les modalités d'exercice des droits issus de la loi de 1897, en dépit de quelques restrictions, témoignent de cette avancée.

§ 2 : Les modalités d'exercice des droits issus de la loi Constans

164.L'attribution de prérogatives à la défense lors de l'instruction officielle. Dans le cadre du déroulement de l'instruction officielle, il revenait au juge d'instruction d'effectuer toutes les opérations nécessaires à l'établissement de la vérité. Il disposait ainsi d'une large liberté sur les mesures à mettre en œuvre pour obtenir des éléments de preuve afin d'orienter le dossier. Mais avec la loi de 1897 la personne poursuivie pouvait par l'intermédiaire de son avocat demander sous certaines conditions la réalisation d'actes afin d'instaurer un contradictoire utile à sa défense. La loi de 1897 avait aménagé des

[456] F. RIGOULET, *op.cit.*, p. 126.

mesures essentielles permettant à la défense de pouvoir participer pleinement à certaines opérations lors de la phase de l'instruction officielle. Mais, il convient de relever que même en reconnaissant à la personne poursuivie certains droits par l'intermédiaire de son avocat, il ne l'avait pas étendu comme à la phase décisoire. Le législateur avait tenu au respect de l'efficacité de l'enquête menée par le juge d'instruction. Ainsi fixa-t-il les conditions d'exercice des droits reconnus à la personne poursuivie, conditions parfois jugées très restrictives remettant en cause sa volonté réelle de garantir au suspect une défense effective devant le juge d'instruction.

165.Une remise en cause de la volonté du législateur. S'il était impossible de nier les apports de la loi de 1897 dans la défense de la personne, il était quand même évident que les droits qu'elle consacrait ne produisaient pas plein effet si on analyse les conditions dans lesquelles ils sont exercés. Le rôle du juge d'instruction en tant que maître de l'enquête n'avait pas pour autant disparu avec la loi Constans. En effet, l'exercice de certains droits par la défense était subordonné à son autorisation, il pouvait y donner suite comme les refuser. Ce pouvoir reconnu à ce magistrat du siège rendait l'effectivité des droits de la défense discutable. En dépit de ce constat, l'intervention de l'avocat dans certaines opérations était cependant utile pour la défense du suspect (A), même si des restrictions y ont été apportées (B).

A- L'intervention utile de l'avocat dans l'instruction officielle

166. Dans l'instruction officielle, l'intervention de l'avocat était fort utile pour le suspect. En effet, ce dernier par la connaissance du dossier, et l'échange avec le suspect (1) parvenait à asseoir une défense concertée et organisée. Il pouvait aussi dans le but d'orienter l'enquête prendre la parole lors de l'interrogatoire ou de la confrontation pour demander la réalisation de certains actes (2).

1. *La prise de connaissance du dossier et l'échange avec le suspect*

167. La reconnaissance d'un délai à la défense. Le suspect comme nous l'avons déjà indiqué suivait la procédure grâce à son avocat[457]. C'est pourquoi la loi faisait obligation au juge de lui transmettre les pièces du dossier à la veille de chaque interrogatoire[458]. Cette transmission permettait de prendre connaissance des éléments à charges comme à décharges dont disposait le juge d'instruction et de pouvoir préparer une défense structurée. C'est l'article 10§1 de la loi de 1897 qui prévoyait cette transmission du dossier à la défense. Et la Cour de cassation dans plusieurs décisions avait rappelé que *« toutes les pièces figurant au dossier la veille de cet interrogatoire doivent être mises à sa disposition ; si une pièce était jointe au dossier dans l'intervalle de la communication et de l'interrogatoire, dont ainsi le conseil n'aurait pas eu connaissance, il ne pourrait en être fait état par le juge d'instruction lors de l'interrogatoire »*[459]. Ces décisions témoignaient du souci de la Cour de cassation de s'assurer que les éléments dont disposait le juge étaient les mêmes que ceux transmis à l'avocat pour un interrogatoire équilibré. C'est en cette connaissance du dossier que l'avocat allait ainsi communiquer avec le suspect pour décider de la technique de défense à adopter lors de l'interrogatoire.

168. La communication entre le suspect et son avocat. Comme l'a affirmé Lionnard, « *l'inculpé répondra aux interrogations du magistrat, suivant le plan de défense habilement combiné avec son conseil* »[460]. La communication était un moment fort dans le déroulement de la procédure. C'était le moment pour l'avocat de communiquer à la personne poursuivie les charges et de décider de la technique de défense à adopter. C'est ainsi que la loi de 1897 leur donnait le pouvoir d'entrer en communication, et selon Maurel « *rien ne viendra pendant tout le cours de l'information entraver la liberté de leur communication* »[461]. L'article 8 de cette loi accordait ce droit même à

---

457 « *Il ne peut voir son dossier que par les yeux de son avocat* », P. CHAMBON, *op.cit.*, p. 71.

458 R. LIONNARD, *op.cit.*, p. 60.

459 Cass. crim., 15 avril 1904. D. P. 1907. 1. 470 ; Cass. crim., 30 novembre 1933 D. P. 1934. 1. 121. ; Cass. crim., 3 août 1935. D. P. 1937. 1. 94. ; Décisions citées par P. CHAMBON, *op.cit.*, p. 72.

460 R. LIONNARD, *op.cit.*, p. 40.

461 J.-J. MAUREL, *op.cit.*, p. 104 ; H. BRUN, *op.cit.*, p. 124.

l'inculpé détenu afin de le mettre, comme le note Chambon, « sur *un même pied d'égalité avec l'inculpé libre, lequel garde la pleine jouissance de ses mouvements et de ses contacts* »[462]. Ainsi voit-on le souci pour le législateur « *d'assurer cette communication de la façon la plus large* »[463] afin de permettre un exercice efficace de la défense. Aucune restriction n'était apportée à ce droit et c'est ce qui était d'ailleurs l'objet de la loi de 1897 qui visait particulièrement « *l'intérêt de la défense* »[464]. Pour mieux assurer cet intérêt, le législateur allait jusqu'à donner la faculté à l'avocat de prendre la parole et de demander la réalisation d'actes dans l'intérêt de la personne poursuivie.

2. *La prise de parole par l'avocat et les demandes d'actes*

169. Un moment d'exercice des droits de la défense. Lors de l'interrogatoire ou de la confrontation, la prise de parole par la défense constituait un élément fondamental. Une défense utile ne pouvait s'établir que si l'avocat pouvait demander au juge d'instruction la réalisation de certains actes comme dans la phase de jugement. C'est ce que note Brun pour qui l'avocat ne devait pas être un spectateur muet[465], un surveillant comme l'avait sollicité certains lors de la discussion de la loi au Sénat[466]. C'est la raison pour laquelle l'article 9§2 de la loi de 1897 venait consacrer certains droits au suspect afin qu'il puisse se défendre. Ainsi, pour Chambon, cette disposition de la loi de 1897 déterminait « *le rôle actif du conseil lors de l'interrogatoire ou d'une confrontation auxquels il assiste* »[467]. L'avocat pouvait « *poser des questions à l'accusé ou aux témoins confrontés, toutes les questions qu'il juge utiles à une manifestation plus complète de la vérité* [...]. *Il surveille la rédaction du procès-verbal et, s'il le juge inexact, il peut y faire consigner ses observations, sans que le juge d'instruction ait le droit de s'y*

[462] P. CHAMBON, *op.cit.*, p. 50.
[463] H. BRUN, *op.cit.*, p. 125.
[464] H. BRUN, *op.cit.*, p. 124.
[465] H. BRUN, *op.cit.*, p. 96.
[466] J.-J. MAUREL, *op. cit.*, p. 115, L. MILHAUD, B. MONTEUX, *la loi du 8 décembre 1897 sur l'instruction préalable, son histoire, son application, son commentaire*, éd. A. Pédone, 1898, p. 156 et s.
[467] P. CHAMBON, *op.cit.*, p. 59.

opposer»[468]. Dans un but d'assurer une défense plus large, la loi donnait aussi à l'avocat la faculté de demander à ce « *qu'il soit procédé à toute mesure qui lui paraît nécessaire ; il peut même formuler ses demandes par conclusions écrites qui devront être jointes à la procédure*»[469]. Tous ces droits reconnus en instruction officielle étaient certes une avancée, mais leur exercice n'était pas totalement effectif, car certains étaient subordonnés à l'autorisation du juge d'instruction.

170.Des conditions d'exercice subordonnées au bon vouloir du juge d'instruction. Si la loi de 1897 avait instauré des dispositions visant à permettre au suspect de se défendre, elle n'avait pas pour autant garanti leur plein exercice. Il appartenait au juge d'instruction d'apprécier la suite à donner aux demandes de la défense. La Cour de cassation avait très vite rappelé dans plusieurs décisions cette faculté accordée au juge de répondre positivement ou négativement à toute demande relative à l'orientation de l'enquête judiciaire. Ainsi, la Haute Cour avait-elle affirmé dans sa décision du 27 septembre 1900 que « *le magistrat instructeur est seul juge de l'opportunité des mesures d'instruction sollicitées par l'inculpé*»[470]. Ainsi, elle reconnaît au juge d'instruction le pouvoir de refuser à l'inculpé comme au conseil de poser des questions[471]. Les pouvoirs du juge d'instruction n'étaient pas anéantis, il conservait l'autorité sur la défense et pouvait même lui refuser de prendre la parole[472] ou la lui retirer après l'avoir autorisée à intervenir[473]. Ce qui caractérisait également le pouvoir étendu du juge, c'était l'absence de recours de ses décisions[474]. La défense pouvait en cas de refus d'accomplissement de certains actes par le juge

---

468*Ibid.* ; « *il pourra poser des questions et faire quelques brèves observations, il pourra aussi faire compléter une déclaration et demander que tel témoin ou tel inculpé précise davantage certaines déclarations…* », H. BRUN, *op. cit.*, p. 96.

469*Ibid.* ; *« le conseil a le droit de provoquer des mesures d'instruction dans l'intérêt de la défense, et même de formuler des conclusions en ce sens »* F. DAGALLIER, E. BAZENET, « commentaire théorique et pratique de la loi du 8 décembre 1897 sur la réforme de l'instruction criminelle (loi Constans) », *Revue critique de législation et de jurisprudence*, éd. Cottillon, 1853-1939, p. 174

470 Cass. crim., 27 septembre 1900, Bull. crim., n° 301.

471 Cass. crim., 16 nov.1901. Bull. crim., n° 280 : « *le juge d'instruction use du pouvoir d'appréciation qui lui appartient : lorsqu'il ne permet pas à l'inculpé de poser des questions à un témoin au cours d'une confrontation* » ; Cass. crim., 26 mars 1909, Bull. crim., n° 192 : « *lorsque de même au cours d'une confrontation, il refuse au conseil de l'inculpé, le droit de poser des questions* ».

472 R. LIONNARD, *op.cit.*, p. 41.

473 F. RIGOULET, *op.cit.*, p. 83

474 F. RIGOULET, *op.cit.*, p. 85.

d'instruction, déposer des conclusions qui étaient jointes à la procédure. À côté de ces limites apportées à l'exercice des droits de la défense par le législateur il existait d'autres restrictions apportées à l'intervention de l'avocat.

B- Les autres cas de restrictions à l'intervention de l'avocat

171. Si le législateur avait dans la loi de 1897 donné la possibilité à la défense d'intervenir dans le déroulement de l'instruction officielle à travers son article 9, il avait cependant déterminé des situations où cette intervention pouvait ne pas avoir lieu. Le premier cas tenait d'abord à la nature flagrante de l'infraction, mais aussi aux preuves sur le point de disparaître (1). Le second cas était relatif aux actes n'ayant pas pour but la discussion des charges (2).

1. La nature flagrante de l'infraction et la disparition des preuves

172. Un maintien des dispositions du CIC. La nature flagrante de l'infraction a toujours constitué un motif de restriction des droits de la défense depuis l'entrée en vigueur du CIC. La loi de 1897 n'avait pas apporté des modifications sur ce point, elle avait octroyé à travers son article 7, un pouvoir d'appréciation du juge d'instruction de déroger en cas de flagrance, à l'article 3 qui lui faisait obligation de n'interroger la personne poursuivie qu'en présence de son défenseur. L'urgence a toujours caractérisé la flagrance et pour Garraud, « *les prescriptions de la loi du 8 décembre 1897 sont, en raison des délais que leur observation exige, incompatibles avec la procédure rapide de flagrant délit et inconciliables avec le caractère d'urgence* […] »[475]. Une position que la Cour de cassation valida

[475] R. GARRAUD, *Précis de droit criminel, contenant l'explication élémentaire de la partie générale du code pénal, du Code d'instruction criminelle et des lois qui ont modifié ces deux Codes*, 10e éd. L. Larose et Forcel, 1909, p. 757.

dans son arrêt en date du 12 mars 1898 en ces termes : « *ressort des dispositions mêmes de l'article 7 de cette loi, suivant lesquelles le juge d'instruction peut, nonobstant les termes de l'article 3, procéder à un interrogatoire immédiat et à des confrontations lorsqu'il est transporté sur les lieux en cas de flagrant délit* »[476]. À côté de la flagrance, le législateur avait entendu étendre ce principe visant à écarter l'application de l'article 7. Cette extension des dispositions était cependant étroitement limitée dans son application.

173. Extension des dispositions. Le législateur n'avait pas hésité à distinguer des cas où l'observation des dispositions de la loi de 1897 allait compromettre l'efficacité de l'enquête. Ainsi avait-il décidé qu'à côté de la flagrance que certaines situations pouvaient justifier de déroger à l'article 3. Il s'agit du témoin en danger de mort, mais aussi des indices sur le point de disparaître. Mais le recours à l'article 7 était étroitement encadré. Cet encadrement étroit de la dérogation était d'ailleurs rappelé par la circulaire du 10 décembre 1897 qui mentionnait que : « *pour assurer l'exacte application de l'article 7, il importe que le juge d'instruction mentionne au procès-verbal, en termes formels, celle des trois circonstances prévues au texte, qui légitiment l'interrogatoire ou la confrontation hors la présence d'un défenseur* »[477]. C'est seulement après examen de ces formalités que les droits de la défense pouvaient ne pas être observés[478]. L'ensemble des situations invoqué par l'article 7 relevait de l'urgence[479] et le législateur dans le but de sauvegarder les preuves nécessaires à l'établissement de la vérité autorisait de façon exceptionnelle la dérogation à la présence d'un défenseur lors de l'interrogatoire ou de la confrontation, comme il l'avait fait lorsque les actes n'avaient pas pour objet de discuter des charges.

---

476 Décision citée par P. DESSAIGNE, *op.cit.*, p. 43.

477 R. PASQUIN, *op.cit.*, p. 32 et s.

478 « *Dans les cas déterminés par l'article 7 de la loi du 8 décembre 1897* [...], *les formalités garantissant les droits de libre défense de l'inculpé n'ont pas à être observées* », P. CHAMBON, *op.cit.*, p. 49 ; H. BRUN, *op.cit.*, p. 73 et s. ; F. RIGOULET, *op.cit.*, p. 95 ; R. LIONNARD, *op.cit.*, p. 35.

479 J.-J. MAUREL, *op.cit.*, p. 134.

2. *Les actes n'ayant pas pour objet la discussion des charges*

174. Des actes non soumis à la nouvelle loi de 1897. Dans le déroulement de l'enquête menée par le juge d'instruction, «*pour arriver à la découverte de la vérité, le juge d'instruction droit procéder à une série d'actes que l'on peut classer en trois catégories : constatations matérielles, auditions de témoins, interrogatoires et confrontations*»[480]. Mais la loi de 1897 avait décidé de ne pas faire participer la défense à la réalisation de certains actes. Pour certains auteurs comme Guillot, la présence de l'avocat lors de certaines opérations pouvait entraîner des conséquences dommageables sur le déroulement de la procédure. Ainsi note-t-il « *on ne pourrait plus trouver de témoins et en obtenir la vérité lorsque la présence de l'avocat viendrait ajouter à leur trouble*»[481]. Ce point de vue était perçu par le législateur qui détermina de façon limitative les actes auxquels la défense pouvait prendre part. Il limita ainsi la présence de l'avocat aux seuls interrogatoires et confrontations. De façon générale à chaque fois que le suspect était invité à discuter des charges[482], la présence de l'avocat était requise. En dehors de ces cas, aucun des autres actes n'était soumis à la nouvelle loi de 1897, ils continuaient à être régis par les dispositions du CIC[483]. La Cour de cassation a d'ailleurs été amenée à distinguer certains actes ayant pour but de discuter des preuves d'autres actes n'ayant pas ce caractère. Ainsi avait-elle décidé dans sa décision du 18 avril 1907 que « *la simple confrontation, lorsque cet acte ne présente pas le caractère d'un interrogatoire, n'est pas soumise aux formalités de l'article 9 de la loi du 8 décembre 1897*»[484]. Une telle

---

480 F. RIGOULET, *op.cit.*, p. 67.

481 Cité par F. RIGOULET, *op.cit.*, p. 68

482 « *Le conseil doit assister l'inculpé toutes les fois que celui-ci est appelé à discuter les charges relevées contre lui.* » F. RIGOULET, *op.cit.*, p. 67.

483 «L'assistance de l'avocat est interdite à tous les autres actes de l'instruction», H. Brun, op.cit., p. 111 ; «Les dépositions des témoins restent donc sous l'empire des règles de Code de 1808. Il sera de même des transports, perquisitions, constats, lorsqu'au cours de ces diverses opérations l'inculpé n'aura pas fait l'objet d'un interrogatoire de la part du juge. En ce qui concerne l'expertise, elle devra toujours avoir lieu sans l'intervention du conseil», R. LIONNARD, op.cit., p. 46 et p. 109 ;

484 Cass. crim., 18 avril 1907, Bull. crim., n° 180 ; Cass. crim., 22 décembre 1910,. Bull. crim., n° 659 ; Cass. crim., 27 novembre 1919 D. 1919 D. 1922. 1. 135. Bull. crim., n° 248., Décisions citées par P. CHAMBON, *op.cit.*, p. 57

limitation des actes auxquels pouvait prendre part la défense pouvait se justifier pour le législateur parce qu'aucun interrogatoire ou confrontation n'était opéré lors de la réalisation de ces actes. Elle était néanmoins contraire à certaines propositions lors de l'élaboration de la loi de 1897 qui visaient une participation plus large de la défense.

175. Une solution contraire aux propositions initiales relatives à la loi de 1897. Les droits de la défense ont toujours fait l'objet de tiraillement entre extension et restriction. La loi Constans, en dépit des améliorations qu'elle a apportées à la situation de la personne poursuivie, n'en demeurait pas moins une loi qui avait restreint l'exercice des droits consacrés au vu des propositions découlant de sources diverses. En effet, le décret du 8 octobre 1789 avait une ambition plus large consistant, comme le note Lionnard, à admettre la présence de l'avocat dans tous les actes d'instruction. Et parmi « *les choix qui s'offraient lors de l'élaboration de la loi Constans de 1897 avait proposé à ce que le conseil participait intimement à tous les actes de la procédure sans aucune réserve ni distinction* »[485]. Une solution qui n'avait pas été retenue par le législateur. C'est la proposition Constans, limitant la participation de la défense aux seuls interrogatoires et confrontations qui avaient été retenus. Elle était sans doute plus conciliable avec les exigences d'une enquête efficace. En dépit de cette limitation de l'intervention de l'avocat dans la phase d'instruction officielle, son intervention était peu acceptée par les autorités judiciaires et le développement de l'instruction officieuse en est une parfaite illustration.

---

485 F. RIGOULET, *op. cit.*, p. 30 ; R. LIONNARD, *op. cit.*, p. 58 ; H. BRUN, *op.cit.*, p. 24.

Section 2 : Le développement de l'instruction officieuse au détriment de l'instruction officielle

176.L'affirmation de l'instruction officieuse : une conséquence de la loi de 1897. Au moment où l'instruction officielle connaissait un bouleversement du fait de l'introduction des droits de la défense, l'instruction officieuse et l'enquête de flagrance menées par la police restaient régies par les principes du CIC de 1808. La présence de la défense dans la phase préparatoire du procès pénal, comme nous l'avons souligné, avait toujours été rejetée par les autorités judiciaires. C'est pourquoi face à l'avancée des droits de la défense dans l'instruction officielle avec la loi de 1897, le parquet pour la contourner, n'a pas hésité à recourir aux OPJ dans le cadre de l'information officieuse. Ces derniers, face à cette réaction négative du parquet vis-à-vis de la loi de 1897, allaient recevoir une bonne partie des attributions du juge d'instruction. Ainsi débutait une restriction de la saisine du juge d'instruction qui voyait une bonne partie de ses prérogatives être exercée par les auxiliaires du parquet, à savoir les OPJ. Si le législateur en voulant trouver l'équilibre entre l'accusation et la défense avait introduit en instruction officielle des droits pour la personne poursuivie, il faut noter que le déplacement des affaires du juge d'instruction aux OPJ semblait témoigner de l'échec de la loi de 1897.

177.Un échec de la loi de 1897. La loi de 1897, dite loi Constans, avait été introduite dans le but d'encadrer les pouvoirs du magistrat instructeur, face à un inculpé dépourvu de tout moyen de défense. La circulaire du garde des Sceaux était d'ailleurs venue apporter plus de précisions à propos de l'objectif de cette loi en affirmant que : « *la loi a été inspirée par l'unique souci de fortifier le principe de la liberté individuelle, et d'entourer de garanties plus complètes l'exercice du droit de la défense, sans qu'il fût porté atteinte aux intérêts de la répression qui sont ceux de l'ordre social* »[486]. À travers cette circulaire, se presse déjà une volonté d'instaurer l'équilibre entre deux impératifs antagonistes : celui de garantir au suspect un exercice effectif des droits de la défense d'une part et celui d'assurer une efficacité de la

---

486 Cité par : H. COULON, *Ligue pour la défense de la liberté individuelle. Modifications essentielles à apporter à la loi de 1897 sur l'instruction criminelle : suivi d'un projet de loi*, éd. Marchal et Billard, 1902, p. 3.

répression d'autre part. Cette volonté semblait utopique au regard des agissements de certains magistrats et surtout ceux de la Cour de cassation. En effet, les dispositions de la loi Constans de 1897 n'avaient pas été bien reçues par le juge d'instruction ni par le parquet qui n'hésitait pas à saisir l'OPJ pour se soustraire à ces formalités jugées trop lourdes. Cette pratique favorisa un développement de l'instruction officieuse au détriment de l'instruction officielle entraînant ainsi un réaménagement de la procédure (§1). De même La Cour de cassation, se fondant sur la nature de l'instruction officieuse, refusait toute application de la loi de 1897 à cette instruction. En effet, elle écartait toute nullité des actes résultant de cette instruction dite officieuse et l'acceptait dans le cadre de l'instruction officielle (§2).

§ 1 : Un réaménagement de la procédure, conséquence du développement de l'instruction officieuse sur l'instruction officielle

178.Les débuts d'une enquête policière puissante. La police judiciaire sous le CIC n'avait pas de pouvoirs aussi étendus. Et pourtant, au regard de l'article 8 dudit Code, il semblait impossible de détacher les fonctions de police judiciaire des fonctions du juge d'instruction. Faustin Hélie fait d'ailleurs le rapprochement lorsqu'il affirme : « *qu'il n'est pas possible que la police judiciaire s'exerce sans instruction, de même qu'il n'est pas possible de concevoir que tout fonctionnaire ou magistrat qui prend part à l'instruction ne soit pas un officier de police judiciaire* »[487]. En dépit de cette évidence, le législateur avait jugé nécessaire de séparer ces deux fonctions. Une séparation qui à travers les agissements du parquet et du juge d'instruction allait être remise en cause. La quasi-similitude des actes de police aux actes d'instruction était très vite démontrée dans la pratique par les autorités judiciaires et policières lorsqu'après l'introduction de la

---

[487] F. HELIE, *Traité de l'instruction criminelle ou théorie du Code d'instruction criminelle*, vol. 3, éd. Plon, 1866, p. 132 ; sous le CIC « les fonctions de poursuite, d'instruction (sous le C.I.C) et de police judiciaire demeurant étroitement imbriquées », B. DUMONTET, « L'avocat et la garde à vue : aspects pratiques et critiques », *AJ. Pén.*, 2004, p. 275.

loi de 1897, elles avaient concentré une bonne partie des affaires dans cette phase dite instruction officieuse menée par la police sous la direction du parquet, entraînant ainsi un affaiblissement du juge d'instruction qui, jusqu'ici, était la pierre angulaire de la phase préparatoire du procès pénal.

179.L'affaiblissement du juge d'instruction. Le juge d'instruction disposait comme le note, M. Vogel, « *de tous les leviers de la procédure, poursuivant, enquêtant et jugeant tout à la fois* »[488]. Et selon M. Jay, il réunissait « *tous les pouvoirs en sa personne, aucune discussion n'est possible* »[489]. Face à l'étendue de ses pouvoirs et la menace de détention préventive qu'il brandissait pour faire avouer l'inculpé, il était largement critiqué. En effet, si en Belgique, « *la détention préventive est souvent utilisée comme moyen de pression pour obtenir des aveux* »[490], il faut retenir qu'une telle pratique n'était pas différente de celle de la France sous le CIC de 1808. L'arrivée de la loi Constans de 1897 allait porter atteinte à cette technique de recherche de preuve. La présence de l'avocat à côté de son client fait obstacle à toute pression résultant des autorités judiciaires. C'est pourquoi ces dernières qui avaient mal accueilli cette loi avaient, de par leurs agissements, provoqué son échec (A). Échec qui allait au regard de ses manifestations propulser au-devant de la scène l'enquête policière (B).

A – L'échec de la loi de 1897

180. Parler d'échec de la loi de 1897 peut paraître exagéré pour certains. En tout état de cause, cette loi n'avait pas produit les résultats

---

488 G. VOGEL, *op. cit.*, p. 97.

489 J.-L. JAY, *Dictionnaire général et raisonné des justices de paix en matière civile, administrative, de simple police et d'instruction criminelle*, T. 3, éd. A. Durand (Paris), p. 264 ; « *Notre Code* [...] *s'est borné à attribuer au juge une puissance à peu près illimitée* », F. HELIE, *Théorie du code d'instruction criminelle : De l'instruction écrite et de détention préalable*, éd. Hingray, 1853, p. 62 ; Parlant du juge d'instruction, Farcy note : « *la représentation dominante d'un homme seul, tout puissant et capable de faire trembler les puissants comme l'homme le plus ordinaire* », J.-C. FARCY, *Les sources judiciaires de l'époque contemporaine* (XIXe et XIXe siècles), éd. Bréal, 2007, p.142.

490 B. DEJEMEPPE, F. TULKENS, « L'esprit de justice, histoire et actualité de la détention préventive », in *La détention préventive*, éd. Larcier, 1992, p. 33

escomptés. La défense de l'inculpé a été très mal accueillie par les magistrats qui ont contourné l'instruction officielle au profit de l'instruction officieuse (1). En procédant de la sorte, ils attribuaient plus de pouvoirs aux OPJ et développaient ainsi une instruction officieuse qui violait les dispositions relatives aux droits de la défense issue de la loi de 1897 (2).

1. *Le contournement de l'instruction officielle au profit de l'instruction officieuse*

181. L'adhésion du juge d'instruction au contournement de la loi de 1897. Le juge censé garantir les droits de la personne poursuivie a été le premier à contourner les dispositions de la loi du 8 décembre 1897. Tarde explique ce contournent en ces termes : « *cette loi est mal accueillie par les magistrats qui auront tendance à la tourner en délivrant davantage de commissions rogatoires, transférant une partie de l'information aux mains de la police judiciaire* »[491]. Était-ce une réaction de la part du magistrat contre une loi qui était votée en son encontre[492] ou une façon d'obtenir des aveux comme le laisse entendre Dessaigne ? En effet, pour ce dernier la loi nouvelle place le juge d'instruction dans une position inconfortable pour obtenir l'aveu, l'obligeant à compter sur la police judiciaire pour rechercher, assembler « *les preuves et les lui faire connaître* »[493]. Si la Cour de cassation avait accepté dans plusieurs décisions que les OPJ peuvent à

---

[491] Cité par J.-C. FARCY, *op. cit.*, p. 149 ; Selon Guillot, « *Aura-t-on rendu un grand service aux inculpés si les magistrats, ne trouvant plus suffisants éléments d'appréciation dans les procédures où la loi aura multiplié les obstacles entre le juge et la vérité, sont amenés peu à peu à les rechercher dans les enquêtes faites par des commissaires de police, plus libre de leur mouvement* », cité par H. COULON, *op.cit.*, p. 7 ; « *Avec la loi de 1897 l'instruction cesse d'être secrète mais elle fut contournée par le développement de la phase policière* [...] *sur commission rogatoire* », H. LECLERC, *op.cit.*, p. 199 ; Avec la loi de 1897, « *les commissions rogatoires connaissent un essor considérable* » l'auteur poursuit « *il risquait d'être tenant pour le juge d'instruction d'échapper aux contraintes procédurales de la loi de 1897, en délivrant des commissions rogatoires aux officiers de police judiciaire* », C. ETRILLARD, *Le temps dans l'investigation pénale*, éd. L'Harmattan, 2004, p. 33.

[492] « *La loi du 8 décembre 1897 a été faite précisément contre le magistrat instructeur* [...] », *Bulletin de l'académie de législation de Toulouse*, n° 7-8, éd. E. Privat, 1971, p 379

[493] P. DESSAIGNE, *op.cit.*, p. 12.

travers des commissions rogatoires interroger le suspect[494], elle avait cependant après la loi de 1897, demandé à ce qu'ils se conforment à ses dispositions. Une position qui était partagée par une partie de la doctrine. En effet, pour certains comme Brun, *« le juge d'instruction ne peut pas, par commission rogatoire, déléguer des droits plus étendus que ceux dont il jouit lui-même. Comme il ne peut interroger ou confronter un inculpé qu'en présence de son conseil, il en résulte forcément que l'officier de police judiciaire qui ne fait en réalité qu'exercer ses droits sera soumis aux mêmes obligations que lui, et devra admettre l'avocat à tous ses interrogatoires »*[495]. Mais Lambert venait démontrer le contraire. Pour lui, dans le respect des dispositions de la loi du 1897, les OPJ ne pouvaient qu'auditionner le témoin, effectuer tous les actes n'exigeant pas l'intervention de l'avocat. Mais dans cette audition, note-t-il, « *on y voit l'auteur d'un crime ou délit, témoignant contre lui-même, décrire longuement et minutieusement les faits dont il s'est rendu coupable, avec toutes les circonstances à charge comme à décharge qui les entourent, et signer au terme de cette audition, qui était en réalité un interrogatoire, un long procès-verbal de déposition de témoins qui en réalité est un procès-verbal d'interrogatoire et d'aveux et qui constituera l'instrument capital de la poursuite* »[496]. C'est donc dans cet « *euphémisme juridique d'une audition de témoin* » poursuit l'auteur, que les droits issus de la loi de 1897 censés garantir à la personne une défense devant le juge d'instruction avaient été détournés[497]. Le juge d'instruction n'était pas le seul à recourir aux OPJ, le procureur, chef de la police judiciaire, a aussi joué un rôle phare dans le contournement des droits de la défense.

182. Le rôle phare du parquet dans le contournement de la loi de 1897. « *En autorisant l'avocat à assister son client durant les interrogatoires, la loi du 8 décembre 1897 a eu cette conséquence inattendue que le parquet et la police enquêtent officieusement afin de pouvoir obtenir des aveux avant l'intervention de l'avocat* »[498]. Le parquet, partie poursuivante au procès, recourait souvent à la police judiciaire pour mener parfois une information complète occultant ainsi les dispositions de la loi de 1897. À travers les informations obtenues, il pouvait, ainsi, ne pas « *ouvrir une information judiciaire chaque fois que le dossier établi par la police suffisait à justifier le renvoi du*

---

494 P. CHAMBON, *op.cit.*, p. 119.

495 H. BRUN, *op.cit.*, p. 105.

496 L. LAMBERT, *op.cit.*, p. 351.

497 *Ibid.*

498 H. CONCHON, *op.cit.*, p. 89 ; « *Les auditions sous contrainte de la phase de l'enquête permettaient en effet d'obtenir des déclarations et des aveux qui seraient difficilement obtenus en présence de l'avocat par la suite* », C. MAURO, « Garde à vue », *Rép. Pén. D.*, juin 2015, p. 1 et s.

prévenu devant le tribunal sur citation directe»[499]. Si ce procédé existait avant la loi de 1897, il faut reconnaître avec le Professeur Mauro qu'il «*s'était renforcé à la suite de la loi du 8 décembre 1897*»[500]. Ce renforcement témoignait de la méfiance des magistrats à l'égard de la défense. C'est ce qui expliquait la volonté de retrouver l'ancien système ou la personne ignorait la procédure et pouvait alors s'autoaccuser. En plus les formalités qu'imposait la loi de 1897 rendaient la procédure complexe et lente. Il fallait donc se défaire de ces contraintes procédurales. La police judiciaire allait se charge de cette tâche, car comme le notent le professeur Garçon et le commissaire Lambert, l'OPJ se souciait peu des «*formalités prescrites par la loi de 1897*»[501]. Une telle pratique qui remettait en cause les droits de la défense n'avait pas échappé aux critiques.

183.Un contournement critiqué. L'introduction des droits de la défense en instruction officielle fut un grand pas vers la reconnaissance de la personne poursuivie en tant que partie active au procès pénal, partie titulaire de droits. Mais ce contournement remettait en cause tout le dispositif qui était prévu par le législateur pour protéger la personne poursuivie des agissements d'un juge d'instruction très puissant et capable à travers une expérience avérée d'extorquer l'aveu. C'est pourquoi Maître Coulon, avocat à la Cour d'appel de Paris, écrivait : «*Je vous demande, Monsieur le Garde des Sceaux, de rédiger une circulaire, bien nette, bien précise, pour rappeler à vos magistrats qu'à eux seuls il appartient de mener l'instruction, qu'ils doivent la conduire sous leur responsabilité et ne pas laisser se substituer à leur propre personnalité la personnalité d'agents subalternes que nous ne connaissons pas*»[502]. Les investigations pénales surtout lors de cette phase ne devaient pas être confiées aux OPJ qui ne présentaient pas les mêmes garanties que le juge d'instruction. Et pour M. Coulon, pour que la loi de 1897 puisse être efficace et répondre pleinement aux objectifs fixés par législateur, il « *ne faut plus d'instruction faites par les commissaires de police quels qu'ils soient* ; [...] *il ne faut plus que ces officiers de police judiciaire puissent entendre des témoins*»[503]. Rappelons que Lambert avait souligné que ces auditions étaient bien des interrogatoires et constituaient souvent le dossier sur

---

499 E. MATHIAS, «La marginalisation du juge d'instruction : ers un renouveau du modèle inquisitoire ?», *LPA*, n° 164, 18 août 2005, p. 3.

500 C. MAURO, *op.cit.*, p. 2.

501 L. LAMBERT, *op.cit.*, p. 365 ; Pour le professeur M. GARCON, voir M. LEVY, *op.cit.*, p. 151.

502 H. COULON, *op. cit.*, p. 5.

503 H. COULON, *op. cit.*, p. 6.

lequel la poursuite se fondait. M. Coulon le rejoint dans ses propos lorsqu'il affirmait en parlant de l'instruction officieuse que c'est : « *sur cette instruction occulte, illégale que sera basée toute l'instruction, la vraie* »[504]. Une telle procédure caractérisait une violation de la loi de 1897.

2. *Une instruction officieuse violant les dispositions de la loi de 1897*

184. Un recours plus étendu à la garde à vue après la loi de 1897. Si la garde à vue existait déjà sous le CIC de 1808 et que les OPJ y recouraient dans le cadre de l'instruction officieuse en dépit de son absence de prévision par un texte, il faut reconnaître avec M. Roussel qu'« *avec l'appui de la jurisprudence, la pratique de la garde à vue se développa en réaction à l'introduction de l'avocat pendant l'instruction par la loi du 8 décembre 1897* »[505]. Cette position était partagée par certains auteurs qui voyaient, dans le développement de cette pratique illégale qu'est la garde à vue, une conséquence de loi du 8 décembre 1897 et qui se manifestait par de « *multiples rétentions arbitraires* »[506]. Pour M. Coulon, « *ce n'est pas une œuvre de police que priver un citoyen français de sa liberté* »[507]. Cette remarque était émise dès le début de cette pratique sous le CIC de 1808. Des auteurs avaient déjà souligné que les auxiliaires du parquet ne disposaient d'aucun pouvoir général d'arrestation. Mais la loi de 1897 venait accentuer le débat. Les OPJ recouraient de façon plus étendue à la garde à vue pour obtenir ce que le juge d'instruction ne pouvait plus avoir face à l'avocat à savoir l'aveu. Ainsi, toute la recherche de la preuve lors de cette phase préparatoire était recentrée entre les mains du parquet et de ses auxiliaires, entraînant ainsi un déséquilibre entre la partie poursuivante et la défense.

---

504 *Ibid.*

505 G. ROUSSEL, « Police judiciaire », *Rép. Pén. D.*, janvier 2015 ; J. BOURGUIGNON, « La réforme de la garde à vue : l'avis d'un juge d'instruction », *Gaz. Pal.*, 7 juillet 2011, n°188, p. 33.

506 J. -P. DINTILHAC, « La garde à vue à la dérive, la police moderne doit passer de la culture de l'aveu à celle de la preuve », 18 février, 2010, www.tnova.fr; F. SAINT-PIERRE, *Avocat de la défense*, éd. Odile Jacob, 2009, p.127.

507 H. COULON, *op.cit.*, p.

185. L'absence d'équilibre : une suprématie de la poursuite sur la défense. La loi du 8 décembre 1897 n'avait pas touché tous les points de la phase préparatoire du procès pénal. En effet, elle n'avait pas réformé la loi du 20 mai 1863[508]. Cette dernière qui avait attribué des pouvoirs au parquet en cas de flagrant délit ignorait les droits de la défense introduits par la loi de 1897. Comme le notait Lambert, « *l'inculpé est interrogé sans l'assistance d'un avocat et sans application des formalités de la loi du 8 décembre 1897* »[509]. Une telle pratique, qui visait de par sa rapidité à simplifier la procédure, concentrait une bonne partie des affaires entre les mains du parquet[510]. Ce dernier devenait ainsi un élément incontournable dans la phase d'investigation, il dirigeait non seulement la police judiciaire dans le cadre de l'information officieuse, mais il disposait également de prérogatives en cas de flagrance que la loi du 8 décembre 1897 n'avait pas affectée. Une telle configuration de la phase préparatoire allait provoquer l'échec de la loi de 1897 avec des conséquences sur l'organisation de la procédure tel que prévu par le CIC.

B - Les conséquences de l'échec sur le déroulement de la phase préparatoire

186. La loi de 1897 en visant une défense de l'inculpé avait reconfiguré le schéma de la procédure pénale telle que le législateur de 1808 l'avait envisagé. Si le juge d'instruction était au cœur de la phase préparatoire, sa saisine devenait de plus en plus rare (1) et l'élaboration du dossier se faisait quasiment dans la phase policière (2).

1. Une rare saisine du juge d'instruction

187. Une instruction faite par la police. Parmi les conséquences de l'adoption de la loi du 8 décembre 1897 relative à la défense de l'inculpé

508 A. PIQUEMAL, *op. cit.*, p. 168.
509 L. LAMBERT, *op.cit.*, p. 264.
510 G. DUTRUC, *Le code pénal modifié par la loi du 18 avril (13 mai) 1863*, éd. Cosse et Marchal, 1863, p.223 ; P. DESSAIGNE, *op.cit.*, p.43.

dans le cabinet du juge d'instruction, figurait une baisse du nombre de saisines du juge d'instruction au profit de la police judiciaire dans cadre de l'instruction officieuse[511]. En effet, M. Garçon l'avait très vite soulevé en ces termes : « *ce n'est plus le juge d'instruction qui fait l'instruction et la loi de 1897 n'est plus qu'un usage théorique* ». L'auteur poursuit, parlant de la garde à vue que : « *c'est quarante-huit heures de détention sans mandat avec la permission de faire tout ce que la loi défend* »[512]. L'OPJ voyait ainsi un élargissement de son domaine d'intervention jusqu'à être qualifié de : « *premier moteur de l'instruction* »[513] ou encore « *maître d'œuvre de la recherche judiciaire* »[514]. Et c'est même le juge d'instruction qui participait au déclin de ses prérogatives au profit de la police judiciaire. À ce propos, Lambert soulignait d'ailleurs « *qu'aujourd'hui, la commission rogatoire est plus usitée que jamais, les juges d'instruction plus dessaisis que jamais, et la police, mieux instruite et mieux outillé, plus introduite et prépondérante que jamais dans l'instruction régulière* »[515]. Le déclin de l'instruction officielle se faisait ainsi sentir. Le juge d'instruction n'était saisi que dans les affaires compliquées. Une situation qui n'avait pas laissé indifférents certains auteurs qui allaient se dresser contre cette nouvelle procédure qui découlait des conséquences de la loi de 1897.

188.Une critique de cette instruction officieuse après 1897. Les critiques de l'instruction officieuse apparurent dès son introduction. La loi de 1897 venait accentuer ces critiques, car ce procédé refusait de reconnaître les avancées en matière de droits de la défense[516]. À côté de cela, cette institution française qu'est le juge d'instruction allait, à force de recourir à l'instruction officieuse, être fragilisée. C'est la raison pour laquelle Maître Laya avait très vite souligné à propos de la loi de 1897 que « *si désormais, les commissaires de police recueillent les pouvoirs arrachés aux mains des juges d'instruction ; s'ils peuvent, sur l'invitation des parquets, procéder à des informations tellement complètes que le rôle du juge d'instruction deviendra presque*

---

[511] « *Le déplacement des pouvoirs de la magistrature vers la police a été surtout sensible à partir de l'application de la loi du 8 décembre 1897 qui a rendu le juge d'instruction impuissant et l'a obligé à s'en remettre à des fonctionnaires dépendant étroitement du parquet* » G. QUERIAUX, *op.cit.*, p. 1.

[512] Cité par A. ASTAING, *De la géhenne de Florence à la privation de sommeil en garde à vue*, *AJ. Pén.*, 2009, p. 347.

[513] L. LAMBERT, *op. cit.*, p.352.

[514] G. DENIS, *op. cit.*, p. 97.

[515] *Ibid.*

[516] « *L'enquête officieuse n'est pas soumise aux règles édictées par la loi de 1897* », R. LIONNARD, *op.cit.*, p. 100.

nul, alors des dangers jusqu'ici inconnus vont menacer l'inculpé»[517]. Et il conclut en indiquant que pour éviter que cette instruction officieuse ne vienne contredire la volonté du législateur de 1897 « *l'enquête faite par le commissaire de police doit être rejetée de la procédure* ». M. Coulon, pour le respect des dispositions de la loi de 1897, proposait dès la phase de l'instruction officieuse le droit au silence à l'article 1 de son projet. Un droit au silence que l'OPJ devrait notifier au suspect afin qu'il ne s'explique que devant le juge d'instruction qui présente «*plus de garanties et plus de confiance que les officiers de police judiciaire*»[518]. En dépit de ces critiques et propositions, l'élaboration du dossier était souvent faite dans l'instruction officieuse.

2. *L'élaboration du dossier dans l'instruction officieuse*

189.L'élaboration du dossier par les OPJ. Lors de cette phase, certains auteurs avaient estimé qu'il n'avait pas de dossier ou même si ce dernier était disponible, il ne contenait pas tous les éléments pouvant servir utilement à la défense. Mais il arrivait souvent que dès la phase policière le dossier soit bouclé comme le notait Lambert. Et cela compromettait la loi de 1897 qui ne devenait rien d'autre que théorique. Le formalisme lourd de l'instruction officielle créé par la loi de 1897 ne s'appliquait pas à l'instruction officieuse et à l'enquête de flagrance menées par la police judiciaire. Il en résultait, comme le notait le professeur Garçon, que tout était fait avec le commissaire de police dans un bref délai et le juge d'instruction recevait un « *dossier complet, son instruction est faite, il ne lui reste plus qu'à avertir l'accusé, dérisoire ironie qu'il peut ne s'expliquer qu'en présence d'un défenseur*»[519]. M. Dessaigne rejoignait ces propos du professeur Garçon en se posant la question suivante : «*À quoi bon avertir l'inculpé qu'il ne peut ne pas répondre, à quoi bon convoquer l'avocat à ses interrogatoires si, déjà, il existe au dossier des déclarations écrites et signées de lui, des procès-verbaux dressés sans l'assistance de son défenseur*»[520]. Ainsi, la loi de 1897 était-elle utile finalement si les OPJ dans plusieurs affaires élaboraient le

517 Cité par H. COULON, *op.cit.*, p. 11.
518 H. COULON, *op.cit.*, p. 9 et s.
519 Cité par M. LEVY, p. 150.
520 P. DESSAIGNE, *op.cit.*, p.12 et s.

dossier, mettant le juge d'instruction dans une position de vérificateur et de validateur des actes déjà effectués ?

190.Le rôle de vérification et d'approbation du juge d'instruction. Si dès la phase de l'instruction officielle, l'interrogatoire du suspect était déjà fait, les actes nécessaires accomplis, la vérité située, le dossier bouclé, il restait au juge d'instruction saisi de vérifier ou de valider ces actes. C'est la raison pour laquelle Mme Etrillard dit que « *le magistrat instructeur ne faisait qu'enregistrer les résultats* »[521] de cette enquête menée par les OPJ. Même s'il pouvait refaire les actes quand il les jugeait *« insuffisants, incomplets »*, il arrivait souvent qu'il ne « *refasse pas ces actes, s'il les jugeait de bonne foi complets et véridiques* »[522]. Le juge d'instruction voyait ainsi son rôle réduit, il ne menait plus l'instruction dans sa globalité, mais se contentait d'apprécier les suites à donner aux actes faits par les OPJ dans le cadre de l'instruction officieuse. La Cour de cassation n'avait pas sanctionné les actes menés en violation de la disposition de la loi de 1897. Au contraire, elle refusait de prononcer la nullité des actes officieux.

§ 2 : Le refus de prononcer la nullité des actes officieux

191. Le législateur avait prévu des nullités en cas de non-respect des dispositions de la loi du 8 décembre 1897. Cette nouvelle procédure allait également contribuer aussi au recours à l'information officieuse En effet, le développement des droits de la défense imposait au juge d'instruction de respecter certaines règles durant ses investigations sous peine de nullité (A). Ces obligations créaient un formalisme jugé trop lourd selon certains auteurs, ralentissant le cours de l'instruction et encombrant le cabinet du juge. Et la jurisprudence, en refusant toute sanction des actes irréguliers accomplis par les OPJ dans le cadre de l'instruction officieuse (B) et les admettre dans le cadre de l'instruction

---

521 C. ETRILLARD, *Le temps dans l'investigation pénale*, éd. L'Harmattan, 2004, p. 83.

522 D. SALAMA, *La loi du 7 février 1933 sur les garanties de la liberté individuelle*, éd. A. Pédone, 1934, p. 96.

officielle, allait dans une certaine mesure contribuer au développement de la première instruction au détriment de la seconde.

A – L'application des nullités dans l'instruction officielle

192. L'application des nullités sous la loi du 8 décembre 1897 pouvait être appréciée à deux niveaux : le législateur avait tout d'abord prévu une nullité découlant de violations de certaines dispositions du Code. Cette nullité dite textuelle (1) était certes une avancée pour l'inculpé, mais la mise en place d'une nullité prétorienne à savoir la nullité substantielle (2) allait encore contribuer au respect des droits de la défense dans l'instruction officielle.

1. L'existence de nullité textuelle dans l'instruction officielle

193. Nullité résultant de l'absence de notification du droit au silence. La loi de 1897 n'avait pas seulement énoncé ce droit au silence en son article 3§2, elle l'avait aussi assorti de sanction en cas d'absence de notification au suspect et de sa mention au procès-verbal. Ainsi, dans les décisions du 1er février 1901 et du 10 janvier 1946, la Cour de cassation avait reconnu au juge le pouvoir de recueillir les déclarations de l'inculpé « *mais seulement après qu'il l'aura averti de son droit de ne pas en faire* »[523] sous peine de tomber sous le coup de l'article 12. En effet, cet article prévoyait la nullité de certaines dispositions de la loi de 1897. Selon M. Dessaigne, la mise en place de cette nullité était importante, elle visait surtout à ce que le juge d'instruction puisse de façon effective notifier ce droit et démontrer la preuve de cette notification en l'inscrivant au procès-verbal[524]. Cette nullité, contrairement à celle prévue à l'article 1

[523] Cass. crim., 1er février 1901, Bull. crim., n° 32, p. 51 ; Cass. crim., 10 janvier 1946, Bull. crim., n° 8, p. 10 ; V. P. CHAMBON, *op.cit.*, p. 35

[524] P. DESSAIGNE, *op.cit.*, p. 35 et s.

relative à l'organisation judiciaire[525], n'était pas d'ordre public. Il appartenait à l'inculpé de s'en prévaloir[526]. La nullité affectait non seulement l'acte vicié, mais aussi « *tous les actes d'instruction qui ont suivi cet acte* »[527]. À côté de cette nullité textuelle relative à la notification du droit au silence, il existait d'autres nullités résultant de l'absence de l'avocat et de la mise à disposition du dossier.

194.Nullité résultant de l'absence de l'avocat et de la mise à disposition du dossier. Comme nous l'avons déjà souligné, le juge d'instruction qui autrefois pouvait interroger, confronter le suspect sans défense ne pouvait plus le faire au regard de l'article 9§2 de la loi du 8 décembre 1897. En effet, l'article 12 de cette loi était venu sanctionner tout interrogatoire ou confrontation faite en l'absence du conseil de l'inculpé. En dehors des cas prévus par l'article 7 de la loi de 1897, il était désormais fait obligation au juge sous peine de la nullité de n'interroger l'inculpé qu'en présence de son conseil. Dans le but de garantir de façon plus large les droits de la défense, la loi faisait aussi obligation au juge d'instruction de mettre le dossier à sa disposition à la veille de chaque interrogatoire conformément à l'article 10 de la loi de 1897. Le non-respect de cette formalité était aussi sanctionné par l'article 12 qui prévoyait la nullité de l'acte. Ces nullités venaient mettre fin à une procédure qui souvent violait les droits de la défense. L'inculpé pouvait user de ses droits issus de la loi de 1897 et demander la nullité en cas de non-respect par le juge d'instruction. Pour assurer de manière plus efficace la défense de la personne poursuivie, la jurisprudence avait mis en place d'autres nullités. Ces nullités prétoriennes ou substantielles allaient démontrer la volonté à accorder à l'inculpé une défense très étendue.

---

525 Il s'agissait de l'interdiction faite au juge d'instruction de participer au jugement des affaires qu'il avait instruites.

526 R. GARRAUD, *Précis de droit criminel, contenant l'explication élémentaire de la partie générale du code pénal, du code d'instruction criminelle et des lois qui ont modifié ces deux codes*, éd. L. Larose et Forcel, 1909, p. 751 ; « *Toutes les exigences de la loi de 1897 sont édictées dans l'intérêt de la défense ; elles ne doivent, même indirectement, lui causer préjudice ; si elles n'ont pas été observées, la défense peut avoir intérêt à ne pas se prévaloir de la nullité. Elle peut avoir intérêt à ne point s'en prévaloir* », M. A. LE POITTEVIN, « jurisprudence criminelle », *Revue critique de législation et de jurisprudence*, éd. Cortillon, 1900, p. 453 ; H. BŒUF, *Résumé de droit criminel* (Code pénal et Code d'instruction criminelle, éd. L. Larose & L. Tenin, 1912, p. 431 e s.

527 *Ibid.* ; « La nullité frappe d'abord l'acte irrégulier et aussi toute la procédure ultérieure » ; F. RIGOULET, *op.cit.*, p. 136.

2. *La mise en place d'une nullité prétorienne : les nullités substantielles*

195. Les cas de nullités substantielles. La loi de 1897 avait fixé les cas de nullité en son article 12, mais la jurisprudence en avait rajouté d'autres même si elles semblaient trouver leur source dans l'article 408 du CIC[528]. En effet, si le droit à un avocat était prévu par la loi du 8 décembre 1897 en son article 3, il ne rentrait pas pour autant dans les prévisions de l'article 12. Mais la Cour de cassation en avait décidé autrement. Pour la Haute juridiction le juge d'instruction devait sous peine de nullité notifier au suspect lors de sa première comparution son droit de choisir un avocat[529]. À côté de cette nullité, la jurisprudence en avait retenu d'autres. C'est le cas de « *l'obligation d'interroger sur le fond au moins une fois l'inculpé, avant de clore l'information, à moins que ce dernier ne soit en fuite, nul ne pouvant être renvoyé devant une juridiction répressive, s'il n'a pas été préalablement mis en mesure de s'expliquer et de se défendre* » ; c'est aussi le cas de « *l'interdiction d'entendre préalablement comme témoin un individu ultérieurement inculpé, lorsque ce mode de procéder a pour but et pour résultat d'éluder les garanties de la loi du 8 décembre 1897* »[530]. La jurisprudence avait ainsi tout mis en œuvre pour garantir à l'inculpé les garanties nécessaires issues de la loi du 8 décembre 1897. En mettant en œuvre ces nullités substantielles, elle élargissait les droits de la défense dans l'instruction officielle même si certains auteurs s'y étaient opposés[531].

196. Un élargissement des droits de la défense dans l'instruction officielle. Si les nullités substantielles étaient initialement étrangères à

---

528 G. LE POITTEVIN, « Étude sur la loi du 8 décembre 1897 », *La France judiciaire : revue-bimensuelle de législation, de jurisprudence et d'éloquence judiciaire*, éd. A. Pédone, 1900, p.190 ; R. LIONNARD, *op.cit.*, p. 85 et s.

529 Cass. crim., 4 février 1898, D. 1898.1.299 ; Cass. crim., 30 décembre1927, D. 1914.1.146. Pour l'ensemble de ces décisions v. P. CHAMBON, *op.cit.*, p. 99.

530 Cass. crim., 12 septembre 1912, D. 1914.1.146 ; Cass. crim., 24 juin 1922, D. P. 1924.1.58 ; Cass. crim., 11 décembre 1908, bull. crim., n° 495, p. 928 ; Cass. crim., 19 novembre 1909, bull. crim. n° 537, p. 1035. Voir P. CHAMBON, *op.cit.*, p. 100.

531 « *Cette théorie des nullités substantielles, appliquées à la loi du 8 décembre 1897, ne nous paraît pas acceptable. La loi forme par elle-même un tout complet, elle énonce des règles et en sanctionnent un certain nombre ; il s'en tenir à ses termes mêmes et ne pas chercher ailleurs, une règle d'interprétation, qui semble bien superflue, en face d'un texte aussi précis que l'article 12.* » J. J. Maurel, *op.cit.*, p. 144.

l'instruction officielle[532], elles étaient avec la loi du 8 décembre 1897 un moyen efficace pour faire respecter les droits de la défense[533]. La Cour de cassation, dans sa décision du 4 février 1898, venait poser en ces termes que : « *L'assistance d'un conseil au cours de l'instruction est considérée par la loi comme essentielle à la défense de l'inculpé qui réclame cette assistance ; l'inculpé doit donc être mis en à même d'exercer le droit qui lui a été garanti par l'article 3 § 3 ; il importe peu que la nullité n'ait pas été attachée expressément à l'inobservation de ce paragraphe, puisque les formalités qui font partie substantielle du droit de défense sont de rigueur, et que leur omission constitue, de plein droit et par elle-même, une nullité radicale* »[534]. Au regard de cet arrêt, nous pouvons dire à l'instar de M. Le POITTEVIN que « *toutes les fois que le juge d'instruction omet une formalité essentielle à la défense de l'inculpé, la nullité est encourue de plein droit, alors même qu'elle ne serait pas formellement édictée par la loi* »[535]. L'instruction officielle qui pendant longtemps ne se préoccupait guère des droits de la défense devenait le lieu où l'on exigeait un respect et un exercice des droits de la défense du suspect. Et la Cour de cassation y avait largement contribué en retenant la nullité lors des violations des dispositions de la loi de 1897. Mais elle avait réduit le champ d'application des nullités, elle les excluait dans le cadre de l'instruction officieuse menée par la police judiciaire.

---

532 « *Aussi, les nullités substantielles sont-elles appliquées seulement dans l'instruction définitive, qui est faite devant les juridictions de jugement. Elles sont restées étrangères à l'instruction préparatoire, telle qu'elle a été organisée par le Code d'instruction criminelle, selon lequel cette instruction était secrète, écrite, non contradictoire. Dans cette dernière procédure, les droits de la défense n'étaient pas garantis : l'emploi des nullités substantielles était donc sans objet* ». P. CHAMBON, *op.cit.*, p. 95.

533 « *La jurisprudence est allée au-delà de l'article 12, faisant intervenir la théorie dite des nullités substantielles, elle a justement assorti de la nullité des irrégularités qui, quoique non sanctionnées expressément par la loi, portaient une atteinte essentielle aux droits de la défense* », l'auteur poursuit : « *les nullités substantielles sont inséparables de la notion de libre défense.* [...], *elles sanctionnent la violation des droits de la défense » P. CHAMBON, op.cit., p. 95 et s. ; G. LE POTTEVIIN, « Étude sur la loi du 8 décembre 1897* », *La France judiciaire : revue-bimensuelle de législation, de jurisprudence et d'éloquence judiciaire*, éd. A. Pédone, 1900, p. 192.

534 Décision citée par G. LE POITTEVIN, « Étude sur la loi du 8 décembre 1897 », La *France judiciaire : revue-bimensuelle de législation, de jurisprudence et d'éloquence judiciaire*, éd. A. Pédone, 1900, p. 193.

535 *Ibid.*

B - L'exclusion des nullités dans l'instruction officieuse

197. Si l'instruction officielle connaissait des changements notables en matière de droit de la défense, l'instruction officieuse menée par la police judiciaire y demeurait toujours hostile. Cette hostilité se manifestait également à travers les positions adoptées par la Cour de cassation dans ce domaine. En effet, cette Haute juridiction refusait d'étendre la loi de 1897 à l'instruction officieuse (1), une position qui n'avait pas laissé certains auteurs indifférents (2).

1. Le refus du prononcé des nullités des actes de l'instruction officieuse

198.Encadrement dans l'application de la loi de 1897. La jurisprudence avant de refuser de prononcer toute nullité de l'instruction officieuse avait bien circonscrit le domaine d'application de la loi de 1897. En effet, la jurisprudence rappelait d'abord que l'ensemble des actes antérieurs au réquisitoire introductif du parquet n'étaient pas concernés par les dispositions de la loi de 1897. Ce qui voulait dire que les actes qui étaient effectués avant la saisine du juge d'instruction ne rentraient pas dans le cadre des dispositions de la loi nouvelle. Elle rajoutait que les actes antérieurs à l'ordonnance qui dessaisit le juge d'instruction n'étaient pas non plus concernés par la loi. En effet, elle soulignait de façon précise dans plusieurs décisions que : « *la loi du 8 décembre 1897 ne s'applique qu'à l'information à laquelle il est procédé par le juge d'instruction ; elle ne concerne que les actes du juge d'instruction, postérieurs au réquisitoire introductif, et antérieurs à l'ordonnance qui le dessaisit, celle-ci comprise* »[536]. Dans une décision du 12 août 1904, elle reprenait le même principe dans le cadre de l'instruction officieuse. La Haute Cour n'avait pas retenu la nullité, elle estimait « *régulière la procédure à laquelle avaient été*

[536] Cass. crim., 24 décembre 1898, Bull. crim., n°378, p. 648, Cass. crim., 26 avril 1900. D.P. 1904. 1. 444., Cass. crim. 20 mars 1903 D. P. 1904. 1. 477 ; Pour l'ensemble de ces décisions, v. P. CHAMBON, *op.cit.*, p. 22.

joints les procès-verbaux d'une enquête officieuse effectuée par un commissaire de police antérieurement à l'ouverture de l'instruction »[537]. Cette position de la Cour de cassation démontrait certes un encadrement dans l'application de la loi de 1897, mais elle avait pour conséquence le rejet des actes officieux du domaine de cette loi.

199.Conséquence de l'encadrement : rejet des actes officieux du domaine de la loi de 1897. Au regard des décisions précitées, nous pouvons voir que la loi du 8 décembre 1897 ne régissait pas l'instruction officieuse. La Cour de cassation précisé sa position dans plusieurs décisions. Dans sa décision du 11 août 1899, elle retenait que « *la loi du 8 décembre 1897 ne s'applique pas à l'enquête préliminaire, à caractère officieux, à laquelle il est procédé par le procureur de la République, ou ses auxiliaires* »[538]. Cette solution reprise dans plusieurs arrêts[539] témoignait une nouvelle fois de la volonté manifeste de la Cour de cassation de ne pas étendre les nullités à l'instruction officieuse. Cette exclusion des nullités des actes de l'instruction officieuse n'avait pas été acceptée par plusieurs auteurs qui allaient émettre des critiques.

2. *Un refus de prononcer les nullités critiqué*

200.Le déplacement du centre de gravité de l'enquête. Le refus de prononcer les nullités a été critiqué pour plusieurs raisons. D'abord, M. Clément dans sa thèse sur « *Les droits de la défense dans le procès pénal* » avait noté que la réforme opérée par la loi de 1897tendait « *à déplacer le centre de gravité des enjeux du débat judiciaire en amont de la procédure* »[540]. Une position que partageait largement le professeur Garçon pour qui « *la loi de 1897 avait déplacé le centre de gravité de la recherche des preuves en vidant l'instruction au profit de l'enquête* »[541]. D'autres auteurs, comme Quériaux,

---

537 Cass. crim., 12 août 1904, Bull. crim., n° 393.

538 Cass. crim., 11 août 1899, Bull. crim., n° 225.

539 Cass. crim., 12 août 1904, Bull. crim., n°393 ; Cass. crim., 10 décembre 1926, Bull. crim., n° 305 ; Cass. crim., 30 mai 1933, Bull. Crim., n° 125; Cass. crim., 18 janvier 1951, Bull. crim., n° 22.

540 S. CLEMENT, *Les droits de la défense dans le procès pénal*, thèse, Nantes, (Dir.) J. DANET, 2007, p. 179.

541 Cité par H. CONCHON, *op.cit.*, p.89.

avaient aussi fait cette remarque[542], ce qui devrait sans doute attirer l'attention de la Haute Cour sur le développement grandissant de l'instruction officieuse et de retenir les nullités des actes réalisés dans cette étape de la procédure. Malheureusement, le comportement de la Haute juridiction laissait penser, comme le remarquaient les Professeurs Pradel et Varinard que « *la procédure ne commençait vraiment qu'avec l'acte de poursuite, l'enquête étant exclue de la procédure véritable* »[543]. Une telle conception de la procédure n'était guère exempte de critiques et méritait d'être réformée parce que la différence entre l'instruction officielle et l'instruction officieuse était minime. Certains auteurs allaient même jusqu'à parler d'une identité d'objet et de nature entre ces formes d'instruction justifiant l'application de règles identiques.

201. L'identité d'objet et de nature entre instruction officielle et instruction officieuse. Si pour faire échec à la défense introduite par la loi du 8 décembre 1897 les magistrats recouraient à l'instruction officieuse menée par la police judiciaire, cela témoignait de l'identité d'objet et de nature entre ces deux instructions. En effet, comme le notait M. Garraud, « *l'objet de toute procédure est la découverte de la vérité* »[544], et le Professeur Stéfani retenait que « *l'acte d'instruction ne se distinguait de l'acte de police judiciaire que par le moment de la procédure ou il est accompli. Or, l'objet de ces deux actes est le même : la recherche et la constitution d'une preuve. Toute opération de police ou d'instruction tend à la connaissance de la vérité. Il y a identité d'objet donc de nature entre l'acte de police judiciaire et l'acte d'instruction* »[545]. Au regard de ces observations, nous rejoignons certains auteurs comme M. Lionnard qui préconisait de soumettre aux mêmes règles toutes les instructions criminelles[546]. Cette position était d'autant plus évidente face

---

542 G. QUERIAUX, *op.cit.*, p. 1.

543 J. PRADEL, A. VARINARD, *Les grands arrêts du droit criminel*, T II, p. 181, cité par H. CONCHON, *op.cit.*, p. 86.

544 R. GARRAUD, *Traité théorique et pratique d'instruction criminelle et de procédure pénale*, T. II, éd. Sirey, 1907, p. 475.

545 H. CONCHON, *op. cit.*, p. 87 ; l'auteur rajoute : « *d'ailleurs comment ne pas relever une similitude frappante entre les actes accomplis par la police hors le cadre d'une information régulière, et ceux auxquels il est procédé par ou sur ordre du magistrat instructeur : actes de police et actes d'instruction embrassent le même domaine et tendent avec une efficacité au moins égale au même but, la recherche de la vérité et la confusion du coupable* ».

546 « *N'est-il pas logique de soumettre aux mêmes règles toutes les instructions criminelles : c'est le même but poursuivi, la recherche de la vérité, et il ne doit être atteint qu'en sauvegardant la liberté individuelle, par l'observation des prescriptions tutélaires des droits de la défense* », R. LIONNARD, *op. cit.*, p. 104.

à la montée d'une instruction officieuse au détriment d'une instruction officielle. Ces observations et critiques de la part de la doctrine avaient finalement produit des résultats face à un législateur conscient d'une montée de l'instruction officieuse.

202.Le résultat des critiques sur l'instruction officieuse. L'instruction officieuse, qui commençait à devenir la voie la plus usitée pour mener une enquête complète sans passer par le juge d'instruction, méritait d'être soit reconnue par le législateur soit bannie de la procédure. Les actes qui y étaient effectués, tel que la garde à vue portait souvent atteinte à la liberté d'aller et de venir des citoyens. Et la loi de 1897 venait accentuer cette situation peu propice à l'exercice d'une défense effective. En dépit de son utilité pratique, comme le note le Professeur Pradel[547], il fallait, pour continuer à y recourir, lui attribuer un fondement légal. D'ailleurs, M. Besson procureur général près la Cour de cassation, dans son rapport relatif au projet de Code de procédure pénale, avait relevé la nécessité pour le législateur d'attribuer une base légale à cette instruction officieuse[548] et aux rétentions qui y étaient effectuées[549]. Ce projet de réforme connut un heureux destin, car le législateur avait en effet approuvé les propositions relatives à certaines opérations de police judiciaire. Ainsi, allait-il avec le CPP de 1958, donner une base légale non seulement à l'instruction officieuse ou enquête officieuse sous le nom d'enquête préliminaire, mais aussi à cette rétention policière qualifiée jusqu'alors d'illégale, à savoir la garde à vue[550]. Cette reconnaissance qui constituait certes une avancée ne changeait néanmoins en rien la situation du suspect. L'intervention de l'avocat n'était toujours pas admise au commissariat. En matière de flagrance comme dans l'enquête préliminaire, le suspect restait sans défense devant l'OPJ. Il subissait ainsi la garde à vue sans bénéficier d'une aide extérieure.

---

547 J. PRADEL, *Procédure pénale*, 19e éd. Cujas, 2017, p. 602 et s.

548 « *S'il est une question sans cesse remise en cause, c'est bien celle que l'on appelle l'enquête officieuse. Jaillie des nécessités de la vie judiciaire, son emploi répond à des règles pratiques impérieuses. La jurisprudence admet depuis longtemps la régularité de cette procédure. La commission la consacre en l'introduisant dans son projet, sous la dénomination d'enquête préliminaire, qui est celle qui lui est généralement donné par la Cour de cassation* », A. BESSON, *Le projet de réforme de la procédure pénale*, éd. Dalloz, 1956, p. 17.

549 « *Il faut de toute nécessité reconnaître aux officiers de police judiciaire la faculté de retenir éventuellement certaines personnes. Aussi bien est-il apparu à la commission qu'il valait mieux la reconnaître que de feindre d'en ignorer l'existence.* », A. BESSON, *op.cit.*, p. 26.

550 J. LEROY, *La garde à vue après la réforme*, éd. Lexisnexis, 2011, p. 3 ; J. BUISSON, *op.cit.*, p. 131 ;

CONCLUSION CHAPITRE 2

203. La ressemblance entre les deux instructions dans la phase préparatoire est remise en cause par la loi du 8 décembre 1897 introduisant la défense dans le cabinet du juge d'instruction. Une telle introduction de la défense en instruction officielle allait avoir des conséquences sur la procédure pénale telle qu'organisée par le CIC de 1808. En effet, le parquet comme le juge d'instruction, pour se soustraire à cette défense jugée comme un obstacle à la manifestation de la vérité, se déchargeaient sur les OPJ pour mener à bien les enquêtes. Ces derniers, face à ce contournement de la loi de 1897, allaient devenir des éléments incontournables dans la phase préparatoire du procès pénal jusqu'à amoindrir la saisine du juge d'instruction. La loi de 1897 qui était censée mettre fin à l'isolement de la personne poursuivie, en lui accordant le droit de choisir un avocat pour sa défense, semblait échouer face à ces agissements de la part des magistrats, qui, dès l'adoption de cette loi, avait manifesté leur réticence. Ainsi, l'instruction officieuse se développait, se perfectionnait, et le juge d'instruction dans de nombreux cas, recevait un dossier déjà ficelé et n'avait qu'à le valider ou procéder s'il le jugeait nécessaire à quelques investigations pour le compléter. Ce dossier était pourtant élaboré dans l'indifférence absolue des règles issues de la loi de 1897. Le suspect ne bénéficiait d'aucune garantie et pouvait même s'auto-incriminer. La logique aurait voulu que ces actes effectués soient déclarés nuls, mais la Cour de cassation ne partageait pas cet avis. En effet, très tôt, elle avait adopté une position claire en refusant de prononcer les nullités dans l'instruction officieuse estimant que la loi de 1897 ne s'appliquait qu'à l'instruction officielle menée par le juge d'instruction. En prenant ainsi position, l'instruction officieuse était à bien des égards préférée à l'instruction officielle jugée lente du fait de la lourdeur procédurale introduite par la loi de 1897. Le Professeur Pradel note d'ailleurs que depuis la loi de 1897 « *le centre de gravité des investigations s'est déplacé vers l'amont, vers l'enquête en sorte que l'instruction perdrait son utilité* »[551]. La baisse de saisine du juge d'instruction au profit de la police judiciaire allait susciter des questionnements au regard des dispositions de la loi de 1897. En effet, à quoi peut bien servir de reconnaître à

---

[551] J. PRADEL, « Haro sur le juge d'instruction », *D.*, 2006, p. 244.

l'inculpé le droit d'exercer une défense devant un magistrat qui ne faisait quasiment plus les actes d'investigations ? C'est pourquoi M. Levy tout en appréciant les apports des dispositions de la loi de 1897, avait cependant souligné que l'instruction officieuse allait être « *la brèche par laquelle se perd tout le bien espéré de la loi* »[552]. Il fallait donc revoir la phase préparatoire du procès pénal. Des propositions avaient été émises parmi lesquelles, celle de reconnaître l'instruction officieuse et d'étendre les dispositions de la loi de 1897 à cette étape de la procédure[553]. Cette proposition n'avait pas reçu une entière reconnaissance auprès du législateur. Ce dernier préféra attribuer une base légale à l'instruction officieuse et à la garde à vue, mais refusa toute idée de reconnaître au suspect devant l'OPJ des droits pour se défendre. L'exercice des droits de la défense était ainsi variable en fonction des étapes de la procédure. Devant le juge d'instruction, cet exercice était de plein droit alors que devant l'OPJ cet exercice était refusé.

552 M. LEVY, *op. cit.*, p. 150.
553 M. LEVY, *op. cit.*, p. 152.

CONCLUSION TITRE 1

204. L'exercice des droits de la défense dans la phase préparatoire était *a priori* impossible dans la mesure où les droits de la défense étaient initialement pris comme des droits du procès, c'est-à-dire des droits qui ne s'appliquaient que lorsqu'une juridiction de jugement était saisie. C'est devant un juge indépendant et impartial que la personne poursuivie pouvait recevoir notification des droits et les exercer pleinement. Cette distinction entre phase préparatoire et phase décisoire dans l'exercice des droits de la défense résultait du fait que dans la phase préparatoire, il n'existe pas d'accusation de nature à justifier l'octroi de droits de défense. Alors que dans la phase de jugement, la juridiction dispose d'éléments laissant apparaître sa participation à la commission de l'infraction. C'est pourquoi le législateur interne avait adopté dans la phase de jugement une procédure accusatoire plus soucieuse du respect des droits de la défense pour permettre à la personne poursuivie de faire face à son accusateur. L'équilibre dans cette phase décisoire était garanti, la personne poursuivie comme l'accusation bénéficiait d'un ensemble de droits leur permettant de lutter à armes égales. Cette égalité des armes est fondamentale dans la réalisation de l'équité procédurale. Une telle équité était cependant absente dans la phase préparatoire qui, au nom de l'efficacité de l'enquête, obéissait au système inquisitoire ou le secret, l'absence de contradiction et l'exclusion de la défense dans la recherche des preuves étaient les fondements. Si le juge d'instruction était le principal enquêteur dans la phase préparatoire sous le CIC de 1808, la police judiciaire en dehors de toute légalité avait mis sous la direction du parquet une instruction dite officieuse pour mener des enquêtes comme le juge d'instruction. Donc, à côté de l'enquête officielle menée par le juge d'instruction existait une enquête officieuse menée par la police judiciaire. Ces deux enquêtes qui gouvernaient la phase préparatoire observaient strictement la procédure inquisitoire. Mais les critiques furent très tôt adressées à la phase préparatoire. Le juge d'instruction qui était censé protéger l'inculpé était subordonné au parquet. Cette position faisait douter de son impartialité et de son indépendance vis-à-vis de l'inculpé. C'est pourquoi le législateur avait introduit par une loi du 8 décembre 1897, dite loi Constans, l'avocat dans son cabinet pour assurer sa défense. Avec cette introduction des règles jusqu'ici observées uniquement dans la phase du jugement pénétraient dans le cabinet du juge d'instruction. La défense commençait à prendre forme dans la phase préparatoire. Mais le parquet, en voulant faire échec à cette entrée de la défense dans la phase d'instruction, arrêta de saisir le juge d'instruction au profit de la police judiciaire. Cette dernière menait des enquêtes complètes sans l'intervention du juge d'instruction. Cette montée en puissance de la police judiciaire souleva des critiques amenant le législateur à reconnaître les enquêtes officieuses menées par la police sans étendre l'application des dispositions de la loi de 1897 relative à la défense à cette phase. Cette dernière, face à ce refus d'extension des droits de la défense, était peu considérée comme une phase on l'on respecte l'équilibre entre le suspect et l'accusation. Des critiques avaient été formulées, des réformes proposées, pour une procédure pénale plus respectueuse des droits du suspect devant l'OPJ. Le législateur n'était pas insensible face à ces remarques qui étaient non seulement fondées au niveau interne au regard de la situation du suspect, mais surtout au niveau externe avec la CEDH qui, pour plus d'effectivité des droits de la défense, avait fini par élargir leur champ d'application. Ainsi, tenant compte de ces paramètres internes comme externes, le législateur a progressivement introduit la défense dans la phase policière remettant ainsi en cause l'incompatibilité entre droits de la défense et phase policière.

TITRE 2 : LA REMISE EN CAUSE DE L'INCOMPATIBILITÉ ENTRE LES DROITS DE LA DÉFENSE ET L'ENQUÊTE POLICIÈRE

205. Une influence externe. Les droits de la défense étaient des droits qui ne recevaient application que devant une juridiction de jugement. Cette vision a très vite été remaniée. Si le droit « *suit l'évolution de la société* »[554], il est clair que faire des droits de la défense des droits du procès pénal *stricto sensu* était impossible au regard de la montée des droits fondamentaux. Ainsi, les dispositions externes comme la CESHD à travers la CEDH allaient s'intéresser à la phase préparatoire du procès pénal. Après avoir reconnu que les droits de la défense s'appliquent au procès, elles ont souligné l'importance de la phase antérieure à ce procès sur la suite de la procédure. Partant de cette idée, les juridictions externes, surtout la CEDH, ont procédé à une extension des droits de la défense dans la phase policière. Le législateur français, après avoir attribué une base légale à la garde à vue et à l'enquête policière, devait résoudre l'épineux problème relatif à l'exercice des droits de la défense devant l'OPJ. Conformément à l'article 55 de la constitution, il réceptionne l'influence externe, mais de façon limitée.

206. La réception limitée de l'influence. Le législateur français, face à la jurisprudence de la CEDH favorable à l'exercice des droits de la défense dans la phase policière, devait conformément à ses engagements internationaux suivre cette évolution. Pour être en phase avec la CESDH, il fallait reconnaître au suspect devant l'OPJ des droits qui, jusqu'à présent, étaient propres à la phase décisoire et limités dans la phase préparatoire dans le cabinet du juge d'instruction. Mais le législateur français semble toujours hostile à l'introduction de la défense dans la phase policière. Au lieu de reconnaître pleinement les droits de la défense dès l'enquête policière, il posa des conditions. Cette attitude démontrant la volonté de restreindre les droits de la défense dans la phase policière était sanctionnée par les juridictions externes. Ces sanctions l'ont amené à revoir une nouvelle fois l'exercice des droits de la défense dans la phase policière.

207. Plan. L'influence de la CESDH est l'un des facteurs ayant conduit le législateur à introduire les droits de la défense dans l'enquête

---

554 P. HAVET, *Nature, chasse et société : les leçons de l'histoire*, éd. Harmattan, 2007, p. 6.

policière. Dans un premier temps, ils ont été conditionnés à l'existence d'une contrainte (Chapitre 1). Sous l'influence du droit européen, le législateur a déplacé le critère d'attribution des droits de la défense en ne retenant plus la contrainte, mais la suspicion (Chapitre 2)

CHAPITRE 1 : LE CRITÈRE INITIAL D'ATTRIBUTION DES DROITS DE LA DÉFENSE DANS L'ENQUÊTE POLICIÈRE LA CONTRAINTE

208. La mesure de contrainte visée. La contrainte comme le note M. Dilmi « *constitue le fondement des pouvoirs de police* »[555]. En dépit de la difficulté de cerner cette notion[556], il est reconnu que dans le cadre des investigations policières, il arrive souvent que l'OPJ pour mener à bien son enquête ait recours à la contrainte. Si pendant longtemps elle ne fut point l'objet d'une particulière attention de la part du législateur, elle est devenue avec la loi du 4 janvier 1993[557] une source d'attribution des droits de la défense. Les lois qui sont venues après comme celle du 15 juin 2000[558] et celle du 14 avril 2011[559] ont retenu le même principe. Si les mesures pouvant être considérées comme contraignantes dans la phase

---

555 J. DILMI, *Le pouvoir propre de police judiciaire*, Mém. master de droit pénal et sciences pénales, Université Panthéon Assas, 2010, p. 13.

556 J. DILMI, *op. cit.*, p. 17 et s.

557 Loi n° 93-2 du 4 janvier 1993 portant réforme de la procédure pénale, *JORF*, n° 0003 du 4 janvier 1993, p. 215 ; v. sur ce point : J. PRADEL, « Les droits de la personne suspecte ou poursuivie depuis la loi n° 93-1013 du 24 août 1993 modifiant celle du 4 janvier précédant », *D.*, 1993, p. 299.

558 Loi n° 2000-516 du 15 juin 2000 renforçant la protection de la présomption d'innocence et les droits des victimes ; J. BUISSON, « La garde à vue dans la loi du 15 juin 2000 », *RSC*, 2001, p. 25 ; F. LOMBARD, A. HAROUNE, Garde à vue : Les fictions de la loi du 15 juin 2000, *D.*, 2002, p. 438 ; J. PRADEL, « Les personnes suspectes ou poursuivies après la loi du 15 juin 2000. Évolution ou révolution ? », *D.*, 2001, p. 1039.

559 Loi n° 2011-392 du 14 avril 2011 relative à la garde à vue, *JORF*, n° 0089 du 15 avril 2011, p. 6610, texte n° 1 ; H. MATSOPOULOU, « Les dispositions de la loi du 14 avril 2011 sur la garde à vue déclarées conformes à la constitution », *D.*, 2011, p. 3034 ; [559] H. MATSOPOULOU, « Garde à vue-Une réforme inachevée à propos de la loi du 14 avril 2011 », *JCP G.*, n° 19, 9 mai 2011, p. 542 ; J. PRADEL, « La loi du 14 avril 2011 sur la garde à vue réussit son examen de passage devant le Conseil constitutionnel », *JCP. G.*, n° 52, 2011, p. 2564 et s. ; A.-S. CHAVENT-LECLÈRE, « La garde à vue est morte, vive la garde à vue ! À propos de la loi n° 2011-392 du 14 avril 2011 », *Procédures*, n° 6, juin 2011, étude 7 ; J. PRADEL, « Un regard perplexe sur la nouvelle garde à vue. À propos de la loi du 14 avril 2011 », *JCP. G.*, n° 22-23, 2011 ; doctr. 655 ; D. ROETS, V. TELLIER-CAYROL, « La loi du 14 avril 2011, entre la Cour européenne des droits de l'homme e le Conseil constitutionnel », *Gaz. Pal.*, 30 juillet 2013, n° 211.

policière sont nombreuses, l'unique que le législateur a retenu comme condition pour bénéficier des droits de la défense dans la phase policière est la garde à vue. D'ailleurs, la définition de la garde à vue laisse apparaître cette notion de contrainte. En effet, l'article 327-1 de l'avant-projet du CPP disposait que « *la garde à vue constitue une mesure de contrainte par laquelle une personne est, dans les conditions, selon les modalités et pour les durées prévues par la présente section, maintenue à la disposition des enquêteurs au cours de l'enquête judiciaire pénale* »[560]. Mais il est précisé que l'enquête judiciaire pénale englobe aussi bien l'enquête préliminaire, l'enquête de flagrance et la commission rogatoire[561]. La notion de contrainte est aussi retenue par la doctrine comme caractérisant la garde à vue[562]. Le législateur l'avait retenue comme source des droits de la défense. Ces derniers ne vont donc pas s'appliquer dans la phase policière en l'absence de contrainte.

209.L'absence de contrainte. Jusqu'à la loi du 27 mai 2014[563], toute personne qui ne se trouvait pas dans la situation de gardé à vue ne pouvait prétendre à exercer les droits de la défense dans la phase policière. Si le placement en garde à vue n'intervient que pour la personne contre qui il existe des indices laissant penser sa participation à la commission de l'infraction, le témoin ne pouvait plus être placé en garde à vue comme ce fut le cas avant la loi du 4 janvier 1993. À partir de 1993, une succession de réformes s'est opérée dans la phase policière. Le suspect se voit reconnaître après l'instruction, des droits qui étaient propres à la juridiction de jugement. Mais le législateur dans le but de trouver l'équilibre entre la défense de la société et l'intérêt du suspect n'avait pas hésité à apporter des restrictions ou des moyens de

560 Cette même définition est aujourd'hui retenue par l'article 62-2 du CPP.

561 V. Avant-projet du futur Code de procédure pénale soumis à concertation

562 F. DESPORTES, L. LAZERGES-COUSQUER, *op. cit.*, p. 1612 et s.

563 Loi n° 2014-535 du 27 mai 2014 portant transposition de la directive 2012/12/UE du Parlement et du Conseil, du 22 mai 2012, relative au droit à l'information dans le cadre des procédures pénales, *JORF*, n° 0123 du 28 mai 2014, p. 8864 ; v. à propos de cette loi : R. OLLARD, « Quel statut pour le suspect au cours de l'enquête pénale ? À propos de la loi du 27 mai 2014 », *JCP G.*, n° 36, 2014, doctr. 912 ; E. VERGÈS, « Le statut juridique du suspect : un premier défi pour la transposition du droit de l'Union européenne en procédure pénale. À propos de la loi n° 2014-535 du 27 mai 2014 portant transposition de la directive 2012/13/UE du Parlement européen et du Conseil, du 22 mai 2012, relative au droit à l'information dans le cadre des procédures pénales », *Dr. Pén.*, n° 7-8, juillet 2014, étude 15 ; A. BOTTON et G. TAUPIAC, « La loi du 27 mai 2014 : principales dispositions relatives aux droits de la personne suspectée », *JCP G.*, juin, 2014, p. 1113 et s.

contourner les droits consacrés. En effet, en dehors de la contrainte, il arrive que des indices concordants de nature à laisser apparaître la participation de la personne à l'infraction existent sans que l'OPJ ne la place en garde à vue, mais l'auditionne librement sans défense si elle y consent. Ces moyens de restreindre ou de contourner les droits de la défense faisaient parfois que les réformes étaient jugées souvent insatisfaisantes.

210.Plan. Si la personne placée en garde à vue bénéficiait, du fait de la contrainte qui s'exerçait sur elle, des droits de la défense (Section 1), les OPJ usaient des techniques sans contrainte comme l'audition libre (Section 2) pour se soustraire à l'insertion des droits de la défense dans l'enquête policière.

Section 1 : Une attribution de droits à la personne gardée à vue

211. Les sources de l'attribution des droits de la défense. Si l'hostilité aux droits de la défense dans la phase policière a été le principe, l'ouverture de la France aux traités et conventions y a apporté des restrictions. En effet, certains auteurs, comme le Professeur Leroy, vont jusqu'à dire que si la France a tardé à ratifier la Convention européenne des droits de l'homme, c'est sans doute en raison de l'absence de conformité de sa législation relative à la garde à vue aux dispositions de la Convention qui reconnaît un droit à tout suspect dès la phase policière[564]. Pourtant, au niveau interne, existaient déjà des réflexions relatives à l'insertion des droits de la défense dans la phase policière pour mieux garantir l'équilibre de la procédure. Ainsi, une volonté de modifier cette phase policière était observable. Le législateur va répondre positivement à cet appel relatif à la refonte de la phase policière. Mais la réponse qu'il va apporter sera timide. Il va accorder des droits au suspect, mais de manière très restrictive et n'hésite pas souvent à les reformer. Cette attitude entraîne une instabilité dans l'attribution des droits de la défense.

212. Une attribution instable des droits de la défense. L'instabilité des droits de la défense dans la phase policière est causée par les nombreuses réformes du législateur. En effet, ce dernier ne consacre pas, comme dans la phase du jugement, un plein exercice des droits de la défense dans la phase policière. Il procéda souvent à des réformes à minima ou inachevées pour reprendre le Professeur Haritini Matsopoulou. Cette position du législateur face aux droits de la défense n'était pas en phase avec les dispositions de la CESDH. Si ces dernières ont fixé les prémices d'un exercice des droits de la défense dans la phase policière (§1), le législateur vient au niveau interne les consacrer à son tour, mais de manière controversée (§2).

---

[564] J. LEROY, *La garde à vue après la réforme*, éd. Lexisnexis, 2011, p. 6.

§ 1 : Les prémices d'une attribution des droits de la défense dans l'enquête policière

213. Les droits de la défense connus initialement devant un tribunal allaient après leur introduction dans le cabinet du juge d'instruction, faire leur entrée dans la phase policière. En effet, la montée des droits fondamentaux dans le procès pénal et le souci d'assurer un équilibre procédural ont contribué à cette affirmation des droits de la défense dans cette phase qui était fermée à la défense. C'est d'abord au niveau européen que l'appel au respect des droits du suspect dans la phase policière a été d'abord opéré (A) avant que l'on assiste au niveau interne à des propositions visant à accorder plus de droits au suspect devant l'OPJ (B).

A – Un appel européen au respect des droits de la défense dans l'enquête policière

214. Si les droits de la défense sont prévus dans plusieurs sources externes, il convient de noter que ces sources n'ont pas les mêmes forces juridiques. Le professeur Sudre, faisant la distinction entre ces sources, note que « *la convention européenne a force juridique obligatoire pour les États parties : elle ne se contente pas de reconnaître les droits individuels, mais elle érige en catégorie juridique et, pour la première fois en droit international, leur confère un régime protecteur* »[565]. Du fait de ce caractère, de son invocabilité devant les juridictions et de sa capacité à influencer le législateur interne[566], elle sera une source pionnière dans l'insertion des droits de la défense dans la phase policière. La Convention, dans le but d'assurer le rapprochement des législations des États membres, met en œuvre différents moyens pour y arriver (1) tout en reconnaissant une certaine marge de manœuvre aux États (2).

---

[565] F. SUDRE, *La Convention européenne des droits de l'homme*, Que sais-je », 10e éd., PUF, 2015, p. 8.

[566] F. SUDRE, *Droit européen et international des droits de l'homme*, 13e refondue, PUF, 2016, p. 181 et s.

1. *La mise en œuvre de moyens au niveau européen pour un respect des droits du suspect*

215. Dans le but de faire respecter les droits qu'elle accorde au suspect dans le cadre de la procédure pénale, la CEDH a mis en place des notions qui lui sont propres (a) pour inviter les États à répondre favorablement aux attentes de la Convention. De plus, les décisions venant de la CEDH ont l'autorité de la chose interprétée (b) qui l'ensemble des États à se conformer aux dispositions conventionnelles par précaution.

a. La mise en place de notions propres pour un respect des droits du suspect dans l'enquête policière

216.Les obligations positives et négatives. Dans la jurisprudence de la CEDH, nous pouvons apercevoir que le juge européen tente par plusieurs moyens d'amener le législateur interne à respecter sa jurisprudence. Ainsi, à travers deux obligations l'une dite négative et l'autre dite positive, parvient-elle à réaliser cette finalité. Si les obligations négatives consistent comme le note le professeur Favreau à « *s'abstenir des ingérences arbitraires*[567] », les obligations positives correspondent à « *l'obligation […] d'assurer la jouissance effective* » des droits consacrés par la Convention[568]. Plus simplement, le fait d'être membre du Conseil de l'Europe et ayant adhéré à la CESDH, les États ont l'obligation de respecter, de protéger et de mettre en œuvre cette dernière[569] au regard

---

567 B. FAVREAU, *La Charte des droits fondamentaux de l'Union européenne après le traité de Lisbonne*, éd. Groupe de Boeck, 2010, p. 312.

568 *Ibid.*

569 « *L'obligation de respecter impose aux organes et agents de l'État de ne pas commettre eux-mêmes de violation ; l'obligation de protéger exige de l'État qu'il protège les titulaires des droits contre les atteintes émanant des tiers et qu'il en réprime les auteurs ; l'obligation de mettre en œuvre appelle l'adoption de mesures positives propres à donner pleine de concrétisation et plein effet au droit* », J.-F AKANDJI-KOMBE, *Les obligations positives en vertu de la Convention européenne des droits de l'homme, un guide pour la mise en œuvre de la Convention européenne des droits de l'homme*, Précis sur les droits

des arrêts de la CEDH. Cette dernière, après avoir condamné des États comme la France pour des dysfonctionnements observés dans la phase policière[570], affirme dans son arrêt *Imbrioscia contre Suisse* du 24 novembre 1993 que l'article 6 relatif au procès équitable, qui était jusqu'ici interprété de manière stricte, ne se désintéresse pas de la phase policière[571]. La CEDH se départit avec cet arrêt de 1993 de l'interprétation textuelle comme ce fut le cas auparavant pour adopter une interprétation dynamique des textes. Elle souligne dans l'arrêt *Lopez-Ostra* du 9 décembre 1994[572] et l'arrêt *Powel et Rayner* du 21 février 1990[573] qu'il revient au législateur interne d'« *adopter des mesures raisonnables et adéquates pour protéger les droits* » que l'individu tient de la Convention. L'article 6 de la CESDH qui traite du procès équitable où s'inscrivent les droits de la défense est d'ailleurs « *sources d'obligations positives* »[574]. La CEDH, à côté de ces obligations visant à amener les États à respecter leur engagement, est venue pour éviter tout détournement de procédure et rapprocher les législations pénales européennes dégager des notions autonomes.

217. Les notions autonomes. Les droits de la défense participent à l'équité du procès. Et le caractère pénal du procès relève d'une appréciation autonome de la CEDH. Cette appréciation autonome signifie que la CEDH va s'affranchir des définitions des États membres afin de retenir sa propre définition pour éviter que les « *normes européennes* [varient] *selon les qualifications juridiques propres aux droits nationaux* »[575].

---

de l'homme, n° 7, éd. Conseil de l'Europe, 2006, p. 5 ; F. SUDRE, *La Convention européenne des droits de l'homme*, *op.cit.*, p. 32.

570 Dans son arrêt *Tomasi c/France* de 1992, la Cour condamne la France pour violence policière. Cette violence était surtout relative à l'obtention d'un aveu du suspect. Cet arrêt marque d'ailleurs une étape vers l'entrée des droits de la défense dans la phase policière.

571 « *L'article 6 a pour finalité principale, au pénal, d'assurer un procès équitable devant un tribunal compétent pour décider du bien-fondé de l'accusation, mais il ne résulte pas qu'il se désintéresse des phases qui se déroulent avant la procédure de jugement* », CEDH, *Imbrioscia c/ Suisse*, 24 novembre 1993, req. n° 13972/88.

572 CEDH, *Lopez Ostra c/ Espagne*, 9 décembre 1994, req. n° 16798/90.

573 CEDH, *Powell et Rayner c/ Royaume-Uni*, 21 février 1990, req. n° 9310/81.

574 B. FAVREAU, « Aux sources du procès équitable une certaine idée de la qualité de justice », in *Le procès équitable et la protection juridictionnelle du citoyen*, colloque pour le 50e anniversaire de la Convention européenne des droits de l'homme, éd. Bruylant, 2001, p. 9.

575 F. SUDRE, *Droit européen et international des droits de l'homme*, *op.cit.*, p. 224 et s. ;

L'existence d'une certaine autonomie des concepts conventionnels comme le note le Professeur Renucci démontre de la part du juge européen « *le souci d'une protection efficace des droits de l'homme. Il serait assurément dangereux de recourir en toute hypothèse aux définitions des droits internes, car un État pourrait être tenté de limiter l'étendue de ses engagements internationaux par le jeu de définitions restrictives de notions jugées quelque peu gênantes* »[576]. La notion d'accusation comme d'autres notions ont fait l'objet de définitions autonomes de la part de la CEDH. Cette dernière dans l'arrêt *Deweer contre Belgique* et *Eckle contre Allemagne* apporte des précisions quant à la notion d'accusation. Dans le premier arrêt, elle souligne que l'accusation est « *la notification officielle, émanant de l'autorité compétente, du reproche d'avoir accompli une infraction pénale* »[577]. Dans le deuxième arrêt, elle apporte plus de précisions quant au cadre dans lequel s'opère cette accusation. Elle note que cette dernière peut résulter d'une arrestation, d'une inculpation ou encore de l'ouverture d'une enquête[578]. Cette notion d'accusation déclenche une fois retenue l'application de l'article 6 de la CESDH, article qui contient des dispositions relatives à l'exercice des droits de la défense. Donc, l'ouverture d'une enquête préliminaire, de flagrance ou de commission rogatoire doit déboucher sur l'attribution de droits de défense à la personne suspectée au regard de l'article 6 de la CESDH. La conception faisant des droits de la défense des droits du procès seulement allait disparaître et l'autonomie de la notion d'accusation allait être une porte pour l'insertion des droits de la défense dans la phase policière.

b. L'autorité de la chose interprétée des arrêts de la CEDH

218. Un rôle principal dévolu au juge européen. Dans les *arrêts Tyer c/ Royaume-Uni* du 25 avril 1978 et *Marckx c/ Belgique* du 13 juin 1979, la CEDH avait souligné que la CESDH est un instrument vivant à interpréter à la lumière des conditions actuelles[579]. Ces arrêts démontrent

576 J.-F. RENNUCI, Droit européen des droits de l'homme, 7e éd., LGDJ, 2017, p. 28 et s. ; F. SUDRE, *La convention européenne des droits de l'homme*, *op.cit.*, p. 34.
577 CEDH, *Deweer c/ Belgique* 27 février 1980, req. n° 6903/75, § 46.
578 CEDH, *Eckler c/ Allemagne*, 15 juillet 1982, req. n°8130/78, § 73.
579 CEDH, *Tyer c/ Royaume-Uni*, 25 avril 1978, req. n° 5856/72, § 31.

le rôle actif du juge dans la mise en œuvre des dispositions de la Convention. C'est sans doute ce qui a fait dire à certains auteurs à l'instar de M. De Salvia, qu'« *en ce qui concerne plus particulièrement la CEDH, la règle de droit est essentiellement de dérivation jurisprudentielle* »[580]. Le juge de la CEDH refusant toute interprétation littérale[581] du texte, procède à une interprétation dynamique afin de répondre à cette exigence de mettre la Convention en conformité avec les réalités actuelles. Ainsi, le contenu de la notion de procès équitable n'a cessé de faire l'objet d'une évolution au regard des décisions de la Cour[582]. Ce pouvoir de création de règles par le juge est consacré par l'article 32 de la CESDH. Cet article dispose que « *la compétence de la Cour s'étend à toutes les questions concernant l'interprétation et l'application de la Convention et de ses protocoles qui lui seront soumises* [...] ». Le monopole de l'interprétation des dispositions conventionnelles est réservé au juge de Strasbourg et dans le but de faire de cette convention un instrument vivant[583], les États doivent prendre en compte les décisions et interprétations de la Cour.

219.Une nécessaire prise en compte de l'autorité de chose interprétée au niveau interne[584]. « *La théorie de la chose interprétée concerne les États non encore jugés par la CEDH, mais disposant d'une législation comparable à celle d'un État déjà condamné* »[585]. Le professeur Zymczak se pose la question de savoir si ces États peuvent être tenus « *de se mettre par avance en conformité avec les exigences de la Convention* »[586]. Au regard de

580 M. De SALVIA, « La place de la notion de sécurité juridique dans la jurisprudence de la Cour européenne des droits de l'homme », *Cahier du Conseil constitutionnel*, n° 11 (Dossier : le principe de sécurité juridique), décembre 2001.

581 K. GRABARCZYC, *Les principes généraux dans la jurisprudence de la Cour européenne des droits de l'homme*, PUAM, 2008, p. 296.

582 G. ROUSSEL, *Suspicion et procédure pénale équitable*, éd. L'Harmattan, 2010, p. 19.

583 M. L. WILDHABER, *La réforme de la Convention européenne des droits de l'homme un travail continu*, éd. Conseil de l'Europe, 2009, p. 44.

584 Selon la cour de cassation, « les États adhérents à cette convention sont tenus de respecter les décisions de la Cour européenne des droits de l'homme, sans attendre d'être attaqués devant elle ni d'avoir modifié leur législation ; [...] », v. sur ce point la décision de la Cour de cassation : Cass. Ass. plén., 15 avril 2011, n° 10-17.049, *RTD Civ.*, 2011, p. 725, obs. J.-P. MARGUÉNAUD ; *Constitutions*, 2011, p. 326, obs. A. LAVADE ; *D.*, 2011, p. 1713, obs. V. BERNAUD ; *D.*, 2011, p. 1128, obs. G. ROUJOU DE BOUBÉ ; *AJ. Pén.*, 15 avril 2011, p. 311, obs. C. MAURO ; RSC, 2011, p. 410, obs. A. GIUDICELLI.

585 D. SZYMCZAK, *RDE.*, Dalloz, 2014.

586 *Ibid.*

l'autorité relative des décisions de la CEDH on pourrait répondre par la négative, mais ainsi que le note M. Boissise, les autorités nationales doivent prendre en compte les « *principes découlant des arrêts qu'elle a rendus sur des questions similaires, y compris dans des affaires concernant d'autres États* »[587]. Cette affirmation ressort d'ailleurs de la décision de la CEDH *Marckx* précitée de 1979 ou le juge strasbourgeois souligne que « *sa décision produira* [...] *fatalement des effets débordants les limites du cas d'espèce* »[588]. Le débordement signifie que l'arrêt ne concerne plus seulement les parties au procès, mais aussi les autres États membres dont les dispositions sont similaires. C'est sans doute ce qui a poussé le Président Costa à parler « *d'effets erga omnes de fait* »[589] des décisions de la Cour. Cette dernière le confirme d'ailleurs dans ses arrêts *Dudgeon contre Royaume-Uni* du 22 octobre 1981[590] et *Modinos contre Chypre* du 22 avril 1993[591]. En effet, la Haute juridiction européenne note « *qu'un autre État avait déjà été condamné sur le même fondement* [...] *et qu'il aurait dû* [l'État en cause] *en tirer les conséquences* »[592]. Dans sa décision *du Can contre Autriche*[593], la Commission soulignait l'intérêt d'une application des droits de la défense lors de la phase d'enquête du fait de son importance sur la suite de la procédure même si les États disposent d'une marge de manœuvre.

2. *La marge de manœuvre accordée aux États membres : le caractère déclaratoire des arrêts de la CEDH*

220. Si les États ne respectant pas les dispositions de la CESDH se font condamner, ils ne sont pas pour autant tenus d'adopter tous les mêmes moyens pour parvenir à un résultat unique. En effet, la Cour laisse le choix à chaque État d'organiser les moyens pour respecter la

---

587 J. BOISSISE, « Autorité de la chose interprétée, autorité de la chose jugée, CEDH, Conseil de l'Europe, Dialogue des juges, droits fondamentaux, Renvoi préjudiciel », in *Les grandes décisions de la jurisprudence française de droit international public*, éd. Dalloz, 2015, p. 626.

588 CEDH, 13 juin 1979 préc. ; J. BOISSISE, *op.cit.*, p. 626.

589 Cité par J. BOISSISE, *op.cit.*, p. 626.

590 CEDH, *Dudgeon c/ Royaume-Uni*, 22 octobre 1981, req.7525/76.

591 CEDH, *Modinos c/ Chypre*, 22 avril 1993, req. 15070/89.

592 D. SZYMCZAK, *R.D.E.*, Dalloz, 2014.

593 Rapport de la commission, *Can c/ Autriche*, n°93000/81, du 12 juillet 1984.

Convention. Cette liberté dans l'exécution des arrêts de la CEDH (a) n'est cependant pas absolue dans la mesure où un organe est mis en place pour assurer une exécution effective de la décision (b).

a. Une liberté dans l'exécution des arrêts de la CEDH

221.L'indifférence des moyens utilisés. La CEDH ne cesse de rappeler dans ses arrêts le caractère subsidiaire de sa fonction. Cette subsidiarité découle du fait que le juge interne est le *« juge naturel de la Convention européenne des droits de l'homme »*[594]. Le juge européen n'intervient qu'en cas de défaillance de la part du juge interne pour faire respecter les dispositions de la Convention. Il doit, comme le note le professeur Cohen-Jonathan, « *interpréter et appliquer le droit interne à la lumière de la Convention* [...] »[595]. En cas d'absence de conformité entre la loi interne et les dispositions de la Convention, le juge doit privilégier cette dernière sous peine de condamnation. Et il appartiendra au législateur de l'État condamné de se conformer à l'article 46 de la CESDH afin de corriger son système juridique pour plus de respect des droits garantis par la Convention. Pour y parvenir, la CEDH dans plusieurs arrêts, souligne que le législateur interne est plus imprégné de la réalité de son système juridique il doit par conséquent prendre toutes les mesures nécessaires pour se conformer à la CESDH afin de parvenir à un résultat.

222.La nécessité d'un résultat. Dans l'arrêt *Marckx contre Belgique* du 13 juin 1979, le caractère déclaratoire signifie « *que l'État condamné garde la liberté du choix des moyens à mettre en œuvre en droit interne en vue d'exécuter l'arrêt. En d'autres termes, les États sont tenus par une obligation de résultat et non de*

---

594 F. SUDRE, « L'office du juge national au regard de la Convention européenne des droits de l'homme », in *Les droits de l'homme au seuil du troisième millénaire, Mel.* En hommage à P. Lambert, p. 821 et s.

595 G. COHEN-JONATHAN, « la place de la Convention européenne des droits de l'homme dans l'ordre juridique français », in *Le droit français et la Convention européenne des droits de l'homme*, actes du colloque de Montpellier, Février 1993, éd. N. P. Engel. Kehl. Strasbourg. Arlington, 1994, p. 1 et s. ; v. dans ce même ouvrage R. de GOUTTES, « La Convention européenne des droits de l'homme et le juge national : vers une consolidation de la mission et du statut du juge ? », in *Le droit français et la Convention européenne des droits de l'homme*, éd. Engel, 1992, p. 49 et s.

moyens». Cette même solution est retenue dans l'arrêt *Vermeire contre Belgique* du 29 novembre 1991. Selon Mme Abdelgawad, cette marge de manœuvre laissée au législateur dans la mise en œuvre des moyens relatifs au respect des droits garantis par la CEDH découle du caractère subsidiaire de la CEDH[596]. Si initialement la procédure interne se rapprochait de la procédure externe quant à l'application des droits de la défense dans la phase décisoire, les juges de la CEDH se sont détachés de cette interprétation littérale du texte faisant des droits de la défense des droits du procès, pour retenir une interprétation plus large, protectrice des droits du suspect. Le législateur interne devait donc se mettre en phase, et pour cela, il pouvait utiliser les moyens qu'il jugeait nécessaires pour garantir les droits du suspect. Ce qui importe c'est le résultat. Il faut tout faire pour parvenir à assurer comme le souhaite la CEDH, un minimum de garanties au suspect. Un organe est cependant chargé de veiller au respect de l'exécution des arrêts de la CEDH.

b. L'existence d'un organe chargé du contrôle de l'exécution des arrêts

223.Un comité des ministres chargé du contrôle. Le prononcé d'une condamnation ne suffit pas à garantir l'effectivité de la convention. Il faut après condamnation que l'État concerné puisse se conformer à l'arrêt de la CEDH. C'est pour cela que le Comité des ministres a été institué pour veiller à l'exécution des arrêts de la CEDH. Au regard de l'article 46 de la CESDH, les États doivent se conformer aux décisions de la CEDH et répondre aux obligations qui pèsent sur eux en adoptant des mesures individuelles ou générales. Si les mesures individuelles concernent les conditions pour assurer la réparation des droits violés du requérant, les mesures générales dépassent le requérant et peuvent concerner une modification législative[597]. Le comité des ministres veille à ce que l'État condamné par la CEDH lui communique les « *mesures prises*

---

596 E. L. ABDELGAWAD, *L'exécution des arrêts de la CEDH*, éd. Conseil de l'Europe, 2008, p. 9.

597 F. SUDRE, « À propos de l'obligation d'exécution d'un arrêt de condamnation de la Cour européenne des droits de l'homme », *RFDA*, 2013, p. 103 ; E.-L. ABEDELGAWAD, L'exécution des arrêts de la Cour européenne des droits de l'homme, *AJ pénal*, 2010, p. 67, J.-L. SAURON, *Procédure devant les juridictions de l'Union européenne et devant la CEDH*, 3e éd. Gualino, 2014, p. 326 et s.

à la suite de l'arrêt»[598]. Il faut noter que ce comité, en dépit de son pouvoir exclusif en matière de contrôle des décisions de la CEDH, peut être amené à partager cette prérogative avec cette dernière de manière implicite ou indirecte[599]. Ces organes disposent d'un pouvoir de sanction à l'encontre de l'État récalcitrant.

224.L'existence d'une sanction. Une règle, une mesure ne peut être efficace que si elle est assortie de sanction. Au regard de l'article 3 du statut du Conseil de l'Europe, l'État doit reconnaître « *le principe de prééminence du droit et le principe en vertu duquel toute personne placée sous sa juridiction doit jouir des droits de l'homme et des libertés fondamentales. Il s'engage à collaborer sincèrement et activement à la poursuite du but défini au chapitre 1* ». Ce chapitre premier fixe l'objectif à atteindre et tout État qui refuse de se conformer à la jurisprudence de la CEDH semble aller à l'encontre de cet objectif. C'est pourquoi en cas d'inexécution des décisions de la CEDH, le comité des ministres doit recourir à l'article 8 du Conseil pour procéder à l'exclusion de l'État défaillant. Il convient cependant de noter que le recours à l'article 8 n'est pas automatique, il appartient au comité de mettre en œuvre tout acte nécessaire pour amener l'État concerné à se conformer. C'est seulement après l'échec des phases posées par l'article 8 que l'exclusion pourra être prononcée. Si au niveau externe des mesures sont prises pour que le suspect puisse bénéficier des droits de la défense dans la phase policière sous le contrôle d'organes comme le comité des ministres ou la CEDH, au niveau interne, cette volonté d'octroyer au suspect des droits dès la phase policière était déjà existante à travers la mise en place de commissions.

B - La mise en place au niveau interne de commissions

225. Au niveau interne, le souci d'une amélioration de la procédure pénale pour une meilleure prise en compte du statut du suspect dans la phase policière était noté. Des commissions sont mises en place et parmi elles, celle relative à la justice pénale et aux droits de l'homme de 1990 semble poser des principes proches des exigences des engagements de

598 F. SUDRE, *Droit européen et international des droits de l'homme*, 13e éd. PUF, 2017, p. 399.
599 F. SUDRE, *op.cit.*, p. 401 et s.

l'État Français au niveau externe. Cette commission note d'ailleurs que « *les principes constitutionnels comme les engagements internationaux pris par la France soumettent l'efficacité de la procédure au respect des droits fondamentaux du suspect* »[600]. C'est pourquoi elle a dégagé des propositions tendant à trouver un équilibre procédural dès la phase policière (1) même si ces propositions n'étaient pas trop prises en compte par le législateur interne (2).

1. Propositions pour un équilibre dans l'enquête policière

226. L'absence d'équilibre de la phase policière et l'écart entre les recommandations conventionnelles et le dispositif interne ont été les arguments majeurs pour justifier la réorganisation de la phase policière. Les droits de la défense ne pouvant s'exercer que sous le contrôle d'un juge indépendant et impartial qui assure l'équilibre entre les parties, la commission a dégagé la nécessité d'une réorganisation de la phase policière (b) sous le contrôle d'un juge (b).

a. Une nécessaire réorganisation de l'enquête policière

227. Des droits à reconnaître au suspect dès l'enquête policière. La commission a tenu à démontrer le retard la France face aux autres pays comme l'Allemagne et l'Italie où l'on note la présence de la défense dès l'enquête policière[601]. Elle démontre aussi que le système mixte retenu dans cette phase policière excluant la défense n'assure pas l'égalité des parties. Il faut donc pour trouver l'équilibre, admettre que les droits reconnus jusqu'ici à la phase décisoire et à la phase de l'instruction puissent s'exercer au commissariat. Cette commission reprend l'article 6 § 3 de la CESDH relatif aux droits de la défense pour proposer une réforme de la phase policière. Une volonté de mettre en phase les

600 Commission justice pénale et droits de l'homme, www.ladocumentationfrancaise.fr
601 Commission justice pénale et droits de l'homme, www.ladocumentationfrancaise.fr

dispositions internes et externes était observable. Elle prévoit que certains droits de la phase de jugement et de la phase d'instruction comme celui de bénéficier d'une information détaillée, d'être assisté d'un avocat, d'avoir le temps de préparer sa défense, d'avoir accès au dossier, de bénéficier d'un interprète et de participer activement à la recherche des éléments de preuve soient reconnus dès la phase policière. Il faut donc introduire la contradiction dans cette phase[602] et éviter de recourir toujours au suspect pour le pousser à s'auto-incriminer à travers des aveux[603]. Et ces droits doivent intervenir « *dès que la police retient un individu, contre son gré* »[604], c'est-à-dire, dès la mise en œuvre de la contrainte à l'encontre du suspect. Ce dernier doit donc bénéficier des droits de la défense à partir de l'exercice par la police de son pouvoir de contrainte. Ces droits reconnus permettent comme le note la commission, de garantir l'égalité des armes entre le suspect et la partie poursuivante.

228.L'introduction de la notion d'égalité des armes dans l'enquête policière. La notion d'égalité des armes est également soulignée. Dans le système inquisitoire, l'accusé ignore les charges retenues contre lui ce qui traduit une inégalité dans l'information entraînant l'impossible exercice des droits de la défense. Mais la commission, partant de l'article 6 de la CESDH relatif au procès équitable, souligne l'importance de mettre le suspect dans des conditions lui permettant d'assurer sa défense. Elle note que les parties doivent disposer « *des mêmes pouvoirs au regard de la conduite de l'enquête* »[605]. Le suspect doit comme l'accusation participer de manière active à la recherche des preuves. Il peut arriver cependant que le suspect du fait de son manque de moyens ne parvienne pas à obtenir un conseiller, mais comme dans le cadre du jugement, la commission note que l'État doit mettre en œuvre une politique consistant à permettre la mise en place d'une aide juridictionnelle pour le suspect qui ne peut au regard de sa situation financière se faire assister d'un interprète, d'un expert ou d'un

---

602 « *Il n'y a pas de justice sans débat contradictoire et plus tôt celui-ci s'instaure, meilleures sont les chances d'objectivité* », *Ibid.*

603 « *Plus on s'éloignera de la personne mise en cause et plus on aura de chance d'avoir une preuve crédible, si l'on considère que tout accusé a le droit de se taire, de dissimuler, de mentir ; plus on s'appuiera sur des éléments matériels et objectifs ne faisant pas intervenir une appréciation humaine subjective et mieux on pourra asseoir une conviction* », *Ibid.*

604 *Ibid.*

605 *Ibid.*

avocat. L'ensemble de ces droits reconnus ne peuvent être effectifs que sous le contrôle d'un juge.

b. L'existence d'un contrôle juridictionnel

229. Garantir l'équilibre entre les parties. Dans la phase décisoire, l'exercice des droits de la défense nécessite l'intervention d'un juge indépendant et impartial. Ce juge selon la commission doit aussi intervenir dès l'enquête de police pour garantir cette égalité des armes entre l'accusation et la défense, en d'autres termes, exercer le rôle d'arbitre entre l'accusation et la défense. C'est ce que la commission note d'ailleurs lorsqu'elle avance que « *les deux parties sont à égalité, participent l'une et l'autre à l'enquête et sont placées l'une et l'autre sous un contrôle juridictionnel, le juge étant ainsi en position d'arbitre* ». Il apparaît une transposition du modèle accusatoire connu dans phase décisoire à la phase de l'enquête policière. La nécessité de l'intervention du juge pour garantir cet équilibre entre les parties démontre la volonté d'une juridictionnalisation de la phase d'enquête dans sa totalité. Cette juridictionnalisation sera sans doute un moyen de garantir l'équilibre dès la phase d'enquête avec l'intervention d'un juge qui se chargera de contrôler et autoriser les actes portant atteinte aux droits fondamentaux.

230. Contrôler et autoriser les actes. Dans le système inquisitoire, la direction de l'enquête est confiée au parquet ou au juge d'instruction en cas d'ouverture d'une instruction sur commission rogatoire. Ces autorités prennent tout acte nécessaire à la manifestation de la vérité. Mais l'absence d'indépendance du parquet du fait de sa subordination à l'exécutif et la double casquette du juge d'instruction (juge et enquêteur) font que cette procédure est peu respectueuse des droits fondamentaux du suspect. Si « *les principes constitutionnels comme les engagements internationaux pris par la France soumettent l'efficacité de la procédure au respect des droits fondamentaux du suspect de la personne* »[606], il est donc nécessaire de veiller au respect de ces droits en la confiant à un juge indépendant et impartial qui se chargera d'autoriser tout acte portant atteinte à ces droits dits fondamentaux. Le procureur principal adversaire du suspect, ne doit pas tout seul décider des actes attentatoires aux droits du suspect, il doit recourir à ce juge qui de son côté, se chargera d'apprécier la nécessité de

606 *Ibid.*

ces actes. La défense aussi pourra contester devant lui les actes de l'accusation, mais aussi demander des investigations. On voit ainsi apparaître un système accusatoire dès la phase de mise en état des affaires pénales. Le juge aura des fonctions purement juridictionnelles. Ces propositions n'ont pas reçu cependant l'effet escompté devant le législateur interne.

2. *L'absence d'effets escomptés des propositions*

231. En dépit des propositions de la commission relative à la réforme de la phase policière en instituant un juge, la loi et surtout la jurisprudence n'ont pas fait preuve d'ouverture. En effet, la Cour de cassation ne cessait malgré les critiques d'affirmer que les dispositions internes relatives à la garde à vue étaient conformes aux exigences de la CESDH. Cette déclaration de conformité (a) a vite été remise en cause par une condamnation de la France par la CEDH (b).

a. Une déclaration de conformité

232. L'affirmation de la conformité. Si certains auteurs au regard du droit comparé et des positions de la CEDH estimaient déjà que la procédure pénale française, surtout sa phase policière, n'était pas en phase avec la CESDH, la Cour de cassation de son côté ne retenait pas une telle analyse. Il ressort dans nombreux de ses arrêts que la phase policière est conforme aux exigences de l'article 6§3 de la CESDH. Dans ses décisions du 20 février 1990 et 28 janvier 1992, elle retient que « *les dispositions* [...] *relatives à la garde à vue, qui ont pour objet le maintien à la disposition des enquêteurs de toute personne dont la présence ou l'audition est nécessaire à leurs investigations ne sont pas incompatibles avec la Convention européenne de sauvegarde des droits de l'homme et des libertés fondamentales* »[607]. À travers ces arrêts, il apparaît l'inexistence de critères objectifs justifiant le placement en garde à vue. Il est du bon vouloir de l'OPJ qui doit regarder si ce maintien est nécessaire aux investigations. Cette possibilité

[607] Cass. crim., 20 février 1990, Bull. n° 84 ; Cass. crim., 28 janvier 1992, Bull. Crim. n° 32 ; v. aussi J. LEROY, *La garde à vue après la réforme*, éd. Lexisnexis, 2011, p.6.

offerte à la police sans l'intervention d'un magistrat indépendant et impartial n'était pas sans conséquence sur la suite de la procédure.

233.Les conséquences de cette affirmation. Le refus de la part de la Cour de cassation de prendre en compte les dispositions européennes entraînait des conséquences sur la situation du suspect. En effet, les actes effectués en violation des dispositions de la CESDH n'allaient jamais être annulés par la Haute Cour. Cette absence de nullité des actes effectués en violation des droits du suspect faisait croire à une absence totale de respect des droits de la défense dans la phase policière. Si l'instruction préparatoire a connu des avancées relatives au respect des droits fondamentaux depuis la loi de 1897, la phase policière demeurait fermée aux droits de la défense. Lors de la garde à vue, en dehors du procureur, aucun magistrat n'intervient pour garantir au suspect le respect de ses droits. En procédant de la sorte, en refusant de se conformer aux dispositions externes, la France, comme le note le Professeur Leroy, « *n'était pas à l'abri d'une condamnation par la Cour européenne des droits de l'homme* »[608].

b. La condamnation de la France par la Cour européenne des droits de l'homme

234.La remise en cause de l'enquête policière. La CEDH, au regard de sa jurisprudence, faisait déjà référence au respect des droits de la défense dans la phase policière et des États ont déjà fait l'objet de condamnation pour non-respect des droits du suspect dès l'enquête de police. Si la France par un arrêt du 27 août 1992 *Tomasi contre France*[609] a été condamnée par la CEDH sur la base de l'article 3 relatif aux traitements inhumains et dégradants, il ne faut surtout pas perdre de vue que cet arrêt concernait dans une certaine mesure les droits de la défense. En effet, dans cette décision de 1992, il a été question d'une violence policière exercée sur le suspect. Mais au regard du système inquisitoire, l'exercice de la violence était nécessaire pour obtenir l'aveu du suspect, le pousser à s'auto-incriminer. Et dans l'arrêt, le suspect souligne qu'un

---

608 J. LEROY, *op. cit.*, p. 6.

609 CEDH, *Tomasi c/ France*, 27 août 1992, req. n°12850/87, § 115, *RSC*, 1993, p. 33, note F. SUDRE ; *D.*, 1993, p. 383, obs. J.-F. RENUCCI.

pistolet avait été utilisé pour le pousser à avouer. Cet arrêt décrit la phase policière dans son ensemble, la recherche de l'aveu, la brutalité policière. C'est pourquoi « *cette condamnation a accéléré la réforme de la garde à vue déjà réclamée par la commission justice pénale et droits de l'homme* »[610]. Il fallait donc pour réformer la garde à vue, d'une manière générale, procéder à des réflexions sur la réorganisation de la phase policière.

235.Les réflexions sur une réorganisation de l'enquête policière. Face à cette remise en cause de la phase policière surtout de la garde à vue, il revenait au législateur de repenser cette phase policière déterminante pour la suite de la procédure. Il fallait qu'il prenne en compte les sources externes comme la CESDH, mais aussi les propositions internes telles que celles issues de la commission justice pénale et droits de l'homme. Cette commission propose de définir les critères de placement en garde à vue, de faire bénéficier au suspect certains droits de défense. Et contrairement à ce que la Cour de cassation avait toujours retenu, elle prévoit de prononcer la nullité des actes faits en violation des droits du suspect. L'entrée de ses propositions dans la phase policière allait être une grande avancée. Les droits de la défense initialement cantonnés au procès allaient progressivement, avec ses propositions, faire leur entrée après le cabinet du juge d'instruction, au commissariat. Le législateur dans le but de respecter les engagements au niveau externe a reformé la phase policière, mais d'une manière très controversée.

§ 2 : Des réformes partielles et progressives de l'enquête policière

236. Il revenait au législateur face à ce déséquilibre noté dans la phase policière d'adapter sa procédure pénale aux exigences du procès équitable. Cette notion de procès équitable qui ne doit plus s'apprécier seulement par rapport à la phase décisoire, mais au regard de la procédure dans son ensemble. C'est pourquoi les droits de la défense connus dans la phase décisoire allaient faire leur apparition dans la phase

610 J. LEROY, *op. cit.*, p.7.

d'enquête de police. Le législateur, après avoir procédé à une reconnaissance de droits au suspect devant l'OPJ (A) de manière controversée, était revenu pour les améliorer (B) afin de mieux se rapprocher de ses engagements au niveau externe.

A – Une reconnaissance de droits au suspect dans l'enquête policière

237. Le législateur français, suite à cette volonté affirmée au niveau interne comme externe de faire des droits de la défense des droits qui s'appliquent tout au long du procès, est venu les consacrer dans la phase policière. Mais, dans le souci de respecter l'efficacité de l'enquête, il n'hésitait pas à revenir sur les droits consacrés. Cette oscillation dans l'octroi de droits au suspect (1) est toujours critiquée. Ces critiques amènent souvent le législateur à procéder à des ajustements dans les conditions d'attributions des droits de la défense (2).

1. Une oscillation dans l'octroi des droits au suspect

238. La difficulté de trouver l'équilibre entre les droits du suspect et l'intérêt de la société fait souvent des réformes peu satisfaisantes. Le législateur, après les propositions des commissions et sa condamnation de 1992 dans *l'arrêt Tomasi contre France* est venu démontrer avec une loi du 4 janvier 1993 sa volonté de garantir des droits au suspect devant l'OPJ (a). Mais, pour des questions d'efficacité de l'enquête et d'intérêt de la répression, il est venu avec une loi du 24 août 1993 les restreindre (b).

a. Une volonté de garantir les droits de la défense devant l'OPJ

239. Un droit à l'information et à l'interprète. Le droit à l'information connu jusqu'ici dans la phase décisoire et dans la phase de l'instruction était prévu par la loi du 4 janvier 1993[611] dès la phase policière. En effet, cette reconnaissance résultait de cette volonté de « *créer des droits au profit des personnes retenues* »[612]. Et cette information devait intervenir immédiatement, c'est-à-dire dès le début de la mesure. Comme dans la phase de jugement, la nécessité de la compréhension de l'information était fondamentale d'où la mise en place d'une disposition prévoyant le droit à un interprète. Ce droit, prévu à l'article 10 de la loi du 4 janvier 1993 était inséré à l'article 63-1 du CPP. Dans l'information fournie par l'OPJ, le suspect devait comprendre la durée de la mesure prévue à l'article 63 du CPP. En plus de la notification de la durée de la mesure, le suspect devrait être informé de l'ensemble de ses droits, dont celui de faire appel à un avocat.

240. Une intervention de l'avocat dans l'enquête policière. L'innovation la plus frappante dans la réforme du 4 janvier 1993 était l'introduction de l'avocat dans la phase policière[613]. Le suspect ne se trouvait plus seul[614], il avait droit à l'avocat qui pouvait l'assister dès que la police usait de son pouvoir de contrainte à son égard, c'est-à-dire dès que l'OPJ décidait de le placer en garde à vue. Même si le témoin ne pouvait plus être placé en garde à vue, une distinction était cependant observée selon que l'on se trouve en enquête préliminaire ou en enquête de flagrance. En enquête préliminaire le placement en garde à vue du simple témoin devenait impossible alors qu'en cas de flagrant délit le placement était prévu[615]. L'avocat connu dans la phase décisoire et dans la phase d'instruction entre dans cette phase policière et le Conseil

---

611 Loi n° 93-2 du 4 janvier 1993 portant réforme de la procédure pénale.

612 Circ. du 27 janvier 1993 relative à la présentation de l'ensemble des dispositions de la loi du 4 janvier 1993 et commentaire analytique de celles d'entre elles qui modifient le code de procédure pénale, la loi du 29 juillet 1881 sur la liberté de la presse et de l'ordonnance du 2 février 1945 relative à l'enfance délinquante, *JORF*, n° 26 du 31 janvier 1993, p. 1687.

613 « *Jusqu'en 1993, l'avocat était d'ailleurs tout simplement écarté de l'enquête policière. C'est seulement à partir de la loi du 4 janvier 1993 que le gardé à vue commence à disposer de certains droits, dont celui des'entretenir avec un avocat* », D. BRACH-THIEL, « Le droit français en vigueur au temps des arrêts Salduz/ Dayanan/ Brusco », in *La garde à vue regard croisés belges, français et européens* sous la direction de F. Fourment et A. JACOBS, éd. L'Harmattan, 2014, p. 8.

614 « *La garde à vue étant une mesure privative de liberté, il était nécessaire de redéfinir et de créer des droits au profit des personnes retenues, de manière à rompre leur isolement* [...] », *Ibid.*

615 M. HERZOG-EVANS, *Procédure pénale*, 6e éd. Vuibert 2015 ; p. 194 ; F. LOMBARD, A. HAROUNE, « Garde à vue : Les fictions de la loi du 15 juin 2000 », *D.*, 2002, p. 438.

constitutionnel, dans sa décision du 11 août 1993, vient préciser que « *le droit à s'entretenir avec un avocat au cours de la garde à vue constitue un droit de la défense qui s'exerce durant la phase d'enquête de la procédure pénale* [...] »[616]. Cette décision au niveau interne démontre cette volonté de la part du juge constitutionnel de rapprocher les dispositions externes des dispositions internes en matière de droits de la défense. À travers cette loi du 4 janvier 1993, la France se rapproche des autres pays qui ont fait des droits de la défense des droits qui s'appliquent non seulement à la phase de jugement, mais aussi à la phase policière. La différence entre les autres pays est relative au moment de l'intervention de l'avocat.

241.Le moment de l'intervention de l'avocat. Si dans certains pays l'avocat intervient dès le début de l'enquête, en France, avec la loi du 4 janvier 1993 l'avocat n'intervient pas dès la mise en œuvre de la contrainte, c'est-à-dire dès le placement de la personne en garde à vue. Cette loi fixe l'intervention de l'avocat à l'expiration de la vingtième heure. Cette intervention différée est due selon Maître Saint-Pierre aux réticences des policiers face à cette loi[617]. L'intervention est aussi différée dans certaines formes de criminalités comme « *des faits de participation à une association de malfaiteurs, de proxénétisme aggravé, d'extorsion de fonds, de destruction ou de vol commis en bande organisée* »[618]. Le Conseil constitutionnel dans sa décision précitée valide ces régimes dérogatoires. Les seuls cas où l'avocat pouvait intervenir dès le début de la garde à vue c'était lorsqu'un mineur était concerné par la mesure. Cette intervention de l'avocat n'était cependant pas intéressante comme lors du jugement dans la mesure il ne pouvait pas accéder au dossier, participer à la recherche des preuves. Il pouvait juste s'entretenir avec son client pendant trente minutes et faire des remarques à joindre à la procédure[619]. En dépit de ces entraves à l'exercice des droits de la défense, cette loi fut quand même une avancée, car elle prévoit l'intervention d'un juge pour contrôler la mesure.

---

616 Cons. Const., 11 août 1993, n° 93-326 DC.

617 F. SAINT-PIERRE, *Avocat de la défense*, éd. Odile Jacob, 2009, p. 19.

618 J. PRADEL, « Les droits de la personne suspecte ou poursuivie depuis la loi n° 93-1013 du 24 août 1993 modifiant celle du 4 janvier précédent », *D.*, 1993, p. 299.

619 Circ. du 27 janvier 1993 relative à la présentation de l'ensemble des dispositions de la loi du 4 janvier 1993 et commentaire analytique de celles d'entre elles qui modifient le code de procédure pénale, la loi du 29 juillet 1881 sur la liberté de la presse et de l'ordonnance du 2 février 1945 relative à l'enfance délinquante, *JORF*, n° 26 du 31 janvier 1993, p. 1687.

242. L'intervention du juge pour contrôler la mesure. Dans la phase de jugement, l'intervention du juge est source d'équilibre de la procédure. Le juge, par son rôle d'arbitre, assure à chaque partie le respect de ses droits. Le législateur de 1993 a prévu dans la phase de l'enquête de police l'intervention « *sans délai* » d'un juge du parquet, à savoir le procureur de la République[620]. Au regard de l'article 66 de la constitution, l'autorité judiciaire comprend les magistrats du siège et du parquet, on peut *a priori* considérer que le procureur dispose des compétences requises pour contrôler une mesure privative de liberté comme la garde à vue[621]. L'idée d'une intervention d'un juge dans cette phase semble *a priori* constituer une avancée considérable, car, les OPJ doivent opérer tous les actes sous son contrôle. À côté de cette intervention d'un juge, la loi avait prévu la visite d'un médecin et l'information à un membre de sa famille.

243. Le droit à une visite médicale et à informer un membre de sa famille. Ces droits que nous ne retrouvons pas dans le cadre du jugement participent d'une certaine manière à la défense du suspect même s'ils ne sont pas vus comme tels par une partie de la doctrine[622] et les textes internes comme externes. En effet, le système inquisitoire observé jusqu'ici dans la phase policière est gouverné par l'aveu. Et les OPJ parfois recourent à la torture pour y parvenir. L'entrée du médecin au commissariat permet de lutter contre ces violences policières ayant pour but de pousser le suspect à s'auto-incriminer. L'arrêt Tomasi en est une parfaite illustration. L'état psychologique de la personne gardée à vue doit être pris en compte dans sa défense. L'état de fatigue peut pousser le suspect à des aveux irréfléchis. C'est pourquoi l'intervention d'un médecin est un pas vers une garantie d'une défense effective. En plus, le fait pour le suspect de pouvoir informer un membre de sa famille constitue aussi une avancée. Ce dernier ne sera plus seul, il pourra avec ces interventions extérieures se défendre de manière réfléchie et organisée. La loi du 4 janvier 1993 pour mieux assurer la mise en œuvre des droits consacrés prévoit des nullités en cas de violation de certaines dispositions.

---

620 Avec la loi du 4 janvier 1993 on assiste à « *l'émergence d'un contrôle judiciaire de la garde à vue* », V. BUCK, « Vers un contrôle plus étendu de la garde à vue. Contentieux relatif à la notification immédiate des droits », *RSC*, 2001, p. 325.

621 V. sur ce point la décision du Cons. Const. n° 93-326 DC du 11 août 1993.

622 Y. CAPDEPON, *op.cit.*, p. 229.

244. L'existence de nullités. Plusieurs auteurs ont noté que la réforme opérée par la loi du 4 janvier 1993 est orientée vers la protection de l'individu[623]. En plus de l'intervention de l'avocat pour la personne gardée à vue, la loi avait posé des nullités textuelles comme l'avait fait la loi de 1897 concernant l'instruction. Ainsi, l'article 171 du CPP issu de cette loi de 1993 prévoyait la nullité pour « *les conditions du placement en garde à vue, la présentation au ministère public, l'information à donner sur les droits du gardé à vue et la mention de l'avis que la personne a été informée de ses droits dans le procès-verbal de garde à vue* »[624]. Cet article est novateur dans la mesure où la Cour de cassation, avant cette loi, refusait souvent de prononcer les nullités de la garde à vue. Dès 1959, elle retenait que « *les irrégularités qui ont pu concerner la garde à vue, étant nécessairement mélangées de fait et de droit, ne sauraient être invoquées devant la Cour de cassation sans avoir été préalablement soumises aux juges du fond* »[625]. Pourtant cette avancée apportée par la loi du 4 janvier 1993, ne touche pas trop les droits de la défense. D'ailleurs Mme Thery le note bien lorsqu'elle affirme que « *seule la notification des droits au gardé à vue, formalité nécessaire au respect des droits de la défense, était énoncée à peine de nullité et non les conditions d'exercice de ces droits prévus aux articles 63-2 et 63-4* »[626]. Et pourtant, le législateur pense avec cette loi, avoir trop accordé de droits au suspect jusqu'à y revenir pour les restreindre.

b. Une restriction des droits garantis devant l'OPJ

245. Les critiques de la loi du 4 janvier 1993. En consacrant des droits au suspect dès la phase policière, le législateur estimait avoir porté atteinte à cet équilibre entre les intérêts du suspect et l'efficacité de

[623] *Ibid* ; le texte de la loi du 4 janvier 1993 « *est exclusivement orienté vers la protection des droits de l'individu et le développement des droits de la défense* », S. THERY, *Les nullités de la garde à vue depuis les réformes de 1993*, mémoire de DEA, 1997/1998, p.11.
[624] S. THERY, *op. cit.*, p. 12.
[625] Cass. crim., 15 et 29 octobre 1959, Bull. crim., n° 435 et n°457. V. S. THERY, *op.cit.*, p. 21 ; « *Dans les années soixante, dans un arrêt, devenu célèbre du 17 mars 1960, la chambre criminelle a pris une position plus directe sur le fond du problème, et dans plusieurs arrêts, elle a posé le principe suivant lequel : les règles concernant la garde à vue (article 63, 64, et 77 du Code de procédure pénale) ne sont pas prescrites à peine de nullité* », H. CONCHON, *op.cit.*, p. 95.
[626] S. THERY, *op. cit.*, p. 14.

l'enquête. La loi du 4 janvier 1993 posait, comme celle de 1897 sur l'instruction trop de formalités à respecter. Ce formalisme pouvait « *aboutir à la paralysie des enquêtes de police et ralentir l'œuvre répressive* »[627]. L'équilibre qui était finalement recherché n'avait pas été atteint avec cette loi. C'est pourquoi le législateur était revenu dans la même année avec une loi du 24 août[628] pour modifier celle du 4 janvier. C'est ce que remarque d'ailleurs Mme Conchon dans sa thèse lorsqu'elle note que « *la loi du 4 janvier 1993 fut mal accueillie et qu'il fallut renoncer, car elle rendait aléatoire l'efficacité de la garde à vue* »[629]. Et l'auteur poursuit en soulignant que la loi du 24 janvier « *a tempéré les ardeurs du législateur* »[630]. Ce législateur qui, au début, avait reconnu des droits au suspect sans peut-être se soucier de l'efficacité de l'enquête. Pour retrouver l'équilibre, il fallait mettre en place un nouveau système, d'où la mise en œuvre des nullités avec grief.

246.La mise en œuvre nullités avec grief. Les nullités textuelles étant assimilées à des nullités d'ordre public, elles pouvaient être soulevées même si cela ne touchait pas directement le suspect, ce qui portait atteinte à l'efficacité de l'enquête. Pour éviter les nombreuses nullités qui paralysent l'enquête de police, le législateur est venu mettre en place une nullité dite substantielle. Après avoir été énoncé par la jurisprudence dans sa décision du 26 février 1991[631], le législateur était revenu la consacrer avec la loi du 24 août 1993. Désormais, une nullité ne pouvait être retenue que si « *la méconnaissance d'une formalité substantielle prévue par une disposition du présent code ou toute autre disposition de procédure pénale a porté atteinte aux intérêts de la partie concernée* »[632]. Il fallait donc un grief pour se prévaloir d'une nullité. Et la Cour de cassation dans plusieurs de ses décisions avait retenu ce principe. Même si certains auteurs avaient noté qu'avec l'avènement des nullités substantielles le contrôle de la garde à vue et les droits qui y étaient consacrés étaient plus

---

627 S. THERY, *op. cit.*, p. 13.

628 Loi n° 93-1013 du 24 août 1993 modifiant la loi n° 93-2 du 4 janvier 1993 portant réforme de la procédure pénale

629 H. CONCHON, *op. cit.*, p. 105

630 *Ibid.*

631 *« Les règles énoncées à l'article 64 du Code de procédure pénale concernant la garde à vue ne sont pas prescrites à peine à de nullité. Leur inobservation ne saurait, en elle-même, entraîner la nullité de la procédure lorsqu'il n'est pas démontré que la recherche et l'établissement de la vérité s'en sont trouvés fondamentalement viciés »*, Cass. crim., 26 février 1991, Bull. crim. n° 97 ; v. aussi : *D.*, 1992, p. 322, obs. J. PRADEL.

632 S. THERY, *op. cit.*, p. 15.

rigoureux, il faut reconnaître que les lois de 1993 n'ont pas consacré un large exercice des droits de la défense.

247.Une absence d'exercice large des droits de la défense dans l'enquête policière. L'affirmation des droits de la défense dans la phase policière était faite par les lois du 4 janvier et 24 août 1993. Le suspect se voyait attribuer des droits qui jusqu'ici étaient réservés à la phase de jugement et à la phase d'instruction. Il bénéficiait du droit à l'information, information lui notifiant qu'il a droit de s'entretenir avec un avocat pendant 30 minutes à la vingtième heure. L'intervention de l'autorité judiciaire à savoir le procureur de la République, « *sans délai* » avec la loi du 4 janvier 1993 puis « *dans les meilleurs délais* » avec la loi du 24 août 1993 pour le contrôle de la garde à vue paraissait lui garantir le respect de ses droits. En plus, il bénéficiait de nullités en cas de non-respect par l'OPJ des droits qui lui sont reconnus. Une avancée est certes notée avec les lois de 1993, mais elles n'étaient pas pour autant allées jusqu'à égaler la phase de jugement ou la phase d'instruction. Les lois de 1993 n'avaient pas consacré le droit au silence[633], le droit pour le suspect de participer à la recherche de la vérité, c'est-à-dire reconnaître à l'avocat la possibilité de participer aux interrogatoires et poser des questions. Cette absence de participation faisait des droits de la défense dans la phase policière, des droits ineffectifs dans la mesure où le contradictoire n'était pas prévu. L'intervention de l'avocat à la vingtième heure était inopérante dans la mesure où les OPJ pouvaient avant son arrivée obtenir l'aveu de la personne. En plus, la notion de nullité sans grief était trop difficile à mettre en œuvre par le suspect. Tous ces manquements étaient à l'origine des aménagements pour plus de respect des droits du suspect dans la phase policière.

---

[633] Ce fut le cas aussi en Belgique, le suspect n'était pas informé de son droit au silence. V. A. JACOBS, « État du droit belge avant la tempête Salduz », in *La garde à vue regards croisés belge, français et européens*, éd. L'Harmattan, 2014, p.19.

2. *Des aménagements pour plus de respect des droits du suspect*

248. S'il est reconnu par tous les auteurs que les lois du 4 janvier et 24 août étaient les premières à avoir posé un statut protecteur du suspect[634], il faut cependant souligner que ces lois n'avaient pas posé certains droits indispensables à la défense dans la phase policière. C'est la raison pour laquelle, le législateur, toujours dans la recherche d'un équilibre entre la répression et les droits fondamentaux du suspect a, après avoir introduit de manière restrictive de nouveaux droits au bénéfice du suspect (a) mis en place des régimes dits dérogatoires (b) où l'exercice des droits de la défense est encore plus restreint.

a. La mise en place de nouveaux droits pour le suspect

249. Un droit à l'information réformé. C'est la loi du 15 juin 2000[635] qui vient renforcer l'information du suspect. Si par mesure de conformité aux dispositions externes le témoin ne peut plus être placé en garde à vue en enquête préliminaire comme en enquête de flagrant délit[636], la loi nouvelle précise aussi que le suspect comme dans la phase de jugement doit connaître la nature de l'infraction[637]. La connaissance de la nature de l'infraction comme l'ont relevé plusieurs auteurs, renvoie à l'article 5§2 de la CESDH, qui dispose que « *toute personne arrêtée doit être informée, dans le plus court délai et dans une langue qu'elle comprend, des raisons de son arrestation et*

---

634 L. MORTET, *Essai d'une théorie générale des droits d'une personne privée de liberté*, thèse, université de Lorraine, (Dir.) F. Fourment, 2014, p. 254 ; J. BUISSON, « La garde à vue dans la loi du 15 juin 2000 », *RSC*, 2001, p. 25 ; V. BUCK, « Vers un contrôle plus étendu de la garde à vue. Contentieux relatif à la notification immédiate des droits », RSC, 2001, p. 325.

635 Loi n° 2000-516 du 15 juin 2000 renforçant la protection de la présomption d'innocence et les droits des victimes.

636 F. LOMBARD, A. HAROUNE, Garde à vue : Les fictions de la loi du 15 juin 2000, *D.*, 2002, p. 438 ; Circ. Crim. n° 2000-13 du décembre 2000 Présentation de la loi du 15 juin 2000 renforçant la protection de la présomption d'innocence et les droits des victimes.

637 Cass. crim., 27 juin 2001, Bull. crim., n° 163.

de toute accusation portée contre elle»[638]. Cette obligation pour l'OPJ de faire connaître au suspect la nature de l'infraction est prévue à l'article 63-1 alinéa 1 du CPP et doit intervenir immédiatement, c'est-à-dire dès la prise de décision par l'OPJ de placer la personne en garde à vue. Peu importe le lieu, les droits devront être notifiés sauf circonstances insurmontables sous peine de nullité[639]. C'est dans cette notification, dans une langue comprise par le suspect, que résident les chances d'exercer les droits de la défense comme celui de son droit de faire intervenir un avocat.

250.Une intervention de l'avocat dès le début de la mesure. Si l'avocat intervenait avec la loi de 1993 à la 21e heure de garde à vue, il est reconnu par la doctrine que l'apport majeur de cette loi du 15 juin 2000 est l'introduction de l'avocat dès le début de la mesure de garde à vue. Prévu lors de la mise en place de la réforme de 1993, le législateur le réintroduit avec cette nouvelle loi de 2000. Cette intervention de l'avocat dès le début de la mesure de contrainte à savoir dès le début de la garde à vue n'apportait cependant pas une défense effective au suspect. Si l'avocat était informé de la nature de l'infraction, de son droit à un entretien de 30 minutes dès le début de la mesure, à la 20e heure et à la 36e heure, il ne pouvait cependant accéder au dossier[640]. En plus, il ne participait pas aux interrogatoires du suspect et l'OPJ n'était pas tenu de l'attendre pour mener ses investigations. Il faut noter qu'il ne pesait sur l'OPJ qu'une obligation de moyens et non de résultat pour entrer en contact avec l'avocat. La défense du suspect demeurait encore peu efficace même si la nouvelle loi lui reconnaissait un droit au silence.

251.L'introduction du droit au silence. Connu dans la phase décisoire puis en instruction et consacré par les dispositions externes comme la CESDH et le PIDCP, dans le cadre du procès équitable, le législateur est venu consacrer le droit au silence avec la loi du 15 juin 2000 dans la phase policière. La consécration de ce droit dans cette phase constitue une technique favorable à la défense. Si le suspect devait parler sous la pression policière, s'auto-incriminer, le recours au droit de se taire allait lui permettre de ne plus être obligé à répondre aux questions des

---

638 J. PRADEL, « Les personnes suspectes ou poursuivies après la loi du 15 juin 2000. Évolution ou révolution ? », *D.*, 2001, p. 1039 ; J. BUISSON, « La garde à vue dans la loi du 15 juin 2000 », *RSC*, 2001, p. 25.

639 Circ. Crim n° 2000-13 du décembre 2000 Présentation de la loi du 15 juin 2000 renforçant la protection de la présomption d'innocence et les droits des victimes

640 D. BRACH-THIEL, *op. cit.*, p. 14.

enquêteurs. Ce droit, jugé comme un obstacle au bon déroulement des investigations, a fait l'objet de plusieurs aménagements. En effet, la loi du 15 juin 2000 faisait de sa notification une obligation qui pesait sur l'OPJ, puis une loi du 4 mars 2002 atténuait cette obligation et une loi du 18 mars 2003 venait supprimer ce droit au silence[641]. Si le droit au silence reconnu dans plusieurs pays d'Europe participe à la défense du suspect, le législateur français ne parvient pas à le consacrer de manière définitive dans la phase policière au regard de l'instabilité de ses réformes. C'est seulement avec loi de 2000 que ce droit est exercé pleinement et le renforcement du contrôle judiciaire de la mesure permettait de veiller au respect de ce droit au silence ainsi qu'aux autres droits.

252.Le renforcement du contrôle judiciaire. L'intervention d'une autorité judiciaire, à savoir un juge, pour le respect des droits de la défense n'est plus à démontrer. Consacrée au niveau européen dans le cadre du procès équitable et interne avec les lois de 1993, cette intervention était renforcée avec la loi du 15 juin 2000. Désormais, l'information du placement en garde à vue devait au regard de l'article 63 al. 1 et 77 al. 1 et 154 dernier alinéa du CPP intervenir dès le début de la mesure pour permettre un contrôle plus effectif. La Cour de cassation dans plusieurs de ses décisions note que le retard dans l'information au magistrat ne pouvait être toléré que s'il existait une circonstance insurmontable mettant l'OPJ dans l'incapacité d'informer à temps. La forme de l'information importe peu, il suffit que l'information soit bien transmise au magistrat afin qu'il veille au respect des droits du suspect. Il appartient donc au parquet ou au juge d'instruction en cas de commission rogatoire de veiller aux dispositions prévues par la loi du 15 juin 2000, loi qui venait renforcer les droits existants depuis 1993. Mais, les droits de la défense ne doivent pas être renforcés au point de sacrifier la protection de la société, l'ordre social. C'est pourquoi dans certaines formes de délinquance, le législateur est venu mettre en place des régimes dérogatoires et restreindre les modalités d'attributions des droits de la défense.

---

641 J. LEROY, Garde à vue, *JCL. Procédure*, Fasc. 20, 25 juillet 2016 ; M. HERZOG-EVANS, *Procédure pénale*, 6ᵉéd. Vuibert, 2015, p.199 ; A. GIUDICELLI, « La garde à vue après la loi n°2004-204 du mars 2004 », *AJ. Pén.*, 2004, p. 261.

b. L'encadrement des droits consacrés dans les régimes dérogatoires

253. Un report des droits de la défense. Si des efforts sont consentis par le législateur pour un respect des droits du suspect, il avait très vite réorganisé cette procédure. En effet, le régime dérogatoire a toujours existé[642] et la loi du 9 mars 2004 relative à l'adaptation de la procédure aux évolutions de la criminalité, dite loi Perben II est venue le réaffirmer en posant une procédure «*peu soucieuse de certaines garanties procédurales*»[643]. Si cette procédure dérogatoire prévue aujourd'hui à l'article 706-73 du CPP est validée par le Conseil constitutionnel[644], elle constitue cependant un obstacle à l'exercice des droits de la défense. L'intervention de l'avocat, pour certaines infractions, est renvoyée[645]. Même si le suspect bénéficie d'un droit à l'information, d'un droit au silence, d'un droit à une visite médicale, le report de l'intervention de l'avocat vient réduire l'efficacité de la défense. Le suspect peut jusqu'à l'arrivée de l'avocat garder le silence, d'où la nécessité de s'interroger sur la nécessité de ce report. Si la loi du 15 juin 2000 était venue poser un article préliminaire relatif à l'équilibre de la procédure, cette loi du 9 mars 2004 renforce le déséquilibre qui existe déjà en améliorant les pouvoirs de la police et en restreignant les droits de la défense[646]. Le législateur a cependant prévu l'intervention du juge pour pallier ce déséquilibre.

254. Le contrôle de la mesure par le magistrat. L'intervention d'un juge semble pallier l'absence de la défense dès les premières heures de la garde à vue. Il revient au procureur de la République ou au juge d'instruction en cas de commission rogatoire de contrôler si le report de l'avocat est justifié. Ils doivent vérifier, comme le remarque le Conseil constitutionnel dans sa décision du 2 mars 2004, si la qualification retenue par l'OPJ est la bonne qualification justifiant tout report de

---

642 F. TROLLIET, *Les gardes à vue dérogatoires*, thèse, Aix-Marseille, 2002, p. 61 et s.

643 A. ARAY, «La procédure pénale en matière de criminalité et de délinquance organisée dix ans après la loi Perben II», *Gaz. Pal.*, 21 août 2014, n° 233.

644 Cons. const., 2 mars 2004, n° 2004-492 DC.

645 «*En effet, la loi Perben II prévoyait déjà en matière de criminalité organisée le report du premier entretien avec l'avocat à la 48e heure puis à la 72e heure (ou directement à la 72e heure en matière de stupéfiants, voire aux 96e et 120e heures pour le terrorisme*», *Ibid*; D. BRACH-THIEL, *op. cit.*, p. 11 et s.

646 P. PONCELA, «Le combat des gladiateurs. La procédure pénale au prisme de la loi Perben II», *Droit et société*, 2005/2, n° 60, p. 473-493.

l'intervention de l'avocat[647]. Cette vision du Conseil constitutionnel, reproduite par la circulaire de la direction des affaires criminelles et des grâces[648], démontre que le report provient souvent d'une décision judiciaire qui est une garantie pour le suspect. C'est dans cette logique de protection des droits du suspect que la loi a prévu l'intervention au-delà de quarante-huit heures d'un nouveau juge à savoir le Juge des Libertés et de la Détention (JLD) pour prendre la place du procureur de la République ou du juge d'instruction. Ce dernier vérifie le déroulement de la procédure et autorise certains actes nécessaires à la découverte de la vérité. Mais, « *le JLD est-il un organe de l'enquête ou un superviseur à vocation uniquement juridictionnelle* ? »[649]. En tout état de cause, la garde à vue avec la loi du 15 juin 2000, qu'elle soit de droit commun ou dérogatoire, ouvre des droits à la personne qui en fait l'objet. Le législateur continue d'ailleurs à élargir les droits de défense pour la personne gardée à vue, mais trouve toujours un moyen de les contourner en créant l'audition libre, caractérisée à sa naissance par une absence de droits.

---

647 Cons. const., 2 mars 2004, n°2004-492 DC.

648 Bulletin officiel du ministère de la justice, n° 95 (1er juillet-30 septembre 2004) Circulaires de la direction des affaires criminelles et des grâces, Signalisation des circulaires du 1er juillet au 30 septembre 2004.

649 A. BILLAUD, « Quel contrôle du JLD sur les enquêtes ? », *AJ. Pén.*, 2004, p. 235.

Section 2 : Une naissance de l'audition libre caractérisée par une absence de droits

255.Une volonté d'écarter les droits de la défense. Au regard de l'ensemble des réformes opérées par la France, l'exercice des droits de la défense demeure restreint en dépit des efforts consentis. Cette restriction vient de cette idée de vouloir toujours mener les investigations sans que le suspect ne puisse avoir les éléments lui permettant d'avoir une défense organisée. La mise en place de l'audition libre démontre encore une fois cette volonté au niveau interne de ne pas accorder au suspect les droits que lui reconnaissent les dispositions conventionnelles. Le législateur français, après chaque précision apportée par la CEDH quant à l'effectivité des droits de la défense dans la phase policière, trouve toujours un moyen de réformer timidement sa phase policière pour ne pas rompre avec ce système inquisitoire défavorable à la défense. Et souvent après une réforme, il trouve un moyen de contourner les droits accordés au suspect. Avec la mise en place de l'audition libre, le législateur récidive en répétant l'histoire de 1897 sous la loi Constans.

256.Une répétition de l'histoire. Sous le CIC, nous avons vu comment le parquet suite à l'introduction de l'avocat dans le cabinet du juge d'instruction avait contourné l'instruction au profit de la police dans le cadre de l'instruction officieuse. C'est dans cette instruction que le dossier était préparé et le juge d'instruction ne faisait parfois que valider les éléments de preuves rassemblées lors de cette enquête jugée illégale[650]. En dépit des nombreuses critiques formulées par la doctrine, cette pratique fut cependant validée par les autorités judiciaires. Une répétition de l'histoire s'est opérée avec la mise en place de l'audition libre. En effet, la genèse de l'audition libre (§1) permet de voir que ce mécanisme permettait, à l'origine un contournement de la défense (§2).

---

650 *Supra* n° 46 et s.

§ 1 : La genèse de l'audition libre

257. Une volonté affirmée au niveau externe d'une effectivité de la défense dans l'enquête policière. La CEDH, depuis son rappel de faire de la Convention un instrument vivant, multiplie les condamnations à l'encontre des États récalcitrants, c'est-à-dire les États qui refusent d'octroyer au suspect des droits lui permettant de se défendre dès la phase policière. Si dans la législation française cette phase est perçue comme ayant peu d'intérêt du fait de l'absence de poursuite et que tout se fait dans l'instruction ou lors du jugement, la CEDH n'adopte pas cette position. Au regard de ses arrêts, cette phase demeure une étape très importante pour la suite de la procédure. C'est pourquoi des États ont été condamnés pour absence de défense du suspect dans cette phase. Au moment où ces États cherchaient à modifier leur législation pour se conformer aux exigences conventionnelles, des tergiversations étaient encore notées.

258. Les tergiversations au niveau interne. L'idée d'une conformité de la phase policière avec les exigences conventionnelles n'était pas pour autant absente au niveau interne. Des propositions de réformes se poursuivaient, mais elles ne seront pas observées. Cette absence d'observation se justifiait par le fait que le législateur, au regard de l'ensemble des réformes opérées, pensait avoir mis assez de droits au profit du suspect pour échapper à une condamnation de la CEDH. L'avocat intervient dès le début de la garde à vue avec la loi du 15 juin 2000 pour assurer la défense du suspect et un contrôle de l'autorité judiciaire de la mesure est assuré, donc il n'y a pas lieu de réformer. D'ailleurs Guillaume Dédier porte-parole du ministère de la Justice avançait que les pays condamnés par la CEDH n'ont pas « *le même système judiciaire que* [la France]. *L'avocat est présent dès la première heure de la garde à vue en France. La CEDH évoque l'assistance et l'accès à un avocat, elle n'exige pas sa présence permanente pendant les interrogatoires* »[651]. Ces arguments étaient un

[651] Le monde.fr, « les avocats contestent la légalité de la garde à vue, 18 nov. 2009 » ; G. STRAEHLI, « La réception de la jurisprudence de la Cour européenne des droits de l'homme par les juridictions françaises », in *La garde à vue regards croisés belges, français et européens*, éd. L'Harmattan, 2014, p. 59 ; C. AYELA, J.-C. KROSS, D. MANY, *La garde à vue mode d'emploi*, éd. Lamy, 2011, p. 35 ; S. LAVRIC, « Assistance d'un avocat pendant la garde à vue : perspective », *Dalloz actualité*, 28 avril 2010.

fondement pour ne pas prendre en compte les avertissements de la CEDH. Cette absence de prise en compte des solutions de la CEDH (A) a eu pour conséquence la condamnation de la France (B).

A- L'absence de prise en compte de l'exigence d'effectivité des droits de la défense dans l'enquête policière posée par la CEDH

259.LA CEDH a depuis l'arrêt Tomasi de 1992[652] suivi de l'arrêt Imbrioscia de 1993[653], démontré qu'elle ne se désintéresse pas de la phase qui précède le jugement de l'affaire. Elle a continué dans cette logique en condamnant plusieurs États qui ne consentaient pas la présence et l'exercice de la défense dès le début de la garde à vue. En dépit de ce rappel (1), la France ne se sentait toujours pas concernée et ne réagissait pas (2).

1. Le rappel par la CEDH de la présence de défense dans l'enquête policière

260. Dans la plupart des décisions de la CEDH, la présence de la défense dès le début de l'enquête est fondamentale, surtout lorsque les autorités usent de procédés de nature à porter atteinte aux droits fondamentaux. C'est pourquoi cette Haute Cour réaffirme l'importance de cette présence (a) et met en exergue l'influence que cette phase policière peut avoir sur la suite de la procédure (b).

---

652 CEDH, *Tomasi c/ France*, 27 août 1992, req. n° 12850/87, décision préc.

653 CEDH, *Imbrioscia c/ Suisse*, 24 novembre 1993, req. n° 13972/88, décision préc.

a. La réaffirmation de l'importance de la présence de la défense dans l'enquête policière

261.Le moment de l'intervention. Si dans la procédure pénale française, l'intervention de l'avocat est source de divergence au sein de la doctrine et de la jurisprudence, il est clair qu'au niveau européen, la CEDH demeure presque constante dans sa position. Dans sa décision du 27 novembre 2008 dit *Salduz contre Turquie*[654], elle vient apporter des éléments quant à la présence de l'avocat dans la phase policière. Dans cet arrêt, « *la Cour estime que, pour que le droit à un procès équitable consacré par l'article 6 § 1 demeure suffisamment concret et effectif, il faut, en règle générale, que l'accès à un avocat soit consenti dès le premier interrogatoire d'un suspect par la police, sauf à démontrer, à la lumière des circonstances particulières de l'espèce, qu'il existe des raisons impérieuses de restreindre ce droit* »[655]. Cette position s'écarte de la conception française qui au début renvoyait la présence de l'avocat non pas pour des raisons impérieuses, mais pour des raisons relatives à la nature de l'infraction. De plus, dans la loi française, même si l'avocat est présent dès les premières heures de la garde à vue depuis la loi du 15 juin 2000, il n'assiste pas aux interrogatoires. Cet arrêt Salduz remet donc en question la garde à vue française. Après l'arrêt Salduz, la CEDH dans un autre arrêt *Dayanan contre Turquie* du 13 octobre 2009[656], est revenue réaffirmer cette intervention de la défense dans la phase policière.

262.La réaffirmation de cette intervention. Dans ces arrêts la CEDH, en exigeant la présence de la défense, cherche à éviter que le suspect fasse des déclarations auto-incriminantes, ce qui traduit sa volonté de lutter contre l'aveu caractéristique du système inquisitoire. Dans l'arrêt Salduz précité, la Cour souligne qu'il « *est en principe porté une atteinte irrémédiable aux droits de la défense lorsque des déclarations incriminantes*

---

654 CEDH, *Salduz c/ Turquie*, 27 novembre 2008, req. n° 36391/02, § 55, *JCP G.*, 2009, p. 27 et s., obs. F. SUDRE ; *Rev. trim. dr. h.*, 2010, p. 663, note D. HOLZAPFEL ; *RSC*, 2010, p. 183, obs. A. GIUDICELLI.

655 F. FOURMENT, « La jurisprudence de la Cour européenne des droits de l'homme relative au droit à l'assistance d'un avocat au cours de la garde à vue », in *La garde à vue regards croisés belges, français et européens*, éd. L'Harmattan, 2014, p. 31 et s.

656 CEDH, *Dayanan c/ Turquie*, 13 octobre 2009, req. n° 7377/03, § 30, *Gaz. Pal.*, 3 décembre 2009, n°337, p. 19, note H. MATSOPOULOU ; *D.*, 2009, p. 2897, note J. RENUCCI ; RSC, 2010, p. 231, obs. D. ROETS.

faites lors d'un interrogatoire de police subi sans assistance possible d'un avocat sont utilisées pour fonder une condamnation». Au regard de cette jurisprudence, toute déclaration du suspect l'incriminant ne doit point fonder une condamnation. Cette position de la CEDH semble aller à l'encontre du système inquisitoire français qui depuis les ordonnances criminelles approuve, la recherche des preuves par l'obtention de l'aveu. La présence de la défense dans la phase policière est souvent jugée compromettante pour les enquêtes de police dans la mesure où avec cette présence, l'obtention de l'aveu demeure quasiment impossible. Une telle position est rejetée par la CEDH. Dans le but d'assurer l'équité du procès, elle laisse apparaître dans ses décisions une effectivité de la défense qui doit se faire dès l'entame de la procédure.

263.L'apparence d'une défense effective. Le législateur français dans ses réformes ne va pas jusqu'à consacrer tous les droits de la défense au suspect dans la phase policière comme dans la phase de jugement et pourtant une décision de la CEDH semble aller à l'encontre de cette position. Dans l'arrêt Dayanan précité, la CEDH note que *« l'équité de la procédure requiert que l'accusé puisse obtenir toute la vaste gamme d'interventions qui sont propres au conseil. À cet égard, la discussion de l'affaire, l'organisation de la défense, la recherche des preuves favorables à l'accusé, la préparation des interrogatoires, le soutien de l'accusé en détresse et le contrôle des conditions de détention sont des éléments fondamentaux de la défense que l'avocat doit librement exercer*»[657]. Cette décision a suscité des positions divergentes. Certains y voient une consécration effective des droits de la défense dans la phase policière à savoir accès au dossier, participations aux actes d'enquêtes, principe contradictoire[658], tandis que pour d'autres, cet arrêt ne laisse pas apparaître une telle possibilité[659]. En plus, la CEDH pour justifier un plus grand exercice des droits de la défense dès l'enquête de police met en exergue l'importance de cette étape de la procédure.

657 CEDH, *Dayanan c/ Turquie*, 13 octobre 2009, req. n° 7377/03, § 32.

658 J. MUCCHIELLI, « Accès au dossier : en appel, la défense persiste, le parquet aussi », *Dalloz actualité*, 18 février 2014.

659 J. LEROY, *La garde à vue après la réforme*, éd. Lexisnexis, 2011, p.83.

b. La mise en exergue de l'influence de l'enquête policière sur la suite de la procédure

264.Une phase déterminante. Sous le CIC, la phase policière était une phase jugée peu conséquente au regard des autres phases comme l'instruction ou encore le jugement. Le juge d'instruction menait l'ensemble des actes de la procédure. Même avec la mise en place de l'instruction officieuse, les actes de la police se limitaient à de simples renseignements permettant au parquet de poursuivre ou de ne pas poursuivre. Avec l'avènement du CPP, cette perception n'a pas totalement évolué, la phase policière demeure une étape peu prise en considération. Même au regard des décisions de la Cour de cassation, il apparaît que priver le suspect de défense dans la phase policière n'est pas grave puisqu'il pourra discuter de tous les éléments à la phase d'instruction ou de jugement. La CEDH vient adopter une position contraire en démontrant que si dans cette phase le suspect est privé de défense, cela peut compromettre l'équité du procès. Cette idée, développée dans l'arrêt Salduz et réaffirmée dans l'arrêt Dayanan, démontre que la phase policière influence fortement la suite de la procédure, d'où la nécessité de lutter contre tout refus injustifié à l'exercice des droits de la défense dans cette étape du procès afin de garantir au suspect un procès équitable.

265.Une volonté de lutter contre la restriction injustifiée de l'exercice de la défense. Au regard des décisions de la CEDH, il apparaît que l'exercice des droits de la défense peut être limité, mais non pas pour des raisons tenant à la nature ou la gravité de l'infraction pénale, mais pour des « *raisons impérieuses tenant aux circonstances particulières de l'enquête ou de l'instruction, soit pour permettre le recueil ou la conservation des preuves, soit pour prévenir une atteinte aux personnes* »[660]. Cette restriction souvent appliquée en France dans le cadre du régime de droit commun et accentué dans le cadre du régime dérogatoire, est aux yeux de Mme Saas difficile à mettre en œuvre. En effet, elle démontre au regard des arrêts Salduz et Dayanan qu'en dépit de l'absence de l'avocat, on ne peut pas condamner un suspect qui a fait des déclarations incriminantes

---

660 H. MATSOPOULOU, « Cour européenne des droits de l'homme, 13 octobre 2009, n°737703, Dayanan contre Turquie », *Gaz. Pal.*, 3 décembre 2009, n°337, p. 19.

en l'absence de son avocat, d'où la nécessité de repenser ce régime dérogatoire[661]. Une position qu'elle partage avec Mme Sunderland et M. Bourdon. Ces derniers, en effet, au regard de la CESDH et du PIDCP notent qu'« *il n'y a aucune raison de croire qu'une enquête menée de façon correcte serait compromise par l'octroi à une personne suspectée de terrorisme du droit à une défense appropriée* »[662]. En dépit de ces remarques doctrinales et jurisprudentielles, le législateur français n'a pas réagi.

2. *L'absence de réaction du législateur français*

266. Les propositions formulées. Les arrêts de la CEDH et les réflexions doctrinales n'ont pas eu d'effet sur la position du législateur français quant à sa vision de la phase policière[663]. Les propositions des commissions sont restées sans effet, de même que l'appel des juridictions. Au moment des arrêts Dayanan et Salduz, au niveau interne, des propositions étaient encore formulées tendant à éviter les dysfonctionnements de la justice, mais aussi à se rapprocher des dispositions européennes. Parmi ces commissions figure celle d'Outreau de 2006[664] et la commission dirigée par M. Leger de 2009[665]. Ces deux commissions ont fait des propositions allant dans le sens d'un équilibre de la phase policière. Si l'accès au dossier était toujours refusé dans les premières reformes, les deux commissions viennent le proposer avec des réserves[666]. À côté de l'accès au

---

661 C. SAAS, « Défendre en garde à vue une révolution… de papier ? », *AJ. Pén.*, 2010, p. 27.

662 J. SUNDERLAND, W. BOURDON, « Pour une vraie réforme de la garde à vue : la commission Leger n'est pas allée assez loin », Le monde, 2 septembre 2009, cité par C. SAAS, *op. cit.*, p. 27.

663 « *On se doit d'ailleurs d'observer que le législateur a quelque peu « traîné les pieds » notamment suite aux condamnations de la Turquie par la Cour de Strasbourg* », D. FAYOLLE, J.-B. PERRIER, « Regards croisés sur la réforme de la garde à vue : un projet insuffisant et des attentes insatisfaites », *Gaz. Pal*, 2 février 2011, n° 39.
p.8.

664 Disponible sur le site de l'assemblée nationale : www.assemblée-nationale.fr.

665 Rapport du Comité de réflexion sur la justice pénale, disponible sur : www.justice.gouv.fr.

666 « *Afin de parvenir à un équilibre entre la nécessité de garantir l'efficacité des enquêtes policières et le renforcement des droits de la personne placée en garde à vue, et donc privé de liberté, l'avocat de l'intéressé aurait accès au dossier de la procédure et pourrait assister aux interrogatoires de son client à*

dossier, les commissions ont jugé nécessaire de revoir la place de la défense jugée jusqu'ici insignifiante. Les deux commissions ont aussi proposé que l'avocat puisse participer à l'audition du suspect[667]. Mais le rapport Leger va jusqu'à reprendre certaines idées de la Commission Donnedieu de Vabres relatives à la suppression du juge d'instruction et l'instauration d'un cadre unique d'enquête[668]. Il s'agirait de mettre en place comme dans la phase décisoire un juge arbitre[669], un Juge de l'Enquête et des Libertés (JEL) qui autoriserait tout acte coercitif dans la phase préparatoire. L'accusation se chargerait des investigations à charge et à décharge et contrôlera la garde à vue sans rompre son lien avec l'exécutif[670]. L'idée d'une juridictionnalisation de la phase policière est ainsi avancée et l'accusatoire instauré devant le JEL[671]. Mais ces propositions ne pas sont retenues par le législateur français.

267.Le défaut de réaction du législateur. « *le législateur n'a pas adhéré aux propositions de la commission Outreau en matière de garde à vue, pourtant éclairées par les exemples de nos voisins européens* »[672], de même que le rapport Leger[673]. En effet, les propositions issues de ces rapports ont fait l'objet de critiques de la doctrine. Ces critiques sont souvent axées sur la place de la défense dans cette phase préparatoire. Si l'intervention de l'avocat pendant les auditions est reportée pour des raisons liées à l'efficacité de l'enquête, ce report est jugé injustifié parce que « *ce sont généralement les premières*

---

l'issue des premières vingt-quatre heures », disponible sur le site www.assemblée-nationale.fr; M. LENA, « Réaffirmation du droit à un avocat dès la garde à vue », *Dalloz actualité*, 2 novembre 2009 ; N. RAYE, « Réflexion sur l'opportunité de la présence de l'avocat de l'avocat en garde à vue », *Gaz. Pal.*, 2 février 2010, n° 33, p. 13.

667 E. DAOUD, E. MERCINIER, « Garde à vue : faites entrer l'avocat ! », *Dalloz Constitutions*, p. 571 ; E. DAOUD, E. MERCINIER, « Garde à vue, la french touch », *AJ. Pén.*, 2008, p. 269.

668 C. LAZERGES, « Le rapport Leger : analyse des propositions », *AJ. Pén.*, 2009, p.385.

669 J.-Y. LE BORGNE, « Le rapport Leger, le poids de l'habitude et la peur de la nouveauté », *AJ. Pén.*, 2009, p. 400.

670 Y. MULLER-LAGARDE, « Synthèse des débats », *Gaz. Pal.*, 20 août 2009, n°232, p. 34.

671 M. ROBERT, « Les propositions du rapport Leger : point de vue d'un parquetier », *AJ. Pén.*, 2009, p.393 ; S. LAVRIC, « Remise du rapport Leger », *Dalloz, actualité*, 3 septembre 2009.

672 E. DAOUD, E. MERCINIER, « Garde à vue, la french touch », *AJ. Pén.*, 2008, p. 269.

673 *Ibid* ; C. LAZERGES, « Le rapport Leger, analyse des propositions », *AJ. Pén.*, 2009, p. 385.

investigations qui se révèlent cruciales pour la découverte de la vérité»[674]. De plus, le régime dérogatoire n'est pas essentiellement modifié, le rôle de la défense y est toujours restreint[675]. La création du JEL est une innovation sans doute à ne pas négliger, mais le reproche, ou la peur qu'il ne soit comme le juge des libertés et de la détention enregistreur de résultat a été aussi avancé[676]. Il en de même l'absence d'indépendance du parquet vis-à-vis de l'exécutif. En dépit de ces critiques, il existe dans ces commissions des éléments relatifs à la défense du suspect que le législateur pouvait mettre en œuvre, mais il n'en est rien. Cette absence de réaction a eu pour conséquence la condamnation de la France par la CEDH.

B- Une absence de prise en compte de la jurisprudence européenne entraînant la condamnation

268. Les arrêts de la CEDH, Salduz et Dayanan ont eu une répercussion sur la plupart des pays de l'Union Européenne. L'apport ces arrêts est d'une grande importance, tant et si bien qu'en Belgique une loi porte le nom de l'arrêt Salduz. C'est dans la logique de ces arrêts que la garde à vue française est remise en cause[677]. Si les propositions des commissions n'ont pas été prises en compte, avec ces condamnations, une réforme de la garde à vue française est devenue nécessaire (1) même si son application allait être difficile (2).

1. *Une remise en cause de la garde à vue française*

269. Cette remise en cause passe par une révision des droits reconnus au suspect durant la phase policière (a), mais aussi le renforcement du contrôle de la mesure par l'autorité judiciaire (b).

---

674 Y. MULLER-LARGE, *op.cit.*, p. 34.
675 C. LAZERGES, « Le rapport Leger, analyse des propositions », *AJ. Pén.*, 2009, p. 385.
676 Y. MULLER-LARGE, *op.cit.*, p. 34.
677 J. LEROY, *La garde à vue après la réforme*, éd. Lexisnexis, 2011, p. 11.

a. Une révision des droits accordés au suspect

270. Le droit au silence réaffirmé. Nous avons vu que le droit au silence a fait l'objet de plusieurs aménagements dans la phase policière[678]. Sa notification n'était plus devenue obligatoire pour l'OPJ. Ce flou qui entourait le droit au silence favorisait l'obtention de l'aveu et l'auto-incrimination du suspect. La CEDH vient dans l'arrêt *Brusco contre France*[679] fixer de manière expresse que le suspect doit bénéficier d'une notification officielle de son droit de garder le silence et que les preuves doivent être cherchées en dehors de lui et de manière objective et loyale. Les juges de Strasbourg viennent confirmer leur jurisprudence relative au droit au silence qui est « *un droit naturel qui constitue une protection de la présomption d'innocence et qui interdit de déduire du silence un indice de culpabilité* »[680]. Cette position de la CEDH remet en cause la garde à vue française quant à l'exercice de certains droits relatifs à la défense. Dans cet arrêt, la Cour met en relation le droit au silence et le droit à un avocat. Elle considère que la présence de l'avocat est d'autant plus nécessaire quand le suspect n'a pas été informé de son droit de garder le silence. Mais l'intervention de l'avocat doit aussi être plus poussée.

271. L'intervention plus poussée de l'avocat. La loi du 15 juin 2000 a introduit l'avocat dès les premières heures de garde à vue dans le cadre des infractions de droit commun, mais n'a pas permis sa présence aux actes de police tel que l'interrogatoire. Si les rapports des commissions l'avaient envisagé avec des réserves, le législateur français ne les avait pas pris en compte. La CEDH vient avec l'arrêt Brusco souligner que l'avocat doit participer aux investigations en assistant aux interrogatoires de police[681]. Si dans certaines de ses décisions la présence de l'avocat est sujette à discussion, avec l'arrêt Brusco comme le note le Professeur Pradel, elle vient préciser sa jurisprudence en soulignant que l'avocat doit être présent à côté du suspect pendant les interrogatoires de police[682].

---

[678] J. LEROY, *Procédure pénale*, 5e éd., LGDJ, 2017, p. 308.

[679] CEDH, *Brusco c/ France*, 14 octobre 2010, req. 1466/07, § 44, *JCP G.*, 2010, p. 2006 et s., obs. F. SUDRE ; *D.*, 2010, p. 2950, obs. J. F. RENUCCI.

[680] J. LEROY, *Procédure pénale*, 5e éd., LGDJ, 2017, p. 336 et s.

[681] CEDH, *Brusco c/ France*, 14 octobre 2010, req. 1466/07, § 54 ; v. sur ce point : C. COURTIN, *La réforme de la garde à vue*, éd. L'Harmattan 2013, p. 11.

[682] J. PRADEL, « Vers une métamorphose de la garde à vue », *D.*, 2010, p. 2783.

L'idée de procès équitable motive sans doute la présence de l'avocat lors des interrogatoires, mais aussi comme le souligne M. Gindre pour « *informer son client de son droit au silence* »[683]. La CEDH vient donc démontrer l'utilité de la défense dans la phase policière en rappelant le droit au silence, le droit au suspect d'avoir un avocat lors des interrogatoires. Pour que ces droits demeurent cependant effectifs, il faut que le juge chargé de les contrôler présente certaines qualités, d'où la remise en cause aussi de l'autorité judiciaire française chargée du contrôle de la garde à vue.

b. La remise en cause de l'autorité chargée du contrôle de la garde à vue

272.Le statut du parquet non conforme à l'exigence conventionnelle. L'ensemble des réformes qui se sont succédé ont vu un renforcement du contrôle de la garde à vue par l'autorité judiciaire. En France, au regard de l'article 66 de la Constitution, l'autorité judiciaire comprend les magistrats du siège et du parquet. Dans la phase policière, depuis 1993, le contrôle de la garde à vue est confié au magistrat du parquet qui se charge de veiller au respect des droits du suspect. Mais la CEDH depuis 2008 a décidé sur la base de l'article 5§3 de la CESDH que le parquet n'est pas une autorité judiciaire au sens de la convention, et ne peut par conséquent contrôler une mesure privative de liberté. Cette décision est confirmée par la grande chambre dans un arrêt du 29 mars 2010 *Medvedyev contre France*[684]. Cette même jurisprudence est reprise dans l'arrêt *Moulin contre France* du 23 novembre 2010[685]. Le procureur qui se voyait jusqu'ici confier le contrôle de la garde à vue voit son statut remis en cause par les juges de Strasbourg. Cette remise en cause n'est pas cependant fortuite dans la mesure où le juge qui doit veiller au respect des

---

683 E. GINDRE, « Une révolution jurisprudentielle en trompe l'œil : les décisions de non conventionalité des régimes de garde à vue au regard des droits de la défense », *RSC*, 2010, p. 879.

684 CEDH, *Medvedyev c/ France*, 29 mars 2010, req. n° 3394/03, § 41, *RSC*, 2010, p. 685, obs. J.-P. MARGUÉNAUD ; *D.*, 2010, p. 1386, note J.-F. RENUCCI ; *D.*, 2010, p. 1386, note S. LAVRIC ; *D.*, 2010, p. 1390, note P. HENNION-JACQUET.

685 CEDH, *Moulin c/ France*, 23 novembre 2010, req. n° 37104/06, § 57, *Gaz. Pal.*, 2010, n° 343, p. 6, note O. BACHELET ; *JCP. G.*, 2011, n° 8, p. 379 et s., note J. LEROY ; *D.*, 2010, p. 338, obs. S. LAVRIC.

droits de la défense doit non seulement être un arbitre et présenter certaines qualités, ce qui faisait défaut chez le procureur français.

273.Le manque de certaines qualités du procureur pour contrôler une mesure privative de liberté. Le juge que vise l'article 5 § 3 n'est d'autre que celui que l'on trouve au tribunal, c'est-à-dire un juge indépendant, mais aussi impartial. Au regard de l'ensemble des arrêts de la Cour relatifs au contrôle des mesures de privations de libertés, les juges mettent en avant ce critère d'indépendance pour apprécier la légalité de la mesure, mais aussi la capacité du magistrat à poursuivre, c'est-à-dire, à être partie au procès pénal. C'est ce que formule la CEDH lorsqu'elle note que « *le magistrat doit présenter les garanties requises d'indépendance à l'égard de l'exécutif et des parties, ce qui exclut notamment qu'il puisse agir par la suite contre le requérant dans la procédure pénale, à l'instar du ministère public* [...] »[686]. La qualité de partie du procureur ne permet pas de veiller avec indépendance et impartialité aux droits du suspect gardé à vue. Il fallait donc au regard de l'absence du droit de se taire, de la présence de l'avocat aux interrogatoires et de la qualité du juge chargé du contrôle de la mesure, réformer la phase policière. C'est ce que le législateur a fait, mais dans une difficulté manifeste.

2. *Les difficultés d'application de la future réforme*

274. Le législateur français se trouve confronté à nouveau à une obligation de modifier sa phase policière. Cette modification n'a pas été sans trouble. Certaines juridictions étaient initialement en accord sur les conditions d'application de la réforme (a), mais face à la pression et à l'exigence de conventionalité, cette entente sera très vite rompue (b).

a. L'accord entre les juridictions sur la mise en place de la réforme

275.La déclaration de l'absence de conformité de la garde à vue aux exigences constitutionnelles. L'introduction de la Question

686 CEDH, *Medvedyev c /France*, 29 mars 2010, req. n° 3394/03 décision préc ; CEDH, *Moulin c/ France*, 23 novembre 2010, req. n° 37104/06 décision préc ; CEDH, *Assenov et autres c/ Bulgarie*, 15 juillet 2005, req. n° 42026/98, § 148

Prioritaire de Constitutionnalité (QPC)[687] a été le moyen pour qu'au niveau interne la garde à vue soit déclarée non conforme aux exigences constitutionnelles. Avec l'avancée des droits de la défense au regard des arrêts de la CEDH, des QPC furent soulevées pour relever cette absence de conformité du droit interne aux exigences conventionnelles. Si le Conseil constitutionnel a dans un premier temps analysé les conditions de recevabilité, il exclut le régime dérogatoire qui, depuis la loi de 2004, n'a pas connu de changement notable. C'est surtout le droit commun de la garde à vue que le Conseil constitutionnel a constaté des changements et conclu la nécessité de revoir ce régime. Le Conseil constitutionnel perçoit comme la CEDH, l'importance de la phase policière sur la suite de la procédure[688], et l'insuffisance des droits qui sont consacrés au suspect. Elle décide donc au regard des arrêts de la CEDH de déclarer la garde à vue française non conforme aux exigences conventionnelles. Une décision sans doute très attendue au regard des nombreuses violations des droits du suspect durant cette phase. Mais le conseil estime nécessaire de laisser au législateur un délai pour procéder aux modifications de la garde à vue pour des raisons de sécurité juridique, mais aussi liées à l'ordre public[689]. Cette décision a cependant fait l'objet d'une application stricte par la Cour de cassation.

276.L'application de la décision par la Cour de cassation. Cette décision de reporter la réforme de la phase policière surtout de la garde à vue est partagée par la Cour de cassation. Cette dernière dans ses arrêts du 19 octobre 2010[690] constate comme le Conseil constitutionnel « *le caractère contraire à la convention de la garde à vue française de droit commun, mais la chambre criminelle estime que ces principes ne peuvent s'appliquer immédiatement à une garde à vue conduite dans le respect des dispositions législatives en vigueur lors de*

687« *La question prioritaire de constitutionnalité guide pratique* » sous la direction de D. ROUSSEAU, éd. L'extenso, 2012 ; *La QPC, le procès et ses juges l'impact sur le procès et l'architecture juridictionnelle* sous la direction de E. CARTIER, éd. Dalloz, 2013 ; V. aussi Dossier : « Dix ans de QPC en matière pénale », *AJ. Pén.*, 2018, p. 387 et s.

688 « *La garde à vue est ainsi souvent devenue la phase principale de constitution du dossier de la procédure en vue du jugement de la personne mise en cause* », Cons. const., n° 2010-14/22 QPC du 30 juillet 2010.

689 Cons. const., 30 juillet 2010, n° 2010-14/22 QPC, *JCP. G.*, 2010, p. 1714 et s., obs. F. FOURNIÉ.

690 Cass. crim., 19 octobre 2010, n° 10-82.902, n° 10-82.306, n° 10-85.051, *Dalloz actualité*, 21 octobre 2010, obs. S. LAVRIC ; *AJ. Pén.*, 2010, p. 479, obs. E. ALLAIN ; *Gaz. Pal.*, 26 octobre 2010, n° 299, p. 15, note O. BACHELET ; Dr. *pén.*, n° 11, novembre 2010, repère 10, obs. A. MARON.

sa mise en œuvre sans porter atteinte au principe de sécurité juridique et à la bonne administration de la justice»[691]. La chambre criminelle de la Cour de cassation se conforme ainsi à la décision du Conseil constitutionnel comme le veut l'article 62 de la Constitution en son alinéa 2[692]. Mais cette conformité entre les deux juridictions suprêmes ne durera pas. En effet, très vite la chambre criminelle, réunie en assemblée plénière, allait adopter la solution contraire entraînant la rupture de l'accord.

b. La rupture de l'accord dans la mise en place de la réforme

277. Une application directe de la réforme. S'il a été avancé qu'au regard de la conformité entre les décisions du Conseil constitutionnel et celles de la chambre criminelle que les juges de ces Hautes juridictions *« s'entendent et s'écoutent »*[693], cette entente est remise en cause par les quatre arrêts de la Cour de cassation[694]. En effet, cette dernière réunie en Assemblée plénière adopte une position contraire à celle retenue par le Conseil constitutionnel, violant ainsi l'article 62 alinéa 2 de la Constitution. L'Assemblée plénière, partant des arrêts Salduz, Dayanan, Brusco et surtout de *Kallweit contre Allemagne*[695] note que : «*pour que le droit à un procès équitable consacré par l'article 6§1 de la Convention européenne et des libertés fondamentales soit effectif et concret, il faut en règle générale que la personne placée en garde à vue puisse bénéficier de l'assistance d'un avocat dès le début de la mesure et pendant les interrogatoires*». Dans cette même logique en affirmant que « *les États adhérant à la Convention de sauvegarde des droits de l'homme et des libertés*

---

691 C. GUERY, « Commission rogatoire », *Rép. Pén.*, 2015.

692 Art. 62 al. 2 Const. «*Les décisions du Conseil constitutionnel ne sont susceptibles d'aucun recours : elles s'imposent aux pouvoirs publics et à toutes les autorités administratives et juridictionnelles*»

693 P. THERY, « Organisation judiciaire et juridiction compétence action », *RTD civ.* ; 2010, p. 814.

694 Cass. Ass. plén., 15 avril 2011, n° 10-17.049 ; n°10-30.242 ; n° 10-30.313 et n° 10-30.316, *Gaz. Pal.*, 2011, n° 109, p. 10, note O. BACHELET ; *RTD Civ.*, 2011, p. 725, obs. J.-P. MARGUÉNAUD ; AJ. Pén., 2011, p. 235, note S. PELLÉ ; AJ. Pén., 2011, p. 311, obs. C. MAURO.

695 Dans cet arrêt Kallweit, la CEDH condamne l'Allemagne «*pour avoir, notamment, refusé de faire une application immédiate de la jurisprudence européenne*», CEDH, *Kallweit c/ Allemagne*, 13 janvier 2011, req. n° 17792/07, *Dalloz actualité*, 2011, obs. O. BACHELET.

fondamentales sont tenus de respecter les décisions de la Cour européenne des droits de l'homme, sans attendre d'être attaqués devant elle ni d'avoir modifié leur législation». Sur la base de ces motivations, elle prononce une application immédiate de la réforme, s'alignant ainsi sur la décision de certaines juridictions qui avaient déjà prononcé l'application de la réforme[696]. Les droits de la défense reconnus au suspect doivent donc être appliqués sans retard et des circulaires sont venues confirmer cette position de la chambre criminelle.

278.L'intervention d'une circulaire confirmant l'application directe. L'Assemblée plénière de la Cour de cassation en s'écartant de la logique constitutionnelle allait accélérer l'entrée en vigueur de la nouvelle loi. En effet, dès la décision de l'assemblée plénière, les autorités judiciaires ont immédiatement réagi en posant comme principe une application immédiate de la nouvelle réforme. Il ne s'agit pas cependant de toute la réforme, mais de quelques éléments jugés essentiels pour la défense comme le note la circulaire du 15 avril 2011relative aux droits de la personne gardée à vue, suite aux arrêts de l'Assemblée plénière de la Cour de cassation du 15 avril 2011[697]. Cette application directe des droits de la défense, faite dans l'urgence pour le respect des droits du suspect a suscité des réflexions au sein de la doctrine. Le Professeur Pellé à ce sujet s'est posé la question de savoir «*si la promotion des droits de l'homme doit justifier de s'affranchir des principes directeurs du droit transitoire*»[698]. En s'affranchissant de ce droit dit transitoire, la chambre criminelle accentue le problème relatif aux nullités des gardes à vue[699]. En dépit des difficultés engendrées par la mise en œuvre de la réforme, le suspect allait bénéficier de plus de droits pour se défendre. Une loi encore mal accueillie qui poussera le législateur à la contourner par la mise en place de l'audition libre.

---

696 «*Un juge de la liberté et de la détention du tribunal de Bobigny qui a déclaré nulle la procédure de garde à vue d'un individu qui n'a pas pu bénéficier de l'assistance d'un avocat durant son interrogatoire ni même avant toute audition, ou encore en début de garde à vue, et ce sans qu'aucune raison impérieuse ne permette de justifier la restriction de ce droit*», N. RAYE, «Réflexion sur l'opportunité de la présence de l'avocat en garde à vue», *Gaz. Pal.*, 2 février 2010, n° 33, p. 13.

697 Circ. disponible sur : www.textes.justice.gouv.fr.

698 S. PELLÉ, «La réforme de la garde à vue : problème de droit transitoire», *AJ. Pén.*, 2011, p. 235.

699 *Ibid ;* H. MATSOPOULOU, « Le contentieux de la nullité de la garde à vue », in : *Les droits fondamentaux du gardé à vue*, actes colloques du 30 novembre 2012, sous la direction du Professeur Sébastien PELLÉ, éd. PUPPA, 2013, p.61 et s. ; B. BOULOC, «Le sort des gardes à vue avant l'entrée en vigueur de la loi du 14 avril 2011», *AJ. Pén.*, 2012, p. 222 ; J. DANET, «Garde à vue : une non conventionalité bien réelle», RSC, 2011, p. 144.

§2 : Le contournement de la réforme par la création de l'audition libre

279. Une méfiance face à la nouvelle loi. La loi du 14 avril 2011[700] allait venir avec ces innovations modifier l'habitude des investigations policières. Si l'OPJ menait certains actes sans l'intervention de la défense, la loi nouvelle loi allait rompre avec cette pratique. Désormais, le suspect voit à côté de lui l'intervention d'un conseiller qui se chargera non seulement de veiller au bon déroulement de la mesure de garde à vue, mais surtout évitera toute déclaration auto-incriminante en restant à ses côtés dans l'accomplissement de certains actes. En dépit de ces apports, la loi nouvelle est jugée timide par certains auteurs, mais pour les OPJ, elle entraîne trop de formalisme et il faut l'éviter en la contournant pour l'efficacité des investigations policières.

280. Un souci d'efficacité des investigations policières. Pour contourner la nouvelle loi, il fallait mettre en place un système où le suspect pouvait se faire soutirer des aveux sans l'intervention de la défense. C'est ainsi que l'audition libre a été introduite dans cette phase policière et le législateur laissait le soin à l'OPJ de choisir entre ce procédé et la garde à vue. Cette absence d'encadrement de l'audition libre était une porte ouverte pour faire échec aux nouvelles dispositions issues de la loi du 14 avril 2011. Pour s'en rendre compte, il faut d'abord voir l'extension des droits du suspect depuis cette loi (A) avant de comprendre comment elle a pu engendrer la mise en place de l'audition libre (B) source d'inégalité entre les suspects.

A- Une extension des droits du suspect dans l'enquête policière

281. La loi du 14 avril 2011 est venue étendre les droits de la défense dans la phase policière[701]. On assiste après les lois de 1993 et de 2000 à

---

[700] Loi n° 2011-392 du 14 avril 2011 relative à la garde à vue, *JORF*, n° 0089 du 15 avril 2011, p. 6610, texte n° 1.

[701] R. AUDEBERT, « Les droits du gardé à vue ? », Gaz Pal., 30 juillet 2013, n° 221.

l'ouverture de nouveaux droits pour le suspect (1), même si cette ouverture est encore jugée timide (2).

1. *L'ouverture de nouveaux droits pour le suspect*

282. Dans la phase policière, l'intervention de l'avocat a toujours été limitée à un entretien de trente minutes sans que l'avocat ne puisse participer au déroulement de certaines opérations. La loi du 14 avril 2011 est venue ouvrir des droits au suspect en permettant à son conseil de participer à des actes d'investigation (a), mais aussi en ayant accès à certaines pièces du dossier (b).

a. Présence de la défense à certains actes d'investigations

283. La participation aux auditions et confrontations. La défense se voit ouvrir des étapes dans la phase policière auxquelles elle n'avait pas accès sous les lois de 1993 et de 2000. En effet, l'article 63-4-2 du CPP issu de la loi du 14 avril 2011 dispose que « *la personne gardée à vue peut demander que l'avocat assiste à ses auditions et confrontations* [...] »[702]. Cet article constitue bien une avancée dans la procédure pénale française qui fait ainsi un pas vers la Convention européenne des droits de l'homme qui a posé le principe de la présence de la défense dans les interrogatoires du suspect[703]. Par l'insertion de cet article, la France rejoint l'Italie et l'Allemagne qui «*permettent au conseil de la personne entendue d'être présent lors de l'interrogatoire par la police judiciaire*»[704]. Elle rejoint aussi l'instruction qui, rappelons-le, était jusqu'ici la seule étape de la phase préparatoire où le suspect pouvait avoir un avocat qui participe à certains actes d'investigations. La phase policière se rapproche ainsi de l'instruction. Le législateur a même prévu pour que ce droit à l'assistance aux auditions et confrontations soit effectif, qu'un délai de carence puisse être accordé à la défense.

---

702 V. sur ce point : J. LEROY, *La garde à vue après la réforme*, éd. Lexisnexis, 2011, p. 90.
703 V. CEDH *Salduz c/ Turquie* préc.
704 M. FRANCHIMONT, A. JACOBS, A. MASSET, *Manuel de procédure pénale*, 3ᵉéd. Larcier 2009, p. 290.

284. Un délai de carence accordé à la défense. En dehors des questions relatives à l'identité de la personne[705], l'OPJ ne peut s'adonner sans attendre l'expiration d'un délai de deux heures à un interrogatoire ou une confrontation du suspect[706]. La circulaire du 23 mai 2011 vient préciser que ce délai court « *à partir du moment où le bâtonnier ou l'avocat choisi ou de permanence a été avisé : il convient donc que l'heure à laquelle cet avis a été donné soit mentionnée sur procès-verbal, de même que l'heure à laquelle l'audition a commencé* »[707]. Mais cette règle est cependant assortie d'une exception dans la mesure où « *lorsque les nécessités de l'enquête exigent une audition immédiate de la personne, le procureur peut autoriser, par décision écrite et motivée, sur demande de l'officier de police judiciaire, que l'audition débute sans attendre l'expiration du délai* [...] »[708]. Cette dérogation au respect des droits de la défense n'est pas encadrée. Les « nécessités de l'enquête » constituent une notion vague et imprécise laissée à l'appréciation des autorités judiciaires, ce qui peut être source de violation des droits consacrés. En plus, comme dans les lois précédentes, l'OPJ n'est pas tenu à une obligation de résultat, mais une obligation de moyens[709]. Il lui suffit d'informer la défense et d'attendre si elle ne se présente pas, l'audition ou la confrontation pourra débuter. Si l'avocat se présente en cours d'audition ou de confrontation, il pourra l'interrompre et s'entretenir trente minutes avec son client[710] et pourra accéder à certaines pièces du dossier.

b. L'accès par la défense à certaines pièces du dossier

285. L'accès aux procès-verbaux de notification de la garde à vue et des droits. Comme dans les autres réformes, celle de 2011 n'a

---

[705] V. NIORE, « Nouvelle garde à vue : sœur jumelle de la détention provisoire à la discrétion de l'OPJ sous le contrôle du parquet tout-puissant », *Gaz. Pal.*, 12 avril, 2011, n°102, p. 17.
[706] Art. 63-4-2 du CPP
[707] Circ. du 23 mai 2011 relative à l'application des dispositions relatives à la garde à vue de la loi n°2011-392 du 14 avril 2011 relative à la garde à vue. En ligne www.textes.justice.gouv.fr.
[708] Art. 63-4-2 du CPP.
[709] Circ. du 23 mai 2011 relative à l'application des dispositions relatives à la garde à vue de la loi n°2011-392 du 14 avril 2011 relative à la garde à vue. En ligne www.textes.justice.gouv.fr.
[710] Art. 63-4-1 CPP

pas apporté des modifications significatives sur certains droits. Il appartient toujours à l'OPJ de notifier au suspect la garde à vue, les droits qui découlent de ce statut et dresser le procès-verbal. L'avocat pourra au regard de la réforme consulter certains de ces procès-verbaux constituant le dossier. Cette consultation est nécessaire dans la mesure où elle permet à l'avocat de voir si son client a effectivement été informé de la décision de la garde à vue, mais aussi de l'ensemble des droits que la loi lui reconnaît afin qu'il les exerce. Cette obligation pèse sur l'OPJ et l'absence de notification des droits est sanctionnée par la Cour de cassation[711]. C'est ce qu'elle a fait d'ailleurs dans ces arrêts du 31 mai 2011. L'existence d'un procès équitable doit avant tout découler de l'information fournie au suspect. La notification de l'information permet à ce dernier de connaître ses droits, de pouvoir les appliquer ou d'y renoncer. C'est pourquoi l'avocat veille à cette notification et vérifie le certificat médical et les procès-verbaux d'audition.

286.L'accès au certificat médical et aux procès-verbaux d'audition. Le certificat médical en garde à vue permet de voir si la personne est apte à subir la mesure[712]. Rappelons que l'introduction du médecin en garde à vue laisse souvent présumer l'idée d'une lutte contre les mauvais traitements allant à l'encontre de la dignité humaine. Lors de la garde à vue, des violences peuvent intervenir[713], surtout dans un système inquisitoire qui privilégie souvent l'aveu du suspect. C'est pourquoi la consultation par l'avocat du certificat médical permet d'observer toute violence ultérieure commise sur le suspect pour le pousser à s'auto-incriminer comme ce fut le cas dans l'affaire *Tomasi contre France* du 27 août 1992. Il se doit aussi de vérifier le procès-verbal d'audition afin de voir si les propos du suspect ont été transcrits sans qu'il y ait des modifications apportées par l'OPJ. Comme le remarque le M. Roussel, l'OPJ doit transcrire les propos du suspect, mais *« cette transcription doit donc être* [...] *l'exact reflet des paroles de l'interrogé (on serait tenté de dire que les enquêteurs doivent le prendre au mot), du moins une copie la plus fidèle possible »*[714]. Si une obligation de transcrire fidèlement les propos du

---

711 V. les décisions du 31 mai 2011 préc.

712 P. CHARIOT, H. BRIFFA, A. LEPRESLE, « Intervention du médecin en garde à vue : contenu du certificat médical et de ses à cotés », *AJ. Pén.*, 2012, p. 521 ; P. CHARIOT, « L'intervention du médecin en garde à vue », *AJ. Pén.*, 2004, p. 279.

713 P. CHARIOT, H. BRIFFA, A. LEPRESLE, « Intervention du médecin en garde à vue : contenu du certificat médical et de ses à-côtés », *AJ. Pén.*, 2012, p. 521

714 G. ROUSSEL, *Les procès-verbaux d'interrogatoire*, éd. L'Harmattan, 2005, p. 23.

suspect pèse sur l'OPJ, cela n'exclut pas un contrôle de la part de la défense dans la mesure où c'est la loi du 14 avril 2011 qui lui reconnaît ce pouvoir, même si l'apport de cette loi a été jugé timide.

2. *La timidité de l'ouverture des droits dans l'enquête policière*

287.L'ouverture des droits de la défense dans la phase policière avec la loi du 14 avril 2011 est aussi à saluer, elle apporte après 1993 et 2000 de nouveaux droits au suspect même si elle demeure timide. Cette timidité résulte du fait qu'elle ne donne pas accès à l'intégralité du dossier à la défense (a), mais aussi qu'elle malmène toujours la défense dans les régimes dits dérogatoires (b).

a. Le refus d'accès à l'intégralité du dossier

288.L'insuffisance des documents fournis. L'article 63-4-1 du CPP fixe les documents auxquels la défense peut avoir accès et pour M. Deprez, cet accès « *relève du domaine purement informatif et ne permet pas à l'avocat d'exercer pleinement sa mission de conseil* »[715]. L'auteur poursuit en se demandant si cette privation à la défense d'accéder à l'intégralité du dossier n'est pas contraire à l'esprit de l'article préliminaire qui vise l'équilibre des droits des parties[716]. Si l'égalité des armes est un principe du procès équitable, il faut reconnaître qu'avec la loi du 14 avril 2011, cette égalité est absente entre l'accusation et la défense dans la phase policière. Fournir à la défense les procès-verbaux d'auditions et de confrontations alors qu'elle y assiste n'apporte pas un grand intérêt à celle-ci[717]. L'important est de disposer de la plainte de la victime, des dépositions de témoins, et autres

---

[715] F. DEPREZ, « Accès au dossier lors de la garde à vue : le risque d'une condamnation par la Cour européenne des droits de l'homme » *D.*, 2012, p. 2640.

[716] *Ibid.*

[717] C. PORTERON, « L'accès au dossier de la personne gardée à vue : un accès limité conditionné à une demande expresse Cour de cassation, crim. 18 décembre 2012 », *AJ. Pén.* 2013, p. 283.

documents de l'enquête de nature à saisir l'étendue de l'accusation. Mais les documents cités par l'article 63-4-1 du CPP ne sont pas suffisants pour permettre une défense effective d'où les critiques de la doctrine au regard de la jurisprudence de la CEDH.

289.Les critiques de la doctrine au regard de la jurisprudence de la CEDH. Au regard de l'arrêt *Dayanan contre Turquie*, il apparaît pour certains auteurs que l'avocat devait avoir accès à l'intégralité du dossier[718]. En ne fournissant pas à la défense les éléments nécessaires pour connaître le fondement de l'accusation, un procès équitable ne peut être garanti dans une telle procédure. « *Comment dans ces conditions pouvoir prétendre que l'avocat peut réellement discuter de l'affaire, organiser la défense et préparer les interrogatoires* » s'interroge maître Audebert[719]. Cette question, qui nous rappelle l'instruction avant 1897[720], est pourtant partagée par plusieurs auteurs qui voient en cette absence d'accès à certaines pièces du dossier une inconventionnalité de la garde à vue française[721]. Même au niveau juridictionnel, certaines juridictions comme la Cour d'appel d'Agen avaient opté pour un accès à l'intégralité du dossier pour garantir l'équité du procès comme le recommande la CEDH[722]. Mais la Cour de cassation sanctionne cette décision de la Cour d'appel et précise que « *l'absence de communication de l'ensemble des pièces du dossier, à ce stade de la procédure n'étant pas de nature à priver la personne d'un droit effectif et concret à un procès équitable, dès lors que l'accès à ces pièces est garanti devant les juridictions d'instruction et de jugement* »[723]. Au regard de cette jurisprudence, il apparaît

---

718 « *Pour nombre de commentateurs et de praticiens, cette vaste gamme d'interventions qui sont propres au conseil nécessite à tout moins que l'avocat ait accès à l'entier dossier. Les procès-verbaux concernant son client, mais également les dépolitisions des plaignants, les filatures, les témoignages, les perquisitions, les analyses des experts* […] » ; C. AYELA, D. MANY, J.-C. KROSS, *op. cit.*, p. 50.

719 R. AUDEBERT, « Les droits du gardé à vue ? », *Gaz. Pal.*, 30 juillet 2013, n° 211.

720 Avant 1897, des auteurs s'étaient dressés contre le secret, l'absence de mise à disposition des documents à la défense, v. *supra* n° 123 et s.

721 D. FAYOLLE, J.-B. PERRIER, « Regards croisés sur la réforme de la garde à vue : un projet insuffisant et des attentes insatisfaites », *Gaz. Pal.*, 8 février 2011, n°39, p. 8 ; C. MAURO, « Garde à vue », *Rép. Pén.*, juin 2014.

722 C.A. Agen, 24 Oct. 2011, n° 11/00403.

723 Cass. crim., 19 septembre 2012, n° 11-88111, *Gaz. Pal.*, 2 octobre 2012, n° 276, p.10, obs. O BACHELET; *Gaz. Pal.*, 9 février 2013, n° 040, Obs. F. FOURMENT ; *Gaz. Pal.*, 18 décembre 2012, n° 353, p. 11, obs. J.-L. GAINETON, B. DE BELVAL, A. LIZOP, J. VILLACÈQUE ; D., 2012, p. 2640, obs. F. DESPREZ. ; Cass. Crim., 26 juin 2013, *Dalloz actualité*, 2 octobre 2013, obs. S. FUNICI ; Cass. crim., 4 octobre 2016, n° 16-82309, *Gaz. Pal.*, 15 novembre 2016, n° 40, p. 29, note R. MÉSA.

l'idée de cette conception graduelle des droits de la défense[724] : des droits qui évoluent en fonction des étapes de la procédure. Une telle position ne correspond pas à la volonté de la CEDH, de même que l'idée de poser certaines restrictions posées en régime dérogatoire.

b. Les restrictions posées dans les régimes dérogatoires

290. Un choix limité du droit à l'avocat. La liberté dans le choix de l'avocat avait été réduite en cas d'infractions relevant des articles 706-88-2 et suivants du CPP relatif au terrorisme. En effet, la loi du 14 avril 2011 avait posé une liste d'avocats que devait choisir le suspect pour assurer sa défense en cas de commission d'une infraction au terroriste. Si l'établissement de cette liste a été jugé par plusieurs auteurs comme étant une méfiance à l'égard des avocats, des raisons justifiant cette limitation ont été avancées[725]. En dépit de ces tentatives de justification, le Conseil constitutionnel par une QPC est venu dans sa décision du 17 février 2012 rappeler que restreindre le choix de l'avocat est bien possible « *sous réserve que la loi définisse les conditions et les modalités selon lesquelles une telle atteinte aux conditions d'exercice des droits de la défense peut être mise en œuvre* »[726]. Si cette solution est une avancée des droits de la défense[727] dans la phase policière elle demeure critiquable au regard de l'article 6§3 de la CESDH et de l'article 47 des droits fondamentaux qui pose « le *principe fondamental*

---

724 R. OLLARD, « Quel statut pour le suspect au cours de l'enquête pénale ? À propos de la loi du 27 mai 2014 », *JCP G.*, n° 36, 2014, doctr. 912.

725 « *Le premier risque résidera dans la possibilité que la personne gardée à vue soit assistée par un avocat défendant la même cause idéologique qu'elle, le risque de fuites serait alors considérable. Le second risque sera, compte tenu de la personnalité, de la dangerosité et des moyens dont disposent certains auteurs d'actes terroristes, que des pressions soient exercées par la personne gardée à vue sur les avocats désignés pour qu'ils préviennent leurs complices ou fassent disparaître des preuves* », R. SOFFER, V. NIORE, « La restriction du libre choix de l'avocat en matière de terrorisme jugée inconstitutionnelle », *Gaz. Pal.*, 27 mars 2012, n°87, p. 14.

726 Cons. Const., 17 février 2012, n°2011-223 QPC ; J.-B. PERRIER, « Restriction au libre choix de l'avocat lors de la garde à vue en matière de terrorisme : une inconstitutionnalité et une possibilité – Conseil Constitutionnel 17 février 2012 », *AJ Pén.*, 2012, p. 342 ; A. DARSONVILLE, « Le conseil constitutionnel rassure partiellement les avocats », *Dalloz Constitutions*, 2012, p. 316.

727 *Ibid.*

du libre-choix de l'avocat»[728]. Une analyse même des décisions de la CEDH permet de voir que la défense du suspect doit être effective et se dérouler dans les meilleures conditions. Pour y parvenir, il faut laisser au suspect le soin de choisir librement son défenseur et rendre exceptionnel le report de son intervention.

291. Le report de l'intervention de l'avocat, une exception. L'intervention de l'avocat dès le début de la mesure est le principe pour un procès équitable. Au regard de l'arrêt Salduz, la CEDH note qu'« *il faut, en règle générale, que l'accès à un avocat soit consenti dès le premier interrogatoire d'un suspect par la police, sauf à démontrer, à la lumière des circonstances particulières de l'espèce, qu'il existe des raisons impérieuses de restreindre ce droit. Même lorsque des raisons impérieuses peuvent exceptionnellement justifier le refus de l'accès à un avocat, pareille restriction — quelle que soit sa justification — ne doit pas indûment préjudicier aux droits découlant pour l'accusé de l'article 6* ». Il apparaît au regard de cet arrêt que le principe est que l'avocat puisse intervenir dès le début de la procédure, le report doit être exceptionnel. Il est impossible de retarder l'intervention de l'avocat sans que les droits de la défense ne soient atteints à moins que le suspect use de son droit de garder le silence. Il faut convenir avec M. Desprez que les droits de la défense au regard de la jurisprudence européenne doivent être accordés dès le début de la mesure surtout pour les infractions graves pouvant aboutir à des peines très sévères[729]. Mais la loi du 14 avril 2011 n'a pas hésité à poursuivre cette logique faisant du régime dérogatoire un régime peu favorable à la défense et même si elle a reconnu des droits plus étendus dans le cadre du régime de droit commun, elle n'a pas manqué de poser un moyen de les contourner à travers l'audition libre.

B- La mise en place de l'audition libre : un contournement des droits de la défense

292. Le contournement des droits de la défense est observé depuis l'introduction de la défense en instruction est reproduit par le législateur en posant l'audition libre dans la phase policière. Cette répétition de

---

[728] C. AYELA, J.-C. KROSS, D. MANY, *op. cit.*, p. 181.

[729] F. DESPREZ, conformité à la constitution du report de l'intervention de l'avocat au cours de la garde à vue pour criminalité organisée en ligne : www.revdh.revues.org.

l'histoire démontre la méfiance qui anime toujours les autorités judiciaires face à l'exercice des droits de la défense. Pourtant les juridictions internes valident ces procédés (1) en dépit des critiques formulées contre cette pratique (2).

1. *La validation de l'audition libre par les juridictions internes*

293. Cette validation est d'abord faite par le Conseil constitutionnel (a) avant que la Cour de cassation ne vienne suivre cette logique (b).

a. La validation[730] par le Conseil constitutionnel de l'audition libre

294. L'absence d'inconstitutionnalité de l'audition libre. Mise en place pour restreindre le nombre de gardes à vue[731], l'audition libre qui était prévue initialement dans le projet de loi relative à la garde à vue[732] et qui a été supprimée du texte par un amendement[733] est officialisée,

---

[730] Cette validation passe la réintroduction par le Conseil constitutionnel de l'audition libre à travers une réserve d'interprétation dans sa décision du 18 novembre 2011. V. S. PELLÉ, « Le conseil constitutionnel, la cour de cassation et la garde à vue : « Dialogue » à l'ombre de la Cour européenne des droits de l'homme », in les *droits fondamentaux du gardé à vue*, actes du colloque du 30 novembre 2012, p. 103.

[731] « *L'objectif que poursuit le gouvernement avec l'audition libre est de faire baisser le nombre de garde à vue qui, chacun sait, a augmenté considérablement des dernières années* », L. MINIATO, « Réflexion à propos de l'audition libre issue du projet de loi relatif à la garde à vue », *Gaz. Pal.*, 30 novembre 2010, n°334, p. 13 ; J. LEROY, « La décision du conseil constitutionnel sur la nouvelle garde à vue : une décision dérangeante », *Droit pénal*, n°1, Janvier 2012, étude 4.

[732] H. MATSOPOULOU, « Les dispositions de la loi du 14 avril 2011 sur la garde à vue déclarées conformes à la constitution », *D.*, 2011, p. 3034 ; A. DARSONVILLE, « Le maintien de l'audition libre, une nouvelle occasion manquée ? », *Dalloz Constitutions*, 2012, p. 442.

[733] V. J. PRADEL, « vers une métamorphose de la garde à vue », *D.*, 2010, p. 2783 ; A. DARSONVILLE, « Le maintien de l'audition libre, une nouvelle occasion manquée ? », *constitutions*, 2012, p. 442 ; L. ROBERT, P. GAGNOUD, « Réforme de la garde à vue :

comme le note le Professeur Pellé, par le Conseil constitutionnel[734]. La loi nouvelle en posant une forme d'audition libre avait suscité des réactions aussi bien en doctrine qu'en jurisprudence. L'audition libre est le fait d'auditionner un suspect sans lui faire bénéficier les droits de la défense comme la personne placée en garde à vue. Le Conseil constitutionnel est venu dans sa décision du 18 novembre 2011 reconnaître la constitutionnalité de ce procédé avec des réserves pour un respect des droits de la défense. Les sages de la rue de Montpensier notent que : « *le respect des droits de la défense exige qu'une personne à l'encontre de laquelle il apparaît, avant son audition ou au cours de celle-ci qu'il existe des raisons plausibles de soupçonner qu'elle a commis ou tenté de commettre une infraction pour laquelle elle pourrait être placée en garde à vue, ne puisse être entendue ou continuer à être entendue librement par les enquêteurs que si elle a été informée de la nature et de la date de l'infraction qu'on la soupçonne d'avoir commise et de son droit de quitter à tout moment les locaux de la police ou de la gendarmerie* »[735]. En reconnaissant l'audition libre, le juge constitutionnel considère que seule la contrainte c'est-à-dire, le placement en garde à vue permet de bénéficier des droits de la défense et en son absence, le suspect ne peut y prétendre.

295. L'absence de droits justifiée par l'absence de contrainte. Si le CPP prévoit en son article 61-1 pour la personne auditionnée librement le droit de connaître la nature et la date de l'infraction et le droit de quitter à tout moment les locaux de la police, il faut convenir avec certains auteurs que l'audition libre « *n'est entourée d'aucune garantie* »[736]. La personne suspectée ne bénéficie pas des droits de la défense comme la personne gardée à vue parce qu'elle n'est pas sous la contrainte. Le critère « *de différenciation est donc la contrainte* »[737]. Cette notion de contrainte

---

un projet de la loi à l'épreuve des juges suprêmes », *Gaz. Pal.*, 23 novembre 2010, n° 327, p. 17.

734 S. PELLÉ, « Le Conseil constitutionnel, la Cour de cassation et la garde à vue : Dialogue à l'ombre de la Cour européenne des droits de l'homme », in Les *droits fondamentaux du gardé à vue*, actes du colloque du 30 novembre 2012, sous la direction de Sébastien Pellé, éd. PUPPA, 2012, p. 103.

735 Cons. const., 18 novembre 2011, n°2011-191/194/195/196/197 QPC, *Gaz. Pal.*, 30 juillet, 2013, n° 211, obs. J. LEROY ; *RSC*, 2012, p. 217, note B. DE LAMY ; *D.*, 2011, p. 3034, note H. MATSOPOULOU ; *D.*, 2011, p. 3005, obs. E. VERGÈS ; *RSC*, 2012, p. 185, obs. J. DANET ; *AJ. Pén.*, 2012, p. 102, obs. J.-B. PERRIER.

736 MINIATO, « Réflexion à propos de l'audition libre issue du projet de loi relatif à la garde à vue », *Gaz. Pal.*, 30 novembre 2010, n°334, p. 13.

737 P. HENNION, « La consécration légale du statut du suspect libre », *Gaz. Pal.*, 29 juillet, 2014, n° 210, p. 9.

sur laquelle le législateur et le juge se basent pour déterminer le bénéfice des droits de la défense est très complexe. M. Buisson dans sa thèse, note que la notion de contrainte « *est d'une grande imprécision* »[738]. Le fait de choisir cette notion pour encadrer l'exercice des droits de la défense s'avère peu logique si on sait que la défense du suspect est un élément fondamental du procès équitable surtout lorsque des indices de participation à l'infraction existe en son encontre. Mais, le Conseil constitutionnel opte pour une privation de défense au suspect libre, de même que la Cour de cassation.

b. La validation par la Cour de cassation de l'audition libre

296.Le rappel de la notion de contrainte comme critère d'attribution des droits de la défense. La Cour de cassation n'a pas dérogé à la règle posée par le Conseil constitutionnel en matière de bénéfice des droits de la défense dans la phase policière. Elle vient dans son arrêt du 3 avril 2013[739] rappeler que la contrainte, c'est-à-dire le recours à la garde à vue, est nécessaire pour bénéficier des droits de la défense. Si le suspect invoque dans son pourvoi l'absence de notification du droit au silence et le bénéfice de certains droits pour se défendre, les magistrats de la Cour de cassation soulignent souvent que le fait pour le suspect d'être entendu librement sans être placé en garde à vue faisait obstacle au bénéfice des droits qu'il soulève au regard de l'article 6 de la CEDH. Donc, la Cour de cassation en disposant que « *la notification du droit de se taire et de ne pas s'accuser n'est reconnue qu'aux personnes placées en garde à vue ou faisant l'objet de retenue douanière* », reconnaît non seulement la contrainte comme critère d'attribution des droits de la défense, mais aussi valide implicitement le fait que le suspect sur qui pèse des raisons plausibles de soupçonner qu'elle a commis ou tenté de commettre une infraction puisse s'auto-incriminer. Et c'est seulement après l'obtention des aveux que l'OPJ décide de la placer en garde à vue, lui notifie les droits et impute le délai de garde à vue sur celui de l'audition libre.

---

738 J. BUISSON, *L'acte de police*, thèse, Lyon 3, T. 1, p. 294.

739 Cass. crim., 3 avril 2011, n°11.87-333, obs. X. SALVAT, *RSC*, 2013, p. 842 ; obs. L. ASCENSI, *AJ. Pén.*, 2013, p. 411 ; F. FOURMENT, *Gaz. Pal.*, 23 juillet 2013, n° 204.

297.L'imputation du délai de la garde à vue sur le temps de l'audition libre. Si l'OPJ suite à l'audition libre de la personne suspectée, décide de la placer en garde à vue, la garde à vue est considérée comme ayant débuté depuis la présence de la personne dans les locaux de la police, c'est-à-dire depuis le début de l'audition libre. C'est ce qui ressort de l'article 2 de la loi du 14 avril 2011[740]. La Cour de cassation a toujours retenu ce principe. Dans ses décisions du 6 mai 1997 et 28 juin 2000, elle avait calculé la durée de la garde à vue à partir de l'arrivée de la personne à la police[741]. Une position que la Cour réitère dans sa décision du 12 juin 2013 où elle fixe le point de départ de la garde à vue au début de la perquisition[742]. Si cette imputation de délai est jugée favorable au suspect, il faudrait convenir que l'audition libre ne garantit à ce dernier aucun droit pour se défendre, d'où les nombreuses critiques.

2. *Les critiques de l'audition libre*

298. En distinguant les suspects dans l'attribution des droits de la défense, le législateur est venu créer une inégalité entre eux (a) et donne par la même occasion à l'OPJ un moyen de contourner la loi du 14 avril 2011 (b).

a. L'inégalité entre suspects

299.Une distinction injustifiée. Distinguer le suspect placé en garde à vue et le suspect libre dans l'attribution des droits de la défense semble

---

740 « Pour la computation de la durée de la garde à vue, l'heure du début de la mesure est fixée, le cas échéant soit à l'heure à laquelle la personne a été appréhendée avant son placement en garde à vue, soit à l'heure à laquelle a débuté la période d'audition libre de la personne lorsque le placement en garde à vue a été décidé au cours ou à l'issue de cette audition », Art. 2 loi du 14 avril 2011, en ligne : www.légifrance.gouv.fr.

741 Cass. crim., 6 mai 1997, Bull. crim., n° 174 ; Cass. crim., 28 juin 200, Bull. crim., n° 251 ; voir sur ce point D. CARON, La garantie des droits reconnus à la personne suspectée ou poursuivie dans la jurisprudence récente de la chambre criminelle, en ligne : www.courdecassation.fr; v. aussi F. TROLLIET, *op.cit.*, p. 326 et s.

742 Cass. crim., 12 juin 2013, n°13-80893.

injustifié. « *Comment penser qu'entre deux personnes placées dans la même situation, celle du soupçon, l'une puisse se voir offrir des droits et pas l'autre* ? »[743]. Si l'absence de contrainte signifie absence de droits[744], il faut d'abord déterminer sur quel critère l'OPJ se fonde pour recourir à l'audition libre et non à la garde à vue. Il apparaît que le choix revient à l'OPJ. Il faut donc convenir avec M. Muller que l'*« absence de cadre juridique propre à l'audition libre reste sans doute le maillon faible de la réforme* »[745] de 2011. Même si l'audition libre est réservée aux infractions les moins graves, cela ne justifie pas pour autant la privation de défense pour la personne qui en fait l'objet. La contrainte ne peut justifier une telle restriction au regard de la CESDH. Selon cette dernière, les droits de la défense doivent être consentis dès l'existence d'une accusation et non dès le recours à la contrainte. L'audition libre française constitue donc une atteinte aux droits du suspect.

300. Une atteinte aux droits du suspect au regard de la CESDH. En dépit de sa validation par le Conseil constitutionnel et par la Cour de cassation, l'audition libre demeure une atteinte aux droits du suspect au regard de l'article 6 de la CESDH et plus particulièrement l'article 6 § 3. La Cour de cassation dans sa décision du 3 avril 2013[746] reconnaît que certains droits fondamentaux de la défense ne sont pas notifiés au suspect entendu librement. Le droit au silence surtout et celui de bénéficier d'un avocat sont exclus de l'audition libre. Cela démontre encore une fois cette culture de l'aveu qui gouverne la procédure pénale française. L'absence de notification du droit au silence est un moyen pour pousser le suspect à s'auto-incriminer et cette auto-incrimination est facilitée par l'absence d'avocat. Ce dernier ne sera pas là pour dire à son client de garder le silence. Ces procédés punis par la CEDH sont souvent utilisés pour contourner les droits la défense.

---

743 S. PELLÉ, « Le conseil Constitutionnel, la Cour de cassation et la garde à vue : « dialogue » à l'ombre de la Cour européenne des droits de l'homme », in *Les droits fondamentaux du garé à vue*, actes du colloque du 30 novembre 2012, p. 110.

744 L. MINIATO, *op. cit.*, p. 13.

745 J.-C. MULLER, « Le point de vue du magistrat du parquet », in : *Les droits fondamentaux du gardé à vue*, actes du colloque du 30 novembre 2012, sous la direction de Sébastien Pellé, éd. PUPPA, 2012, p. 34.

746 Cass. crim., 3 avril 2013, n° 11-87333.

b. Le contournement des droits de la défense

301.L'excès de formalisme, source du contournement. Les mêmes critiques qui étaient formulées contre la loi de 1897 introduisant la défense en instruction vont être reprises avec la loi de 2011. La loi du 14 avril 2011, comme ce fut celle de 1897, est venue apporter un formalisme supplémentaire dans la phase policière. D'abord il faut que l'OPJ vérifie au regard de la nouvelle définition de la garde à vue prévue à l'article 62-2 du CPP si les conditions sont réunies pour placer la personne en garde à vue. Il faut qu'il vérifie si cette mesure, à savoir la garde à vue, permet l'exécution des investigations impliquant la présence ou la participation de la personne, de garantir la présentation de la personne devant le procureur de la République afin que ce magistrat puisse apprécier la suite à donner à l'enquête, d'empêcher qu'elle ne modifie les preuves ou indices matériels, qu'elle ne fasse pression sur les témoins ou les victimes ainsi que sur leur famille ou leurs proches, qu'elle ne se concerte avec d'autres personnes susceptibles d'être ses coauteurs ou complices et de garantir la mise en œuvre des mesures destinées à faire cesser le crime ou le délit. Après cette vérification, l'OPJ doit lui notifier ses droits et dresser le procès-verbal de notification. « *Ces lourdes formalités* » pour reprendre le Professeur Matsopoulou, encouragent les enquêteurs à recourir à l'audition libre[747]. Cet excès de formalisme participe au contournement de la défense et les OPJ brandissent souvent la garde à vue pour amener la personne à l'audition libre.

302.La menace d'un placement en garde pour consentir à l'audition libre. « *Si vous voulez absolument un avocat, je vous mets en garde à vue tout de suite et cela peut durer vingt-quatre heures. Mais si vous voulez parler sans avocat et tout de suite, nous n'en aurons pas pour longtemps* »[748]. Ce marchandage[749] démontre que le suspect, par peur d'être enfermé, va préférer l'audition libre à la garde à vue. Pensant échapper à la garde à vue, le suspect ne sait pas que l'enquêteur l'amène sur un terrain très délicat ou il pourra s'auto-incriminer et finalement être placé en garde à

---

[747] H. MATSOPOULOU, « Les dispositions de la loi du 14 avril 2011 déclarées conformes à la constitution », *Dalloz*, 2011, p. 3034.

[748] C. CHARRIERE-BOURNAZEL, « La réforme de la garde à vue : l'avis d'un avocat », Gaz. Pal., 7 juillet 2011, n°188, p. 17.

[749] *Ibid.*

vue. L'objectif visé par la loi du 14 avril 2011 qui est de diminuer la garde à vue et de faire bénéficier au suspect de certains droits pour se défendre ne semble pas atteint au regard des violations faites aux droits fondamentaux. Le contournement de la défense par la création de l'audition libre a empêché la mise en place d'une réforme cohérente. L'absence de droits pour la personne auditionnée librement et l'attribution des droits à la personne garde à vue est jugée contraire aux exigences conventionnelles. L'Union européenne recommande une attribution des droits de la défense dès l'existence d'une accusation et non en se fondant sur une distinction des suspects.

CONCLUSION CHAPITRE 1

303. Après leur entrée dans le cabinet du juge d'instruction, les droits de la défense ont été étendus à la phase policière. Cette extension est l'œuvre de la jurisprudence européenne, plus précisément, celle de la CEDH. Cette dernière, ayant compris très vite l'importance de la phase policière sur la suite de la procédure, a décidé de procéder à une interprétation évolutive, dynamique de la notion d'accusation et opte pour une application des droits de la défense dans cette étape de la procédure. Très tôt, des États sont condamnés pour absence d'attribution de droits au suspect dès la phase policière. En multipliant les condamnations à l'encontre des États récalcitrants face à ces nouvelles avancées des droits proceduraux du suspect, la CEDH est parvenue à influencer le législateur français. Ce dernier, fortement attaché à son système inquisitoire dans la phase policière, décide d'introduire dès 1993 les droits de la défense dans la phase policière, mais en subordonnant leur attribution à l'existence d'une contrainte. Le suspect, pour la première fois, bénéficie devant l'OPJ des droits lui permettant de se défendre. Cependant, ces droits sont jugés insuffisants comparé à ceux dont bénéficie la personne poursuivie devant la juridiction de jugement ou devant le juge d'instruction. Cette insuffisance résulte de l'absence d'accès à certaines pièces du dossier de la procédure et du refus à la défense de demander certains actes d'investigation. Les autres réformes qui suivront observeront la même logique. De la réforme du 15 juin 2000 jusqu'à celle du 14 avril 2011, des avancées ont été certes notées, mais la réticence est toujours présente. Le suspect bénéficie de plus en plus de droits, mais ces derniers sont souvent ineffectifs. Cette ineffectivité provient des restrictions qu'apporte le législateur dans les modalités d'exercice de ces droits ou encore dans la création de procédures aboutissant au détournement de ces droits consacrés comme c'est le cas avec l'audition libre. Cette audition libre permet aux OPJ de se soustraire aux formalités posées par la loi du 14 avril 2011 et de priver le suspect de défense. Cette attitude du législateur est contraire aux exigences conventionnelles. La CEDH, à travers ses arrêts, a tenu à insister sur une reconnaissance effective de droits à tout suspect et non se fonder sur des critères comme la contrainte pour attribuer les droits de la défense. Pour plus de protection du suspect jusqu'ici incompris par certaines législations comme celle de la France, des directives européennes sont venues conformément à la jurisprudence de la CEDH rendre plus explicites les droits dont doit bénéficier tout suspect dans une procédure pénale. La France au regard de ces directives, et par peur de se faire condamner, déplace le critère d'attribution des droits de la défense pour retenir non plus la contrainte, mais la suspicion.

CHAPITRE 2 : LE DÉPLACEMENT DU CRITÈRE D'ATTRIBUTION DES DROITS DE LA DÉFENSE DANS L'ENQUÊTE POLICIÈRE LA SUSPICION

304. Une nouvelle influence européenne. La procédure pénale française, surtout dans sa phase policière, n'est pas en conformité avec les exigences européennes en dépit des nombreuses réformes. Ces dernières, souvent adoptées à la hâte sont jugées inachevées[750] ou encore des reformes qui ne vont pas au bout de leur logique. Depuis les arrêts Salduz et Dayanan, des pays comme la Belgique, la France a certes procédé à la réorganisation de leur procédure pénale, mais force est de constater que chaque État a procédé différemment. En analysant l'ambition de l'Union Européenne (UE), il apparaît que des inquiétudes demeurent. Au regard du traité de Lisbonne et du Traité sur le Fonctionnement de l'Union Européenne (TFUE), figure parmi les objectifs de l'UE le rapprochement des législations dans le but de faciliter les coopérations judiciaires entre les États. Pour y parvenir, la mise en place de règles minimales applicables de manière identique dans tous les pays membres s'avère opportune. C'est ce que l'UE a fait en procédant à l'adoption de directives afin d'amener tous les États membres à respecter un seuil minimal de droits pour le suspect, seuil en deçà duquel, le procès ne saurait être équitable. Cette volonté de rapprochement des procédures pénales, la France n'a pas toujours opté pour une réforme intégrale de sa phase policière, elle persiste dans ses réponses insatisfaisantes face aux exigences conventionnelles.

305. La persistance des réponses insatisfaisantes par le législateur interne. L'amélioration des droits de la défense depuis 1993 est importante, mais n'est pas suffisante au regard du procès équitable. Les efforts consentis par le législateur sont en deçà des exigences européennes. Malgré cette volonté de faire de cette phase policière une phase inquisitoire réductrice des droits de la défense est manifeste. Si au niveau européen, l'adoption de règles minimales nécessaires à la défense du suspect dans la phase policière a été avancée, le législateur français

750 H. MATSOPOULOU, « La garde à vue, une réforme inachevée », *JCP G.*, 2011, n°632 ; J. ALIX, « Les droits de la défense au cours de l'enquête de police après la réforme de la garde à vue : état des lieux et perspective », *D.*, 2011, p. 1699.

n'entend pas tous les consacrer de manière uniforme et effective. En procédant à la transposition des directives, il modifie les modalités d'attribution des droits dans la phase policière, mais continue à le faire de manière graduelle, c'est-à-dire en fonction du degré de suspicion en tenant toujours compte de l'exercice ou pas de la contrainte à l'encontre du suspect. Cet entêtement à vouloir attribuer les droits de la défense en fonction des phases de la procédure est non seulement contraire à la notion de procès équitable et va aussi l'encontre du principe selon lequel le procès pénal est un tout qui doit former une cohésion du début jusqu'à la fin de la procédure.

306.Plan. S'il est nécessaire pour le parlement européen, dans le but de faciliter les rapprochements entre les États, de venir réaffirmer à travers les directives la nécessaire garantie des droits de la défense (Section 1), le législateur français l'a bien compris, car, il a tenu compte de cette exigence, mais de manière insuffisante (Section2).

Section 1 : La réaffirmation d'une nécessaire garantie des droits de la défense dès l'enquête policière au niveau externe

307. Une prérogative européenne de mise en place de moyens pour un respect des droits du suspect. L'idée que le droit pénal et la procédure pénale relèvent de l'État[751] doit être tempérée. Cette prérogative étatique est aujourd'hui dans une certaine mesure partagée. En effet, au regard de l'article 82 du TFUE, apparaît cette prérogative reconnue au Parlement européen et au Conseil d'adopter « *des règles minimales* » touchant la matière pénale. Cette reconnaissance législative au niveau externe n'est pas fortuite, elle figure dans l'objectif de l'UE. Cette dernière, depuis son adoption, démontre sa volonté d'harmoniser la matière pénale.

308. La volonté d'une politique pénale harmonisée. L'adoption d'une politique pénale harmonisée ne signifie pas une procédure pénale identique dans tous les pays membres, mais un minimum de règles permettant d'atteindre l'objectif posé par les articles 82 et 83 du TFUE. Ces derniers visent à assurer une reconnaissance mutuelle des décisions émanant des différents pays membres, et surtout favoriser la coopération judiciaire. Cet objectif ne peut être atteint que s'il existe un minimum de règles identiques auxquelles sont soumis ces États. Un État membre peut aller au-delà des recommandations pour garantir de manière plus effective les droits de la défense, mais pas en deçà de ce seuil fixé au niveau européen sous peine d'enfreindre ses obligations. Afin de parvenir à cette confiance en matière judiciaire entre les différents États membres de l'Union, la mise en place de directives (§1) est jugée comme étant un moyen pour atteindre une harmonisation (§2) afin d'éviter les contradictions dans certaines réponses apportées à la criminalité.

---

[751] Y. CARTUYVELS, *Les droits de l'homme, bouclier ou épée du droit pénal ?*, éd. Fac St Louis, 2007, p. 122 ; « *L'intervention de l'Union européenne en matière pénale a été tardive en raison principalement du principe de souveraineté nationale et de la compétence exclusive des parlements nationaux dans un domaine par essence régalien* », B. LAPEYROU-SCHENEIDER, « La reconnaissance mutuelle des décisions judiciaires pénales, quelle perspective ? », *Rev. UE*, 2016, p. 331.

§ 1 : La mise en place de directives européennes pour un exercice plus étendu des droits de la défense

309. Un pouvoir du Conseil de l'Europe. Le Conseil de l'Europe a adopté dans sa résolution du 30 novembre 2009 une feuille de route visant *« à renforcer les droits procéduraux des suspects ou des personnes poursuivies dans le cadre des procédures pénales »*[752]. Cette feuille de route annonce différentes directives régissant la matière pénale. Au regard de la définition des directives qui sont des actes de *« l'Union européenne obligatoires qui lient les États membres de l'Union européenne destinataires quant au résultat à atteindre, dans un délai déterminé, mais non quant à la forme et au moyen utilisés »*[753], il apparaît cette volonté de mettre en place dans tous les États membres un système quasi identique quant au respect des droits procéduraux du suspect dans le procès pénal et que les États sont obligés de transposer.

310. L'obligation de transposition de la part des États membres. Au regard de l'article 288 du TFUE, il apparaît une contrainte qui pèse sur l'État membre de transposer les directives européennes. Cet article dispose que « *la directive lie tout État membre destinataire quant au résultat à atteindre, tout en laissant aux instances nationales la compétence quant à la forme et aux moyens* ». Étant au nombre de cinq sur la feuille de route de 2009, la France en a déjà transposé trois dont celle relative au droit à l'interprétation et à la traduction (A), celle relative au droit à l'information et à enfin celle relative au droit à l'assistance par un avocat (B).

A- L'adoption de la directive relative au droit à l'interprétation et à la traduction

311. Un droit à un interprète rappelé et renforcé. Le droit de bénéficier d'un interprète n'est pas un droit nouveau consacré par la

752 En ligne : www. Eur-lex.europa.eu.

753 R. CABRILLAC, *Dictionnaire du vocabulaire juridique*, 2017.

directive 2010/64/UE[754]. Ce droit est consacré par le PICP et la CESDH respectivement aux articles 14§3a et l'article 6 § 3a. Le suspect bénéficie d'un droit à l'interprète et l'absence comme le retard dans la notification est sanctionnée sauf dans les cas où la personne se trouve dans un état ne lui permettant pas de comprendre la portée de ce droit. Si ce droit existait déjà, la directive est venue y apporter quelques précisions en son article 2. D'abord, aucune distinction n'est faite entre la phase de jugement et la phase préparatoire dans l'attribution de ce droit. Il bénéficie au suspect comme à la personne poursuivie devant une juridiction de jugement[755]. Ceci témoigne de la volonté du législateur européen de faire du procès pénal un tout ou les droits ne varient pas en fonction des étapes de la procédure contrairement en France ou les droits de la défense sont plus consacrés dans la phase de jugement. La directive vient mettre l'accent sur l'importance du droit à l'interprétation en demandant à tout état membre de veiller à l'effectivité de ce droit et poser des voies de recours permettant de contester son défaut d'exercice[756]. Apparaît ainsi la volonté de permettre au suspect d'assurer sa défense en bénéficiant d'un interprète même s'il ne dispose pas de moyens suffisants. En effet, il appartient à l'autorité devant laquelle le suspect ou la personne poursuivie se trouve de désigner un interprète si elle voit qu'il ne comprend pas la langue utilisée dans la procédure. L'interprète doit être présent dans toutes les étapes de la procédure pour faciliter l'échange entre le suspect et les autorités judiciaires ou policières ou encore entre le suspect et son avocat. De même, les documents

754 Directive 2010/64/UE, du Parlement européen et du Conseil du 20 octobre 2010 relative au droit à l'interprétation et à la traduction dans le cadre des procédures pénales, *JOUE*, 26 octobre 2010 ; Pour la transposition : v. : loi n° 2013-711 du 5 août 2013 portant diverses dispositions d'adaptation dans le domaine de la justice en application du droit de l'Union européenne et des engagements internationaux de la France, *JORF*, n° 0181 du 6 août 2013, p. 13338 ; v aussi : Décret n° 2013-958 du 25 octobre 2013 portant application des dispositions de l'article préliminaire et de l'article 803-5 du code de procédure pénale relatives au droit à l'interprétation et à la traduction, *JORF*, n° 0251 du 27 octobre 2013, p. 17550 ; enfin v. sur ce point : J. BUISSON, « Droit à l'interprétation et à la traduction », *JCl Procédure*, n°12, décembre, 2013, comm. 357 ; *Dalloz actualité*, 10 septembre 2013, « Adaptation dans le domaine de la justice : publication de la loi », obs. C. GAYET.

755 Art. 2 §1 de la directive de 2010.

756 Art.2 §5 de la directive 2010 ; v. aussi : E. DAOUD, L. RENNUIT-ALEZRA, « Le droit à un interprète : la consécration d'un nouveau droit », *AJ. Pén.*, 2013, p. 527.

nécessaires doivent être traduits pour permettre au suspect de connaître ce qui lui est reproché et asseoir sa défense.

312. La traduction des documents, une nouveauté pour les droits de la défense. Cette volonté de séparer l'interprétation de la traduction n'est pas fortuite. En effet, la directive vient poser l'obligation pour les États de permettre au suspect ne comprenant la langue de la procédure, d'accéder dans un délai raisonnable à la traduction « *écrite de tous les documents essentiels pour leur permettre d'exercer les droits de la défense et pour garantir le caractère équitable du procès* »[757]. Si cette disposition est à saluer, il est regrettable que l'article ne précise pas ce que l'on entend par délai raisonnable et documents essentiels. Cette absence de précision peut pousser certaines législations hostiles aux droits de la défense à retarder cette traduction des pièces ou en ne donnant que certaines pièces au suspect et lui refuser celles qui sont nécessaires pour combattre l'accusation. Mais le paragraphe 2 de l'article 3 permet de voir que la directive vise l'accès aux documents relatifs « *à toute décision privative de liberté, toutes charges ou tout acte d'accusation, et tout jugement* »[758]. Cette directive est sensée remettre en cause la phase policière qui limite l'accès au dossier. L'article vient ainsi détailler les conditions de la traduction et oblige les États membres comme dans le cadre de l'interprétation à s'assurer de l'effectivité de la traduction même si elle s'est faite oralement[759]. Elle prévoit aussi les voies de recours pour contester le défaut ou la traduction incompréhensible ou incomplète des documents[760]. Cette directive de 2010 est venue non seulement rappeler des droits déjà existants, mais aussi les renforcer dans le but de permettre à chaque État membre de l'Union de garantir au suspect un minimum de droits de nature à lui permettre d'exercer pleinement sa défense. Cette directive n'est qu'une parmi celles prévues par le législateur européen. Il existe deux autres que la France a transposés, il s'agit de la directive relative à l'information, mais aussi celle relative au droit à un avocat.

[757] Art. 3 §1 de la directive de 2010.
[758] Art. 3 §2 de la directive de 2010.
[759] Art. 3 §7 de la directive de 2010.
[760] Art. 3 §5 et 9 de la directive de 2010.

B- Les directives relatives à l'information et à l'avocat

313. Un droit à l'information précisé et renforcé. Comme le droit à l'interprétation et à la traduction, le droit à l'information qui est fondamental pour l'exercice des droits de la défense est déjà aussi prévu par la PICP et la CESDH. La directive 2012/13/UE [761]est venue apporter des précisions et l'encadrer[762]. La volonté de faire du procès pénal un tout, ou les droits de la personne s'appliquent de manière uniforme apparaît encore dans cette directive qui prévoit aussi bien pour la personne suspecte que pour la personne poursuivie les mêmes droits pour assurer leur défense[763]. À partir du moment où la personne se trouve suspecte ou poursuivie, la directive recommande à chaque État membre de veiller à ce que le suspect ou la personne poursuivie soit informé de son droit à un avocat, de la gratuité du conseil, d'être informé de l'accusation, du droit de bénéficier de l'interprétation et de la traduction, de garder le silence, d'accéder aux pièces du dossier, d'informer l'autorité consulaire, d'obtenir une assistance médicale. La directive prévoit la remise d'un document écrit comprenant ces droits que le suspect ou la personne poursuivie doit garder tout au long de la procédure[764]. L'ensemble de ces droits, sauf le document écrit, sont connus de la CESDH et du PICP, mais l'enjeu est celui de l'accès au dossier que l'autorité judiciaire ou policière doit accorder au suspect ou à la personne poursuivie à temps utile[765]. Même si des restrictions peuvent

---

761 Directive 2012/UE du parlement européen et du Conseil du 22 mai 2012 relative au droit à l'information dans le cadre des procédures pénales, *JOUE*, 1er juin 2012 ; v. La loi de transposition : loi n° 2014-535 du 27 mai 2014 portant transposition de la directive 2012/13/UE du Parlement européen et du Conseil, du 22 mai 2012, relative au droit à l'information dans le cadre des procédures pénales ; *Gaz. Pal.*, 29 juillet 2014, n° 210, p. 13, note G. BEAUSSONIE *; JCP G.* 2014, n° 27, doctr.802, note G. TAUPIAC-NOUVEL et A. BOTTON.

762 F. BENOIT-ROHMER, « Chronique les droits fondamentaux ans l'Union européenne- la nouvelle directive sur le droit à l'information dans le cadre des procédures pénales », *RTD. Eur.*, 2013, p. 654 ; C. FLEURIOT, « Droit à l'information dans le cadre des procédures pénales : La directive est publiée », *Dalloz actualité*, 5 juin 2012.

763 Art. 1 de la directive 2012/13/UE.

764 Art. 4 de la directive 2012/13/UE.

765 Art. 7 §3 de la directive 2012/13/UE.

être apportées à cet accès[766], elles doivent être justifiées et entourées de garanties pour le suspect[767]. Ce qui est contraire à la procédure pénale française qui prive le suspect gardé à vue du droit d'accéder à certaines pièces du dossier que pour les nécessités de l'enquête. Or, « les nécessités de l'enquête » constituent des termes vagues et imprécis. La directive de 2012 fixe les conditions du refus et incite les États membres à prévoir des recours en cas d'inobservations des dispositions relatives à l'information[768]. Ces mêmes précisions ont été apportées quant au droit à l'avocat. Ce dernier a vu avec la feuille de route de 2009, un renforcement de son rôle.

314.Un renforcement du rôle de l'avocat. L'avocat souvent perçu comme un spectateur impuissant devant l'OPJ voit son rôle renforcé dans la phase policière avec la directive 2013/48/UE[769]. Si les réformes qui se sont succédé comme celle du 14 avril 2011 lui ont permis de participer à l'interrogatoire, il n'avait toujours pas un rôle actif pour assurer pleinement la défense. Cette directive semble poser un principe qui est celui de participation active de l'avocat dans le déroulement de la procédure. Dès l'existence d'une accusation, le suspect ou la personne poursuivie doit être assisté d'un avocat[770]. Ce dernier, doit pour garantir l'effectivité de la défense et assurer l'égalité des armes, participer effectivement aux interrogatoires[771], et à certains actes relatifs à la recherche des preuves comme les séances d'identification, les confrontations et les reconstitutions de la scène de crime. De manière générale, la participation sera assurée dans le cadre des recherches de

---

766 « *[…] l'accès à certaines pièces peut être refusé lorsque cet accès peut constituer une menace grave pour la vie ou les droits fondamentaux d'un tiers, ou lorsque le refus d'accès est strictement nécessaire en vue de préserver un intérêt public important, comme dans les cas ou cet accès risque de compromettre une enquête en cours ou de porter gravement atteinte à la sécurité nationale de l'État membre dans lequel la procédure pénale est engagée* […] », Art. Art. 7§ 4de la directive 2012/13/UE

767 La directive prévoit que ce refus d'accès soit contrôlé par une autorité judiciaire. V. : 7§ 4de la directive 2012/13/UE.

768 Art. 8 de la directive 2012/13/UE.

769 Directive 2013/48/UE du Parlement européen et du Conseil du 22 octobre 2013 relative au droit d'accès à un avocat dans la cadre des procédures pénales et des procédures relatives au mandat d'arrêt européen, au droit d'informer un tiers dès la privation de liberté et au droit des personnes privées de liberté de communiquer avec des tiers et avec les autorités consulaires ; v. sur ce point : F.G'SELL, « Vers un renforcement du rôle de l'avocat dans les procédures pénales : A propos de la directive 2013/48/UE du 22 octobre 2013 », *JCP G.*, n°1-2, 13 janvier 2014, p. 2.

770 Art. 3 de la directive 2013/48/UE.

771 Art. 3 § 3b de la directive 2013/48/UE

preuves et surtout si le suspect doit y participer[772]. Ce qui est contraire au système français ou les actes d'investigations sont menés en dehors du suspect conformément au principe inquisitoire. L'avocat ne participe pas à tous les actes nécessitant la présence du suspect. La directive est donc censée remédier à cette lacune de la procédure pénale française en accordant à la défense des pouvoirs très étendus. Sa présence ne peut être différée que de manière exceptionnelle[773], et ce report ne doit pas venir de la nature[774] de l'infraction et il doit être temporaire[775]. Le droit à l'avocat est ainsi encadré par la directive, le suspect ou la personne poursuivie peut bénéficier de ce droit gratuitement[776], mais il peut cependant y renoncer, mais cette renonciation doit être entourée de garanties suffisantes[777]. Les États membres doivent aussi mettre en place un système de recours[778] permettant de contester toute atteinte portée à l'exercice de ce droit. Ce recours doit être fait devant une autorité judiciaire ce qui exclut le parquet au regard de la conception européenne de la notion d'autorité judiciaire. L'autorité judiciaire de par son indépendance et son impartialité est seule apte à contrôler l'effectivité des droits consacrés. C'est pourquoi les directives visent comme dans le cadre du jugement l'existence d'une autorité judiciaire pour garantir l'équité du procès. Les directives viennent poser les principes retenus par le législateur européen afin que les droits de la défense soient quasiment les mêmes dans tous les pays membres. Il existe ainsi de la part de l'Union, une volonté d'harmoniser les droits de la défense.

[772] Art. 3§3c de la directive 2013/48/UE
[773] Art. 3 §5 et 6 de la directive 2013/48/UE
[774] Art. 8 de la directive 2013/48/UE
[775] Art. 3 §5 et 6 de la directive 2013/48/UE
[776] Art. 11 de la directive 2013/48/UE
[777] Art. 9 de la directive 2013/48/UE
[778] Art. 12 de la directive 2013/48/UE

§ 2 : Une volonté d'harmoniser les droits de la défense dans l'espace européen

315. Au regard de l'ensemble des directives posées par la feuille de route de 2009, il apparaît comme nous l'avons souligné la volonté manifeste du législateur européen d'harmoniser la matière pénale. Cette ambition n'est pas cependant fortuite, elle vise une meilleure coopération judiciaire entre les États membres (A), mais surtout un équilibre procédural, c'est-à-dire une égalité des armes entre les droits dont dispose l'accusation et les droits de la défense (B).

A- Une meilleure coopération judiciaire entre les États membres de l'Union Européenne

316. La nécessité d'une confiance entre les États membres. Cette confiance qui se traduit par la reconnaissance mutuelle des décisions policières comme judiciaires constitue la pierre angulaire de la coopération judiciaire comme le note la directive de 2009. Chaque État membre de l'Union doit avoir une confiance en la procédure d'un autre État membre pour faciliter les échanges de preuves et surtout lutter contre la délinquance transfrontalière. Le renforcement des droits de la défense est une condition fondamentale pour la réalisation de cet objectif. Depuis le Conseil Européen de Tampere[779], la volonté d'une politique pénale harmonisée est affichée au niveau externe[780]. Les droits procéduraux du suspect dès la phase policière ne doivent plus relever

---

779 Conseil Européen de Tampere du 15 et 16 octobre 1999 disponible sur : www.europarl.europa.eu.

780 H. LABLAYE, « Espace de liberté, de sécurité et de justice », in : *Le traité d'Amsterdam*, éd. Dalloz, 1998, p.105 et s. ; F.-X. PRIOLLAUD, D. SIRITZKY, *Le Traité de Lisbonne texte et commentaire article par article des nouveaux traités européens (TUE-TFUE)*, éd. La documentation française, 2008, p. 221 et s. ; J.-L. SAURON, *Comprendre le Traité de Lisbonne*, éd. Gualino, 2008, p. 126 et s. ; A. WEYEMBERG, « L'Harmonisation des procédures pénales au sein de l'Union Européenne », in : *Arch. pol. crim.*, 2004/I, n° 26, p. 230.

dans leur ensemble au bon vouloir du législateur interne. Ce dernier pour garantir l'équité du procès doit tenir compte des droits élaborés par les sources externes. La garde à vue française doit encore au regard des directives, être plus protectrice des droits de la défense, et non les réduire à une simple formalité pour donner un semblant de garantie à la procédure policière. Ces directives visant à faciliter la coopération entre les États, ne viennent pas poser pour autant une nouveauté. Elles s'inscrivent dans la logique des arrêts de la CEDH.

317.Une continuité de la logique de la CEDH. Les directives ne viennent pas déroger à cette volonté de la CEDH de garantir des droits réels et non théoriques ou illusoires. Une bonne partie des droits procéduraux du suspect prévus par les directives constituent des prolongements ou renforcements des droits déjà existants dans la CESDH[781]. Cette dernière est un instrument fondamental permettant à la CEDH de procéder au rapprochement des législations pénales et favoriser cette reconnaissance mutuelle qui doit gouverner l'Espace de Liberté, de Sécurité et de Justice (ELSJ) de l'Union. Les juges de Strasbourg ont très tôt, au regard de la jurisprudence précitée à savoir les arrêts Salduz, Dayanan, Brusco, Moulin et autres, amené plusieurs législations européennes à modifier leur phase policière et permettre l'intervention de l'avocat. La CEDH à travers les notions autonomes, l'interprétation dynamique et surtout le respect des droits fondamentaux, conduit les États à voir une vision plus large du procès pénal et à reconnaître à la personne impliquée dans une procédure judiciaire de bénéficier de garanties quasi identiques dans tout l'espace européen. Cet espace qui au fil du temps à chercher l'équilibre entre les moyens de lutte contre les criminalités et les droits de la défense.

---

[781] « *En outre, la Convention, telle qu'interprétée par la Cour européenne des droits de l'homme, constitue un fondement important permettant aux Etats membres de nourrir et de renforcer la confiance réciproque dans leurs systèmes judiciaires pénaux* [...] », Résolution du Conseil du 30 novembre 2009 relative à la feuille de route visant à renforcer les droits procéduraux du suspect ou des personnes poursuivies dans le cadre des procédures pénales, consid. n° 2.

B- Une égalité des armes entre l'accusation et la défense

318. Un renforcement initial des moyens de lutter de manière harmonisée contre la délinquance. L'idée d'une répression des infractions transfrontalières a été largement retenue dans l'espace européen à travers la mise en place d'un arsenal répressif basé sur une coopération née de plusieurs textes[782]. La création d'un ESLJ est venue réconforter cette idée. Du Traité d'Amsterdam en passant par le Traité de Lisbonne jusqu'à nos jours, la mise en place d'une politique pénale cohérente contre la délinquance qui accompagne l'ouverture des frontières est affichée. Sur certaines formes de criminalités, nous assistons à la mise en place de dispositifs de nature à coordonner la recherche des éléments de preuves de l'infraction et la punition de leurs auteurs. Cette ambition de lutter fortement contre la criminalité dans une Europe en pleine expansion serait insensée si tout était limité à la mise en place de techniques visant uniquement à réprimer. La notion de procès équitable et droits fondamentaux demeurant au cœur de l'ESLJ, il fallait qu'au niveau européen, à côté du renfoncement des moyens de lutte contre la criminalité, prendre aussi en compte les droits de la défense pour assurer une égalité des armes.

319. La prise en compte des droits de la défense pour plus d'égalité. L'affirmation des droits de la défense est nécessaire comme l'est le renforcement de la lutte contre la délinquance dans l'espace européen. Le principe de rapprochement des législations en matière de criminalité doit se faire en même temps que le renforcement des droits de la défense pour garantir cet équilibre procédural. C'est pourquoi la feuille de route de 2009 visant le renforcement des droits procéduraux du suspect ou de la personne poursuivie dans le cadre des procédures pénales s'inscrit dans cette logique d'assurer une proportionnalité entre les mesures de répression adoptées et les droits de la défense. Cette

[782] V. sur ce point S. ALBERTIN, *La lutte contre la criminalité organisée au sein de l'Union européenne*, Master de droit de l'Union européenne, Panthéon-Assas, 2010 ; P. BEAUVAIS, « Chronique droit pénal de l'Union européenne-Procédure pénale : droit à l'interprétation et à la traduction dans le cadre des procédures pénales », *RTD. Eur.*, 2011, p. 642 ; P. BEAUVAIS, « La garde à vue et le droit à l'assistance d'un avocat dans la directive du 22 octobre 2013 », in : *La garde à vue, actes du colloque du 28 novembre 2014*, sous la direction de S. PELLÉ, éd. PUPPA, 2015, p. 93.

recherche d'équilibre entre les droits de la défense et les moyens de répression pose cependant problème au niveau interne surtout dans la procédure pénale française. S'il est vrai que les droits de la défense se sont affirmés avec des réformes ponctuelles, inachevées, le législateur n'hésite jamais à les tempérer en accordant plus de droits à l'accusation, en instituant une procédure permettant de ne pas respecter cet équilibre ou encore en faisant une mauvaise transposition des recommandations européennes. D'ailleurs, les directives qui viennent renforcer les droits procéduraux du suspect ont certes été transposées au niveau interne, mais de manière insuffisante.

Section 2 : La prise en compte insatisfaisante des droits procéduraux issus des directives européennes

320. La transposition des directives au niveau interne. La transposition des directives européennes est un élément essentiel dans l'accomplissement de cet objectif consistant à rapprocher les législations en matière pénale. Elle présente un aspect contraignant au regard de l'article 288 du TFUE qui dispose que « *la directive lie tout État membre destinataire quant au résultat à atteindre, tout en laissant aux instances nationales quant à la forme et aux moyens* ». La France a procédé à la transposition de la directive relative au droit à l'interprétation et à la traduction par une loi du 5 août 2013[783], une transposition anticipée des directives relatives au droit à l'information et à l'avocat par la loi du 27 mai 2014[784] et enfin une loi du 3 juin 2016[785] pour « *finaliser la transposition de la directive C* »[786] relative au droit à l'assistance à un avocat débuté par la loi du 27 mai 2014. Si cette transposition constitue une réalisation des engagements au niveau européen, il faudrait souligner qu'elle le réalise de manière insatisfaisante dans la mesure où, tout en accordant des droits nouveaux au suspect, il demeure attaché à sa procédure interne.

---

783 Loi préc.

784 Loi préc.

785 Loi n° 2016-736 du 3 juin 2016 renforçant la lutte contre le crime organisé, le terrorisme et leur financement, et améliorant l'efficacité et les garanties de la procédure pénale, *JORF*, n° 0129 du 4 juin 2016, texte n° 1 ; v. à propos de cette loi : E. DUPIC, « La loi n° 2016-731 du 3 juin 2016 renforçant la lutte contre le crime organisé et le terrorisme, Perben III de la procédure pénale française ? », *Gaz. Pal.*, 14 juin 2016, n°22, p. 12 ; C. RIBEYRE, « la loi n° 2016-731 du 3 juin 2016 renforçant la lutte contre le crime organisé, le terrorisme et leur financement, et améliorant l'efficacité et les garanties de la procédure pénale. Et maintenant ?, *Dr. pén.*, n° 9, septembre 2016, étude 16 ; S. FUNICI, « ce que prévoir la loi renforçant la lutte contre le crime organisé et le terrorisme », *Dalloz actualité*, 14 juin 2016 ; R. PARIZOT, « Loi du 3 juin 2016 : aspects obscurs de droit pénal général », *RSC*, 2016, p. 376 ; J.-B. PERRIER, « Les garanties de la procédure pénale dans la loi du 3 juin 2016 : entre illusion et désillusion », *D.*, 2016, p. 2134.

786 A. BOTTON, « Procédure pénale, entre renforcement et érosion des garanties de la procédure pénale. À propos du titre II de la loi n° 2016-731 du 3 juin 2016 », *JCP G.*, n° 27, 2016, p. 1339 et s.

321. L'attachement à la procédure interne. L'apport des directives au niveau interne en matière de droit de la défense est certes réel, mais n'a pas pour autant amené le législateur français à se débarrasser de sa conception d'attribution des droits de la défense dans la procédure pénale. Une attribution progressive et liée à la situation du suspect est toujours maintenue. Il ne suffit pas d'être suspect pour bénéficier de l'ensemble des droits de la défense. Il existe un degré de suspicion ou ces droits sont plus étendus. Et les directives en amenant le législateur à revoir l'audition libre jugée contraire au droit à un procès équitable, n'ont pas pu enlever cette catégorisation de la notion de suspect qu'opère le législateur dans l'attribution des droits de la défense. L'émergence de droits nouveaux ont certes découlés des directives pour corriger l'audition libre et améliorer la situation du gardé à vue, mais, ce n'est pas pour autant que la contrainte disparaît de la phase policière (§ 1). En effet, elle survit et sert encore de fondement d'attribution des droits de la défense (§2).

§ 1 : L'émergence de droits nouveaux issus des directives européennes

322. La loi du 14 avril 2011 était jugée inachevée, elle ne reconnaissait pas au suspect gardé à vue une défense effective. En plus, elle crée l'audition libre qui témoigne cette volonté de nier les droits de la défense. Mais les directives européennes poursuivent la logique de la CEDH qui a toujours fait référence à la notion d'accusation pour faire bénéficier au suspect les droits de la défense et non la garde à vue. Cette notion d'accusation existe à partir de la notification d'une autorité d'avoir commis ou tenté de commettre une infraction c'est-à-dire, à partir de la suspicion. Cette notion de suspicion est considérée par les directives comme le point de départ d'un exercice des droits de la défense. Il fallait donc revoir l'audition libre qui est une procédure ou le suspect est privé de défense, mais aussi la garde à vue qui au regard des directives doit être source de droits pour le suspect pour l'équité du procès. Le législateur a répondu à l'appel européen en instituant un statut du suspect libre (A). Il a aussi renforcé les droits de la personne gardée à vue (B).

A- La création d'un statut pour le suspect libre

323. L'audition libre qui était un moyen pour contourner les droits de la défense a fait l'objet de nombreuses critiques liées surtout à l'absence de défense du suspect. Le législateur est venu mettre fin à cette carence en attribuant des droits au suspect libre[787] (1), mais au regard des directives cette attribution demeure insuffisante (2).

1. *Les droits reconnus au suspect libre*

324. La survie des dispositions constitutionnelles issues de la loi du 14 avril 2011. Le Conseil constitutionnel est le premier à avoir reconnu une valeur juridique à l'audition libre en l'assortissant de réserves. Parmi ces réserves figurent le droit pour le suspect d'être informé « *de la qualification, de la date et du lieu présumés de l'infraction* » et le droit « *de quitter à tout moment les locaux* » de la police ou de la gendarmerie. Ces réserves formulées par le Conseil Constitutionnel dans sa décision du 18 novembre 2011 sont reprises par la nouvelle loi du 27 mai 2014[788]. La reprise de ces réserves n'apporte aucune nouveauté à la loi de 2014[789]. Le droit à l'information est déjà un droit fondamental sans lequel le procès ne saurait être équitable. Le minimum pour le suspect est de connaître le pourquoi de sa présence dans les locaux de la police ou de la gendarmerie. En plus, le droit pour le suspect de quitter à tout moment ces lieux n'est qu'illusoire. Quel OPJ laisserait partir un suspect pendant l'interrogatoire sachant que des éléments de culpabilité commencent à

---

787 V. sur ce point N. LE COZ, « L'audition des personnes soupçonnées dans les enquêtes pénales », *AJ. Pén.*, 2014, p. 320 ; M. TROUILLER, « Le statut du suspect à l'ère de l'européanisation de la procédure pénale : entre « petite » et « grande » révolutions », *RSC*, 2015, p. 127 ; F. TERRYN, « L'harmonisation des droits fondamentaux du suspect », *Rev. UE*, 2016, p. 324.

788 Loi n° 2014-535 du 27 mai 2014 portant transposition de la directive 2012/12/UE du Parlement et du Conseil, du 22 mai 2012, relative au droit à l'information dans le cadre des procédures pénales, *JORF*, n° 0123 du 28 mai 2014, p. 8864.

789 B. CHAPLEAU, « L'audition libre des mineurs à l'aune de loi du 27 mai 2014 », *D.*, 2014, p. 1506.

apparaître ? La mention de ces réserves n'était pas nécessaire. L'essentiel se trouve dans l'apport des directives.

325.L'apport des directives dans la situation du suspect libre. L'audition libre, en dépit des réserves du Conseil constitutionnel, n'était pas exempte de critiques. La reprise de ces réserves n'apporte aucun changement dans la situation du suspect libre. Mais les recommandations issues des directives vont sans doute apporter un grand bouleversement. La loi du 27 mai 2014 a apporté des changements considérables dans la situation de celui-ci. Elle lui reconnaît au regard de l'article 61-1 du CPP issu de cette loi, quatre autres droits. Il s'agit du droit d'être assisté d'un interprète prévu par la directive de 2010, du droit au silence, du droit à un avocat si l'infraction est punie d'une peine d'emprisonnement[790] et une gratuité des aides si le suspect « *remplit les conditions d'accès à l'aide juridictionnelle* »[791]. Le droit à l'information même si le Conseil constitutionnel ne l'avait pas retenu, est un droit que le législateur ne pouvait ne pas prendre en compte au regard des exigences européennes. Ce droit est un préalable à tout exercice des droits de la défense. On voit donc la situation du suspect libre nettement améliorée, il peut désormais prétendre à une défense. Cependant, les droits que l'on reconnaît au suspect libre demeurent insuffisants au regard des directives.

---

[790] É. VERGÈS, « Le statut juridique du suspect : un premier défi pour la transposition du droit de l'Union européenne en procédure pénale. À propos de la loi n° 2014-535 du 27 mai 2014 portant transposition de la directive 2012/13/UE du Parlement européen et du Conseil, du 22 mai 2012, relative au droit à l'information dans le cadre des procédures pénales », *Dr. Pén.*, n° 7-8, juillet 2014, étude 15 ; A. BOTTON et G. TAUPIAC, « La loi du 27 mai 2014 : principales dispositions relatives aux droits de la personne suspectée », *JCP G.*, juin, 2014, p. 1113 et s. ; A. BOTTON, « Droit à l'information dans le cadre des procédures pénales : un projet de loi contrasté », *D.*, 2014, p. 431 ; E. DUPIC, « L'audition libre, bilan et perspectives un an plus tard, *Gaz. Pal.*, 25 juillet 2015, 2015, n° 206, p. 7 ; A. PORTMANN, « Procédure pénale : ce qui a changé au 1er janvier 2015 », *Dalloz actualité*, 5 janvier 2015.

[791] C. GUERY, « Garde à vue sur commission rogatoire », *Droit et pratique de l'instruction préparatoire*, 2015, chap. 514 ; E. DUPIC, « L'audition libre, bilan et perspective un plus tard », *Gaz. Pal.*, 27 juillet, 2015, n° 206, p. 7 ; S. PELLÉ, « Garde à vue, la réforme de la réforme (acte 1) », *Dalloz*, 2014, p. 1508.

2. *L'insuffisance des droits reconnus au suspect libre*

326.Le refus de certains droits au suspect libre. En dehors des droits prévus par l'article 61-1 du CPP, le suspect libre ne bénéficie pas encore pleinement des droits de la défense. Il ne peut pas accéder aux pièces du dossier. Cette situation est sans doute de nature à compromettre sa défense. Nul ne peut se défendre en ignorant les éléments à charges retenus par l'accusation. En plus, en l'absence *« d'encadrement temporel »*[792] de la mesure, il est tout à fait légitime de se demander s'il est justifié de refuser à la personne auditionnée librement son droit à une visite médicale au bout d'un certain temps assis sur une chaise sans possibilité de faire une pause. En plus, l'absence du droit pour le suspect de prévenir un membre de sa famille, son employeur ou son consulat s'il s'agit d'un étranger est discutable. La défense doit être assurée par un avocat qui a la confiance du suspect. Ce dernier peut, de par un contact avec sa famille, son consulat se faire conseiller dans le choix de son défenseur. En outre, l'exclusion des contraventions du droit à un avocat dans le cadre de l'audition libre est aussi un point faible de la réforme[793]. De même l'absence de mention du droit à la traduction des pièces du dossier. L'audition libre demeure en dépit de la réforme de 2014 peu respectueuse des droits de la défense. En plus, elle ne répond surtout pas aux directives européennes.

327.Un refus contraire aux exigences européennes. La personne auditionnée librement en dépit de l'absence de définition de l'audition libre[794] est un suspect, et c'est cette notion de suspect qui est la source des droits de la défense[795] dans les directives européennes[796]. En effet, à partir du moment où la personne se trouve suspectée, elle doit non seulement bénéficier des documents essentiels à sa défense au regard de

---

792 *Ibid.*

793 R. OLLARD, « commentaire de la loi du 27 mai 2014 transposant la directive européenne relative au droit à l'information dans le cadre des procédures pénales : quand les droits de la défense pénètrent tous les stades de la procédure », disponible en ligne : www.presentation.lexbase.fr.

794 S. PELLÉ, « Garde à vue : la réforme de la réforme (acte 1) », *D.*, 2014, p. 1508.

795 S. PELLÉ, « Le suspect entre audition libre et garde à vue », in : *La garde à vue actes du colloque du 28 novembre 2014*, éd., PUPPA, 2015, p. 28.

796 V. sur ce point les directives figurant sur la feuille de route visant à renforcer les droits procéduraux des suspects ou des personnes poursuivies dans le cadre des procédures pénales. Disponible en ligne sur www.eur-lex.europa.eu.

l'article 7 de la directive 2012/13/UE, mais aussi de la présence effective d'un avocat conformément à l'article 2 de la directive 2013/48/UE. Ces droits ne sont pas malheureusement prévus pour le suspect auditionné librement, il n'a pas accès au dossier, c'est sans doute ce qui justifie l'absence de mention du droit à la traduction. Pour traduire un dossier, il faudrait déjà en disposer, alors qu'aucune pièce n'est donnée au suspect ni à son avocat. Même la présence de ce dernier n'est pas automatique, elle est subordonnée à l'existence d'une peine d'emprisonnement. La procédure pénale interne telle que décrite est loin des recommandations européennes qui placent la suspicion comme élément déclencheur des droits de la défense. Le législateur semble l'avoir compris, mais a préféré procéder à l'attribution des droits en tenant compte de la qualité du suspect. S'il donne moins de droits au suspect libre, il accroît par contre ceux de la personne gardée à vue.

B- L'accroissement des droits de la personne gardée à vue

328. La loi du 27 mai 2014 ne s'est pas limitée dans sa volonté de se conformer aux directives européennes à la seule création d'un statut pour le suspect libre. En effet, elle vient non seulement accroître, mais aussi créer de nouveaux droits pour la personne gardée à vue. Cette dernière bénéficie désormais d'une information plus étendue (1) et peut prétendre contrairement à la loi du 14 avril 2011 à un accès à certaines pièces du dossier même en l'absence de son avocat (2).

1. *Une information plus étendue pour le gardé à vue*

329.Le droit de connaître la qualification de l'infraction retenue. Le droit à l'information était déjà un droit prévu dans les réformes précédentes. L'OPJ doit toujours lui notifier au regard de l'article 63-1 du CPP la garde à vue, sa durée ainsi que les prolongations. Il doit aussi lui notifier son droit à un avocat et la nature de l'infraction pénale. Mais la loi du 27 mai 2014 vient préciser cette information en y ajoutant le droit pour le suspect de connaître la qualification retenue[797]. La circulaire du 23 mai 2014[798] apporte d'ailleurs des précisions relatives à cette notification de la qualification de l'infraction au suspect. En effet, la qualification retenue donnée par l'OPJ est celle qui apparaît initialement en début d'enquête. Il peut arriver comme nous l'avons déjà démontré qu'au regard des éléments recueillis en cours de la procédure que la qualification initiale change et amène l'OPJ à requalifier l'infraction. Cette requalification doit être notifiée au suspect. Le rôle de la juridiction de jugement dans sa mission de qualifier et requalifier les faits apparaît désormais dès la phase policière. En cas de requalification des faits, l'OPJ doit-il laisser le temps au suspect de réorganiser sans défense en fonction de la nouvelle qualification retenue comme lors du jugement ? Sur ce point, ni le CPP ni la circulaire n'apporte une réponse claire. Ce qui constitue sans doute une faille de cette réforme même si elle apporte des avancées considérables quant aux droits du suspect étranger.

330. Une avancée des droits du suspect étranger. Avec l'ouverture des frontières, le déplacement des auteurs d'infraction, la mise en place d'un processus de nature à permettre à chaque pays d'appréhender les délinquants, de mener une procédure pénale respectueuse des droits fondamentaux s'avère nécessaire. Le mandat d'arrêt européen est assez illustratif comme exemple. L'observation des droits fondamentaux ne peut se réaliser qu'en faisant intervenir le suspect dans le processus pénal en lui livrant les informations dans une langue qu'il comprend, mais aussi en lui permettant de communiquer avec les autorités consulaires de son pays. C'est ce que prévoient les directives européennes et reprises par la loi du 27 mai 2014 puis celle du 3 juin 2016[799]. Même si certains droits existaient déjà comme le note la circulaire, ces lois viennent donner une existence légale à tous ces droits de création prétorienne. Cette attribution de base légale permet une plus grande lisibilité des droits du suspect dans la phase policière. Cette lisibilité se traduit par la notification de l'ensemble des droits au suspect aussi bien au niveau national qu'à l'étranger. En plus, la loi de 2014 vient apporter une autre

---

797 Art. 63-1 2° du CPP

798 Circ. du 23 mai 2014 de présentation des dispositions de procédure pénale applicables le 2 juin 2014 de la loi portant transposition de la directive 2012/13/UE du parlement européen et du conseil, du 22 mai 2012 relative au droit à l'information dans le cadre des procédures pénales, en ligne sur : www.textes.justice.gouv.fr.

799 Art. 63-2 CPP

nouveauté en permettant au suspect de faire des observations en cas de prolongation de la garde à vue.

331.Le droit de présenter des observations en cas de prolongations de la garde à vue. Si une partie de la doctrine à l'instar du Professeur Pellé, voit dans ce droit, un droit symbolique au regard des difficiles conditions de prolongements de la garde à vue posée déjà par la loi du 14 avril 2011[800], il faudrait aussi s'interroger sur les modalités d'exercice de ce droit. En effet, l'article 63-1 du CPP qui donne cette possibilité au suspect de faire des observations transpose le paragraphe 3 de l'article 4 de la directive B relative au droit à l'information. Ce paragraphe 3 de l'article 4 dispose que le suspect doit disposer de la possibilité de « *contester la légalité de l'arrestation ; d'obtenir un réexamen de la détention ; ou de demander une mise en liberté provisoire* ». Il peut le faire soit devant le magistrat chargé du contrôle de la mesure à savoir le procureur de la République ou devant le juge d'instruction ou encore devant l'OPJ lors de l'audition[801]. L'analyse de l'article 4 laisse apparaître la nécessité d'un débat contradictoire devant un juge pour décider de l'opportunité de poursuivre la mesure. Mais la loi du 27 mai 2014 semble ne pas poser ce principe contradictoire. Elle limite tout à une observation orale faite devant l'OPJ ou encore une simple argumentation par le suspect des raisons justifiant sa demande de mise en liberté restreint ce droit tel que posé par la directive. Encore une occasion manquée d'introduire le principe contradictoire dans la phase policière pour discuter de la légalité de la garde à vue. Mais le législateur a préféré limiter la portée de l'article 4 de la directive B comme il l'a fait avec l'accès personnel du suspect au dossier.

2. *Un accès personnel du suspect au dossier*

332.Les documents concernés. Au regard du CIC de 1808, le suspect était exclu de la procédure et ignorait le contenu du dossier. Jusqu'à la loi du 14 avril 2011, l'accès au dossier ne figurait pas parmi les droits que le suspect pouvait exercer seul. Seul l'avocat à partir de la

---

800 S. PELLÉ, « Garde à vue : la réforme de la réforme (acte 1) », *D.*, 2014, p. 1508 ; R. AUDEBERT, « Les droits du gardé à vue », Gaz. Pal., 30 juillet 2013, n° 211.

801 Pour plus de détails, v. la circ. préc.

réforme de 2011 était autorisé à disposer de certaines pièces du dossier. Aujourd'hui ce droit est étendu au suspect placé en garde à vue. Cette extension semble rejoindre celle observée dans la phase de jugement ou les droits de la défense s'exercent pleinement. En effet, durant la phase de jugement, l'accès au dossier doit être accordé à la personne poursuivie. C'est ce qui ressort de l'arrêt *Foucher contre France* du 18 mars 1997[802]. Quant à la phase préparatoire après quelques hésitations de la CEDH, les directives viennent prolonger la jurisprudence Foucher et amène le législateur français à prévoir l'accès au dossier pour le suspect dans la phase policière. Cet accès au dossier dans l'enquête policière est cependant limité. Les documents que le suspect peut avoir à sa disposition sont limitativement énumérés par l'article 63-4-1 du CPP. Il s'agit du procès-verbal constatant la notification du placement en garde à vue et des droits y étant attachés et du certificat médical. C'est quasiment le même droit que l'avocat sauf qu'il n'a pas le droit de prendre note. Une restriction qui est discutable au regard parfois du volume du dossier et d'éléments importants nécessitant une prise de notes pour s'en rappeler. En plus, le moment pour le suspect de demander la consultation des copies n'est pas fixé par la loi de 2014 ni le temps de consultation. Tout semble être laissé au bon vouloir de l'OPJ, ce qui fait de cette loi une loi qui ne règle pas de manière efficiente le problème de l'accès au dossier. Si la loi du 3 juin 2016 permet l'accès au dossier un an après le premier acte[803], il faut noter que cet accès différé est discutable. La permission faite au suspect d'accéder au dossier n'est pas une innovation majeure comme le considère une partie de la doctrine parce qu'elle reste inscrite dans la logique du respect du secret de l'enquête policière.

333. Un accès autorisé dans le respect du secret de l'enquête policière. En dehors de la loi du 3 juin 2016 qui prévoit un accès intégral un an après le premier acte, il n'y a pas une véritable révolution relative à cet accès au dossier durant l'enquête de police. Il s'agit quasiment des mêmes pièces que la loi du 14 avril 2011 avait reconnues à l'avocat du suspect. Ces documents n'apportent pas une réelle plus-value

---

802 CEDH, *Foucher c/ France*, 18 mars 1997, req. n° 22209/93 ; L.-E. PETTITI, « Condition d'accès à un dossier pénal », *RSC*, 1997, p. 891 ; J. -F. RENUCCI, « Tout prévenu doit avoir accès à son dossier et obtenir communication des pièces y figurant afin d'être en mesure de préparer sa défense », *D.*, p. 360 ; R. KOERING-JOULIN, « Droit de se défendre soi-même et accès au dossier pénal », *RSC*, 1998, p. 395.

803 Art. 77-2 CPP

à la défense. En effet, le suspect ne fait que lire l'ensemble des actes auxquels il a pris part et dont il connaît le contenu. À part se rassurer que les propos issus de la confrontation ou de l'audition ont été fidèlement retranscrits, les documents fournis ne sont pas de véritables outils pour se défendre. L'accès aux dépositions des témoins, des conclusions d'expertises et autres documents seraient de nature à garantir une défense plus effective. Mais le principe du secret tiré du système inquisitoire semble réduire le droit d'accès à ces pièces. La jurisprudence de la CEDH laisse apparaître l'importance de ce secret dans la phase d'investigations et une possibilité de restreindre l'accès au dossier. Mais au regard de la directive relative au droit à l'information, cette restriction est bien encadrée. En effet, selon l'article 7 de cette directive, une restriction ne peut être apportée que s'il existe « *une menace grave pour la vie ou les droits fondamentaux d'un tiers, ou lorsque le refus d'accès est strictement nécessaire en vue de préserver un intérêt, public important, comme dans les cas ou cet accès risque de compromettre une enquête en cours ou de porter gravement atteinte à la sécurité nationale de l'État* ». Cet article ajoute que la restriction doit être faite par une autorité judiciaire ou soumise à un contrôle juridictionnel. Les dispositions de l'article 7 semblent remettre en cause la procédure observée en France, procédure où la restriction est souvent basée sur la notion d'« *efficacité de l'enquête* », notion floue et imprécise. Au regard de ce constat, la loi du 27 mai 2014 ne semble pas apporter d'importante modification quant à la nature inquisitoire de la phase policière caractérisée par le secret de la procédure. Le report du délai à un an par la loi du 3 juin 2016 semble être motivé par le secret. Ce dernier est toujours maintenu pour la personne auditionnée librement comme pour la personne gardée à vue comme l'est aussi la contrainte qui continue à survivre dans les conditions d'attribution des droits de la défense.

§ 2 : La survie de la contrainte dans l'attribution des droits de la défense

334.Le placement en garde à vue, un régime plus protecteur des droits de la défense que l'audition libre. La garde à vue au regard des réformes de 2011 comme celle de 2014 est plus protectrice des droits du suspect que l'audition libre. Le législateur l'explique par le fait que la personne gardée à vue est sous contrainte et non la personne auditionnée librement[804]. Même si les deux sont suspectées d'avoir commis ou tenté de commettre une infraction à la loi pénale, le degré de contrainte explique les modalités d'attribution des droits de la défense. Cette notion de contrainte est cependant difficile à cerner[805], le suspect qui suit l'OPJ sans être menotté après une demande de celui-ci n'est-il pas sous une contrainte morale ? L'attribution des droits de la défense sur la base de ce critère semble dépourvue de fondement.

335.L'absence de fondement de la distinction entre audition libre et garde à vue. Au regard des directives européennes, la notion de contrainte n'apparaît pas dans les modalités d'attribution des droits de la défense. À partir du moment où on est suspect ou poursuivi, les droits de la défense doivent s'appliquer sans retard indu. Le critère de contrainte tel que retenu par le législateur au niveau interne ne semble pas donc répondre aux exigences européennes. La reconnaissance de droits plus étendus à la personne gardée à vue (A) semble discutable s'il n'existe de pas de critère précis de nature à permettre à l'OPJ de choisir tel régime à la place de l'autre (B).

A- La reconnaissance discutable de droits plus étendus à la personne gardée à vue

336. Une distinction entre suspect gardé à vue et suspect auditionné librement dans l'attribution et l'exercice des droits de la défense. La loi nouvelle vient opérer sur la base de la contrainte les droits auxquels le suspect est autorisé à disposer selon qu'il est entendu librement ou sous la contrainte. La loi du 27 mai 2014 reprenant celle de 2011 fait une obligation à l'OPJ de notifier les six (6) conditions prévues à l'article 62-2 du CPP justifiant la garde à vue. En plus, il lui notifie les droits déjà cités plus haut à savoir le droit de prévenir les autorités consulaires s'il s'agit

[804] P. HENNION-JACQUET, « La consécration légale du suspect libre », *Gaz. Pal.*, 29 juillet 2014, n° 210, p. 9 ; E. DUPIC, « L'audition libre, bilan et perspective un an plus tard », *Gaz. Pal.*, 25 juillet 2015, n°206, p. 7.

[805] C. MATHIEU, « Audition libre », *Rép. Pén. D.*, octobre 2015 ; J. LEROY, « Garde à vue : le droit à l'avocat », *Gaz. Pal.*, 30 juillet, 2013, n° 211.

d'un étranger, de consulter certaines pièces du dossier, le droit de présenter des observations en cas de prolongation de la mesure, de bénéficier d'un délai de carence pour l'arrivée de son avocat et lui remettre une déclaration des droits conformément à l'article 4 de la directive 2012/13/UE. Ces droits ne sont pas prévus pour le suspect auditionné librement. En effet, en dehors du droit de garder le silence, d'être assisté d'un avocat si l'infraction est punie d'une peine d'emprisonnement, de connaître la qualification et la date de l'infraction, de son droit de quitter les lieux à tout moment, il ne bénéficie pas de autres droits comme le gardé à vue. L'OPJ n'est pas tenu d'attendre son avocat s'il décide d'user de ce droit, il ne lui communique pas le dossier sans son avocat et ne lui permet pas d'avertir un proche ou les autorités consulaires de son pays[806]. Cette différenciation entre suspect libre et suspect en garde à vue s'avère incompréhensible surtout au regard de leur qualité de suspect. Tous les deux sont des suspects et comme nous l'avons déjà remarqué la notion de contrainte ne peut justifier une telle distinction.

337.La justification insatisfaisante de cette distinction : le consentement du suspect à l'audition libre. Si le suspect libre ne bénéficie pas de tous les droits dont bénéficie la personne gardée à vue, c'est parce qu'il a consenti à être entendu librement. Consentir c'est donc renoncer au régime protecteur de la garde vue[807]. Apparemment le consentement[808] peut justifier une atteinte aux droits fondamentaux reconnus par les sources européennes. De plus, si le suspect décide de mettre fin au consentement et use de son droit de quitter les locaux de la police on lui brandit la menace de la garde à vue[809]. Comment consentir à une audition alors qu'on ignore le contenu du dossier, on ignore certaines pièces essentielles permettant d'asseoir une défense effective. Cette notion de consentement prévue depuis le projet de loi relative à la

---

806 V. le tableau dressé par le professeur S. PELLÉ, La garde à vue : la réforme de la réforme (acte 1), *D.*, 2014, p. 1508.

807 P. HENNION-JACQUET, « La consécration légale du suspect libre », *Gaz. Pal.*, 29 juillet 2014, n° 210, p. 9.

808 Dans la définition de l'audition libre proposée par le Professeur Sébastien Pellé, il apparaît que l'audition libre « *consiste, pour les enquêteurs, à entendre une personne suspecte sans la placer en garde à vue dès lors qu'elle y consent* », S. PELLÉ, « Le suspect entre audition libre et garde à vue », in : *La garde à vue actes colloque du 28 novembre 2014*, éd. PUPPA, 2015, p.30.

809 S. LIOTARD, S. SCHAPIRA, « Les conséquences inattendues de la réforme », *Dalloz actualité*, 28 octobre 2016.

garde à vue[810] semble persister avec la loi du 27 mai 2014 parce que tout usage de contrainte nécessite le placement de la personne en garde à vue. Il faut que la personne accepte de répondre à la convocation, de suivre la police ou encore d'accepter l'audition libre à la place de la garde à vue. S'il accepte l'audition libre, ses droits sont réduits par rapport à une personne placée en garde à vue. Mais existe-t-il un critère permettant un OPJ d'accorder plus de droits à tel suspect et non à l'autre ? Apparemment il y a une absence de critère permettant à l'OPJ de choisir tel ou tel régime.

B- Absence de critère dans le choix entre garde à vue et audition libre

338. Absence de définition de l'audition libre. L'absence de définition de l'audition libre ne permet pas en réalité de définir avec exactitude son champ d'application. Il n'existe pas une base légale définissant la notion d'audition libre. L'ensemble des définitions obtenues provient de la doctrine et de la jurisprudence. Pour une partie de la doctrine, l'audition libre « *consiste, pour les enquêteurs, à entendre une personne suspecte sans la placer en garde à vue dès lors qu'elle y consent* »[811]. Il apparaît au regard de cette définition que l'audition libre est commandée par le consentement du suspect. Une telle conception de l'audition libre est aussi retenue par la Cour de cassation. En effet, la Haute Cour dans plusieurs de ses décisions rappelle qu'*« aucune disposition légale n'impose à l'OPJ de placer en garde à vue une personne entendue sur les faits qui lui sont imputés dès lors qu'elle a accepté d'être immédiatement auditionnée et qu'aucune contrainte n'a été exercée durant le temps strictement nécessaire à son audition où elle est demeurée à la disposition des enquêteurs »*[812]. Ces définitions ne suffisent pas pour définir de manière concrète l'audition libre afin de la distinguer de la garde à

---

810 H. MATSOPOULOU, « Les dispositions de la loi du 14 avril 2011 sur la garde à vue déclarées conformes à la constitution », *D.*, 2011, p. 3034.

811 S. PELLÉ, « Le suspect, entre audition libre et garde à vue », in *La garde à vue, vers un renforcement des droits de la défense ?*, actes du colloque du 28 novembre 2014, PUPPA, 2015, p. 30.

812 Cass. crim., 8 septembre 2015 n° 14-83.053 ; Cass. crim., 4 janvier 2011 n° 10-84.078 ; Cass. crim., 2 septembre 2004 n° 03-86.221.

vue, régime avec lequel il est souvent confondu au regard de leur identité.

339.Identité des deux mesures. L'audition libre n'est-elle pas un « copier-coller » de la garde à vue[813] ? Le Professeur Botton estime que la coexistence de l'audition libre et de la garde à vue est problématique. Il s'interroge d'ailleurs sur la nécessité du maintien de l'audition libre « *des personnes suspectées d'un crime et d'un délit puni d'emprisonnement dès lors qu'on aligne le régime sur celui de la garde à vue*[814] ? » Une position que partage M. Beaussonie qui note « *que l'on peine aujourd'hui à distinguer* [l'audition libre] *de la garde à vue* »[815]. Devons-nous pour autant penser à la disparition prochaine de l'audition libre[816] ? En tout état de cause, le rôle de la défense durant l'audition libre ne répond pas à l'exigence européenne qui vise une participation effective de la défense à l'enquête et non prendre des notes à la fin de la procédure comme le prévoit le système français. De plus, en dehors de la contrainte qui constitue le critère de distinction entre l'audition libre et garde à vue, il n'existe pas de critères de nature à justifier le choix de l'OPJ dans la mise en œuvre des deux régimes[817]. La loi du 27 mai 2014 n'a pas apporté de réelle avancée sur ce point. Il ressort de ces constats doctrinaux que le placement en garde à vue relève toujours du pouvoir de l'OPJ qui apprécie sa nécessité. On peut en déduire aussi que les droits de la défense sont entre les mains de l'OPJ qui décide de les limiter ou les étendre en fonction de son choix du régime applicable au suspect. Ce choix laissé à l'OPJ est contraire à l'esprit des sources européennes, notamment les directives qui reconnaissent les mêmes droits à tout suspect sans tenir compte du fait qu'il soit libre ou non. En plus, l'audition libre n'est pas une procédure

---

813 S. PELLÉ, « Le suspect entre audition libre et garde à vue », in : *La garde à vue, vers un nouveau renforcement des droits de la défense, actes colloque du 28 novembre 2014*, éd. PUPPA, 2015, p.33.

814 A. BOTTON, « Droit à l'information dans le cadre des procédures pénales : un projet de loi contrasté », *D.*, 2014, p. 431.

815 G. BEAUSSONIE, « La nouvelle garde à vue est-elle plus contradictoire ? », *Gaz. Pal.*, 29 juillet 2014, n° 210, p. 13.

816 J. B. PERRIER, « La transposition de la directive de la notification du droit du suspect libre à l'assistance d'un avocat », *D.*, 2014, p. 1160.

817 S. PELLÉ, « Le suspect entre audition libre et garde à vue », in *La garde à vue, vers un nouveau renforcement des droits de la défense, actes colloque du 28 novembre 2014*, éd. PUPPA, 2015, p.37 ; v. aussi S. PELLÉ « La nécessité de la garde à vue » : quel contrôle juridictionnel après la réforme », *D.*, 2017, p. 1339.

encadrée. Elle ne fait l'objet d'aucune définition et il n'existe pas de critère permettant à l'OPJ de le choisir à la place de la garde à vue. Autant de critiques formulées qui mettent encore la procédure pénale française, surtout cette phase policière en marge des sources européennes.

CONCLUSION CHAPITRE 2

340. Le législateur français a très vite compris que l'attribution des droits de la défense sur la base de la contrainte ne correspond pas à la réalité européenne. Les directives sont venues le confirmer, en mettant en exergue que tout suspect, sans faire état d'une quelconque distinction, doit bénéficier de droits pour assurer sa défense dès la phase policière. Conscient de la violation des droits du suspect, le législateur a procédé à une reforme de sa phase policière en accordant des droits au suspect auditionné librement. Désormais, tout suspect dans la phase policière bénéficie de droits pour assurer sa défense. Cette avancée est louable, mais insuffisante. En effet, le législateur dans l'attribution des droits de la défense maintient toujours la contrainte comme condition qui détermine l'étendue des droits accordés au suspect. Si dans l'audition libre les droits de la personne suspectée sont peu conséquents, dans la garde à vue la personne qui fait l'objet bénéficie de plus de droits. Pourtant, les deux sont des suspects, mais la contrainte dans laquelle se trouve la personne gardée à vue constitue le critère qui justifie ce traitement inégal. Une telle procédure est loin de se conformer encore une fois aux exigences conventionnelles.

CONCLUSION TITRE 2

341.L'élargissement des droits de la défense dans l'enquête policière était devenu un impératif pour le législateur français. La thèse de l'incompatibilité entre les droits de la défense et l'enquête de police est devenue inopérante. L'influence des sources européennes a contribué à l'introduction des droits de la défense dans l'enquête policière. Avant que cette influence soit prise en compte, il existait au niveau interne des commissions qui voyaient en ce refus d'introduire les droits de la défense en instruction, une atteinte aux droits de la personne. Face au refus du législateur à répondre à l'appel, les condamnations de la CEDH l'ont fait réagir. Il introduit les droits de la défense dans l'enquête policière en subordonnant leur attribution à l'existence de la contrainte, c'est-à-dire à une privation de liberté. Ainsi, la garde à vue devient une source d'attribution de droits. Le législateur, pour donner plus de sens à sa réforme, prévoit des nullités en cas de non-respect des droits consacrés. Ce pas franchi par le législateur était utile, mais peu conséquent. En effet, le législateur limitait l'exercice des droits de la défense. L'avocat ne pouvait pas participer à la procédure de manière effective. De plus, le législateur pour contourner les droits qu'il a consacrés met en place l'audition libre. Si avec la loi Constans un contournement était observé, l'histoire se répète avec la création de l'audition libre. L'OPJ, sachant que la garde à vue est source de droits, n'hésite pas à entendre la personne sous le régime de l'audition libre, car cette procédure permet d'obtenir plus vite des aveux du fait d'une absence de droit pour la personne auditionnée. Cette dernière étant suspecte au même titre que la personne gardée à vue, des auteurs ont vite dénoncé cette différence de traitement. Une position que les sources européennes, à travers les directives, viennent confirmer. Le législateur face à ces critiques et les dispositions issues des directives met en place le statut du suspect libre. La suspicion devient le critère d'attribution des droits de la défense. Dès l'instant qu'on est suspect, que l'on soit libre ou pas libre, on bénéficie des droits de la défense. Mais, les droits dont bénéficie le suspect libre sont moindres que dans la mesure où il n'est pas placé en garde à vue. Le suspect en garde à vue dispose de plus de droits. La contrainte n'a pas donc disparu avec la mise en place de la suspicion comme critère d'attribution des droits de la défense.

Conclusion Partie I

342. Les droits de la défense, initialement pris comme des droits devant un tribunal ne s'appliquaient que lorsqu'une juridiction de jugement était saisie. Dans ce tribunal siège un juge arbitre présentant des qualités comme l'indépendance et l'impartialité pour garantir à chaque partie un exercice effectif de ses droits. L'application du système accusatoire lors du jugement est jugée favorable à l'exercice des droits de la défense, car, ce système garantit l'égalité des armes et pose le principe du contradictoire. Il permet à la défense de bénéficier du droit à l'information, du droit d'accéder au dossier, du droit à un interprète et à la traduction, du droit au silence et celui de participer à la recherche de la vérité. L'ensemble de ces droits participent à la réalisation de l'équité procédurale. C'est ce que retiennent l'article 6§3 de la CEDH et l'article 14 § 3 du PIDCP. Ces deux articles consacrent ces droits, mais les réservent à la juridiction de jugement. Une telle consécration se rapprochait du système français. En effet, le législateur français avait cantonné les droits de la défense dans le procès *stricto sensu* à travers l'organisation d'une procédure mixte. Dans cette procédure, le système accusatoire comme au niveau externe est prévu dans la phase de jugement tandis que la phase qui précède le jugement est soumise au principe inquisitoire. La procédure inquisitoire depuis le CIC régit la phase préparatoire de manière générale. En effet, cette procédure contrairement à la procédure accusatoire que l'on retrouve dans la phase de jugement, est hostile à l'exercice des droits de la défense. Et sous le CIC, la police judiciaire avait reproduit les règles de l'instruction dont la procédure inquisitoire était caractérisée par le secret, l'écrit et l'absence de contradictoire. Le suspect était exclu dans la recherche des preuves. Mais, à partir de 1897, la loi Constans est venue introduire la défense dans l'instruction. Cette introduction marque la rupture de la ressemblance entre instruction et enquête de police dans l'application de la procédure inquisitoire. Certains droits connus jusqu'ici pour la personne poursuivie devant un tribunal font leur entrée dans le cabinet du juge d'instruction. Cette avancée de l'instruction n'était pas la bienvenue. Très tôt, les magistrats, pour contourner la défense en instruction saisissent la police pour mener à la place du juge les enquêtes alors que le CIC n'avait pas, en dehors des cas de flagrant délit, accordé de pouvoirs d'enquête à la police judiciaire. Cette dernière, menait des enquêtes complètes, plaçait en garde à vue sans qu'aucun texte ne lui en donne le droit. Des critiques furent soulevées amenant le législateur à mettre fin à l'illégalité des opérations policières en attribuant une base légale à l'enquête de police et à la garde à vue, tout en refusant tout exercice des droits de la défense devant l'OPJ. Il a fallu attendre 1993 pour que la défense puisse de manière limitée entrer au commissariat. Cette entrée, motivée par le souci de respecter les droits fondamentaux du suspect, n'est pas accompagnée d'un exercice effectif. L'avocat demeurait passif et n'avait pas accès au dossier de la procédure. À partir de la réforme du 15 juin 2000, certains droits connus dans la phase de jugement commencent à faire leur entrée dans la phase policière. Depuis cette date d'autres réformes se sont succédé, mais aucune n'octroie de manière effective l'exercice des droits de la défense dans la phase policière. En dépit des condamnations de la CEDH, des directives européennes pour plus de respect des droits procéduraux du suspect, le législateur est resté attaché à son système inquisitoire dans la phase policière. Même s'il reconnaît des droits au suspect, il les subordonne à des conditions. Il a d'abord retenu la contrainte, c'est-à-dire le placement en garde à vue pour bénéficier des droits de la défense puis la suspicion. Ce déplacement du critère d'attribution des droits de la défense ne permet toujours pas un exercice effectif des droits de la défense dans la phase policière, car il y avait toujours, la survie de la contrainte pour distinguer les suspects. Le législateur doit se départir de cette catégorisation des suspects comme le recommandent les sources européennes et procéder à un plus grand élargissement des droits de la défense dans la phase policière. En adoptant une nouvelle loi le 3 juin 2016[818], le législateur n'a toujours pas satisfait aux exigences du respect des droits de la défense. Il maintient sa position consistant à restreindre ces droits dans l'enquête policière alors que leur élargissement est plus qu'un objectif à atteindre, mais un impératif.

---

818 v. *infra* n° 350 et s.

Partie II

L'élargissement souhaité des droits de la défense dans l'enquête policière

343. L'échec des réformes. Depuis la loi du 8 décembre 1897 dite loi Constans, les prérogatives de la police judiciaire sous la direction du parquet et les droits de la défense se sont développées inégalement. En effet, si le dossier pénal est généralement finalisé dans la phase policière, les droits du suspect sont demeurés inexistants, voire ineffectifs dans cette même phase. La loi du 4 janvier 1993 fut la première à poser des dispositions allant dans le sens du respect d'un des droits fondamentaux du suspect, à savoir celui de bénéficier de l'assistance d'un avocat. Cette loi, en dépit des avancées significatives qu'elle a apportées, n'a pas permis de trouver un équilibre entre l'accusation et la défense. L'avocat était un simple spectateur et n'avait pas le droit d'intervenir dans le déroulement des investigations. Cette intervention inopérante de l'avocat ne pouvait prospérer face à une jurisprudence européenne qui a rappelé dans son arrêt *Imbrioscia contre Suisse* de 1993 l'importance des droits de la défense dans la réalisation du procès équitable et la nécessité de les consacrer dès la phase policière. Aussi, le législateur français, pour corriger cet écart entre sa législation et la jurisprudence de la CEDH, a entrepris de nombreuses réformes. En effet, la loi du 15 juin 2000 marque une autre étape dans l'amélioration des droits du suspect dans la phase policière. Cette loi, s'inspirant des dispositions conventionnelles, et notamment de l'article 6 de la CESDH, crée l'article préliminaire du CPP qui dispose que « *la procédure pénale doit être équitable et contradictoire et préserver l'équilibre des droits des parties* ». Si la personne poursuivie est partie au procès pénal puisque l'action publique a été déclenchée, les directives européennes viennent assimiler le suspect à cette dernière. Par conséquent, il s'avère aujourd'hui inutile de séparer le statut de suspect de celui de la personne poursuivie dans l'attribution des droits de la défense. L'exercice des droits de la défense doit être identique devant toutes les autorités qui concourent à la procédure, d'où la nécessité de corriger le système mixte qui va à l'encontre de ce principe.

344. Une mixité de la procédure pénale à corriger. À l'aune des droits fondamentaux, il n'est plus opportun de subordonner l'attribution des droits de la défense selon que le suspect se trouve devant l'OPJ, devant le juge d'instruction ou encore devant la juridiction de jugement[819]. En dépit des récentes réformes introduisant des droits au

[819] Pourquoi différencier l'attribution des droits de la défense pour des personnes ayant tous la qualité de suspect ? En dépit des différentes phases la personne demeure suspecte, car comme le souligne le Professeur S. Pellé, « *Le suspect se définirait* [...] *comme la personne qui, avant jugement et alors qu'elle est couverte par la présomption d'innocence, est supposé*

bénéfice du suspect, la phase policière demeure fortement inquisitoire contrairement à la phase d'instruction qui connaît une dose d'accusatoire et à la phase décisoire où l'accusatoire est pleinement consacré. Si l'accusatoire est favorable à l'exercice des droits de la défense et l'inquisitoire défavorable à cet exercice, l'assimilation du suspect à la personne poursuivie dans l'attribution des droits de la défense doit pousser le législateur à étendre l'accusatoire dans la phase préparatoire pour un meilleur exercice des droits de la défense. Dès lors, la procédure mixte choisie par le système pénal français se montre inadéquate avec l'objectif d'élargissement des droits de la défense dans la phase policière. Néanmoins, si des restrictions à l'exercice des droits de la défense peuvent être apportées pour les nécessités de l'enquête en recourant à certaines caractéristiques du système inquisitoire comme le secret, elles doivent faire l'objet d'un encadrement et d'un contrôle de la part d'un juge. Précisément, l'élargissement des droits de la défense dans la phase policière ne pourra prospérer sans l'intervention d'un magistrat indépendant et impartial. Ce dernier, comme dans la phase de jugement, aura dans la phase policière un rôle d'arbitre, pour garantir à chaque partie un exercice effectif de ses droits, et surtout assurer leur égalité, des qualités que les magistrats du parquet ne possèdent pas aujourd'hui.

345.La remise en cause de la qualité de juge du parquet. Le parquet est une partie au procès pénal, il engage les poursuites contre le suspect et soutient l'accusation devant la juridiction de jugement. Son statut de défenseur de la société lui ôte sa qualité de juge et fait peser sur lui une suspicion de partialité[820]. À cela, s'ajoute son manque d'indépendance vis-à-vis de l'exécutif, que les réformes n'ont jamais remis en cause. Cette subordination à l'exécutif et son manque d'impartialité expliquent que la CEDH ne le considère pas comme une autorité qui présente les qualités requises pour contrôler certaines atteintes faites aux droits fondamentaux du suspect. Et pourtant, malgré les critiques formulées à l'encontre de ce magistrat, la procédure pénale française, continue à faire de lui un élément central de l'enquête, jusqu'à même lui octroyer des prérogatives qui, jusque-là, relevaient de la compétence du juge d'instruction ou de la juridiction de jugement. La

avoir participé, en qualité d'auteur ou de complice, à la commission d'une infraction », S. PELLÉ, « Le suspect, entre audition libre et garde à vue », in actes du colloque *La garde à vue, vers un renforcement des droits de la défense ?*, éd. PUPPA, 2015, p. 28

820 C. RIBEYRE, *Procédure pénale*, éd. PUG, 2016, p. 74 ; J.-J. TAISNE, *Institution juridictionnelle*, 15eéd., Dalloz, 2016, p. 87.

protection des droits fondamentaux du suspect nécessite donc aujourd'hui de redonner à ce magistrat ses fonctions originelles, c'est-à-dire lui confier l'accusation et la poursuite des infractions à la loi pénale.

346.Plan. Pour protéger les droits fondamentaux du suspect, il faudrait redéfinir les rôles des autorités judiciaires qui interviennent dans la phase préparatoire de manière générale. Cette redéfinition passe par l'alignement de la phase policière sur la phase d'instruction (Titre 1) et par la mise en place d'un juge indépendant et impartial pour assurer l'équilibre entre l'accusation et la défense (Titre 2).

TITRE 1 : LE NÉCESSAIRE ALIGNEMENT DE L'ENQUÊTE POLICIÈRE SUR L'INSTRUCTION POUR UNE EFFECTIVITÉ DES DROITS DE LA DÉFENSE

347.L'identité de finalité des deux enquêtes. Cette identité entre l'enquête policière et l'instruction pénale a, depuis longtemps, été démontrée. Dès l'entrée de la défense en instruction, certains auteurs exigeaient l'extension de ces droits à la phase policière du fait de leur ressemblance quant à leur finalité. Aujourd'hui, cette identité apparaît clairement dans le CPP. En effet, l'article 14 du CPP dispose que la police « *est chargée* [...] *de constater les infractions à la loi pénale, d'en rassembler les preuves et d'en rechercher les auteurs* [...] » dans le but d'établir la vérité[821]. Cette même recherche de vérité apparaît dans l'article 81 qui prévoit les fonctions du juge d'instruction. Cet article dispose aussi que « *le juge d'instruction procède, conformément à la loi, à tous les actes d'information qu'il juge utile à la manifestation de la vérité* ». Cette identité facilite le déplacement de certaines prérogatives du juge d'instruction vers l'enquête policière. Il est reconnu depuis le CIC que le législateur insère des procédures propres à l'instruction dans la phase policière.

348.L'insertion des actes d'instruction dans l'enquête policière. Après le déroulement de l'instruction officieuse selon les mêmes règles que l'instruction officielle sous le CIC, le législateur continue à rapprocher la phase policière de l'instruction. Il ne s'est pas limité à copier des procédures de l'instruction pour les appliquer à la phase policière, il opère aussi des transferts de pouvoirs du juge d'instruction à l'autorité de poursuite. Or, ce transfert de pouvoirs d'une autorité présentant plus de garanties d'indépendance et d'impartialité vers une autorité qui ne présente pas ces critères, qui est une partie au procès, adversaire du suspect, entraîne un déséquilibre entre l'accusation et la défense et compromet l'équité de la procédure pénale.

349.Plan. Cette identité entre enquête et instruction, consistant à rechercher la vérité, devrait pousser le législateur à refuser d'octroyer les droits de la défense en fonction des étapes de la procédure, selon l'autorité devant laquelle se trouve la personne suspecte ou poursuivie.

---

821 V. sur ce point, J. DILMI, *Le pouvoir propre de la police*, Mém. master 2, Université Panthéon-Assas, (Dir.) D. REBUT, 2009-2010.

Pour atteindre cet objectif, il serait utile de procéder à une remise en cause de la distinction entre enquête et instruction dans l'attribution des droits de la défense (Chapitre 1). Cette remise en cause conduira à la disparition de la différenciation entre suspects et personnes poursuivies dans l'attribution des droits de la défense (Chapitre 2).

CHAPITRE 1 : UNE REMISE EN CAUSE DE LA DISTINCTION ENTRE ENQUÊTE POLICIÈRE ET INSTRUCTION DANS L'ATTRIBUTION DES DROITS DE LA DÉFENSE

350. Une enquête policière qui supplante l'instruction. L'instruction, depuis le CIC, ne cesse de régresser laissant place à l'enquête policière qui devient de plus en plus puissante. Pourtant, le juge d'instruction a toujours été considéré comme celui qui garantit le mieux les libertés individuelles[822]. Devant lui, la personne poursuivie peut bénéficier du respect de ses droits et il doit s'assurer d'une équité au regard de son enquête, qu'il mène conformément à l'article 81 du CPP à charge et à décharge. Cette garantie que la personne poursuivie tenait de la phase préparatoire semble s'effriter au regard de la nouvelle configuration de cette dernière. En effet, le législateur français, toujours dans sa volonté de trouver l'équilibre entre les intérêts de la société et ceux du délinquant, est amené à mettre en place des dispositions qui privilégient plus l'intérêt social que la défense de la personne suspecte ou poursuivie. D'ailleurs, pour lutter contre l'insécurité, il a renforcé « *les pouvoirs procéduraux de la police judiciaire en lui accordant parfois des moyens dérogatoires du droit commun* »[823]. Ce renforcement a eu des conséquences sur la gestion des dossiers dans la phase policière. En lieu et place de l'instruction, plusieurs affaires sont traitées par la police judiciaire sans que les droits de la défense ne soient améliorés dans cette phase. L'absence de corrélation entre intérêts de la société et droits de la défense dans les réformes fait qu'elles sont souvent déséquilibrées.

351. Des réformes déséquilibrées. Depuis la mise en œuvre des réformes dans la phase policière, le législateur n'est jamais parvenu à trouver une loi mettant en œuvre une égalité des armes entre l'accusation et la défense. Il oscille souvent entre les deux sans trouver l'équilibre. La loi du 4 janvier 1993 a été jugée trop protectrice des libertés individuelles, une loi du 24 janvier de la même année vient alors supprimer cette avancée. Avec la loi du 15 juin 2000, il accorde, de manière très timide

---

822 J.-L. NADAL, *op. cit.*, p. 15.

823 G. ROUSSEL, V. GAUTRON, P. POUGET, « La coordination entre force de police et justice dans le traitement des délits », disponible sur : www.halshs.archives-ouvertes.fr.

des droits au suspect. Mais, le 9 mars 2004, il met en place la loi Perben II pour renforcer la lutte contre la criminalité organisée en prévoyant des mesures dérogatoires sans les accompagner d'un renforcement des droits de la défense. Toujours dans sa logique, le législateur adopte les lois du 14 avril 2011 et du 27 mai 2014 qui viennent encore reconnaître de manière peu conséquente des droits au suspect. Cette loi est vite suivie par une autre loi du 3 juin 2016[824] que certains auteurs, de par sa sévérité et les atteintes aux droits fondamentaux qu'elle engendre, qualifient de Perben III[825]. Ces réformes instables, déséquilibrées, affectent la procédure pénale et surtout l'enquête policière. L'intérêt de la répression est toujours grandissant dans l'esprit du législateur, ce qui explique un renforcement des pouvoirs de l'accusation dans la phase policière et un recul de l'instruction où les droits de la défense sont plus développés et peuvent constituer un obstacle à cette volonté répressive.

352. Plan. Si le juge d'instruction, qui est censé garantir à la personne poursuivie le respect de ses droits, se trouve aujourd'hui affaibli (Section 1) face à une montée de la police judiciaire (Section 2), il est tout à fait légitime d'envisager de procéder à un déplacement des droits de la défense de l'instruction à l'enquête.

---

824 Loi n° 2016-736 du 3 juin 2016 renforçant la lutte contre le crime organisé, le terrorisme et leur financement, et améliorant l'efficacité et les garanties de la procédure pénale, *JORF*, n° 0129 du 4 juin 2016, texte n° 1 ; v. à propos de cette loi : E. DUPIC, « La loi n° 2016-731 du 3 juin 2016 renforçant la lutte contre le crime organisé et le terrorisme, Perben III de la procédure pénale française ? », *Gaz. Pal.*, 14 juin 2016, n°22, p. 12 ; C. RIBEYRE, « La loi n° 2016-731 du 3 juin 2016 renforçant la lutte contre le crime organisé, le terrorisme et leur financement, et améliorant l'efficacité et les garanties de la procédure pénale. Et maintenant ?, *Dr. pén.*, n° 9, septembre 2016, étude 16 ; S. FUNICI, « ce que prévoit la loi renforçant la lutte contre le crime organisé et le terrorisme », *Dalloz actualité*, 14 juin 2016 ; R. PARIZOT, « Loi du 3 juin 2016 : aspects obscurs de droit pénal général », *RSC*, 2016, p. 376 ; J.-B. PERRIER, « Les garanties de la procédure pénale dans la loi du 3 juin 2016 : entre illusion et désillusion », *D.*, 2016, p. 2134.

825 E. DUPIC, « La loi n° 2016-731 du 3 juin 2016 renforçant la lutte contre le crime organisé et le terrorisme, Perben III de la procédure pénale française ? », *Gaz. Pal.*, 14 juin 2016, n°22, p. 12.

Section 1 : L'affaiblissement du juge d'instruction garant des droits de la défense dans la phase préparatoire

353.Des critiques de l'institution. Le juge d'instruction ne cesse de faire l'objet de critiques virulentes de toute part. De l'homme le plus puissant de France comme le notait Balzac[826], il est devenu peu utile et exerce un rôle marginal dans la mise en œuvre du dossier pénal[827]. Sous le CIC, il était maître de la phase préparatoire, mais avec la mise en place de réformes de plus en plus orientées vers la défense de la société, il se voit retirer progressivement ses prérogatives au bénéfice du parquet. Les dossiers qui, autrefois, nécessitaient une instruction sont désormais traités par la police judiciaire sous la direction du parquet. Ce basculement important des affaires de la phase d'instruction à la phase policière devait s'accompagner d'une extension des droits de la défense dans l'enquête de police. Mais le législateur a choisi d'étendre les droits de la défense à l'instruction et de les restreindre au commissariat, ce qui est discutable.

354.Une reconnaissance de plus de droits à l'instruction discutable. Est-il aujourd'hui justifié d'octroyer plus de droits devant le juge d'instruction que devant l'OPJ si l'on sait que ce dernier, à savoir l'OPJ, mène une grande partie de l'instruction ? Cette question est d'ailleurs soulevée depuis le CIC. En effet, si l'OPJ, durant l'enquête, a pu mettre en place un dossier bien constitué, avec les aveux et éléments de nature à engager la responsabilité du suspect sans défense effective, il serait inutile de demander au suspect une fois en instruction qu'il puisse bénéficier de droits plus étendus pour assurer sa défense. À partir du moment où il existe une baisse de saisine du juge d'instruction, une remise en cause de son autorité dans la préparation du dossier pénal (§1), reconnaître plus de droits durant cette phase (§2) sans l'étendre à la phase policière, qui constitue aujourd'hui le siège de l'enquête, semble contestable.

---

826 A. GARAPON, *Bien juger : Essai sur le rituel judiciaire*, éd. Odile Jacob, 2001, p. 159.

827 J. PRADEL, « Haro sur le juge d'instruction », *D.*, 2006, p. 244.

§ 1 : Une remise en cause de l'autorité du juge d'instruction

355. Une répartition des prérogatives du juge d'instruction. Le juge d'instruction s'est vu retirer ses pouvoirs au fur et à mesure des réformes. Ce prélèvement de pouvoirs provient sans doute du fait que ce « *magistrat est le plus controversé du monde judiciaire* »[828], puisqu'il détient des prérogatives qui sont par nature incompatibles. Cette incompatibilité de fonctions est souvent invoquée pour justifier sa disparition de la phase préparatoire du procès pénal. Il ne peut pas prendre des actes attentatoires aux droits fondamentaux puis se définir comme un juge chargé de protéger ces mêmes droits. Pour corriger ce paradoxe, certains de ses pouvoirs sont donc confiés à d'autres magistrats. En dépit de cette répartition, la phase d'instruction demeure toujours marginalisée[829]. De plus, l'intervention de ces nouveaux magistrats bénéficiant des droits qui autrefois appartenaient au juge d'instruction rend la procédure non seulement plus complexe, mais aussi peu protectrice des droits fondamentaux.

356. Conséquence de la répartition : Une procédure complexe et peu protectrice des droits du suspect. Si la procédure pénale est devenue, comme le note Mme Alliot-Marie, « *illisible pour le justiciable et complexe pour les praticiens* »[830], c'est à cause des nombreuses réformes énoncées précédemment. Ces réformes non seulement faites dans l'urgence, mais également incomplètes, inabouties, font entrer des autorités dans le déroulement de l'enquête sans leur octroyer de véritables moyens pour jouer pleinement leur rôle. S'il est évident que l'intervention d'autres autorités judiciaires est nécessaire pour remédier à l'incompatibilité des fonctions du juge d'instruction (A), cela n'a pas empêché la réduction des saisines de ce magistrat (B) qui devient de plus

---

828 R. VAN-RUYMBEKE, *Le juge d'instruction : « Que sais-je » ?*, n° 2429, p. 3 ; M. HERZOG-EVANS, G. ROUSSEL, *Procédure pénale*, 5e éd., Vuibert, 2014, p. 331 et s.

829 E. MATHIAS, « La marginalisation du juge d'instruction : vers un renouveau du modèle inquisitoire ? », *LPA*, 18 août 2005, n° 164, p. 3 ; M. HERZOG-EVANS, G. ROUSSEL, *op. cit.*, p. 312 et s.

830 M. ALLIOT- MARIE, « Pour une refondation de la procédure pénale », *AJ. Pén.*, 2010, p. 158.

en plus une figure historique, peu utile à la procédure pénale française, voire moribonde[831].

A- L'incompatibilité des fonctions reconnues au juge d'instruction

357. La puissance du juge d'instruction résulte du fait qu'il est titulaire de prérogatives très étendues. Il peut agir comme enquêteur, mais aussi comme juge pour déterminer la nécessité de renvoyer la personne devant une juridiction de jugement. Cette « *double casquette* »[832] de juge enquêteur (1) a précipité sa chute même si des réformes ont été apportées pour remédier à cette incompatibilité (2).

1. *La qualité de « juge-enquêteur » du juge d'instruction*

358.« *La question est : peut-on raisonnablement "avoir deux casquettes", comme l'on dit, être son propre contrôle, être le juge de la légalité de sa propre action ? cela n'est guère raisonnable* »[833]. Cette remarque est partagée non seulement par plusieurs auteurs, mais aussi par certaines commissions comme celle de Donnedieu de Vabres ou encore celle du Professeur Delmas-Marty, qui vont, au regard de cette incompatibilité, proposer des solutions, certaines même allant jusqu'à demander la suppression du juge d'instruction[834]. Les motifs de cette volonté de supprimer ce juge doivent être recherchés dans ses fonctions. En effet, il est admis qu'on ne peut pas détenir des fonctions d'enquêteur (a) et des fonctions juridictionnelles (b) sans compromettre les droits de la défense.

---

831 E. MATHIAS, « La marginalisation du juge d'instruction : vers un renouveau du modèle inquisitoire », *LPA*, 18 août 2005, n° 164, p. 3.

832 P. QUARRE, *Le droit - la justice*, éd. Edipro, 2002, p. 161.

833 *Ibid.*

834 V. Rapport du Comité de réflexion sur la justice pénale, 2009, disponible en ligne sur : www.justice.gouv.fr

a. Les fonctions d'enquêteur du juge d'instruction

359.Les commissions rogatoires. Prévue par l'article 81 alinéa 3 du CPP, la commission rogatoire, au regard de sa définition, laisse apparaître que les missions que remplit le juge d'instruction rejoignent, dans une certaine mesure celles des OPJ. Au regard de la définition de la commission rogatoire comme étant « *une délégation écrite et limitée par laquelle le juge d'instruction charge un autre juge d'instruction, un autre magistrat ou à un officier de police judiciaire de procéder à sa place, et dans les mêmes conditions, à un ou plusieurs actes déterminés de sa compétence* »[835], on peut voir que l'instruction, de par sa nature, regorge d'actes qui sont aussi opérés dans le cadre d'une enquête préliminaire ou de flagrance. L'article 154 du CPP en est un exemple. En effet, cet article prévoit la garde à vue dans le cadre d'une commission rogatoire sous la direction du juge d'instruction[836]. Un tel acte est pourtant prévu aussi dans le cadre des enquêtes de police sous la direction du procureur de la République. À côté de la garde à vue, d'autres techniques utilisées par le juge d'instruction sont connues dans la phase policière. Pour s'en rendre compte, il suffit d'analyser les actes réalisés durant l'instruction.

360.La réalisation d'actes durant l'instruction. La réalisation d'actes peut intervenir suite à la demande du procureur de la République[837], des parties[838] ou à l'initiative du juge d'instruction. Ce dernier, dans le but de découvrir la vérité, peut, comme les OPJ, procéder à des interrogatoires, des confrontations[839], des perquisitions[840] et des transports sur les lieux[841]. S'il ne l'accomplit pas lui-même, l'OPJ peut, en dehors de quelques exceptions[842], le faire à sa place dans le cadre d'une commission rogatoire. Au regard de ce constat, il paraît difficile de distinguer les fonctions du juge d'instruction de celles des OPJ dans la mise en œuvre des techniques de recherche de la vérité. La loi du 3 juin

---

835 J. LEROY, *Procédure pénale*, 5e éd., LGDJ, 2017, p. 461 et s.
836 M. HERZOG-EVANS, G. ROUSSEL, *Procédure pénale*, 5e éd, Vuibert, 2014, p. 346.
837 Art. 82 CPP.
838 Art. 81-1, 156 et 167 du CPP.
839 Art. 114 et s. CPP.
840 Art. 94 CPP.
841 Art. 92 CPP.
842 Pour les actes susceptibles d'une délégation, v. C. GUERY, P. CHAMBON, *Droit et pratique de l'instruction préparatoire*, éd. Dalloz, 2018/2019, p. 676 et s.

2016, dite loi Urvoas, est venue renforcer cette thèse. Cette loi a procédé à une *« extension d'actes d'investigation précédemment réservés à l'instruction* [...] »[843]. La confirmation de ces propos par Mme Goethe[844] démontre que le rapprochement entre enquête policière et enquête judiciaire est aujourd'hui très flagrant. Il existe des pratiques relatives à l'attribution des droits de la défense que l'on trouve aussi bien dans l'enquête policière que dans l'enquête judiciaire à quelques différences près. L'attribution de statut à la personne poursuivie en est un exemple assez illustratif.

361. L'attribution d'un statut. Dans la phase de l'enquête policière, l'OPJ, pour mener à bien son enquête, peut auditionner librement le suspect ou le placer en garde à vue si certaines conditions sont réunies. De même, dans l'instruction préparatoire, pour lutter contre les mises en examen tardives[845], il a été institué le statut de témoin assisté. Ainsi, le juge d'instruction peut soit attribuer cette qualité à la personne poursuivie, soit la mettre en examen. Une comparaison des deux phases démontre une quasi-similitude dans les procédés. Dans la phase policière, le suspect auditionné librement a moins de droits que la personne placée en garde à vue ; dans la phase d'instruction, le témoin assisté a moins de droits que la personne mise en examen. Si la détention provisoire est aujourd'hui entre les mains d'un nouveau juge, à savoir le Juge des Libertés et de la Détention (JLD), il apparaît que les conditions pour sa mise en œuvre ont influencé le législateur de 2011 en matière de garde à vue[846]. Désormais, comme le note M. Roets, « *la garde à vue, à l'image de la détention provisoire, est devenue une mesure subsidiaire* »[847]. Ces rapprochements entre l'instruction et l'enquête de police doivent amener à s'interroger sur la nécessité de les différencier quant à l'exercice des droits de la défense.

---

843 S. FUCCINI « Ce que prévoit la loi renforçant la lutte contre le crime organisé et le terrorisme », *Dalloz actualité*, 14 juin 2016.

844 « *La loi Urvoas a considérablement renforcé, dans son titre 1er, les pouvoirs d'enquête en transposant des mesures existant déjà dans le cadre de l'instruction* », D. GOETHE, « Terrorisme : accord de la commission mixte paritaire », *Dalloz actualité*, 18 mai 2016.

845 J. LEROY, *Procédure pénale*, 5e éd., LGDJ, 2017, p. 470

846 D. ROETS, « Du droit à la liberté et à la sûreté de l'avocat de « permanence garde à vue » : La France rappelée à l'ordre par la Cour de Strasbourg », *RSC*, 2015, p. 731 ; J. LASSERRE-CAPDEVILLE, « Description succincte de la réforme de la garde à vue », *Gaz. Pal.*, 7 juillet 2011, n°188.

847 D. ROETS, « Du droit à la liberté et à la sûreté de l'avocat de « permanence garde à vue » : la France rappelée à l'ordre par la Cour de Strasbourg », *RSC*, 2015, p 731.

L'unique différence est à rechercher dans les fonctions juridictionnelles du juge d'instruction.

b. Les fonctions juridictionnelles du juge d'instruction

362. L'existence d'un recours contre les décisions du juge d'instruction. Les fonctions juridictionnelles du juge d'instruction se traduisent à travers ses ordonnances, ses mandats et ses contrôles judiciaires[848]. Certains mandats, comme le mandat de recherche, peuvent être délivrés par le procureur de la République conformément à l'article 70 du CPP en cas de flagrance et à l'article 77-3 du CPP dans le cadre d'une enquête préliminaire. Ce dernier article renvoie pour son exécution à l'article 70 du CPP qui, à son tour, renvoie à l'article 134 du CPP organisant le déroulement de ce mandat dans le cadre de l'instruction. L'intérêt de ces fonctions juridictionnelles doit être recherché surtout dans les garanties offertes aux parties. Les actes à caractère juridictionnel pris par le juge d'instruction sont « *susceptibles d'appel pour la plupart* »[849]. Cet appel découle de la juridictionnalisation de la phase d'instruction. Le juge d'instruction constitue une juridiction de premier degré. Il doit, comme la juridiction de jugement, être un arbitre entre la partie poursuivante et la défense. Le recours exercé contre certaines de ses ordonnances devant la chambre de l'instruction, qui constitue la juridiction d'instruction de second degré, assure la garantie du respect des droits fondamentaux du suspect.

363. Un principe garantissant les droits fondamentaux de la personne poursuivie. Le droit de recours qu'exerce la personne poursuivie devant une juridiction supérieure est un droit reconnu à la défense, le législateur ne peut y porter atteinte. Ce recours, exercé contre les décisions du juge d'instruction, est porté devant la chambre de l'instruction au regard des articles 170 et suivants du CPP. Ce droit de recours est prévu aussi au niveau international par l'article 8 de la DUDH, l'article 2 du PICP, l'article 13 de la CESDH et l'article 47 de la

---

848 R. SOUAL, *Avant-projet de réforme de la procédure pénale du 1er mars 2010 : Faut-il supprimer le juge d'instruction*, Mem. Master II, Université de Valenciennes et du Hainaut-Cambrésis, 2009-2010, p. 58 et s.

849 *Ibid.* ; B. BOULOC, *Procédure pénale*, 26e, Dalloz, 2017, p. 864 et s.

CDFUE. Les juridictions internes comme externes démontrent l'importance du recours dans la mise en œuvre et le respect des droits fondamentaux. Le Conseil constitutionnel, depuis sa décision du 23 juillet 1999[850] sur la loi portant création d'une couverture maladie universelle, le Comité des droits de l'homme des Nations Unies dans sa décision *Sayadi Nabil et Vinck contre Belgique* du 22 octobre 2008[851] et la CEDH dans sa décision *Ramirez Sanchez contre France* du 27 janvier 2005[852], reconnaissent le droit à un recours effectif comme incontournable dans le respect des droits fondamentaux et surtout dans la réalisation du procès équitable. Ce droit à un recours, comme le remarquent le professeur Bot et une partie de la doctrine, ne prospère que devant « *une instance juridictionnelle* »[853]. Or, les directives européennes viennent, dans le cadre de la mise en place des droits procéduraux du suspect, mettre dès l'enquête policière, une obligation de recours contre les décisions portant atteinte aux droits fondamentaux du suspect. Ce droit de recours, inséré dans la phase policière, ne peut prospérer au regard des qualités des juges chargés du contrôle. Le juge d'instruction, au regard de la rareté de sa saisine et de sa double casquette, ne semble pas présenter les garanties requises pour exercer ce contrôle. Le JLD ne peut pas non plus assurer ce contrôle. Ce juge, instauré pour tempérer les prérogatives du procureur de la République et corriger l'incompatibilité des fonctions du juge d'instruction, n'a pas donné les résultats escomptés.

---

850 Cons. const., 23 juillet 1999, n° 99-416 DC, *RTD Civ.*, p. 724, obs. N. MOLFESSIS ; v. aussi : Cons. const., 11 avril 2014, n° 2014-390 QPC, *AJ. Pén.*, 2014, p. 368, obs. P. BELLOIR.

851 CDH, *Sayadi Nabil et Vinck Patricia c/ Belgique*, 9 décembre 2008, n° 1472/2006, § 7. 4.

852 CEDH, *Ramirez Sanchez c/ France*, 27 janvier 2005, req. n° 59450/00, § 157, D., 2005, p. 1272, note J.-P. CÉRÉ ; *AJDA*, 2005, p. 1388, note D. COSTA, *RSC*, 2005, p. 390, obs. P. PONCELA ; v. aussi CEDH, *Yengo c/ France*, 21 mai 2015, req. n° 50494/12, § 69.

853 O. LE BOT, « Le droit au recours comme garantie des droits fondamentaux : L'article 8 de la Déclaration universelle des Droits de l'homme », en ligne sur : www.unicaen.fr.; v. aussi J.-P. CÉRÉ, « Prison (normes européennes) », *Rép. Pén. D.*, 2015.

2. *L'absence de résultat escompté de la tentative de correction de l'incompatibilité des fonctions*

364. Au regard du principe de l'équité procédurale, il est essentiel à ce que les autorités qui veillent au respect des droits fondamentaux disposent de certaines qualités. Au-delà de l'indépendance et de l'impartialité, le juge doit avoir de véritables pouvoirs de contrôle et d'action pour assurer de manière effective cette mission de garantie des droits fondamentaux. Le procureur de la République, de par son statut au regard de l'exécutif, ne peut exercer ce contrôle. De même, le juge d'instruction, étant juge et policier il ne peut de manière concrète et objective contrôler certaines mesures portant atteinte aux droits fondamentaux. Pour corriger ces lacunes de la procédure française, il a été instauré un JLD (a). Ce dernier, du fait de l'absence de véritables pouvoirs, n'a pas pu non plus résoudre les difficultés relatives à la protection des droits fondamentaux. Il fait l'objet de nombreuses critiques (b) nécessitant une révision de son statut.

a. L'instauration d'un Juge des Libertés et de la Détention (JLD)

365. Une volonté de mieux garantir les droits fondamentaux. Face aux critiques du juge d'instruction relatives à la qualité de juge et d'enquêteur, face aux critiques du procureur de la République par la CEDH dans le contrôle de la garde à vue, le législateur a instauré, avec la loi du 15 juin 2000, le JLD pour mieux garantir les droits fondamentaux du suspect et de la personne poursuivie. Ces deux autorités, à savoir le procureur et le juge d'instruction, qui dirigeaient jusqu'ici la phase préparatoire, avec un système inquisitoire, ont vu leurs pouvoirs limités avec l'arrivée de ce nouveau juge. C'est ce que remarque Mme De Gouville lorsqu'elle note que : « *Le juge des libertés et de la détention s'impose comme le compromis attendu entre la nécessité de corriger les excès du magistrat instructeur et l'attachement français à la tradition inquisitoriale* »[854]. Si cette

---

[854] P. LE MONNIER DE GOUVILLE, *Le juge des libertés et de la détention*, thèse, Panthéon-Assas, 2011, p. 40.

position est partagée par plusieurs auteurs, à l'instar de M. Roussel[855], il faut reconnaître que, depuis l'entrée de ce magistrat dans la phase préparatoire du procès pénal, ses pouvoirs ne cessent de s'étendre.

366.L'attribution de pouvoirs très étendus au JLD. Le législateur est venu mettre fin à certaines critiques souvent adressées au juge d'instruction. En effet, si on lui reprochait son incapacité à assurer la protection des droits fondamentaux du fait qu'il menait des investigations contre la personne poursuivie et pouvait décider de sa détention provisoire, le législateur est venu lui ôter ce pouvoir de placer la personne poursuivie en détention provisoire pour l'attribuer au JLD. Mais, très tôt, ce nouveau magistrat a vu ses prérogatives s'étendre dans l'enquête judiciaire comme dans l'enquête policière jusqu'à ce que certains se demandent «*si l'objectif poursuivi est d'en faire à terme un juge de l'enquête*»[856]. Plusieurs lois, surtout celle du 3 juin 2016, n'ont cessé d'accroître ses prérogatives dans l'enquête policière. Le JLD autorise et contrôle, dans la phase policière, certains actes portant atteinte aux droits fondamentaux, surtout dans le cadre de la criminalité organisée. C'est ainsi qu'à côté de la détention provisoire[857], il contrôle la garde à vue après quarante-huit heures[858], la géolocalisation après 15 jours[859], les écoutes téléphoniques[860], ordonne des contrôles judiciaires[861], des assignations à résidence avec surveillance électronique[862], les perquisitions de nuit dans les locaux d'habitation[863], des sonorisations et fixations d'images[864]. Ces actes, initialement connus dans le cadre de l'instruction, sont partagés entre le JLD et le juge d'instruction et se retrouvent désormais dans la phase d'enquête[865] ; ce qui témoigne encore

---

855 G. ROUSSEL, *Procédure pénale*, 8e éd. Vuibert, 2017/2018, p. 347 et s.

856 S. CARRÈRE, «Le juge des libertés et de la détention : du juge de la détention à l'instruction, au juge des libertés dans l'enquête», *Gaz. Pal*, 21 août 2014, n° 233.

857 Art. 137-1 CPP

858 Art. 706-88 CPP

859 Art. 230-33 CPP

860 Art. 706-95 CPP

861 Art. 138 CPP

862 Art. 142 CPP

863 Art. 706-89 et s. CPP

864 Art. 706-96 et s. CPP

865 V. sur ce point : G. ROUSSEL, *Procédure pénale*, 8eéd., Vuibert, 2017/2018, p. 321 et s. ; Le projet de loi de programmation de la justice vient aussi étendre les techniques d'investigation propres à l'instruction à l'enquête policière. V. Projet de loi de programmation pour la justice 2018-2022 disponible sur : www.legisfrance.gouv.fr.

du rapprochement entre l'instruction et la phase d'enquête policière. Le JLD, en dépit des pouvoirs extensifs dont il bénéficie, conserve un rôle marginal. Il ne dispose pas de moyens pour exercer pleinement ses prérogatives, d'où les nombreuses critiques.

b. Les critiques au JLD

367.L'absence de véritables initiatives du JLD. Dans le CPP, il apparaît que le JLD dispose de pouvoirs très étendus, mais dans la pratique, ces pouvoirs demeurent encadrés. En effet, ce juge est un magistrat extérieur à l'enquête[866], il ne possède pas de pouvoirs d'autosaisine. L'ensemble des pouvoirs dont il dispose ne peuvent être mis en œuvre que lorsqu'il est saisi par les dirigeants « originels » de l'enquête à savoir le juge d'instruction ou le procureur de la République[867]. D'ailleurs, la circulaire du 20 décembre 2000 présentant les dispositions de la loi du 15 juin 2000 affirme qu'aucune détention provisoire *ne peut intervenir si le juge d'instruction (ou le juge des enfants) ne l'estime pas nécessaire puisque seul ce magistrat peut saisir le juge des libertés et de la détention aux fins de placement en détention provisoire de la personne mise en examen ou aux fins de prolongations d'une décision déjà en cours* ». Toujours dans le cadre de la détention provisoire, le JLD ne peut placer, en détention provisoire, un prévenu dans le cadre de la comparution immédiate qu'après saisine du procureur de la République, conformément aux articles 395 et 396 du CPP[868]. La loi du 3 juin 2016 est venue conforter la nécessité de cette saisine préalable pour que le JLD puisse mettre en œuvre ses compétences. Le JLD ne peut autoriser ou refuser certains actes dans le cadre de l'enquête, en matière de lutte contre le crime organisé, le terrorisme et leur financement qu'après requête du procureur de la République. Ainsi, le JLD, intervient « *que sur requête ou sur saisine du*

---

[866] S. CARRÈRE, « Le juge des libertés et de la détention : du juge de la détention à l'instruction, au juge des libertés dans l'enquête », *Gaz. Pal*, 21 août 2014, n° 233.

[867] H. MATSOPOULOU, « Le juge des libertés et de la détention : un acteur de premier ou de second rôle en matière de détention provisoire ? », *D.*, 2008, p. 1494.

[868] V. sur ce point : V. PELTIER, É. BONIS -GARÇON, « Chronique de droit pénal et de procédure pénale », *Les Nouveaux Cahiers du Conseil constitutionnel*, 2016/1, n° 50, p. 103-115.

parquet»[869]. C'est seulement après enquête menée, soit par le juge d'instruction, soit par le procureur de la République, qu'il est saisi. Il ignore donc tout le déroulement des procédures, il est saisi ponctuellement d'une demande par ses collègues magistrats et il se fonde fréquemment sur les motivations de ces derniers pour les valider automatiquement sans une maîtrise réelle du dossier.

368.La validation quasi automatique des demandes par le JLD. L'ignorance du dossier fait du JLD un juge peu efficace dans la garantie des droits fondamentaux du suspect. Il ne participe pas à son élaboration et ne dispose pas d'assez de temps pour s'approprier le dossier[870] et prendre une décision selon son intime conviction comme le juge de la juridiction de jugement. Certains auteurs vont même jusqu'à dire qu'« *il n'a pour seul repère que les réquisitions du parquet, qui ne sont pas objectives, ainsi que l'avis du juge d'instruction*»[871]. C'est ce qui explique que ses décisions étaient souvent motivées au regard des requêtes qui lui étaient présentées jusqu'à ce que la Cour de cassation vienne y mettre fin par deux arrêts en date du 23 novembre 2016. La Haute Cour note que *« l'ordonnance du juge des libertés et de la détention, qui se borne à se référer à la requête présentée par le procureur de la République aux fins de perquisition, en application de l'article 76, alinéa 4, du code de procédure pénale, n'est pas conforme aux exigences de ce texte*»[872]. Cette tendance à répondre favorablement aux demandes qui lui sont présentées doit être recherchée dans les dispositions du CPP, qui ne lui donne aucun pouvoir d'intervenir dans la procédure[873] le contraint à

---

869 S. CARRÈRE, «Le juge des libertés et de la détention : du juge de la détention à l'instruction, au juge des libertés dans l'enquête», *Gaz. Pal*, 21 août 2014, n° 233

870 O. TRILLES, *Essai sur le devenir de l'instruction préparatoire* : Analyse et perspectives, thèse, (Dir.) G. R. DE BOUBÉE, université des sciences sociales de Toulouse 1, p. 94 et s.

871 D. LAMOURY, *Des pouvoirs du juge d'instruction en matière de détention provisoire*, mém. master 2, université Lille 2, 2004-2005, p.46.

872 Cass. crim., 23 novembre 2016, n°15-83649 et n°1631904, *Gaz. Pal.*, 17 janvier, n° 03, p. 24, note ; R. MÉSA ; *Gaz. Pal.*, 24 janvier 2017, n° 04, p. 60, obs. F. FOURMENT ; *JCP G.*, 2017, p. 136 et s., note J. PRADEL ; *AJ. Pén.*, 2017, p. 76, obs. J.-B. THIERRY ; *Gaz. Pal.*, 1er mars 2016, n° 09, p. 33, note V. NIORÉ.

873 La Cour de cassation elle-même, s'agissant des écoutes téléphoniques, n'exige pas que le JLD exerce un contrôle immédiat sur le déroulement de l'écoute qu'il a autorisé mais seulement qu'il soit informé sans délai par le Procureur (Cass. crim., 23 mai 2006, n° 06-83241 : Bull. crim., n° 139). Elle a également jugé que les informations données par le procureur de la République au JLD portent sur les diligences effectuées et non sur leur contenu (Cass. crim., 26 mars 2008, n° 07-88281 : Bull. crim., n° 74) ; S.

« *statuer dans l'urgence* »[874]. Cette absence de participation du JLD à la procédure est décriée par la doctrine. Si certains parlent de « *mécanisme boiteux* », d'autres y voient « *une illusion* »[875]. Cette réduction du JLD à une autorité aux pouvoirs subordonnés fait croire que l'ancienne procédure persiste toujours.

369.La persistance de la procédure ancienne. Les réformes apportées par le législateur pour réorganiser la phase préparatoire et surtout préserver les droits du suspect ou de la personne poursuivie semblent sans effet. Les prérogatives du juge d'instruction comme du procureur de la République sont restées presque inaltérées. Ils dirigent les opérations et décident du moment de saisir le JLD, un juge qui s'en remet souvent à l'avis de ses collègues[876]. Le système inquisitoire, faisant du juge d'instruction et du procureur de la République les principaux enquêteurs disposant du pouvoir de porter atteinte aux droits fondamentaux, semble maintenu. Dans ces conditions, les droits de la défense, en dépit des nombreuses réformes, ne vont pas prospérer. Le développement des droits de la défense doit s'accompagner d'une profonde restructuration de la phase préparatoire. Il ne suffit pas de reconnaître de nouveaux droits au suspect ou à la personne poursuivie, si ces droits ne sont pas accompagnés de la mise en place d'autorités indépendantes et impartiales de nature à assurer leur protection en cas de violation. Le parquet ne peut assurer ce rôle du fait de sa qualité de partie au procès pénal ; de même le juge d'instruction ne peut le faire, sa double casquette de juge et d'enquêteur fait douter de son impartialité. En plus de cela, il est de moins en moins saisi.

CARRÈRE, « Le juge des libertés et de la détention : du juge de la détention à l'instruction, au juge des libertés dans l'enquête », *Gaz. Pal*, 21 août 2014, n° 233.

[874] H. MATSOPOULOU, « Le juge des libertés et de la détention : un acteur de premier ou de second rôle en matière de détention provisoire ? », *D.* 2008, p. 1494.

[875] H. MATSOPOULOU, « Le juge des libertés et de la détention : un acteur de premier ou de second rôle en matière de détention provisoire ? » *D.* 2008, p. 1494 ; D. LAMOURY, *Des pouvoirs du juge d'instruction en matière de détention provisoire*, mém. master 2, université Lille 2, 2004-2005, p.46.

[876] O. TRILLE, *op. cit.*, p. 375 ; E. DREYER, « Bas les masques : retour à la loi du plus fort ! », *Gaz. Pal.*, 19 juillet 2016, n° 27, p. 39.

B- Une réelle baisse des saisines du juge d'instruction

370. Le juge d'instruction, qui initialement était le « *cœur du procès pénal* »[877], a vu sa saisine s'amoindrir d'une manière remarquable. Il est aujourd'hui unanimement reconnu que cette saisine ne dépasse pas 4 % des affaires[878]. Cette baisse, accompagnée de nombreuses critiques, motive les propositions en faveur de sa disparition. En dépit des tentatives d'amélioration infructueuses de sa situation (1), sa saisine conditionnée (2) à un réquisitoire du parquet ou à une plainte de la victime, qui doit aussi être adressée au parquet avant de lui être adressée, rend sa position subsidiaire. Le parquet dispose toujours de moyens efficaces pour passer outre cette saisine, sauf en matière criminelle.

1. *Des tentatives d'améliorations infructueuses du statut du juge d'instruction*

371. Dans l'optique de sauvegarder l'instruction et de permettre aux justiciables de retrouver leur confiance en la justice, des techniques pour réhabiliter le juge d'instruction ont été mises en place (a) sans pour autant produire les résultats escomptés (b).

---

877 C. ETRILLARD, *Le temps dans l'investigation pénale*, éd. L'Harmattan, 2004, p.76.

878 *Ibid* ; J. DELGA, « Réformes du système pénal et suppression du juge d'instruction ? « Maux et remèdes », *Journal du droit des jeunes*, 2009, n° 283, p. 64 et s. ; G. CANIVET, *La procédure pénale en quête de cohérence*, éd., Dalloz, 2007, p. 9. ; J.-L. NADAL, *La procédure pénale en quête de cohérence*, éd., Dalloz, 2007, p. 11 et s. ; E. MATHIAS, « La marginalisation du juge d'instruction : vers un renouveau du modèle inquisitoire ? », *LPA*, 18 août 2005, n° 164, p. 3 ; J. DANET, B. LAVIELLE, « Juge d'instruction, ni cet excès d'honneur ni cette indignité », *Gaz. Pal.*, 24 février 2009, n°55, p. 2.

a. La mise en place de techniques de réhabilitation du juge d'instruction

372.La mise en place de la cosaisine et des pôles d'instruction. Dans le but de se départir de la solitude du juge d'instruction[879], la loi du 5 mars 2007[880] a mis en place les pôles d'instruction et l'élargissement de la cosaisine. L'objectif est de permettre l'intervention de plusieurs juges d'instruction pour les affaires criminelles et les affaires les plus complexes[881], afin d'éviter un « Outreau bis ». Les décisions qui furent initialement prises par un seul juge seront désormais, à la demande du parquet, des parties ou du juge d'instruction, prises collectivement afin d'éviter les erreurs judiciaires. En plus, l'inexpérience du juge d'instruction, souvent désignée comme principale source des dérives judiciaires allait disparaître. En effet, avec le travail en équipe instauré par la loi du 5 mars 2007, les nouveaux et anciens juges d'instruction devraient, à travers ces pôles, traiter ensemble les dossiers complexes. L'objectif pour le législateur, en instaurant cette loi de 2007, était d'aboutir plus tard en 2010 à la collégialité pour tous les crimes et les délits faisant l'objet d'une instruction pénale[882].

373.La collégialité de l'instruction, un objectif à atteindre. La collégialité n'est pas chose nouvelle dans la procédure pénale française. Elle fut instituée après 1856, par la réforme Badinter de 1985, puis la réforme Chalandon de 1987[883]. Si cette collégialité est aujourd'hui

---

879 M.-L. LOBAS, « La loi du 5 mars 2007 tendant à renforcer l'équilibre de la procédure pénale », *LPA*, 2 mai 2007, n° 88, p. 4.

880 C. GUÉRY, « La loi du 5 mars 2007 et l'instruction préparatoire », *AJ. Pén.*, 2007, p. 105.

881 Art.83-1 du CPP ; v. aussi : J.-P. VERGÈS, « Collégialité de l'instruction : les magistrats réclament des moyens », *Gaz. Pal.*, 9 avril 2013, n°099 ; C. AMBROISE-CASTEROT, « Le procès pénal, entre mythe et réalité », *Petite affiche*, 12 juillet 2007, n° 139, p. 22.

882 C. AMBROISE-CASTEROT, « Le procès pénal, entre mythe et réalité », *LPA*, 12 juillet 2007, n° 139, p. 22.

883 La loi du 10 décembre 1985, « *Cette loi portant réforme de la procédure d'instruction, dite loi Badinter, est abrogée avant d'entrer en vigueur. Cependant, cette réforme mort-née fait renaître la collégialité condamnée en 1856* », la loi du 30 décembre 1987, « *Nouveau projet, nouvelle disposition, mais toujours même finalité : la mise en détention provisoire est chose trop grave et trop sérieuse pour la laisser à la décision d'un seul homme* », M.-H. RENAUT, « Innovation pour les droits de la défense ou retour partiel au Code Napoléon », *LPA*, 30 juin 1999, n° 129,

présente dans la phase d'instruction avec la chambre de l'instruction[884], le législateur a voulu l'étendre à toute l'instruction. Cette collégialité, très développée dans la phase de jugement constitue comme le remarque M. Roussel, un moyen d'éviter l'arbitraire, les erreurs et participe « *à la formation des jeunes magistrats siégeant aux côtés de leurs aînés* »[885]. Une volonté de faire de l'instruction une phase soucieuse du respect des droits fondamentaux était affichée avec la loi du 5 mars 2007 à travers la mise en place de juges du siège indépendants et impartiaux pour décider collégialement des atteintes faites aux droits de la personne poursuivie. Cette volonté ne verra cependant pas le jour, ce qui fait de cette loi de 2007 un échec.

b. L'échec des techniques mises en place

374.Les nombreux reports, signe d'une incertitude dans l'entrée en vigueur de la collégialité. La loi du 5 mars 2007 avait mis en place un processus pour aboutir à la collégialité de l'instruction. Mais les dispositions de cette loi furent étalées dans le temps. Si les pôles et la cosaisine furent les premiers pas vers cette collégialité[886], l'ensemble des dispositions devaient entrer en vigueur en 2010. Mais, le législateur a reporté la date d'entrée en vigueur de la loi. Après 2010, plusieurs dates ont été maintenues pour l'application de la collégialité. Cette dernière a été prévue pour 2011, puis 2014, puis 2015 et enfin pour le 1er janvier 2017. Finalement aucune de ces dates n'a été retenue pour l'entrée en vigueur de la collégialité. Ce retard dans la mise en œuvre de la collégialité n'est pas fortuit et plusieurs difficultés ont été soulevées.

375.Les difficultés soulevées par la collégialité. Mettre en œuvre la collégialité suppose l'existence de moyens humains et financiers. Ces deux moyens ont été les principaux obstacles à l'application de la collégialité de l'instruction. D'ailleurs, M. Guinchard et Buisson soulignent que « *les raisons de l'échec touchant à la collégialisation de l'instruction*

---

p. 14 ; C. AMBROISE-CASTEROT, « Le procès pénal, entre mythe et réalité », *LPA*, 12 juillet 2007, n° 139, p. 22.

884 M. BENILLOUCHE, « La collégialité de l'instruction : tout ça pour ça ? », en ligne sur www.legavox.fr.

885 G. ROUSSEL, *Procédure pénale*, 8e éd. Vuibert, 2016/2017, p. 68 et s. ; M. -L. RASSAT, *Procédure pénale*, 3eéd., Ellipses, 2017, p. 67 et s.

886 L. BELFANTI, « Juge d'instruction », *Rép. Pén. D.*, janvier 2016.

[…] résident uniquement dans le fait que n'ont pas pu être dégagés les moyens budgétaires nécessaires à leur mise en œuvre»[887]. Si cette position est partagée par une bonne partie de la doctrine[888], c'est parce que sans moyens financiers, le recrutement de nouveaux juges[889], nécessaire à la réalisation de la collégialité, devient impossible. Au final, cette volonté d'étendre la collégialité de la chambre de l'instruction à l'instruction initiale est devenue irréalisable et a fini par disparaître.

376.La disparition de la collégialité. «*Tout ça pour ça*» note M. Benillouche[890] pour dire que tout le cheminement, toutes les réflexions relatives à l'application de la loi du 5 mars 2007, tous ces reports ont conduit à l'échec. Dans la même lancée, M. Cassuto, magistrat, parlant de cette disparition de la loi de 2007, s'interroge : «*Beaucoup de bruit pour rien ou la comédie des erreurs ?*»[891]. Est-il une manière pour démontrer leur déception ? Il est sûr que la collégialité tel que prévu par le législateur dans sa loi de 2007 ne verra pas le jour. En effet, par un amendement du 24 mai 2016, l'Assemblée nationale a supprimé les dispositions de cette loi. Une suppression qui figure aujourd'hui à l'article 25 de la loi du 18 novembre 2016 relative à la modernisation de la justice du XXIe siècle[892]. La dernière chance qui restait au juge d'instruction pour survivre disparaît avec cette loi de 2016. Et sa saisine est aujourd'hui quasiment conditionnée dans certaines affaires au bon vouloir du parquet, ce qui rend cette institution plus vulnérable que jamais.

---

887 S. GUINCHARD, J. BUISSON, *Procédure pénale*, 10e éd., Lexisnexis, 2014, p. 965.

888 J. B. PERRIER, «Report de la collégialité de l'instruction», *RSC*, 2015, p. 453 ; R. CHAZAL de MAURIAC, «Quelle réforme de la justice pénale ?», *Gaz. Pal.*, 3 mars 2006, n° 89, p. 2.

889 «*La collégialité exigerait la création de trois cents postes de juge d'instruction* […]», L. BELFANTI, «Juge d'instruction», *Rép. Pén. D.*, janvier 2016.

890 M. BENILLOUCHE, «La collégialité de l'instruction : tout ça pour ça ?» en ligne surwww.legavox.fr

891 T. CASSUTO, «La fin de l'instruction : Beaucoup de bruit pour rien ou la comédie des erreurs», *Dalloz actualité*, 19 janvier 2017.

892*JORF*, n°0269 du 19 novembre 2016, texte n°1.

2. *Une saisine du juge d'instruction conditionnée*

377. Le juge d'instruction ne peut s'autosaisir, il faut nécessairement une plainte avec constitution de partie civile ou un réquisitoire introductif du procureur de la République. Mais, la plainte avec constitution de partie civile, depuis la loi du 5 mars 2007, est dans une certaine mesure, subordonnée à l'autorisation du procureur (a). En plus du réquisitoire introductif (b), le procureur apprécie la saisine du juge d'instruction par la victime.

a. La subordination de la plainte avec constitution de partie civile

378.Un avis préalable du procureur requis. Sauf en matière criminelle, de liberté de la presse et électorale où la personne peut porter directement son action devant le juge d'instruction, la loi du 5 mars est venue restreindre ce droit en matière correctionnelle, en subordonnant la recevabilité de la plainte avec constitution de partie civile à un refus ou à une inaction du parquet. L'article 85 du CPP dispose que « *Toute personne qui se prétend lésée par un crime ou un délit peut en portant plainte se constituer partie civile devant le juge d'instruction compétent en application des dispositions des articles 52, 52-1 et 706-46. Toutefois, la plainte avec constitution de partie civile n'est recevable qu'à condition que la personne justifie soit que le procureur de la République lui a fait connaître, à la suite d'une plainte déposée devant lui ou un service de police judiciaire, qu'il n'engagera pas lui-même des poursuites, soit qu'un délai de trois mois s'est écoulé depuis qu'elle a déposé plainte devant ce magistrat* […]. *Cette condition de recevabilité n'est pas requise s'il s'agit d'un crime ou s'il s'agit d'un délit prévu par la loi du 29 juillet 1881 sur la liberté de la presse ou par les articles L. 86, L. 87, L. 91 à L.100, L.102, L.104, L.106 à L.108 et L.113 du code électoral* ». Le rôle du procureur de la République est conséquent dans la constitution de partie civile. Il peut, au regard de l'article 86 du CPP, après que le juge d'instruction l'ait informé de la plainte, demander à ce que des actes soient effectués pour s'assurer de la réalité de la plainte. Est-ce une manière de redonner plus de pouvoirs au parquet ?

379.L'étendue des pouvoirs du parquet dans la constitution de partie civile. Comme le constate le Professeur Leroy, il est sans doute clair qu'en adoptant la loi du 5 mars 2007, le législateur a voulu restreindre la constitution de partie civile et a entendu, par la même occasion, « *redonner la main au parquet dans le déclenchement des poursuites devant le juge d'instruction* [...] »[893]. La célérité de la justice et son efficacité nécessitent aujourd'hui un réaménagement des conditions de saisine du juge d'instruction par la victime en luttant contre les constitutions abusives de plainte avec constitution de partie civile[894]. Le procureur joue un rôle de filtre. Il lui appartient de vérifier la matérialité des faits portés à sa connaissance. Même si après refus, ou écoulement d'un délai de trois mois, la personne peut déclencher l'action publique, il faut convenir qu'« *il ne fait guère de doute que la plainte avec constitution de partie civile déposée dans ces circonstances perd son crédit. Il y a en effet lieu de craindre que le juge d'instruction qui en est saisi ait un préjugé sur son bien-fondé qui se répercute sur ses diligences à l'instruire* »[895]. Le parquet est très présent dans la saisine du juge d'instruction. Il peut, en plus de l'influence qu'il exerce sur la plainte avec constitution de partie civile, le saisir avec son réquisitoire introductif.

b. La saisine du juge d'instruction par le réquisitoire introductif

380. Une obligation pour l'instruction. Les réquisitions du procureur de la République sont obligatoires dans le déroulement de l'instruction. Même avec la constitution de partie civile émanant de la victime, le juge d'instruction porte à la connaissance du procureur de la République la plainte et lui demande de prendre ses réquisitions. Ainsi, il peut, tout seul, user du réquisitoire introductif ou prendre ses réquisitions après une plainte de la victime[896]. Ce réquisitoire, de par sa nature juridique et son contenu, touche les droits de la défense. En effet, l'étendue des droits de la défense dépend de la mention de la personne poursuivie dans la plainte de la victime ou dans le réquisitoire du parquet. Les articles 113-1 et 113-2 du CPP font obligation d'entendre comme témoin assisté la personne présente devant lui si elle n'est pas mise en

---

893 J. LEROY, *Procédure pénale*, 5e éd., LGDJ, 2017, p. 281.

894 D. REBUT, « Justice pénale et justice civile évolution, instrumentalisation, effet pervers... », *Pouvoirs*, 1/2009, n° 128, p. 49-59.

895 *Ibid.*

896 Art. 80 CPP.

examen. En cette qualité de témoin assisté, elle pourra bénéficier de certains droits pour se défendre. Le procureur de la République, à travers son réquisitoire, influence fortement le déroulement de l'instruction. Il fixe les faits sur lesquels portera l'instruction et détermine si l'information sera ouverte contre une personne dénommée ou contre X. La saisine du juge d'instruction dépend dans une large mesure de lui. N'est-il pas au regard de ses pouvoirs, l'une des causes de la baisse de la saisine de l'instruction ?

381. Une cause de la baisse de la saisine de l'instruction. Dans la procédure pénale française actuelle, la place du parquet est plus que jamais prépondérante dans la phase préparatoire du procès pénal. Il lui revient aujourd'hui le pouvoir de décider de l'orientation des affaires[897]. Cet « *accroissement significatif du rôle du ministère public limitant progressivement le rôle du juge d'instruction* »[898] doit être recherché dans cette volonté répressive qui anime le législateur[899]. Aujourd'hui, si le ministère public recourt à l'instruction c'est parce qu'il lui est « *impossible de faire autrement* »[900] ou « *lorsqu'il lui apparaît, à l'examen du dossier de la procédure, que les indices recueillis à l'occasion des investigations policières ne sont pas suffisants pour saisir une juridiction de jugement et que les éléments de preuve manquants ne peuvent être obtenus autrement que par l'emploi de coercition* »[901]. Cette coercition est aujourd'hui très développée dans le cadre de l'enquête de police surtout dans le cadre de la criminalité organisée depuis la loi du 9 mars 2004 à laquelle vient s'ajouter celle du 3 juin 2016. Ce développement des pouvoirs du parquet dans la phase policière n'est pas accompagné d'une reconnaissance effective de droits de la défense au suspect. La baisse de l'instruction devrait normalement inviter le législateur à déplacer les droits de la défense de l'instruction à la phase d'enquête. Mais, il a tenu à les restreindre dans cette phase et les étendre à l'instruction, ce qui semble aberrant.

---

897 L. SCHENIQUE, *La réforme de la phase préparatoire du procès pénal*, éd. L'Harmattan, 2014, p.28.

898 *Ibid.*

899 *Ibid.*

900 C. ETRILLARD, *Le temps dans l'investigation pénale*, éd. L'Harmattan, 2004, p. 82.

901 *Ibid.*

§ 2 : Une attribution plus étendue des droits de la défense maintenue en instruction

382.L'intervention de juges indépendants et impartiaux. Dans la phase de l'instruction, en dehors du juge d'instruction dont l'impartialité peut être sujette à discussion du fait de sa double casquette, interviennent d'autres juges présentant des qualités de nature à rendre plus effectifs les droits de la défense. Le JLD, en dépit des critiques qui lui sont adressées, est un magistrat du siège impartial et indépendant. De même, les recours qui sont dirigés contre les décisions du juge d'instruction ou du JLD sont portés devant la chambre de l'instruction dont la composition, au regard de l'article 191 du CPP, laisse présumer l'existence d'un juge arbitre entre la défense et l'accusation. Une telle organisation de l'instruction pénale semble se conformer aux exigences européennes en matière de respect des droits de la défense.

383.Une conformité aux exigences européennes en matière de respect des droits de la défense. La mise en place d'un recours contre les décisions émanant de la juridiction d'instruction de premier degré est fondamentale dans le respect des droits de la défense. La chambre de l'instruction, par les pouvoirs de son Président et sa capacité à opérer un contrôle des actes du juge d'instruction comme du JLD, constitue une garantie pour la personne poursuivie. Si la défense en instruction peut participer à la recherche de la vérité (A), elle dispose, en plus de cette participation, d'une voie lui permettant de contester la régularité de la procédure devant une chambre d'accusation (B) composée de juges indépendants et impartiaux.

A- Une défense participant à la recherche de la vérité dans la phase d'instruction

384. Un procès équitable nécessite que la défense puisse, comme l'accusation, disposer de moyens pour participer pleinement à l'établissement de la vérité. L'instruction semble présenter ces aspects en permettant à la défense de participer à la recherche de la vérité en fonction de son statut (1), mais aussi en lui reconnaissant le droit de changer ce statut pour mieux assurer sa défense (2).

1. *La mise en place de statut dans la phase d'instruction*

385. Dans le cadre de l'instruction pénale, figure parmi ceux que l'on considère comme acteurs, le juge d'instruction, le parquet, mais aussi la personne poursuivie qui peuvent être parties à la procédure en fonction de leur statut. Si le témoin assisté (a) n'est pas partie à la procédure et a moins de droits, en revanche la personne mise en examen (b) dispose de larges pouvoirs pour se défendre et est partie à la procédure.

a. Le statut de témoin assisté dans la phase d'instruction

386. La mise en place du statut de témoin assisté, le souci de mieux garantir les droits de la défense. Depuis la loi Constans de 1897, la défense en instruction ne cesse de prendre plus de place. En effet, si le juge, depuis cette loi, pouvait retarder l'inculpation de la personne[902] dans le but de faire échec aux droits de la défense, la mise en place du statut de témoin assisté par une loi du 30 décembre1987, réorganisée par la loi du 24 août 1993 puis par celle du 15 juin 2000, vient mettre fin à cette pratique[903]. Entre le témoin simple et la personne mise en examen vient s'insérer un nouveau statut : celui du témoin assisté. C'est d'ailleurs ce qui apparaît dans la définition donnée par M. Cabrillac, pour qui le statut de témoin assisté est un « *statut intermédiaire entre celui du simple témoin et de mis en examen* […] »[904]. Ce statut

---

[902] B. BOULOC, « La loi n° 2000-516 du 15 juin 2000 renforçant la protection de la présomption d'innocence et les droits des victimes », *RSC*, 2001, p. 193 et s.

[903] B. BOULOC, *Procédure pénale*, 26e éd., 2017, Dalloz, p. 714 et s. ; J. PRADEL, *Procédure pénale*, 17e éd., Cujas, 2013, p. 694 ; R. MERLE, A. VITU, *Traité de droit criminel procédure pénale*, éd. Cujas, 2000, p. 540 et s. ; C. AMBROISE-CASTEROT, P. BONFILS, *Procédure pénale*, éd. PUF, 2011, p. 314.

[904] R. CABRILLAC, *Dictionnaire du vocabulaire juridique*, éd. Lexisnexis, 2017, p. 533.

est qualifié d'« *hybride* »[905], de « *bâtard* »[906] parce que la personne qui en est titulaire bénéficie des avantages du simple témoin, mais aussi de ceux de la personne mise en examen. Mais encore faut-il connaître les conditions d'acquisition de cette qualité de témoin assisté dans l'instruction pénale.

387.L'acquisition du statut de témoin assisté. La qualité de témoin assisté dans le cadre de l'instruction peut être acquise au regard des articles 113-1 et suivants du CPP de manière obligatoire comme de manière facultative[907]. L'ouverture d'une instruction nécessite un réquisitoire introductif ou une plainte avec constitution de partie civile de la victime. Si dans le réquisitoire introductif ou dans la plainte figure le nom de la personne, celle-ci doit être entendue à sa demande ou sur décision du juge d'instruction en tant que témoin assisté[908]. En revanche, si la personne est mise en cause par un témoignage, l'attribution de ce statut demeure facultative puisque *« le juge possède en ce cas une entière liberté d'appréciation »*[909]. En dehors de ces cas, l'article 122 du CPP, en son alinéa 7, oblige le juge à entendre comme témoin assisté la personne visée par un mandat de comparution, d'amener ou d'arrêt. Mais il convient de souligner que la qualité de témoin assisté ne peut être retenue que s'il n'existe pas d'indices graves et concordants à l'encontre de la personne. En présence de tels indices, le juge doit recourir à l'autre statut qui est celui du mis en examen.

b. Le statut de mis en examen dans la phase d'instruction

388.Un statut subsidiaire. La subsidiarité de la procédure de mise en examen apparaît bien avec la loi du 15 juin 2000. La circulaire de la direction des affaires criminelles et des grâces du 20 décembre 2000 présentant les dispositions de la loi du 15 juin 2000 souligne que *« le législateur a voulu manifester sa préférence pour la procédure de témoin assisté qui*

905 F. DESPORTES, L. LAZERGES-COUSQUER, *Procédure pénale*, 4e éd., 2015, p. 1188.
906 J. PRADEL, *Procédure pénale*, 19e éd., Cujas, 2017, p. 793.
907 F. DESPORTES, L. LAZERGES-COUSQUER, *op. cit.*, p. 1192 et s. ; S. GUINCHARD, J. BUISSON, *Procédure pénale*, 10eéd. Lexisnexis, 2014, p.1019 et s.
908C. AMBROISE-CASTEROT, P. BONFILS, *Procédure pénale*, éd. PUF, 2011, p. 314.
909 F. DESPORTES, L. LAZERGES-COUSQUER, *op. cit.*, p. 1196.

porte moins atteinte à la présomption d'innocence»[910]. Cette volonté du législateur est traduite dans l'article 80-1 du CPP qui dispose en son alinéa 3 que « *le juge d'instruction ne peut procéder à la mise en examen de la personne que s'il estime ne pas pouvoir recourir à la procédure de témoin assisté* »[911]. Cette disposition n'est cependant pas suivie à la lettre par le juge d'instruction. Il est avancé que le juge d'instruction use souvent de la mise en examen afin d'éviter les difficultés qui découleraient du passage de témoin assisté à la mise en examen[912]. Si ce procédé est contraire à l'intention du législateur, il ne faudrait pas perdre de vue que la mise en examen, en dépit des 230inconvénients qu'elle comporte, renferme des avantages. Mais, avant de voir ces avantages et inconvénients, voyons les conditions d'acquisition du statut de mis en examen.

389.Acquisition du statut de mis en examen. Comme la qualité de témoin assisté, la mise en examen peut être obligatoire ou facultative. Elle devient obligatoire pour le juge lorsqu'il existe à l'encontre des personnes « *des indices graves et concordants d'avoir participé aux faits dont le juge d'instruction est saisi* »[913]. En revanche, il a la faculté d'y procéder s'il existe des indices graves ou concordants à l'encontre des personnes[914]. C'est ce que rappelle la Cour de cassation dans ses décisions du 23 octobre 2002[915] et du 29 mars 2006[916]. Dans ces arrêts, la Cour retient que « *si le juge d'instruction ne peut mettre en examen qu'une personne contre laquelle il existe*

---

910 Bulletin officiel du ministère de la justice, n° 80, disponible en ligne : www.justice.gouv.fr.

911 Selon le professeur Pradel « *le droit commun est donc celui du statut de témoin assisté* […] », J. PRADEL, *Procédure pénale*, 19e éd. Cujas, 2017, p. 794 ; E. VERGÈS, *Procédure pénale*, éd. Lexisnexis, 2011, p. 208.

912 Le statut de témoin assisté selon maître Haeri est rarement utilisé en pratique par les magistrats pour les raisons suivantes : « *La procédure permettant de requalifier un témoin assisté en mis en examen est lourde et compliquée, nécessitant notamment l'adoption par le parquet de nouvelles réquisitions. Dans le doute, un magistrat, préfère généralement recourir directement au statut de mis en examen, plutôt que d'être éventuellement confronté à la nécessité de requalifier ultérieurement le statut de témoin assisté. La procédure de requalification de mise en examen à témoin assisté est également complexe, ce qui désincite le magistrat à revenir sur sa décision initiale* »., K. HAERI, *Réformer la mise en examen, un impératif pour renforcer l'État de droit*, éd. Institut Montaigne, 2002, p. 10.

913 Art. 105 CPP

914 Y. JOSEPH-RATINEAU, *La privatisation de la répression pénale*, vol. 2, éd. Publibook, p. 165.

915 Cass. crim., 23 octobre 2002, n° 02-85.618.

916 Cass. crim., 29 mars 2006, *Gaz. Pal.*, 26 octobre 2006, n° 299, p. 19, note Y. MONNET.

des indices graves ou concordants, il a la faculté de ne le faire qu'après s'être éclairé […] ». Il apparaît ainsi que dans la phase de l'instruction, la personne peut être soit témoin assisté, soit mise en examen et l'attribution de ces statuts peut être obligatoire ou facultative. Cependant, il est possible pour la personne de changer de statut.

2. *La possibilité de changer de statut*

390. La personne poursuivie dans le cadre de l'instruction peut, en fonction des éléments du dossier et de son degré de participation à la manifestation de vérité, changer de statut. Si ce changement de statut est laissé à l'appréciation de la personne poursuivie (a), il est souvent opéré afin de bénéficier de plus de droits pour se défendre (b).

a. Les modalités pour le changement de statut

391.De la qualité de témoin assisté à celui de la mise en examen. Il est possible pour le suspect ou la personne poursuivie de changer de statut dans le déroulement de l'instruction. Il peut quitter la qualité de témoin assisté pour celle de mis en examen, ou l'inverse. Si le juge peut décider de procéder à la mise en examen de la personne en cours de procédure après l'apparition d'indices de nature à justifier cette mise en examen, l'intérêt doit surtout être recherché dans la faculté accordée à la personne poursuivie d'y procéder elle-même par une simple demande. L'article 113-6 du CPP dispose que « *à tout moment de la procédure, le témoin assisté peut, à l'occasion de son audition ou par lettre recommandée avec demande d'avis de réception, demander au juge d'instruction à être mis en examen* ». Cette attribution de la qualité de mis en examen découlant de l'initiative de la personne poursuivie n'est pas fortuite.

392.Le but poursuivi. En dépit des inconvénients que renferme le statut de mis en examen, le témoin assisté, qui en fait la demande, cherche sans doute à participer largement aux investigations. Aux termes de l'article 113-6 du CPP, le témoin assisté peut « *bénéficier de l'ensemble des droits de la défense* » s'il demande sa mise en examen. Avec ce statut, il pourra, comme le note le professeur Pradel, « *participer à l'instruction* »[917], il pourra « *proposer et suggérer* »[918]. Un tel mécanisme n'est pas présent dans la phase policière. Le suspect devant l'OPJ, pour bénéficier de droits plus larges, doit être privé de liberté, c'est-à-dire placé en garde à vue. Une différence sans doute regrettable, car la position de la personne poursuivie pour bénéficier de l'ensemble des droits de la défense en instruction se rapproche de la position du suspect devant l'OPJ, les deux étant des suspects. En effet, l'article 80-1 du CPP qui prévoit la mise en examen parle d'existence, à l'encontre de la personne, d'« *indices graves ou concordants rendant vraisemblable qu'elle ait pu participer, comme auteur ou complice, à la commission des infractions* [...] » et cette même idée semble se dégager de l'article 62-2 du CPP relatif à la garde à vue. Ce dernier dispose que la garde à vue peut être retenue à l'encontre d'une personne qui présente « *une ou plusieurs raisons plausibles de soupçonner qu'elle a commis ou tenté de commettre un crime ou un délit puni d'une peine d'emprisonnement* [...] ». Cette notion de « *vraisemblance* » de l'article 80-1 du CPP rejoint celle de « *soupçon* » de l'article 62-2 du CPP, car, dans les deux cas, il ne s'agit pas d'une certitude, mais seulement de la suspicion. Dans le cadre de l'instruction, la demande de changement de statut permet à la personne poursuivie de bénéficier de plus de droits.

b. Des droits plus étendus conséquence du changement de statut

393.Les droits limités du témoin assisté. La qualité de témoin assisté ne permet pas de participer pleinement à la procédure pour la simple raison que le témoin assisté n'est pas considéré comme partie au procès[919]. Néanmoins, la loi reconnaît à la personne bénéficiant de ce statut des droits pour se défendre. Ainsi, dispose-t-elle au regard de l'article 113-3 du CPP d'un droit à l'avocat, d'accéder au dossier, de demander des confrontations, de bénéficier d'un interprète, d'un

[917] J. PRADEL, *op. cit.*, p. 791 et s.
[918] *Ibid.*
[919] « *Le témoin assisté n'est pas une partie et il est aux mieux une partie croupion, un personnage ayant certains droits de partie, sans l'être vraiment.* », J. PRADEL, *Procédure pénale*, 19^{e}éd., CUJAS, 2017, p. 794 ; G. ROUSSEL, *Procédure pénale*, 8e éd. Vuibert, 2017/2018, p. 355 et s.

traducteur pour les pièces essentielles du dossier et de formuler des requêtes en annulation. Elle peut aussi garder le silence, demander la nullité d'un acte et demander une contre-expertise[920]. Cependant, elle ne bénéficie pas de certains droits comme celui de faire appel des ordonnances du juge d'instruction, de former un pourvoi en cassation[921] et de demander certains actes d'investigations en dehors des confrontations et des contre-expertises[922]. Pour bénéficier de tous ces droits, afin de mieux se défendre, elle peut opter pour une mise en examen.

394. Une extension des droits en cas de mise en examen. Au regard de l'article 113-6 du CPP, la personne mise en examen bénéficie de « *l'ensemble des droits de la défense* ». En plus des droits du témoin assisté, il a le droit, comme le remarque le professeur Leroy, « *d'être tenu informé des ordonnances du juge d'instruction et d'en faire appel, de déposer des requêtes en annulation, de réclamer des actes d'instruction (interrogatoire, audition d'un témoin, confrontation, transport sur les lieux, production d'une pièce utile à la manifestation de la vérité…)* »[923]. Il s'agit, en somme, d'une participation active aux investigations. Le témoin assisté, dans le but de mieux se défendre, peut demander ce statut afin de solliciter la réalisation d'actes pour prouver le degré de sa participation à l'infraction ou son innocence. Une fois cette preuve établie, il peut redevenir témoin assisté voire simple témoin. Les droits de la défense semblent s'exprimer largement dans la phase d'instruction. Et l'existence d'un contrôle de l'instruction par la chambre de l'instruction témoigne de cette expression large des droits de la défense.

B- Un contrôle du respect des droits de la défense par la chambre de l'instruction

395. L'instruction préparatoire est juridictionnalisée. Si le juge d'instruction constitue le premier degré, la chambre d'instruction en

920 G. ROUSSEL, *op. cit.*, p. 355 ; C. GUÉRY, P. CHAMBON, *op. cit.*, p. 286.

921 Cass. crim., 13 novembre 2001, n°01-85.506, *Dalloz actualité*, obs. M. LÉNA ; Cass. crim., 28 mars 2006, n°05-86.661, *AJ. Pén.*, 2006, p. 269, obs. P. R.

922 J. PRADEL, *op. cit.*, p. 793 et s.

923 J. LEROY, *op. cit.*, p. 478.

constitue le second degré. Cette dernière, en sa qualité de juridiction de second degré, est chargée de veiller au bon déroulement de l'instruction, au respect des droits des parties. Elle corrige les erreurs, la défaillance ou l'inertie du juge d'instruction, car le juge d'instruction « *est exposé à commettre des erreurs parfois irréparables* »[924]. Ainsi, étant une partie à la procédure, la personne mise en examen peut, en cas de non-respect des droits de la défense, saisir la chambre de l'instruction par voie d'appel contre les ordonnances (1) du juge d'instruction ou du JLD, ou encore soulever des nullités devant cette chambre pour les irrégularités[925] (2).

1. *Le droit de faire appel des ordonnances*

396. Le droit de faire appel des ordonnances du juge d'instruction constitue un droit fondamental de défense. Il consiste surtout pour la personne mise en examen à contester les décisions contraignantes du juge d'instruction et du JLD (a), mais aussi celles relatives à sa défense (b).

a. L'appel contre les décisions contraignantes du juge d'instruction et du JLD

397.Les décisions contraignantes prises par le juge d'instruction. Le juge d'instruction peut, dans le cadre de ses investigations, prendre des mesures contraignantes de nature à restreindre certains droits de la personne, surtout de la personne mise en examen. Ces décisions peuvent cependant faire l'objet d'un appel. Il s'agit, entre autres, de l'ordonnance qui place la personne mise en examen sous contrôle judiciaire, de l'ordonnance refusant la mainlevée de celle-ci[926] encore de l'ordonnance qui prévoit l'assignation à résidence

---

924 R. MERLE, A. VITU, *op. cit.*, p. 635.
925 H. CONCHON, *op. cit.*, p. 30.
926 Art. 139 et 140 CPP

avec surveillance électronique[927]. Si le contrôle judiciaire « *est une mesure de sûreté dont le but est d'astreindre la personne mise en examen au respect de certaines obligations, dans les conditions énumérées par la loi pénale* »[928], l'assignation à résidence avec surveillance électronique, qui est une « *obligation faite au mis en examen de demeurer à son domicile ou une résidence désignée par le juge, et ce, sous surveillance électronique* »[929], démontre l'aspect contraignant de ces mesures. Ces décisions du juge d'instruction, qui peuvent porter atteinte à la psychologie de la personne mise en examen et affecter sa défense, sont moins graves que celles prises par le JLD.

398.Les décisions contraignantes prises par le JLD. Si le JLD dispose des mêmes pouvoirs que le juge d'instruction en matière de contrôle judiciaire et de placement sous surveillance électronique, il détient seul le pouvoir de placer la personne mise en examen en détention provisoire. Cet acte grave[930] ne doit être pris par le JLD que lorsque les conditions fixées par l'article 143-1 du CPP sont réunies et il doit prendre une ordonnance motivée[931] s'il opte pour cette mesure. La personne mise en examen peut faire appel de cette ordonnance en sollicitant le Président de la chambre de l'instruction par un référé-liberté conformément à l'article 187-1 du CPP, ou directement la chambre de l'instruction en application de l'article 187-2 du CPP[932]. À côté de ces ordonnances de nature contraignantes prises à l'encontre de la personne mise en examen, il existe des ordonnances dont elle peut faire appel. Il s'agit des ordonnances qui rejettent certaines demandes nécessaires à sa défense.

---

927 Art.142-6 et 142-7 CPP

928 R. CABRILLAC, *Dictionnaire du vocabulaire juridique*, 9e éd., Lexisnexis, 2018, p. 159.

929 G. ROUSSEL, *op. cit.*, p. 389.

930 P. LE MONNIER DE GOUVILLE, *op. cit.*, p. 21.

931 P. LE MONNIER DE GOUVILLE, *op. cit.*, p. 81 et s.

932 Sur ce point, v. la circ. : CRIM. 00-16 F1 du 20 décembre 2000, présentant les dispositions de la loi du 15 juin 2000 renforçant la présomption d'innocence et les droits des victimes concernant l'instruction, la détention provisoire, la détention provisoire, le juge des libertés et de la détention et le jugement correctionnel.

b. L'appel des ordonnances de refus de certaines mesures nécessaires à la défense

399.Le rejet des demandes nécessaires à sa défense. Contrairement à la phase policière où la personne demeure toujours exclue de la recherche des preuves ; dans la phase de l'instruction, la personne mise en examen peut solliciter des actes d'investigation pour sa défense. Le refus de ces actes peut faire l'objet de recours devant le Président de la chambre de l'instruction ou devant la chambre de l'instruction. Elle peut, conformément à l'article 167 alinéa 4, faire appel de l'ordonnance du juge d'instruction refusant un complément d'expertise ou une contre-expertise. Toujours dans le cadre de sa défense, elle peut solliciter le statut de témoin assisté après une mise en examen, elle peut aussi au regard des articles 81, 82-1 et 82-2, solliciter le juge d'instruction pour l'accomplissement d'examens ou toutes autres mesures utiles à la manifestation de la vérité comme des auditions, des interrogatoires, des confrontations, des transports sur certains lieux et des productions de pièces. Ces actes utiles à la défense peuvent être refusés par le juge d'instruction par une ordonnance motivée qui pourra faire l'objet d'un appel de la part de la personne mise en examen. Il appartiendra à la chambre de l'instruction de prendre les décisions nécessaires pour rétablir chaque partie dans ses droits.

400.Les décisions de la chambre de l'instruction face aux demandes. La chambre de l'instruction peut, après appel de la personne mise en examen, procéder via son Président ou elle-même au contrôle de l'information. Elle peut se prononcer aussi bien sur les ordonnances du juge d'instruction que sur celles du JLD. En somme, sur toute l'instruction. Elle dispose quasiment des mêmes droits que les juges. Elle peut procéder à une révision de l'information c'est-à-dire « *reprendre le travail du juge d'instruction en procédant* [...] *aux actes nécessaires à la manifestation de la vérité* »[933]. En dépit de l'encadrement du pouvoir de révision[934], la chambre de l'instruction peut passer par l'évocation pour se saisir de l'entier dossier[935]. Le Président de la chambre de l'instruction

---

[933] F. DESPORTES, L. LAZERGES-COUSQUER, *op. cit.*, p. 1431.

[934] P. BELLOIR, « Chambre de l'instruction », *Rép. Pén. D.*, 2016.

[935] *Ibid.* ; J. PRADEL, *Procédure pénale*, 19eéd., Cujas, 2017, p. 807 et s.

peut prononcer la mise en liberté de la personne après un appel de l'ordonnance du JLD la plaçant en détention provisoire si les conditions pour procéder à la détention ne sont pas réunies. Il joue aussi, comme le juge de la juridiction de jugement, un rôle d'arbitre entre la défense et le juge d'instruction. L'alinéa 9 de l'article 114 du CPP[936] en constitue un bel exemple. Si les ordonnances du juge d'instruction et du JLD peuvent être frappées d'appel et être modifiées par le Président de la chambre de l'instruction ou par la chambre elle-même, cette même procédure est empruntée en cas d'irrégularité commise par le juge d'instruction ou le JLD.

2. *Sanctions des irrégularités par la chambre de l'instruction*

401. Dans la mise en œuvre de leurs compétences, le juge d'instruction comme le JLD sont astreints au respect de certaines formalités sous peine de voir les actes effectués annulés (a). L'annulation de ces actes entraînera forcément des conséquences sur la suite de la procédure (b).

a. L'annulation des actes irréguliers

402.Les nullités textuelles. L'observation de certaines formalités par le juge d'instruction comme par le JLD est nécessaire pour valider les actes accomplis. Si la nullité textuelle est celle qui est prévue par la loi, sanctionnée en cas de simple inobservation[937], il faut convenir que cette forme de nullité «*présente l'avantage que l'on sait à l'avance ce que la loi considère comme essentiel, elle exclut toute interprétation du juge et donc tout arbitraire de sa part*»[938]. Le rapprochement de l'instruction et de la phase policière est

---

[936] L'avocat de la personne mise en examen peut solliciter un accès aux copies de la procédure « *sous réserve de l'accord du juge, le refus de celui-ci ouvre à l'avocat le droit de saisir le président de la chambre de l'instruction* », J. PRADEL, *op. cit.*, p. 807 et s.

[937] J. LEROY, *Procédure pénale*, 5ᵉéd., LGDJ, 2017, p. 522 et s. ; B. BOULOC, *Procédure pénale*, 26ᵉéd., Dalloz, 2017, p. 848 et s.

[938] J. PRADEL, *op. cit*, p. 813 ; v. aussi R. MERLE, A. VITU, *op. cit.*, p. 663.

aussi observable dans le cadre de l'étude des nullités. Certaines dispositions relatives aux nullités de l'instruction renvoient aux nullités de l'enquête policière. Cela est justifié par le simple fait que les actes accomplis par le juge d'instruction sont quasiment les mêmes actes qu'accomplissent les OPJ. Il peut arriver même que ces derniers fassent le travail à la place du juge d'instruction dans le cadre d'une commission rogatoire. Le juge d'instruction, qui procède aux perquisitions et saisies conformément aux articles 95 et 96 du CPP, doit se référer aux articles 57 et 59 du CPP qui prévoient la perquisition dans l'enquête policière sous peine de nullité. Toujours parmi les actes pouvant être effectués par le juge d'instruction ou l'OPJ figurent les interceptions téléphoniques qui sont assorties de nullité en cas d'inobservation des formalités prévues par la loi[939]. Ces nullités ne sont prises en compte qu'en cas d'existence de grief. Cette même solution est aussi retenue pour les nullités substantielles[940].

403.Les nullités substantielles. Cette forme de nullité dite encore nullité virtuelle[941] consiste en « *la méconnaissance d'une formalité substantielle prévue par le Code de procédure pénale ou toute autre disposition de procédure pénale* »[942], ou encore sont « *celles qui quoi que non prévues par la loi, sont admises par la jurisprudence comme sanction d'une irrégularité grave de la procédure* »[943]. Ces nullités renvoient aux droits de la défense[944] puisque l'absence de ces formalités substantielles peut vicier la procédure et annihiler « *toute possibilité de défense effective* »[945]. C'est ainsi que la Cour de cassation a retenu, sur le fondement de l'article 197 alinéa 3 du CPP, une atteinte aux droits de la défense résultant d'une absence de

939 Art. 100-7 al. 3 CPP

940 J. LEROY, *Procédure pénale*, 5eéd, LGDJ, 2017, p. 522 et s. ; G. ROUSSEL, *Procédure pénale*, 8eéd., Vuibert, 2017/2018, p. 397 et s. ; J. LARGUIER ; P. CONTE, *Procédure pénale*, 24eéd., Dalloz, 2016, p. 296.

941 « *Il y a nullité lorsque la méconnaissance d'une formalité substantielle prévue par une disposition du présent code ou toute autre disposition de procédure pénale a porté atteinte aux intérêts de la partie qu'elle concerne* », art. 171 CPP

942 J. LARGUIER, P. CONTE, *op. cit.*, p. 296

943 C. AMBROISE-CASTEROT, P. BONFILS, *op. cit.*, p. 336.

944 B. BOULOC, *Procédure pénale*, 26eéd., Dalloz, 2017, p. 848 ; J. PRADEL, *op. cit.*, p. 814.

945 G. PITTI, « Les nullités d'intérêt privé : le nécessaire équilibre entre droits de la défense et répression », *AJ. Pén.*, 2016, p. 194.

communication de certains éléments du dossier[946]. Cette même solution est retenue lorsque la personne poursuivie est mise en cause par des témoins qui n'ont pas prêté serment. C'est sur ce critère que la chambre criminelle de la Cour de cassation saisie d'un pourvoi sur le fondement de l'article 171 du CPP annule, dans sa décision du 10 mai 2016, les procès-verbaux de confrontations laissant participer des témoins qui ne prêtent pas serment et dont les témoignages ont motivé « *son renvoi devant la juridiction de jugement* »[947]. Tout acte relatif à la défense de la personne poursuivie comme le non-respect du contradictoire[948], l'absence de l'avocat[949], l'absence de notification des droits lors de la garde à vue dans le cadre d'une instruction[950], sont des actes qui portent nécessairement atteinte aux droits de la défense et doivent être déclarés nuls. Ces nullités auront forcément des conséquences sur la suite de la procédure.

b. Les conséquences de l'annulation sur la suite de la procédure

404.L'étendue de la nullité. Que la nullité soit textuelle ou substantielle, l'article 174 du CPP donne à la chambre de l'instruction le pouvoir de fixer l'étendue de l'annulation. Cette juridiction de second degré peut, soit annuler l'acte seul, soit annuler les autres actes qui ont pour support l'acte annulé. Cette solution s'applique aussi bien dans le cadre de l'instruction que dans le cadre de l'enquête de police surtout en matière de garde à vue[951]. La chambre criminelle de la Cour de cassation, dans une décision du 19 mars 2002, a annulé un acte et tous ceux qui

---

946 Cass. crim., 6 janvier 2015, n° 14-86719, *RSC*, 2015, p. 404, obs. D. BOCCON-GIBOD.

947 Cass. crim., 10 mai 2016, n° 15-87.713, *Dalloz actualité*, 25 mai 2016, obs. D. AUBERT.

948 Cass. crim., 6 janvier 2015, n° 14-86719, *RSC*, 2015, p. 404, obs. D. BOCCON-GIBOD.

949 Cass. crim., 4 décembre 2007, n° 07-86794, *Gaz. Pal.*, 25 septembre 2008, n° 269, p. 12, note Y. MONNET ; *Dalloz actualité*, 4 février 2008, obs. S. LAVRIC.

950 Cass. crim., 1er décembre 2015, n° 15-84874, *RSC*, 2016, p. 101, obs. A. GIUDICELLI.

951 C. MAURO, « Garde à vue », *Rép. Pén. D.*, juin 2016.

avaient pour support cet acte annulé[952]. Si cette décision est intervenue dans le cadre de l'instruction, cette même solution est retenue dans le cadre de l'enquête policière. La chambre criminelle de la Cour de cassation, dans ses décisions du 27 mai 2014 et du 3 mars 2015, a rappelé que « *la nullité d'une garde à vue est sans effet sur les actes régulièrement accomplis antérieurement à cette mesure* »[953]. Ces solutions démontrent encore une fois le rapprochement entre l'instruction et la phase policière en matière de nullité. Une fois les actes annulés, il faudra s'interroger sur leur sort.

405. Le sort des actes annulés. Le sort des actes dépend d'une annulation totale ou partielle[954]. Dans le premier cas, l'acte annulé est retiré du dossier alors que dans le second cas, il sera question de « *rendre illisibles les parties annulées [...] en les biffant* »[955]. L'instruction préparatoire, au regard des droits qu'elle reconnaît à la personne suspecte ou poursuivie, présente plus de garanties que la phase policière. La présence d'un juge d'instruction, d'un JLD, d'une chambre de l'instruction et d'une possibilité de pourvoi contre les ordonnances de ces derniers devant la Cour de cassation, témoigne de cette volonté affirmée par le législateur de faire de la juridiction d'instruction, une juridiction soucieuse des droits de la personne poursuivie. Ce souci ne semble pas s'affirmer pour autant dans la phase policière, phase où l'autorité judiciaire est peu présente et les voies de recours quasi absentes. Les nullités des actes accomplis dans le cadre de l'enquête de police ne peuvent faire l'objet d'appel ou de nullité que si une instruction est ouverte ou si une juridiction de jugement est saisie. Or, il paraît paradoxal de reconnaître plus de droits à la personne poursuivie devant le juge d'instruction et de reconnaître moins de droits à la personne devant l'OPJ. Ce paradoxe découle surtout de la quasi-ressemblance entre ces deux enquêtes, mais aussi du fait que la phase d'instruction est moins utilisée, et que la phase policière devient aujourd'hui une phase plus active avec une montée en puissance des prérogatives du parquet.

---

952 Cass. crim., 19 mars 2002, n° 01-88.240., *JCl. Pén.*, 25 juillet 2016, Fasc. 20, « Principes directeurs du procès pénal. Origine et force normative des principes directeurs », É. VERGÈS.

953 Cass. crim., 27 mai 2014, n° 13-87.095, *Dalloz actualité*, 18 juin 2014, obs. S. ANANE ; Cass. crim., 3 mars 2015, n° 14-80.250.

954 F. DESPORTES, L. LAZERGES-COUSQUER, *op. cit.*, p. 1386.

955 *Ibid.*

Section 2 : La montée en puissance des prérogatives du parquet

406.Le principe : le parquet n'est pas un juge. L'organisation de la procédure pénale requiert l'existence d'un juge du siège indépendant et impartial et d'un juge du parquet chargé de poursuivre les infractions et de requérir une peine. Le parquet, comme le souligne le Professeur Labbé, « *ne juge pas* »[956]. Dans cette même logique, le Professeur Rassat note aussi que le ministère public ne joue pas au procès pénal un rôle de juge[957]. Il est une partie procès au pénal, principal accusateur, il défend l'intérêt de la société en requérant en son nom « *une sanction pour punir celui qui a commis une infraction* »[958]. À ce titre, il ne peut être considéré comme un magistrat qui veille au respect des libertés individuelles comme l'indique l'article 66 de la Constitution. Il « *est moins protecteur de la liberté individuelle* »[959] par rapport au juge du siège, et ne peut pas, par principe, être juge et accusateur. Mais le législateur a altéré ce principe en reconnaissant au magistrat le droit de juger.

407.L'altération du principe. Au nom de l'opportunité des poursuites, le ministère public s'est vu reconnaître des droits sur la suite de la procédure, c'est-à-dire des droits jusqu'ici reconnus seulement devant la juridiction de jugement. Il peut ainsi, avant tout engagement des poursuites, recourir à des procédés permettant de faire cesser le trouble à l'ordre public, assurer la réparation du dommage, mais aussi garantir la réinsertion de l'auteur de l'infraction. Ces trois aspects que l'on retrouve dans la phase décisoire et pris souvent en compte lorsque le juge rend sa décision se retrouvent désormais dans la phase de l'enquête. Le procureur de la République dispose d'une variété de mesures pour donner une suite à l'affaire dont il est saisi (§1). Ces mesures que certains auteurs comme le Professeur Perrier qualifie de transactions[960] respectent peu les droits de la défense. (§2).

---

956 X. LABBÉE, *Introduction générale au droit, pour une approche éthique*, éd. Septentrion, 2011, p. 107.

957 M.-L. RASSAT, *Procédure pénale*, 3eéd., Ellipses, 2017, p. 237 et s.

958 F. MOLINS, « Ministère public », *Rép. Pén. D.*, 2016 ; X. LABBÉE, *op. cit.*, p. 107.

959 G. ROUSSEL, *op. cit.*, p. 78.

960 J.-B. PERRIER, *La transaction en matière pénale*, éd. LGDJ, 2014.

§1 : Une variété de mesures reconnues au ministère public

408. Le procureur de la République apparaît aujourd'hui en amont et en aval de la procédure pénale. Il décide de la saisine de la juridiction, de l'ouverture d'une instruction ou encore du recours à des procédés de jugement rapide comme le ferait une juridiction de jugement. Il peut prendre des mesures avant tout déclenchement des poursuites (A), comme il peut aussi, après déclenchement des poursuites, mettre en œuvre d'autres mesures (B).

A- Les mesures applicables avant le déclenchement des poursuites

409. Avant d'engager une poursuite, le procureur apprécie les faits et en fonction de la gravité, il peut recourir à différentes mesures de nature à respecter les conditions fixées par l'article 41-1 du CPP. Il peut procéder à un rappel à la loi ou soumettre la personne à des obligations (1) ou encore procéder à une médiation ou une composition pénale (2).

1. *Le rappel à la loi et la soumission à des obligations*

410. Si le rappel à la loi (a) ne présente pas une « *réelle coloration pénale* »[961] parce que ne comportant « *ni contrainte ni obligations pour l'auteur des faits* »[962], les autres mesures soumettant la personne à des obligations (b) présentent une certaine contrainte.

---

961 Y. JOSEPH-RATINEAU, *La privatisation de la répression pénale*, vol. 2, éd. Publibook, 2017, p. 38.
962 *Ibid.*

a. Le rappel à la loi

411.Une mesure tenant compte de la gravité de l'infraction. Instauré par la loi du 9 mars 2004, le rappel à la loi, comme l'indique la circulaire de la direction des affaires criminelles et des grâces du 30 juin 2004, doit être appliqué à chaque fois que l'infraction cause un faible trouble à l'ordre public ou un faible préjudice[963]. Il « *consiste, dans le cadre d'un entretien solennel, à signifier à l'auteur la règle de droit, la peine prévue et les risques de sanction encourue en cas de réitération des faits* »[964]. C'est en quelque sorte un avertissement[965] pour les primodélinquants[966]. Ce rappel à la loi est pris par le procureur de la République et peut être exécuté par lui-même, son délégué ou encore par l'intermédiaire d'un OPJ[967]. Il s'agit, dans une certaine mesure, d'apporter une réponse pénale à l'infraction sans porter l'affaire devant une juridiction de jugement, « *de ne pas laisser l'infraction sans aucune réaction* »[968]. Cette réaction, aussi minime soit-elle, donne aux procureurs de la République le pouvoir de prononcer une mesure dont les conditions pour sa mise en œuvre sont proches des obligations que doit observer une juridiction de jugement lors du prononcé de la peine au regard des fonctions de cette dernière[969]. Mais le rappel à la loi n'empêche pas la saisine d'une juridiction. C'est ce qui témoigne de la relativité de cette mesure.

412.La relativité de la décision du rappel à la loi. Le rappel à la loi n'est pas une peine même si son prononcé exige des conditions qui renvoient aux fonctions de la peine. Ce n'est pas une décision

---

963 Circ.de la direction des affaires criminelles et des grâces, signalisation des circulaires du 1er avril au 30 juin 2004, Bulletin Officiel du Ministère de la Justice, disponible en ligne : www.justice.gouv.fr. ; v. aussi : E. GLOTOVA, « Le rappel à la loi pour mineur : une expérience personnelle », *Journal du droit des jeunes*, 2016/I, n°351-352, p. 128.

964 Circ. de la direction des affaires criminelles et des grâces, signalisation des circulaires du 1er avril au 30 juin 2004, Bulletin Officiel du Ministère de la Justice, disponible en ligne : www.justice.gouv.fr. ; voir aussi S. GUINCHARD, J. BUISSON, *op. cit.*, p. 864.

965 *Ibid.*

966 P. PONCELA, « Le procès pénal accéléré, étude des transformations du jugement pénal », *D.*, 2012, p. 805.

967 J. LEROY, *Procédure pénale*, 5e éd., LGDJ, 2017, p. 376.

968 C. RIBEYRE, *Procédure pénale*, éd. PUG, 2016, p. 86.

969 « *Afin d'assurer la protection de la société, de prévenir la commission de nouvelles infractions et de restaurer l'équilibre social, dans le respect des intérêts de la victime, la peine a pour fonction : de sanctionner l'auteur de l'infraction ; de favoriser son amendement, son insertion ou sa réinsertion* », Art. 130-1 CP.

juridictionnelle, il n'a pas l'autorité de la chose jugée et par conséquent, il ne peut être inscrit au casier judiciaire. C'est ce qui fait de cette mesure l'une des plus relatives, car rien n'empêche le procureur de revenir sur sa décision pour exercer la poursuite même si le rappel à la loi est exécuté. C'est ce que rappelle la Cour de cassation dans ses décisions du 21 mai 2008[970], du 21 juin 2011[971], du 17 janvier 2012[972]et enfin du 20 janvier 2015[973]. Dans ces arrêts, la Haute Cour note que « *le rappel à la loi auquel procède le procureur de la République en application de l'article 41-1 du code de procédure pénale est dépourvu de l'autorité de la chose jugée et n'emporte pas lui-même preuve du fait imputé à un auteur et de sa culpabilité* ». Par conséquent, il est possible au regard de ces observations que le procureur de la République engage les poursuites même si le rappel à la loi est exécuté[974]. Si une telle jurisprudence ne permet pas de déterminer la nature et le régime du rappel à la loi[975], il n'en demeure pas moins une réponse pénale entre les mains du procureur de la République, comme le sont les autres obligations auxquelles peut être soumis l'auteur de l'infraction.

b. La soumission de l'auteur de l'infraction à des obligations

413.La diversité des obligations proposées. Les obligations auxquelles le procureur de la République peut recourir sont diverses et sont proposées en fonction de la nature de l'infraction. Si la personne n'est pas en règle avec la loi ou le règlement, il peut lui demander de se

[970] Cass. soc., 21 mai 2008, n° 06-44948, *Dalloz actualité*, 10 juin 2008, obs. M. LÉNA ; *JCP G.*, 2008, p. 48 et s., note S. DETRAZ ; *JCP. S..* , 2008, p. 48 et s., note I. BEYNEIX.

[971] Cass. crim., 21 juin 2011, n° 11-80.003, *D.*, 2011, p. 2379, note F. DESPREZ ; *RSC*, 2011, p. 660, obs. J. DANET ; *AJ. Pén.*, 2011, p. 584, obs. L. BELFANTI.

[972] Cass. crim., 17 janvier 2012, n° 10-88.226.

[973] Cass. soc., 20 janvier 2015, n°13-21565.

[974] L. BELFANTI, « De la révocabilité du rappel à la loi en particulier des alternatives aux poursuites en général », *AJ. Pén.*, 2011, p. 584 ; J. DANET, « Le rappel à la loi, préambule ou « alternative » aux poursuites, au choix du ministère public », *RSC*, 2011, p. 660 ; J. -B. PERRIER, « Alternatives aux poursuites : orthodoxie juridique face à l'opportunité pratique », *D.*, 2011, p. 2349.

[975] J. DANET, « Le rappel à la loi, préambule ou « alternative » aux poursuites, au choix du ministère public », *RSC*, 2011, p. 660

mettre en conformité. Il peut la contraindre à l'effectuer dans un délai précis[976]. Si cette mesure peut présenter une certaine contrainte, celle interdisant l'époux, le concubin ou encore le partenaire de « *résider hors du domicile ou de la résidence du couple, de s'abstenir de paraître dans ce domicile ou cette résidence ou aux abords immédiats* »[977] demeure aussi contraignante et touche surtout à la vie privée de la personne concernée par la mesure. Il existe d'autres mesures contraignantes que le procureur peut prendre comme obliger la personne à réparer le dommage résultant de l'infraction, ou encore l'orienter vers une structure sanitaire, sociale ou professionnelle. Ces mesures, au regard de la jurisprudence relative au rappel à la loi, présentent aussi un effet relatif.

414.L'effet relatif des obligations. La jurisprudence de la Cour de cassation, plus particulièrement celle de la chambre sociale et de la chambre criminelle, laisse apparaître l'effet relatif des mesures proposées. Comme dans le cadre du rappel à la loi, la soumission aux obligations n'empêche pas le procureur de poursuivre sans qu'il ne soit nécessaire d'établir l'existence d'éléments nouveaux. Il faudrait cependant apporter des tempéraments à cet effet relatif. En effet, comme le soulignent le Professeur Perrier et M. Deprez, il ne concerne pas toutes les alternatives aux poursuites[978]. Il ne vise que les mesures de l'article 41-1 du CPP et par conséquent, il faudrait bannir « *toute interprétation extensive* »[979] des solutions rendues par la Cour de cassation en matière d'alternatives aux poursuites. Cette position est d'autant plus justifiée qu'il existe à côté des alternatives visées par l'article 41-1 du CPP d'autres alternatives aux poursuites qui, une fois mises en place, contraignent le procureur à classer sans suite l'affaire[980]. Cette situation se présente en cas de mise en œuvre par le parquet d'une procédure de médiation pénale ou de composition pénale bien exécutée.

---

[976] J. LEROY, *op. cit.*, p.342.

[977] *Ibid.*

[978] J.-B. PERRIER, « Alternatives aux poursuites : orthodoxie juridique face à l'opportunité pratique », *D.*, 2011, p. 2349 ; F. DEPREZ, « L'illustration d'une insuffisance législative à propos des alternatives aux poursuites », *D.* 2011, p. 2379.

[979] J.-B. PERRIER, « Alternatives aux poursuites : orthodoxie juridique face à l'opportunité pratique », *D.*, 2011, p. 2349.

[980] *Ibid.*

2. *La médiation et la composition pénale*

415. Dans l'optique d'apporter une « *réponse pénale plus systématique au phénomène de la délinquance* »[981], le législateur a mis à la disposition du parquet, en dehors du rappel à la loi et de la soumission de la personne à des obligations, la médiation pénale (a) qui de par sa nature consiste à réparer, à rééduquer[982] et qui se distingue de la composition pénale (b), qui comporte une « *dimension punitive* »[983].

a. La médiation pénale

416.Une mesure très utilisée. Qualifiée de « *transaction* »[984], de « *contractualisation* »[985], la médiation dépasse le cadre du droit pénal pour toucher d'autres domaines comme le droit civil, le droit de la famille, le droit des sociétés ou encore le droit du travail[986]. Le domaine aussi étendu de cette mesure peut trouver une justification dans sa capacité à « *ramener la paix sociale par un règlement pacifié des conflits* »[987]. Elle peut être définie comme « *tout processus structuré, quelle qu'en soit la dénomination, par lequel deux ou plusieurs parties tentent de parvenir à un accord en vue de la résolution amiable de leur différend, avec l'aide d'un tiers, le médiateur, choisi par elles ou désigné avec leur accord par le juge saisi du litige* »[988]. En matière pénale, elle s'applique aussi bien au mineur qu'au majeur[989] et est mise en œuvre sur

---

981 F. ZOCHETTO, *Rapport d'information*, Sénat, session ordinaire de 2005-2006, n° 17, p. 9.

982 S. VOISIN, « La médiation pénale est-elle juste ? », *LPA*, 26 août 2002, n° 170.

983 F. ZOCHETTO, *op. cit.*, p. 29.

984 J.-B. PERRIER, *La transaction en matière pénale*, LGDJ, 2014, p. 69 et s.

985 E. DREYER, « La médiation pénale, objet juridique mal identifié », *JCP G.*, n° 14, 2 avril 2008, doctr. 131. C

986 M. GUILLAUME-HOFNUNG, *La médiation*, éd. PUF, 2015, p. 23 et s.

987 G. ROUSSEL, *op. cit.*, p. 110 ; R. CARIO, « Potentialités et ambiguïté de la médiation pénale », in La *médiation pénale entre répression et réparation*, éd. L'Harmattan, 1997, p. 11 et s. ; B. GAILLARD, P. MESSÉ, S. ESSADEK, F. VERGER, « Évolution des modes traditionnels de médiation », in *La médiation théorie et pratique*, éd. L'Harmattan, 2007, p. 19 et s.

988 L. SCHENIQUE, « De la confidentialité en médiation pénale », *LPA*, n°121, 18 juin 2014, p. 6.

989 J. FAGET, *La médiation pénale, essai de politique pénale*, éd. Erès, 1997, p. 105 et s.

la décision du procureur de la République. Il n'est pas nécessaire de saisir une juridiction, elle est mise en œuvre avant tout déclenchement des poursuites par ce dernier. Il vient ainsi, par ce pouvoir, concurrencer plus ou moins la juridiction de jugement, seule capable de donner une solution au litige en matière pénale. La présence de l'auteur de l'infraction, de la victime et d'un tiers présentant quasiment les qualités d'un juge du siège démontre cette idée de pouvoir du parquet à donner une réponse pénale aux affaires sans saisine d'une juridiction.

417.Les qualités du tiers intervenant. Désigné sous le vocable de « *médiateur du procureur de la République* »[990], le tiers intervenant n'est pas un juge, mais il présente certaines qualités requises. À ce titre, il est indépendant, impartial et neutre[991]. En plus de ces qualités, il doit aussi être loyal vis-à-vis des parties[992]. Il ne doit avoir aucun lien avec l'une des parties au litige. S'il existe un lien, il doit se désister[993]. Il ne se prononce pas sur la culpabilité de la personne à la différence du juge, il doit juste amener les parties à trouver un accord commun pour mettre fin au litige qui les oppose. Il s'agit d'une négociation entre les parties en présence d'un tiers régulateur qu'est le médiateur. Il ne s'agit pas d'un procès, mais cela ne lui ôte pas sa coloration judiciaire, car la mesure est décidée par le procureur de la République et les résultats influeront sa décision. Il peut engager les poursuites en l'absence d'accord entre les parties ou ne pas les engager si à l'issue de la médiation, les parties ont pu trouver un accord. L'exécution de l'accord par le délinquant rend difficile l'engagement des poursuites. Cette difficulté notée quant à l'engagement des poursuites après une médiation pénale réussie est aussi observée dans le cadre de la composition pénale.

---

990 R. CARIO, P. MBANZOULOU, *La justice restaurative : une utopie qui marche ?*, éd. L'Harmattan, 2010, p. 17.

991 F. FALLETTI, « Propos introductif », in la *médiation un chemin de paix pour la justice en Europe*, éd. L'Harmattan, 2015, p. 23 ; B. GAILLARD, J.-P. DURIF-VAREMBONT, *La médiation pénale théorie et pratique*, éd. L'Harmattan, 2007, p. 114 et s. ; J. FAGET, « Le cadre juridique et éthique de la médiation pénale », in *La médiation pénale entre répression et réparation*, éd. L'Harmattan, 1997, p. 46 et s.

992 V. sur ce point le travail du groupement européen des magistrats pour la médiation, *Guide pratique de la médiation et de la conciliation judiciaires*, éd. L'Harmattan, 2012, p. 31.

993 J. FAGET, « Le cadre juridique et éthique de la médiation pénale », in *La médiation pénale entre répression et réparation*, éd. L'Harmattan, 1997, p. 46 et s.

b. La composition pénale

418.Le pouvoir du parquet à proposer des mesures. La composition pénale, prévue à l'article 41-2 et suivant du CPP, est une réponse pénale apportée à une infraction à l'initiative du procureur de la République[994]. Ce dernier propose au délinquant qui a reconnu les faits des mesures dont l'exécution entraîne l'extinction de l'action publique[995]. Ces mesures sont, entre autres, le versement au trésor public d'une amende de composition, effectuer un travail pour la collectivité, suivre un stage ou une formation dans un organisme sanitaire, social ou professionnel ou encore se soumettre à une injonction thérapeutique, en cas d'usage de stupéfiants ou de consommation excessive d'alcool[996]. Ces mesures font du procureur de la République une partie au procès qui concurrence le juge du siège, car les mesures qu'il propose dans le cadre de la composition pénale « *sont similaires aux peines complémentaires qui peuvent être prononcées par une juridiction de jugement* »[997]. En dépit de la nature des mesures proposées, ces mesures nécessitent l'intervention d'un juge du siège qui va les entériner et une fois exécutées, elles peuvent être portées au casier judiciaire de la personne.

419.Validation des mesures par le juge et inscription au casier judiciaire. Comme le souligne M. Céré, « *la validation de la proposition par un magistrat permet de mettre à exécution la composition pénale* »[998]. Ce magistrat dispose de larges pouvoirs pour apprécier la décision du procureur de la République. Aux termes de l'article 495-9 du CPP, il vérifie « *la réalité des faits et leur qualification juridique, il peut décider d'homologuer les peines proposées par le procureur de la République* ». Cette répartition des pouvoirs est une forme d'allégement des audiences correctionnelles, mais, en même temps, une façon de transférer à une autorité, partie au procès, adversaire du suspect, des compétences juridictionnelles[999]. L'intervention du juge du siège ne réduit pas pour autant la capacité du procureur à choisir la

---

994 J.-P. CÉRÉ, « Composition pénale », *Rép. Pén. D.*, octobre 2015.

995 V. PERROCHEAU, « La composition pénale et la comparution sur reconnaissance préalable de culpabilité : quelles limites à l'omnipotence du parquet ? », in *Droit et société*, 2010/1, n° 74, p. 258.

996 J. LARGUIER, P. CONTE, *op. cit.*, p. 136 et s.

997 F. DESPORTES, L. LAZERGES-COUSQUER, *op. cit.*, p. 814.

998 J. P. CÉRÉ, « Composition pénale », *Rép. Pén. D.*, octobre 2015.

999 F. ZOCHETTO, *Rapport d'information*, Sénat, session ordinaire de 2005-2006, n° 17, p. 30.

suite à donner à l'affaire[1000]. Même en cas de refus d'homologation, « *le parquet dispose d'une totale liberté pour apprécier la suite à donner à l'affaire* »[1001]. Les mesures proposées, après homologation et exécution, seront inscrites au bulletin numéro un du casier judiciaire de la personne qui fait l'objet des mesures, ce qui rapproche « *la mesure de la composition pénale de la notion de peine* »[1002], à l'instar des mesures prises après le déclenchement des poursuites.

B- Les mesures applicables après le déclenchement des poursuites

420. Si le procureur peut, avant d'engager des poursuites apporter comme le ferait une juridiction de jugement une réponse pénale à certaines affaires, ce pouvoir peut se poursuivre après le déclenchement des poursuites. Si traditionnellement le déclenchement des poursuites aboutissait à l'ouverture d'une instruction ou à la saisine d'une juridiction de jugement, aujourd'hui, le procureur peut se défaire de ces procédures pour décider de la suite à donner à l'affaire avant d'inviter la juridiction de jugement à valider sa décision. Il peut, après déclenchement des poursuites, opter pour une comparution sur reconnaissance préalable de culpabilité (1) ou encore décider d'une ordonnance pénale (2).

1000 Le projet de loi de programmation pour la justice 2018-2022 vient renforcer le pouvoir du parquet en lui permettant dans certains cas de ne pas solliciter l'homologation du juge du siège. V. article 39 et s. de la loi de programmation pour la justice 2018-2022 disponible en ligne :www.legifrance.gouv.fr.

1001 J.-P. CÉRÉ, « Composition pénale », *Rép. Pén. D.*, octobre 2015.

1002 *Ibid.*

1. *La comparution sur reconnaissance préalable de culpabilité (CRPC)*

421. La procédure de la CRPC assure la célérité de la réponse pénale[1003]. Elle est mise en œuvre après déclenchement des poursuites. En dépit des autorités pouvant demander sa mise en œuvre (a), le procureur de la République demeure l'acteur incontournable de cette procédure[1004] qui, une fois prise en compte, peut produire des effets (b) en fonction de l'acceptation ou du refus de la personne ou du juge du siège chargé de contrôler la mesure.

a. Les personnes pouvant demander la mise en œuvre de la procédure

422.La mise en œuvre par le parquet. Les articles 495-7 et suivants du CPP mettent le procureur de la République « *au cœur de la phase de jugement* »[1005]. Cette procédure de CRCP démontre le rôle croissant du ministère public dans la gestion des dossiers pénaux. Il apporte des réponses pénales comme le juge du siège. Il peut, conformément à l'article 495-7, en dehors de quelques infractions comme celles visées à l'article 495-16, les délits d'atteintes volontaires et involontaires à l'intégrité des personnes et d'agressions sexuelles prévus aux articles 222-9 à 222-31-2 du CP, proposer une peine à la personne poursuivie sans recourir à un procès classique, c'est-à-dire à la saisine d'une juridiction qui statue de manière collégiale sur la culpabilité[1006]. Contrairement à la composition pénale qui ne prévoit pas une peine d'emprisonnement, la CRPC, qui prévoit une telle peine, démontre que le parquet concurrence dans une certaine mesure le juge du siège. Cette concurrence est visible dans le choix de la peine. En effet, le ministère public doit, comme la

---

1003 J. LASSERRE CAPEDEVILLE, « La comparution sur reconnaissance préalable de culpabilité : présentation et interrogations juridiques », *Gaz. Pal.* 21 décembre 2011, n° 365, p. 5.

1004 *Ibid.*

1005 F. DESPORTES, L. LAZERGES-COUSQUER, *op. cit.*, p. 850.

1006 F. MOLINS, « Comparution sur reconnaissance préalable de culpabilité », *Rép. Pén. D.* 2014.

juridiction de jugement, avant de proposer la peine, observer les dispositions de l'article 132-24 du CP qui recommande de retenir une peine en tenant compte des circonstances de l'infraction, de la personnalité de son auteur, de sa situation financière pour la peine d'amende[1007]. De manière générale, il doit, comme le souligne M. Molins, tenir compte du principe d'individualisation et de proportionnalité de la peine[1008]. Ce pouvoir étendu du procureur de la République demeure même si la demande de la CRPC résulte d'une information judiciaire, c'est-à-dire du juge d'instruction.

423.La demande de la mise en œuvre par le juge d'instruction. Depuis son introduction par la loi du 9 mars 2004, dite loi Perben II, le champ d'application de la CRPC ne cesse de s'élargir. La loi du 13 décembre 2011, relative à la répartition des contentieux et à l'allégement de certaines procédures juridictionnelles, prévoit la possibilité de recourir à la CRPC pour des infractions qui, jusqu'ici, étaient exclues de ce domaine, mais aussi donner au juge d'instruction la possibilité d'y recourir à l'issue d'une information judiciaire[1009]. Si le juge initialement renvoyait devant la juridiction de jugement après mise en examen de la personne et la présence de preuve de nature à justifier ce renvoi, désormais, il peut, au regard de l'article 180-1 du CPP, « *prononcer par ordonnance le renvoi de l'affaire au procureur de la République aux fins de mise en œuvre d'une comparution sur reconnaissance préalable de culpabilité* »[1010]. La saisine du procureur au détriment de celle de la juridiction de jugement témoigne encore une fois de cette concurrence existante entre juge du siège et magistrat du parquet. Même si l'initiative appartient au juge d'instruction, il revient au ministère public de proposer une peine à la personne. Cette proposition, qu'elle intervienne avant l'information judiciaire ou à la suite de celle-ci, produit des effets sur la suite de la procédure.

1007 *Ibid.*

1008 *Ibid.*

1009 V.-O. DERVIEUX, « La comparution sur reconnaissance préalable de culpabilité dans le cadre d'une information préparatoire (CRPC), cette belle inconnue… », *Gaz. Pal.*, 12 juillet 2016, n° 26, p. 15.

1010 Y. JOSEPH-RATINEAU, *op. cit.*, p. 221.

b. Les effets de la proposition de la CRPC

424.L'acceptation ou le refus de la mesure. La proposition de la mesure peut être acceptée ou refusée par la personne concernée. Si elle refuse la mesure, le parquet peut, au regard de l'article 495-12 du CPP, saisir le tribunal correctionnel ou ouvrir une information judiciaire. Si la décision de recourir à la CRPC a été prise à la suite d'une information judiciaire, le juge d'instruction indiquera dans son ordonnance « *qu'en cas d'échec de la procédure de comparution sur reconnaissance préalable de culpabilité ou si, le délai de trois mois ou, lorsque la détention a été maintenue, dans un délai d'un mois à compter de celle-ci, aucune décision d'homologation n'est intervenue, le prévenu est de plein droit renvoyé devant le tribunal correctionnel* »[1011]. De même, si le juge du siège refuse d'homologuer la mesure, le procureur devra citer la personne devant le tribunal correctionnel ou ouvrir une information judiciaire. Ce juge du siège ne pourra pas modifier la peine proposée par le parquet, mais il peut, après avoir vérifié le respect de la procédure, refuser d'homologuer ou homologuer la mesure. Cette homologation entraîne son inscription au casier judiciaire de la personne.

425.L'inscription de la mesure au casier judiciaire. La validation de la mesure par le Président du tribunal ou encore son homologation entraîne force exécutoire de celle-ci[1012]. Si dans le cadre d'un jugement de droit commun, la personne, après une peine d'emprisonnement ferme, est incarcérée dans une maison d'arrêt, ou convoquée devant le juge d'application des peines pour les modalités d'exécution, cette même procédure est prévue dans le cadre de la CRPC par l'article 495-11 alinéa 2 du CPP. Le rapprochement avec la décision de la juridiction de jugement est encore plus visible quand on observe les peines proposées dans le cadre de la CRPC par le procureur de la République. À l'instar de la décision de condamnation de la juridiction de jugement, les CRPC « *sont inscrites au casier judiciaire et* [...] *peuvent constituer le premier terme de la*

[1011] J. LASSERRE CAPEDEVILLE, « La comparution sur reconnaissance préalable de culpabilité : présentation et interrogations juridiques », *Gaz. Pal.* 21 décembre 2011, n° 365, p. 5.

[1012] Art. 495-11 CPP.

récidive»[1013]. La décision du procureur de la République dans le cadre de la CRPC se rapproche de celle de la juridiction de jugement comme l'est aussi l'ordonnance pénale qui est une autre mesure entre les mains du procureur pour donner une réponse pénale à certaines affaires.

2. *L'ordonnance pénale*

426. Le procureur de la République, à côté de la CRPC, dispose de l'ordonnance pénale qui est une autre forme de jugement accéléré. Le législateur, dans le but d'alléger la procédure et de désengorger les tribunaux, a reconnu plus de droits au procureur de la République en élargissant le champ d'application de l'ordonnance pénale (a). Une ordonnance qui, une fois mise en œuvre, produira quasiment les mêmes effets (b) que la CRPC ou encore qu'un jugement.

a. Le champ d'application élargi de l'ordonnance pénale

427.Le domaine initialement réduit de l'ordonnance pénale. L'ordonnance pénale, qui se rapproche selon P. Labbé de l'injonction de payer du contentieux civil, est une procédure par laquelle « *le contrevenant se voit offrir par le tribunal la possibilité de mettre fin au litige en payant la somme que le magistrat propose, ou en exécutant la mesure qu'il ordonne*»[1014]. C'est « *une procédure simplifiée de poursuites des délits laissée à l'initiative du procureur*»[1015]. Aujourd'hui considérée comme concurrente de la CRPC, l'ordonnance pénale fut initialement prévue pour les délits routiers[1016]. Soumettre ces dossiers à la juridiction ne permet pas d'accéder à ce principe de célérité

1013 J. LASSERRE CAPEDEVILLE, « La comparution sur reconnaissance préalable de culpabilité : présentation et interrogations juridiques », *Gaz. Pal.* 21 décembre 2011, n° 365, p. 5.

1014 P. LABBÉ, *Introduction au droit processuel*, éd. Presses univ. Septentrion, 1995, p.14.

1015 G. ROUSSEL, « L'essor de l'ordonnance pénale délictuelle », in *Droit et société*, 2014/3, n° 88, p. 244.

1016 *Ibid.* ; C. FONTEIX, « Jugement par défaut », *Rép. Pén. D.*, juin, 2015.

recherché dans le cadre de la procédure pénale et surtout à l'ambition de désengorger les tribunaux[1017]. C'est la loi du 3 janvier 1972 tendant à simplifier la procédure en matière de contraventions qui est à l'origine de cette volonté de soustraire des juridictions de jugement certains dossiers ne présentant pas certaines difficultés comme les infractions routières « *objectivement démontrables* »[1018]. L'efficacité de cette procédure et la rapidité qu'elle engendre ont amené le législateur à étendre son champ d'application en introduisant d'autres infractions pouvant faire l'objet d'ordonnance pénale.

428. L'introduction de nouvelles infractions pouvant faire l'objet d'ordonnance pénale. Depuis la loi du 9 septembre 2002 d'orientation et de programmation pour la justice, la procédure de l'ordonnance pénale ne cesse de se développer faisant ainsi accroître les prérogatives du procureur dans le traitement des affaires pénales. La loi du 9 mars 2004 portant adaptation de la justice aux évolutions de la criminalité, la loi du 2 août 2005 en faveur des petites et moyennes entreprises, la loi du 5 mars 2007 relative à la prévention de la délinquance, la loi du 28 octobre 2009 relative à la protection pénale de la propriété littéraire et artistique sur internet, la loi du 12 juillet 2010 portant engagement national pour l'environnement et enfin la loi du 13 décembre 2011 relative à la répartition des contentieux et à l'allégement de certaines procédures juridictionnelles, viennent introduire de nouvelles infractions dans le champ de l'ordonnance pénale[1019]. Cette succession de lois entraîne un amoindrissement des saisines des juridictions de jugement. Le procureur, face à de nombreuses infractions pénales, peut recourir à cette mesure qui, une fois mise en œuvre, produit les mêmes effets qu'un jugement[1020].

b. Les effets de l'ordonnance pénale

429. L'acceptation de la mesure. L'ordonnance pénale une fois retenue peut faire l'objet d'opposition de la part du procureur de la

---

1017 C. VIENNOT, *Le procès pénal accéléré, Étude des transformations du jugement pénal*, éd. Dalloz, 2012, p. 358.
1018 G. ROUSSEL, L'essor de l'ordonnance pénale délictuelle, in *Droit et société*, 2014/3, n° 88, p. 244.
1019 C. VIENNOT, *op. cit.*, p. 360 et s. ; G. ROUSSEL, *Procédure pénale*, 8e éd. Vuibert, 2017/2018, p. 131.
1020 J. LARGUIER, P. CONTE, *op. cit.*, p. 327.

République comme de la part du prévenu. En effet, il appartient au Président du tribunal, conformément à l'article 495-1, suite à la transmission du dossier pénal suivi des réquisitions du procureur de la République, de prononcer la relaxe ou la condamnation de la personne poursuivit. Si le Président ne retient pas les peines proposées par le procureur, ce dernier peut dans les dix jours faire opposition[1021]. Ce qui est rare puisque le juge est souvent « *associé en amont à la mise en place de ce mode de poursuite* »[1022]. Ce droit d'opposition est aussi reconnu au prévenu[1023] qui, en l'absence de l'exercice de ce droit, accepte la mesure proposée. Cette dernière, ne faisant l'objet d'aucune opposition de la part du parquet comme du prévenu et validée par le juge du siège, « *a les effets d'un jugement passé en force de chose jugée* »[1024]. Ce jugement, comme dans le cadre de la CRPC, sera inscrit au casier judiciaire.

430.L'inscription au casier judiciaire de l'ordonnance pénale. Comme la procédure de la CRPC, l'ordonnance pénale, après décision du juge du siège, est inscrite au casier judiciaire de la personne faisant l'objet de la mesure. Étant une procédure de jugement simplifié, procédure dans laquelle sont prononcées des condamnations « *pour délits, contraventions de la cinquième classe, des quatre premières classes sous certaines conditions* [1025] », elles peuvent figurer au casier judiciaire[1026]. La chambre correctionnelle de la Cour d'appel de Pau, dans sa décision du 18 décembre 2008, avait dans le cadre d'une procédure fait état d'une mention d'ordonnance pénale de la personne poursuivie au casier judiciaire avant de se prononcer sur sa décision de condamnation[1027]. Toutes ces alternatives aux poursuites ainsi que les procédures de jugement accélérées font du procureur de la République un élément central dans la procédure pénale, un quasi juge, un magistrat qui se voit détenir le pouvoir de juger, de proposer des peines et le juge du siège n'a qu'un rôle limité qui consiste à vérifier l'exactitude de la mesure

---

1021 Art. 495-3 CPP.

1022 Circ. de la direction des affaires criminelles et des grâces, circulaire relative au renforcement de la lutte contre la délinquance routière, CRIM 2004-08 E1/28-07-2004, *Bulletin officiel du ministère de la justice*, n° 95 1er juillet-30 septembre 2004 ; G. ROUSSEL, « L'essor de l'ordonnance pénale délictuelle », in *Droit et société*, 2014/3, n° 88, p. 244.

1023 Art. 495-3 CPP.

1024 Art. 495-5 CPP.

1025 G. LORHO, « Casier judiciaire », *JCl Procédure Pénale*, Fasc. 20, 12 février 2015.

1026 *Ibid.*

1027 C.A. Pau, 18 décembre 2008, n° 08/00511.

proposée par le parquet. Même s'il dispose dans certains cas d'un pouvoir de refuser, ce pouvoir est souvent peu mis en œuvre. Cette absence d'une intervention poussée d'une autorité judiciaire indépendante et impartiale pour contrôler la mesure du début à la fin, entraîne souvent une atteinte aux droits de la personne surtout dans le cadre de ces procédures accélérées ou les droits de la défense sont peu, voire pas observés.

§ 2 : La circonscription des droits de la défense dans l'exécution des mesures reconnues au ministère public

431. La nécessité d'une justice efficace et rapide. La célérité de la justice est aujourd'hui une préoccupation dans toutes les démocraties. Aussi bien en Italie, en Angleterre, aux États-Unis et en France, des procédures sont mises en place pour traiter les dossiers de manière efficace et rapide. L'exemple le plus frappant est celui du « plaider coupable » connu sous le nom de « plea-bargaining » ou encore « guiltyplea »[1028]. Cette procédure, considérée comme proche de la composition pénale[1029], est, à l'instar de la médiation pénale et de l'ordonnance pénale, une façon d'accéder à une justice rapide et efficace[1030]. Cette notion de célérité, tant recherchée et développée par la Convention européenne des droits de l'homme[1031] et le PIDC[1032], a fait, comme le note Mme Etrillard, l'objet d'une « *consécration nationale* »[1033]. Dans le rapport Zocchetto, apparaît clairement cette volonté d'accéder à

1028 M.-J. ARCAUTE-DESCAZEAUX, *L'aveu Essai d'une contribution à l'étude pénale de la justice négociée*, T. II, Toulouse 1, 1998, p. 304 et s.

1029 J.-F. BOCQUILLON, M. MARIAGE, *Introduction au droit*, éd. Dunod, 2016, p. 409.

1030 C. VIENNOT, « Célérité et justice pénale : l'exemple de la comparution immédiate », *Arch. pol. crim.*, 2007/1, n° 29, p. 308.

1031 V. sur ce point, « La célérité et qualité de la justice, la gestion du temps dans le procès », *Rapport au Garde des Sceaux ministre de la justice (Mission Magendie)*, 2004, p. 13 et s.

1032 C. ETRILLARD, *Le temps dans l'investigation pénale*, éd. L'Harmattan, 2004, p. 23.

1033 C. ETRILLARD, *op.cit.*, p. 26.

une justice rapide et efficace[1034]. Mais, cela crée des « *risques de violation des droits des justiciables* [...] »[1035]. Cette violation provient surtout d'un amenuisement des droits de la défense.

432.L'amenuisement des droits de la défense condition de réalisation de la rapidité et de l'efficacité. L'exercice des droits de la défense depuis le CIC est considéré comme un obstacle à une justice rapide et efficace. Cette perception n'a pas disparu avec la mise en place des nouvelles procédures alternatives aux poursuites ou au jugement. Mme Saas note d'ailleurs que dans ces procédures dites alternatives, « *les droits de la défense sont la plupart du temps oblitérés ou réduits à leur plus stricte expression* »[1036]. Les droits de la défense dans leur mise en œuvre peuvent retarder la procédure, ce qui semble sans doute aller à l'encontre de cette volonté du législateur consistant à faire de la procédure pénale, une procédure rapide et efficace. Mais cette célérité, en dépit de son utilité, de son caractère indispensable[1037], ne doit pas *« porter atteinte aux principes fondamentaux de l'ordre juridique, comme la présomption d'innocence ou les droits de la défense »*[1038]. Il est aujourd'hui reconnu que la place des droits de la défense dans les procédures alternatives est trop réduite (B). Cette réduction découle de la présence de certains éléments du système inquisitoire dans ces procédures (A).

A- La présence de l'inquisitoire dans les procédures alternatives

433.À travers les preuves scientifiques, l'obtention de l'aveu peut se faire sans une quelconque promesse ou transaction entre l'auteur des faits et la partie poursuivante. Dans les procédures alternatives, au contraire, l'aveu est obtenu pour ses bienfaits, il permet de bénéficier de

---

1034 F. ZOCCHETO, *Rapport d'information*, Sénat, Session ordinaire, 2005-2006, n° 17.

1035 V. *Rapport Magendie*, *op. cit.*, p.12.

1036 C. SAAS, « Droits de la défense et alternatives aux poursuites : des rapports réciproques au soutien d'une politique criminelle pragmatique », *Arch. pol. crim.*, 2015/1, n° 37, p.69.

1037 G. ROUSSEL, *op. cit.*, p. 66 et s.

1038 J. PRADEL, « La célérité de la procédure pénale en droit comparé », *RIDP*, 1995, p. 323.

la clémence de l'autorité judiciaire, il permet d'échapper à la condamnation ou de bénéficier d'une peine moins sévère que celle encourue devant une juridiction de jugement. Si l'aveu, hérité du système inquisitoire, est aujourd'hui une condition préalable à la mise en œuvre des mesures alternatives (1), il faut aussi que la personne donne son consentement. Sans ce dernier, en dépit de l'aveu, les mesures alternatives ne peuvent voir le jour. Mais, le consentement aux procédures alternatives n'est pas toujours libre (2).

1. *L'aveu, une condition préalable à la mise en œuvre des procédures alternatives*

434.L'aveu, qui était obtenu autrefois par l'utilisation de la torture[1039] est aujourd'hui légalement consacré par le législateur dans le cadre des procédures alternatives (a). Cette mise en place de l'aveu est une manière de réaliser l'objectif de célérité, car elle permet à l'autorité de poursuite de se décharger des investigations (b).

a. Une consécration légale de l'aveu dans les procédures alternatives

435.Une reconnaissance de l'infraction par le suspect. La reconnaissance de l'infraction par son auteur constitue une étape primordiale dans la mise en œuvre des procédures alternatives. La médiation pénale[1040], la composition pénale[1041], l'ordonnance pénale[1042], la

---

1039 R. GARRAUD, *Traité théorique et pratique d'instruction criminelle et de procédure pénale*, T. II, éd. Sirey, p. 17 et s.

1040 Art. 41-1 CPP ; v. sur ce point G. ROUSSEL, *Procédure pénale*, 8e éd. Vuibert, 2017/2018, p. 110 et s.

1041 Art.41-2 CPP ; v. la circ. de direction des affaires criminelles et des grâces, signalisation des circulaires du 1er juillet au 30 septembre 2011, Présentation des dispositions concernant la composition pénale issue de la loi du 23 juin 1999 renforçant l'efficacité de la procédure pénale et du décret du 29 janvier 2001, CRIM 2001-14F1/11-07-2001, *Bulletin officiel du ministère de la justice*, n° 83, 1er juillet 30 septembre 2001

CRPC[1043] ont ce même fondement. Si dans certaines mesures, comme la médiation pénale, cette notion d'aveu n'apparaît pas, il faut reconnaître, comme le Professeur Ambroise-Castérot et Mme Arcaute-Descazeaux, que sa mise en œuvre nécessite que « *l'auteur présumé ne nie pas les faits qui lui sont reprochés* »[1044]. En d'autres termes il doit avouer. Si l'aveu constitue une preuve aujourd'hui peu fiable dans la mesure où son obtention n'empêche pas que le juge fasse des enquêtes supplémentaires pour éclairer sa religion[1045], dans le cadre des procédures alternatives le mécanisme est tout autre. En effet, dans ces procédures, l'aveu est « *recherché et admis presque sans condition* »[1046]. N'est-il pas un retour à la procédure inquisitoire de l'ancien régime où l'aveu constituait une preuve parfaite engageant la responsabilité pénale de son auteur ? En tout état de cause, cet aveu est aujourd'hui présent dans les procédures alternatives aussi bien en France, en Allemagne, aux États-Unis et en Italie[1047]. Et il est souvent fait, dans ces pays, devant l'adversaire du suspect, à savoir l'accusation[1048].

436. Une reconnaissance faite devant l'accusation. À l'aune du procès équitable, il est sans doute permis de douter de l'équité de ces procédures alternatives, surtout au regard du respect des droits de la défense. Le procureur de la République, depuis l'arrêt *Medvedyev,* n'est plus considéré comme une autorité judiciaire. Comment donc pourrait-il prononcer des peines pouvant aller jusqu'à la privation de liberté ? Ces peines ou mesures peuvent être proposées dès la garde à vue. La CEDH est venue, dans son arrêt du 29 avril 2014 *Natsvlishvili et Togonidze contre Géorgie,* poser les conditions de mise en œuvre de la CRPC[1049]. Il faut, selon les magistrats de Strasbourg, l'aveu de la personne, le consentement à la peine proposée et un contrôle d'un juge du siège. Mais il serait important de souligner que cet aveu est fait devant l'adversaire du

---

1042 Art. 495 et s. CPP ; v. sur ce point J. LEROY, *Procédure pénale*, 5e éd., LGDJ, 2017, p. 382.

1043 Art. 495-7 CPP ; v. sur ce point : F. DEPREZ, « L'application de la comparution sur reconnaissance préalable de culpabilité à Nîmes et Béziers. Au regard du principe de judiciarité », *Arch. pol. crim.*, 2007/1 n° 29, p. 308.

1044 C. AMBROISE-CASTÉROT, « Aveu », *Rép. Pén. D.*, janvier 2016 ; M.-J. ARCAUTE-DESCAZEAUX, *op. cit.* p. 439.

1045 *Ibid.*

1046 *Ibid.*

1047 M.-J. ARCAUTE-DESCAZEAUX, *op.cit.*, p. 307 et s.

1048 *Ibid.*

1049 CEDH, *Natsvlishvili et Togonidze c/ Géorgie*, 29 avril 2014, req. n° 9043/05.

suspect que cette Cour ne considère pas comme une autorité judiciaire et l'intervention du juge du siège pour pallier cette absence d'équité, comme nous allons le voir, n'est rien d'autre qu'une formalité, car ce dernier suit toujours la position du parquet. Ce qui compte, c'est le consentement de la personne ; en acceptant les mesures, elle semble renoncer à certains droits fondamentaux comme celui de bénéficier d'un procès équitable. Cette renonciation facilite le travail de l'accusation qui va se décharger des investigations.

b. L'aveu, un moyen pour l'accusation de se décharger des investigations

437. L'absence de recherche de preuve, un moyen d'accéder à la célérité. Le schéma de l'enquête policière est chamboulé avec les alternatives aux poursuites ou au jugement. L'établissement de la vérité supposait toute une procédure conduisant à la mise en place d'un dossier solide pour asseoir une culpabilité. Il fallait, après réalisation d'une infraction pénale, procéder à certaines investigations ne serait-ce que sommaires afin d'apprécier le degré de culpabilité de la personne. Aujourd'hui, l'aveu décharge les OPJ et le ministère public de cette recherche[1050]. C'est ce que note d'ailleurs M. Tirard lorsqu'il dit que « *les nouveaux modes alternatifs dispensent souvent cette recherche au nom d'un aveu consensuel qui est dangereux faute de corroboration. L'organe de poursuite, à qui incombe la recherche des preuves, en est déchargé par l'exercice de son pouvoir de négociation* »[1051]. Dans cette même lignée, le Professeur Ambroise-Castérot souligne aussi que « *tout comme les procès de l'ancien régime où l'aveu dispensait de rechercher toute autre preuve* [les nouvelles procédures reposent sur] *un mécanisme de dispense* »[1052]. Avec ce procédé, l'établissement de la culpabilité s'apprécie avec une légèreté remarquable.

438. Une légèreté dans l'établissement de la culpabilité. L'aveu n'est pas une preuve parfaite surtout dans le cadre des procédures alternatives où « *il est parfois possible qu'un accusé innocent se laisse convaincre de*

1050 P. -Y. MAROT, « Les résurgences de l'aveu et l'appréciation de la peine », *Revue Juridique de l'Ouest*, 2002, vol. 15, n°4, p. 423-446.
1051 M. TIRARD, « Les droits de la défense à l'épreuve des alternatives aux poursuites pénales », disponible en ligne sur : www.droit-fr-all-paris-ouest.fr.
1052 C. AMBROISE-CASTÉROT, « Aveu », *Rép. Pén. D.*, janvier 2016.

plaider coupable »[1053] afin d'éviter une condamnation plus lourde. Dans une telle procédure, comme le remarque Mme Pereira, « *l'innocent est injustement condamné faute d'avoir pu bénéficier d'un réel droit à la preuve* [...] »[1054]. La justice qui se chargeait de trancher les litiges et d'établir la vérité à partir d'éléments objectifs change d'orientation pour se contenter non d'une « *vérité matérielle* », mais d'une « *vérité juridique* »[1055]. Cette dernière doit découler de la transaction entre le parquet et la personne mise en cause. L'obtention de l'aveu du mis en cause suffit pour établir la vérité. Après cet aveu, le mis en cause doit consentir aux mesures proposées par le parquet. Ce consentement, contrairement à la matière contractuelle, n'est pas libre. Il est souvent la conséquence de pressions psychologiques.

2. *Le consentement, conséquence d'une pression psychologique*

439. Selon Mme Viennot, « *le recours au consentement du mis en cause permet de contourner ou de réduire le débat et ainsi d'accroître la célérité des réponses pénales* »[1056]. Que le consentement soit présumé, constaté ou encore protégé[1057], il n'est jamais obtenu sans une quelconque pression sur la personne. Cette dernière accepte la mesure à défaut de consentir à une procédure distincte plus sévère qui risque d'être déclenchée (a). La jurisprudence n'a pas pu, en dépit de ses efforts, sanctionner cette pression (b).

1053 M.-J. ARCAUTE-DESCAZEAUX, *op.cit.*, p. 316.

1054 B. PEREIRA, « Justice négociée : efficacité répressive et droits de la défense ? », *D.* 2005, p. 2041.

1055 C. AMBROISE-CASTÉROT, « Aveu », *Rép. Pén. D.*, janvier 2016.

1056 C. VIENNOT, *op. cit.*, p. 289.

1057 *Ibid.*

a. Le déclenchement de procédures distinctes plus sévères en cas de refus des mesures proposées

440. La menace d'une sanction plus sévère devant la juridiction de jugement. Les alternatives aux poursuites constituent une transaction, car si le parquet cherche à accélérer la procédure, le mis en cause l'accepte dans l'optique de bénéficier d'une sanction plus clémente. Au premier abord, il semble que l'adhésion du mis en cause est libre et lui est presque avantageuse. Cependant, la réalité est toute autre. En effet, le parquet présente deux procédures au mis en cause. Il lui notifie son droit d'accepter ou de refuser sa proposition, sachant que son refus entraîne la poursuite devant la juridiction de jugement avec le risque d'encourir une peine plus sévère[1058]. La délivrance d'une double convocation devant le procureur de la République et devant le tribunal dans le cadre d'une CRPC et dans le cadre de la composition pénale[1059], démontre dans une certaine mesure la pression exercée sur le mis en cause. S'il est vrai que les décisions rendues par la chambre criminelle refusant cette double convocation n'ont pas pour fondement les droits de la défense[1060], il faudrait reconnaître, avec M. Desprez, que cette double convocation est « *une incitation à l'aveu* »[1061] et par conséquent une atteinte à l'équité du procès, aux droits de la défense. Nous allons voir que la jurisprudence a connu une phase de tergiversation relative à cette double convocation. Le mis en cause accepte parfois les mesures par peur de sanctions plus sévères de privation de liberté.

441. Une menace pas toujours justifiée. Dire que la juridiction de jugement est toujours disposée à prononcer une peine plus sévère n'est pas toujours justifié. Entre la peine encourue et celle que le juge peut

---

1058 J.-B. PERRIER, *op. cit.*, p. 99 ; V. PERROCHEAU, « La composition pénale et la comparution sur reconnaissance préalable de culpabilité : quelles limites à l'omnipotence du parquet », in *Droit et société*, 2010/1, n° 74, p. 258 ; F. ZOCCHETTO, *op. cit.*, p. 99.

1059 F. DESPREZ, « Cour de cassation chambre criminelle, 29 octobre 2008, n° 08-84857, Sébastien X », *Gaz. Pal*, 29 janvier 2009, n° 29, p.21.

1060 J. B. PERRIER, « La constitutionnalité de la légalisation de la pratique de la double convocation en matière de CRPC », *AJ. Pén.*, 2011, p. 188.

1061 F. DESPREZ, « Cour de cassation chambre criminelle, 29 octobre 2008, n° 08-84857, Sébastien X », *Gaz. Pal*, 29 janvier 2009, n° 29, p.21.

prononcer, on peut noter un écart considérable[1062]. Selon le professeur Leroy, cette différence vient surtout du principe « *d'individualisation, qui peut aller jusqu'à faire bénéficier le condamné d'une dispense de toute obligation d'exécuter la condamnation* »[1063]. La juridiction de jugement ne prononce pas toujours des sanctions plus sévères que celles proposées par le procureur. D'ailleurs, le Professeur Perrocheau note bien que « *les enquêtes menées sur le terrain ont montré que la sanction infligée au mis en cause dans le cadre de la composition pénale n'était pas toujours plus clémente que celle qui aurait été prononcée à son encontre si l'affaire avait été audiencée* »[1064]. Cette même remarque peut être faite pour la CRPC. Avec ces mesures, il est certain que la sanction est garantie. La jurisprudence, après avoir contesté cette double convocation, a été contrainte de l'accepter après une intervention législative.

b. L'acceptation obligée par la jurisprudence de la menace

442. Le refus initial de la double convocation. Dans le cadre des alternatives aux poursuites, la convocation devant le tribunal ne doit normalement pas avoir lieu avant que la personne ait refusé les mesures proposées ou en cas de refus d'homologation de la part du juge[1065]. C'est ce que retient la Cour de cassation dans ses arrêts 2006 et 2008 lorsqu'elle note que le ministère public « *qui avait mis en œuvre la procédure de comparution sur reconnaissance préalable de culpabilité, ne pouvait saisir le tribunal correctionnel* [...] *avant que le prévenu ait refusé la peine proposée ou que le président du tribunal ait rejeté l'homologation* »[1066]. Cette position de la Cour de cassation était saluée non seulement du point de vue procédural, mais

---

1062 J. LEROY, *Droit pénal général*, 6eéd., LGDJ, 2016, p. 347 et s.

1063 *Ibid.*

1064 V. PERROCHEAU, « La composition pénale et la comparution sur reconnaissance préalable de culpabilité : quelles limites à l'omnipotence du parquet ? », *Droit et société*, 2010/1, n° 74, p. 258.

1065 M. LÉNA, « Plaider coupable : pas de double convocation », *D.*, 2008, p. 2796.

1066 Cass. crim., 4 Octobre 2006, n° 05-87.435, *RSC*, 2007, p. 118, obs. A. GIUDICELLI ; AJ. Pén., 2007, p. 79, obs. J. LEBLOIS-HAPPE ; Procédures, n° 12, décembre 2008, comm. 340, J. BUISSON ; Cass. crim., 29 octobre 2008, n° 08-84857, *Gaz. Pal.*, 29 janvier 2009, n° 29, p. 21, note F. DESPREZ ; *Dalloz actualité*, 17 novembre 2008, obs. M. LÉNA.

aussi du point de vue du respect des droits de la défense[1067]. Le mis en cause, à qui l'on fait comprendre qu'il peut bénéficier d'une peine plus clémente en choisissant les mesures proposées par le parquet puis on lui présente deux convocations un devant le tribunal et un autre devant le parquet, il est évident qu'il choisira ce dernier. Mais cette jurisprudence protectrice a très vite été corrigée par le législateur.

443.Une intervention législative contre le refus. L'envie de punir qui anime le législateur se manifeste quasiment dans toutes les réformes touchant la matière pénale. Face à une position jurisprudentielle allant à l'encontre de la double convocation, le législateur est intervenu avec une loi du 12 mai 2009 pour l'autoriser. Il a été retenu que la «*finalité* [de cette loi] *était d'annihiler une solution jurisprudentielle qui présentait certainement l'avantage de garantir les droits de la défense*»[1068] ou encore une volonté de privilégier comme dans le passé « *l'efficacité de la procédure au détriment des droits de la personne mis en cause*»[1069]. Le Conseil constitutionnel, suite à une QPC, est venu dans sa décision du 10 décembre 2010, entériner la position du législateur, retenant une absence de violation des droits de la défense dans le cadre de la CRPC. Une position sans doute critiquable dans la mesure où dans cette procédure, comme dans les autres, la place de la défense est réduite.

B- La place réduite de la défense dans le cadre des procédures alternatives

444. Les droits de la défense sont présents dans les procédures alternatives, mais de manière relative (1). Il existe une gradation injustifiée des droits de la défense en fonction des procédures (2). Or, ces procédures, pour la plupart, imposent une sanction à l'auteur d'une

1067 J. LEBLOIS-HAPPE, « CRPC et citation devant le tribunal : pas de concomitance possible », *AJ. Pén.*, 2007, p. 79 ; Y. JOSEPH-RATINEAU, « La comparution sur reconnaissance préalable de culpabilité : à nos actes manqués », *D.*, 2010, p. 875.

1068 Y. JOSEPH-RATINEAU, « La comparution sur reconnaissance préalable de culpabilité : à nos actes manqués », *D.*, 2010, p. 875.

1069 F. DESPREZ, « CRPC, consécration législative de la pratique de la double convocation », *Gaz. Pal.*, 25 juin 2009, n° 176, p. 3.

infraction pénale d'où la nécessité d'accorder à chaque mis en cause des droits nécessaires à sa défense sans se référer à la nature de la procédure.

1. *La relativité dans l'attribution des droits de la défense dans le cadre des procédures alternatives*

445. Dans les procédures dites alternatives, la présence de la défense n'est pas définie de manière uniforme. La présence de la défense n'est pas obligatoire dans toutes les procédures. Elle est possible dans certaines si le bénéficiaire n'y renonce pas (a) alors que dans d'autres mesures, surtout la CRPC, elle est obligatoire (b).

a. La présence facultative de la défense dans certaines procédures

446. Les procédures concernées. La médiation pénale, la composition pénale et l'ordonnance pénale sont des procédures où la présence de l'avocat n'est pas obligatoire. Dans ces procédures, le mis en cause est informé qu'il peut se faire assister d'un avocat. Dans le cadre de la médiation pénale, en dépit de la notification du droit à un avocat, le mis en cause n'use pas toujours de ce droit[1070]. Cette absence de l'avocat dans la médiation pénale est aussi observée dans le cadre de la composition pénale et de l'ordonnance pénale. Dans ces procédures, comme le note Mme Viennot, « *on observe en pratique la persistance de l'absence de l'avocat* »[1071]. En dépit de la notification du droit de se faire assister d'un avocat, le mis en cause, au regard des faits, préfère souvent se défendre seul. Cette information relative du droit à un avocat n'est cependant pas protégée, l'absence de notification dans le cadre de la composition pénale n'étant pas sanctionnée par la nullité[1072]. Cette remarque est aussi valable pour les autres procédures[1073]. Le droit à un avocat, élément fondamental des droits de la défense, est peu pris en compte dans le cadre de certaines

---

1070 G. ROUSSEL, *Procédure pénale*, 8e éd., Vuibert, 2017/2018, p. 110 et s.
1071 C. VIENNOT, *op. cit.*, p. 405 et 410.
1072 J.-P. CÉRÉ, « Composition pénale », *Rép. Pén. D.*, Dalloz, 2004, p. 4.
1073 C. VIENNOT, *op. cit.*, p. 412.

procédures alternatives. Ce défaut de prise en compte provient de l'idée que l'on se fait de l'avocat depuis les ordonnances criminelles, à savoir qu'il serait une source de ralentissement de la procédure.

447.L'avocat source de ralentissement de la procédure. Cette conception de l'avocat comme ralentisseur de procédure semble ne pas disparaître. Pour certains « la *présence du défenseur dans le cadre de ces procédures n'est pas souhaitable, car elle pourrait être nuisible au bon déroulement de la procédure* »[1074]. Ce sont ces mêmes propos que l'on avançait quand l'avocat faisait son entrée dans le cabinet du juge d'instruction et au commissariat. Si sa présence est jugée, par certaines autorités judiciaires, comme n'apportant pas de « *réelle plus-value à la mise en œuvre de la réponse judiciaire* »[1075], il faut remarquer qu'à l'aune du procès équitable où le procureur de la République n'est pas une autorité judiciaire, lui permettre de requérir des peines et réduire les droits de la défense revient à porter atteinte au caractère équitable du procès. La seule procédure où la présence de l'avocat est obligatoire est la CRPC.

b. Présence obligatoire de la défense dans la CRPC

448.Une prévision légale et jurisprudentielle. Dans cette procédure, la présence de la défense est davantage garantie. Le législateur en fait d'ailleurs une obligation au regard des dispositions de l'article 495-8 du CPP. Dans cet article on peut lire que « *Les déclarations par lesquelles la personne reconnaît les faits qui lui sont reprochés sont recueillies, et la proposition de peine est faite par le procureur de la République, en présence de l'avocat de l'intéressé* [...]. *La personne ne peut renoncer à son droit d'être assisté par un avocat* ». La jurisprudence du Conseil constitutionnel souligne aussi le respect des droits de la défense dans cette procédure. Dans sa décision du10 décembre 2010, le Conseil vient souligner que « *l'exercice des droits de la défense est en particulier garanti, dans la procédure de comparution sur reconnaissance préalable de culpabilité* [...] »[1076]. Cette reconnaissance des droits de la défense dans cette procédure dite de « plaider coupable », contrairement

---

1074 C. VIENNOT, *op. cit.*, p. 406.

1075 *Ibid.*

1076 Cons. const., 10 décembre 2010, n° 2010-77 QPC, *AJ. Pén.*, 2011, p. 188, obs. J-B. PERRIER.

aux autres procédures, trouve un fondement. Ce dernier doit être recherché surtout dans la nature des peines proposées par le parquet.

449.La nature des peines proposées par le parquet, justificatives de la présence obligatoire de l'avocat. Dans les autres procédures alternatives, il est noté que les mesures proposées ne sont pas de nature à priver la personne de sa liberté d'aller et de venir. En d'autres termes, le parquet ne prononce pas de peine d'emprisonnement ferme pouvant atteindre une année. Or, dans la CRPC, l'article 495-8 du CPP laisse apparaître cette possibilité offerte au procureur de prononcer une peine d'emprisonnement ferme dont « *la durée ne peut être supérieure à un an ni excéder la moitié de la peine d'emprisonnement encourue* ». C'est d'ailleurs dans cette optique que M. Molins note que la CRPC «*permet l'exécution de vraies peines*»[1077] et, partant de ce constat, conclut que la présence de l'avocat doit donc être nécessaire. Cette présence de l'avocat, parce que la peine d'emprisonnement ferme est susceptible d'être retenue dans la CRPC, n'est pas une raison pour l'exclure dans les autres procédures qui ne retiennent pas l'emprisonnement ferme. Il existe une gradation injustifiée des droits de la défense dans ces procédures alternatives.

2. *Une gradation injustifiée des droits de la défense dans les procédures alternatives*

450. La distinction entre assistance facultative et assistance obligatoire dans les procédures alternatives est peu cohérente au regard des mesures proposées. Ces dernières, que ce soit dans le cadre de la médiation pénale, de la composition pénale, de l'ordonnance pénale et de la CRPC, sont faites suite à l'existence d'une infraction pénale suivie d'aveux par son auteur. Dans toutes ces procédures, la sanction, qu'elle soit pécuniaire, privative ou restrictive de liberté, demeure réelle. La réalité de cette sanction provenant d'une autorité judiciaire devrait conduire à la mise en place de droits identiques (a). L'intervention d'un juge ne compense pas l'absence de l'avocat. Seul un recours des décisions devant une juridiction indépendante et impartiale permet de bénéficier largement des droits de la défense (b).

1077 F. MOLINS, «La comparution sur reconnaissance préalable de culpabilité», *Rép. Pén. D.*, 2014.

a. La sanction critère nécessaire pour la mise en place de droits identiques

451.L'infraction pénale, critère de la sanction. Le recours aux procédures alternatives nécessite l'existence d'une infraction pénale. Cette infraction génère le droit pour le procureur de proposer une peine. Ces peines sont diversifiées en fonction de la procédure. La personne qui a reconnu les faits peut être soumise à des mesures d'éducation, de rééducation, d'interdiction, d'orientation, de désintoxication, privatives ou restrictives de liberté. Toutes ces mesures constituent une réponse pénale, une sanction à l'infraction commise. Au regard de ce critère de sanction, il semble opportun de rendre obligatoire la présence de la défense. En plus, la rapidité de la procédure est telle que la personne non assistée peut ne pas comprendre la portée de son consentement dans un temps très court. Le délai de réflexion, souvent accordé au mis en cause, ne peut être utile si ce dernier ignore l'arcane judiciaire. Seule la présence d'un professionnel du droit peut permettre d'asseoir un consentement éclairé. Une présence obligatoire ne serait qu'un plus pour l'équilibre de la procédure.

452.Une présence obligatoire de la défense. L'obligation pour l'avocat d'être présent dans la CRPC doit aussi être étendue à la composition pénale qui est une procédure très voisine. La composition pénale figure aussi au casier judiciaire. Peu importe qu'elle intervienne avant le déclenchement des poursuites, qu'elle ne soit pas une condamnation pénale, qu'elle ne soit pas prise en compte pour la récidive, le seul fait qu'elle constitue un indice permettant au parquet de connaître le passé du mis en cause dans une procédure ultérieure en constitue une sanction[1078]. La notion de condamnation pénale devrait même faire l'objet d'une redéfinition. En effet, devrait-elle seulement se limiter aux décisions prises par les tribunaux si on sait qu'aujourd'hui le parquet prononce et individualise les peines[1079] ? De plus, dans les autres procédures, la reconnaissance de l'infraction ouvre à la victime le droit à la réparation. Cette présence de l'avocat dans toutes les procédures n'est pas suffisante et semble insusceptible d'assurer l'équité du procès si tout est laissé à l'appréciation du procureur qui n'est pas une autorité

[1078] C. LAZERGES, Rapport disponible sur www.courdecassation.fr.

[1079] V. sur ce point J. DANET, « Une amende de composition pénale ne peut constituer le premier terme de la récidive », *AJ. Pén.*, 2010, p. 187.

judiciaire. L'intervention d'une autorité judiciaire en dehors du procureur, pour vérifier les mesures proposées serait nécessaire. Même si dans le cadre de l'homologation on peut trouver un juge qui va vérifier le respect de la procédure, il faut dire que ce dernier n'effectue pas un contrôle effectif. Seul le recours devant une juridiction de jugement est de nature à permettre une observation large des droits de la défense.

b. Le recours devant un tribunal, moyen de garantir les droits de la défense dans les procédures alternatives

453.La quasi-validation des mesures proposées par le parquet. Dans certaines procédures alternatives comme la composition pénale, l'ordonnance pénale ou la CRPC, l'intervention du juge pour homologuer la décision est prévue par la loi. Cette intervention, qui semble constituer une garantie pour le mis en cause n'est qu'illusoire. Dans le cadre de la CRPC, comme le remarque M. Pandelon, « *le juge homologue à 90 % des cas la proposition émanant du procureur de la République, et donc rend une ordonnance d'homologation sans que la question de l'innocence ou de la culpabilité, au-delà de l'aveu de la personne poursuivie, ait réellement été abordée* »[1080]. Cette remarque est aussi valable pour la composition pénale, Mme Perrocheau notait d'ailleurs que « *les refus de validation des compositions* […] *sont peu fréquents* »[1081]. Une telle remarque, partagée par M. Zocchetto[1082], est valable pour l'ordonnance pénale[1083]. Le rôle du juge, dans le cadre de certaines alternatives, semble se limiter donc à un « *simple contrôle de l'opportunité de la mesure réclamée* »[1084]. Les droits de la défense étant des droits du procès garantis devant un juge indépendant et

---

1080 G. PANDELON, *La question de l'aveu en matière pénale*, thèse, Aix-Marseille, (Dir.) S. CIMAMONTI, 2012, p. 136.

1081 V. PERROCHEAU, « La composition pénale et la comparution sur reconnaissance préalable de culpabilité : quelles limites à l'omnipotence du parquet ? », *Droit et société*, 2010/1, n° 74, p. 258.

1082 « *Les refus d'homologation des propositions de composition pénale étaient rares* », F. ZOCCHETTO, *op. cit.*, p. 37.

1083 F. ZOCCHETTO, *op. cit.*, p. 48 ; R. JOSSEAUME, J.-B. LE DALL, *Contentieux de la circulation*, éd. Wolters Kluwer, 2010, p. 231.

1084 R. LAURENT, *Alternatives aux poursuites et droit au juge*, mém. Master droit pénal, Panthéon-Assas, 2011, p. 41.

impartial se trouvent menacés. Le rôle du juge se réduit de plus en plus face à un parquet maître des alternatives[1085]. Le seul moyen pour le mis en cause de bénéficier pleinement du rôle de ce juge est d'exercer un recours.

454.Le recours, moment de bénéficier d'un procès équitable. Dans le cadre des mesures alternatives, le mis en cause peut refuser les mesures proposées par le parquet. Ce refus peut entraîner un renvoi de l'affaire devant une juridiction de jugement. La saisine de la juridiction permet un exercice des droits de la défense de manière plus étendue. Le principe du contradictoire, qui fait souvent défaut dans ces procédures simplifiées surtout dans le cadre de l'ordonnance pénale[1086], sera pleinement observé par la juridiction de jugement. Devant cette juridiction, tout prévenu peut bénéficier de tous les droits de la défense pour faire face à l'accusation. Ce droit de recours est fondamental dans le respect du procès équitable, car il permet d'apprécier la défense à différents niveaux par des juges indépendants et impartiaux. Cette gradation des droits de la défense, consistant à n'étendre les droits de la défense uniquement dans la phase de jugement, est source de déséquilibre. Ce déséquilibre est encore renforcé par les alternatives aux poursuites ou au jugement qui viennent organiser les droits de la défense de manière inégale en les attribuant en fonction des procédures en cause.

1085 *Ibid.*

1086 C. SAAS, « Droits de la défense et alternatives aux poursuites : Des rapports réciproques au soutien d'une politique criminelle pragmatique », *Arch. pol. crim.*, éd. A. Pédone, 2015/1, n° 37, p. 69 à 81 ; C. VIENNOT, *op. cit.*, p. 410.

CONCLUSION CHAPITRE 1

455. La procédure pénale française, au regard de son organisation, témoigne d'une complexité et d'une complication manifeste. Des prérogatives se trouvent partagées entre plusieurs autorités, ce qui est de nature à porter atteinte à certains principes fondamentaux de la procédure pénale comme celui relatif à la séparation des autorités de poursuites et de jugement. Le parquet dispose d'un large pouvoir d'instruction, mais aussi de jugement. Il peut, à l'instar de la juridiction de jugement, proposer des peines et les individualiser. Il peut, en collaboration avec la police, mener des enquêtes et finaliser le dossier sans saisir le juge d'instruction. Ce dernier s'affaiblit de plus en plus, ses pouvoirs sont aujourd'hui répartis entre le parquet et le JLD. L'instauration du JLD n'a pas pour autant résolu toutes les questions relatives à l'équité de la procédure. Il ne procède pas à un véritable débat entre l'accusation et la défense. Ignorant le dossier auquel il n'a pas participé, il enregistre souvent les demandes de détention provisoire sans se fonder sur son intime conviction qui doit découler de sa connaissance de l'affaire et des pièces du dossier débattu contradictoirement devant lui. La répartition opérée par le législateur pour corriger la position ambiguë du juge d'instruction (juge et enquêteur) n'a pas produit les effets escomptés. Même si sa saisine demeure faible, et qu'il est concurrencé voir supplanté par l'enquête de police, le législateur n'a pas suivi cette évolution. Il concentre plus de droits de la défense dans la phase d'instruction et ne les étend pas dans l'enquête policière. En plus, le déplacement des affaires de l'enquête judiciaire vers l'enquête policière démontre la ressemblance entre les deux, d'où la nécessité de ne plus opérer leur distinction. Aligner les deux enquêtes quant à l'exercice des droits de la défense serait de nature à permettre un exercice plus effectif de ces droits, faisant ainsi disparaître la gradation des droits de la défense en fonction des phases. Cet alignement doit s'accompagner aussi de la disparition de la catégorisation des suspects dans l'attribution des droits de la défense.

CHAPITRE 2 : UNE REMISE EN CAUSE DE LA CATÉGORISATION DES SUSPECTS DANS L'ATTRIBUTION DES DROITS DE LA DÉFENSE

456.La quasi-similitude des statuts dans une même phase. Le législateur a tenté au fil des réformes de répondre à plusieurs impératifs sans se soucier de la cohésion d'ensemble. Dans la phase de l'instruction pénale, pour lutter contre les inculpations tardives il a mis en place le statut de témoin assisté. Si ce statut est censé se distinguer du statut de mis en examen et du statut de simple témoin pour demeurer un statut hybride[1087], le législateur est venu le rapprocher du mis en examen jusqu'à ce que l'on se pose la question de l'utilité de leur distinction. Cette observation est aussi valable pour l'enquête policière. La création de l'audition libre avait suscité des polémiques surtout relatives aux droits de la défense de la personne auditionnée librement. Cette dernière n'avait pas de droits et le législateur, en voulant faire taire les critiques et surtout répondre aux exigences européennes lui a reconnu des droits. Cette reconnaissance de droits à la personne auditionnée librement n'a pas été sans conséquence sur la phase policière. Les droits reconnus à la personne gardée à vue sont quasiment identiques à ceux reconnus aux personnes auditionnées librement. En quoi est-il utile de maintenir et distinguer des statuts quasi similaires, alors que cela crée des risques d'arbitraires dans la reconnaissance des droits de la défense ?

457.Les risques d'arbitraire. Le rapprochement entre les statuts aussi bien dans la phase d'instruction que dans la phase policière est souvent un risque de complication pour l'autorité judiciaire comme pour le mis en cause. Les critères mis en place pour distinguer les statuts sont parfois de nature à laisser à l'autorité judiciaire ou policière le choix entre tel ou tel statut. Ce choix est souvent source d'arbitraire, car, les mis en cause sont pour la plupart des suspects. Dans le cadre de l'instruction, c'est l'intensité des preuves qui organise les droits de la défense. Les critères parfois posés pour distinguer cette intensité sont délicats entraînant une marge de manœuvre importante du juge d'instruction. Dans la phase policière, l'OPJ ne dispose pas de critères précis lui

[1087] Y. JOSEPH-RATINEAU, *op. cit.*, p. 161 ; C. RENAULT-BRAHINSKY, *Procédure pénale*, 18ᵉéd., Gualino, 2017/2018, p. 164 et s.

permettant de choisir entre le placement en garde à vue et l'audition libre. Dans toutes les phases, le principe est souvent la subsidiarité de certains statuts. Dans la pratique, ce principe de subsidiarité demeure fictif, les autorités parfois recourent à des mesures qui à la base sont qualifiées de subsidiaires.

458.Plan. Pour faire disparaître les distinctions difficiles instaurées par le législateur entre des statuts quasi identiques, il semble opportun de faire disparaître la distinction entre témoin assisté, mis en examen, personne auditionnée librement et personne gardée à vue. En somme, la différenciation des statuts dans la phase préparatoire pourrait être abandonnée (Section 1). La suppression de ces statuts participe à l'unification de la procédure et à la mise en place d'un statut unique qu'est celui du suspect (section 2) qui bénéficiera des droits de la défense sans se référer à des critères d'intensité ou de stade de la procédure.

Section 1 : L'unification des statuts de suspect dans la phase préparatoire

459.Éviter une complexification procédurale. La procédure pénale est aujourd'hui complexe et incohérente. La succession des réformes[1088] se fait sans une cohésion d'ensemble. Les revirements du législateur en la matière comme le note M. Nadal procureur général près la Cour de cassation « *peuvent être source d'insécurité juridique* »[1089]. Il multiplie les statuts dans les différentes phases de la procédure pour corriger certaines imperfections. Mais, en voulant reconnaître à chacun de ces suspects des droits de nature à lui garantir un procès équitable, il finit par confondre les statuts. Les éléments initiaux qui permettaient de les distinguer s'amenuisent au point que l'on s'interroge sur la nécessité de maintenir les statuts. Face à cette complexité de la procédure, il revient au juge ou à l'OPJ d'apprécier parfois de manière souveraine le statut à choisir. Nous allons voir que l'utilisation de certains termes par le législateur n'est pas fortuite. Il donne à l'autorité chargée de l'enquête une certaine marge de manœuvre. Une telle liberté peut être source d'inégalité entre des personnes suspectées d'avoir commis une infraction. La disparition de ces statuts permettrait d'assurer l'égalité des mis en cause dans une procédure pénale.

460.Assurer l'égalité des suspects. Le principe d'égalité devant la loi, principe constitutionnel figurant à l'article 6 de la DDHC est « *d'application stricte en matière pénale* »[1090]. Même si des dérogations peuvent y être apportées[1091], il faudrait que ces dérogations soient encadrées par la loi[1092]. Cette dernière doit, pour assurer cet encadrement, être rédigée en des termes clairs et précis comme l'exige le principe de légalité. Mais, dans le cadre de l'attribution des droits de la défense, les critères posés par la loi prêtent à confusion ; ils n'établissent pas de manière claire les modalités pour recourir à un statut plutôt à qu'un autre. Même s'il existe des cas ou la loi vient obliger le juge à mettre en examen ou à accorder le

---

1088 J. PRADEL, *Procédure pénale*, 19e éd., Cujas, 2017, p.13 et s.

1089 J.-L. NADAL, « Propos introductif », in *La procédure pénale en quête de cohérence*, éd. Dalloz, 2007, p. 13.

1090 C. DENIZEAU, *Droits des libertés fondamentales*, 6eéd., Vuibert, 2016/2017, p. 167.

1091 *Ibid.*

1092 *Ibid.*

statut de témoin assisté, il existe souvent des moments d'hésitation dans certaines situations surtout dans la phase policière. Ces hésitations sont souvent dues à la ressemblance des statuts d'où la nécessité de rendre la procédure pénale plus lisible en supprimant ces multiples statuts. Il faudrait dans la phase d'instruction procéder à la suppression de la distinction entre témoin assisté et mis en examen (§1) puis dans la phase policière faire disparaître l'audition libre (§2) procédure dans laquelle les droits accordés à la personne se rapprochent de plus en plus des droits de la personne gardée à vue.

§ 1 : Disparition de la distinction entre témoin assisté et mis en examen

461. Une volonté de protection de la présomption d'innocence annihilée. L'instruction pénale a connu de nombreuses réformes relatives à la position du suspect durant cette phase. Si le terme inculpation était perçu comme « *infamant ayant une connotation de culpabilité* »[1093], le législateur, dans le but de préserver la présomption d'innocence, l'a remplacé par les termes mis en examen par une loi du 4 janvier 1993[1094]. Toujours dans cette logique de protéger la réputation du suspect et son droit à la présomption d'innocence, le législateur a mis en place, avec la loi du 30 décembre 1987, le statut de témoin assisté. Selon le Professeur Pradel, la mise en place de ce statut vise à mieux protéger la réputation des personnes qui auraient pu être mises en examen[1095]. Cette volonté du législateur n'a cependant pas produit les effets escomptés, car il faut reconnaître avec le Professeur Rassat que l'opinion publique comprend « *qu'un témoin assisté est presque aussi suspect qu'un mis en examen* »[1096]. Ce constat de l'assimilation du témoin assisté à la personne

---

1093 J. LEROY, *Procédure pénale*, 5eéd., LGDJ, 2017, p. 465.

1094 G. ROUSSEL, *Procédure pénale*, 8eéd., Vuibert, 2017/2018, p. 350 et s. ; C. COURRÉGÉ, *Dossier noir de l'instruction*, éd. Odile Jacob, 2006, p. 102 et s. ; C. ETRILLARD, *op. cit.*, p. 303 ; S. GUINCHARD, J. BUISSON, *Procédure pénale*, 10eéd. Lexisnexis, 2014, p. 1016.

1095 J. PRADEL, *op. cit.*, p. 742.

1096 M. -L. RASSAT, *Procédure pénale*, 3eéd., Ellipses, 2017, p. 527.

mise en examen témoigne de l'échec de cette volonté législative consistant à protéger la réputation du suspect sur qui pèse moins de charges. Le juge d'instruction ne recourt pas toujours à ce nouveau statut, il continue d'observer l'ancienne procédure.

462.Une persistance de la procédure ancienne. Le juge d'instruction face à la mise en place du statut de témoin assisté n'a pas tardé à manifester son choix pour l'ancien système, c'est-à-dire préférer recourir à la mise en examen que placer le suspect sous le statut de témoin assisté. En dépit des nombreuses réformes qui se sont succédé dans ce cadre incitant le juge d'instruction à faire du mis en examen un statut subsidiaire, la pratique a peu évolué. Nous verrons qu'à chaque fois qu'il a besoin de mettre en œuvre une mesure coercitive, il recourt à la mise en examen. Une telle attitude ne correspond pas à l'esprit de la loi qui est venue fixer les modalités pour recourir à chaque statut. Mais l'amélioration du statut de témoin assisté (A) est venue rendre sa distinction avec le statut de mis en examen malaisée (B).

A- Une amélioration du statut du témoin assisté

463. La mise en place du témoin assisté n'a pas suivi un chemin rectiligne. Elle s'est faite suite à de nombreuses hésitations et de modifications. La détermination de ce statut fut difficile surtout quant aux droits à reconnaître au suspect bénéficiant de ce statut (1). En dépit de cette difficulté, ce dernier finit, avec l'élargissement de ses pouvoirs (2) pour concurrencer le statut de mis en examen et devient par la suite le statut de droit commun dans la phase de l'instruction comme le remarque le Professeur Pradel[1097].

1097 J. PRADEL, *op. cit.*, p. 742 et s.

1. *La difficile détermination du statut de témoin assisté quant aux droits de la défense*

464.L'exercice des droits de la défense par le témoin assisté a fait l'objet de tiraillements entre restriction et élargissement. S'il existait deux types de témoins assistés (a), l'un bénéficiant de plus de droits et l'autre de moins de droits[1098], le législateur est venu mettre fin à cette distinction pour retenir la thèse restrictive (b).

a. L'existence de deux témoins assistés aux droits de défense différents

465.Le témoin assisté de l'article 104. Au regard de l'article 104 du CPP comme le remarque M. Giudicelli, « *toute personne nommément visée dans une plainte avec constitution de partie civile pouvait, sur sa demande, lorsqu'elle était entendue comme témoin, bénéficier de l'assistance d'un avocat lequel avait accès au dossier* »[1099]. Ce statut permettait au mis en cause de bénéficier de certaines garanties. Il pouvait refuser de s'expliquer devant un OPJ et « *préférer le faire en présence de son conseil devant le magistrat instructeur* »[1100]. En exerçant ce droit, il s'affranchit de certaines restrictions de droits dans la phase policière surtout du droit d'accéder au dossier de la procédure. En décidant de n'être entendu que devant un juge instructeur, il bénéficiera de plus amples informations résultant de son droit d'accéder aux éléments de la procédure. Comme le note M. Giudicelli, la Cour de cassation est venue dans sa décision du 30 octobre 1990[1101], préciser les contours de cet article, en soulignant qu'il ne donne pas le droit au mis en cause d'être partie à la procédure du fait de l'absence de dénomination de la personne. La doctrine en tire une conclusion en retenant qu'en cas

---

1098 V. VALETTE, *La personne mise en cause en matière pénale*, éd. LGDJ, 2002, p.149 et s.

1099 A. GIUDICELLI, « Le témoin assisté et la personne mise en examen : vers un nouvel équilibre ? », *RSC*, n° 1, janvier-mars 2001, p. 44 ; v. aussi C. GUERY, « Les houles inutiles », *Gaz. Pal.*, 5 octobre 2000, n° 279, p. 2 ; C. GUERY, P. CHAMBON, *Droit et pratique de l'instruction préparatoire*, éd. Dalloz, 2018/2019, p. 283 et s.

1100 *Ibid.*

1101 A. GIUDICELLI, « Le témoin assisté et la personne mise en examen : vers un nouvel équilibre ? », *RSC*, n° 1, janvier-mars 2001, p. 44

de dénomination, le mis en cause devient donc partie à la procédure et bénéficiera de tous les droits reconnus à la personne mise en examen. Cette position de la doctrine a reçu un écho favorable auprès du législateur qui va consacrer un autre statut de témoin assisté à l'article 105 du CPP.

466.Le témoin assisté de l'article 105. À la différence du témoin assisté de l'article 104 dont les droits sont réduits, le témoin assisté de l'article 105 du CPP est non seulement partie à la procédure, mais il bénéficie aussi de tous les droits reconnus à la personne mise en examen. Cette différence de traitement résulte du fait que le témoin de l'article 105 est visé par un réquisitoire nominatif du procureur de la République. La circulaire du 24 août 1993 vient préciser ce traitement différent entre ces deux suspects. Pour elle, « *la mise en cause par un magistrat ne* [peut] *être assimilée à une mise en cause sur plainte avec constitution de partie civile* »[1102]. Cette affirmation n'était pas justifiée, car, si « *le seul fait de déposer une plainte avec constitution de partie civile ne suffit pas à considérer que la personne visée a pu participer aux faits comme auteur ou complice* »[1103], on peut en dire autant pour la personne visée dans un réquisitoire introductif. Ce dernier ne peut aussi à l'instar de la plainte avec constitution de partie civile révéler la participation de la personne à l'infraction. Dans les deux cas, l'idée de suspicion est présente, mais pas celle de réelle participation à la commission de l'infraction. Face à ces complications résultant de la distinction entre témoin assisté de l'article 104 et témoin assisté de l'article 105 d'une part, et plainte avec constitution de partie civile et réquisitoire introductif d'autre part, il fallait une intervention du législateur pour résoudre les confusions[1104].

b. Une intervention législative en faveur de la restriction des droits

467.La reconnaissance de droits limités au témoin assisté. L'affirmation de M. Giudicelli selon laquelle « *le témoin assisté nouveau n'a donc pas tous les droits reconnus aux personnes mises en examen : contrairement à ce*

[1102] Circ. du 24 août 1993, relative à la loi n°93-1013 modifiant la loi n° 93-2 du 4 janvier 1993 portant réforme de la procédure pénale, JO, 25 août 1993.
[1103] F. DEFFERAND, *La suspicion légitime*, LGDJ, 2000, p. 203.
[1104] B. BOULOC, *Procédure pénale*, 26e éd. Dalloz, 2017, p. 714.

que prévoyait pour le témoin assisté, partie à la procédure, l'article 105 ; contrairement aussi à ce qui était envisagé dans le projet de loi initial qui accordait au témoin assisté les mêmes droits qu'au mis en examen »[1105] témoigne de cette restriction. En effet, la loi du 15 juin 2000 est venue procéder à l'unification de ces deux statuts comme le remarque M. Guéry[1106], afin de faire disparaître les ambiguïtés qu'elle a créées[1107]. En s'attelant à cette unification, il a opté pour la voie de la restriction des droits du témoin assisté. Ce choix n'est pas anodin. En effet, dans son optique de protéger la réputation du suspect, le législateur après avoir unifié les deux statuts, en a fait un statut de principe et fait de la mise en examen un statut subsidiaire. L'alinéa 3 de l'article 80-1 atteste de cette volonté. Cet article dispose que « *le juge d'instruction ne peut procéder à la mise en examen que s'il estime ne pas pouvoir recourir à la procédure de témoin assisté* »[1108]. D'autre part, en réduisant les droits du témoin assisté, il vise à éviter toute confusion avec les pouvoirs du mis en examen.

468. Une volonté d'instaurer une distinction avec le mis en examen. L'explication de ce choix consistant à limiter les droits du témoin assisté peut être trouvée entre autres dans la volonté du législateur de le distinguer du mis en examen[1109]. Le témoin assisté de l'article 105 qui disposait de tous les droits du mis en examen et était partie à la procédure rendait difficile la distinction entre personne mise en examen et témoin assistée. Si le recours à la procédure de témoin assisté était jugé faible par certains auteurs[1110], c'est sans doute la ressemblance des droits reconnus aux suspects devant le juge d'instruction qui en était la principale cause. Si le législateur a su dans sa loi du 15 juin 2000 poser les critères permettant de distinguer les statuts, il va avec les différentes réformes retomber dans l'ancienne procédure qui semait la confusion. Cette dernière est causée par l'élargissement des pouvoirs du témoin assisté.

1105 A. GIUDICELLI, « Le témoin assisté et la personne mise en examen : vers un nouvel équilibre ? », *RSC*, n° 1, janvier-mars 2001, p. 44.

1106 C. GUERY, « Le témoin assisté », *Rép. Pén. D.*, octobre 2015.

1107 C. GUERY, R.-P. ROLLAND, « Les houles inutiles », *Gaz. Pal*, 5 Octobre 2000, n° 279, p. 2.

1108 J. LARGUIER, P. CONTE, *op. cit.*, p. 211.

1109 J.-D. NUTTENS, « Présomption d'innocence : le Parlement fait la loi », *Gaz. Pal.*, 22 juin 2000, n° 174, p. 2.

1110 *Ibid.*

2. *L'élargissement des droits du témoin assisté source du retour à la confusion*

469. Le législateur à travers ses réformes est venu modifier les droits du témoin assisté. Cette volonté de le distinguer du statut de mis en examen n'est pas effective. La reconnaissance de certains droits du mis en examen au témoin assisté par certaines lois (a) entraîne un maintien inutile de la distinction (b).

a. Certains droits du mis en examen reconnus au témoin assisté

470.L'élargissement des droits du témoin assisté par la loi du 9 mars 2004. Cette loi portant adaptation de la justice aux évolutions de la criminalité est venue jouer un rôle majeur en reconnaissant de nouveaux droits à la personne soumise à la procédure de témoin assisté[1111]. La circulaire de la direction des affaires criminelles et des grâces va préciser ces nouveaux droits reconnus au témoin assisté. Il s'agit du droit de saisir la chambre de l'instruction au cours de l'information aux fins d'annulation d'un acte ou d'une pièce de procédure. Ce droit au regard des articles 170 et 173 du CPP n'était jusqu'ici réservé qu'aux parties à la procédure, c'est-à-dire la personne mise en examen et l'accusation à savoir le procureur de la République[1112]. D'autres droits vont aussi être reconnus au témoin assisté. L'avocat de ce dernier peut désormais intervenir au cours des interrogatoires et confrontations. Un droit essentiel est venu se rajouter à cette liste, il s'agit du droit pour le témoin assisté d'avoir la possibilité de demander une expertise, un complément d'expertise ou encore une contre-expertise[1113]. Ces droits, comme le remarque Mme Guerrin, font que « le *témoin assisté est assimilé à une partie* »[1114], de telle sorte que la personne mise en examen peut redevenir témoin assisté comme le préconise la loi du 5 mars 2007.

1111 C. GUÉRY, « De la nécessité accrue, pour le témoin assisté, de l'être bien… », *AJ. Pén.*, 2005, p. 111.
1112 Circ. CRIM., n° 2004-16 E8/21-09-2004.
1113 C. GUERY, « Le témoin assisté », *Rép. Pén. D.*, octobre 2015.
1114 M. GUERRIN, « Nullités de procédure », *Rép. Pén. D.*, janvier 2016.

471. Une continuité de l'élargissement opérée par la loi du 5 mars 2007. Cette loi toujours dans la logique de celle du 9 mars 2004 est venue reconnaître au témoin assisté un droit à la confrontation, ce que le Professeur Pradel qualifie d'« *excellente chose* »[1115]. En effet, l'article 17 de cette loi dispose que « *lorsque la personne mise en examen ou le témoin assisté sont mis en cause par plusieurs personnes, ils peuvent demander, conformément au premier alinéa de l'article 82-1 ou au deuxième alinéa de l'article 113-3, à être confrontés séparément avec chacune d'entre elles* »[1116]. Si cette confrontation participe à l'équité du procès et permet la défense du témoin assisté comme l'a remarqué la Cour de cassation[1117], le législateur n'a toujours pas fait de ce témoin une partie à la procédure. Seul le mis en examen est partie à la procédure et peut, au regard de cette loi de 2007, demander à devenir témoin assisté si les indices initialement retenus disparaissent ou s'affaiblissent. Cette « *démise en examen* »[1118] comme l'appelle M. Guéry n'est rien d'autre qu'une manière de distinguer deux statuts afin de les maintenir. Or, ce maintien devient inutile si on sait que « *les droits du témoin assisté se sont approchés de ceux du mis en examen* »[1119].

b. Un maintien inutile de la distinction entre témoin assisté et mis en examen

472. Un écart insignifiant entre les deux statuts. Si la distinction entre témoin assisté et personne mise en examen était fondée sur l'étendue des droits accordés, il faut reconnaître qu'avec les réformes, il ne manque au témoin assisté que le droit de demander des actes d'instruction et un droit d'appel généralisé [1120] pour avoir les mêmes droits que le mis en examen. Les deux statuts sont si proches que le magistrat recourt souvent à la mise en examen. L'absence d'une mise en œuvre régulière de la procédure de témoin assisté est constatée par une

---

1115 J. PRADEL, « Les suites législatives de l'affaire dite d'Outreau », *JCP G.*, 2007, T. 1, p. 13.

1116 V. sur ce point J. LEROY, *Procédure pénale*, 5e éd. LGDJ, 2017, p. 467 ; B. BOULOC, *Procédure pénale*, 26eéd., Dalloz, 2017, p. 726 et s.

1117 B. BOULOC, *Procédure pénale*, 26e éd. Dalloz, 2017, p. 727 et s.

1118 C. GUÉRY, « La loi du 5 mars 2007 et l'instruction préparatoire », *AJ. Pén.*, 2007, p. 105.

1119 G. ROUSSEL, *Suspicion et procédure pénale équitable*, éd. L'Harmattan, 2010, p. 260.

1120 G. ROUSSEL, *op. cit.*, p. 350 et s.

bonne partie de la doctrine[1121], certains allant même jusqu'à se poser la question de savoir s'il fallait « *vraiment créer le témoin assisté* »[1122]. S'il est possible de quitter le statut de mis en examen pour devenir témoin assisté ou encore quitter le statut de témoin assisté pour devenir mis en examen, il ne faut pas perdre de vue que la procédure est peu utilisée du fait de la complexité qui l'entoure. Le législateur s'attache toujours à distinguer témoin assisté et mis en examen lorsque la mise en place d'un statut du suspect dans la procédure pénale française devait être une occasion pour s'en débarrasser.

473.La mise en place d'un statut pour le suspect une cause de disparition de la distinction. Cette volonté de voir le témoin assisté disparaître est largement affirmée par M. Guéry. Pour ce magistrat, avec la loi du 27 mai 2014 reconnaissant un statut au suspect, « *le législateur aurait pu en profiter pour supprimer l'existence de ce personnage hybride qui n'apporte rien à notre procédure pénale, et qui n'est connu d'aucun autre droit* »[1123]. La complexité de la procédure pénale française doit aussi être recherchée dans cette superposition des statuts de suspects aux droits différents rendant l'application des droits de la défense inégale. Si le témoin assisté est un suspect comme l'est la personne mise en examen, l'attribution de droits différents serait injustifiée. Si la distinction se situe du point de vue des droits, l'évolution des droits du témoin assisté fait obstacle à toute distinction probante entre ces deux statuts. S'il s'agit des critères mis en place pour les distinguer aussi, ces critères sont peu clairs. En somme, l'évolution des droits du témoin assisté à côté des critères peu concis fournis par le législateur rend aujourd'hui malaisée la distinction entre témoin assisté et mis en examen.

B- Une distinction malaisée entre témoin assisté et mis en examen

474. Le juge d'instruction dans l'attribution des statuts peut rencontrer des difficultés relatives à la clarté des notions posées par le législateur

---

[1121]C. GUERY, R.-P. ROLLAND, « Les houles inutiles », *Gaz. Pal*, 5 Octobre 2000, n° 279, p. 2 ; G. ROUSSEL, *op. cit.*, p. 350 et s.

[1122] J. PRADEL, *Procédure pénale*, 19e éd., Cujas, 2017, p. 795.

[1123] C. GUÉRY, « Témoin assisté », *Rép. Pén. D.*, octobre 2015.

pour distinguer le témoin assisté de la personne mise en examen (1) et l'apport de la jurisprudence ne donne pas entière satisfaction (2), car elle renvoie tout à l'appréciation souveraine du juge.

1. *L'absence de clarté des notions, obstacle à la distinction entre témoin assisté et mis en examen*

475. Les notions de « vraisemblance », « d'indices graves et/ou concordants » (a) constituent des notions que le législateur a mises en place pour guider le juge dans son choix entre le statut de témoin assisté et de mis en examen. Ces notions comme le note M. Guéry, « *ne sont pas objectivement entièrement définissables* »[1124]. Cette absence de définition rend difficile le choix du juge entre les deux statuts. Pour pallier ce flou législatif, il a dégagé son principe consistant à recourir à la mise en examen qu'en cas de mise en œuvre de mesures contraignantes à l'égard du mis en cause (b).

a. Les notions de « vraisemblance » et « d'indices graves et/ou concordants », source d'obstacle à la distinction

476. Des notions larges. Selon M. Guéry, « *la notion d'indices graves ou concordants* [...] *est suffisamment large pour englober un panel de situations* »[1125]. Les indices graves et concordants n'ont pas non plus reçu de définition[1126]. L'articulation entre le « et » et le « ou » n'est pas évidente pour le juge. C'est sans doute ce qui fait qu'il se contente « *d'indices graves,*

1124 C. GUÉRY, « Les paliers de la vraisemblance pendant l'instruction préparatoire », *JCP G.*, T.1, 1998, p. 1031 et s.

1125 C. GUÉRY, P. CHAMBON, *Droit et pratique de l'instruction préparatoire*, éd. Dalloz, 2018-2019, p. 303.

1126 C. GUÉRY, « Les paliers de la vraisemblance pendant l'instruction préparatoire », *JCP G.*, T.1, 1998, p. 1031 et s.

mais discordants, ou ténus concordants»[1127]. Avec l'existence d'indices graves, le juge procède souvent à la mise en examen, ce qui explique le peu de recours au statut de témoin assisté. Pour recourir à ce statut le juge doit constater l'existence d'« *indices rendant vraisemblable* » la participation à l'infraction[1128] à l'encontre du mis en cause. Or, cette notion de vraisemblance est aussi très difficile à cerner. Si cette notion renvoie à ce qui « *semble vrai, juste, aux yeux du sens commun* »[1129], il faut noter qu'elle est différente de la vérité, c'est juste une « *vérité possible* »[1130]. Il existe donc un doute. Ces critères flous, pas définis, ne doivent pas être des repères pour attribuer les droits de la défense du fait de leur manque d'objectivité. Cette absence de clarté peut être source de confusion installant le juge dans une impasse.

477.Des notions larges mettant le juge dans une impasse. Cette impasse est soulignée par le Professeur Pradel lorsqu'il note qu'« *il peut s'avérer délicat pour le juge de distinguer entre les indices graves et concordants permettant la mise en examen et les indices rendant vraisemblables la participation à l'infraction qui peuvent conduire au statut de témoin assisté* »[1131]. Ce constat laisse apparaître l'idée selon laquelle il existe une « incertitude des critères de choix entre les deux statuts »[1132]. Mais, le juge semble trouver une solution face à cette incertitude. Le statut du témoin assisté est un statut « bâtard » comme le note le Professeur Pradel, c'est-à-dire qu'il a « *presque tous les avantages accordés au mis en examen sans en avoir les inconvénients* »[1133]. Parmi ces dernières figurent les mesures contraignantes. Le juge, pour appliquer un statut va se fonder non sur les critères posés par le législateur, mais sur la nécessité de mise en œuvre d'une mesure contraignante à l'égard du mis en cause.

1127 C. GUÉRY, « La mise en examen par le juge d'instruction après l'entrée en vigueur de la loi du 15 juin 2000 », *JCP G.*, 2001, p. 2033 et s.

1128 J. PRADEL, *Procédure pénale*, 19eéd., Cujas, 2017, p. 794.

1129 www.cnrtl.fr.

1130 www.larousse.fr.

1131 J. PRADEL, *op. cit.*, p. 794.

1132 F. DESPORTES, L. LAZERGES-COUSQUER, *op. cit.*, p. 1200.

1133 J. PRADEL, *op. cit.*, p. 793.

b. La mise en œuvre d'une mesure contraignante, outil du juge dans son choix entre les deux statuts

478. L'exemple de la détention provisoire ou du contrôle judiciaire. Aujourd'hui, il est reconnu que le juge d'instruction privilégie le statut de mis en examen à chaque fois qu'il doit recourir à une mesure contraignante. C'est ce que retient le Professeur Pradel. Pour lui, « *ce sera la nécessité d'une mesure coercitive qui déterminera le choix* »[1134] du juge. Ce même constat retenu par d'autres auteurs[1135] témoigne de la volonté du juge de dégager ses propres critères. Comme le témoin assisté ne peut être ni placé en détention provisoire ni soumis à une mesure de contrôle judiciaire, le juge d'instruction qui envisage de recourir à ces mesures ne peut que se prononcer en faveur d'une mise en examen. Si ces mesures de contrainte permettent de ne pas confondre mis en examen et témoin assisté[1136], elles créent une rupture d'égalité entre les suspects. Pourquoi appliquer des mesures contraignantes au mis en examen et non au témoin assisté ? Certains diront que c'est par rapport à l'intensité des preuves, mais nous allons voir que le juge ne se base pas souvent sur ce critère d'intensité pour recourir à la mise en examen. Son choix est dicté par la mise en œuvre de mesures coercitives ou le renvoi devant une juridiction de jugement.

479. Le renvoi devant une juridiction de jugement. La saisine d'une juridiction de jugement peut se faire par différentes techniques[1137]. Selon le Professeur Bouloc, « *les procédés les plus courants sont la citation directe et l'ordonnance ou l'arrêt de renvoi émanant des juridictions d'instruction* »[1138]. Ces dernières ne peuvent cependant renvoyer le mis en cause devant une juridiction sans avoir au préalable procédé à sa mise en examen. Conformément à l'article 113-5 du CPP, le témoin assisté ne peut être renvoyé devant une juridiction de jugement. C'est ce que la Cour de cassation rappelle dans sa décision du 17 septembre 2014 lorsqu'elle note que « *seule une personne mise en examen peut être renvoyée devant la juridiction de jugement par la juridiction d'instruction* »[1139]. Si le juge d'instruction décide de

---

1134 J. PRADEL, *op. cit.*, p. 794.
1135 F. DESPORTES, L. LAZERGES-COUSQUER, *op. cit.*, p. 1201.
1136 J. LEROY, *Procédure pénale*, 5eéd., LGDJ, 2017, p. 464 et s.
1137 B. BOULOC, *Procédure pénale*, 26eéd., Dalloz, 2017, p. 910 et s.
1138 *Ibid.*
1139 Cass. crim., 17 septembre 2014, n°14-84187.

renvoyer la personne devant la juridiction, il procède à sa mise en examen. Le juge d'instruction, en fonction de la suite qu'il souhaite donner à la procédure, peut mettre en examen ou retenir le statut de témoin assisté. Il lui revient librement d'apprécier le statut à retenir ce que la jurisprudence n'a pas rejeté, puisqu'elle laisse tout à l'appréciation du juge d'instruction. Cette position semble peu satisfaisante.

2. *La position peu satisfaisante de la jurisprudence*

480. Face à l'ambiguïté des notions dégagées par le législateur pour distinguer le statut de témoin assisté de celui de mis en examen, la jurisprudence n'a pas su donner une réponse satisfaisante permettant de sortir de ce flou qui entoure les deux statuts. Elle a préféré laisser une large marge de manœuvre au juge d'instruction (a), mettant à mal par sa position l'application des critères posés par le législateur (b) pour distinguer les statuts.

a. Une large marge de manœuvre accordée au juge d'instruction dans l'appréciation des statuts

481. Une appréciation souveraine du juge des indices. La Cour de cassation dans plusieurs de ses décisions, est venue affirmer que « *la loi confie aux seules juridictions d'instruction l'appréciation souveraine tant de l'absence des indices graves ou concordants pouvant justifier une mise en examen que le choix entre le statut de témoin assisté et celui de mis en examen ainsi que, le cas échéant, la détermination du moment de la mise en examen* »[1140]. Au regard de cette motivation, la Haute Cour n'est pas venue mettre en place un critère précis servant de repère pour permettre au juge d'instruction de sortir du flou. Au contraire, elle laisse tout à son appréciation. Cette appréciation souveraine est souvent source de polémique, car, le juge d'instruction

[1140] Cass. crim., 28 juin 2016, n°15-86.946 ; v. sur ce point l'article de D. GOETZ, « Indices graves ou concordants : confirmation de l'appréciation souveraine des juridictions d'instruction », *Dalloz actualité*, 19 juillet 2016.

peut en faire un usage « *dans un autre but que celui imaginé par le législateur* » comme l'ont pu affirmer certains avocats[1141]. Mais pour certains auteurs, la position de la jurisprudence ne semble pas dépourvue de fondement[1142]. Si l'appréciation souveraine est reconnue, c'est parce qu'elle est justifiée, une justification nous semble contestable.

482. Une justification contestable de cette appréciation souveraine. Pour la doctrine, la recherche de la vérité et le fait pour le juge d'instruction d'instruire à charge et à décharge peuvent justifier cette libre appréciation qu'il détient dans l'attribution des statuts[1143]. Il faut que le juge demeure « *maître de son dossier et puisse apprécier le moment de la notification de la mise en examen* »[1144]. C'est ce qui explique sans doute qu'il peut dans certains cas, même en présence d'indices graves ou concordants, continuer à entendre la personne comme témoin assisté sans lui attribuer la qualité de mise en examen[1145]. Les indices graves ou concordants correspondent comme le souligne le professeur Pradel au « *seuil minimal* », contrairement « *aux indices graves et concordants* » qui correspondent au « *seuil maximal* »[1146]. Dans ce dernier cas le mis en examen est obligatoire, mais dans l'autre cas le juge peut ne pas mettre en examen, il apprécie librement. Mais sur quoi se fonde-t-il pour décider face à deux suspects avec des indices graves ou concordants le placement de l'un sous le statut de témoin assisté et de l'autre sous le statut de mis en examen. Une rupture d'égalité, « *une ambivalence* »[1147], semble naître face à l'appréciation souveraine du juge qui s'écarte des critères initialement retenus par législateur.

1141 C. GUÉRY, P. CHAMBON, *Droit et pratique de l'instruction préparatoire*, éd. Dalloz, 2018-2019, p. 302 et s.

1142 J. GALLOIS, « affaire de l'amiante : appréciation de la régularité des mises en examen », *Dalloz actualité*, 18 mai 2016.

1143 *Ibid.*

1144 D. GOETZ, « Indices graves ou concordants : confirmation de l'appréciation souveraine des juridictions d'instruction », *Dalloz actualité*, 19 juillet 2016.

1145 F. DESPORTES, L. LAZERGES-COUSQUER, *op. cit.*, p. 1200.

1146 J. PRADEL « Les personnes suspectes ou poursuivies après la loi du 15 juin 2000. Évolution ou révolution ? », *D.*, 2001, p. 1039.

1147 S. GUINCHARD, J. BUISSON, *Procédure pénale*, 10[e]éd. Lexisnexis, 2014, p. 1028.

b. L'abandon des critères initialement posés par le législateur

483. Le critère relatif à l'intensité des indices remis en cause. Est-il aujourd'hui soutenable que le juge d'instruction se réfère à l'intensité des indices pour choisir un statut[1148] ? La réponse semble évidente, « *l'intensité des indices de suspicion n'est pas forcément le critère de distinction entre témoin assisté et mis en examen* »[1149]. On a vu que le juge d'instruction peut continuer à entendre comme témoin assisté même en présence d'indices graves ou concordants. Une autre réponse peut être trouvée dans la volonté du législateur de faire de la mise en examen un statut subsidiaire. Il y a aussi cette pratique consistant pour le juge à recourir à la mise en examen qu'en cas de besoin d'appliquer une mesure contraignante à l'endroit du suspect. Il semble donc que la distinction fondée sur le fait que le témoin assisté est celui « *à l'encontre de qui n'existent que des indices minces de participation aux faits* »[1150] et que la personne est mise en examen en fonction de « *la gravité ou de la concordance des indices* »[1151], est aujourd'hui altérée entraînant comme conséquence un bénéfice des droits de la défense entre les mains du juge d'instruction.

484. Le bénéfice des droits de la défense entre les mains du juge d'instruction. L'attribution des droits de la défense ne dépendant plus du législateur, il revient au juge d'instruction de l'organiser. Si le mis en examen dispose de plus de droits, le juge d'instruction peut, dans le but de faire échec à ces droits, ou encore dans le but de favoriser son enquête au détriment de la défense, refuser le statut de mis en examen même s'il pèse contre la personne des indices graves et concordants. Laisser entre les mains du juge d'instruction le pouvoir de décider des droits de la personne suspectée semble aller à l'encontre du procès équitable. Déjà son statut de juge et enquêteur ne semble pas aller en faveur d'une impartialité reconnaissant des droits à tout suspect et de manière équitable. La mise en place d'un statut unique, permettant aux suspects de bénéficier de tous les droits de la défense, semble être une solution pour sortir de ce flou qui entoure l'instruction. Pour ce faire, la disparition des statuts de témoin assisté et de mis en examen semble

---

1148 *Ibid.*

1149 G. ROUSSEL, *Suspicion et procédure pénale équitable*, éd. L'Harmattan, 2010, p. 152.

1150 B. BOULOC, *op. cit.*, p. 716.

1151 *Ibid.*

nécessaire comme l'est aussi la disparition de l'audition libre dans la phase policière.

§ 2 : La disparition de la distinction entre garde à vue et audition libre dans l'attribution des droits de la défense

485.Une disparition dans une logique d'unification. La lisibilité de la procédure pénale passe par l'élimination de cette succession de statuts qui la rend floue et illisible. Le rapport de la commission dirigée par M. Léger avait fait état de ce malaise qui gouverne la procédure pénale. Selon lui, les «*procédures sont longues et peu utiles à la manifestation de la vérité*»[1152]. Parmi ces causes, on peut citer entre autres, l'enchevêtrement et la confusion des textes[1153]. Le juge chargé d'appliquer les mesures ne dispose pas souvent de critères objectifs de nature à lui permettre de choisir la voie procédurale la plus adéquate. Le constat fait dans la phase de l'instruction pénale est aussi valable pour la phase de l'enquête policière. Dans la phase de l'instruction, le témoin assisté et la personne mise en examen ont vu leurs droits se rapprocher jusqu'à rendre inutile le maintien des deux statuts. Depuis le CIC de 1808, il est noté une ressemblance entre enquête de police et instruction. Si dans la phase de l'instruction les deux statuts à savoir celui de mis en examen et celui de témoin assisté doivent disparaître du fait de leur rapprochement voire leur ressemblance, ce même argument peut être aussi avancé pour la personne auditionnée librement et la personne gardée à vue qui ont vu leurs droits se rapprocher également.

486.Les raisons de cette disparition : Le rapprochement entre les deux statuts. La mise en place du statut de l'audition libre était motivée par une volonté de contourner les droits de la défense[1154]. Mais ce statut qui fut décrié du fait de l'atteinte aux droits fondamentaux de la

1152 Rapport du comité de réflexion sur la justice pénale, 1er septembre 2009, p. 6, disponible en ligne sur www.justice.gouv.fr.

1153 *Ibid.*

1154 V. *supra* n° 208 et s.

personne visée a vite évolué. En optant pour cette évolution, le législateur est venu accorder à la personne auditionnée librement des droits qui n'étaient initialement reconnus qu'à la personne gardée à vue. La mise en place d'un statut du suspect libre avec quasiment les mêmes droits que la personne gardée à vue (A) amène à se poser la question du maintien de statuts quasi identiques. De plus, l'OPJ chargé de recourir à ces statuts ne dispose, à l'instar du juge d'instruction concernant la distinction entre mis en examen et témoin assisté, d'aucun critère justifiant son choix (B).

A- Les droits de la personne gardée à vue reconnus au suspect libre

487. Si une distinction est opérée par la loi, entre la personne gardée à vue et la personne auditionnée librement quant aux droits de la défense, il ne faudrait pas perdre de vue que cette distinction semble difficile à appliquer[1155], car, l'essentiel des droits de la défense ont été aussi accordés par les récentes réformes au suspect libre (1). Les autres droits dont ils ne bénéficient pas et dont détient la personne gardée à vue, ne sont que des droits que l'on peut considérer comme accessoires à la défense (2), mais ils ne sont pas des droits de la défense en tant que tels.

1. *Une reconnaissance pour le suspect libre de l'essentiel des droits de la défense du gardé à vue*

488. Par l'expression « l'essentiel des droits », nous désignons les droits considérés comme droits de la défense par les dispositions internes comme externes. Parmi ces droits figurent ceux que l'on considère comme préalable à toute défense (a) et qui sont aujourd'hui identiques que le suspect soit libre ou en garde à vue. De plus, une fois ce préalable accompli, les modalités d'exercice semblent aussi se rapprocher (b).

1155 S. PELLÉ, « La nécessité de la garde à vue : quel contrôle juridictionnel après la réforme ? », *D.*, 2017, p. 1339 et s.

a. L'identité de droits préalables à la défense

489. Un droit à l'information. Il est unanimement reconnu qu'avec l'instauration du statut du suspect libre par la loi du 27 mai 2014, le droit à l'information du suspect libre est très étendu[1156]. L'OPJ doit lui notifier conformément à l'article 61-1 du CPP, la qualification, la date et le lieu présumés de l'infraction dont il est soupçonné avoir commis ou tenté de commettre, le droit d'être assisté par un interprète, le droit de faire des déclarations, de répondre aux questions qui lui sont posées ou de se taire et enfin le droit à un avocat si l'infraction est punie d'une peine d'emprisonnement. Si ce droit à l'avocat constitue la principale nouveauté comme le note le Professeur Ollard[1157], il faut reconnaître avec Mme Mathieu que le fait pour le législateur de n'admettre la présence de l'avocat qu'en cas d'infraction punie de peine d'emprisonnement est regrettable, car « *la qualification donnée aux faits dont l'individu auditionné est soupçonné peut n'être que provisoire* [...] »[1158]. De plus, que l'infraction soit punie de peine d'emprisonnement ou pas, les personnes auditionnées librement sont toutes des suspects d'où l'absence de justification de cette différence de traitement. Au-delà de ce constat, les droits reconnus au suspect libre par l'article 61-1 du CPP sont aussi inscrits à l'article 63-1 du CPP relatif aux droits de la personne gardée à vue que l'OPJ doit lui notifier. Les conditions posées par le législateur quant à la compréhension de l'information sont également identiques que le suspect soit auditionné librement ou gardé à vue.

490. Un droit à la compréhension de l'information. La compréhension de l'information constitue un fondement essentiel dans

---

1156 R. MÉSA, « Le renforcement relatif des droits procéduraux du suspect pendant la phase d'enquête », *Gaz., Pal.*, 29 septembre, 2014, n° 263, p. 17 ; E. DUPIC, « L'audition libre, bilan et perspectives un an plus tard », *Gaz. Pal.*, 25 juillet 2015, n° 206, p. 7 ; J. MATHIEU, « Audition libre », *Rép. Pén. D.*, février 2017 ; A. BOTTON, « Droit à l'information dans le cadre des procédures pénales : un projet de loi contrasté », *D.*, 2014, p. 431.

1157 « *Si la loi nouvelle [loi du 27 mai 2014], 'est guère novatrice,* [...], *elle fait en revanche une œuvre créatrice lorsqu'elle décide que le suspect libre devra se voir notifier son droit d'être assisté par un avocat au cours de son audition* », R. OLLARD, « Quel statut pour le suspect libre au cours de l'enquête pénale ? À propos de la loi du 27 mai 2014 », *JCP. G.*, n° 36, 1er septembre 2014, doctr. 912.

1158 J. MATHIEU, « Audition libre », *Rép. Pén. D.*, février 2017.

l'exercice des droits de la défense. Certains auteurs la considèrent comme « *une condition de l'effectivité des droits de la défense* »[1159]. C'est ce que le législateur a compris en octroyant au suspect qui ne parle pas français le droit à un interprète dans le cadre de la garde à vue. Ce droit est aussi reconnu au suspect libre à travers l'article 61-1 du CPP. Le suspect libre au regard de cet article doit bénéficier de ce droit durant toute la phase policière. Et conformément à l'article 3-1 d de la directive B, ce droit à l'interprète doit être consenti dans les rapports entre le suspect et son avocat, entre le suspect et l'OPJ, mais il doit aussi être étendu jusqu'à la traduction de toutes les pièces auxquelles il a droit. Ces droits prévus à l'article 61-1 du CPP doivent être mentionnés au procès-verbal et si dans l'exercice de certains droits le suspect libre ne bénéficie pas de moyen financier, la loi lui fait bénéficier comme la personne gardée à vue de l'aide juridictionnelle. Les droits du suspect libre ne s'écartent, s'identifient dans une certaine mesure à ceux de la personne gardée vue et même jusqu'à leur forme de mise en œuvre.

b. La ressemblance dans la mise en œuvre des droits

491.La participation aux auditions et confrontations. La participation de l'avocat du suspect libre aux auditions et confrontations de celui-ci témoigne de ce rapprochement entre audition libre et garde à vue. Dans le cadre de cette dernière, l'avocat est présent à côté de la personne gardée à vue lors des auditions et des confrontations. La loi du 27 mai 2014 vient reconnaître ce même droit au suspect libre en cas d'infraction punie d'une peine d'emprisonnement. Cet alignement est si étrange que certains auteurs à l'instar du Professeur Botton se posent la question de savoir « *à quoi sert-il de maintenir le principe même d'une audition libre des personnes suspectées d'un crime et d'un délit puni d'emprisonnement dès lors qu'on aligne le régime sur celui de la garde à vue* »[1160]. Cette remarque est d'autant plus justifiée au regard des dispositions du CPP. Les dispositions qui prévoient l'intervention de l'avocat dans les auditions et

[1159] *Ibid.*

[1160] A. BOTTON, « Droit à l'information dans le cadre des procédures pénales : un projet de loi contrasté », *D.*, 2014, p. 431.

confrontations des suspects libres renvoient aux articles relatifs à la garde à vue dans les modalités d'exercice de ce droit.

492.Le renvoi aux articles relatifs à la garde à vue. La mise en œuvre des droits du suspect relatif à l'assistance d'un avocat lorsque l'infraction est punie d'emprisonnement est aussi alignée sur celle de la garde à vue. Le législateur renvoie pour cet exercice aux articles 63-4-3 et 63-4-4 du CPP. L'article 63-4-3 reconnaît à l'OPJ ou l'agent de Police Judiciaire (APJ) le pouvoir de direction de l'audition ou de la confrontation. L'OPJ ou l'APJ peut mettre fin à l'audition en cas de difficulté et saisir le procureur de la République qui à son tour va saisir le bâtonnier dans certains cas pour désigner un autre avocat. Ce même article prévoit le droit pour l'avocat de poser des questions à l'issue de chaque audition ou confrontation, mais aussi son droit de présenter des observations écrites qui sont jointes à la procédure. L'article 63-4-4 du CPP prévoit quant à lui le secret que doit observer l'avocat durant le déroulement de la procédure. Les modalités d'exercice semblent donc se rapprocher d'où la question de l'opportunité de l'audition[1161] si on sait qu'elle épouse de plus en plus les contours de la garde à vue. Tous les droits de la défense prévus par les dispositions internes comme externes sont reconnus au suspect libre, les seuls droits auxquels il n'a pas accès ne permettent pas en tant que tél. de garantir une défense effective, ce sont des droits que l'on peut qualifier d'accessoires.

2. *Le caractère accessoire des droits refusés au suspect libre*

493. Certains droits qui sont reconnus à la personne gardée à vue et non au suspect libre ne sont pas un motif pour rejeter le rapprochement des deux statuts. Si l'accès au dossier est consenti par l'OPJ durant la garde à vue, cet accès à l'heure actuelle n'apporte pas de plus-value (a) pour le suspect lui permettant d'asseoir une défense effective. De même, d'autres droits reconnus au gardé à vue et non au suspect libre tiennent plus de l'état personnel que de la défense (b).

1161 J.-B. PERRIER, « La transposition de la directive de la notification du droit du suspect libre à l'assistance d'un avocat », *Rec. Dalloz*, 2014, p. 1160.

a. Un accès au dossier ne pouvant servir de distinction entre gardé à vue et suspect libre

494.Les dossiers concernés. S'il est utile que l'avocat dispose des éléments du dossier afin de connaître les charges et asseoir une défense organisée, il faut reconnaître qu'avec la loi du 27 mai 2014, les dossiers dont disposent le suspect ou son avocat ne sont pas de nature à influer sur leur stratégie de défense. L'article 63-4-1 du CPP énumère les éléments auxquels à accès le gardé à vue. Il s'agit du procès-verbal de placement, du certificat médical et les procès-verbaux d'audition. La loi de 2014 n'a pas apporté de nouveauté, elle a repris celle de 2011 et a étendu cet accès qui était réservé à l'avocat à la personne gardée à vue elle-même. Ces réformes touchant le dossier ont été critiquées. Ces critiques tiennent pour la plupart du manque de volonté du législateur de se départir de son système inquisitoire consistant à priver le suspect d'éléments lui permettant de se défendre. S'il a souscrit à l'accès à certaines pièces du dossier, il est bien conscient du manque d'apport de ces dossiers pour la défense.

495.Le manque d'apport des dossiers pour la défense. Ce manque d'apport des pièces à la défense vient, comme le souligne le Professeur Pellé, du fait que ces pièces remises au gardé à vue ou à son avocat sont celles auxquelles « *le gardé à vue est partie prenante* »[1162]. Ces informations ne sont donc pas d'un grand intérêt pour la défense, elles ne traduisent que les propos du gardé à vue. Priver le suspect libre de ces éléments n'est donc pas un critère de distinction entre ce dernier et la personne gardée à vue. Ces suspects, à savoir le suspect libre et le suspect en garde à vue, subissent le système inquisitoire, à savoir cette volonté du législateur de les placer dans une position ne leur permettant pas de connaître les éléments à charges. L'accès au dossier dans la phase policière, qu'il soit consenti ou refusé en l'état actuel du droit, n'apporte pas grand-chose à la défense si ce n'est de s'assurer de la véracité et la fidélité des propos retranscrits par l'OPJ sur le procès-verbal. Même sur ce point, l'OPJ demande toujours au suspect de relire son procès-verbal avant de procéder à sa signature. Le dossier n'est donc pas un moyen de

1162 S. PELLÉ, « Garde à vue : la réforme de la réforme (acte1) », *D.*, 2014, p.1508.

distinction entre les deux statuts comme le sont aussi les droits qui s'attachent à la personne du suspect.

b. Les droits qui s'attachent à la personne du suspect

496.Le droit à une visite médicale. Ce droit prévu à l'article 63-3 du CPP qui dispose que « *toute personne placée en garde à vue peut, à sa demande, être examinée par un médecin* [...] » n'est pas reconnu au suspect libre. Ce droit n'est pas reconnu par une partie de la doctrine[1163] comme faisant partie des droits de la défense. Certains le rangent parmi « *les droits à caractère personnel* »[1164]. D'autres l'analysent comme un droit qui participe à la défense de la personne[1165]. En dépit de ce conflit doctrinal, il est clair que ce droit ne peut fonder un critère de distinction entre suspect libre et personne gardée à vue. Le suspect libre, au regard de son droit de quitter à tout moment les locaux de la police, peut prendre cette décision dès l'instant qu'il ne se sent pas bien. En cas de refus de la part de l'OPJ de le laisser partir, il ne pourra être retenu que sous le régime de la garde à vue qui ouvre le droit à une visite médicale. Ne pas reconnaître ce droit au suspect libre est même justifié au regard de sa situation comme l'est le droit de prévenir ses proches ou encore celui de prévenir son ambassade.

497.Le droit de prévenir ses proches ou son ambassade. Ce droit reconnu seulement à la personne gardée à vue et non au suspect libre et prévu l'article 63-2 du CPP. Ce droit ne peut être une source de distinction entre ces deux statuts quant aux droits de la défense. La liberté dont dispose le suspect placé sous le régime de l'audition libre justifie pleinement l'absence de ce droit dans l'article 61-1 du CPP qui prévoit les droits du suspect libre. Le suspect libre peut au regard de sa liberté appeler ses proches ou encore son ambassade si nécessaire. Et si l'OPJ exerce une contrainte, il devra comme dans le cadre du droit à un médecin lui notifier la garde à vue et lui accorde ce droit de prévenir ses proches sauf si l'OPJ saisi conformément à la loi du 3 juin 2016 le procureur de la République pour reporter ce droit. Suspect libre et

---

1163 Y. CAPDEPON, *op.cit.*, p. 229.

1164 S. PELLÉ, « Garde à vue et audition libre : acte final ? », *D.* 2017, p. 359.

1165 V. sur ce point A. CLEMENCE, Garde à vue : Étude à partir de l'examen médical, Mém. master droit pénal et sciences criminelles, 2012-2013, Nantes.

personne gardée à vue au regard de ses éléments ont quasiment les mêmes droits et l'OPJ ne dispose pas de critères objectifs pour justifier le pourquoi d'une audition libre et non d'une garde à vue.

B- L'absence de critères objectifs justifiant le choix de l'OPJ

498. Pour recourir à la garde à vue ou à l'audition libre, le législateur a mis en place des critères pour faciliter le choix de l'OPJ. Cependant, l'objectivité de ces critères est discutable (1). La notion de contrainte qui constitue l'élément fondamental de la distinction est d'une grande imprécision (2), ce qui entraîne une distinction entre suspect libre et suspect gardé à vue laborieuse.

1. *Des critères de distinction discutables quant à leur objectivité*

499. L'OPJ qui souhaite mettre en œuvre l'audition libre doit recourir au consentement du suspect. Or, ce consentement n'est pas toujours libre et éclairé (a). En outre, le fait pour le législateur de faire de l'audition libre un statut subsidiaire (b) cause un risque d'inégalité entre les suspects, car, l'OPJ sera maître de son enquête et pourra décider parfois de manière arbitraire qui sera suspect libre et qui sera gardé à vue.

a. Le risque d'une absence de consentement libre et éclairé

500. La menace d'une garde à vue pour consentir à l'audition libre. Cette menace d'une garde à vue que le Professeur Leroy qualifie de contrainte psychologique[1166] est une preuve de l'inexistence parfois dans

1166 J. LEROY, *Procédure pénale*, 5e éd., LGDJ, 2017, p. 306 et s.

certaines procédures d'un consentement libre et éclairé de la part du suspect libre[1167]. Analysant les apports de la loi du 27 mai 2014, Mme Liotard et M. Schapira notent que dans la pratique, « *il n'est pas impossible que, dès lors qu'une personne voudra par exemple exercer son droit de quitter les lieux à tout moment ou de ne pas répondre aux questions qui lui sont posées, les enquêteurs de police brandissent la menace d'une garde à vue* [...] »[1168]. Le suspect qui accepte dans ces conditions de demeurer à la disposition des enquêteurs est sous la contrainte et son consentement aux actes posés par l'OPJ n'est pas libre et éclairé. Cette situation n'est pas un cas isolé, il existe d'autres circonstances où la personne consent à une audition libre alors que son consentement n'est pas libre, c'est le cas lorsque la personne est conduite devant l'OPJ.

501.La conduite devant l'OPJ suivie d'une audition libre. Sur ce point, l'article 73 du CPP fait une distinction selon que la personne est conduite devant l'OPJ par la force publique ou par les particuliers. En effet, « *la loi n'octroie pas aux seules autorités, policières ou judiciaires, le pouvoir d'arrêter un individu. Si une personne est surprise en état de flagrance alors qu'elle commet une infraction pénale, tout citoyen, comme tout agent, officier et fonctionnaire habilité, a le pouvoir de procéder à son appréhension* »[1169]. Si la personne est conduite devant l'OPJ par l'autorité policière au commissariat, elle doit faire l'objet d'une garde à vue et bénéficier des droits y afférents. C'est ce qui résulte de la décision de la Cour de cassation du 6 novembre 2013. Dans cette décision, une personne mineure a accepté de suivre les policiers, sans menottage, et a fait l'objet d'une audition libre. Une procédure que censure la Haute Cour qui considère que la personne était en situation de contrainte et devait par conséquent, être placé en garde à vue et bénéficier de tous les droits attachés à cette mesure[1170]. Alors que la personne conduite par un particulier peut être auditionnée librement, et que ce procédé est validé par le Conseil constitutionnel[1171]. Cette

---

1167 « *L'expression du consentement à être entendu librement n'est pas entourée de garanties spécifiques* », F. FOURMENT, « Chronique de jurisprudence », *Gaz. Pal.*, 14 janvier 2012, n° 14, p. 44.

1168 S. LIOTARD, S. SCHAPIRA, « Les conséquences inattendues de la réforme », *Dalloz actualité*, 28 octobre 2016.

1169 C. AMBROISE-CASTÉROT, « Arrestation », *Rép. Pén. D.*, septembre 2014.

1170 Cass. crim., 6 novembre 2013, n° 13-84.320, *D.*, 2014, p. 1506, obs. B. CHAPLEAU ; *AJ. Pén.*, 2014, p. 89, Obs. L. BELFANTI, *RSC*, 2014, p. 138 Obs. J. DANET.

1171 A. GOGORZA, « Arrestation et garde à vue : des fondements et de la régularité des interpellations pendant la phase policière », *Dr. Pénal*, n° 10, 2012, Étude 23.

position semble discutable, la personne conduite par une foule, un groupe d'individus n'est-elle pas en situation de contrainte ? Si elle accepte l'audition libre, son acceptation est-elle libre et éclairée[1172] ? Cette position de la jurisprudence semble mise en mal. Selon le principe d'égalité devant la justice, rien ne justifie entre deux suspects présentés à l'OPJ par contrainte que l'un bénéficie de plus de droits que l'autre. Mais, en adoptant cette solution, le législateur cherche à éviter le recours systémique à la garde à vue qui doit demeurer subsidiaire.

b. La subsidiarité de la garde à vue

502. L'audition libre, le statut de droit commun. Si la garde à vue constituait initialement « *un indicateur de performance* »[1173] de l'activité policière, et atteignait une proportion inquiétante, le législateur est venu mettre fin à cette idée en plaçant cette mesure derrière l'audition libre. Cette idée de faire de la garde à vue une mesure subsidiaire apparaît dans le projet de loi relatif à la garde à vue[1174]. La Cour de cassation dans une décision du 28 mars 2017 réaffirme cette subsidiarité[1175]. Ce principe de subsidiarité peut pousser l'OPJ, même en présence des critères justifiant la garde à vue, à auditionner la personne librement. Ce qui revient à reconnaître à l'OPJ, comme dans le passé, l'opportunité de décider librement du placement en garde à vue[1176]. Cette liberté dont dispose l'OPJ n'est pas sans effet dans l'exercice des droits de la défense. En effet, comme pour le juge d'instruction, cette liberté que le législateur lui octroie a pour conséquence de placer les droits de la défense dans la phase d'enquête policière entre ses mains.

1172 « *Comment ne pas douter ici du caractère totalement libre du consentement, surtout lorsque l'audition libre interviendra après l'interpellation de la personne par la police* ? », Y. MULLER, « La réforme de la garde à vue ou la figure brisée de la procédure pénale », *Dr. Pénal*, n°2, février 2011, étude 2.

1173 F. JÉSU, « Regards sur une garde à vue », *Journal des jeunes*, 2010/2, n° 292, p. 64.

1174 Projet de loi relatif à la garde à vue, disponible en ligne sur www.senat.fr.

1175 Cass. crim., 28 mars 2017, n°16-85.018, *Dr. Pén.*, n° 5, mai 2017, comm. 80, A. MARON et M. HAAS ; *D.*, 2017, p. 1339, note S. PELLÉ ; *Dalloz actualité*, 11 mai 2017, obs. A. ANDRÉ.

1176 F. LOMBARD, A. HAROUNE, « Garde à vue : les fictions de la loi du 15 juin 2000 », *D.* 2002, p. 438.

503. Des droits de la défense placée entre les mains de l'OPJ. La remarque faite au juge d'instruction quant à sa liberté d'octroyer les droits de la défense peut être faite à l'OPJ. Si le juge d'instruction décide du moment de la mise en examen, l'OPJ peut aussi décider du moment de la garde à vue. Cette liberté laissée entre les mains des autorités policières et judiciaires ne permet pas une attribution équitable des droits de la défense. Tout devient aléatoire. Il revient à l'autorité policière de voir s'il est nécessaire d'attribuer des droits au suspect. Cette marge de manœuvre que la loi reconnaît à l'OPJ peut être source de détournement de procédure. L'OPJ peu enclin à respecter les droits de la défense, peut continuer à entendre un suspect sous le régime de l'audition libre. Il faudrait un critère objectif obligeant une attribution des droits de la défense à tout suspect sans aucune distinction. Les critères posés par le législateur semblent peu clairs et instaurent des traitements différents entre suspects. Parmi ces critères peu précis posés par le législateur, il y a aussi la contrainte.

2. *L'imprécision de la notion de contrainte*

504. Il est reconnu que les droits de la défense dans la phase policière sont attribués, non en fonction de l'intensité des indices, mais en fonction de la contrainte qui s'exerce sur la personne. La personne auditionnée librement à moins de droits que la personne gardée à vue, car, la garde à vue est une mesure de contrainte. Mais, cette notion de contrainte n'est pas une notion précise, elle est « *multiforme* »[1177]. Mais le législateur ne prend en compte que la contrainte physique (a) mettant de côté la contrainte morale (b) qui peut être elle aussi comme la contrainte physique, une source d'attribution des droits de la défense.

[1177] J.-F. FAUCANIE, *La notion de contrainte en droit pénal*, thèse, Nice-Sophia Antipolis, T. 1, 1994, p. 12.

a. La prise en compte de la contrainte physique dans l'attribution des droits

505.La contrainte physique. Cette forme de contrainte définie avant tout comme une «*pression*»[1178] sur la personne, peut avoir des origines différentes. Elle peut provenir de la nature[1179], mais surtout de l'homme comme c'est le cas de la garde à vue où l'OPJ contraint la personne à demeurer dans une cellule pour une durée fixée par la loi. La contrainte physique enlève chez la personne toute initiative, elle se laisse guider par cette force extérieure qui lui dicte ce qu'il faut ou ne pas faire. Si en droit pénal de fond, la contrainte constitue une cause de non-imputabilité et est prise dans son acception la plus large, en procédure pénale, tel n'est pas le cas. En effet, la contrainte, dans le cadre du droit pénal de fond, est une « *cause parfaite et incontestable d'impunité* »[1180] et est prise dans toutes ses formes. Alors que dans le cadre du droit pénal de forme, ou encore dans le cadre procédural, la contrainte est prise dans son aspect physique et externe, les autres formes de contraintes ayant été exclues. Ce choix du législateur à première vue semble trouver une justification.

506.La justification de la prise en compte de la contrainte physique externe. Cette contrainte est celle prise en compte par le législateur. Ce choix n'est pas fortuit, car cette forme de contrainte est « *concrète* »[1181], « *matérialisable* »[1182] et « *visuelle* »[1183]. L'OPJ qui notifie à la personne ses droits puis la place en garde à vue réalise une forme de contrainte matérielle qui se traduit par la restriction de la liberté d'aller et de venir de la personne faisant l'objet de la mesure. Mais, le législateur en se fondant sur cette forme de contrainte pour un plus ample exercice des droits de la défense, semble faire abstraction des autres formes de contrainte qui, en matière pénale, ne demeurent pas sans effet sur la situation du suspect, comme c'est le cas de la contrainte morale. L'absence de prise en compte de cette forme de contrainte paraît injustifiée.

1178 Y. MAYAUD, *Droit pénal général*, 5e éd. PUF, 2015, p. 541.
1179 B. BOULOC, *Droit pénal général*, 26e éd., Dalloz, 2017, p. 395 et s.
1180 J.-F. FAUCANIE, *op. cit.*, p. 2.
1181 J.-F. FAUCANIE, *op. cit.*, p. 19 et s.
1182 *Ibid.*
1183 *Ibid.*

b. L'absence injustifiée de prise en compte de la contrainte morale

507.La contrainte morale. Cette contrainte morale qui « agit sur la volonté ou l'esprit de l'individu en abolissant son libre arbitre »[1184] ou encore « quand la volonté de l'agent est pratiquement abolie par la crainte d'un mal suffisamment pressant pour déterminer irrésistiblement sa volonté, en supprimant en lui toute possibilité de choix »[1185]. Cette dernière définition correspond bien à la situation où la personne est conduite après une infraction flagrante devant l'OPJ par une personne, la foule ou toute autre personne ayant assisté à la commission de l'infraction. Dans une pareille situation, le suspect ne dispose pas d'autres choix que de se présenter au commissariat. Cette forme de contrainte pesant sur le suspect est présente dans la phase policière, mais elle n'est pas évoquée par le législateur. Est-ce de manière volontaire ? Cette omission est-elle faite dans le but de réduire les droits de la défense ? En tout état de cause, cette contrainte dite morale caractérise l'audition libre.

508. Une contrainte qui caractérise l'audition libre. L'audition libre est bien le lieu de la contrainte psychologique. Le Professeur Leroy le démontre lorsqu'il note que « *même si le suspect est informé qu'il peut quitter le local de police à tout moment, cela ne signifie pas qu'il usera de cette faculté sachant qu'en prenant cette décision il risque de déclencher une garde à vue* »[1186]. Comme la personne gardée à vue, la personne auditionnée librement demeure à la disposition des OPJ en dépit de sa volonté. Ce qui rejoint l'idée selon laquelle, cette notion de contrainte est large et protéiforme et qu'elle ne doit pas être une source d'attribution des droits de la défense. Dans la phase policière, tout suspect est dans une situation de contrainte, entre interrogatoire, confrontation, perquisition, convocation, le suspect ou même le simple témoin est contraint de répondre. Une égalité entre les suspects doit pousser à réfléchir sur un nouveau procédé d'attribution des droits de la défense. La référence au statut de mis en examen, témoin assisté, suspect libre, personne gardée à vue pour attribuer les droits de la défense doit céder et laisser la place à une notion plus équitable qu'est la suspicion, qui devient le critère d'attribution des droits de la défense.

1184 J.-F. FAUCANIE, *op. cit.*, p. 41.
1185 J.-F. FAUCANIE, *op. cit.*, p. 47.
1186 J. LEROY, *Procédure pénale*, 5^e^éd., LGDJ, 2017, p. 306 et s.

Section 2 : La suspicion, source des droits de la défense

509. Une notion intermédiaire. L'objet du procès pénal est d'aboutir soit à l'innocence de la personne présumée auteur de l'infraction soit à sa culpabilité. Si l'innocent est celui qui est « *reconnu non coupable* »[1187], celui « *qui n'a pas commis un acte répréhensible ou délictueux* »[1188], le coupable est « *celui qui est en faute au regard de la loi pénale ; celui qui a commis une infraction* »[1189]. La personne qui n'est ni innocent ni coupable, celle qui se trouve entre ces deux statuts, est souvent désignée sous le vocable de suspect. Longtemps ignorée de la procédure pénale française, mais présente en droit anglo-saxon[1190], la notion de suspect est aujourd'hui une notion que l'on retrouve aussi bien dans les dispositions externes comme internes. Les directives européennes font état de cette notion, de même que l'article préliminaire du CPP français. Le recours à cette notion n'est certainement pas fortuit, car elle demeure présente durant tout le procès.

510. Une notion présente durant tout le procès. Dire que la notion de suspect est présente durant tout le déroulement de la procédure judiciaire peut sembler *a priori* inexact. L'organisation en phase de la procédure pénale nécessite qu'à chaque étape de la procédure le mis en cause ait des statuts différents en tenant compte de la phase, mais aussi de l'intensité des indices présents dans le dossier. C'est sans doute cette conception qui a conduit dans un premier temps à faire de la notion de suspect une notion purement policière, c'est-à-dire en la distinguant de la poursuite (§1) qui touche la phase judiciaire. Mais cette conception restrictive de la notion de suspect fondée sur une organisation procédurale est sujette à discussion. La notion de suspect comme nous le verrons est une notion large qui traverse toute la procédure pénale. Elle est aujourd'hui dans toutes les dispositions conventionnelles comme internes, assimilée à la personne poursuivie (§ 2), ce qui témoigne de

1187 G. CORNU, *Vocabulaire juridique*, 12e éd., PUF, 2018, p. 551.
1188 www.cnrtl.fr.
1189 G. CORNU, *op. cit.*, p. 280.
1190 C. GUÉRY, « L'avenir du suspect », *AJ. Pén.*, 2005, p. 232.

cette nécessité de considérer comme inutile la distinction entre personne poursuivie et suspect dans l'attribution des droits de la défense.

§1 : La distinction entre suspect et personne poursuivie

511.La mise en œuvre de la suspicion. L'article 14 du CPP dispose que la police « *est chargée* [...], *de constater les infractions à la loi pénale, d'en rassembler les preuves et d'en rechercher les auteurs* [...] ». Au regard de cette définition, il apparaît dans la procédure pénale française que la mise en œuvre de la suspicion revient à la police. C'est ce que relève d'ailleurs M. Defferand lorsqu'il note que « *l'activité de suspicion* [...] *relève pour l'essentiel du travail des fonctionnaires de police* »[1191]. Même si d'autres autorités peuvent le faire comme la gendarmerie, la douane[1192], celle mise en œuvre par le magistrat semble revêtir au regard de la conception française, un autre aspect. Le terme disparaît en effet avec l'intervention du magistrat instructeur pour laisser place au témoin assisté ou à la personne mise en examen. Or, ce travail effectué par ce magistrat, comme nous le verrons plus loin, rejoint celui fait par les OPJ, c'est-à-dire rechercher une suspicion. Mais le législateur a préféré au-delà de la phase policière retenir d'autres désignations que la notion de suspect.

512.La poursuite, fin de la mise en œuvre de la suspicion. Dès l'engagement des poursuites, la notion de suspect disparaît pour laisser place à d'autres notions qui renvoient plus à cette phase judiciaire de la procédure. La poursuite est définie comme « *l'ensemble des actes accomplis par le ministère public, certaines administrations ou la victime d'une infraction, dans le but de saisir les juridictions répressives compétentes et d'aboutir à la condamnation du coupable* ». Devant ces juridictions, la notion de suspect disparaît pour laisser place à d'autres notions. Ce changement terminologique vise à distinguer les étapes de la procédure. C'est pourquoi le législateur, dans le but de permettre une lisibilité de la procédure pénale a, posé la notion de

---

1191 F. DEFFERAND, *Le suspect dans le procès pénal*, LGDJ, 2005, p.14.
1192 *Ibid.*

suspect dans la phase policière (A) et change la dénomination en cas d'engagement des poursuites (B).

A- La limitation de la notion de suspect dans l'enquête policière

513. La notion de suspect, bien que limitée à la phase policière, n'est pas définie par la loi. Cette absence de définition (1) ne permet pas de voir la restriction de la notion à la phase policière. C'est la doctrine qui vient opérer une définition restrictive (2) de cette notion en la limitant à la phase policière.

1. L'absence de définition de la notion de suspect par la loi

514.Le recours à la notion sans la définir. Le suspect n'a pas fait l'objet de définition de la part du législateur. Le CPP, avant la loi du 15 juin 2000, ne faisait pas état de l'existence de ce statut[1193]. C'est avec cette loi de 2000 instituant l'article préliminaire, suivie de celle du 9 mars 2004 que le mot suspect apparaît dans le CPP. D'ailleurs M. Guéry le note bien lorsqu'il écrit que « *les lois du 15 juin 2000 et 9 mars 2004 nous semble en effet marquer l'entrée de ce suspect sur la scène procédurale, bien que le code de procédure soit encore très discret quant à l'emploi du mot lui-même* »[1194]. Le législateur parle dès l'article préliminaire de « *personne suspectée* »[1195], mais n'a pas défini le mot « suspectée ». De même, l'article 53 du CPP relatif aux crimes et délits flagrants parle de « *personne soupçonnée* » sans la définir. Aujourd'hui, le législateur a mis en place le statut du suspect libre dans la phase policière avec la loi du 27 mai 2014. Cette loi n'offre pas une définition de la notion de suspect. La circulaire du 23 mai 2014

1193 C. GUERY, « L'avenir du suspect », *AJ. Pén.*, 2005, p. 232.

1194 *Ibid.*

1195 « *Toute personne suspectée ou poursuivie est présumée innocente tant que sa culpabilité n'a pas été établie* […] »

présentant les dispositions de cette loi emploie le mot suspect, mais ne définit pas non plus cette notion. Certaines définitions ont pu être tirées des périphrases utilisées par le législateur pour désigner le suspect.

515.L'usage de périphrases[1196] pour désigner le suspect. Si la périphrase est « *une figure dans laquelle on substitue au terme propre et unique une expression imagée ou descriptive qui le définit ou l'évoque* »[1197], il faut dire que le législateur a eu recours à cette figure de style pour désigner le suspect. L'article 61-1 du CPP institué par la loi du 27 mai 2014 qui met en place le suspect libre dispose que « *la personne à l'égard de laquelle il existe des raisons plausibles de soupçonner qu'elle a commis ou tenté de commettre une infraction ne peut être entendue librement sur ces faits qu'après avoir été informée* [...] ». Cette personne désignée par cet article est le suspect. Cette même technique apparaît dans différents articles du CPP. D'autres articles relatifs à la garde à vue procèdent de la même sorte pour désigner le suspect. L'article 62-2 du CPP qui pose les conditions de la garde à vue ne parle pas de suspect, mais de «*personne à l'encontre de laquelle une ou plusieurs raisons plausibles de soupçonner qu'elle a commis ou tenté de commettre un crime ou un délit puni d'une peine d'emprisonnement* [...] ». Le recours à ces périphrases ne permet pas pour autant de circonscrire le terme suspect dans la phase policière. C'est la doctrine qui a opéré cette définition restrictive.

2. *Les définitions restrictives opérées par la doctrine*

516.Un suspect ne dépassant pas l'enquête de police. M. Defferand, après analyse de certaines définitions issues de la doctrine note que « *la notion de suspect paraît cantonnée aux enquêtes de police et donc circonscrite à la phase policière de la procédure pénale* »[1198]. Dans le lexique des termes juridiques, cette même idée apparaît, le suspect est vu comme la «*personne soupçonnée d'avoir participé à la commission d'une infraction et qui n'est pas encore poursuivie*»[1199]. Cette même définition est aussi retenue par le

[1196] V. sur ce point F. DEFFERAND, *Le suspect dans le procès pénal*, éd. LGDJ, 2000, p. 18 et s.

[1197] www.cnrtl.fr.

[1198] F. DEFFERAND, *La suspicion légitime*, éd. LGDJ, 2000, p. 33.

[1199] S. GUINCHARD, T. DEBARD, *Lexique des termes juridiques*, 25e éd. Dalloz, 2017, p. 998.

Professeur Cornu[1200]. Cette définition démontre cette vision doctrinale consistant à circonscrire le suspect dans la phase policière sans l'étendre aux autres phases de la procédure pénale. Le Professeur Pradel s'inscrit dans cette même logique, pour lui, le suspect est celui qui peut être placé en garde à vue par l'OPJ[1201]. Cette vision restrictive de la notion de suspect ainsi dégagée par la doctrine n'est cependant pas figée, et elle est, à notre sens injustifié.

517. Une restriction injustifiée. C'est dans cette doctrine que l'on va trouver l'absence de justification de cette restriction. Si certains auteurs sont pour la circonscription du suspect dans la phase policière, pour d'autres, « *cette limitation ne repose sur aucun fondement juridique* »[1202] parce que « *la loi et la jurisprudence n'ont pas davantage déterminé avec précision sa place dans la procédure pénale* »[1203]. En dépit de cette controverse, il est constaté que dans la procédure pénale française, la notion de suspect, en dépit de l'absence de définition par la loi et la jurisprudence, est davantage présente dans la phase policière. C'est la décision du procureur de la République qui vient établir cette distinction. Le ministère public qui ne déclenche pas l'action publique retient la personne dans le statut de suspect. Mais cette règle doit être nuancée dans la mesure où, avec les nouvelles alternatives aux poursuites, on peut quitter le statut de suspect pour celui de coupable sans déclenchement de l'action publique. Mais le législateur dans un souci de mieux identifier les différentes phases de la procédure pénale retient le suspect dans la phase policière et procède à un changement de dénomination une fois la poursuite engagée.

1200 « *Le suspect, personne soupçonnée qui n'est pas encore poursuivie* », G. CORNU, *Vocabulaire juridique*, 12e éd., PUF, 2018, p.802.

1201 J. PRADEL, « Les personnes suspectes ou poursuivies après la loi du 15 juin 2000. Évolution ou révolution ? », *D.* 2001, p. 1039.

1202 F. DEFFERAND, *La suspicion légitime*, éd. LGDJ, 2000, p. 34.

1203 *Ibid* ; v. sur ce point la définition du Professeur Sébastien Pellé qui propose une vision large de la notion de suspicion : S. PELLÉ, « Le suspect, entre audition libre et garde à vue », in La garde à vue, vers un renforcement des droits de la défense ?, actes du colloque du 28 novembre 2014, p. 27 et s.

B- Le changement de dénomination en cas d'engagement des poursuites

518. Une fois les poursuites engagées, la dénomination suivra l'orientation qu'a décidée le procureur de la République. Si c'est le juge d'instruction qui est saisi (1), la dénomination ne sera pas la même que si une juridiction de jugement était saisie à la place (2).

1. *La dénomination du suspect devant le juge d'instruction*

519. Le témoin assisté. Ce statut déjà vu plus haut est souvent employé lorsqu'une poursuite est engagée devant le juge d'instruction. Le législateur emploie aussi des périphrases pour le désigner. Pour l'article 113-1 du CPP, le témoin assisté est « *toute personne nommément visée par un réquisitoire introductif ou par un réquisitoire supplétif et qui n'est pas mis en examen* [...] ». L'article 113-2 quant à lui considère que, peut-être témoin assisté, « *toute personne nommément visée par une plainte ou mis en cause par la victime* [...] ». Pour certains auteurs, le témoin assisté n'est pas un suspect parce qu'il bénéficie d'un statut hybride. Il bénéficie des avantages de la procédure pour assurer sa défense sans subir les inconvénients. En principe, « *le témoin assisté n'est pas une personne suspecte* »[1204] parce que « *l'ensemble des éléments constitutifs de la qualité de suspect n'est pas réuni dans sa personne* »[1205]. Ce principe est discutable, nous verrons que le témoin assisté est bien un suspect comme la personne mise en examen.

520. La personne mise en examen. Le terme suspect semble *a priori* inapproprié face aux personnes contre qui, au regard de l'article 80-1 du CPP, pèsent « *des indices graves ou concordants rendant vraisemblable qu'elles aient pu participer, comme auteur ou comme complice, à la commission des infractions dont il est saisi* ». Le législateur souhaite encore une fois rendre lisible la procédure pénale en démontrant les différentes étapes qui existent au sein de l'instruction. Cette volonté ne reproduit pas les réalités de la

---

1204 F. DEFFERAND, *La suspicion légitime*, éd. LGDJ, 2000, p. 203.

1205 *Ibid.*

procédure pénale. Nous avons vu que le juge ne se réfère plus aux indices pour recourir aux critères. De plus, peut-on seulement se baser sur l'accroissement des indices pour ôter la qualité de suspect à la personne mise en cause dans la phase d'instruction ? La réponse est sans doute négative. En dépit de l'accroissement des indices peu importe qu'ils soient et/ou concordants, nous allons voir qu'il demeure tous suspect comme l'est le mis en cause devant l'OPJ. Mais la loi française en les distinguant crée inutilement plusieurs statuts différents dans le but de différencier les phases comme il le fait lorsqu'une juridiction de jugement est saisie.

2. *La dénomination du suspect devant la juridiction de jugement*

521.Le recours à la notion de prévenu devant le juge correctionnel et de police. Dans l'organisation juridictionnelle, le suspect, la personne mise en examen, peut être renvoyé devant une juridiction. Le témoin assisté ne peut être renvoyé devant une juridiction qu'après avoir fait l'objet d'une mise en examen. Si la personne est renvoyée devant le tribunal correctionnel, il devient prévenu. C'est ce qui ressort d'ailleurs de la définition donnée par le professeur Cabrillac. Le prévenu est selon le professeur, une «*personne poursuivie devant un tribunal de police ou un tribunal correctionnel*»[1206]. Il s'agit pour la plupart de suivre la classification des infractions en crime délits et contraventions. Le tribunal devant le tribunal correctionnel que comparait une personne qui a commis un délit[1207]. Le tribunal est saisi avec le même dossier contenant les éléments sur la base desquels la personne était suspecte ou mise en examen. La saisine d'une juridiction ne modifie pas souvent la contenance de ce dossier. Qu'est-ce qui justifie l'appellation de prévenu si ce n'est une question purement procédurale, c'est-à-dire permettre l'identification des infractions et des juridictions compétentes ? Cette identification va impacter les droits de la défense parce que devant la juridiction de jugement ces droits sont pleinement appliqués. Pourtant, il

1206 R. CABRILLAC, *Dictionnaire du vocabulaire juridique*, 9e éd. Lexisnexis, 2018, p. 431.
1207 G. CORNU, *op. cit.*, p. 802.

s'agit toujours du suspect[1208] même si le législateur recourt à la notion d'accusé pour le désigner devant la cour d'Assises.

522.Le recours à la notion d'accusé devant la Cour d'Assises. C'est toujours dans cette distinction des infractions et des juridictions aptes à les juger que le législateur dénomme accusé toute personne auteur d'un crime et traduite devant la Cour d'Assises. C'est ce qui apparaît dans les définitions fournies par la doctrine. Ces différentes appellations selon les phases de la procédure affectent aujourd'hui l'octroi des droits de la défense. Les droits fondamentaux de la défense ne devraient pas suivre cette logique procédurale. Les statuts, s'ils sont utiles pour distinguer les phases et permettre une lisibilité procédurale, doivent tous conserver les mêmes droits. Que la personne soit à la phase policière, à la phase d'instruction ou encore à la phase de jugement, elle demeure suspecte et par conséquent, elle devrait bénéficier des mêmes droits de manière constante et continue jusqu'à la fin de la procédure. Cette vision du procès est comprise par la doctrine au niveau interne, mais aussi par la CESDH qui assimilent aujourd'hui suspect et personne poursuivie.

§ 2 : L'assimilation du suspect à la personne poursuivie

523.Un rapprochement favorable dans l'exercice de la défense. L'exercice des droits de la défense dans la phase de l'enquête policière était jusqu'ici peu pris en compte. Seule la personne poursuivie peut devant une juridiction d'instruction ou de jugement, bénéficier de larges droits pour se défendre. Aujourd'hui, cette organisation de la procédure accordant moins de droits à la personne non poursuivie qu'à la personne poursuivie tend à disparaître. Depuis 1993, la personne gardée à vue observe progressivement ses droits s'élargir. Ce n'est pas pour autant

1208 Il est encore suspect car il n'est pas encore déclaré coupable et condamné par une juridiction de jugement ; v. S. PELLÉ, « Le suspect, entre audition libre et garde à vue », in La garde à vue, vers un renforcement des droits de la défense ?, actes du colloque du 28 novembre 2014, p. 27 et s.

suffisant pour parler d'effectivité des droits de la défense dans la phase policière. Les droits dont bénéficie la personne poursuivie sont plus amples et plus effectifs. C'est devant une juridiction impartiale et indépendante que la personne poursuivie présente souvent sa défense ce qui constitue une avancée considérable par rapport au suspect qui demeure dans une phase policière sans une autorité judiciaire présentant les garanties requises. Mais la consécration de l'assimilation du suspect à la personne poursuivie doit être une cause de rupture avec cette procédure.

524.La consécration de l'assimilation du suspect à la personne poursuivie. L'assimilation de la personne suspectée à la personne poursuivie quant aux droits dont ils doivent bénéficier n'est point aberrante. En dépit des phases de la procédure, les deux demeurent suspectes. Il n'existe à l'encontre de ces deux aucune déclaration de culpabilité, elles bénéficient toutes les deux de la présomption d'innocence. En dépit de l'intensité des indices plus forte chez le prévenu que chez le suspect, ils demeurent toujours suspects. Cette même remarque peut être faite pour les autres statuts. C'est pourquoi au niveau interne, il a consacré, le statut de suspect à toute personne à qui l'on reproche d'avoir commis une infraction pénale (A), peu importe que la poursuite ait été engagée ou pas. C'est ce que l'on note aussi au niveau européen (B). Les directives européennes n'hésitent pas d'assimiler suspect et personne poursuivie.

A- L'assimilation du suspect à la personne poursuivie consacrée au niveau interne

525.L'apparition laconique de l'assimilation dans l'article préliminaire du CPP. L'article préliminaire du code de procédure pénale renferme des principes directeurs relatifs à la procédure pénale[1209].

1209 H. HENRION, « L'article préliminaire du Code de procédure pénale vers une « théorie législative » du procès pénal ? », *Arch. pol. crim.*, 2001/1, n° 23, p. 192 ; G. ROYER, « L'article préliminaire du Code de procédure pénale, quand vient l'âge, de la maturité », *D.*, 2006, p. 3045 ; E. VERGÈS, « L'effet normatif de l'article préliminaire du Code de procédure pénale », in *Mél offerts à Raymond Gassin*, PUAM, 2007, p. 327.

Pour le Professeur Vergès, « *cet article couvre l'ensemble de la procédure* »[1210]. Le Conseil constitutionnel et la Cour de cassation ont toujours rappelé l'importance des valeurs posées par cet article introduit par la loi du 15 juin 2000. Selon M. Bück, « *cet article qui a pour vocation principale de justifier les différentes dispositions nouvelles du code de procédure pénale doit beaucoup à la jurisprudence constitutionnelle* »[1211]. Le Conseil constitutionnel dans sa décision du 2 mars 2004, invite l'autorité judiciaire « *à veiller au respect de ces principes rappelés à l'article préliminaire du code de procédure pénale* »[1212]. La Cour de cassation l'utilise comme visa dans certaines de ces décisions. Cette utilisation faite de l'article préliminaire, lui octroie comme le note le professeur Giudicelli, « *une portée normative* »[1213]. Dans cet article, le législateur fait appel à la notion de suspect et l'assimile à la personne poursuivie lorsqu'il note que « *toute personne suspectée ou poursuivie est présumée innocente* ». La présomption d'innocence doit bénéficier aussi bien au suspect qu'à la personne poursuivie. Cette assimilation de l'article préliminaire n'est pas assez parlant, c'est la doctrine qui a davantage abondé en ce sens.

526.L'assimilation totale entre suspect et personne poursuivie opérée par la doctrine. Pour la doctrine, « *la qualité de suspect existe et demeure constante à tous les moments du procès* »[1214]. Cette affirmation peut laisser entendre que les différents statuts posés par le législateur pour chaque phase ne sont qu'artificiel[1215] s. Pour M. Defferand, « *indépendamment du stade de la procédure, c'est toujours d'une personne suspecte qu'il s'agit, c'est-à-dire, et toujours, d'une personne à l'encontre de qui pèse simplement une probabilité d'agissements infractionnels* »[1216]. Pour lui, le témoin assisté, la personne mise en examen, le prévenu, l'accusé sont tous des suspects[1217].

1210É. VERGES, « Principe directeur du procès pénal, Principes communs aux parties », *JCI procédure pénale*, Fasc. 30.

1211 V. BÜCK, « Le conseil constitutionnel et les reformes pénales récentes », *Cahiers du Conseil constitutionnel*, n° 10, mai 2001.

1212 Cons. const., 2 mars 2004, n° 2004-492 DC.

1213 A. GIUDICELLI, « Premières applications jurisprudentielles de l'article préliminaire du code de procédure pénale », *RSC*, 2003, p. 122.

1214 F. DEFFERAND, *Le suspect dans le procès pénal*, LGDJ, 2005, p. 21.

1215 F. DEFFERAND, *Le suspect dans le procès pénal*, LGDJ, 2005, p. 22.

1216 F. DEFFERAND, *Le suspect dans le procès pénal*, LGDJ, 2005, p. 21.

1217 « *Tout comme la personne mise en examen, le témoin assisté est un suspect* […] » ; « *Le prévenu est un suspect auquel est reproché la participation à un délit ou à une contravention* » ; « *L'accusé est la personne soupçonnée d'avoir commis un crime est traduite devant la Cour d'assises pour y être jugée* », F. DEFFERAND, *Le suspect dans le procès pénal*, LGDJ, 2005, p. 17 et s.

Cette position est partagée par d'autres auteurs comme MM. Guéry et Roussel. Pour le premier, « *le suspect est tant celui qui est gardé à vue que le mis en examen, le prévenu ou l'accusé* »[1218]. Pour le second, « *la notion de suspect est unitaire, car c'est la même logique qui s'applique à lui quel que soit le stade de la procédure* »[1219]. Cette position que nous partageons se justifie largement. Dès lors qu'on reproche à une personne d'avoir commis une infraction, il y a suspicion[1220]. Ce reproche constitue une accusation en matière pénale telle que dégagée par la CEDH. C'est pourquoi les directives européennes assimilent aussi la personne suspecte à la personne poursuivie dans l'exercice des droits de la défense.

B- L'assimilation du suspect à la personne poursuivie par les directives européennes

527. L'affirmation de l'assimilation. Dans l'intitulé de la feuille de route de 2009 adoptée par le Conseil apparaît cette volonté d'assimiler le suspect à la personne poursuivie. La résolution du Conseil parle de renforcer « *les droits procéduraux des suspects ou des personnes poursuivies dans le cadre des procédures pénales* »[1221]. Cette résolution comme souligné plus haut a adopté cinq directives et dans chacune de ces directives, apparaît cette assimilation. Il est clairement mentionné que les directives devraient « *s'appliquer aux suspects et personnes poursuivies, et ce quels que soient leur statut juridique, leur citoyenneté et leur nationalité* »[1222]. Cette assertion posée par les directives témoigne du rapprochement existant entre personne suspecte et personne poursuivie. Cette dernière n'est pas différente du suspect, la dénomination de personne poursuivie est juste une manière de reconnaître l'état de procédure, c'est-à-dire savoir que le ministère public a décidé de poursuivre. Cette appellation n'emporte pas forcément un changement de statut et ne devrait pas non plus causer des effets sur

---

1218 C. GUÉRY, « L'avenir du suspect », *AJ. Pén.*, 2005, p. 232.

1219 G. ROUSSEL, *Suspicion et procédure pénale équitable*, éd. L'Harmattan, 2010, p. 35.

1220 F. DEFFERAND, *Le suspect dans le procès pénal*, LGDJ, 2005, p. 24.

1221 Résolution du conseil 30 novembre 2009 relative à la feuille de route visant à renforcer les droits procéduraux des suspects ou des personnes poursuivies dans le cadre des procédures pénales. Disponible en ligne : www.gdr-elsj.eu.

1222 Cette phrase se trouve dans toutes les directives à l'emplacement n°16.

l'exercice des droits de la défense. Il résulte des directives que les droits leur sont communs.

528.L'existence de droits communs entre suspect et personne poursuivie. Il ressort des directives que le suspect doit bénéficier des mêmes droits que la personne poursuivie. Il a le droit de comprendre l'information et de bénéficier d'un interprète si nécessaire. Dans cette information, il doit saisir la nature et la cause de l'accusation oralement, mais aussi par la remise d'un support écrit mentionnant ses droits. Il doit bénéficier d'un avocat et d'une aide juridictionnelle s'il n'a pas de ressources. Il doit pouvoir aviser une personne proche, sa famille, son ambassade. Il doit enfin être tenu compte de sa vulnérabilité. Cet ensemble de droits reconnus aussi bien à la personne suspecte qu'à la personne poursuivie démontre que les droits de la défense ne doivent pas faire l'objet d'attribution différente basée sur la phase procédurale.

CONCLUSION CHAPITRE 2

529. La procédure pénale française, divisée en plusieurs phases, a mis en place des statuts différents pour distinguer les phases. Entre la phase policière et la phase judiciaire, la personne mise en cause peut voir son statut se transformer. Le législateur ne s'est pas limité en créant ses statuts à la distinction des phases, il en fait une modalité d'attribution et d'exercice des droits de la défense. Ainsi, entre le suspect, le témoin assisté, la personne mise en examen, le prévenu et l'accusé, les droits de la défense évoluent. Cette évolution tient compte de l'intensité des indices réunis. Mais les différentes réformes opérées par le législateur ont remis en cause toute cette architecture procédurale. L'intensité des indices a laissé place au principe de subsidiarité. En effet, le législateur laisse le choix du statut à octroyer au suspect à l'OPJ ou aux juges d'instruction en dépit des indices. En leur laissant cette opportunité, ils choisissent non seulement le statut, mais aussi les modalités d'exercice des droits de la défense, car, à chaque statut, correspondent des droits précis. Dans le but de faire échec aux droits de la défense, l'autorité policière ou judiciaire peut refuser un statut plus protecteur à la personne présentant les conditions requises pour en bénéficier. Le législateur, en prévoyant quasiment les mêmes droits entre personne gardée à vue et personne auditionnée librement, entre témoin assisté et personne mise en examen, réduit le pouvoir de ces autorités quant à leur emprise sur les droits à reconnaître à la personne traduite devant elles. En procédant de la sorte, une confusion des statuts s'est installée amenant à se poser la question de savoir s'il est nécessaire de maintenir deux statuts dans une même phase bénéficiant quasiment des mêmes droits. De plus, en dépit de ces statuts, c'est la suspicion qui pèse sur toutes les personnes présentes devant une autorité policière comme judiciaire[1223]. D'où la nécessité de considérer la suspicion comme critère d'attribution des droits de la défense.

1223 « *Le suspect se définirait ainsi comme la personne qui, avant jugement et alors qu'elle est couverte par la présomption d'innocence, est supposé avoir participé, en qualité d'auteur ou de complice, à la commission d'une infraction* », S. PELLÉ, « Le suspect, entre audition libre et garde à vue », in actes du colloque *La garde à vue, vers un renforcement des droits de la défense ?*, éd. PUPPA, 2015, p. 28

CONCLUSION TITRE 1

530.L'effectivité des droits de la défense dès la phase policière est fondamentale pour garantir l'équité procédurale. Il est clair, au regard des mutations que vit la procédure pénale que « *la question de la culpabilité ne sera plus tranchée à l'audience de jugement, mais pendant la phase préparatoire* »[1224]. Même au sein de cette phase préparatoire, il faut spécialement cibler la phase policière. La phase de l'instruction est aujourd'hui une phase en voie de disparition, tout s'effectue dans la phase policière. Et pourtant ce changement n'est pas accompagné de transfert de droits permettant au suspect de se défendre de manière effective. Devant le juge d'instruction, les droits de la défense s'exercent pleinement, la personne mise en examen peut participer à la recherche de la vérité de manière active en disposant du dossier de la procédure, mais aussi en demandant la réalisation d'actes. En cas de non-respect de ses droits, elle peut exercer un recours devant la chambre de l'instruction et même se pourvoir en cassation en cas de désaccord avec la décision de cette chambre. Mais est-il logique de maintenir autant de droits dans une phase qui ne représente plus que 4 % des affaires pénales et de les restreindre dans la phase policière ? La réponse est sans doute négative. Le parquet avec ses auxiliaires, c'est-à-dire les OPJ, ne cesse de voir ses prérogatives s'élargir au détriment du juge d'instruction. Le procureur de la République peut aujourd'hui comme la juridiction de jugement retenir des peines à l'encontre du suspect dès la phase policière. Même si dans certains cas l'intervention de l'autorité judiciaire est nécessaire pour valider les peines proposées par le procureur, il faut noter que cette intervention est purement formelle, car l'autorité judiciaire valide souvent les peines proposées par le parquet. Face à ce constat, le déplacement des droits de la défense de l'instruction à la phase policière semble se justifier. Le juge d'instruction est aujourd'hui sur la sellette et l'ensemble des réformes opérées par le législateur le confirme. Ses prérogatives sont réparties entre le parquet et le JLD. Ce dernier, en dépit de son importance pour garantir les droits fondamentaux des suspects, ne dispose pas encore de pouvoirs nécessaires lui permettant d'intervenir pleinement et efficacement dans la procédure. La phase policière devient aujourd'hui la

---

1224 G. ROUSSEL, *Suspicion et procédure pénale équitable, op. cit.*, p. 27.

phase principale de recherche des infractions à la loi pénale. À partir du moment où la suspicion devient le critère d'attribution des droits de la défense, il faudrait non seulement que la défense soit uniforme, linéaire durant tout le procès, mais pour rendre effective cette défense, il faudrait aussi procéder à la recherche d'un équilibre entre elle et l'accusation.

TITRE 2 : LA RECHERCHE D'UN ÉQUILIBRE PROCÉDURAL POUR UNE EFFECTIVITÉ DES DROITS DE LA DÉFENSE

531. Une redistribution des rôles pour garantir un équilibre. Il ne suffit pas de définir la suspicion comme critère d'attribution des droits de la défense pour assurer leur effectivité. Une réorganisation de la procédure pénale est irréversible pour parvenir à cette effectivité. Le parquet ne cesse de voir ses pouvoirs s'élargir dans la phase policière tandis que la défense ne bénéficie pas de moyens lui permettant de lutter à armes égales. Le procureur de la République dispose de pouvoirs qui, autrefois, étaient reconnus au juge d'instruction ou à la juridiction de jugement. Le glissement de pouvoirs des juges de la juridiction de jugement, qui présente plus de garanties d'indépendance et d'impartialité vers une autorité dont l'indépendance est sujette à discussion compromet l'équité du procès. L'équilibre entre l'accusation et la défense qui constitue un impératif pour toute société démocratique ne peut être atteint qu'en définissant de manière claire le rôle de chaque partie dans la procédure pénale. Une redistribution des rôles entre autorités judiciaires participerait à garantir le respect des droits de la défense. Le procureur de la République se chargerait de soutenir l'accusation et de ne pas se prononcer sur les mesures portant atteinte aux droits fondamentaux, et la défense bénéficiera de droits plus étendus. Le procureur aurait des droits précis pour mener à bien son accusation, comme le suspect qui, à son tour, bénéficierait de droits étendus pour assurer sa défense. Avec la reconnaissance de droits à la défense comme à l'accusation, pourrait prendre forme l'équité du procès. Cette équité ne serait cependant concrète qu'avec la mise en place d'un contrôle.

532. La mise en place d'un contrôle de l'équilibre. Comme dans la phase de jugement c'est-à-dire devant un tribunal, le respect des droits fondamentaux de la défense doit être placé sous le contrôle d'un magistrat indépendant et impartial. Toutes les phases de la procédure pénale connaissent l'intervention d'un juge à l'exception de la phase policière. Il est question aujourd'hui de juridiction d'instruction, de juridiction de jugement et de juridiction d'application des peines. La phase policière qui est en amont de la procédure, phase sans laquelle il ne peut y avoir dans la plupart des cas ni instruction ni jugement encore moins d'exécution des peines, demeure sans juge indépendant, impartial et imprégné de la procédure inquisitoire. Cette organisation n'assure pas la cohérence de la procédure. Toute personne soupçonnée et arrêtée doit être traduite devant un juge après son arrestation pour qu'il lui garantisse le respect de ses droits. Toute mesure coercitive doit provenir d'un juge. C'est devant ce juge à l'instar de la juridiction de jugement que l'accusation et la défense doivent exposer leurs preuves et il se chargera de jouer le rôle d'arbitre comme le ferait le juge de la juridiction de jugement.

533.Plan. Il est donc nécessaire de procéder à une nouvelle répartition des rôles (chapitre 1) afin que le ministère public comme la défense puissent intervenir dans le procès à armes égales. Mais sans la mise en place d'un contrôle juridictionnel (chapitre 2), cette égalité recherchée sera sans effet.

CHAPITRE 1 : LA NÉCESSITÉ D'UNE NOUVELLE RÉPARTITION DES RÔLES ENTRE LA DÉFENSE ET L'ACCUSATION

534. Une remise en cause des réformes sur le parquet. Dans les différentes réformes opérées par le législateur, il est constaté un transfert de certains pouvoirs relatifs à la défense au procureur de la République. En dépit de son indépendance, il continue à octroyer certains droits à la personne mise en cause. La loi du 3 juin 2016 n'a pas dérogé à la règle, elle vient dans la cadre de la disposition du dossier et de l'application du principe contradictoire soumettre tout à une saisine préalable du parquet. L'article 56 de cette loi qui réécrit les articles 77-2 et 77-3 du CPP prévoit la possibilité d'une application de certains critères relatifs à la défense comme l'accès au dossier et le contradictoire, mais sur autorisation de l'accusation à savoir le procureur. Il n'est pas conforme à l'exigence de procès équitable de confier les droits de la défense du suspect, leurs attributions ou encore leurs modalités d'exercice à son adversaire à savoir le parquet. Il est opportun de remettre en cause ces réformes afin que ces droits soient retirés des mains du parquet pour être placés entre les mains d'un juge présentant plus de garanties. Le parquet dispose de prérogatives importantes pour mener à bien son accusation, pour trouver un équilibre entre lui et la défense, il s'avère opportun de déplacer les droits de la défense de la phase judiciaire vers la phase de l'enquête policière.

535. Un déplacement des droits de la défense de la phase judiciaire vers l'enquête policière. Les droits de la défense dans la phase policière ne sont pas pleinement consacrés comme c'est le cas devant les juridictions. C'est ce qui engendre ce déséquilibre procédural entre défense et parquet. Les pouvoirs du parquet sont quasi-constants tout au long de la procédure. De la phase d'enquête jusqu'à la phase d'exécution de la peine, il dispose des mêmes pouvoirs. Il peut devant n'importe quelle phase mener des investigations et solliciter des actes. Alors que la défense connaît une instabilité de ses droits. Tout change pour elle en fonction des phases et de sa qualité à savoir si elle est simple suspect, témoin assisté ou mis en examen. Cette situation cause un déséquilibre et compromet l'équité du procès. À l'instar du parquet, la défense devrait bénéficier de plus de droits et de manière constante.

536. Plan. La recherche d'un équilibre « entre deux intérêts puissants [...] l'intérêt général de la société qui veut une juste et prompte répression des délits, l'intérêt des accusés qui est lui aussi un intérêt social et qui exige une complète garantie des droits de la cité et des droits de la défense »[1225], ne peut être obtenu qu'en redéfinissant les fonctions du parquet (Section 1) et en reconnaissant plus de droits au suspect. Cette reconnaissance de droits plus étendus au suspect permettra une défense participative (Section 2) et non une défense passive comme c'est le cas depuis le CIC de 1808.

1225 F. HELIE, *Traité de l'instruction criminelle ou théorie du code d'instruction criminelle*, T. 1, éd. C. Hingray 1867, § 1.

Section 1 : Une redéfinition des fonctions du parquet

537.La détermination de nouvelles fonctions au parquet, un impératif à atteindre. Des réformes et propositions se sont succédé, et la plupart s'intéressent à la position du parquet dans le déroulement de la procédure pénale surtout dans l'avant-procès. Le rapport Delmas Marty de 1990, la commission Pierre Truche de 1997, la commission dite Léger de 2009, le rapport Nadal de 2013 et la commission nationale consultative des droits de l'homme de 2014 à propos de « *l'avis sur la refondation de l'enquête pénale* », pour ne citer que cela, ont tous pris position face à un parquet qui ne cesse de prendre plus de place dans la procédure pénale. Plusieurs propositions ont été notées, mais la plupart de ces commissions proposent de nouvelles fonctions au parquet, mais s'inscrivent contre la position de la CEDH. Cette dernière, à travers l'arrêt Moulin[1226] et Medvedyev[1227], a laissé entendre que l'équité du procès est viciée face à un parquet qui détient un pouvoir étendu de coercition alors qu'il ne bénéficie pas d'indépendance vis-à-vis de l'exécutif. Et la plupart des commissions ont essayé de résoudre ce lien entre le ministère public et l'exécutif.

538.Résoudre le lien entre le ministère public et l'exécutif. La résolution de ce lien n'est pas chose aisée. Les commissions au niveau interne, contrairement à la position de la CEDH, ont pour la plupart, réfuté cette idée de reconnaître au parquet, une indépendance vis-à-vis du pouvoir exécutif. Pour M. Soulez-Larivière, « *contrairement aux idées reçues, les arrêts Moulin et Medvedyev ne reprochent pas au ministère public français de ne pas être indépendant au sens des juges, mais de ne pas être juge parce qu'il est partie poursuivante* »[1228]. Cette assertion n'est pas dépourvue d'intérêt dans la mesure où, il est forcément évident que dans le cadre d'un procès pénal, la partie poursuivante ne peut être juge au premier sens du terme. Un juge est « *celui qui a autorité reconnue pour trancher un différend, qui est désigné pour juger* » ou encore « *celui qui est investi officiellement de l'autorité de*

1226 CEDH, *Moulin c/ France*, 23 novembre 2010, req. n° 37104/06.

1227 CEDH, *Medvedyev c/ France*, 29 mars 2010, req. n° 3394/03.

1228 D. SOULEZ-LARIVIÈRE, « Quelle indépendance pour le parquet », *AJ. Pén.*, 2012, p. 508.

rendre la justice»[1229]. Or, le procureur ne tranche pas un litige, il n'est pas arbitre, il poursuit les infractions à la loi pénale et se charge de l'accusation. Lui reconnaître des fonctions juridictionnelles va à l'encontre de son rôle qu'il effectue dans la procédure pénale. Il doit, conformément à sa position de partie, d'accusateur dans le procès, retrouver ses fonctions originelles (§1). Une fois ses fonctions rétablies, son lien avec l'exécutif pourra être maintenu (§2) dans la mesure où il n'aura plus de fonctions juridictionnelles pouvant porter atteinte aux droits fondamentaux de son adversaire à savoir le suspect.

§ 1 : L'attribution au ministère public de ses fonctions originelles

539.Le ministère public, défenseur de la société. Apparu sous Bonaparte[1230], le ministère public ou encore le parquet[1231], se charge de la défense des intérêts de la société, c'est-à-dire l'intérêt général[1232]. Présent devant les juridictions civiles comme commerciales, le parquet s'est fait connaître, grâce à certaines de ses attributions en matière pénale[1233]. La loi lui reconnaît le pouvoir en cas de commission d'une infraction pénale de faire cesser le trouble causé à l'ordre public par cette infraction. Il veille donc « *au respect de l'ordre public* »[1234] dont il est le « *gardien* »[1235]. Il s'associe souvent à l'enquête policière dont le but est défini à l'article 14

1229www.cnrtl.fr.

1230 J.-M. CARBASSE, *Histoire du parquet*, éd. PUF, 2000, p. 10.

1231 « *L'origine du terme parquet est controversée. Certains estiment qu'il vient de ce qu'initialement le procureur du Roi n'était pas un magistrat et exerçait ses fonctions sur le parquet de la salle d'audience et non sur l'estrade réservée au tribunal. D'autres considèrent que ce terme résulte de ce que le procureur du roi se tenait dans les salles d'audience dans un petit parc, le parquet* », F. DESPORTES, L. LAZERGES-COUSQUER, *Traité de procédure pénale*, 4eéd. Economica, 2015, p. 581 ; B. ANGIBAUD, *Le parquet*, Que sais-je ?, éd. PUF, 1999, p. 10.

1232 J. SEGAUD, *Essai sur l'action publique*, thèse, Reims Champagne-Ardenne, (Dir.) G. CLEMENT, 2010, p. 41.

1233 B. ANGIBAUD, Le parquet, *Que sais-je*, éd. PUF, 1999, p. 46.

1234 M. DOUENCE, M. AZAVANT, *Institutions juridictionnelles*, éd. Dalloz, 2010, p. 291.

1235 J. SEGAUD, *Essai sur l'action publique*, thèse, Reims Champagne-Ardenne, (Dir.) G. CLEMENT, 2010, p. 14.

du CPP. Le procureur, comme l'écrit M. Molins, recherche donc les auteurs des infractions à loi pénale, et se charge de les traduire devant les juridictions[1236]. En sa qualité d'OPJ, le procureur ne peut être juge[1237], mais une partie au procès, qui requiert l'application de la loi, c'est-à-dire veiller à la sanction de l'auteur de l'infraction en prévoyant des mesures coercitives pour mener son enquête, mais aussi requérir une peine contre lui. À ce titre, il ne peut être gardien des droits fondamentaux du suspect.

540.Le ministère public ne peut être garant des droits fondamentaux du suspect. Le juge du siège présente plus de garanties que le parquet dans la protection des droits fondamentaux parmi lesquels figurent les droits de la défense. C'est ce qui apparaît dans la décision du Conseil constitutionnel QPC du 17 décembre 2010[1238]. En analysant cette décision, le Professeur Carcassonne notait qu'entre le juge du siège et celui du parquet, en dépit de leur appartenance à l'autorité judiciaire comme le dispose l'article 66 de la constitution française, « *le premier présente néanmoins plus de garanties et c'est son rôle qui doit être privilégié* »[1239]. Cette absence de garantie peut être recherchée entre autres dans sa position dans le procès pénal. Il est l'adversaire du suspect, il ne peut garantir ses droits fondamentaux et en même temps requérir une mesure coercitive en son encontre. En tant que défenseur de la société, il peut mener les investigations et la poursuite (A), mais tout pouvoir juridictionnel devrait lui être (B) afin de garantir plus d'effectivité des droits de la personne suspectée d'avoir commis une infraction pénale.

A- La limitation des pouvoirs du ministère public aux investigations et à la poursuite

541. Le procureur de la République, au regard de sa mission de coordination, de direction et de contrôle de la police judiciaire[1240], est un

---

1236 F. MOLINS, « Ministère public », *Rép. Pén. D.*, 2015.

1237 B. BOULOC, *Procédure pénale*, 26ᵉéd., Dalloz, 2017, p. 166

1238 Cons. const., 17 décembre 2010, n° 2010-80 QPC, *RSC*, 2011, p. 193, obs. C. LAZERGES ; *Dalloz actualité*, 18 mai 2011, obs. C. GIRAULT ; *Dalloz actualité*, 6 janvier 2011, obs. S. LAVRIC.

1239 G. CARCASSONE, M. GUILLAUME *La constitution*, 14ᵉéd., Seuil, 2017, p. 322 et s.

1240 F. MOLINS, « Ministère public », *Rép. Pén. D.*, 2015.

OPJ. À ce titre, il dirige les investigations (1). Après ces dernières, il lui revient d'exercer la poursuite (2) s'il existe des éléments de nature à justifier celle-ci.

1. *La direction des investigations par le procureur de la République*

542. La conduite des investigations par le ministère public, proposé par le rapport Delmas-Marty de 1990 semble se justifier au regard des pouvoirs dont dispose le parquet vis-à-vis de la police judiciaire. Il dispose d'un droit à l'information (a), mais aussi du pouvoir de mener lui-même les investigations (b).

a. Le droit d'être informé du déroulement des enquêtes

543.L'information relative aux actes dans l'enquête préliminaire et de flagrance. Au regard de l'article 12 du CPP, « *la police judiciaire est exercée sous la direction du procureur de la République* ». À ce titre, il doit être informé de toutes les investigations afin qu'il puisse obtenir « *un minimum d'éléments* » pour « *exercer l'opportunité des poursuites en connaissance de cause* »[1241]. L'OPJ qui dirige une enquête préliminaire ou une enquête de flagrance doit informer le procureur de la République des avancements de l'enquête. C'est ce qui résulte de l'article 75-1 du CPP et 54 du CPP respectivement pour l'enquête préliminaire et l'enquête de délit. « *Dès qu'une personne à l'encontre de laquelle existent des indices faisant présumer qu'elle a commis ou tenté de commettre une infraction est identifiée* »[1242], le procureur de la République doit être avisé afin qu'il puisse exercer sa mission de contrôle et direction de l'enquête. Cette obligation d'information est rappelée par la circulaire du 31 mai 2000 présentant les dispositions de la loi du 15 juin 2000[1243]. Cette circulaire est venue préciser l'importance de

---

1241 C. RENAULT-BRAHINSKY, *Procédure pénale*, 18e éd., Gualino, 2017/2018, p. 109.

1242 Art. 75-2 CPP.

1243 Circ. CRIM 00-13 F1 du 31 mai 2000.

l'information dans le déroulement des investigations et les modalités de sa mise en œuvre. Sauf en cas d'urgence, l'information adressée au procureur doit intervenir avant toute mise en œuvre d'une quelconque coercition comme la garde à vue.

544.L'information relative à la garde à vue. La garde à vue qui figure parmi les moyens de coercition de la police judiciaire, est un acte d'investigation ou encore comme l'écrit le professeur Leroy, un « *acte de recherche* »[1244]. Le procureur étant chargé du déroulement de ces investigations doit être informé dès la mise en œuvre de cette mesure de contrainte. L'article 62-3 du CPP dispose que « *la garde à vue s'exécute sous le contrôle du procureur de la République* […] ». Ce pouvoir de contrôle renvoie au pouvoir d'investigation dont dispose le parquet. Parce que ce dernier apprécie l'opportunité de la mesure et de sa prolongation au regard de l'intérêt de l'enquête. L'intérêt de l'enquête doit être compris dans le sens de la recherche de la vérité. Si l'absence de recours à la garde à vue compromet les investigations, le parquet peut valider la décision de l'OPJ de retenir la personne en garde à vue. Les pouvoirs du parquet en matière d'investigation ne se limitent pas seulement à cette information. Le parquet peut lui-même mener des actes d'investigation.

b. Le pouvoir du parquet de mener des actes d'investigation

545.Le pouvoir de se transporter sur les lieux. Le parquet peut exercer les investigations tel qu'un OPJ. L'article 41 al. 4 dispose d'ailleurs qu'« *il a tous les pouvoirs et prérogatives attachés à la qualité d'officier de police judiciaire* ». À ce titre, il peut comme les OPJ, se transporter sur des lieux différents pour mener ses investigations. « *Il peut se transporter dans toute l'étendue du territoire. Il peut également, dans le cadre d'une demande d'entraide adressée à un État étranger et avec l'accord des autorités compétentes de l'État concerné, se transporter sur le territoire d'un État étranger aux fins de procéder à des auditions* »[1245]. L'audition est une technique d'enquête utilisée par les OPJ dans le cadre de leur investigation, son utilisation par le parquet démontre la capacité de cette dernière à s'occuper des investigations. D'où la nécessité de lui reconnaître ce pouvoir qu'il doit accomplir

1244 J. LEROY, *Procédure pénale*, 5éd., LGDJ, 2017, p. 314.
1245 Art. 41 al. 5 CPP.

comme le remarque le rapport Delmas-Marty dans le respect du principe de célérité. Si « *La responsabilité des investigations* »[1246] est confiée au ministère public, c'est parce qu'il est un policier. Ce statut lui permet de dessaisir ce dernier dans certains cas.

546.Le pouvoir de dessaisir l'OPJ. L'OPJ peut comme le parquet se déplacer sur les lieux de crime pour mener ces investigations. Cette même prérogative est reconnue au parquet qui une fois présent sur les lieux peut dessaisir l'OPJ et mener les actes d'investigation à sa place. C'est ce qui résulte de l'article 68 du CPP qui dispose que « *l'arrivée du procureur de la République sur les lieux dessaisit l'officier de police judiciaire. Le procureur de la République accomplit tous actes de police judiciaire* [...] ». Dans le respect des droits de la défense de la personne mise en cause, le procureur doit se limiter aux investigations dans le but de pouvoir conforter son accusation. La fonction d'accusation ne peut être exercée pleinement que lorsque l'OPJ dispose d'assez d'éléments contre la personne. L'obtention de ses éléments nécessite des investigations de la part des OPJ ou du procureur lui-même. C'est à l'issue de ces investigations que le parquet pourra exercer la poursuite.

2. . *Le pouvoir du procureur de la République à exercer la poursuite*

547. La poursuite des infractions à la loi pénale doit demeurer entre les mains du parquet. Le système de légalité des poursuites ne peut être retenu (a) parce que dans la plupart des pays où il est appliqué, le parquet y déroge souvent. Le maintien de l'opportunité des poursuites (b) semble plus apte à rendre la procédure pénale sa mission de régulateur de l'ordre public.

1246 La mise en état des affaires pénales, *Commission Justice pénale et droits de l'homme*, p. 128.

a. Le rejet de la légalité des poursuites

548.Le principe de la légalité des poursuites. Dans le système de légalité des poursuites « *toute commission d'une infraction doit être réprimée parce qu'elle porte atteinte à l'ordre social et aucune considération tenant à la personne ou à la gravité du fait délictueux ne doit jouer* »[1247]. Pour certains auteurs, ce principe de légalité des poursuites vise un objectif précis. Il s'agit d'éviter de créer une distinction entre les citoyens devant la loi pénale. Toute personne auteur d'une infraction doit faire l'objet de poursuite. Il s'agit de procéder à une « *poursuite automatique dès qu'une infraction est constatée* »[1248]. Ce système ne laisse pas de marge au parquet qui doit veiller à ce que chaque infraction fasse l'objet de poursuite. Pour certains auteurs à l'instar du Professeur Cédras, « *le système de la légalité des poursuites rend impossible l'étouffement des affaires brûlantes* »[1249]. Cette affirmation laisse paraître un système dans lequel il n'existe pas d'affaires sans poursuite or, la réalité en est toute autre. Les magistrats contournent le système jusqu'à l'altérer.

b. **Un principe de légalité des poursuites altéré.** Cette altération est soulignée par la commission Leger et confirmée par d'autres auteurs. Il est clair que toutes les infractions ne peuvent donner lieu à une poursuite. Cela comme le note le Professeur Pradel conduit « *à un encombrement des tribunaux et surtout interdit toute individualisation de la répression au stade de la poursuite* ». Dans les pays

---

1247 H. HENRION, N. SALDITT, « Le ministère public allemand, une institution ambivalente », in *Le figure du parquet*, éd. PUF, 2006, p. 35.
1248 C. AMBROISE-CASTEROT, P. BONFILS, *Procédure pénale*, éd. PUF, 2011, p. 80.
1249 J. CÉDRAS, « La spécificité du juge d'instruction français au sein des procédures pénales européennes », *RIDP*, 2010/1, vol. 80, p. 400.

comme l'Allemagne où le principe de légalité des poursuites est appliqué, il arrive souvent que le procureur ne respecte pas ce principe, et procède à des classements même dans des affaires complexes[1250]. Ce même constat est observé en Italie[1251]. Même si des auteurs comme le professeur Leblois-Happe plaident pour ce principe de légalité des poursuites[1252], il ne faut pas oublier qu'il est remis en cause dans l'ensemble des pays où il est appliqué. C'est sans doute la raison pour laquelle la commission Leger a jugé nécessaire de maintenir l'opportunité des poursuites qui semble plus correspondre à la réalité de l'enquête.

c. Le maintien de l'opportunité des poursuites

549.Un principe gouvernant l'enquête pénale. Le principe de célérité commande aujourd'hui de désengorger les tribunaux en évitant

---

1250 H. HENRION, N. SALDITT, « Le ministère public allemand, une institution ambivalente », in *Le figure du parquet*, éd. PUF, 2006, p. 36.

1251 R. PARIZOT, « Au nom de l'indépendance : le ministère public en Italie », in *Le figure du parquet*, éd. PUF, 2006, p. 112.

1252 J. LEBLOIS-HAPPE, « Plaidoyer pour la légalité des poursuites », *JCP G.*, n°7, 15 février 2010, p. 168.

de porter devant elles toutes les infractions, même de plus faible gravité et n'entraînant aucun trouble à l'ordre public. Il appartient au procureur après avoir mis en œuvre son pouvoir d'investigation en collaboration avec la police judiciaire d'apprécier la nécessité de poursuivre ou de ne pas poursuivre. La commission justice pénale et droits de l'homme sous la direction du Professeur Delmas-Marty et la commission Leger ont retenu cette nécessité de maintenir le principe de l'opportunité des poursuites. L'objet de l'enquête de police consiste à préparer la phase de jugement, c'est dans cette préparation qu'il serait utile de détecter la nécessité de renvoyer la personne devant un tribunal. Ce système n'est pas exempt de reproche. Pour certains auteurs, « *il méconnaît le grand principe de la légalité criminelle et peut entraîner l'arbitraire dans la répression en favorisant injustement certains* »[1253]. Cette critique même si elle semble plausible, sera écartée lorsqu'à cette règle de l'opportunité des poursuites fera l'objet de contrôle.

550.L'encadrement du principe. Le droit pour la victime comme pour la société de voir toute infraction poursuivie et punie est un droit utile pour garantir l'ordre social. Pour ce faire, il faut que l'accès à la justice soit garanti. Dans le cadre de la procédure pénale, la victime qui porte sa plainte devant le procureur de la République doit bénéficier de certaines garanties lorsque celui-ci décide de ne pas poursuivre. Les dispositions actuelles semblent présenter une garantie. L'article 40-2 alinéa 2 dispose que lorsque le procureur de la République « *décide de classer sans suite la procédure, il avise* [les plaignants et les victimes] *en indiquant les raisons juridiques ou d'opportunité qui la justifie* ». Le parquet étant celui qui exerce l'action publique doit disposer de pouvoirs étendus pour apprécier les éléments qui peuvent prospérer devant une juridiction de jugement. C'est la raison pour laquelle, la plainte avec constitution de partie civile en matière correctionnelle est depuis la loi du 5 mars 2007 subordonnée pour son acceptation, à une déposition préalable d'une plainte devant le procureur de la République et que cette plainte ait fait l'objet d'un classement sans suite. Cette plainte préalable devrait être étendue afin de faciliter à l'accusation la vérification du bien-fondé de l'infraction. L'article 86 du CPP prévoit après le dépôt d'une plainte avec constitution de partie civile que le juge d'instruction puisse en informer le parquet pour qu'il prenne ses réquisitions. Cet article prévoit aussi que le procureur peut aussi demander au juge d'instruction d'inviter la

---

1253 J. PRADEL, *Procédure pénale*, 19ᵉéd., Cujas, 2017, p. 628.

personne auteur de la constitution de partie civile, « *à produire toute pièce à l'appui de sa plainte* ». Cette disposition démontre que c'est toujours le parquet qui procède ou fait procéder à la vérification de la réalité des faits dénoncés dans la plainte. Par conséquent, toute plainte devrait lui être adressée, c'est seulement en cas de refus que l'affaire sera portée devant un juge indépendant et impartial. Ce juge se chargera de garantir l'intérêt de toutes les parties, de l'accusation à la victime en passant par le suspect. Mais pour que ceux du suspect soient effectifs, il faudrait retirer au ministère public les mesures portant atteinte aux libertés individuelles.

B- Le retrait au ministère public des mesures portant atteinte aux libertés individuelles

551. Le ministère public ou encore le parquet, adversaire du suspect ne peut porter atteinte à ces droits sans l'autorisation et le contrôle d'un juge. Étant partie à la procédure, qui soutient l'accusation, il doit se limiter aux investigations et exercer la poursuite. Dans le cadre de l'enquête, certains actes portant atteinte aux libertés individuelles du suspect devraient lui être retirés (1). De même, il ne peut, au nom de la célérité et de traitement à temps réel des infractions, se substituer au juge du siège en recourant à la troisième voie pour prononcer des peines. Ces pouvoirs qui appartiennent aux juges du siège devront lui être retirés aussi (2).

1. Le retrait de pouvoirs au ministère public dans le cadre de l'enquête

552.Le retrait du contrôle de la garde à vue au parquet : La suppression du contrôle de l'opportunité de la mesure par le parquet dans le cadre des investigations, il peut arriver que l'OPJ décide de recourir à certaines investigations qui portent atteinte aux libertés individuelles du suspect. La mesure la plus attentatoire aux libertés dans le cadre de l'enquête policière est la garde à vue. Cette mesure ne devrait plus être placée sous le contrôle du parquet adversaire du suspect, mais sous le contrôle d'un juge. Le respect de l'équilibre de la procédure justifierait que le parquet, partie au procès et adversaire du suspect, ne puisse apprécier l'opportunité de placer et de maintenir la personne en garde à vue. Il n'est pas une autorité judiciaire au sens conventionnel et c'est ce qui est retenu au niveau interne par la Cour de cassation. Cette dernière, est venue rappeler que le ministère public est bien partie poursuivante au procès et n'est pas autorité judiciaire au sens de l'article 5§3 de la CESDH[1254]. En dépit de cette constatation, elle lui octroie le contrôle de la garde à vue et sa prolongation jusqu'à la 24e heure. Cette position de la Haute Cour est tirée des arrêts de la CEDH qui fixent un délai de quatre jours maximum pour présenter le suspect à un juge du siège. Cette jurisprudence de la CEDH suivie par la Cour de cassation n'est pas en conformité avec l'esprit de la CESDH. Déclarer partie poursuivante, adversaire du suspect, comment peut-on lui confier des mesures relatives aux droits fondamentaux de ce dernier. Si l'article 5§3 qui prévoit que la personne arrêtée doit être traduite aussitôt devant une autorité judiciaire, l'interprétation du terme « aussitôt » a donné naissance cette jurisprudence peu stable. Dans certains arrêts, la Cour retient quatre jours[1255], dans d'autres moins de quatre jours[1256], finalement tout dépend des circonstances de l'arrestation. Cette différenciation ne traduit pas l'équité du procès et entraîne une complexification de la procédure. De même, au niveau interne, le fait de faire intervenir un JLD après le contrôle du procureur rend la procédure plus lourde et illisible. Le respect de l'article 5 § 3 exigerait à ce que tout suspect soit traduit devant un juge indépendant et impartial qui apprécie la légalité de sa détention et non le confier à un juge qui accuse et poursuit. C'est ce qui résulte du rapport d'information du Sénat de 2011. Ce rapport avait prévu le retrait du pouvoir de contrôle de la mesure au

---

1254 Cass. crim., 15 décembre 2010, n°10-83.674, *RSC*, 2011, p. 142, obs. A. GIUDICELLI ; *D.*, 2011, p. 338, note J. PRADEL ; *Dalloz actualité*, 17 décembre 2010, obs. E. ALLAIN.

1255 CEDH, *Oral et Atabay c/Turquie*, 23 juin 2009, req. n° 39686/02, § 42 ; CEDH, *McKay c/ Royaume-Uni*, 3 octobre 2006, req. n° 543/03, *JDI*, 2007, p. 701, note O. BACHELET ; *JCP G.*, 2007, p. 18 et s., obs. F. SUDRE; CEDH, *Nastase-Silivetru c/Roumanie*, 4 octobre 2007, n° 74785/01, § 32.

1256 CEDH, *Gutsanovi c/Bulgarie*, 15 octobre 2013, req. n° 34529/10, § 154, *Dalloz actualité*, 30 octobre 2013, obs. O. BACHELET; CEDH, *Ipek et autres c/ Turquie*, 3 février 2009, req. n° 17019/02, § 36 ; CEDH, *Vassis et autres c/France*, 27 septembre, 2013, req. n°62736/09, § 58, D., 2013, p. 1687, note O. BACHELET ; *AJ. Pén.*, 2013, p. 549, obs. G. ROUSSEL.

procureur qui soutient l'accusation[1257]. Le juge accusateur ne peut pas contrôler une mesure privative de liberté et doit déterminer les modalités d'exercice de la défense.

553.La suppression du pouvoir du parquet quant aux modalités d'exercice de la défense. Dans la phase policière, l'intervention de l'avocat est fort utile. Cette intervention peut cependant être source de conflit. Il arrive que l'OPJ ne puisse s'entendre avec la défense sur les modalités de son intervention durant la garde à vue surtout pendant les auditions, interrogatoires ou confrontations. Il résulte de l'article 63-4-3 du CPP que l'avocat qui intervient durant la garde à vue peut « *en cas de difficultés* » être remplacé par un autre avocat. Cette difficulté est appréciée par l'OPJ qui avise le parquet, qui à son tour avise le bâtonnier pour en désigner un autre. Le législateur parle de difficultés sans préciser les contours, n'est-ce pas une manière de permettre aux OPJ de se débarrasser d'un avocat qui se dresse contre leur pratique qui consiste à obtenir un aveu. Il convient que ce pouvoir de résoudre les difficultés soit ôté des prérogatives du parquet comme celles qu'il a héritées des juges du siège.

2. *Le retrait des pouvoirs hérités des juges du siège*

554.Les mesures concernées. Dans le cadre du traitement à temps réel des infractions pénales, plusieurs mesures sont prévues par le législateur. Ces mesures visent entre autres à désengorger les juridictions et permettre une célérité de la procédure. C'est dans cette lancée que s'inscrivent les mesures dites de transactions pénales[1258]. Ces mesures en dépit de leur utilité vont à l'encontre des droits de la défense surtout celles qui ont une forte coloration pénale. C'est le cas de la CRPC, de l'ordonnance pénale ou encore de la composition pénale. Le parquet en cas de commission d'une infraction propose une peine qui est acceptée par le suspect puis homologuée par un juge du siège. Cette homologation n'échappe pas aux critiques parce que le juge du siège valide souvent les

---

[1257] J.-R. LECERF, J.-P. MICHEL, Rapport d'information, fait au nom de la commission des lois constitutionnelles, de législation du suffrage universel, du Règlement et d'administration générale (1) par le groupe de travail (2) sur l'évolution du régime de l'enquête et de l'instruction. Disponible sur www.senat.fr.

[1258] V. n° 68 et s.

propositions du parquet sans qu'un réel exercice des droits de la défense soit observé. Le suspect se verra infliger une peine inscrite au casier judiciaire sans l'existence d'un débat contradictoire réel. Ce système va à l'encontre du procès équitable. Le parquet doit se limiter aux investigations et à la poursuite. Dans le cadre des traitements à temps réel, il devrait suivre pour certaines infractions susceptibles d'être inscrites au casier judiciaire, la procédure observée devant la juridiction de jugement. Cette procédure consiste à porter sa proposition devant un juge indépendant et impartial.

555.La saisine du juge pour la proposition de la mesure. Devant la juridiction de jugement, le rôle du parquet consiste à requérir une peine et non déterminer la peine à prononcer. Ce travail revient aux juges du siège qui présente plus de garanties. Cette même procédure devrait être transférée en amont de la procédure, c'est-à-dire dans la phase policière. La proposition du parquet relative à la peine doit être portée devant un juge. Le parquet doit donner son accord pour la mesure accompagnée du consentement du suspect. Les deux se présentent devant un juge pour qu'il décide de la peine après un débat contradictoire. Certaines mesures peuvent demeurer entre les mains du parquet. Il s'agit des mesures relatives à des infractions simples, qui ne causent pas un réel trouble à l'ordre public, ne nécessitant pas une inscription au casier judiciaire. C'est le cas des contraventions, de certains délits qui nécessitent un rappel à la loi ou encore de la prescription d'obligations de suivre une formation particulière, des soins ou autres. Ces mesures, ne présentant pas une forte coloration pénale, peuvent demeurer entre les mains du parquet. C'est seulement en réduisant les prérogatives du parquet, en limitant ses pouvoirs aux investigations, à la poursuite et à la résolution d'infractions présentant un caractère pénal fort, que sa dépendance à l'exécutif peut être maintenue.

§ 2 : Le maintien du lien entre parquet et exécutif

556.Des controverses quant à la place du parquet. Les commissions et débats doctrinaux au sujet du parquet, surtout sa relation avec l'exécutif sont toujours d'actualité[1259]. L'indépendance du parquet vis-à-vis de ce pouvoir est très discutée. Cette discussion observée en France est aussi présente dans les pays comme l'Allemagne, l'Italie et l'Espagne. En Europe, les parquets ne fonctionnent pas tous de la même manière. Si dans certains pays ils restent liés à l'exécutif, dans d'autres, ils en demeurent éloignés. Cette différence est admise par la CEDH. Pour cette dernière, le parquet peut bien être lié à l'exécutif, mais il ne doit pas détenir de pouvoir qui vont à l'encontre des droits du suspect, car, il engage les poursuites et il est partie au procès pénal. Lui retirer ses prérogatives, qui portent atteinte aux droits du suspect permettrait de répondre aux exigences européennes. Le lien entre le parquet et l'exécutif est un lien plus que nécessaire dans un État de droit soucieux de mettre en place une politique pénale nationale cohérente. D'autres pays n'ayant pas adopté le même système comme la France, présente souvent une imperfection.

557. Des imperfections dans les rapports parquet-exécutif. La législation française a toujours opté pour un rapport « parquet – exécutif ». Les commissions qui se sont succédé ont pour la plupart opté pour un maintien du lien entre le parquet et l'exécutif. La commission justice pénale et droits de l'homme avait « *l'hypothèse d'une rupture absolue des liens unissant le ministère public et le pouvoir exécutif* »[1260]. Dans cette même logique, la commission Truche propose aussi « *un maintien du lien entre le parquet et l'exécutif* [...] »[1261]. L'absence d'une modification profonde des liens entre le parquet et l'exécutif semble se justifier. La nécessité de garantir une politique pénale cohérente (A) au niveau national impose le maintien de ce lien. Et la plupart des autres pays qui ont opté pour une séparation entre l'exécutif et le parquet sont quasiment dépourvus de politique pénale cohérente (B).

[1259] J. LEROY, *Procédure pénale*, 5e LGDJ, 2017, p. 105 et s.

[1260] La mise en état des affaires pénales, commission justice pénale et droits de l'homme, p. 129, disponible en ligne sur www.ladocumentationfrancaise.fr

[1261] Rapport de la commission de réflexion sur la justice, p. 23, disponible en ligne sur www.ladocumentationfrancaise.fr

A- La nécessité de garantir une politique pénale cohérente

558. L'État, détenteur de la contrainte légitime, se doit d'assurer le maintien de l'ordre public. Toute infraction troublant cet ordre public doit faire l'objet de sanction. Chaque gouvernement est élu sur la base d'un programme dans lequel figure une politique pénale. La mise en œuvre de cette politique approuvée par le peuple souverain, passe par l'existence d'un représentant de l'État devant les juridictions, une marque de l'exécutif (1). Ce représentant de l'exécutif au travers des circulaires de la chancellerie (2) déroulera la politique du gouvernement en matière pénale.

1. *Le parquet, marque de l'exécutif dans le procès pénal*[1262]

559. Le parquet, au regard de ses attributions, doit demeurer à côté de l'exécutif, car, il défend comme ce dernier, un intérêt commun à savoir l'intérêt général (a) et bénéficie de prérogatives de puissance publique pour mener à bien ses enquêtes (b).

a. La défense de l'intérêt général

560. Une mission de l'État. « *Au sein de ses frontières, l'État est totalement autonome dans ses choix, et qu'il est tout à la fois à la source de l'ordre juridique et à son aboutissement* […] »[1263]. Cette liberté est reconnue à l'État parce qu'il est chargé de garantir un intérêt commun qu'est l'intérêt général. Si la notion de l'intérêt général comme le remarque Mme Segaud dans sa thèse est une notion qui ne « *saurait connaître un sens totalement*

1262 v. Cons. const., 8 décembre 2017, n° 2017-680 QPC ; v. *JCP G.*, n° 3, 15 janvier 2018, p. 51, note H. MATSOPOULOU ; *RSC*, 2018, p. 163, note B. de LAMY ; *Lexbase édition pénale*, n° 2018, p. 26, note A. BOTTON.

1263 B. PAUVERT, *Droit constitutionnel : Théorie générale, V*ᵉ, éd. Studyrama, 2017, p. 46.

figé »[1264], elle légitime pourtant l'action de l'État[1265]. Ce dernier tient au nom de cet intérêt général, la capacité de faire respecter les normes sur son territoire. Mais l'État en tant qu'entité abstraite, ne peut que se faire représenter par des personnes physiques. Selon le Professeur Denys de Béchillon, « *ce n'est pas l'État auquel vous avez réellement affaire lorsqu'un policier vous arrête, lorsqu'un juge vous condamne* [...]. *Ceux-là sont des êtres de chair* [...]. *Un tour de magie juridique a simplement fait mine de les transcender, de les déréaliser pour recomposer avec eux les organes d'un corps virtuel* »[1266]. La mission de l'État est donc une mission incarnée par des personnes physiques qui reçoivent « *un morceau de la puissance publique* »[1267]. Parmi ces personnes figure le procureur de la République à qui l'État a transmis sa mission de défendre l'intérêt général dans le procès pénal.

561. Une mission étatique entre les mains du parquet[1268]. La notion de service public qui est souvent une notion liée à l'administration à l'État est attribuée aux fonctions du parquet. En effet, certains auteurs ont écrit que « *le parquet est investi d'une fonction de service public et le procureur agit comme garant des libertés publiques* »[1269]. Les fonctions du procureur de la République tirent leur source du pouvoir exécutif. Il défend comme ce dernier l'intérêt général. Pour certains, « *penser le concept de l'action publique au regard du ministère public, sans faire référence à l'intérêt général, serait inconcevable* »[1270]. Il est souvent fait référence à un équilibre entre deux forces antagonistes dans le procès pénal à savoir celui de l'accusé et celui de la société. Par ce dernier, il faut entendre le ministère public qui est chargé de le défendre. En procédure pénale, la doctrine s'accorde sur le fait que le ministère public n'est pas un juge, mais une partie représentant

---

1264 J. SEGAUD, *Essai sur l'action publique*, thèse, Reims Champagne-Ardenne, (Dir.) G. CLEMENT, 2010, p. 55 ; G. MERLAND, *l'intérêt général dans la jurisprudence du Conseil constitutionnel*, éd. LGDJ, 2004, p.1 et s.

1265 J. SEGAUD, *op. cit.*, p. 57 et s.

1266 D. DE BÉCHILLON, *Qu'est-ce qu'une règle de droit* ?, éd. Odile Jacob, 1997, p.101.

1267 D. DE BÉCHILLON, *op.cit.*, p.243.

1268 v. sur ce point G. TAUPIAC, A. BOTTON, « Coopération renforcée pour la création du parquet européen. Aspects procéduraux du règlement (UE) du 12 octobre 2017 », *JCP G.*, n° 5, 29 janvier 2018, doctr. 12.

1269 P. MILBURN, K. KOSTULSKI, D. SALAS, *Les procureurs entre vocation judiciaire et fonctions politiques*, éd. PUF, 2010, p. 72.

1270 J. SEAGAUD, *op. cit.*, p. 50.

la société [1271] à ce titre, il bénéficie pour remplir cette mission d'intérêt général et de représentant de la société certaines prérogatives reconnues à l'État.

b. Le bénéfice de prérogatives reconnues à l'État

562. Le pouvoir de contrainte. Le pouvoir de contrainte légitime est l'apanage de l'État. Cette conception retenue par Weber n'est pas absente dans le procès pénal. Le parquet peut, à l'instar de l'État recourir à la contrainte dans le cadre de ses investigations. Il dirige la police judiciaire. Or, cette dernière, comme le notent les Professeurs Decocq et Buisson, mais aussi le commissaire Montreuil, symbolise la contrainte. Ainsi, « *la contrainte peut paraître être l'essence de l'acte de police dont elle constitue l'objet* »[1272]. Ce pouvoir de contrainte dont la police fait usage provient de transfert. C'est le droit de contrainte qu'exerce l'État sur son territoire qui est confié à une entité qu'est la police judiciaire sous la direction du parquet[1273]. Ce pouvoir de contrainte permet à l'accusation c'est-à-dire le parquet de mener à bien ses investigations. Le procureur de la République peut recourir à tout acte susceptible de porter atteinte aux droits fondamentaux de la personne parce que ses pouvoirs sont légitimés par ce transfert de prérogatives d'une autorité publique à une autre autorité judiciaire et policière. Pour s'en rendre compte, il faudrait voir les manifestations de la contrainte dans le cadre du procès pénal.

563. Les manifestations de la contrainte dans le cadre du procès pénal. Dans le déroulement de l'enquête, il est possible que l'OPJ avec le parquet décide de mettre en œuvre leur pouvoir de contrainte. C'est le cas lorsqu'il décide de placer la personne en garde à vue dans le cadre de l'enquête, ou lorsque le procureur demande au juge d'instruction une mesure de détention provisoire, de contrôle judiciaire, d'assignation à résidence ou encore le port d'un bracelet électronique. D'autres actes

---

1271 M.-L. RASSAT, *Procédure pénale*, 3ᵉéd., Ellipses, 2017, p.177 et s. ; B. BOULOC, *Procédure pénale*, 26ᵉéd., Dalloz, 2017, p. 155 et s. ; J. LARGUIER, P. CONTE, *Procédure pénale*, éd. Dalloz, 2016, p.128 et s.

1272 A. DECOCQ, J. MONTREUIL, J. BUISSON, *Le droit de la police*, éd. Litec, 1998, p.309.

1273 J. DILMI, *Le pouvoir propre de la police judiciaire*, Mém. master de droit pénal et de sciences pénales, (Dir.) D. REBUT, Université Panthéon-Assas, 2010, p. 29.

comme les perquisitions, les saisies, les contrôles d'identité, les fouilles sont effectués par la police sous la direction et le contrôle du ministère public au nom de ce pouvoir de contrainte qu'il détient de l'État. Ce dernier légitime l'action du parquet et de ses auxiliaires à travers non seulement son transfert de pouvoir de contrainte, mais aussi à travers sa politique pénale. La mise en œuvre de cette politique pénale par le parquet est nécessaire et passe souvent par la mise en œuvre de circulaires que dresse la chancellerie et adressées au parquet.

2. *Les circulaires, moyen de conduite de la politique pénale*

564. « *Le ministère public n'est pas extérieur à l'État. C'est un organe à part entière de l'État. Ce faisant, il agit au nom de la loi et de l'intérêt général pour protéger la société* »[1274]. Cette appartenance à l'exécutif se manifeste à travers les circulaires qui viennent orienter les dossiers du parquet en fonction de la politique pénale (a). L'effectivité de cette orientation est assurée par le procureur général (b).

a. L'orientation des dossiers du parquet en fonction de la politique pénale définie par les circulaires

565. Origine des circulaires. Les circulaires viennent du ministre de la Justice qui est membre de l'exécutif. Les circulaires ont pour but de déterminer la politique pénale du gouvernement. Cette notion de politique pénale apparaît au livre premier du Code de procédure pénale. L'article 30 dudit code vient préciser les « *attributions du garde des Sceaux, ministre la justice* ». Cet article dispose que « *le ministre de la Justice conduit la politique pénale déterminée par le gouvernement. Il veille à la cohérence de son application sur le territoire de la République* ». Cette conduite se fait par la mise en place de circulaires. Les lois sont souvent suivies de circulaires qui viennent préciser les attentes du gouvernement dans la mise en œuvre des lois nouvelles. Cette

1274 J. SEGAUD, *op. cit.*, p. 58.

volonté est souvent mentionnée dans les circulaires on peut lire que l'objectif visé est de garantir « *le bon fonctionnement de l'État de droit et de contribuer à l'efficacité de la politique pénale* »[1275]. Cette efficacité de la politique pénale est garantie par le travail du parquet qui oriente les procédures au regard du contenu des circulaires.

566.Le contenu des circulaires. Dans les circulaires, on peut remarquer la priorité du gouvernement en matière de politique pénale, les mesures que doit privilégier le parquet dans le traitement des affaires pénales. Dans son ouvrage « *parquet et politique pénale depuis le XIXe siècle* », M. Bruschi rappelle le contenu des circulaires. Il note que « *les circulaires surtout celles qui participent à la mise en œuvre de la politique pénale contiennent les orientations de la politique pénale concernant une branche précise du contentieux : elles opèrent un tri, formulent des priorités dans la gestion des flux pénaux. De manière symbolique, elles expriment des choix de politique gouvernementale* »[1276]. Cela est perceptible quand on analyse la politique pénale en prenant la procédure pénale dans son ensemble. Avec l'encombrement des tribunaux et la volonté de traiter avec célérité les dossiers, une politique pénale relative aux alternatives aux poursuites a été instaurée[1277]. De même, les alternatives à l'emprisonnement sont aujourd'hui privilégiées et non la peine d'emprisonnement ferme[1278]. Enfin en matière de lutte contre le terrorisme, il est aujourd'hui observable la politique pénale que mène le gouvernement avec le soutien du parquet qui à travers le procureur général assure son effectivité.

b. Une effectivité de l'orientation assurée par le procureur général

567.La diffusion de la politique pénale par le procureur général. Le principe hiérarchique[1279] qui gouverne le parquet est perceptible dans

1275 CRIM 2012-16/E-19.09.2012 ; CRIM-2016-06/E1/02.06.2016.

1276 C. BRUSCHI, *Parquet et politique pénale depuis le XIX siècle*, éd. PUF, 2002, p. 31.

1277 V. sur ce point la circ. CRIM 2004-03 E5/16-03-04 ; v. aussi : P. MILBURN, K. KOSTULSKI, D. SALAS, *Les procureurs entre vocation judiciaire et fonctions politiques*, éd. PUF, 2010, p. 72.

1278 CRIM 2006-09 E3/27-04-2006.

1279 J. PRADEL, *Procédure pénale*, 19^e^éd., Cujas, 2017, p. 227 et s. ; B. BOULOC, *Procédure pénale*, 26e éd. Dalloz, 2017, p. 160 et s. ; J. LEROY, *Procédure pénale*, 5e éd. LGDJ, 2017, p. 105 et s. ; J. PRADEL, *Droit pénal comparé*, 4^e^éd., Dalloz, 2016, p. 220.

le déroulement de la politique pénale. Si le ministre la justice peut, à travers des circulaires, prévoir la politique pénale du gouvernement, il appartiendra au parquet général de s'assurer de l'exécution de cette politique. Les attributions des procureurs généraux sont définies par le CPP. Dans ces attributions, on peut voir ses pouvoirs sur le procureur de la République, les substituts, mais aussi sur la police judiciaire[1280]. L'article 35 alinéa 1 du CPP dispose que « *Le procureur général veille à l'application de la loi pénale dans toute l'étendue du ressort de la cour d'appel et au bon fonctionnement des parquets de son ressort* ». L'apport de la loi du 25 juillet 2013 est fondamental et témoigne de cette nécessité de coordonner la politique pénale. L'article 4 de cette loi qui est inséré au second alinéa de l'article 35 du CPP dispose que le procureur général « *anime et coordonne l'action des procureurs de la République, tant en matière de prévention que de répression des infractions à la loi pénale. Il précise et, le cas échéant, adapte les instructions générales du ministre de la justice au contexte propre au ressort* ». Pour certains auteurs, « *ce rôle d'animation et de coordination autorise un regard constant du procureur général sur l'activité des parquets et lui confère le pouvoir de juger de sa conformité avec les orientations nationales de cette politique déterminée par l'État* »[1281]. Il doit aussi à son tour respect cette obligation de rendre compte au ministre de la justice qui pèse sur lui.

568.L'obligation de rendre compte. Cette obligation de rendre compte renvoie au droit à l'information du ministre de la justice sur la mise en œuvre de la politique pénale sur le territoire national. Dans le projet de loi relatif aux attributions du garde des Sceaux et des magistrats du ministère public en matière de politique pénale et d'action publique[1282], la raison de cette information est bien précisée. « *Elle permet au garde des Sceaux de vérifier que la politique pénale est appliquée de manière cohérente sur l'ensemble du territoire* [...] »[1283], mais aussi « *d'évaluer l'efficacité de la politique pénale mise en œuvre* »[1284]. Les modalités de la communication sont précisées par l'article 35 alinéa 3. Cet article prévoit *« outre les rapports particuliers qu'il établit soit d'initiative, soit sur demande du ministre de la justice, le procureur général adresse à ce dernier un rapport annuel de politique pénale sur*

1280 *« Les officiers et agents de police judiciaire sont placés sous la surveillance du procureur général. Il peut les charger de recueillir tous les renseignements qu'il estime utiles à une administration de la justice »*, art. 38 CPP.

1281 P. MILBURN, K. KOSTULSKI, D. SALAS, *op. cit.*, p. 106.

1282 Rapport Sénat, n° 675, session ordinaire de 2012-2013.

1283 *Ibid.*

1284 *Ibid.*

l'application de la loi et les instructions générales ainsi qu'un rapport annuel sur l'activité et la gestion des parquets de son ressort». Il existe à travers ces rapports un lien utile entre l'exécutif et le parquet pour une politique pénale harmonisée au niveau national. Si le parquet ne dispose d'aucun pouvoir de contrainte, d'aucun pouvoir allant à l'encontre des intérêts de l'accusé, il peut collaborer avec l'exécutif pour mener à bien la politique pénale du gouvernement. Si certains auteurs souhaitent la rupture entre le parquet et la chancellerie en évoquant l'exemple des autres pays, il ne faut pas oublier que dans ces pays leur système n'est pas parfait à cause d'un manque de politique pénale harmonisée.

B- Une absence de politique pénale harmonisée dans les pays sans lien entre le parquet et l'exécutif : le cas de l'Italie

569. Aujourd'hui, il est reconnu que le modèle italien constitue un cas à part[1285]. L'organisation du parquet italien était proche de celle de la France[1286], mais très tôt, l'Italie se détache de l'organisation napoléonienne[1287] pour se rapprocher d'un modèle plus accusatoire. La séparation du parquet de l'exécutif, la poursuite des autorités politiques ayant enfreint les lois ont «*provoqué une onde de choc dans tous les pays européens*»[1288]. Voir un parquet qui, de par son organisation, poursuit de manière indépendante sans distinction fondée sur la qualité de la personne est attrayant (1). Mais derrière cette attraction se cache une

---

1285 G. Di FEDERICO, «L'indépendance du ministère public et le principe de la responsabilité en Italie : l'analyse d'un cas déviant d'un point de vue comparé», *Droit et société*, vol. 38, 1998, p. 71 et s.

1286 «*La physionomie originaire du ministère public* [italien] *était calquée sur le modèle bureaucratique napoléonien. L'article 129 r. d. du 6 décembre 1865, n° 2626, le définissait comme le représentant du pouvoir exécutif auprès de l'autorité judiciaire et le soumettait à la direction du ministre de la justice*», M. VOGLIOTTI, «Les relations police-parquet en Italie : un équilibre menacé», *Droit et société*, 2004/3, n° 58, p. 53 et s.

1287 I. BOUCOBZA, «La politique saisie le droit, Italie : indépendance du parquet. Le cas de l'opération Mani Pulite», *Mouvements*, 2003/4, n° 29, p. 181.

1288 *Ibid.*

complexité procédurale qui fait de cette belle organisation du parquet, une organisation en trompe-l'œil (2).

1. *Une organisation du parquet italien a priori attrayante*

570.À première vue, le parquet italien semble garantir un respect parfait de la loi du fait de l'absence avec l'exécutif (a), mais aussi de l'alignement de son statut sur celui des magistrats du siège (b).

a. L'absence de lien entre l'exécutif et le parquet

571.La primauté accordée à la loi. Dans la procédure pénale italienne, le parquet ne suit pas les directives du ministre de la justice, il est indépendant de lui. Au regard de l'article 104 de la Constitution italienne, il est mentionné que « *la magistrature constitue un ordre autonome et indépendant de tout pouvoir* »[1289]. Si en France le ministre de la justice peut, après suppression des directives individuelles par une loi de 2013, donner des directives générales, le rôle de son collègue italien se limite « *à l'organisation et au fonctionnement des services de la justice* »[1290]. Pour éviter que le parquet n'use à d'autres fins de cette indépendance, il lui a été obligé de poursuivre, au regard de la légalité des poursuites, toutes les infractions à la loi pénale. Il ne doit obéir qu'à la loi[1291] et non aux directives. La comparaison entre les deux systèmes laisse paraître à première vue un parquet français peu indépendant de l'exécutif et un parquet italien qui est autonome et qui décide de l'orientation des dossiers sans influence d'un pouvoir extérieur. L'absence de pouvoir hiérarchique participe largement à cette autonomie du parquet italien.

1289 J. PARIZOT, « Au nom de l'indépendance : le ministère public en Italie », in *Figure du parquet*, éd. PUF, 2006, p. 105.

1290 *Ibid.*

1291 « Les juge ne sont soumis qu'à la loi (article 101 de la constitution) », M. G. CIVININI, « Le modèle italien d'administration de la justice », *Revue française d'administration publique*, 2008/1, n° 125, p. 264.

572. Une absence de pouvoir hiérarchique. Le parquet italien n'est pas subordonné à l'exécutif, il n'est pas non plus hiérarchisé comme en France, mais « *décentralisé* »[1292]. Dans la procédure pénale italienne existe un chef dans chaque parquet qui se charge de déléguer des dossiers à ses substituts. S'il est possible pour le chef du parquet de déléguer des dossiers, il ne peut au regard du principe d'indépendance « *ordonner à un magistrat d'accomplir des actes spécifiques* »[1293]. Les magistrats délégataires bénéficient d'une autonomie dans la gestion des affaires transmises. Cette organisation du parquet italien s'éloigne de la France sur plusieurs points. En France, la coordination des activités du ministère public est fondamentale et est effectuée par le procureur général sous la direction du ministre de la justice. L'indépendance en France du parquet est sollicitée par certains auteurs qui souhaitent voir un ministère public indépendant de l'exécutif et un alignement du statut du parquet sur celui du siège comme en Italie.

b. Un alignement du parquet sur celui du siège

573. Le principe d'inamovibilité du parquet. Le principe d'inamovibilité est prévu en France par l'article 64 de la Constitution et ne bénéficie qu'au magistrat du siège. En Italie, le principe est différent. Le siège comme le parquet sont soumis au principe d'inamovibilité. C'est l'article 107 de la Constitution italienne qui prévoit cette assimilation entre siège et parquet. En Italie, contrairement à la France, en dehors de quelques exceptions[1294], « *aucun magistrat ne peut recevoir, sans son consentement, une nouvelle affectation* »[1295]. Ce statut dont bénéficie le parquet italien est protecteur et permet un exercice sans pression de l'action publique. Pour le Professeur Ribeyre, en France, « *le statut des membres du parquet est moins protecteur que celui des juges puisqu'ils sont amovibles et révocables ; ils peuvent être déplacés, ou révoqués,* [...] *l'avis du Conseil supérieur de la magistrature ne lie pas le*

1292 P. MILBURN, K. KOSTULSKI, D. SALAS, *op. cit.*, p. 200.
1293 P. MILBURN, K. KOSTULSKI, D. SALAS, *op. cit.*, p. 201.
1294 M. G. CIVININI, « Le statut du magistrat en Italie », *RIDC*, 2007, vol. 59, n°1, p. 7 et s.
1295 M. G. CIVININI, « Le statut du magistrat en Italie », *RIDC*, 2007, vol. 59, n°1, p. 7 et s. ; R. PARIZOT, *op. cit.*, p. 105.

gouvernement»[1296]. Alors qu'en Italie, le parquet est soumis pour les décisions relatives à sa carrière, au Conseil supérieur de la magistrature (CSM).

574.Une mission du parquet entre les mains du conseil supérieur de la magistrature. En Italie, comme le note Mme Boucobza, « *la carrière de tous les magistrats de l'ordre judiciaire est gérée par le CSM. Ce qui signifie qu'ont été soustraites au ministre de la justice l'ensemble des compétences qui lui étaient antérieurement confiées dans le domaine de la carrière des magistrats et qui lui permettaient d'exercer une influence sur l'ensemble du corps, siège et parquet confondus* »[1297]. Cette organisation de la magistrature italienne a séduit certaines autorités françaises qui vont proposer un alignement du statut du parquet sur celui du siège. À ce titre on peut citer la commission Nadal[1298] qui avait proposé à ce que la nomination et le régime disciplinaire des magistrats du parquet soient alignés sur celui des magistrats du siège. Cette proposition n'a pas été retenue par le législateur français. Le parquet français demeure toujours quant à sa nomination, son régime disciplinaire, sa carrière de manière générale subordonné à l'exécutif. L'absence d'immixtion de l'exécutif dans le fonctionnement du ministère public peut très vite pousser à vanter les bienfaits de ce système[1299] en oubliant qu'il s'agit d'un système trompe l'œil.

2. *Le parquet italien : un système en trompe-l'œil*

575. Le ministère public italien fait l'objet de nombreuses critiques. En effet, l'absence de coordination (a) entre les procureurs d'un même

---

1296 C. RIBEYRE, *Procédure pénale*, éd. PUG, 2016, p.

1297 I. BOUCOBZA, « La politique saisie le droit, Italie : indépendance du parquet. Le cas de l'opération Mani Pulite », *Mouvements*, 2003/4, n° 29, p. 181 ; D. SALAS, « Parquets européens entre pouvoir judiciaire et politiques pénales », *Droit et société*, 2010/1, n° 74, p. 91 et s.

1298Disponible en ligne sur www.justice.gouv.fr

1299 « *D'un point de vue formel, la solution adoptée en Italie apparaît, aux yeux d'un observateur superficiel, non seulement la plus performante, mais également la plus souhaitable* », G. Di FEDERICO, « L'indépendance du ministère public et le principe de la responsabilité en Italie : l'analyse d'un cas déviant d'un point de vue comparé », *Droit et société*, vol. 38, 1998, p. 71 et s.

parquet entraîne une politique pénale incohérente, mais aussi une absence d'égalité des citoyens devant la loi (b).

a. Une absence de coordination au sein des parquets

576.L'existence d'une autonomie personnelle des magistrats du parquet. Dans l'organisation du ministère public français, une coordination est observable et est assurée par le procureur général. Cette coordination qui permet une bonne lisibilité de la procédure est absente en Italie pays où l'on assiste de plus en plus à une «*personnalisation de la fonction*»[1300] de parquetier. Cette personnalisation se passe à travers une gestion personnelle du dossier et une absence totale d'interférence d'un autre membre du parquet même celle du chef de parquet. C'est ce qu'exprime d'ailleurs M. Di Federico lorsqu'il note que « *l'action publique est progressivement devenue une prérogative individuelle du magistrat du parquet plutôt que celle du parquet auquel il appartient, et cela en dépit du fait que les pouvoirs hiérarchiques sont formellement attribués au chef de parquet*»[1301]. L'indépendance que présente le système italien n'est pas sans conséquence sur l'organisation du parquet. Il n'existe aucune coordination et chaque procureur agit librement sans possibilité de lui enjoindre des directives pour garantir une cohésion de l'activité du parquet. Le CSM italien conforte, dans une certaine mesure, cette politique personnelle de l'action pénale.

577.Une autonomie personnelle confortée par le CSM. Le CSM est l'organe qui gère la carrière des magistrats du siège comme du parquet et aussi l'organe qui veille au respect de leur autonomie. L'absence de coordination du parquet italien est due souvent au fait que, lorsque le chef de parquet décide d'intervenir dans la gestion d'un dossier, le procureur auquel le dossier est confié peut saisir le CSM pour immixtion et non-respect de son droit à l'autonomie[1302]. « *Par conséquent, les procureurs, pour ne pas s'exposer aux critiques et aux sanctions plus ou moins*

1300 G. Di FEDERICO, «L'indépendance du ministère public et le principe de la responsabilité en Italie : l'analyse d'un cas déviant d'un point de vue comparé», *Droit et société*, vol. 38, 1998, p. 71 et s.

1301 *Ibid.*

1302 *Ibid.*

directes du Conseil supérieur de la magistrature, ont de moins en moins utilisé leurs pouvoirs hiérarchiques, en renonçant souvent à exercer leur compétence de coordination des activités liées à l'enquête »[1303]. Cette absence de coordination engendre une absence de politique pénale cohérente, mais aussi une procédure discrétionnaire accordant au procureur le pouvoir de choisir la personne à poursuivre, ce qui laisse subsister une procédure qui pose un problème d'égalité des citoyens devant la loi.

b. Une procédure peu conforme au principe d'égalité des citoyens devant la loi

578. Le pouvoir absolu du magistrat du parquet. Le principe de légalité des poursuites étant un principe altéré dans la procédure pénale italienne, le pouvoir de coordination et de direction des chefs de parquet étant réduits, le procureur reste donc maître de son dossier et peut poursuivre librement. L'action pénale devient donc discrétionnaire[1304]. L'autonomie d'un parquetier s'il demeure nécessaire, doit s'inscrire dans le respect d'une politique pénale établie par l'exécutif. Dans ce cadre, la France a fait des efforts considérables en retirant les directives individuelles pour se conformer comme le note la circulaire de 2016 « *aux standards du droit européen* »[1305]. L'indépendance statutaire du parquet qui est en phase de renforcement, accompagnée d'un retrait de ses pouvoirs de contrainte à l'endroit du suspect, serait une solution pour une procédure plus équilibrée. Le système italien qui *a priori* séduit ne correspond pas à un modèle observé dans la plupart des pays démocratiques.

579. Le système italien, un système qui s'éloigne des autres modèles. La liaison entre parquet et exécutif n'est pas seulement observable en France. En Allemagne, le procureur « *représente les intérêts de l'État* »[1306], de même qu'en Belgique[1307] pour ne citer que ces pays.

1303 *Ibid.*

1304 *Ibid.*

1305 Circ. du 2 juin 2016 de politique pénale de Monsieur le garde des sceaux, NOR : JUSD1614914C.

1306 H. HENRION, N. SALDITT, « Le ministère public allemand, une institution ambivalente », in *Figure du parquet*, éd. PUF, 2006, p. 30 et s.

1307 D. SALAS, « Parquets Européens entre pouvoir judiciaire et politiques pénales », *Droit et société*, 2001/1, n° 74, p. 91 et s.

L'adoption par l'Italie d'une indépendance, d'une autonomie totale du parquet n'est pas partagée par certains auteurs, pour un pays qui, à la base, observait les mêmes règles que la France. Ils notent que « *l'indépendance du parquet* [est] *une déviance par rapport aux modèles d'organisation judiciaire des pays démocratiques* »[1308]. Ce reproche est sans doute lié à l'absence d'une véritable politique pénale cohérente contrairement aux autres pays ou le parquet suit la politique gouvernementale et s'associe à la défense de l'intérêt général. Le renforcement des pouvoirs du parquet français est aujourd'hui une réalité, mais ce renforcement ne doit pas aller jusqu'à reconnaître au ministère public des pouvoirs qui portent atteinte aux intérêts du suspect, pouvoirs que seul un juge indépendant et impartial peut restreindre. Le parquet doit se limiter à l'accusation et bénéficier de pouvoirs d'investigations élargies pour mener à bien cette mission. La défense, de son côté, doit aussi disposer de moyens pour ne plus être passive, mais pour devenir active afin de participer dans le déroulement de l'enquête.

1308 I. BOUCOBZA, « La politique saisie le droit, Italie : indépendance du parquet. Le cas de l'opération Mani Pulite », *Mouvements*, 2003/4, n° 29, p. 181.

Section 2 : La mise en place d'une défense participative dans l'enquête d'enquête

580.La rupture avec la défense passive. À l'aune du procès équitable, circonscrire le rôle de la défense à une simple formalité, à un simple spectateur, face à une accusation toute puissante est obsolète. Prendre la défense comme un obstacle à la bonne marche des investigations est révolue. Elle doit aujourd'hui, au nom de l'égalité des armes, bénéficier de prérogatives pour faire face à l'accusation. Par conséquent, il doit participer au déroulement des investigations. Dans certains pays comme l'Allemagne, la défense peut demander la réalisation d'actes dès son interpellation[1309]. Une telle pratique qui participe à une défense active du suspect est absente en France, un pays où tout est reporté à une étape ultérieure, c'est-à-dire à la phase juridictionnelle. Mais, le législateur, à travers ses réformes, se conforme de plus en plus aux directives européennes. Or, ces directives confirment la jurisprudence de la CEDH. Cette dernière qui a tendance à retenir une conception anglo-saxonne du procès[1310] penche plus vers l'accusatoire que l'inquisitoire. Ce système accusatoire, favorable à l'exercice des droits de la défense, voit avec les réformes opérées par le législateur, certains de ces éléments s'insérer dans la phase d'enquête.

581.Le glissement de la procédure de jugement vers l'enquête. La distinction entre enquête, instruction et jugement pour l'exercice des droits de la défense est dépassée. Si des auteurs ont pendant longtemps été réfractaires à l'idée d'une insertion des droits de la défense dans la phase policière, c'était pour éviter une possible « *confusion entre la phase policière et la phase judiciaire de l'enquête* »[1311]. Cette crainte n'est plus fondée, le législateur lui-même est allé dans la phase judiciaire, prendre des actes propres à cette phase et les transférer dans la phase policière. De plus,

---

1309 J.-R. LECERF, J.-R. MICHEL, Rapport d'information fait au nom de la commission des lois constitutionnelles, de législation, du suffrage universel, du Règlement et d'administration générale (1) par le groupe de travail (2) sur l'évolution du régime de l'enquête et de l'instruction, n° 162, Sénat, session ordinaire de 2010-2011, p. 62.

1310 C. ROBACZEWSKI, *Procédure pénale : Examen d'entrée aux CRFPA- Concours d'accès à l'ENM*, 3e éd. Gazette du palais, 2017, p. 4.

1311 J.-R. LECERF, J.-R. MICHEL, *op. cit.*, p. 48.

des techniques d'investigation propres à la phase judiciaire sont désormais dans la phase d'enquête, l'alignement de la phase d'enquête sur la phase d'instruction et l'existence d'un juge indépendant et impartial dans l'enquête de police sont autant d'éléments en faveur d'un exercice effectif de la défense dans cette phase. L'exercice des droits de la défense dans les enquêtes de police ne doit plus avoir une grande différence avec celui observé devant la juridiction de jugement. Ce dernier doit, une fois le dossier mis à sa disposition, procéder au jugement sans rencontrer des difficultés jusqu'à demander une enquête supplémentaire ou complémentaire. Pour cela, permettre à la défense de participer activement à la recherche des preuves en renforçant son droit à l'information (§1), mais aussi en développant largement le contradictoire dans cette phase (§2).

§ 1 : Le renforcement du droit à l'information dans l'enquête

582. Une information plus large grâce à l'alignement des enquêtes de police sur l'instruction pénale. L'alignement de l'enquête sur l'instruction devrait conduire à retenir un droit à l'information plus large au profit du suspect. Les règles de l'instruction relatives à l'information seront privilégiées au détriment des règles qui gouvernent actuellement la phase policière. Dans cette phase policière, l'information est limitée aux éléments que le suspect connaît déjà, c'est-à-dire les éléments auxquels il a pris part. Cette procédure n'apporte pas de réelle plus-value à la défense. Or, en instruction, l'information accordée au suspect est plus large et c'est ce qui mérite d'être retenu pour une égalité entre l'accusation et la défense, mais elle doit être délivrée sans compromettre l'enquête.

583. Un droit à l'information prenant en compte l'intérêt de l'enquête. L'intérêt de l'enquête a souvent été un facteur invoqué pour réduire, voire exclure les droits de la défense. Cette réduction ou exclusion peut être justifiée dans une certaine mesure, mais elle ne doit pas aller à l'encontre de l'équité du procès. Elle doit se faire par une autorité qui n'est pas partie au procès, à savoir un juge indépendant et impartial à la demande de l'accusation. Le droit à l'information dans le cadre de l'enquête peut, dans certaines situations, être réduit, si cette réduction est de nature à établir la vérité et non dans le but de faire obstacle à la défense. Le principe inquisitoire dans son ensemble n'est pas à rejeter, le secret qui le gouverne peut demeurer dans la phase d'enquête, mais en tant qu'exception. Les déceptions au fur et à mesure des réformes quant à l'accès au dossier sont soulignées par plusieurs auteurs. La consécration de l'accès au dossier comme principe (A) et le refus de cet accès comme exception (B) est un impératif pour un procès gouverné par l'égalité des armes, un procès fondé sur l'équité entre accusation et défense.

A- La consécration de l'accès au dossier comme principe

584. L'analyse des récentes réformes démontre la démarche du législateur à aller vers un procès de plus en plus équitable. S'il a accordé un accès total du dossier de manière différé (1), il est temps qu'il franchisse une autre étape, consistant à accorder à la défense un accès intégral (2)

1. *Un accès total du dossier consacré, mais différé du dossier*

585. C'est la loi du 3 juin 2016[1312] qui vient poser dans le code de procédure pénale aux articles 77-2 et suivants le principe de l'accès intégral au dossier, mais différé. Si cet apport de la loi de 2016 marque « *un changement de philosophie de l'enquête policière* »[1313] et doit « *être*

[1312] Loi n° 2016-736 du 3 juin 2016 renforçant la lutte contre le crime organisé, le terrorisme et leur financement, et améliorant l'efficacité et les garanties de la procédure pénale, *JORF*, n° 0129 du 4 juin 2016, texte n° 1 : loi préc.

[1313] S. PELLÉ, « Garde à vue et audition libre : acte final ? », *D.* 2017, p. 359.

approuvé»[1314], elle obéit à une formalité (a), mais renferme aussi des imperfections (b).

a. Les formalités pour l'accès intégral au dossier

586.Les conditions pour accomplir les formalités. Le législateur a reconnu l'accès au dossier à la personne gardée à vue et à la personne auditionnée librement, mais de manière différée. En effet, l'article 77-2 dispose que « *toute personne contre laquelle il existe une ou plusieurs raisons plausibles de soupçonner qu'elle a commis ou tenté de commettre une infraction punie d'une peine privative de liberté et qui a fait l'objet d'un des actes prévus aux articles 61-1 et 62-2 peut, un an après l'accomplissement du premier de ces actes* [...] *consulter le dossier de la procédure* [...] ». Si durant le déroulement de ces opérations, à savoir l'audition libre et la garde à vue, le suspect ne peut bénéficier que des pièces citées à l'article 63-4-1 du CPP, le législateur vient lui reconnaître un accès à l'intégralité du dossier un an après. Il lui suffit de saisir le parquet en observant les formalités requises pour disposer du dossier.

587.Des formalités à accomplir pour saisir le parquet. La mise à disposition du dossier entre les mains du suspect nécessite que ce dernier saisisse le procureur de la République sous la direction duquel l'enquête est menée[1315]. S'il ne dispose pas de cette information, il saisit le procureur de la République du Tribunal de Grande Instance (TGI) « *dans le ressort duquel l'un des actes mentionnés au même article a été réalisé, qui le transmet au procureur de la République qui dirige l'enquête* »[1316]. Une fois la demande réceptionnée, le procureur peut mettre le dossier à la disposition de la personne ou de son avocat s'il envisage seulement d'exercer la poursuite[1317]. En cas de classement sans suite, l'accès au dossier ne semble pas nécessaire puisque le procureur au regard de la règle de l'opportunité des poursuites n'a pas jugé opportun de poursuivre soit pour défaut de preuves suffisantes soit pour des raisons tirées de la politique pénale. Cet accès différé du dossier, s'il n'est pas négligé, s'il

1314 *Ibid.*
1315 Art. 77-3 CPP
1316 Art. 77-3 CPP
1317 Art. 77-2.

constitue un signe d'assouplissement de la position du législateur, elle demeure à l'heure actuelle imparfaite quant à sa mise en œuvre.

b. Une mise en œuvre imparfaite du droit d'accès au dossier

588.Le caractère problématique d'un accès différé. Mettre le dossier à la disposition du suspect un an après l'audition libre ou la garde à vue semble contestable. Une enquête est souvent bouclée avant l'expiration de ce délai. C'est pourquoi certains auteurs soulignent le caractère « *aléatoire* » de ce mécanisme qui dépend de l'issue de l'enquête et non de la volonté du suspect. Pour d'autres, à l'instar du Professeur Perrier, cette durée, condition d'accéder à la l'intégralité du dossier peut « *être signe de la complexité de l'affaire et donc la nécessité d'ouvrir une information judiciaire ; l'heure n'est toutefois pas à l'octroi d'une place plus importance à l'instruction* »[1318]. L'amoindrissement de la saisine du juge de l'instruction doit amener à revoir cette disposition qui prévoit l'accès au dossier en s'adressant au procureur. De plus, l'autorité devant laquelle est portée la demande mérite réflexion. Il s'agit du procureur de la République, autorité sur laquelle pèse une suspicion d'impartialité et d'indépendance.

589.La suspicion d'impartialité et d'indépendance de l'autorité qui accorde cet accès. Le procès équitable nécessite que les deux parties puissent lutter à armes égales et que les acceptations ou refus d'actes soient l'œuvre d'une autorité extérieure au litige, une autorité neutre, chargée de trancher les oppositions entre l'accusation et la défense comme dans le cadre du jugement. Le législateur en confiant à l'accusation le pouvoir d'accorder ou de refuser l'accès à l'intégralité du dossier rompt cette égalité qui est une condition nécessaire pour parler de procès équitable. L'accès au dossier de manière différé n'apporte pas grand-chose au suspect puisqu'il n'est accordé que si le procureur décide de poursuivre. En cas de poursuite, devant le juge d'instruction comme devant la juridiction de jugement, l'accès au dossier est reconnu. Donc cette reconnaissance à l'accès intégral du dossier de manière différée ne concerne pas l'enquête. Le législateur doit franchir une étape en

---

1318 J.-B. PERRIER, « Les garanties de la procédure pénale dans la loi du 3 juin 2016 : entre illusion(s) et désillusion(s) », *D.*, 2016, p. 2134.

s'écartant de l'inquisitoire gouverné par le secret pour consacrer un accès intégral dès le début de l'enquête.

2. *La consécration d'un accès intégral au dossier pour la défense*

590. La consécration d'un accès intégral au dossier[1319] devient un impératif dans le cadre d'un alignement des enquêtes de police sur l'instruction. Cet alignement permettra de se départir des fondements pour rejeter l'accès au dossier (a) et de rejoindre certains pays qui, depuis longtemps, ont reconnu, l'accès au dossier dès le début de l'enquête (b).

a. La disparition des fondements rejetant l'accès au dossier

591.L'absence de caractère juridictionnel de l'enquête policière. Le rejet de l'accès au dossier dans la phase de l'enquête policière surtout pendant la garde à vue était fondé pour certains auteurs sur son absence de caractère juridictionnel. Le professeur Mauro note sur ce point que pour comprendre le refus de l'accès au dossier à la défense, « *il faut tenir compte de la nature non juridictionnelle de la garde à vue* »[1320] et le fait que cette étape de la procédure soit dépourvue de caractère juridictionnel, le législateur a, depuis 1993 exclut « *la communication du dossier à l'avocat* »[1321]. Cette position de la doctrine est retenue par le Conseil constitutionnel[1322] et la Cour de cassation. Cette dernière a estimé dans son arrêt du 4 octobre 2016 que si l'accès au dossier n'est pas consenti dans la phase

---

1319 « Il faut un rééquilibrage des droits de la défense pendant l'enquête en donnant la possibilité à l'avocat d'accéder à la procédure […] », J.-L. NADAL, *La procédure pénale en quête de cohérence sous l'égide de la Cour de cassation*, éd. Dalloz, 2007, p. 15.

1320 C. MAURO, « Garde à vue », *Rép. Pén. D.*, 2017.

1321 *Ibid.*

1322 Cons. const., 18 novembre 2011, décision n° 2011-191/194/195/196/197 QPC, JO, 19 novembre 2011, p. 19480, *D.*, 2011, p. 3034, note H. MATSOPOULOU ; *Dalloz actualité*, 24 novembre 2011, obs. C. GIRAULT.

policière, il sera «*garanti devant les juridictions d'instruction et de jugement*»[1323]. La Cour retient que cette position est bien conforme à l'article 7 de la directive 2012/13/UE qui prévoit la présence de l'avocat et les modalités d'exercice de la défense. Cette position jurisprudentielle basée sur la division de la procédure en phase juridictionnelle et non juridictionnelle ne justifie plus le report à l'accès au dossier.

592. Un report qui n'est plus justifié de l'accès. Aligner la phase policière sur l'instruction quant à l'exercice des droits de la défense et l'instauration d'un juge indépendant et impartial remet en cause cette position du législateur et de la jurisprudence. L'intervention d'un juge dans la phase de l'enquête sera de nature à permettre l'accès au dossier pénal. Sans cet accès la défense ne peut être effective. C'est pourquoi un amendement porté au Sénat prévoyait une consultation de l'intégralité du dossier[1324]. Cet amendement porté par M. Sergio Coronado qui se trouvait être une avancée pour la procédure pénale française, a été retiré, car, pour Madame la rapporteuse, cet amendement n'est pas du point de vue juridique prévu par l'article 7 de la directive et du point de vue pratique, il est source de danger pour la victime et rend aussi difficile le travail des OPJ[1325]. La rapporteuse fait allusion dans son discours à la mission Beaume qui se chargera de trancher cette question. Cette mission n'a pas dérogé à la règle, elle vient retenir la division de la procédure en phase et retient l'absence de caractère juridictionnel de l'enquête et conclut que l'accès à l'intégralité du dossier est impossible durant la phase policière[1326]. Leur position qu'il juge conforme au droit européen est discutable et s'éloigne des procédures de certains pays que nous trouvons plus équitables.

[1323] Cass. crim., 4 octobre 2016, n°16-82.309, *AJ. Pén.*, 2017, p. 42, obs. S. LAVRIC ; *Dalloz actualité*, 13 octobre 2016, obs. S. FUNICI.

[1324] E. VERGÈS, « Le statut juridique du suspect : un premier défi pour la transposition du droit de l'Union européenne en procédure pénale », *Revue mensuelle Lexisnexis jurisclasseur*, juillet 2014, Études. Disponible en ligne sur web.lexisnexis.fr.

[1325] Commission des lois constitutionnelles de la législation et de l'administration générale de la république, Mardi 29 avril, 2014, compte rendu n° 51, p. 8.

[1326] J. BEAUME, *Rapport sur la procédure pénale*, juillet 2014, p. 57.

b. L'accès au dossier accordé dès le début de l'enquête dans les pays voisins de la France

593.L'accès au dossier largement consacré dans l'Union. Le rapprochement entre les législations européennes est devenu un impératif pour une meilleure coopération entre ces États membres, mais surtout pour une confiance et une reconnaissance mutuelle de leurs décisions. La place de la défense et surtout l'accès au dossier dans la plupart de ces pays sont consacrés dès la phase de l'enquête. Selon Mesdames Boccara et Platon, « *en pratique, seuls 20 des 25 États de l'Union européenne autorisant la présence de l'avocat en garde à vue permettent à ce dernier d'avoir accès, à ce stade de la procédure, au dossier de son client* »[1327]. Le nombre de pays qui limitent l'accès au dossier dans l'Union est faible. Pour ces auteurs, les autres pays n'ayant pas encore autorisé l'accès à l'intégralité du dossier comme la France font partie des « *mauvais élèves* »[1328]. Il serait donc utile pour la France de consacrer l'accès intégral au dossier pour rejoindre les autres pays ayant déjà organisé cet accès.

594.L'alignement de la France sur les législations ayant consacré l'accès intégral. En dépit de quelques restrictions qui sont utiles pour le bon déroulement de l'enquête[1329], des pays comme l'Italie, l'Allemagne voire l'Espagne, ont accordé au suspect le droit d'accéder au dossier dès la phase policière[1330]. Au sein de l'Union Européenne existe donc un traitement différent des suspects en fonction des pays. Cette différence de traitement ne va pas dans le sens des vœux de l'Union. Cette dernière qui cherche à travers la mise en place des directives à asseoir une politique pénale européenne plus harmonisée n'est pas encore au bout de ses objectifs. Des pays comme la France n'ont pas encore franchi cette étape, distinguant toujours phase juridictionnelle et phase non juridictionnelle pour l'exercice des droits de la défense et

---

1327 E. BOCCARA, « Garde à vue et accès de l'avocat au dossier : fausse alerte mais vraie avancée », *Gaz. Pal*, 11 janvier 2014, n°011, p. 4 ; C. PLATON, « Mobilisation des secrétaires de la conférence de Paris pour l'accès au dossier par l'avocat du gardé à vue », *Gaz. Pal.*, 5 novembre 2013, n°309.

1328 *Ibid.*

1329 S. PELLÉ, « Garde à vue : la réforme de la réforme (acte 1) », *D.*, 2014, p. 1508.

1330 V. sur ce point le projet de loi portant transposition de la directive 2012/13/UE du parlement européen et du Conseil du 22 mai 2012 relative au droit à l'information dans le cadre des procédures pénales, NOR : JUSX1330493L/Bleue-1, *Étude d'impact*, p. 13 et s.

surtout l'accès au dossier. En analysant les arguments des pays récalcitrants à tout accès à l'intégralité au dossier, on trouve des références tirées des directives ou de la jurisprudence de la CEDH. Sauf que ces dernières font du refus d'accès à l'intégralité du dossier une exception et non un principe.

B- Le refus de l'accès au dossier, une exception et non un principe

595. La Chancellerie et le Barreau n'ont pas les mêmes visions de l'accès au dossier. Pourtant, ils se réfèrent à la même source qu'est la source européenne à savoir la jurisprudence et les directives. L'analyse de ces sources vient conforter l'idée selon laquelle, l'accès au dossier dans la phase d'enquête est le principe (1) et l'exception demeure la restriction (2) confortant d'après notre analyse, la position du Barreau et non de la Chancellerie.

1. *L'accès au dossier en droit européen : un principe*

596. Si la CEDH comme le note le Professeur Mauro « *n'a pas consacré expressément un droit à l'accès au dossier complet* »[1331], sa jurisprudence laisse apparaître une position favorable à cet accès (a) et les directives qui constituent dans une certaine mesure la confirmation de cette jurisprudence, viennent poser comme principe un accès à l'intégralité du dossier (b).

[1331] C. MAURO, « Garde à vue », *Rép. Pén. D.*, 2017.

a. La jurisprudence de la CEDH sur l'accès intégral au dossier

597.L'arrêt précurseur. L'arrêt qui vient poser le débat sur l'accès au dossier est l'arrêt Dayanan[1332]. Cet arrêt qui a fait l'objet de plusieurs commentaires[1333] vient dégager l'idée d'une défense participative et qui a accès aux éléments du dossier. Dans cet arrêt, la CEDH souligne que « *l'équité de la procédure requiert que l'accusé puisse obtenir toute la vaste gamme d'interventions qui sont propres au conseil. À cet égard, la discussion de l'affaire, l'organisation de la défense, la recherche des preuves favorables à l'accusé, la préparation des interrogatoires, le soutien de l'accusé en détresse et le contrôle des conditions de détention sont des éléments fondamentaux de la défense que l'avocat doit librement exercer* ». Ce passage de l'arrêt, comme le notent les Professeurs Matsopoulou[1334] et Fourment[1335], va dans le sens d'une intervention active de l'avocat dans la procédure et d'un accès à l'intégralité du dossier. Cet arrêt vient poser le principe de l'accès intégral, car, « *pour nombre de commentateurs et de praticiens, cette vaste gamme d'interventions qui sont propres au conseil nécessite à tout le moins que l'avocat ait accès à l'entier dossier* »[1336]. Depuis cet arrêt, la CEDH vient réitérer sa position en matière de l'accès au dossier comme principe.

598.La confirmation par les arrêts ultérieurs. Après cet arrêt retentissant de la CEDH, les magistrats de Strasbourg viennent faire de

1332 CEDH, 13 Octobre 2009, *Dayanan c/Turquie*, req. n° 7377/03, décision préc.

1333 M. LÉNA, « Réaffirmation du droit à un avocat dès la garde à vue », *Dalloz actualité*, 2 novembre 2009 ; C. SAAS, « Défendre en garde à vue une révolution… de papier ? », *AJ. Pén.*, 2010, p. 27 ; H. MATSOPOULOU, « Cour européenne des droits de l'homme, 13 octobre 2009, n°7377/03, Dayanan contre Turquie », *Gaz. Pal.*, 3 décembre 2009, n° 337, p. 19 ; O. BACHELET, « La réforme de la garde à vue : un jeu d'ombre et de lumière », *Gaz. Pal.*, 2 février 2010, n° 33, p. 10 ; F. FOURMENT, « Droit à l'assistance effective d'un avocat et effectivité du droit au procès équitable », *Gaz. Pal.*, 9 février 2013, n°040.

1334 H. MATSOPOULOU, « Cour européenne des droits de l'homme, 13 octobre 2009, n°7377/03, Dayanan contre Turquie », *Gaz. Pal.*, 3 décembre 2009, n° 337, p. 19

1335 F. FOURMENT, « Droit à l'assistance effective d'un avocat et effectivité du droit au procès équitable », *Gaz. Pal.*, 9 février 2013, n°040.

1336 C. AYELA, J.-C. KROSS, D. MANY, *La garde à vue mode d'emploi*, éd. Lamy, 2011, p. 50.

l'accès au dossier une «*garantie essentielle du procès équitable*»[1337]. Cet accès au dossier permet au suspect et à son avocat de s'informer et d'exercer le contradictoire. Il faudrait donc pour accéder à cette équité procédurale comme le note la CEDH dans son arrêt du 23 mai 2017 *Van Wesenbeeck contre Belgique*, que la défense ait la faculté « *de prendre connaissance des observations ou éléments de preuves produits par l'autre partie, ainsi que de les discuter*»[1338]. Les magistrats de Strasbourg posent toujours le principe dans les arrêts, ce principe découlant de l'article 6 « *exige que les autorités de poursuite communiquent à la défense toutes les preuves pertinentes en leur possession, à charge comme à décharge*»[1339]. Dans un arrêt de 2009, la CEDH statuant sur la base de l'article 5§4 rappelle l'importance pour la défense d'avoir accès au dossier. Les magistrats de Strasbourg notent que « *l'égalité des armes n'est pas assurée si l'avocat se voit refuser l'accès aux pièces du dossier qui revêtent une importance essentielle* [...] »[1340]. Comme dans toute règle, le fait de dégager d'abord le principe avant les exceptions est noté aussi dans les directives européennes.

b. La confirmation de la jurisprudence sur l'accès au dossier par la directive

599.L'annonce de la règle. La directive 2012/13/UE du parlement européen et du conseil du 22 mai 2012 pose comme règle l'accès au dossier comme condition de l'équité du procès. Ce droit d'accéder au dossier est posé dès l'article 4 et rejoint l'article 3 qui traite du droit pour le suspect ou la personne poursuivie de bénéficier d'une information sur la procédure. Mais la disposition qui traite plus de ce droit est l'article 7 de la directive. Ce dernier dispose en son alinéa 1 que « *lorsqu'une personne est arrêtée et détenue à n'importe quel stade de la procédure pénale, les États membres veillent à ce que les documents relatifs à l'affaire en question détenus par les autorités*

1337 A. PORTMANN, «Défaut d'accès des avocats au dossier de la juridiction : la Roumanie condamnée par la CEDH», *Dalloz actualité*, 31 mars 2014.

1338 CEDH, *Van Wesenbeeck c/Belgique*, 23 mai 2017, req. n° 67496/10 et 52930/12, § 67 ; v. dans la même logique : CEDH, *Jasper c/ Royaume-Uni*, 16 février 2000 req. n° 27052/95, § 51 ; CEDH, *Row et Davis c/Royaume-Uni*, 16 février 2000, req. n° 28901/95, § 60.

1339 CEDH, *Van Wesenbeeck c/Belgique*, 23 mai 2017, req. n° 67496/10 et52930/12, § 67.

1340 CEDH, *Mooren c/ Allemagne*, 9 juillet 2009, req. n° 11364/03, § 124.

compétentes qui sont essentiels pour contester de manière effective conformément au droit national la légalité de l'arrestation ou la détention soient mis à la disposition de la personne arrêtée ou de son avocat ». L'alinéa 2 poursuit en soulignant que « *les États veillent à ce que les suspects ou les personnes poursuivies, ou leur avocat, aient accès au minimum à toutes les preuves matérielles à charges ou à décharge des suspects ou des personnes poursuivies, qui sont détenues par les autorités compétentes, afin de garantir le caractère équitable de la procédure et de préparer leur défense* ». La directive souligne le principe de l'accès intégral dès le début de la procédure.

600.L'annonce de l'accès intégral par la directive. L'analyse des dispositions de la directive surtout de l'article 7 permet de comprendre que l'accès au dossier demeure le principe et non l'exception. Des passages de l'article confortent notre position. En effet, les termes « *les éléments essentiels* », « *les preuves matérielles à charge ou à décharge* » démontrent bien qu'il ne peut s'agir des éléments auxquels le suspect a pris part comme le prévoit actuellement le droit français. Ces notions englobent tout ce qui justifie l'arrestation de la personne et son placement en garde à vue, à savoir les dépositions des témoins, les preuves matérielles obtenues, tout ce qui conforte la position des OPJ sur la participation de la personne à la réalisation de l'infraction pénale. Les arguments tirés de la CEDH démontrent que le principe est souvent posé puis l'exception après. Les dispositions européennes posent la restriction comme l'exception dans le déroulement des investigations de police.

2. *La restriction de l'accès intégral : une exception*

601. La CEDH pour restreindre l'accès au dossier prend en compte les « *difficultés inhérentes au travail d'enquête et d'investigation de la police* »[1341]. C'est seulement en présence de ces difficultés que l'accès au dossier peut être refusé au suspect. La jurisprudence de la CEDH après avoir posé les conditions de la restriction (a) la directive de 2012 abonde dans le même sens (b).

1341 CEDH, *Van Wesenbeeck c/ Belgique*, 23 mai 2017, req. n° 67496/10 et 52930/12, § 67.

a. Les conditions de la restriction posées par la CEDH

602.L'expression utilisée annonçant la restriction comme l'exception : Le refus d'avocat. Dire que l'accès au dossier constitue l'exception n'est pas fortuit, cette affirmation apparaît dans l'arrêt Salduz de la CEDH. Dans cet arrêt du 27 novembre 2008, les magistrats de Strasbourg écrivent que « *l'accès à un avocat soit consenti dès le premier interrogatoire d'un suspect par la police, sauf à démontrer, à la lumière des circonstances particulières de l'espèce, qu'il existe des raisons impérieuses de restreindre ce droit. Même lorsque des raisons impérieuses peuvent exceptionnellement justifier le refus de l'accès à un avocat, pareille restriction, quelle que soit sa justification ne doit pas indûment préjudicier aux droits découlant pour l'accusé de l'article 6. Il est en principe porté une atteinte irrémédiable aux droits de la défense* [...] »[1342]. Dans cet arrêt, l'utilisation du mot « sauf » témoigne l'exception. Selon le dictionnaire Larousse, ce terme « *marque l'exception, hormis, excepté* »[1343]. D'autres termes vont dans le sens de la confirmation de l'exception. Il s'agit du mot « *impérieuses* » ou encore « *exceptionnellement* ». C'est dans la logique de cet arrêt qui pose l'accès à un avocat comme principe que la jurisprudence va, pour permettre une fois cet accès obtenu d'exercer pleinement la défense[1344], reconnaître à l'avocat l'accès intégral au dossier comme principe et le refus l'exception.

603.L'accès à l'intégralité du dossier comme exception, la suite logique du refus d'avocat comme exception[1345]. Dans l'arrêt *Van Wesenbeeck contre Belgique*, la Cour est venue démontrer que le refus à l'accès à l'intégralité du dossier doit être l'exception et non le principe. Il ne doit être mis en œuvre que lorsqu'un intérêt supérieur est en jeu.

1342 CEDH, *Salduz c/Turquie, 27 novembre 2008*, req. n° 36391/02, § 55.

1343www.Larousse.fr.

1344 Le plein exercice des droits de la défense nécessite un accès au dossier comme le note l'arrêt Dayanan contre Turquie. Dans cet arrêt la Cour note que la personne doit bénéficier de « *toute la vaste gamme d'interventions qui sont propres au conseil* » parmi lesquelles figure « la discussion de l'affaire [...] ». Pour discuter de l'affaire, il faut accéder aux éléments permettant cette discussion d'où le principe de l'accès au dossier.

1345 « *Une vision maximaliste du droit à l'assistance d'un avocat devrait évidemment permettre à l'avocat d'avoir accès à l'intégralité du dossier de la procédure. Ce n'est qu'à ce modique prix que serait respecté de manière certaine le principe de l'égalité des armes, élément essentiel du procès équitable* », J.-B. PERRIER, M. GIACOPELLI, *La garde à vue de la réforme à la pratique*, éd. Dalloz, 2013, p. 29.

Dans cet arrêt, la Cour après avoir affirmé la règle, vient recourir comme dans l'arrêt Salduz à l'exception. Elle note que si l'accès au dossier aux éléments à charge et à décharge retenu par les autorités compétentes participe à l'équité du procès, il « *n'est pas absolu* »[1346]. Ce passage de l'arrêt marque l'exception au principe de l'accès à l'intégralité du dossier. La CEDH, toujours dans ce même arrêt, note que la restriction n'est que l'exception, car, elle ne doit être retenue que « *dans certains cas* »[1347], lorsqu'il s'agit par exemple de « *préserver les droits fondamentaux d'un autre individu ou à sauvegarder un intérêt public important* »[1348]. C'est toujours la protection d'un intérêt supérieur qui justifie la restriction, la Cour le rappelle encore dans son arrêt, *A.T. contre Luxembourg* du 9 avril 2015[1349]. Ces mêmes restrictions posées par la CEDH sont réitérées par la directive de 2012.

b. La réitération des restrictions par la directive de 2012

604. La référence quant au délai. Il est préférable que le dossier mis en disposition de la défense « *en temps utile pour permettre l'exercice effectif de la défense* ». Il est clair que le temps utile pour exercer les droits de la défense est le temps de l'enquête, car, cette étape une fois compromise peut avoir des conséquences graves sur la suite de la procédure. L'exception demeure « *au plus tard* ». S'il est impossible d'accorder le dossier en temps utile, la directive vient fixer une limite quant au délai et cette limite est fixée avant la saisine d'une juridiction de jugement. L'expression « *en temps utile* » selon la délégation des barreaux de France et de Bruxelles, peut faire l'objet de deux interprétations. « *Si l'on considère qu'il s'agit de l'utilité de l'enquête, il est aisé de justifier un délai pendant lequel l'avocat et son client n'ont pas accès au dossier. Mais, si l'utilité concerne l'exercice des droits de la défense, et donc de la personne suspectée par les services de police, il devient évident que l'accès*

1346 CEDH, *Van Wesenbeeck c/Belgique*, 23 mai 2017, req. n° 67496/10 et52930/12, § 21.

1347 « *Dans certains cas, il peut être nécessaire de dissimuler certaines preuves à la défense [...]* », CEDH, *Van Wesenbeeck c/Belgique*, 23 mai 2017, req. n° 67496/10 et 52930/12, § 68.

1348 CEDH, *Van Wesenbeeck c/Belgique*, 23 mai 2017, req. n° 67496/10 et52930/12, § 68.

1349 CEDH, *A. T. c/ Luxembourg*, 9 avril 2015, req. n°30460/13, § 79, *Dalloz actualité*, 15 avril 2015, obs. A. PORTMANN.

au dossier est utile dès le début de la mesure »[1350]. Il ne peut s'agir de l'intérêt de la garde à vue, rien que l'intitulé de la directive démontre qu'il s'agit des droits procéduraux du suspect, plus précisément ceux relatifs à sa défense. Par conséquent, l'accès est le principe. Le dossier doit être accordé à temps utile, c'est-à-dire dès le début de l'enquête, la marge de manœuvre des États membres quant au délai est fixée par le législateur européen et cette marge de manœuvre qui constitue l'exception, se limite « *au plus tard lorsqu'une juridiction est appelée à se prononcer* [...] ». L'accès à l'intégralité du dossier qui constitue un principe peut être restreint aussi en faisant référence aux intérêts en jeu.

605. La référence aux intérêts en jeu. La directive de 2012 vient ici reprendre la position de la CEDH quant aux modalités de restriction de l'accès au dossier. Le paragraphe 4 de l'article 7 souligne bien cette exception. Il dispose que « *par dérogation* [...], *l'accès à certaines pièces peut être refusé lorsque cet accès peut constituer une menace grave pour la vie ou les droits fondamentaux d'un tiers, ou lorsque le refus d'accès est strictement nécessaire en vue de préserver un intérêt public important, comme dans les cas ou cet accès risque de compromettre une enquête en cours ou de porter gravement atteinte à la sécurité nationale de l'État membre dans lequel la procédure pénale est engagée* ». L'utilisation du verbe « déroger » témoigne de l'existence d'une règle qui est le principe à laquelle il faut déroger. Ce principe est celui de l'accès intégral. La dérogation n'a lieu que dans les cas énumérés, et ces cas ne sont pas fréquents. En dépit de l'absence de précision de la CEDH quant à cet accès, la jurisprudence Sapan[1351] permet de confirmer l'accès au dossier comme principe, car, c'est de cet accès que dépend le procès équitable à travers un procès établi sur le contradictoire.

1350 C. OHLGUSSER, « Lumières sur la directive 2012/13/UE concernant l'accès au dossier pendant la garde à vue », disponible sur www.lepetitjuriste.fr.

1351 CEDH, *Sapan c/Turquie*, 20 septembre 2011, req. n° 44102/04, § 21 ; « *En principe, les juges européens ont estimé que l'impossibilité pour l'avocat du gardé à vue d'accéder au dossier de la procédure peut « sérieusement entraver sa capacité à fournir une quelconque sorte de conseil juridique au requérant* », v. aussi, H. MATSOPOULOU, « Une nouvelle réforme de la procédure pénale ? Les principales propositions de la mission de réflexion sur les possibles évolutions de la procédure pénale », *JCP G.*, n°39, 22 septembre 2014, 957 ; v. aussi :, *Gaz. Pal.*, 30 juillet 2013, n° 211, « La loi du 14 avril 2011, entre la Cour européenne des droits de l'homme et le Conseil constitutionnel », obs. D. ROETS et V. TELLIER-CAYROL.

§2 : Le développement du contradictoire dans l'enquête policière

606. Sortir l'avocat de sa passivité dans l'enquête policière. L'absence du contradictoire dans la phase policière a été toujours retenue par la procédure pénale française. La présence de l'avocat n'est que formelle. Il demeure passif et ne peut intervenir comme dans la phase juridictionnelle. Des auteurs constatant ce rôle passif de l'avocat n'ont pas hésité à lui attribuer des noms témoignant sa place et son rôle dans l'enquête. Ainsi, est-il appelé, « *simple contrôleur* »[1352], un « *assistant social* »[1353] ou encore « assistant psychologique ». La défense, incontournable à l'aune du procès équitable ne peut voir son intervention se limiter à une simple assistance d'ordre social ou psychologique. Elle doit, au regard de la directive 2013/48/UE[1354], être exercée de manière active[1355]. Le droit à l'information est dépourvu de toute utilité si la défense ne peut, après réception des documents discuter leur bien-fondé, demander la réalisation d'actes. L'alignement de l'enquête de police sur l'instruction permettrait de développer le contradictoire dans la phase policière.

607. L'alignement de l'enquête de police sur l'instruction, un argument en faveur du contradictoire dans l'enquête. « *Il n'y a pas de justice sans débat contradictoire et plus celui-ci s'instaure tôt, meilleures sont les chances d'objectivité* »[1356], car, « *le débat contradictoire est la voie royale pour la recherche de la vérité* »[1357]. Si le contradictoire est absent dans la phase

---

1352 C. AMBROISE-CASTEROT, P. BONFILS, *Procédure pénale*, éd. PUF, 2011, p. 253 ; O. TRILLES, *Essai sur le devenir de l'instruction préparatoire analyse et perspectives*, thèse, Toulouse 1, (Dir.) G. ROUJOU DE BOUBÉE, 2005, p. 179.

1353 J. M. GENTIL, *Le temps des réformes*, actes de colloque sous la direction de V. MALABAT, B. de LAMY et M. GIACOPELLI, éd. Litec, 2011, p. 206.

1354 Directive 2013/48 UE du parlement européen et du Conseil du 22 octobre 2013 disponible en ligne sur www.eur-lex.europa.eu

1355 P. HENNION-JACQUET, « La consécration légale du statut du suspect libre quand la transposition des directives européennes conduit à une dualité de régime superflue », *Gaz. Pal.*, 29 juillet 2014, n° 210, p. 9.

1356 H. JUNG, « Vers un nouveau modèle du procès pénal ? Réflexions sur les rapports la mise en état des affaires pénales », *RSC*, 1991, p. 526.

1357 *Ibid.*

d'enquête et relativement présent dans la phase, de l'instruction[1358], l'alignement de l'enquête de police sur l'enquête judiciaire à savoir l'instruction, serait un moyen de développer le contradictoire dans la phase préparatoire de manière générale. Le législateur, ayant sans doute saisi l'importance de ce principe, l'introduit de manière ineffective dans la phase policière. Il va ainsi, en dépit de cette ineffectivité, glisser plus tard vers une procédure plus contradictoire (A), même si le temps n'est plus aux hésitations, mais à une nécessaire affirmation du contradictoire dans la phase d'enquête de police (B).

A- Vers une enquête policière contradictoire ?

608. En dehors de toute unification des deux enquêtes, il est constaté que le législateur tend au vu de ses réformes, vers une phase policière plus contradictoire[1359], en octroyant à la personne gardée à vue le droit de présenter des observations (1), même si, après analyse, on se rend compte de l'illusion (2) qui se cache derrière cette innovation.

1. *Le droit pour le garder à vue de présenter des observations au procureur : un moyen d'instaurer le contradictoire ?*

609. Le droit pour le suspect de formuler des observations visées à l'article 63-1 du CPP est la conséquence de la transposition du

---

[1358] M. HERZOG-EVANS, G. ROUSSEL, *Procédure pénale*, 5e éd. Vuibert, 2014, p. 90 et s.

[1359] L'ouverture d'une phase policière contradictoire est soulignée par la circulaire du 17 juin 2016 de présentation des dispositions générales de procédure pénale immédiatement applicables de la loi n° 2016-731 du 3 juin 2016 renforçant la lutte contre le crime organisé, le terrorisme et leur financement, et améliorant l'efficacité et les garanties de la procédure. Elle souligne que pour les enquêtes d'au moins un an, la loi *« a pour objectif d'ouvrir une phase contradictoire à l'issue des enquêtes d'une certaine durée, avant que le procureur de la République ne prenne sa décision sur l'action publique, lorsque la personne suspectée en fait la demande »*.

paragraphe 3 de l'article 4 de la directive B. Il obéit à une procédure (a) et vise un objectif précis (b).

a. La procédure pour bénéficier de ce contradictoire

610.Les autorités compétentes à saisir. L'application de la procédure contradictoire dans la phase d'enquête nécessite la saisine de deux autorités en fonction de la durée de la garde à vue. La mesure de garde à vue est sous le contrôle du procureur de la République et le juge d'instruction jusqu'à la 48e heure, au-delà de la 48e heure sous celui du JLD. L'article 63-1 du CPP reconnaît à ces trois magistrats, le pouvoir d'être saisi des demandes de la personne gardée à vue pour discuter du bien fondée de la mesure après 24 heures. La saisine du JLD est souvent observée dans certaines catégories d'infraction. Pour les infractions de droit commun, l'intervention du procureur suffit pour la réception des demandes du suspect. Mais, les infractions retenues par le législateur comme s'inscrivant dans le régime dérogatoire oblige au regard de leur durée qui peuvent aller jusqu'à 144 heures, l'intervention du JLD. Cette organisation selon le législateur semble résoudre le problème de l'absence de qualité d'autorité judiciaire du parquet, qui doit exercer un contrôle limité des mesures de contrainte. Reste donc à voir la modalité de saisine de ces autorités.

611.Les modalités de la saisine. L'article 63-1 du CPP prévoit les modalités de saisine des autorités. Cette dernière peut se faire de deux manières. Tout dépend de la présence de la personne devant ces autorités ou pas. Si la personne est présentée au magistrat chargé du contrôle de la garde à vue, elle peut lui exposer oralement sa défense. Par contre, si la personne n'a pas pu se présenter, elle peut aussi «*faire connaître oralement ses observations dans un procès-verbal d'audition, qui est communiqué à celui-ci* [au magistrat] *avant qu'il ne statue sur la prolongation de la mesure*». La présence physique de la personne devant le magistrat n'est pas obligatoire. L'entretien peut se faire aussi par visioconférence comme le souligne la circulaire du 23 mai 2014[1360]. Dans ce cas, le suspect

1360 Circ. du 23 mai 2014 de présentation des dispositions de procédure pénale applicable le 2 juin 2014 de la loi portant transposition de la directive 2012/13/UE du

présentera oralement ses observations au magistrat. Cette capacité reconnue au suspect à saisir le magistrat chargé du contrôle et à faire des observations poursuit un objet précis.

b. L'objet de la procédure

612.La discussion sur la légalité de l'arrestation. Cette discussion sur la légalité de l'arrestation posée par le paragraphe 3 de l'article 4 de la directive B n'est qu'une confirmation de la jurisprudence de la CEDH relative à l'article 5 de la CESDH et plus précisément l'article 5§4 de la CEDH. Cet article prévoit un contrôle juridictionnel dans un bref délai de la légalité d'une détention. Ce contrôle au regard de l'arrêt *Mooren contre Allemagne* du 9 juillet 2009 doit se dérouler de manière « *contradictoire et garantir l'égalité des armes entre les parties* […] »[1361]. Partant de ce constat, des auteurs ont estimé que le législateur en donnant la possibilité au suspect de faire des observations à l'issue des 24 heures de garde à vue tend à introduire d'une certaine manière le contradictoire dans la phase de l'enquête de police[1362]. Ainsi, le suspect qui ne renonce pas à ce droit[1363] de faire des observations au magistrat, cherche à obtenir qu'il se prononce sur la légalité de la détention encore à obtenir une mise liberté.

613.Une mise en liberté. La saisine du magistrat chargé de contrôler la garde à vue vise dans la plupart des cas, à obtenir de lui une remise en liberté. C'est ce qui apparaît de manière explicite dans la circulaire de 2014, mais aussi à l'article 63-1 du CPP. En effet, on peut lire en consultant ces deux sources que la demande que formule le suspect tend « *à ce qu'il soit mis fin* » à la mesure de garde à vue. La fin de la mesure est laissée à l'appréciation du magistrat, il peut s'agir du procureur de la République, du juge d'instruction ou encore du JLD. Ces derniers vont,

---

parlement européen et du Conseil, du 22 mai 2012 relative au droit à l'information dans le cadre des procédures pénales, disponible sur : www.textes.justice.gouv.fr.

1361 CEDH, *Mooren c/ Allemagne*, 9 juillet 2009, req. n° 11364/03, § 124.

1362 C. RIBEYRE, « Loi n° 2016-731 du 3 juin 2016 renforçant la lutte contre le crime organisé, le terrorisme et leur financement, et améliorant l'efficacité et les garanties de la procédure pénale-Et maintenant ? », *Droit pénal*, n°9, septembre 2016, étude 17 ; S. PELLÉ, « Garde à vue et audition libre : acte final ? », *D.*, 2017, p. 359.

1363 La renonciation de ce droit est cependant prévue, « *Le procès-verbal d'audition devra* […] *comporter une mention que la personne gardée à vue ne souhaite pas faire d'observation* […] », v. sur ce point la circulaire du 23 mai 2014 qui transpose la directive 2012/13/UE préc.

au regard des éléments de défense présentés par le suspect, décider du bien-fondé de la poursuite de la garde à vue. « *Si l'intention du législateur est parfaitement louable et manifeste une ouverture vers une enquête policière plus contradictoire* »[1364], il faut cependant souligner après analyse, l'illusion que cache cette innovation du législateur dans la phase policière.

2. *La nature illusoire des attentes du suspect*

614.L'illusion que regorge cette nouveauté tient au fait que le législateur n'a pas, dans sa volonté d'introduire le contradictoire, précisé le contenu de l'exercice de ce droit au contradictoire (a) ce qui rend cette procédure peu effective. De plus, l'intervention d'autorités judiciaires différentes complexifie la procédure (b), alors qu'on parle de nos jours de procédure simplifiée pour un traitement à temps réel des infractions pénales.

a. L'absence de précision du contenu du droit au contradictoire

615.Le déroulement des observations. L'article 63-1 du CPP et la circulaire du 23 mai 2014 ne précisent pas assez les conditions du recueil des observations faites par le suspect. Le législateur n'a pas prévu l'assistance d'un avocat pour le suspect présenté au procureur de la République à l'issue de la 24e heure de garde à vue. C'est seulement le suspect qu'il décide de poursuivre qui bénéficie de ce droit, conformément aux articles 393, et 803-2 du CPP. Même ce dernier n'avait pas au début le droit à un avocat, ce droit lui a été reconnu suite à une Question Prioritaire de Constitutionnalité[1365], suivie d'une réforme[1366]. Le suspect de l'article 63-1 du CPP qui décide de faire des

---

1364 S. PELLÉ, « Garde à vue et audition libre : acte final ? », *D.*, 2017, p. 359.

1365 Cons. const., 6 mai 2011, n°2011-125 QPC, *Dalloz actualité*, 18 mai 2011, obs. C. GIRAULT ; *AJ. Pén.*, 2011, p. 471 obs. J.-B PERRIER

1366 Loi n° 2014-535 du 27 mai 2014 portant transposition de la directive 2012/13/UE du parlement européen et du Conseil, du 22 mai 2012, relatif au droit à l'information dans le cadre des procédures pénales (1) ; v. aussi sur ce point : F. FOURMENT, « Le

observations devant le procureur de la République ou devant l'OPJ à travers un procès-verbal ne bénéficie pas de l'assistance d'un avocat ce qui semble contraire à la jurisprudence européenne qui exige que l'avocat soit présent dans l'accomplissement de tous les actes, sauf raisons impérieuses empêchant la réalisation de ce droit. Si une partie de la doctrine voit dans les observations faites par le suspect à l'issue de la 24e heure de garde à vue une sorte d'introduction du contradictoire dans la phase d'enquête, il faut souligner le caractère incertain du contradictoire.

616.L'incertitude du contradictoire. Sans l'assistance de défenseur, le suspect qui n'a pas accès au dossier et qui ne peut demander la réalisation d'actes à ce stade de la procédure ne peut bénéficier d'un contradictoire effectif. Sa défense, devant les arguments de l'OPJ qui sollicite la prolongation, ne peut prospérer. Ce dernier dispose du dossier, et souvent motive sa décision au regard des nécessités de l'enquête, une notion au contenu indéterminé. Les arguments du suspect devant le procureur, par visioconférence, ou encore par procès-verbal ne sont qu'un « *semblant contradictoire* » posé par le législateur pour reprendre l'expression du professeur Ribeyre[1367]. Le principe du contradictoire ne s'applique que lorsque la défense dispose des mêmes éléments que l'autre partie, en somme, l'exigence d'une égalité des armes, ce qui n'est pas le cas dans le cadre des observations faites par le suspect après 24heures de garde à vue. À ce semblant de contradictoire, s'ajoute une pluralité de magistrats intervenant pour une même procédure, ce qui est encore source de complexité.

b. Une pluralité de magistrats intervenant dans la procédure, source de complexité

617.L'exclusion du procureur dans la réception des observations. Le procureur de la République qui n'est pas une autorité judiciaire ne peut recevoir les déclarations de la personne suspectée. C'est lui qui contrôle le déroulement de la garde à vue et conduit les investigations. Il est la partie adverse et, à ce titre, les droits du suspect relatifs à sa défense ne devraient pas lui être adressés. Le législateur n'a

---

déferrement nouveau, ou l'assistance sans contradictoire (assumé) », *Gaz. Pal*, 29 juillet, 2014, n° 210, p. 19.

1367 C. RIBEYRE, *Procédure pénale*, éd. PUG, 2016, p. 67.

pas tiré les conséquences de la jurisprudence européenne lorsqu'il donne au parquet le pouvoir de recevoir les observations du suspect. Le principe contradictoire ne peut s'appliquer dans un tel contexte. L'accusation qui apprécie les arguments de la défense ne garantit pas à cette dernière un procès équitable. Le contradictoire suppose que les arguments dont disposent les deux parties soient soumis à une personne tierce, neutre, indépendante et impartiale, chargée de trancher au regard des éléments débattus devant lui. La procédure présentée par l'article 63-1 du CPP ne présente pas une telle garantie, il faudrait donc exclure le procureur dans la réception des observations de la défense et revoir aussi l'intervention du juge d'instruction et du JLD dans cette procédure.

618.Une intervention du Juge d'instruction et du JLD à revoir. La procédure pénale manque de lisibilité et est devenue complexe. Cela peut trouver une explication dans le partage des compétences entre plusieurs autorités différentes. Un dossier initialement suivi par une autorité judiciaire peut se retrouver par la suite entre les mains d'une autre autorité judiciaire, qui prend le train en marche et ignore une bonne partie du dossier. C'est le cas du JLD qui souvent reçoit une demande de détention provisoire suite à une enquête menée par la police ou le juge d'instruction. Le contrôle de la garde à vue nécessite d'être placé entre les mains d'une seule autorité, de même que les observations faites par le suspect dans ce cadre. De plus, le juge d'instruction qui mène l'enquête est infondé à recevoir la défense du suspect. Le seul juge indépendant et impartial dans cette procédure est le JLD. Mais, le fait qu'il soit exclu de l'enquête ne lui permet pas de prendre une décision autonome. Il suit souvent l'autorité judiciaire ayant sollicité la demande. L'intervention d'une autorité judiciaire plus impliquée dans la procédure est nécessaire pour garantir au suspect une défense effective. Le principe contradictoire n'est pas encore appliqué dans la phase d'enquête alors qu'il serait temps de procéder à son affirmation dans cette phase.

B- Le temps de l'affirmation du contradictoire dans l'enquête policière

619. Les opérations de police judiciaire tendant à la recherche de la vérité ont toujours été effectuées sans que la défense ne puisse y prendre part de manière étendue. La directive européenne 2013/48/UE[1368] est venue poser une participation de la défense à certains actes d'enquête (1). En oubliant de mentionner d'autres actes comme la perquisition (2), elle crée ainsi des divergences au sein de la doctrine et conforte la position de certains États réfractaires à la présence de la défense dans les opérations de police.

1. *La participation de la défense à certains actes d'enquête*

620. La directive européenne de 2013 donne la possibilité à la défense de participer aux séances d'identification des suspects, aux confrontations et aux reconstitutions de la scène de crime (a). Le législateur français, transposant cette directive, a reconnu ces droits à la défense, mais de manière à rendre celle-ci inactive (b) durant le déroulement de ces opérations.

a. La participation de la défense aux séances d'identification des suspects, aux confrontations et aux reconstitutions de la scène de crime

621.La défense dans les séances d'identification. La directive européenne de 2013prévoit la participation de la défense dans les séances d'identification en son article 3. Cette séance d'identification appelée aussi «*tapissage*» ou encore «*parade d'identification*»[1369] «*consiste en un*

1368 Directive 2013/48/UE du parlement européen et du Conseil du 22 octobre 2013 relative au droit d'accès à un avocat dans le cadre des procédures pénales et des procédures relatives au mandat d'arrêt européen, au droit d'informer un tiers dès la privation de liberté et au droit des personnes privées de liberté de communiquer avec des tiers et avec les autorités consulaires.

1369 L. BÈGUE, O. DESRICHARD, *Traité de psychologie sociale : la science des interactions humaines*, éd. Boeck, 2013, p. 472 ; Pour Vlamynck dans cette procédure de parade d'identification « *le mis en cause prend place parmi d'autres personnes et leur attribue leur place et leur numéro. Le témoin observe les personnes et déclare s'il reconnaît quelqu'un. On lui demande*

alignement d'individus dont l'un est le suspect et les autres des distracteurs, c'est-à-dire des personnes dont on sait qu'elles ne peuvent pas être mises en cause dans l'affaire en cours »[1370]. La présence de la défense dans cette opération est essentielle, car, elle permet de lutter contre les parades dites « *biaisées* »[1371]. Les parades sont biaisées lorsqu'il existe des éléments de nature à influencer la décision du témoin ou de la victime. Il peut résulter de la manière dont les personnes sont alignées, du port de menottes par le suspect, ou encore d'un degré élevé de similitude entre les personnes[1372]. Le juge pouvant se baser sur les séances d'identification pour retenir une condamnation comme ce fut le cas dans l'affaire *Perry contre Royaume-Uni*[1373] du 17 juillet 2003, l'intervention de l'avocat s'avère plus que nécessaire comme elle l'est aussi pour les confrontations et pour les reconstitutions de la scène de crime.

622. La défense dans les confrontations et reconstitutions de la scène de crime. Toujours dans cette optique de garantir les droits procéduraux du suspect, l'article 3 de la directive de 2013 prévoit la présence de la défense dans les confrontations et les reconstitutions de la scène de crime. Comme la confrontation, la reconstitution de la scène de crime ou « *reconstitution criminelle* »[1374] permet de retracer la scène du crime afin d'y voir plus clair. C'est pour cela qu'il est accompagné de toute personne capable de lui fournir des informations utiles à la manifestation de la vérité. Durant cette opération, des questions sont posées au suspect et des photos prises pour refaire « *la carte du crime* »[1375]. La lecture de cette carte permet d'avoir des éléments utiles et qui peuvent être retenus pour servir d'élément de preuve devant un tribunal. La participation de la défense à cette opération est donc nécessaire afin de s'assurer de son bon déroulement en garantissant au suspect le respect de ses droits. Si la loi du 3 juin 2016 est venue transposer la présence de l'avocat dans les

---

d'évaluer la reconnaissance. Il est indispensable que les personnes choisies ressemblent au mis en cause et que la tenue vestimentaire et l'état physique soient tels que la parade reste objective », H. VLAMYNCK, *Droit de la police*, 6e éd. Vuibert, 2017, p. 378 et s.

1370 S. DEMARCHI, J. PY., « La fiabilité des parades d'identification en fonction de la méthode employée pour sélectionner les distracteurs : une étude comparative », *Revue Européenne de Psychologie Appliquée* (REPA), 2003, p. 117 et s.

1371 *Ibid.*

1372 *Ibid.*

1373 CEDH, *Perry c/ Royaume-Uni*, 17 juillet 2003, req. n° 63737/00.

1374 F. SAINT-PIERRE, *Le guide de la défense pénale*, 8e éd. Dalloz, 2015/2016, p. 700.

1375 *Ibid.*

différentes opérations précitées, elle réitère les réformes antérieures, en rendant la défense inactive.

b. Une défense présente, mais inactive

623.Les pouvoirs réduits de la défense. Le législateur a redonné à l'avocat la même place que celle que la loi du 14 avril 2011 lui a reconnue. En effet, la loi de 2011 qui avait opéré « *des avancées indiscutables* »[1376] avait cependant subi de nombreuses critiques liées à la place et au rôle de la défense durant les opérations de police[1377]. L'article 63-4-3 du CPP issu de cette loi fait intervenir la défense à la fin des opérations pour qu'elle fasse des observations qui seront jointes à la procédure. La circulaire du 10 novembre 2016[1378] vient reposer cette même procédure dans le cadre des opérations d'identification et de reconstitution de scène de crime. Si la défense peut se présenter à ses opérations, elle ne peut demander comme les magistrats la réalisation d'un acte durant leur déroulement. Tout ce qu'elle peut faire, c'est attendre la fin pour faire des remarques à joindre à la procédure. L'article 61-3 du CPP introduit par la loi du 3 juin 2016 mentionne explicitement ce rôle passif de l'avocat durant les opérations[1379]. Le législateur continue donc à donner aux magistrats et aux OPJ la direction des opérations.

624.La direction des actes par les magistrats et les OPJ. La loi du 3 juin 2016 n'opère pas un changement profond quant au déroulement des investigations. Elle met entre les mains des OPJ et magistrats la direction des opérations. La présence de la défense est nécessaire si cette dernière ne peut prendre part aux déroulements des investigations. Son

---

1376 J. LEROY, *Procédure pénale*, 5ᵉéd., LGDJ, 2017, p. 318 ; G. ROUJOU de BOUBÉE, « La réforme de la garde à vue », *D.*, 2011, p. 1570 ; J. ALIX, « Les droits de la défense au cours de l'enquête de police après la réforme de la garde à vue : état des lieux et perspectives », *D.*, 2011, p. 1699.

1377 H. MATSOPOULOU, « Garde à vue-Une réforme inachevée à propos de la loi du 14 avril 2011 », *JCP G.*, n° 19, 9 mai 2011, p. 542.

1378 Circ. du 10 novembre 2016 de présentation des dispositions de la loi du 3 juin 2016 et du décret du 28 octobre 206 transposant la directive 2013/48/UE du 22 octobre 2013 relative au droit d'accès à un avocat dans le cadre des procédures pénales. NOR : JUSD1632747C.

1379 « *L'avocat désigné peut, à l'issue des opérations, présenter des observations écrites qui sont jointes à la procédure.* », Art. 61-3 du CPP.

rôle n'est-il pas de donner de par sa présence une légitimité aux actes effectués par ces autorités afin d'éviter toute contestation future ? L'attachement à l'inquisitoire qui fait de la défense un élément passif du procès demeure toujours dans les nouvelles réformes. Cette absence de rôle actif de la défense ne peut résulter de la directive en dépit de son silence sur le rôle de l'avocat. Mais dès le début de l'article 3, elle remarque que les droits de la défense consacrés doivent être exercés de manière « *concrète et effective* »[1380]. Et l'exercice des droits de la défense ne peut être concret et effectif si la défense demeure passive. L'interprétation *in favorem* devrait être privilégiée et non se limiter strictement aux dispositions européennes qui sont parfois lacunaires voire incomplètes. Mais le législateur suit parfois à la lettre les textes européens en refusant d'aller au-delà de ce qui est prévu, comme c'est le cas avec la perquisition.

2. *L'absence de mention de la perquisition dans le domaine d'intervention de la défense, un manquement à corriger*

625. L'adverbe notamment qui figure dans l'article 6§3 démontre que les droits de la défense énumérés par la CESDH ne sont pas limités. Cette même remarque est faite en ce qui concerne la directive 2013/48/UE qui prévoit la présence de la défense dans certaines opérations sauf la perquisition. La directive n'a pas cité la perquisition, mais elle a, souligné que les opérations qu'elle cite constituent « *un minimum* », donc la liste n'est pas exhaustive. Nous partageons l'avis du Professeur G'Sell selon lequel « *la perquisition, bien que non évoquée par le texte, fait certainement partie de son champ d'application* [...] »[1381]. En dépit d'une jurisprudence interne défavorable à l'intervention de l'avocat pendant la perquisition (a), il est utile à l'aune

---

[1380] V. sur ce point l'article 3 de la directive 2013/48/UE.

[1381] F. G'SELL, « Avocats- vers un renforcement du rôle de l'avocat dans les procédures pénales- À propos de la directive 2013/48/UE du 22 octobre 2013 », *JCP G.*, n°1-2, 13 janvier 2014, p. 2 ; v. aussi R. LORRAIN, C. INGRAIN, « Le rôle de l'avocat lors des perquisitions pénales à la lumière des développements récents », *AJ. Pén.*, 2016, p. 246.

de la lutte contre la criminalité organisée qui voit l'extension du champ d'application de la perquisition, de reconnaître l'intervention de la défense dans cette opération qui est une recherche de preuves (b).

a. Une jurisprudence interne défavorable à la présence de la défense pendant la perquisition

626.L'absence de privation de liberté comme justification de l'absence de la défense. La Cour de cassation n'admet pas la présence de la défense aux perquisitions. L'une des causes est relative à l'absence de privation de liberté du suspect ou de la personne chez qui la perquisition est effectuée. Dans ses décisions du 20 février 2002[1382] et 3 avril 2013[1383], elle refuse de prononcer les nullités des perquisitions en retenant parmi les motifs, l'absence de privation de liberté du suspect. Cette motivation de la Haute cour laisse penser que la contrainte est le critère justifiant l'intervention de la défense. La suspicion qui est aujourd'hui une source d'attribution des droits de la défense n'est pas retenue en matière de perquisition. Dans l'arrêt de 2013, en dépit de la convocation de la personne pour une mise en examen démontrant sa qualité d'accusé, la Cour de cassation a réitéré sa jurisprudence en refusant le droit à un avocat pendant la perquisition. Pour la Cour de cassation, la personne n'est pas privée de liberté, donc, il n'est pas nécessaire de faire intervenir un avocat. À côté de cette absence de privation de liberté, la Cour a retenu un autre élément relatif à l'absence d'interrogatoire durant la perquisition.

627.L'absence d'interrogatoire comme justification de l'absence de défense. La présence de l'avocat est « *indésirable* »[1384] pendant la perquisition à condition que « *la personne dont le domicile est perquisitionné ne soit pas entendue durant la mesure* »[1385]. C'est ce que retient la Cour de

---

[1382] Cass. crm., 20 février 2002, n° 01-88.335.

[1383] Cass. crim., 3 avril 2013, n°12-88.428 ; *D.*, 2013, p. 1940 ; obs. L. BELFANTI, *AJ. Pén.*, 2013, p. 420 ; note S. DETRAZ.

[1384] A. PORTMANN, « L'avocat indésirable en perquisition », *Dalloz actualité*, 5 novembre 2013.

[1385] R. LORRAIN, C. INGRAIN, « Le rôle de l'avocat lors des perquisitions pénales à la lumière des développements récents », *AJ. Pén.*, 2016, p. 246.

cassation dans les deux décisions précitées. Mais, cette idée est plus présente dans l'arrêt du 10 mars 2015[1386]. Dans cet arrêt, la Cour de cassation a reproché à la chambre de l'instruction de ne pas tenir compte de « *la teneur des propos consignés dans le procès-verbal de perquisition susceptible de constituer une audition, prévue par l'article 63-4-2 du code de procédure pénale, nécessitant la présence d'un avocat* [...] ». En effet, les policiers durant la perquisition, ont posé des questions à la personne mise en examen et ces questions ont donné lieu à des réponses aboutissant à la découverte de plusieurs éléments à charge. La Cour semble donc censurer l'auto-incrimination du suspect découlant des questions posées sur les objets saisis. Certains auteurs à l'instar du Professeur Fourment voient dans cette décision une «*perquisition ouvrant le droit à l'assistance effective d'un avocat*»[1387]. Un droit qui doit être consacré au regard de l'importance de cette opération qui est un moyen de recherche de preuve.

b. La perquisition, un moyen de recherche de preuve nécessitant la présence de la défense

628.Une idée tirée de la jurisprudence de la Cour de cassation. L'analyse des arrêts de la Cour de cassation confirme l'idée retenue jusqu'ici qu'une perquisition est une forme d'interrogatoire. Si ce dernier sert à rechercher à interroger le suspect dans le but d'obtenir des preuves, la perquisition est un acte d'investigation[1388], « *un des actes majeurs de la recherche des preuves*»[1389], ou encore une mesure « *de collecte de preuves par excellence*»[1390]. La présence de l'avocat pendant l'interrogatoire du suspect devrait conduire l'admission de sa présence pendant la perquisition au regard des mêmes objectifs poursuivis par ces deux mesures. La décision

1386 Cass. crim., 10 mars 2015, n° 14-86950, *Gaz. Pal.*, 11 août 2015, n°223, p. 32, obs. F. FOURMENT.

1387 F. FOURMENT, « La perquisition « taisante » avance », *Gaz. Pal.*, 11 août 2015, n°223, p. 32.

1388 L. BELFANTI, « La perquisition au domicile du suspect n'exige ni son placement en garde à vue ni la présence de son avocat », *AJ. Pén.*, 2013, p. 420.

1389 G. ROUSSEL, « La perquisition : de la recherche de preuves à la recherche d'unité », *AJ. Pén.*, 2016, p. 233.

1390 A. FAUTRÉ-ROBIN, « L'accès à l'avocat des personnes soupçonnées ou poursuivies : les exigences insuffisantes de l'Union européenne », *Gaz. Pal.*, 10 octobre 2014, n° 130, p. 14.

de la Cour de cassation de 2015 précitée démontre qu'une perquisition ne peut se tenir sans que le suspect ne subisse des questions sur les objets trouvés, ou encore sans qu'il ne communique des codes pour accéder certaines informations personnelles. C'est une audition qui nécessite la présence de l'avocat. La Cour de cassation, au regard de ses décisions, laisse planer un flou qui milite pour une présence de la défense pendant la perquisition.

629.La position ambiguë de la jurisprudence en faveur de la présence de la défense pendant la perquisition. Les décisions de la Cour de cassation semblent contradictoires. La personne gardée à vue puis soumise à une perquisition ne bénéficie pas de l'assistance d'un avocat alors qu'il est privé de liberté. Et pourtant comme l'a remarqué M. Maréchal en analysant la décision du 3 avril 2013, il souligne que si la privation de liberté constitue le moyen de bénéficier d'un avocat, « *il semble donc possible de déduire de cet arrêt que si une personne, mise en examen ou susceptible de l'être en raison des soupçons pesant sur elle, est privée de liberté en étant placée en garde à vue au début de la perquisition, elle doit pouvoir bénéficier de l'assistance immédiate de son avocat qui pourra être présent lors de la perquisition, ce qui constitue un apport non négligeable* »[1391]. Si toute personne gardée à vue bénéficiait d'une défense au nom de la privation de liberté, la personne même sans être privée de liberté devrait en bénéficier si on sait que la garde à vue est une mesure de contrainte. La personne qui assiste à une perquisition demeure à la disposition des magistrats ou OPJ par contrainte morale, surtout si on sait qu'en cas de refus de sa part, elle est placée en garde vue. La jurisprudence actuelle de la Cour de cassation tend vers une présence de la défense pendant la perquisition.

[1391] J.-Y. MARÉCHAL, « Perquisition et assistance par un avocat », *Procédures*, Mai 2015, n° 5.

CONCLUSION CHAPITRE 1

630. Une procédure pénale cohérente, lisible et moins complexe est fondamentale pour l'équité du procès. Pour parvenir à atteindre ce désir tant manifesté par le législateur, par la doctrine, mais aussi par la jurisprudence, une redéfinition des rôles des acteurs du monde judiciaire devient un impératif. Le parquet doit revoir ses fonctions limitées aux investigations et poursuites des infractions à la loi pénale. Il ne peut prendre des mesures qui portent atteinte aux droits fondamentaux du suspect. Toute mesure restrictive ou privative de droit ou de liberté ne doit plus relever de ses compétences. C'est une condition nécessaire pour maintenir son lien avec l'exécutif, lien qui semble utile à la bonne marche de la politique pénale. Cette politique pénale qui met l'accent sur les priorités, les infractions qui nécessitent une poursuite et celles qui ne le nécessitent pas. La règle de la légalité des poursuites ne peut être retenue, même les pays l'ayant adopté, ont atténué la portée de ce principe pour éviter l'encombrement des tribunaux. Le lien entre l'exécutif et le parquet permet de décliner une politique pénale basée sur des priorités, dont le désengorgement des tribunaux, mais aussi le traitement à temps réel des infractions. Circonscrire les prérogatives du parquet ne suffit pas pour atteindre l'équité procédurale, il faudrait que la défense qui, jusqu'ici, considérée comme spectateur lors des investigations, puissent disposer de pouvoirs plus étendus pour participer activement à la recherche de la vérité. Cette participation active signifie pour la défense, la possibilité d'être présente sauf situations impérieuses, à tous les actes d'investigation et de pouvoir solliciter la réalisation d'actes utiles à la manifestation de la vérité. Ces demandes d'actes ainsi que les autres demandes portant atteinte aux droits du suspect ne doivent pas être adressées au procureur de la République. Ce dernier qui est une partie à la procédure, adversaire du suspect ne peut en même temps être gardien de ses droits fondamentaux. Il faudrait, pour respecter l'égalité des armes et garantir l'équité du procès, faire intervenir comme dans la phase de jugement, un arbitre, neutre, impartial et indépendant à savoir un juge. La juridictionnalisation de la phase policière semble répondre aux exigences d'équilibre toujours recherché dans le cadre de la procédure pénale, surtout dans la phase des investigations comme l'enquête de police.

CHAPITRE 2 : UNE JURIDICTIONNALISATION DE L'ENQUÊTE PÉNALE POUR UNE EFFECTIVITÉ DES DROITS DE LA DÉFENSE

631.Assurer une juridictionnalisation d'ensemble de la procédure pénale. La juridictionnalisation, définie comme étant « *le recours à une autorité juridictionnelle pour autoriser ou contrôler des actes de l'enquête pénale* »[1392] est incontournable pour une enquête policière respectueuse de l'égalité des armes, de l'équité du procès. Si les droits de la défense sont des droits du procès, ayant vocation à s'appliquer pleinement devant un tribunal, c'est parce qu'il existe un juge indépendant et impartial qui se charge de les garantir. Ce juge est celui du siège. Plusieurs auteurs comme le Professeur Bonis-Garçons[1393], le Professeur Matsopoulou[1394], le Professeur Décima[1395], M. Roux-Demare[1396], Mme Barbe[1397], notent l'importance de ce juge dans le déroulement des investigations, c'est-à-dire dans l'avant-procès pénal. Ce juge du siège, de par ses qualités, n'est pas une partie à la procédure ; il veille, à l'instar de celui du jugement, à garantir le respect des droits des parties.

1392 F.-X. ROUX-DEMARE, « L'influence de l'Union Européenne dans le processus de juridictionnalisation de l'enquête pénale », in *La juridictionnalisation de l'enquête pénale*, actes du colloque organisé le 30 avril 2014 par l'École nationale de la magistrature (ENM) et l'Institut de sciences criminelles et de la justice de Bordeaux (ISCJ) sous la direction de O. DÉCIMA, éd. Cujas, 2015, p. 33.

1393 « *La juridictionnalisation de l'enquête résulterait de l'introduction d'un contrôle par un juge du siège* […] », É. BONIS-GARÇON, « La Cour européenne des droits de l'homme et la juridictionnalisation de l'enquête pénale », in *La juridictionnalisation de l'enquête pénale*, *op. cit.*, p. 21.

1394 « […] *la nécessité d'instituer un nouveau « juge de l'enquête* […] *»* », H. MATSOPOULOU, « Quelle étendue de la juridictionnalisation ? », in *La juridictionnalisation de l'enquête pénale*, *op. cit.*, p. 71.

1395 « Le juge du siège serait le remède à la crise de croissance de l'enquête et du Ministère public », O. DÉCIMA, « Irrésistible juridictionnalisation ? », in *La juridictionnalisation de l'enquête pénale*, *op. cit.*, p. 13.

1396 « […] *favoriser la présence d'un juge du siège pendant le déroulement de l'enquête* », « l'influence de l'Union Européenne dans le processus de juridictionnalisation de l'enquête pénale », in *La juridictionnalisation de l'enquête pénale*, *op. cit.*, p. 33

1397 « *Un magistrat du siège doit autoriser les atteintes substantielles à la liberté, telle la prolongation de la garde à vue* », V. BARBE, *L'essentiel du droit des libertés fondamentales*, 7e éd., Gualino, 2017, p. 42.

632. Garantir le respect des droits des parties. Le respect des droits de la défense ne peut être garanti dans la phase d'enquête de police par un *« magistrat qui peut intervenir dans la procédure pénale ultérieure en qualité de partie poursuivante, son indépendance et son impartialité peuvent paraître sujettes à caution »*[1398]. Cette remarque faite par la CEDH témoigne de l'exclusion du parquet dans le contrôle des droits reconnus au suspect, car il est partie au procès, et il peut engager les poursuites contre le suspect pour obtenir sa condamnation. Il est donc une partie au procès pénal comme le suspect. L'existence d'un juge du siège permet de garantir un équilibre. Ce dernier passe par une stricte observation des droits de chacune des parties tout en tenant compte à l'intérêt de l'enquête qui, au demeurant, ne doit pas être compromise. L'existence d'une enquête policière efficace et le respect des droits de la défense du suspect recommandent la mise en place d'une tierce personne, neutre, dotée de pouvoirs, qui pourra apprécier les nécessités des actes à réaliser pour la découverte de la vérité.

633.Plan. Cette tierce personne dont a besoin l'enquête est le juge du siège avec tous ses attributs, à savoir son indépendance et son impartialité. Cette tendance à l'exigence d'un juge est observable au niveau externe ou européen (Section 1). Au niveau interne, cette volonté d'aller vers une juridictionnalisation existe, mais elle est à parachever (Section 2).

[1398] CEDH, *Assenov et autres c/ Bulgarie*, 28 octobre 1998, req. n° 90/1997/874/1086.

Section 1 : Une exigence de juridictionnalisation observable au niveau européen

634.Une juridictionnalisation dynamique. Une juridictionnalisation dynamique est celle qui fait intervenir un juge dans la phase policière en lui attribuant un rôle actif et non celle qui fait de lui un spectateur comme fut initialement le JLD. Les dispositions de l'article 5 de la CESDH laissent apparaître cette exigence d'un juge capable de veiller aux droits fondamentaux du suspect. La procédure demeurera entre les mains du parquet tant que le juge chargé de contrôler ses actes ne fait que valider ses propositions tout en ignorant le dossier. Il va falloir définir les modalités de son intervention afin d'éviter de lui accorder trop de prérogatives jusqu'à ce qu'il fasse les mêmes reproches que le juge d'instruction, à savoir enquêter et se prononcer sur les droits fondamentaux du suspect. Son rôle serait de vérifier si le parquet use de ses prérogatives à bon escient. Il serait en quelque sorte « *un véritable contrepoids aux larges attributions confiées au magistrat du parquet* [...] »[1399], tout en veillant à ne pas porter atteinte à la réalité de l'enquête.

635.Une absence d'atteinte à la réalité de l'enquête. Il est souvent craint en introduisant un juge dans la phase de l'enquête policière de porter atteinte à l'organisation de la procédure pénale. En d'autres termes, l'introduction du juge serait de nature à ne plus distinguer enquête de police et phase juridictionnelle au sens strict[1400]. Cette crainte ne peut pas être cautionnée dans la mesure où, dans la phase juridictionnelle au sens strict, c'est-à-dire celle du jugement, il s'agit pour le juge de se prononcer sur les éléments de preuve déjà établis alors que dans la phase policière, il s'agit de vérifier la loyauté, la proportionnalité, la nécessité des actes opérés par l'accusation et si les atteintes aux droits fondamentaux du suspect sont justifiées. Cette vérification doit par conséquent, tenir compte de la réalité de l'enquête. C'est la raison pour laquelle la CEDH, au regard de l'article 5, admet un prompt contrôle des actes attentatoires aux libertés individuelles dans la phase d'enquête (§1)

1399 H. MATSOPOULOU, « Quelle étendue de la juridictionnalisation ? », in *La juridictionnalisation de l'enquête pénale*, *op. cit.*, p. 71.

1400 J. PRADEL, « L'enquête pénale aujourd'hui. Vers une stabilisation dans l'équilibre ? », *D.*, 2014, p. 1647 ; P. COLLET, *L'acte coercitif en procédure pénale*, thèse université Panthéon-Assas, (Dir.) D. REBUT, 28 novembre 2014, p. 615 et s.

tout en dégageant des tempéraments de nature à prendre en compte les intérêts de l'enquête (§2).

§ 1 : L'admission d'un prompt contrôle des actes attentatoires aux libertés individuelles

636.Les divergences quant à la promptitude de l'intervention. La jurisprudence de la CEDH, de par son absence de précision de l'adverbe « aussitôt » de l'article 5§3[1401], a créé, au sein de la doctrine, deux courants l'interprétant différemment[1402]. Pour certains, il ressort de la jurisprudence de la CEDH que l'intervention du juge peut avoir lieu au plus tard 4 jours après l'arrestation. Cette thèse est celle retenue par une grande partie de la doctrine et par le législateur français. La seconde thèse part du postulat que la CEDH devrait suivre la logique de ses arrêts qui entend défendre des droits pas théoriques ou illusoires. En mettant le parquet en marge des autorités judiciaires, le considérant comme partie poursuivante[1403], en retenant que le délai de 4 jours « *n'a pas pour finalité de permettre aux autorités d'approfondir leur enquête et de réunir les indices graves et concordants* [...] »[1404], le système français qui confie la protection des droits fondamentaux du suspect à l'accusation, c'est-à-dire au parquet, devait être remis en cause. La thèse de présentation immédiate à un juge devrait être retenue.

637.La thèse de la présentation immédiate, une thèse plus conforme à l'esprit de la Convention européenne. Il découle des

---

1401 Selon le Professeur Fourment, avec la jurisprudence de la CEDH relative à l'article 5§3, « *on n'apprend pas tant ce qu'est le prompt délai de l'article 5§3, que ce qu'il n'est pas* », v. F. FOURMENT, « Chaud-froid strasbourgeois sur le procureur de la république et la garde à vue », *Gaz. Pal.*, 15 octobre 2013, n° 288 ; v. aussi D. ROETS, « Le pouvoir du procureur de la République de prolonger la garde à vue à l'aune de l'article 5§3 de la Conv. EDH », *Gaz. Pal.*, 4 janvier 2011, n°4, p. 21 ; J. PRADEL, « Vers une métamorphose de la garde à vue », *D.*, 2010, p. 2783.

1402 O. B. PAWLOTSKY, *Le contrôle de la garde à vue*, Mém. Master de droit pénal et sciences pénales, Université Panthéon-Assas, (Dir.) D. REBUT, 2011, p. 24 et s.

1403 V. sur ce point CEDH, *Huber c/ Suisse*, 23 octobre 1990, req. n° 12794/87, § 42.

1404 CEDH, *Vassis et autres c/ France*, 27 juin 2013, req. n° 62736/09, décision préc.

dispositions de la Convention que les droits consacrés nécessitent pour leur effectivité l'intervention d'une autorité judiciaire dans le sens européen du terme, c'est-à-dire la notion d'autorité judiciaire prise dans son acception autonome. De plus, les mots qu'usent les magistrats de Strasbourg témoignent de cette nécessité de présentation directe à un juge sans délai. La CEDH affirme que le contrôle par le juge du siège doit se tenir « *rapidement* ». Or, selon le dictionnaire Larousse, est rapide ce « *qui est fait en peu de temps* », « *qui se produit vite, au bout d'un temps relativement court* »[1405]. Partant de cette définition, le délai de 24 heures, voire 48 heures de garde à vue, sous le contrôle de la partie poursuivante, semble, comme le font remarquer les professeurs Hennettte-Vauchez et Roman, ne pas être « *conforme à la convention européenne* [...] »[1406], car « *la célérité du contrôle judiciaire* [...] *que postule le terme aussitôt, est une obligation absolue* [...] »[1407]. La présentation immédiate à un juge est recommandée pour un contrôle de la légalité des actes attentatoires (A). Un contrôle qui permet de prononcer la cessation de la mesure si celle-ci n'est pas justifiée (B).

A- Le contrôle de la légalité de la mesure par le juge du siège

638. Dans la phase de l'enquête de police, la mesure que l'on peut considérer très grave est celle qui prive la personne de sa liberté de mouvement à savoir, la garde à vue. Cette privation de liberté ne laisse pas indifférente la CEDH qui veille au contrôle de sa motivation par un juge (1) afin de s'assurer de la réalité des preuves obtenues (2) autorisant cette privation de liberté.

1405 www.larousse.fr.; v. aussi www.cnrtl.fr.

1406 S. HENNETTE-VAUCHEZ, D ROMAN, *Droit de l'homme et libertés fondamentales*, éd. Dalloz, 20107, p. 391.

1407 *Ibid.*

1. *Le contrôle de la motivation par le juge du siège*

639. Le juge du siège, de par ses qualités, doit vérifier si les conditions évoquées justifient la détention (a) afin de lutter contre toute détention arbitraire (b).

a. Le contrôle relatif aux conditions de la privation de liberté

640.La véracité de l'infraction. Dans ses arrêts *Assenov et autres contre Bulgarie*[1408], *McKay contre Royaume-Uni*[1409] et *Oral et Atabay contre Turquie*[1410], la CEDH note que la légalité de la mesure privative de liberté doit être contrôlée par un magistrat indépendant de l'exécutif. Ce magistrat se chargera d'apprécier l'existence de « *raisons plausibles de soupçonner que la personne arrêtée a commis une infraction* ». Cette appréciation est d'autant plus nécessaire qu'elle permet de vérifier les motifs justifiant la privation de liberté, mais aussi d'apprécier sa nécessité et sa proportionnalité[1411]. Les magistrats de Strasbourg, vont au regard de l'article 5§1 de la CESDH, voir si la décision prise est parmi les six conditions retenues pour justifier la privation de liberté[1412]. Parmi ces conditions, figure la nécessité de prouver l'existence de raisons plausibles de soupçonner la commission d'une infraction ou « *des motifs raisonnables de croire à la nécessité de l'empêcher de commettre une infraction ou de s'enfuir après l'accomplissement de celle-ci* »[1413]. L'analyse de cette jurisprudence démontre que le système français qui attribue ces prérogatives au parquet demeure malvenu.

641.Une attribution malvenue des prérogatives aux parquets. Dans la procédure pénale française, l'article 62-2 du CPP prévoit que la

---

1408 CEDH, *Assenov et autre c/ Bulgarie*, 28 octobre 1998, req. n° 90/1997/874/1086, décision préc.

1409 CEDH, *McKay c/ Royaume-Uni*, 3 octobre 2006, req. n° 543/03, décision préc.

1410 CEDH, *Oral et Atabay c/Turquie*, 23 juin 2009, req. n° 39686/02, décision préc.

1411 É. BONIS-GARÇON, « La Cour européenne des droits de l'homme et la juridictionnalisation de l'enquête pénale », in *La juridictionnalisation de l'enquête pénale*, *op. cit.*, p. 24.

1412 J.-L. SAURON, A. CHARTIER, *Les droits protégés par la Convention européenne des droits de l'homme*, 1eréd. Gualino, 2014, p. 59.

1413 Art. 5§3c CESDH

garde à vue est mise en œuvre lorsqu'il existe « *une ou plusieurs raisons plausibles de soupçonner qu'elle a commis ou tenté de commettre un crime ou un délit puni d'une peine d'emprisonnement* […] ». Cette disposition est proche de celle d'une des dispositions de la CESDH, à savoir l'article 5§3 c. Mais si la CEDH attribue le contrôle de la réalité de l'existence de ces critères à une autorité judiciaire au sens conventionnel du terme, le législateur français opte pour une piste contraire en l'attribuant au parquet. Ce dernier, dans les premières heures de garde à vue, apprécie les motifs de la privation de liberté, mais aussi la qualification retenue par l'OPJ[1414]. Il contrôle la mesure[1415], sa proportionnalité, sa nécessité par rapport aux faits[1416], et peut retarder l'intervention de la défense[1417], voire demander le remplacement de l'avocat[1418]. L'ensemble des dispositions de l'article 5 qui relève de la compétence d'un juge indépendant est accordé au parquet qui n'est pas indépendant. Ce dernier, partie au procès, peut-il défendre les droits du suspect et faire obstacle à la détention arbitraire ?

b. La lutte contre la détention arbitraire

642. Un nécessaire respect du droit à la sûreté. Le droit à la sûreté, présent dans toutes les législations, « *consacre un droit fondamental de l'homme, la protection de l'individu contre les atteintes arbitraires de l'État à sa liberté* »[1419]. Cette définition ainsi retenue renvoie à la notion de sûreté personnelle. Selon le Professeur Oberdorff, « *la sûreté personnelle est la protection de la personne contre toute détention arbitraire, notamment des forces de police* […] »[1420]. La notion de détention arbitraire ne peut être invoquée sans faire

---

1414 Art. 63 CPP.

1415 Art. 62-3 CPP ; v. aussi la décision de la Cour de cassation, Cass. crim. 28 mars 2017, n°16-85.018 ; C. AYELA, J.-C. KROSS, D. MANY, *La garde à vue mode d'emploi*, éd. Lamy, 2011, p. 169 et s. ; O. B. PAWLOTSKY, *Le contrôle de la garde à vue*, Mém. Master de droit pénal et sciences pénales, Université Panthéon-Assas, (Dir.) D. REBUT, 2011.

1416 Art. 62-3 CPP ; M. HERZOG-EVANS, G. ROUSSEL, *Procédure pénale*, 5eéd. Vuibert, 2014, p. 248et s.

1417 Art. 63-4-2 CPP.

1418 Art. 63-3-1 CPP ; art. 63-4-3 CPP.

1419 J. ANDRIANTSIMBAZOVINA, « Conv. EDH. Art. 5 : Droit à la liberté et à la sûreté », *Rép. Dr. Eur.*, 2016.

1420 H. OBERDORFF, *Droits de l'homme et libertés fondamentales*, 6eéd., LGDJ, 2017, p. 299.

référence à ce droit que le Professeur Thomas considère comme « *le plus précieux de nos droits et libertés fondamentales* »[1421], à savoir le droit à la sûreté. Le caractère précieux de ce droit doit être apprécié parce qu'il tient compte de la présomption d'innocence. Si « *les nécessités des investigations policières* [...] *justifient certaines privations de liberté* [...] », cette privation ne peut être contrôlée que par un juge qui vérifie une absence d'atteinte au droit de sûreté.

643.Le contrôle de l'absence d'atteinte au droit à la sûreté par un juge. Le droit à la sûreté est protégé par un juge indépendant au regard de l'article 5 de la CEDH. Ce juge veille à ce que la privation de liberté ne soit pas arbitraire. Il lui revient pour apprécier cette détention arbitraire de vérifier, entre autres, l'existence de mauvaise foi ou de tromperie de la part des autorités, ou encore l'absence d'application correcte par les autorités internes de la législation pertinente[1422]. Dans l'affaire *François contre France* du 23 avril 2015[1423], la CEDH a retenu une détention arbitraire d'un avocat qui, suite à une altercation avec un OPJ, fut placé en garde à vue. C'est ce dernier, à savoir l'OPJ, qui s'estimait victime du comportement de l'avocat qui a lui-même décidé du placement en garde à vue. L'avocat a subi 13 heures de garde vue sans un contrôle judiciaire pouvant mettre fin à cette détention arbitraire. L'intervention prompte d'un juge indépendant dès le début de la mesure vérifiant les conditions du placement en garde à vue et recevoir la déclaration de la défense aurait évité cette détention arbitraire. L'application du principe du contradictoire en amont permettrait de s'assurer de la loyauté des preuves obtenues par l'OPJ.

2. *Le contrôle de la loyauté des preuves obtenues*

644.Vérifier l'existence d'un mauvais traitement. Dans l'affaire *François contre France* précitée, l'avocat est intervenu au commissariat parce que son client se plaignait de violences policières, c'est-à-dire de mauvais

---

1421 D. THOMAS, « Le droit à la sûreté », in *Liberté et droits fondamentaux*, sous la direction de R. CABRILLAC, 23e éd., Dalloz 2017, p. 423.

1422 J.-L. SAURON, A. CHARTIER, *op. cit.*, p. 50.

1423 CEDH, *François c/ France*, 23 avril 2015, req. n° 26690/11, § 58, *Dalloz actualité*, 24 avril 2015, obs. A. PORTMANN.

traitements. La CEDH recommande l'intervention prompte du juge afin de s'assurer de l'absence de mauvais traitement. Dans l'arrêt *McKay contre Royaume-Uni*, elle souligne l'importance du contrôle dans la phase policière. Pour les magistrats de Strasbourg, « *un tel contrôle doit fournir des garanties effectives contre le risque de mauvais traitements, qui est à son maximum durant cette phase initiale de détention* [...] »[1424]. L'existence de violence policière n'est pas étrangère à la phase d'enquête de police. La France fut condamnée plusieurs fois par la CEDH pour ces faits de mauvais traitements. Les affaires *Tomasi contre France*[1425], *Selmouni contre France*[1426] et *Rivas contre France*[1427] témoignent de cette violence qui est souvent une manière de nier les droits de défense du suspect en lui obligeant de s'auto-incriminer. L'intervention rapide du juge permet une disparition de l'aveu.

645.Faire disparaître l'aveu. Dans la procédure inquisitoire, la recherche de l'aveu est quasi-automatique. Pour l'obtenir du suspect, le recours aux mauvais traitements est souvent observé. La juridictionnalisation de l'enquête c'est-à-dire l'intervention d'un juge dès les premières heures de l'arrestation permet de mettre fin à cette recherche de preuve déloyale qui viole les droits de la défense. Dans les affaires précitées, les mauvais traitements dont sont victimes les suspects lors de leur garde à vue étaient motivés par la recherche de l'aveu. Dans l'affaire *Rivas contre France*, il est noté que l'OPJ qui procédait aux interrogatoires recourait à la maltraitance pour faire avouer les suspects. Un des témoins disait que quand l'OPJ les frappait c'était pour leur « *faire avouer des trucs* ». L'intervention rapide du juge permet de vérifier les conditions d'obtention de la preuve. Le report de l'intervention au-delà de 48 heures n'est pas souhaitable si on sait que nombreuses sont les gardes à vue qui ne dépassent pas cette durée. Ce qui explique que « *bon nombre de gardes à vue échappent à tout contrôle d'un juge du siège* »[1428]. L'intervention rapide du juge du siège est donc nécessaire pour vérifier les conditions de la détention et ordonner la cessation de la mesure en cas de violation des droits garantis par le CESDH.

1424 CEDH, *McKay c/ Royaume-Uni*, 3 octobre 2006, req. n° 543/03, § 32.

1425 CEDH, *Tomasi c/ France*, 27 août 1992, req. n° 12850/87, décision préc.

1426 CEDH, *Selmouni c/ France*, 28 juillet 1999, req. n° 25803/94, décision préc.

1427 CEDH, *Rivas c/ France*, 1er avril 2004, req. n° 59584/00, § 41.

1428 BONIS-GARÇON, « La Cour européenne des droits de l'homme et la juridictionnalisation de l'enquête pénale », in *La juridictionnalisation de l'enquête pénale*, *op. cit.*, p. 28.

B- La demande de cessation de la mesure par le juge du siège

646.Défaut d'éléments justifiant la mesure privative de liberté. Le juge du siège, dans sa mission d'arbitre entre l'accusation et la défense, procède comme nous l'avons souligné à diverses observations. Il doit, après réception des observations de l'avocat qui est présent dès le début de la mesure et les observations du parquet, décider de la nécessité de la mesure. Permettre à la défense et au parquet de présenter leurs observations au même juge revient à instaurer le principe d'égalité des armes dès l'enquête, mais aussi, développer le contradictoire dans cette phase déterminante du procès pénal. Le juge, dans ses conditions, aura une connaissance du dossier et pourra prendre une décision selon son intime conviction comme le ferait le juge de la juridiction de jugement. Il va ainsi examiner « *les circonstances militant pour ou contre la détention* [...] »[1429]. Si, après analyse des éléments présentés par les parties, il constate un défaut d'éléments justifiant la mesure privative de liberté, il pourra mettre fin à la mesure et prononcer la libération de la personne.

647.La possibilité de libération. Le magistrat, au regard de l'article 5 § 3 de CESDH, a l'obligation d'examiner le bien-fondé de la détention[1430] afin de procéder, comme le souligne la CEDH, à l'élargissement de la personne en l'absence de critères juridiques justifiant la mesure. Cette position est toujours défendue par la CEDH. Dans l'arrêt *Moulin contre France*[1431] de 2010, elle rappelle que le magistrat à qui est présenté le suspect doit pouvoir au-delà de son indépendance, disposer du pouvoir de procéder à l'élargissement de la personne si les éléments présentés par l'accusation ne sont pas de nature à justifier une privation de liberté. La présentation à un juge garantit l'équité du procès. « *Dans certains pays, le droit prévoit que, dans les affaires pénales, il ne peut y avoir d'arrestation et de détention si celles-ci ne sont pas ordonnées ou approuvées préalablement par un juge, sauf dans des situations d'urgence* »[1432]. L'urgence ou encore la portée de la gravité de l'atteinte, voire l'intérêt de l'enquête,

---

1429 CEDH, *Aquilina c/ Malte*, 29 avril 1999, req. n° 25642/94, § 47, *Dalloz actualité*, 29 juin 2011, obs. S. LAVRIC.

1430 *Ibid.*

1431 CEDH, *Moulin c/ France*, 23 novembre 2010, req. n° 37104/06, § 124.

1432 D. GOMIEN, D. HARRIS, L. ZWAAK, *Convention européenne des droits de l'homme et Charte sociale européenne : droit et pratique*, éd. Conseil de l'Europe, 1996, p. 160.

peuvent justifier les tempéraments apportés à cette prompte intervention du juge.

§2 : Les tempéraments apportés à la prompte intervention du juge

648.Les tempéraments observés dans le cadre de la vie privée par la CEDH. En dehors des atteintes à la liberté d'aller et de venir, nous partageons, comme le Professeur Bonis-Garçon, que « *la juridictionnalisation de l'enquête s'impose dans deux domaines [...] les actes privatifs de liberté* [et] *les actes attentatoires à la vie privée* »[1433]. Dans la phase de l'enquête policière, l'acte de privation de liberté la plus grave est la garde à vue. Il peut arriver que dans le cadre du déroulement des investigations, une personne fasse l'objet de mesures restrictives de liberté d'aller et de venir, comme c'est le cas lors d'une rétention pour contrôle d'identité[1434], ou encore, de l'interdiction de s'éloigner du lieu de réalisation d'une infraction[1435]. Ces mesures ne sont pas considérées comme plus graves que la garde à vue. Cette mesure privative de liberté doit faire l'objet d'un prompt contrôle par le juge. Cependant, les actes attentatoires à la vie privée ne sont pas tous logés à la même enseigne par la CEDH qui procède à un échelonnement en fonction de la gravité de l'atteinte.

649.L'échelonnement de la gravité dans le cadre de la vie privée. L'étude de la jurisprudence de la CEDH démontre la distinction qu'opère cette Haute Cour en matière d'atteinte au droit à la vie privée. Si le bénéfice de ce droit est un impératif, il faut remarquer que cette

---

1433 E. BONIS-GARÇON, « La Cour européenne des droits de l'homme et la juridictionnalisation de l'enquête pénale », in *La juridictionnalisation de l'enquête pénale*, *op. cit.*, p. 22.

1434 Art 78-3CPP ; C. RENAULT-BRAHINSKY, *Procédure pénale*, 18ᵉéd., Gualino, 2017-2018, p. 124 et s. ; B. BOULOC, H. MATSOPOULOU, *Droit pénal et procédure pénale*, 20ᵉéd., Sirey, 2016, p. 349 et s. ; T. GARRÉ, C. GINESTET, *Droit pénal procédure pénale*, éd. Dalloz, 2016, p. 288 ; D. SOLDINI, *Les grands textes de libertés et droits fondamentaux*, 2ᵉéd., Dalloz, 2017, p. 486 et s.

1435 Art. 61 CPP.

notion de vie privée, comme le note la CEDH dans ses arrêts *Pretty contre Royaume-Uni*[1436] et *Uzun contre Allemagne*[1437], « *est une notion large, non susceptible d'une définition exhaustive* ». Si cette acception est partagée par une bonne partie de la doctrine[1438], la CEDH, dans le cadre de la vie privée personnelle qui touche plus les investigations policières, n'hésite pas à déterminer l'intervention du juge en fonction du degré de l'atteinte portée à la vie privée. Elle permet une intervention différée du juge dans le cadre de la géolocalisation (A) et exige son autorisation dans certaines opérations comme les écoutes téléphoniques ou encore les perquisitions (B).

A- Une intervention différée du juge dans le cadre de la géolocalisation

650. Selon le lexique des termes juridiques des Professeurs Guinchard et Debard, la géolocalisation est « *un moyen technique de localiser en temps réel, sur l'ensemble du territoire national, une personne à son insu, un véhicule ou tout autre objet, sans le consentement de son propriétaire ou de son possesseur* »[1439]. Cette définition retenue ne retient qu'un aspect de la géolocalisation, car, à côté de cette géolocalisation dite réelle ou dynamique, existe une géolocalisation différée[1440]. L'étude de la jurisprudence de la CEDH en

---

1436 CEDH, *Pretty c/ Royaume Uni*, 29 avril 2002, req. n°2346/02, § 61.

1437 CEDH, *Uzun c/ Allemagne*, 2 septembre 2010, req. n° 33623/05, § 43, *D.*, 2010, p. 2161, obs. S. LAVRIC ; *D.*, 2011, p. 724, note H. MATSOPOULOU ; *RSC*, 2011, p. 217, obs. D. ROETS.

1438 X. BIOY, *Droits fondamentaux et libertés publiques*, éd. LGDJ, 2017, p. 493 ; V. BARBÉ, *L'essentiel du droit des libertés fondamentales*, éd. Gualino, 2009, p. 99 ; C. DENIZEAU, *Droit des libertés fondamentales*, 6ᵉéd., Vuibert, 2016/2017, p. 262 ; I. LOLIES, *La protection pénale de la vie privée*, éd. PUAM, 1999, p. 33.

1439 S. GUINCHARD, T. DEBARD, *Lexique des termes juridiques*, éd. Dalloz, 2017, p. 553.

1440 Selon M. Pronier substitut du procureur près le tribunal de grande instance d'Aix-en-Provence, la géolocalisation « *en temps réel consiste à suivre à tout moment les déplacements d'un objet et le cas échéant, de la personne qui le détient. Il s'agit d'une forme de filature virtuelle qui permet aux enquêteurs de suivre de manière dynamique un objet et son possesseur* ». Tandis que la géolocalisation différée ou *a posteriori* est « *une technique d'enquête régulièrement utilisée par les officiers de police judiciaire. Elle consiste pour les enquêteurs à déterminer les déplacements d'un objet et de son possesseur plusieurs jours ou mois après qu'ils aient eu lieu* », J. PRONIER,

matière de géolocalisation permet de voir la marge de manœuvre que les juges strasbourgeois offrent aux États. Cette Haute juridiction écrit que dans le cadre de la géolocalisation, l'atteinte à la vie privée étant moins grave (1), l'intervention *a posteriori* du juge est satisfaisante, une position sans doute critiquable (2).

1. *La géolocalisation, une atteinte moins grave à la vie privée*

651.La géolocalisation ne procure pas assez d'informations sur le suspect. La CEDH dans son arrêt *Uzun contre Allemagne* précité, explique les raisons de l'absence d'un prompt contrôle par le juge de la géolocalisation. Pour elle, le requérant qui soulevait une atteinte à la vie privée du fait de l'utilisation d'un GPS (Global Positionning System) par les enquêteurs ne pouvait voir sa demande prospérée. Selon elle, si l'utilisation d'un GPS touche la vie privée elle ne révèle pas comme les autres méthodes de surveillance «*plus d'informations sur la conduite, les opinions ou les sentiments de la personne qui en fait l'objet*»[1441]. En d'autres termes comme le note M. Grécourt, « *la géolocalisation* [fait] *partie des procédés de surveillance les moins intrusifs* [...] »[1442]. Des auteurs comme le Professeur Bergeaud-Wetterwald notent aussi que « *la surveillance par GPS constitue une atteinte moins grave à la vie privée* [...] »[1443]. La faiblesse de l'atteinte s'apprécie sans doute au regard du mécanisme de la géolocalisation.

652.Le mécanisme de la géolocalisation, critère témoignant de sa faible atteinte à la vie privée. La géolocalisation prise dans sa conception la plus simple n'est pas censée porter gravement atteinte à la

---

« Géolocalisation », *J.-Cl. Proc. Pén.*, Fasc. 20 ; v. aussi J.-C. CROCQ, *Le guide des infractions*, 19ᵉéd. Dalloz, 2017, p. 107 et s. ; J. LARGUIER, P. CONTE, *Procédure pénale*, 24ᵉéd., Dalloz, 2016, p. 101 et s. ; S. HENNETTE-VAUCHEZ, D. ROMAN, *Droits de l'Homme et libertés fondamentales*, 3ᵉéd., Dalloz, 2017, p. 580.

1441 CEDH, *Uzun c/ Allemagne*, 2 septembre 2010, req. n° 33623/05, § 52.

1442 G. GRÉCOURT, « Surveillance par géolocalisation, le parquet sous contrôle », *Gaz. Pal.*, 27 septembre 20014, n° 270, p. 9.

1443 A. BERGEAUD-WETTERWALD, « Les nouvelles techniques d'investigation face au principe de légalité de la preuve », in *La preuve pénale : Problèmes contemporains en droit comparé*, éd. L'Harmattan, 2013, p. 19.

vie privée de la personne faisant l'objet de la mesure. Son utilisation dans l'enquête permet de localiser un objet ou un véhicule. Les enquêteurs ont souvent recours à des techniques diverses consistant entre autres à suivre la personne grâce à son téléphone mobile, ou encore, en ayant recours au dépôt d'une balise de géolocalisation. Au regard de cette description qui est donnée à ce procédé, il semble *a priori* peu utile de faire de l'intervention du juge une obligation. C'est ce que retient la CEDH dans ses arrêts. L'intervention rapide d'un juge tel que prévue par l'article 5§3 ne peut s'appliquer dans le cadre de cette atteinte à la vie privée jugée peu grave[1444]. Une intervention *a posteriori* est jugée suffisante pour garantir le respect des droits de la personne. Une position sans doute critiquable.

2. *Une intervention a posteriori critiquable*

653.Les arguments peu convaincants de la CEDH. Les décisions de la CEDH ne sont pas exemptes de critiques. À l'instar de toute juridiction, il arrive que ses décisions ne s'imbriquent pas parfaitement. Et la position qu'elle a adoptée dans l'arrêt *Uzun contre Allemagne* en est un bel exemple. Pour la Haute juridiction, l'existence d'un contrôle judiciaire *a posteriori* serait suffisante. Car ce contrôle dit *a posteriori* permettrait « *d'exclure les éléments de preuve obtenus au moyen d'une surveillance illégale par GPS* […] » et découragerait *« les autorités d'enquête de recueillir des preuves par des moyens illégaux »*. Si la CEDH a reconnu que les droits de la défense s'appliquent en amont du procès pénal, l'exigence d'un contrôle judiciaire semble une évidence. De plus, le report du contrôle obligeant la personne à supporter l'illégalité jusqu'à la saisine du juge semble aller à l'encontre du principe de défense des droits pas « *théoriques et illusoires* ». Une autre critique est posée par M. Alcaraz, critique que nous partageons. Si « *la capture de certaines informations fait l'objet d'un traitement de données personnelles, elle mérite un contrôle plus exigeant de la part du juge*

1444 H. MATSOPOULOU, « L'illégalité des surveillances par géolocalisation autorisée par le ministère public », *D.*, 2014, p. 115.

[…] »[1445]. Et dans le cadre de l'arrêt Uzun, il y a bien eu traitement de données, car comme l'explique M. Alcaraz, « *c'est bien la surveillance par GPS ayant permis aux autorités d'enquête de recueillir systématiquement pendant plusieurs mois et de conserver des données indiquant l'endroit où se trouvait l'intéressé et le déplacement de celui-ci en public et, de surcroît, d'enregistrer les données personnelles et de les utiliser pour suivre tous les déplacements du requérant et effectuer des investigations complémentaires* […] »[1446]. Des arguments qui rendent la solution de la CEDH discutable. La position retenue par la Cour de cassation présentait plus de cohérence.

654. La cohérente décision de la Cour de cassation face à l'intervention du juge. La Cour de cassation française, dans un souci de cohérence procédurale, d'une bonne lisibilité de celle-ci, a continué à retenir l'exclusion du parquet des autorités judiciaires capables de contrôler certaines mesures. La chambre criminelle de la Cour de cassation, dans deux décisions du 22 octobre 2013, avait retenu que la géolocalisation en temps réel d'un téléphone portable « *constitue une ingérence dans la vie privée dont la gravité nécessite qu'elle soit exécutée sous le contrôle d'un juge* »[1447]. Cette juridictionnalisation, annoncée par la CEDH dans la phase policière concernant certains actes portant atteinte à la vie privée, répond mieux à cette volonté d'assurer l'égalité entre les parties et l'effectivité des droits du suspect. Mais le législateur est venu, avec la loi du 28 mars 2014[1448], tempérer la position de la Cour de cassation en accordant au procureur de la République le droit de contrôler la mesure de géolocalisation pendant 15 jours et de recourir au JLD pour la prolongation[1449]. Si cette mesure vise à ne pas enlever au procureur certaines prérogatives, ou encore, à préserver l'intérêt de l'enquête, il faut

---

1445 H. ALCARAZ, « La surveillance par GPS devant la Cour européenne des droits de l'homme, arrêt Uzun c. Allemagne, 2 septembre 2010 », in *Rev. trim. dr. h.*, 2011, p.653 et s.

1446 *Ibid.*

1447 Cass. crim., 22 octobre 2013, n° 13-81.945 ; Cass. crim., 22 octobre 2013, n° 13-81.949, *Gaz. Pal.*, 16 octobre 2013, n° 320 note O. BACHELET ; *Gaz. Pal.*, 27 septembre 2014, n° 270, p. 9, note G. GRÉCOURT ; Gaz. *Pal.*, 5 novembre 2013, n° 309, note L. ROBERT ; *AJ. Pén.*, 2013, p. 668 obs. L. ASCENSI ; *D.*, 2014, p. 115, note H. MATSOPOULOU.

1448 Loi n° 2014-372 du 28 mars 2014 relative à la géolocalisation, *JORF*, 29 mars 2014, p. 6123 ; v. : *RSC*, 2014, p. 669, obs. C. LAZERGE ; *Dr. pén.*, n° 6, juin 2014, étude 12, obs. P. VALAT ; *Gaz. Pal.*, 29 juillet, 2014, n° 210, p. 4, note P. LE MONNIER DE GOUVILLE ; *Gaz. Pal.*, 5 avril 2014, n° 095, p. 14, note E. DUPIC.

1449 Art. 230-33 CPP.

dire qu'elle complexifie la procédure en faisant intervenir deux autorités pour une même mesure durant une même enquête. Le législateur peut aller au-delà des décisions de la CEDH qui prévoit le minimum de garantie. Il serait cohérent et plus équitable de remettre les atteintes aux droits du suspect sous le contrôle d'un juge, surtout si l'atteinte a des répercussions sur la suite de la procédure. L'intervention du juge devrait être étendue à toute atteinte à la vie privée et non seulement limitée aux perquisitions et écoutes téléphoniques.

B- Une rapide intervention du juge dans le cadre de la perquisition et des écoutes téléphoniques

655. Une autorisation du juge dans le cadre des perquisitions. La CEDH, dans le cadre de la perquisition, est venue rappeler la nécessité de confier ce mode d'investigation policière à un juge présentant certaines garanties, surtout, un juge indépendant. La lecture des arrêts *Gutsanovi contre Bulgarie*[1450] et *Goverdarski contre Bulgarie*[1451] en est des exemples pertinents. Dans ces deux décisions, la Haute Cour démontre que le contrôle des perquisitions doit se faire de manière rapide. La rapidité du contrôle est fixée comme étant le principe. Le contrôle *a posteriori* est retenu comme l'exception, car, il ne doit intervenir, comme le note M. Bachelet, qu'« *à défaut* »[1452] d'un contrôle *a priori*. En d'autres, termes pour reprendre les magistrats de Strasbourg, le contrôle *a posteriori* doit avoir pour effet de « *contrecarrer l'absence d'un mandat judiciaire* »[1453]. Au niveau interne, le procureur de la République peut toujours autoriser une perquisition. Si la CEDH exige une prompte intervention d'une autorité judiciaire, « *en France, cette garantie judiciaire est loin d'être assurée* »[1454]. Cette intervention doit être le principe et ne doit pas relever d'une classification en fonction du degré de l'atteinte. La CEDH devrait suivre

---

1450 CEDH, *Gutsanovi c/ Bulgarie,* 15 octobre 2013, req. n° 34529/10, § 133, *RSC*, 2014, p. 163, obs. D. ROETS ; *Dalloz actualité*, 30 octobre 2013, obs. O. BACHELET.

1451 CEDH, *Govedarski c/ Bulgarie*, 16 février 2016, req. n° 34957/12, § 82.

1452 O. BACHELET, « La garantie judiciaire, la garde à vue et les perquisitions », *Dalloz actualité*, 30 octobre 2013.

1453 CEDH, 16 février 2016, *Govedarski c/ Bulgarie*, req. n° 34957/12, § 83.

1454 O. BACHELET, « La garantie judiciaire, la garde à vue et les perquisitions », *Dalloz actualité*, 30 octobre 2013.

sa logique et exclure le parquet de tout contrôle des atteintes portées au suspect et exiger de manière explicite la présence d'un juge comme elle l'a fait dans le cadre des écoutes téléphoniques.

656. Une autorisation du juge dans le cadre des écoutes téléphoniques. Dans l'arrêt *Uzun*, le juge procède à une distinction entre les actes qui méritent une autorisation judiciaire et ceux qui peuvent se satisfaire d'un contrôle *a posteriori*. Plus l'atteinte est grave plus le contrôle *a priori* devient obligatoire. La Cour a reconnu que « *la surveillance par GPS est moins susceptible de porter atteinte au droit d'une personne au respect de sa vie privée que les autres méthodes de surveillance par des moyens visuels ou acoustiques qui, en règle générale, « révèlent plus d'informations sur la conduite, les opinions ou les sentiments de la personne qui en fait l'objet* »[1455]. Ces moyens de surveillance très intrusifs peuvent renvoyer entre autres aux écoutes téléphoniques, aux sonorisations, ou encore, aux fixations d'images. La Cour note que pour ces mesures, il faudrait « *la délivrance d'un mandat par un organe indépendant* »[1456]. Cette solution devrait sans doute être étendue à la géolocalisation afin d'assurer une cohérence à la législation européenne qui exclut le parquet des autorités judiciaires. Il semble incohérent de considérer le parquet comme partie au procès, incapable de contrôler une mesure privative de liberté, mais capable de le faire dans le cadre des atteintes moins graves à la vie privée. De plus, la géolocalisation, contrairement à ce que retient la CEDH, peut aussi révéler des informations sur la conduite de la personne. Autant d'éléments qui militent en faveur d'une juridictionnalisation de cette phase policière. Le législateur français, conscient du rôle du juge dans cette phase, a commencé une juridictionnalisation de l'enquête de police, mais cette dernière mérite d'être parachevée.

[1455] H. MATSOPOULOU, « La surveillance par géolocalisation à l'épreuve de la Convention européenne des droits de l'homme », *D.*, 2011, p. 724.

[1456] CEDH, 2 septembre 2010, *Uzun c/ Allemagne*, req. n° 33623/05, § 72.

Section 2 : Une juridictionnalisation de l'enquête policière à parachever au niveau interne

657.Le constat vers cette juridictionnalisation. Les multiples réformes opérées par le législateur dans le cadre de l'enquête de police et certaines décisions du Conseil constitutionnel[1457] laissent penser à une juridictionnalisation prochaine de cette phase d'investigation. L'importante intervention du JLD dans la phase policière pousse à se demander si le législateur ne veut pas en faire le futur juge de l'enquête. De plus, la doctrine souligne aussi l'intérêt de cette juridictionnalisation. Les Professeurs Bonis-Garçon et Décima vont jusqu'à considérer que juridictionnaliser l'enquête est inévitable[1458]. Mme Monnier de Gouville abonde dans le même sens en évoquant que la complexité de la procédure confiant l'autorisation et le contrôle d'une même opération à des juges différents doit motiver cette juridictionnalisation[1459]. Elle suggère « *un contrôle unifié, transversal, émanant d'un juge du siège qui pourrait être le JLD et dont le regard couvrirait l'ensemble des mesures attentatoires aux libertés, par-delà, donc, des différents cadres processuels* »[1460]. Cette approche est saluée, mais elle demeure incomplète. L'intervention d'un juge dans le cadre de l'enquête ne devrait pas avoir pour unique but de couvrir les mesures attentatoires aux libertés ; elle doit aussi concerner les droits de la personne. C'est ce que le législateur a fait dans certains domaines même si des hésitations sont toujours notées dans sa démarche vers cette juridictionnalisation.

658.Les hésitations observées dans la marche vers la juridictionnalisation de l'enquête. La sauvegarde de l'intérêt de

---

1457 V. sur ce point A. BOTTON, « Le rôle du Conseil Constitutionnel dans le processus de juridictionnalisation de l'enquête pénale », in *La juridictionnalisation de l'enquête pénale*, actes du colloque organisé le 30 avril 2014 par l'École nationale de la Magistrature et l'institut de sciences criminelles et de Justice de Bordeaux, éd. Cujas 2015, p.55 et s.

1458 É. BONIS-GARÇON, O. DÉCIMA, « Le parquet et les sirènes de l'indépendance. À propos du projet de loi du 27 mars 2013 », *JCP G.*, n° 17, 22 avril, 2013, p. 460.

1459 P. Le MONNIER de GOUVILLE, « Le régime juridique de la géolocalisation : une pierre de plus à la mosaïque processuelle pénale », *Gaz. Pal.*, 29 juillet, 2014, n° 210, p. 4.

1460 *Ibid.*

l'efficacité de l'enquête peut être l'un des motifs justifiant les hésitations du législateur à consacrer la juridictionnalisation de l'enquête. Pour certains auteurs, le procureur de la République doit toujours disposer de pouvoirs étendus dans la phase présentencielle pour mener à bien sa fonction de « *recherche et de poursuite des infractions à la loi pénale* »[1461]. Le Professeur Pradel, critiquant la position de la Commission nationale consultative des droits de l'homme qui prône une juridictionnalisation de l'enquête et un retrait de certaines prérogatives au procureur, note que « *les propositions de la CNCDH risquent, à la fois de nuire à l'efficacité des enquêtes et d'assimiler l'enquête à l'instruction* »[1462]. De plus, souligne l'auteur, « *recentrer le ministère public sur les fonctions d'investigations, proposent en fait de transformer les magistrats du parquet* [...] *en super-officier de police judiciaire* »[1463]. Une position que nous ne partageons guère, car, si le ministère public au niveau interne est, au regard du Conseil constitutionnel, gardien des libertés individuelles, il ne l'est pas devant la CEDH du fait de sa position de partie dans le procès pénal, de son appartenance à l'exécutif et surtout de la poursuite qu'il exerce contre le suspect. Il est donc souhaitable que cette existence d'un début de juridictionnalisation (§1) notée au niveau interne soit étendue (§2).

§1 : L'existence d'un début de juridictionnalisation de l'enquête.

659. Développement de la criminalité organisée et du terrorisme, une cause de juridictionnalisation. La lutte contre les nouvelles formes de criminalités favorise la juridictionnalisation de l'enquête pénale. Si la criminalité organisée a toujours existé ainsi que le terrorisme[1464], ces infractions ne cessent de se perfectionner et prendre

---

1461 Art. 41 al. 1 du CPP.

1462 J. PRADEL, « L'enquête pénale aujourd'hui. Vers une stabilisation de l'équilibre ? *D.*, 2014, p. 1647.

1463 *Ibid.*

1464 A. BLIN, *Le terrorisme*, éd. Le Cavalier Bleu, 2005, p. 9 et s ; A. ADAM, *La lutte contre le terrorisme étude comparative Union européenne-États-Unis*, éd. L'Harmattan, 2005, p. 13 et s.

des dimensions particulières[1465]. Le législateur français pour y faire face a, depuis la loi dite Perben II, dégagé une procédure dite dérogatoire. Cette dernière regroupe les infractions relatives au terrorisme et celles relatives aux infractions commises en bandes organisées. Ces infractions se rapprochent, car, comme le note M. Debove, « *le droit français de la lutte contre la criminalité organisée s'inspire assez largement des règles applicables aux infractions terroristes* »[1466]. Ces infractions, de par leur complexité, méritent une procédure rigoureuse. Mais cette rigueur procédurale n'est pas sans porter atteinte aux droits du suspect. La France, pour garantir à ce dernier dans le cadre du régime dérogatoire le respect de ses droits, a mis en place un juge indépendant chargé d'autoriser et de contrôler certains actes dans la phase d'enquête de police. Mais cette focalisation excessive de l'intervention du juge dans le régime dérogatoire sans l'étendre au régime de droit commun est source d'entorse de la procédure pénale.

660. Une juridictionnalisation non étendue au régime de droit commun, source d'entorse procédurale. La cohérence de la procédure pénale n'est point acquise avec cette juridictionnalisation éclatée de l'enquête pénale. Si cette juridictionnalisation est une idée bien présente dans la doctrine, sa réalisation n'est pas certaine si le législateur maintient son actuelle organisation de la procédure pénale. La phase présentencielle, à savoir l'enquête et l'instruction, est tellement poreuse qu'il serait efficace de simplifier la procédure en n'ayant recours qu'à un seul juge pour décider des mesures attentatoires aux droits du suspect dans ces différentes phases. Que l'on soit dans le régime dérogatoire ou dans celui de droit commun, l'équité du procès exige qu'un contrôle juridictionnel effectif soit accordé à tout suspect dès le début de l'enquête. Si ce contrôle est déjà largement observable dans le régime dérogatoire (A), il demeure timide dans le régime de droit commun (B).

[1465] *Ibid.*

[1466] F. DEBOVE, « Vers un droit pénal de la criminalité organisée », *LPA*, 12 novembre 2002, n° 226, p. 4.

A- Une intervention du juge largement observable dans les régimes dérogatoires

661. L'analyse de nombreux ouvrages sur la matière pénale permet d'observer que la plupart des auteurs désignent comme « *régimes dérogatoires* » toutes les infractions prévues par le législateur au titre vingt-cinquième du CPP intitulé « *de la procédure applicable à la criminalité et à la délinquance organisées* ». L'article 706-73 du CPP de ce titre énumère les différentes infractions qui entrent dans cette catégorie. La gravité de ces infractions est telle qu'« *un droit pénal d'exception* »[1467] est mis en place par le législateur. Ce droit pénal d'exception n'est pas sans conséquence sur les droits des suspects. La gravité des atteintes résultant des opérations mises en œuvre (1) nécessite que leur contrôle soit confié à un juge (2).

1. *Les opérations mises en œuvre dans le cadre des régimes dérogatoires*

662. La juridictionnalisation permet de garantir le respect des droits fondamentaux parmi lesquels figurent les droits de la défense. La gravité de l'atteinte portée à ces droits justifie l'intervention du juge. D'ailleurs, la loi du 3 juin 2016 renforçant la lutte contre le crime organisé, le terrorisme et leur financement, et améliorant l'efficacité et les garanties de la procédure pénale, prévoit l'intervention du juge dans l'enquête de police. Cette intervention est justifiée par la gravité des opérations menées. Ces dernières portent pour la plupart atteinte à la vie privée de la personne (a), mais aussi, à la liberté d'aller et de venir de cette dernière (b).

1467 P. KRAMER, « La loi Perben II et les évolutions de la justice pénale », *Études*, 2005/2 (T.402), p. 140.

a. Les opérations portant atteinte à la vie privée

663.Les perquisitions. Si la perquisition correspond à la « *recherche policière ou judiciaire des éléments de preuve d'une infraction* »[1468], il faut noter les métamorphoses qu'elle a subies ces dernières années. L'inviolabilité du domicile consacré par le Conseil constitutionnel[1469] se trouve assortie de plusieurs exceptions[1470]. Ces dernières sont établies pour des raisons de sécurité. Pour s'en rendre compte, il faut se référer à la lutte contre la délinquance et criminalité organisée. Les perquisitions qui, d'ordinaire, se déroulaient conformément à l'article 59 du CPP entre 6 h du matin et 21 h peuvent désormais se tenir la nuit si l'infraction relève de la délinquance et de la criminalité organisées. C'est l'article 708-89 du CPP qui prévoit une telle perquisition. Cette perquisition doit cependant se tenir hors des locaux d'habitation sauf urgence. En cas d'urgence, il est permis de passer outre les dispositions de l'article 706-89 du CPP pour procéder à des perquisitions dans des locaux d'habitation pendant la nuit[1471]. Une réelle volonté de porter atteinte au domicile du suspect est ainsi posée pour des raisons de lutte contre les infractions considérées comme étant les plus graves. Cette atteinte à la vie privée à travers le domicile est aussi observable dans le cadre des interceptions de correspondances par la voie de communications électroniques et de recueil des données techniques de connexion.

664.Les interceptions de correspondances. Ces opérations qui, initialement, n'étaient présentes que dans le cadre de l'instruction pénale sont aujourd'hui étendues à l'enquête préliminaire et de flagrance « *portant sur une infraction de criminalité organisée* »[1472]. Connues sous le vocable

---

1468 S. GUINCHARD, T. DEBARD, *Lexique des termes juridiques*, 2017, 25eéd., Dalloz, p. 833

1469 Cons. const., 29 décembre 1983, n° 83-164 DC.

1470 B. PAUVRET, X. LATOUR, *Libertés et droits fondamentaux*, 7eéd., Studyrama, 2017, p. 183 et s.

1471 Art. 706-90 du CPP ; v. aussi E. DUPIC, « La loi n° 2016-731 du 3 juin 2016 renforçant la lutte contre le crime organisé et le terrorisme, Perben III de la procédure pénale française ? », *Gaz. Pal.*, 14 juin, 2016, n° 22, p. 12 ; C. GUÉRY, P. CHAMBON, *Droit et pratique de l'instruction préparatoire*, 10e éd., Dalloz, 2018/2019, p. 84 et s.

1472 F. DESPORTES, L. LAZERGES-COUSQUER, *Traité de procédure pénale*, 4eéd. Economica, 2015, p. 1485 ; E. VERNY, *Procédure pénale*, éd. Dalloz, 2016, p. 103 ; J. URVOAS, *Rapport sur le projet de loi relatif au renseignement*, éd. Assemblée nationale, 2015,

d'« *écoutes téléphoniques* »[1473], cette méthode d'investigation, comme le note la CEDH, porte gravement atteinte à la vie privée de la personne concernée par l'opération. D'ailleurs, c'est grâce à cette Haute Cour que la France a complété ses dispositions relatives aux écoutes téléphoniques jugées lacunaires. C'est dans les arrêts *Kruslin et Huvig contre France*[1474] que les magistrats de Strasbourg ont admis, au regard de la gravité dont regorge cette technique de recueil « *d'informations sur une infraction* »[1475], la nécessité pour le législateur français de fixer son régime. Il revenait au législateur de *« prévoir un régime juridique protégeant la vie privée des personnes, dans des conditions néanmoins compatibles avec les nécessités de la répression* »[1476]. C'est la loi du 10 juillet 1991[1477] qui vient préciser les règles en la matière ; elle fut complétée et modifiée par celle du 9 mars 2004[1478]. Si la CEDH a jugé les écoutes comme étant des actes graves portant atteinte à la vie privée, une telle remarque est faite au niveau interne et est aussi valable pour les sonorisations et fixations d'images qui, elles aussi, portent atteinte à la vie privée.

665.Les sonorisations et fixations d'images de certains lieux ou véhicules. La loi du 3 juin 2016 renforçant la lutte contre la criminalité organisée et le terrorisme est à la base du recours aux sonorisations et fixations d'images dans le cadre de l'enquête préliminaire et de flagrance. Initialement limitées à l'information judiciaire[1479], comme les écoutes téléphoniques, le législateur pour faire face à la menace terroriste a prévu l'application de ces mesures dans la phase policière si les nécessités de l'enquête le justifient[1480]. La sonorisation et la fixation d'images consistent « *en la mise en place d'un dispositif technique ayant pour objet, sans le consentement des intéressés, la captation, la fixation, la transmission et l'enregistrement soit de paroles prononcées par une ou plusieurs personnes à titre privé ou confidentiel, dans des lieux ou véhicules privés ou publics (sonorisation), soit*

---

p. 18 ; R. ERRERA, « Les origines de la loi française du 10 juillet 1991 sur les écoutes téléphoniques », *Rev. trim. dr. h.*, disponible en ligne sur www.rtdh.eu.

1473 J. LEROY, *Procédure pénale*, 5e éd. LGDJ, 2017, p. 486.

1474 CEDH, *Kruslin et Huvig c/ France*, 24 avril 1990, req. n° 11801/85.

1475 F. DESPORTES, L. LAZERGES-COUSQUER, *op. cit.*, p. 1484.

1476 M. HERZOG-EVANS, G. ROUSSEL, *Procédure pénale*, 5e éd. Vuibert, 2014, p. 297.

1477 Loi n° 91-646 du 10 juillet 1991 relative au secret des correspondances émises par la voie des communications électroniques.

1478 *Ibid.*

1479 S. FUNICI, « Ce que prévoit la loi renforçant la lutte contre le crime organisé et le terrorisme », *Dalloz actualité*, 14 juin 2016.

1480 Art. 706-96 CPP.

l'image d'une ou plusieurs personnes se trouvant dans un lieu privé (fixation d'images) »[1481]. Cette définition tirée de l'article 706-96 du CPP démontre l'atteinte grave de ces opérations sur la vie privée de la personne. Ces opérations sont réalisées à l'insu de la personne sans son consentement comme le sont les captations de données informatiques.

666. Captations de données informatiques. C'est l'article 706-102-1 du CPP qui nous donne la définition de cette opération. Elle consiste « *à mettre en place un dispositif technique ayant pour objet, sans le consentement des intéressés, d'accéder, en tous lieux, à des données informatiques, de les enregistrer, de les conserver et de les transmettre, tel qu'elles sont stockées dans un système informatique, telles qu'elles s'affichent sur un écran pour l'utilisateur d'un système de traitement automatisé de données, telles qu'il les y introduit par la saisie de caractères ou telles qu'elles sont reçues et émises par des périphériques audiovisuels* ». La même remarque faite pour les autres infractions est valable pour celle-ci. En effet, c'est dans sa volonté de lutter efficacement contre le crime organisé et contre le terrorisme que la loi du 3 juin 2016 a déplacé cette opération, qui n'était réalisée que dans l'instruction, à la phase de l'enquête policière. Cette lutte contre la criminalité organisée et le terrorisme installe un bouleversement dans la procédure pénale. On assiste à un glissement de l'enquête de flagrance vers l'enquête de police. La distinction entre enquête et instruction demeure quasi inutile du fait de la transposition des opérations de l'instruction à l'enquête. De plus, le législateur, pour donner plus de temps aux enquêteurs dans le cadre de ces infractions, a procédé à une modification des règles gouvernant la liberté d'aller et de venir.

b. Les opérations portant atteinte à la liberté d'aller et de venir

667. La garde à vue. Il est reconnu que la garde à vue est une mesure qui porte atteinte à l'un des droits fondamentaux les plus essentiels, à savoir la liberté d'aller et de venir. Dans le cadre du droit commun, cette opération policière jugée grave est portée sous la responsabilité de l'accusation. En effet, même si seul un OPJ peut placer en garde à vue[1482], le contrôle de cette opération ainsi que sa prolongation relève du

---

1481 F. DESPORTES, L. LAZERGES-COUSQUER, *op. cit.*, p. 1497.
1482 Article 62-2 CPP.

parquet[1483]. Ce dernier, pour prolonger la mesure, doit veiller à ce que cette prolongation soit nécessaire à l'enquête et proportionnée à la gravité des faits que la personne est soupçonnée avoir commis ou tenté de commettre[1484]. La garde à vue dure vingt-quatre heures (24 h) sauf prolongation. En cas de prolongation, le parquet peut y ajouter 24 h de plus ce qui fait un total de quarante-huit heures de garde à vue. La durée de cette privation de liberté déjà jugée grave est rallongée dans le cadre des régimes dérogatoires.

668.La spécificité de la garde à vue dérogatoire. Dans sa thèse, M. Trolliet démontre la spécificité de la garde à vue dérogatoire[1485]. Pour ce dernier, les gardes à vue dérogatoires ont été votées dès 1963[1486]. L'objectif de cette loi a été d'« *assurer une répression plus efficace des atteintes à la sûreté de l'État* »[1487]. Cette volonté répressive est reconduite par le législateur avec la loi Perben II du 9 mars 2004. La doctrine n'a pas manqué de souligner la sévérité de cette loi surtout touchant la garde à vue dérogatoire. L'atteinte à la liberté est plus grande que dans le régime de droit commun. Le Professeur de Lamy le résume bien lorsqu'il note qu'avec cette loi, « *la garde à vue pourra durer quatre-vingt-seize heures. Au-delà des quarante-huit heures de droit commun, deux prolongations supplémentaires de vingt-quatre heures sont possibles, et il peut être accordé une seule prolongation de quarante-huit heures si les investigations envisagées le justifient, afin de favoriser l'adaptation de cette mesure aux nécessités de l'enquête* »[1488]. La garde à vue de nature attentatoire l'est plus dans les régimes dérogatoires comme le sont les autres mesures portant atteinte à la vie privée. La gravité de ces opérations policières a incité le législateur à placer leur contrôle entre les mains d'un juge indépendant.

1483 Article 62-3 CPP.

1484 Article 62-3 CPP

1485 F. TROLLIET, *Les gardes à vue dérogatoires*, thèse, Aix-Marseille, 2002.

1486 F. TROLLIET, *op. cit.*, p. 56.

1487 *Ibid.*

1488 B. de LAMY, « La loi n° 2004-204 du 9 mars 2004 portant adaptation de la justice aux évolutions de la criminalité », *D.*, 2004, p. 1910.

2. *Le contrôle du juge du régime dérogatoire*

669. Dans le cadre du régime dérogatoire, la présence du juge ne fait aucun doute. Ce juge indépendant se charge, durant la phase d'enquête de police, à autoriser certains actes (a), mais aussi, à procéder à leur contrôle (b).

a. Le pouvoir d'autorisation du juge

670.Une saisine préalable du parquet. Le rôle du parquet dans le cadre des régimes dérogatoires demeure ambigu. Il est tantôt le seul à décider de certaines mesures, tantôt la loi lui fait obligation de saisir le JLD avant de procéder aux actes nécessaires à l'enquête. Cette saisine s'opère par une requête. Dans cette requête, l'accusation, à savoir le procureur de la République, cite les opérations à effectuer et leur nécessité pour l'enquête. La loi du 3 juin 2016 est venue largement consacrer cette saisine préalable dans les régimes dérogatoires. Cette consécration se justifie par la gravité de mesures qui sont prises dans le cadre de ces régimes dits dérogatoires. Cette gravité justifie que le parquet voit sa marge de manœuvre réduite. Sauf en cas d'urgence[1489] où le parquet peut se permettre de se passer d'une autorisation préalable, le principe est la saisine du JLD avant la réalisation des actes d'investigations pour obtenir une autorisation.

671.L'autorisation des opérations réalisées dans le cadre du régime dérogatoire. L'ensemble des opérations précitées doit faire l'objet d'autorisation de la part du JLD. Pour la garde à vue, l'article 706-88 du CPP prévoit une prolongation au-delà de 48 h, cette prolongation est du ressort du JLD. Cette autorité judiciaire, toujours dans le cadre de la garde à vue, intervient aussi pour autoriser le report de la présence de la défense[1490] au-delà de vingt-quatre heures[1491]. Il revient aussi au JLD le

[1489] Art. 706-95-4 du CPP prévoit la possibilité dans le cadre des interceptions de correspondances émises par la voie des communications électroniques et du recueil des données techniques de connexion la possibilité pour le procureur de la République d'autoriser ces actes « *en cas d'urgence d'un risque imminent de dépérissement des preuves ou d'atteinte grave aux personnes ou aux biens*, […] ».

[1490] Pour ce qui est des mineurs v. l'ordonnance du 2 février 1945 dans sa rédaction résultant de la loi du 18 novembre 2016 précitée.

pouvoir d'autoriser les perquisitions de nuit même dans les locaux d'habitations[1492]. Cette prérogative que détient le JLD s'étend aussi aux interceptions de correspondance émises par la voie des communications électroniques et du recueil des données techniques de connexion[1493]. Toujours dans le cadre des autorisations que doit accorder le JLD, les articles 706-96 du CPP et 706-102-1 du CPP qui touchent respectivement les sonorisations et des fixations d'images de certains lieux ou véhicules, les captations des données informatiques viennent se rajouter à la liste. Le JLD ne procède pas seulement à l'autorisation de ces opérations, mais aussi à leur contrôle.

b. Le contrôle des opérations par le juge

672.Un contrôle utile pour la défense. Dans les régimes dérogatoires, les droits de la défense peuvent ne pas s'exercer de manière concrète et effective. Le report de l'avocat, les interceptions téléphoniques, les aveux lors des perquisitions sont autant d'éléments qui militent en faveur d'une juridictionnalisation de l'enquête. L'intervention d'un juge indépendant comme dans le procès est de nature à limiter ces atteintes. Le JLD dans le cadre de l'enquête, non seulement, doit motiver ses autorisations, mais aussi, procéder à leur contrôle. L'ensemble des opérations précitées nécessite que le juge accorde une autorisation motivée puis exerce le contrôle. Dans le cadre de la garde à vue, la présentation de la personne au-delà de 48 h au magistrat est un gage de garantie pour le suspect. En effet, ce contrôle sur la garde à vue permet à la défense d'exposer ses observations[1494] et au juge de contrôler « *la qualification juridique des faits* »[1495]. Les autres opérations comme les perquisitions, les sonorisations et fixations d'images de certains lieux ou de véhicules et les captations des données informatiques sont placées

---

1491 Art. 706-88 al. 5 CPP.

1492 Art. 706-89 et s. CPP.

1493 Art. 706-95 CPP.

1494 Art. 63-1 du CPP ; v. aussi la Circulaire du 23 mai 2014 de présentation des dispositions de procédure pénale applicables le 2 juin 2014 de la loi portant transposition de la directive 2012/13/UE du parlement européen et du Conseil, du 22 mai 2012 relative au droit à l'information dans le cadre des procédures pénales ; NOR : JUSD1412016C.

1495 A. BILLAUD, « Quel contrôle du JLD sur les enquêtes ? », *AJ. Pén.*, 2004, p. 233.

sous le contrôle du juge respectivement aux articles 706-92 du CPP, 706-96 du CPP et 706-102-4 du CPP. Ce contrôle du juge semble *a priori* utile pour la défense, mais cette utilité est à nuancer.

673.Une utilité à nuancer. L'effectivité du contrôle effectué par le JLD dans le cadre des régimes dérogatoires est sujette à discussion. La chambre criminelle de la Cour de cassation, à maintes reprises, a rappelé l'étendue de ce contrôle. En matière d'écoutes téléphoniques surtout, les décisions rendues illustrent bien la position de la Cour de cassation sur la question. La Haute Cour décide, dans sa décision du 23 mai 2006, que le contrôle qu'opère le JLD sur les écoutes n'est pas immédiat[1496]. Pour la doctrine, à l'instar du Professeur Pradel, « *il est certain qu'un contrôle différé n'est pas un contrôle effectif* »[1497]. Une position à laquelle nous adhérons, car, comme le note aussi M. Dourneau-Josette, ce contrôle peut paraître « *théorique et illusoire* »[1498]. Car, si la Cour de cassation décide que le contrôle ne doit pas être immédiat et que le JLD n'a pas à connaître le contenu[1499], il est évident que ce contrôle demeure ineffectif. Cette ineffectivité tant décriée par la doctrine s'est manifestée dans le cadre de la garde à vue. En effet, le JLD reprenait souvent les motifs développés par le parquet dans sa requête pour motiver ses autorisations. La chambre criminelle, à travers les droits que protège la CESDH dont figurent les droits de la défense, vient mettre fin à cette pratique « *de la motivation par copier-coller* »[1500]. Dans sa décision du 23 novembre 2016, les magistrats du quai de l'horloge exigent une motivation propre du JLD permettant au suspect de « *connaître les raisons précises pour lesquelles l'acte a été autorisé* »[1501]. Cette connaissance permet un exercice de la défense, car, à travers la motivation, le suspect, s'il s'estime lésé ou s'il estime que les

---

1496 Cass. crim., 23 mai 2006, n° 06-83.241, *AJ. Pén.*, 2006, p. 367, obs. C. GIRAULT.

1497 J. PRADEL, « Investigations téléphoniques au cours de l'enquête », *D.*, 2006, p. 2836.

1498 P. DOURNEAU-JOSETTE, « Interceptions de correspondances émises par la voie des télécommunications électroniques », *Rép. Pén. D.*, février 2017.

1499 Cass. crim., 26 mars 2008, n° 07-88.281, *AJ. Pén.*, 2008, p. 380, Obs. J. LEBLOIS-HAPPE ; *RSC*, 2008, p. 929, obs. R. FINIELZ.

1500 F. FOURMENT, « Halte aux ordonnances du JLD motivées par référence aux réquisitions du procureur de la République », *Gaz. Pal.*, 24 janvier 2017, n° 04, p. 60.

1501 Cass. crim., 23 novembre 2016, n° 16-81-904, *Dalloz actualité*, 21 décembre 2016, obs. S. FUNICI ; v. aussi F. FOURMENT, « Halte aux ordonnances du JLD motivées par référence aux réquisitions du procureur de la République », *Gaz. Pal.*, 24 janvier 2017, n° 04, p. 60.

actes à effectuer sont injustifiés, pourra demander leur annulation. En dépit des avancées posées par les juges de la Cour de cassation, le JLD demeure un acteur extérieur à la phase policière alors qu'il présente tous les signes laissant penser qu'il est juge de l'enquête. Il intervient dans le régime dérogatoire, mais aussi de droit commun, même si cette intervention demeure timide.

B- Une timide intervention dans le régime de droit commun

674. L'idée d'une juridictionnalisation de l'enquête n'est pas à écarter quand on analyse l'intervention du JLD dans le cadre du régime de droit commun. En dehors de l'article 60-2 du CPP qui prévoit l'intervention du JLD pour autoriser « *la préservation* [...] *du contenu des informations consultées par les personnes utilisatrices des services fournis par les opérateurs* », l'essentiel des interventions tourne autour de la perquisition. Le caractère spécial de ces perquisitions (1) justifie sans doute son rôle d'arbitre entre la défense et l'accusation. Ainsi apparaît-il l'idée d'un procès équitable (2).

1. *Le caractère spécial des perquisitions nécessitant l'intervention du juge*

675. L'intervention du JLD est motivée par la fonction qu'exerce la personne chez qui la perquisition est effectuée (a), ou encore, par l'absence d'assentiment de la personne (b).

a. La fonction de la personne justifiant l'intervention du JLD

676. Les fonctions concernées par la perquisition. Les articles 56-1 et suivants du CPP citent les fonctions concernées. Il s'agit des fonctions d'avocat, de journaliste, de médecins, de notaire, d'huissier ou encore d'avoué[1502]. Pour l'avocat, les perquisitions peuvent s'opérer dans son cabinet ou son domicile. S'agissant des journalistes, il s'agit « *des locaux d'une entreprise de presse, d'une entreprise de communication audiovisuelle, d'une entreprise de communication au public en ligne, d'une agence de presse, dans les véhicules professionnels de ces entreprises ou agences ou au domicile d'un journaliste* [...] »[1503]. Pour les médecins, les notaires, les avoués ou encore les huissiers, l'article 56-3 du CPP mentionne seulement le cabinet de ces derniers. Le CPP dégage un régime de perquisition particulier pour ces fonctions. Il s'agit, comme le note M. Crocq de « *professionnels protégés* »[1504]. Cette protection résulte de la spécificité des fonctions concernées.

677.La spécificité des fonctions concernées. La spécificité de ces fonctions tient au secret que doivent observer les personnes les exerçant. Ce secret professionnel nécessite une protection particulière. C'est ce qui explique ce « *formalisme renforcé des perquisitions* »[1505] chez eux, contrairement aux autres suspects non tenus à ce secret. Le formalisme tient au fait que ces perquisitions sont effectuées par un magistrat. Ici, la notion de magistrat est entendue au sens large : elle concerne aussi bien les magistrats du siège comme ceux du parquet[1506]. La loi rajoute à cette présence des magistrats celle des représentants de ces fonctions afin de garantir les droits de la défense de la personne. L'exemple le plus explicite est la présence du bâtonnier lors des perquisitions dans les cabinets d'avocats. La Cour de cassation, dans son arrêt du 9 février 2016, note que le bâtonnier, de par sa présence, doit « *discuter les éléments pouvant, ou non, être saisi au regard du secret professionnel et des droits de la défense*

1502 H. VLAMYNCK, *Droit de la police*, 6eéd., Vuibert, 2017, p. 246 et s ; S. GUINCHARD, A. VARINARD, T. DEBARD, Institutions juridictionnelles, éd. Dalloz, 2017, p. 1084 et 1194 et s. ; J.-C. CROCQ, *Le guide des infractions pénales*, 19eéd. Dalloz, 2017, p. 151 ; B. BOULOC, H. MATSOPOULOU, *Droit pénal et procédure pénale*, 20eéd., Sirey, 2016, p.361 et s. ; É. VERNY, *Procédure pénale*, 5eéd. Dalloz, 2016, p. 98 et s.

1503 Art. 56-2 du CPP ; voir sur ce point P. PIOT, « Perquisitions : les garanties spéciales de procédure pour les avocats et les journalistes », *Gaz. Pal.*, 11 février 2014, n° 042.

1504 J.-C. CROCQ, *op.cit.*, p. 151.

1505 P. LOSAPPIO, « Remarques sur l'article L.16B du libre des procédures fiscales », *LPA*, 13 juin 1997, n° 71, p. 4.

1506 J. LARGUIER, P. CONTE, *Procédure pénale*, 24eéd. Dalloz, 2016, p. 99 ; J.-C. CROCQ, *op. cit.*, p. 151.

[…] »[1507]. Si cette procédure spéciale existe dans le cadre du droit commun, une autre procédure spéciale est aussi empruntée par l'accusation en l'absence d'assentiment de la personne chez qui la perquisition doit avoir lieu.

b. L'absence d'assentiment de la personne

678.L'assentiment, une obligation dans l'enquête préliminaire. Si dans le cadre de l'enquête de flagrance, les pouvoirs de coercition dont disposent les OPJ leur permettent d'opérer des perquisitions sans l'assentiment de la personne[1508], dans l'enquête préliminaire, la réalité est toute autre. En effet, l'article 76 alinéa 1 du CPP dispose que les «*perquisitions, visites domiciliaires et saisies de pièces à conviction ne peuvent être effectuées sans l'assentiment exprès de la personne chez laquelle l'opération a lieu*». La loi, pour s'assurer de la réalité de l'assentiment, a dégagé un formaliste à observer par les enquêteurs. Ce formalisme est prévu à l'alinéa 2 de l'article 76 du CPP. Cet alinéa prévoit que l'assentiment doit être donné en connaissance de cause, qu'il doit être « *un consentement libre et éclairé* »[1509]. Mais, il est constaté que la distinction entre l'enquête de flagrance et l'enquête préliminaire basée sur la coercition tend à s'estomper au regard des nombreuses réformes introduisant plus de contraintes dans l'enquête préliminaire. Ces bouleversements pour lutter contre la criminalité sont des moyens de contourner l'assentiment de la personne.

679.Les moyens de contourner l'assentiment par l'intervention du JLD. Depuis la loi du 9 mars 2004 dite Perben II, une perquisition peut être effectuée sans l'assentiment de la personne dans le cadre de l'enquête préliminaire. C'est ce que prévoit l'alinéa 4 de l'article 76 du CPP. Cet article dispose que « *si les nécessités de l'enquête relative à un crime ou à un délit puni d'une peine d'emprisonnement d'une durée égale ou supérieure à cinq ans l'exigent ou si la recherche de biens dont la confiscation est prévue à l'article 131-21 du Code pénal le justifie, le juge des libertés et de la détention du tribunal de*

1507 Cass. crim., 9 février 2016, n° 15-85063, *Dalloz actualité*, 3 mars 2016, obs. C. FONTEIX.

1508 J.-C. CROCQ, *op.cit.*, p. 60.

1509 B. BOULOC, H. MATSOPOULOU, *op. cit.*, p. 405 ; J. LARGUIER, P. CONTE ; *op. cit.*, 96.

grande instance peut, à la requête du procureur de la République, décider par une décision écrite et motivée que les opérations prévues au présent article seront effectuées sans l'assentiment de la personne chez qui elles ont lieu». Dans sa décision du 3 avril 2013, la Cour de cassation a rejeté un pourvoi fondé sur le défaut d'assentiment de la personne et la réception tardive de l'autorisation du JLD[1510]. L'intervention de ce dernier dans la phase post sentencielle laisse présumer l'existence d'une procédure équitable.

2. *La présomption de l'existence d'une procédure équitable.*

680. Cette présomption résulte de la présence du juge dans la procédure. De sa saisine (a) jusqu'à l'application du principe contradictoire (b), tout laisse apparaître l'idée de l'existence d'un procès équitable. Cette équité procédurale renvoie à la phase de jugement où la défense et l'accusation sont devant un juge indépendant pour lutter à armes égales.

a. La saisine du JLD

681.La naissance d'un conflit lors des opérations entre la défense et l'accusation. Si la défense n'a pas encore sa place dans les perquisitions, ce principe est assorti d'exception. En effet, les suspects exerçant les fonctions précitées à savoir l'avocat, le médecin, le journaliste, le notaire ou encore l'avoué, peuvent se faire défendre par le représentant de leur corps de métier. Son rôle consiste, lors des perquisitions, à se dresser contre les saisies qui portent atteinte à la profession et qui ne rentrent pas dans le cadre de l'autorisation donnée par le JLD. Dans un cabinet d'avocat, il ne peut être saisi les correspondances entre les suspects et cet avocat pour des raisons relatives au respect des droits de la défense[1511], mais aussi certains documents relatifs au secret de la fonction d'avocat. La chambre

---

1510 Cass. crim., 23 avril 2013, n°12-86275, *Dalloz actualité*, 23 avril 2013, Obs. L. PRIOU-ALIBERT.

1511 Cass. crim., 12 mars 1992, n° 91-86843.

criminelle de la Cour de cassation, dans sa décision du 9 février 2016[1512], a rappelé que le bâtonnier peut s'opposer à certaines saisies. Si cette décision touche plus l'instruction, la décision 8 août 2007[1513] de la chambre criminelle démontre que cette opposition que le bâtonnier peut faire en instruction est aussi valable dans le cadre de l'enquête de police. Son opposition à une saisie entraîne l'engagement d'une procédure de saisine du JLD.

682.La procédure de saisine du juge. La procédure de saisine est décrite par le CPP. Ce dernier mentionne, en son article 56-1, que le document ou l'objet source de conflit entre la défense et l'accusation doit faire l'objet d'un « *procès-verbal mentionnant les objections du bâtonnier ou de son délégué, qui n'est pas joint au dossier de la procédure* ». Avant que l'on dresse ce procès-verbal, le document ou l'objet dont la saisie est estimée irrégulière par le bâtonnier ou son délégué « *doit être placé sous scellé* »[1514]. Cette même procédure est applicable dans le cadre des perquisitions effectuées chez un journaliste. En effet, l'article 56-2 du CPP prévoit la saisine du JLD en cas de contestation relative à la saisie d'un document ou d'un objet en observant la même procédure prévue à l'article 56-1 du CPP, c'est-à-dire celle prévue pour l'avocat. L'intervention du juge dans le déroulement de la procédure pour résoudre les différends fait de lui un « *magistrat de la contestation* »[1515]. Ce nom lui est attribué au regard du rôle qu'il exerce dans certaines contestations qui naissent dans la phase de l'enquête.

b. Le rôle du juge

683.L'application du contradictoire. Les droits de la défense ne peuvent avoir lieu sans l'existence d'un contradictoire comme dans la phase de jugement. L'application du principe contradictoire est présente dans la phase de l'enquête de police. Si le JLD est nommé par certains auteurs comme « *maître de la procédure contradictoire* »[1516], c'est parce que sa saisine entraîne souvent la mise en place de ce principe. Les articles 56-1

1512 Cass. crim., 9 février 2016, n° 15-85063, *Dalloz actualité*, 3 mars 2016, obs. C. FONTEIX, *Gaz. Pal.*, 1 mars 2016, n° 09, p. 33, obs. V. NIORÉ.

1513 Cass. crim., 8 août 2007, n° 07-84252, *AJ. Pén.*, 2007, p. 492, Obs., C. SAAS.

1514 Art. 56-1 du CPP.

1515 P. LE MONNIER DE GOUVILLE, *Le juge des libertés et de la détention*, thèse, université Panthéon-Assas, (Dir.) D. REBUT, 2011, p. 235.

1516 P. LE MONNIER DE GOUVILLE, *op. cit.*, p. 53.

et 56-2 alinéa 5 du CPP démontrent comment se met en place cette procédure contradictoire. Si la perquisition chez l'avocat a suscité des constatations, le JLD saisi de l'affaire « *entend le magistrat qui a procédé à la perquisition et, le cas échéant, le procureur de la République, ainsi que l'avocat au cabinet ou au domicile duquel elle a été effectuée et le bâtonnier ou son délégué* »[1517]. Cette procédure est aussi observée dans le cadre des perquisitions chez les journalistes. Le fait pour le JLD de requérir les avis des deux parties avant de trancher constitue un signe de procès équitable. De plus, la décision prise par le JLD sera de nature à prendre en compte les droits de la défense.

684. Une décision prenant en compte les intérêts de la défense. Les droits de la défense font l'objet d'une protection dans le cadre des perquisitions chez l'avocat. Ce dernier, chargé de la défense du suspect, ne peut voir les échanges confidentiels entre lui et son client être saisis sauf à démontrer que cette saisie serait de nature à démontrer la participation de l'avocat à l'infraction objet de la perquisition[1518]. Si dans une ordonnance du 4 avril 2015, le JLD de Paris a heureusement rappelé que « *les correspondances échangées entre avocats, saisies dans le cadre d'une perquisition chez un avocat concernant d'autres faits à propos de la défense d'un justiciable détenu dans un pays étranger et susceptible d'encourir la peine capitale, étaient strictement couvertes par le secret professionnel comme concernant le cœur de l'exercice des droits de la défense* »[1519], la Cour de cassation a rappelé le principe dans son arrêt du 4 mai 2017[1520]. Cette récurrente jurisprudence[1521] témoigne du souci de préserver les droits par le juge. Si ce dernier intervient largement plus dans le régime dérogatoire, son apport dans le respect des droits de la défense devrait amener le législateur à l'étendre au régime de droit commun et sortir de cette dichotomie entre régime dérogatoire et régime de droit commun.

1517 Art. 56-1 CPP.

1518 V. NIORÉ, « Du secret professionnel de l'avocat : permanence du triomphe et de la déchéance », *Gaz. Pal.*, 30 novembre 2014, n° 334, p. 19.

1519 V. NIORÉ, L. DUSSEAU, « Le cœur de la défense », *Gaz. Pal.*, 25 avril 2015, n° 115, p. 10.

1520 Cass. crim. 4 mai 2017, n° 16-81062.

1521 P. DOURNEAU-JOSETTE, « La confidentialité des communications entre l'avocat et son client : un (nécessaire) état des lieux », *AJ. Pén.*, 2006, p. 254.

§ 2 : L'extension de la juridictionnalisation dans le cadre du droit commun

685.La fin de la dichotomie entre régime de droit commun et régime dérogatoire dans le contrôle des mesures. Depuis la loi portant adaptation de la justice aux évolutions de la criminalité du 9 mars 2004, le régime dérogatoire se distingue nettement du régime de droit commun[1522]. Cette distinction s'affaisse au regard des atteintes aux droits fondamentaux faites dans le cadre du régime de droit commun. Les techniques d'investigation connues jusqu'ici dans le régime dérogatoire font leur entrée dans le régime de droit commun. M. Cahn analysant les dispositions de la loi du 3 juin 2016 le souligne en ces termes : « *Les pouvoirs dont sont dotés les fonctionnaires de police pour exécuter leurs investigations en matière de lutte contre la criminalité organisée sont identiques, qu'ils agissent en enquête préliminaire ou de flagrance, ou sur commission rogatoire. Seuls varient le magistrat habilité à délivrer l'autorisation et la durée de celle-ci* »[1523]. L'intervention d'une pluralité de magistrat rend la procédure complexe et peu efficace. Il est donc nécessaire de confier les mesures attentatoires aux droits fondamentaux à un juge unique.

686.La nécessaire existence d'un juge unique. Ce juge de l'enquête est évoqué par plusieurs commissions[1524], une partie de la doctrine s'est intéressée aussi à ce juge qui doit, dès la phase policière, garantir les droits fondamentaux des suspects. Le déclin de l'instruction constitue sans doute la raison qui justifierait la mise en place de ce juge. Dans certains pays comme l'Allemagne, il est institué un juge de l'enquête chargé de « *protéger les droits fondamentaux des personnes impliquées dans la procédure en autorisant ou en refusant les actes portant atteinte à ces*

1522 D. THOMAS-TAILLANDIER, « La procédure pénale en matière de criminalité et de délinquance organisées dix ans après la loi Perben II », *Gaz. Pal.*, 21 août 2014, n° 233.

1523 O. CAHN, « Réflexion désabusée sur le chapitre I du titre I de la loi n° 2016-731 du 3 juin 2016 », *AJ. Pén.*, 2016, p. 408.

1524 Exemple le rapport du Comité de réflexion sur la justice pénale, 1 septembre 2009 qui propose « *de transformer le juge d'instruction en juge de l'enquête et des libertés, investi exclusivement de fonctions juridictionnelles* »

droits»[1525]. Cette intervention du juge indépendant à l'aune de la lutte contre le terrorisme et la criminalité organisée s'avère inéluctable pour plus d'harmonie et d'équité de la procédure. Pour cela, le juge en question doit être spécialisé (A), mais il doit aussi disposer du pouvoir d'intervenir promptement dans la procédure (B).

A- Assurer la spécialisation du juge de l'enquête

687. Le juge de l'enquête tel qu'incarné aujourd'hui par le JLD ne peut mener à bien sa mission tant que cette fonction demeure accessoire[1526]. Si ce caractère accessoire est à bannir (1), on note une avancée vers un bannissement du caractère accessoire de la fonction (2).

1. *Bannir le caractère accessoire de la fonction*

688.L'exercice ponctuel de la fonction. Dans la circulaire relative à la «*présentation des dispositions de la loi du 15 juin 2000 renforçant la protection de la présomption d'innocence et les droits des victimes concernant l'instruction, la détention provisoire, le juge des libertés et de la détention et le jugement correctionnel*» sont posées les modalités de désignation, mais aussi le statut du JLD[1527]. Il apparaît à la lecture de la disposition 2.1.1.1.2 de la circulaire que les autorités qui exercent les fonctions de JLD ont déjà toutes une fonction principale. Il s'agit du Président du tribunal, du premier vice-président ou encore du vice-président[1528]. Ces autorités qui interviennent dans la matière pénale ne sont pas toujours spécialistes[1529] de la matière[1530] et

---

1525 S. GLEB, J. LEBLOIS-HAPPE, F. MAURO, F. MESSNER, V. MURSCHETZ, «Regards de droit comparé sur la phase préparatoire du procès», *La réforme du Code pénal et du Code de procédure pénale Opinio doctorum*, éd. Dalloz, 2009, p. 210.

1526 P. LE MONNIER DE GOUVILLE, *op. cit.*, p. 431.

1527 Disposition n° 2.111.2 de la circulaire de présentation de la loi du 15 juin 2000.

1528 J. LARGUIER, P. CONTE, *op. cit.* p. 42.

1529 S. CARRÈRE, «Le juge des libertés et de la détention : du juge de la détention à l'instruction, au juge des libertés dans l'enquête», Gaz. Pal., 21 août, 2017, n° 233 ; A. BILLAUD, «Quel contrôle du JLD sur les enquêtes ?», *AJ. Pén.*, 2004, p. 233.

1530 P. LE MONNIER DE GOUVILLE, *op. cit.*, p. 434.

cette absence de spécialité qui constitue un risque dans la gestion consciente des dossiers. Le JLD, sans cette maîtrise de la matière pénale, ne peut apporter une réponse efficiente. L'exercice ponctuel de la fonction est la source des reproches qui sont souvent adressés au JLD.

689.Le caractère accessoire, source des reproches adressés au JLD. Le JLD est considéré comme une autorité judiciaire indépendante, mais qui ne fait qu'entériner les demandes du parquet. Sur ce point, son indépendance ne peut-elle pas faire l'objet d'une remise en cause ? La réponse peut aussi se trouver dans l'intervention ponctuelle de ce magistrat qui ne connaît pas le dossier et, de plus, peut ne pas avoir une bonne connaissance de la matière pénale. Cet ensemble de lacunes observé rend cette procédure boiteuse et peu protectrice des droits du suspect. Le débat contradictoire mené devant ce juge ainsi que les arguments avancés par la défense ne recevront pas effet si le JLD s'est déjà rallié à la position de l'accusation. Ce ralliement est souvent perceptible à travers la reprise par le juge des motivations données par le parquet. Cette reprise démontre l'absence de caractère sérieux des décisions du JLD. En tant que juge, il devrait trancher en fonction de son intime conviction comme le ferait celui de la juridiction de jugement. Le législateur, face à ce constat, pose des éléments qui tendent vers un bannissement du caractère accessoire de la fonction.

2. *Vers un bannissement du caractère accessoire de la fonction*

690.Le changement de la nomination. L'ordonnance du 22 décembre 1958 portant loi organique relative au statut de la magistrature a subi des modifications touchant le statut du JLD. Ce dernier, toujours nommé par le Président du Tribunal, se trouve désormais, au regard de l'article 28-3 de ladite ordonnance, dans la même position que les juges d'instruction, les juges des enfants ou encore les juges de l'application des peines. Ils ont tous un point commun, à savoir, une nomination par décret du Président de la République après avis conforme du Conseil Supérieur de la Magistrature (CSM). L'apport de la loi du 18 novembre[1531] sur ce point est non négligeable. Cette loi en modifiant l'article 137-1 du CPP relatif à la nomination du JLD a en même temps soulevé des questionnements entraînant sa critique. En effet, si le JLD est choisi par décret, son remplacement en cas d'absence, d'empêchement ou de vacance d'emploi pose des difficultés. L'article 137-1-1 du CPP issu de la loi du 8 novembre 2016 prévoit que son remplacement peut être fait par *« un magistrat du siège du premier grade ou hors hiérarchie désigné par le président du tribunal de grande instance. En cas d'empêchement de ces magistrats, le président du tribunal de grande instance peut désigner un magistrat du second grade »*. Pour le Professeur Perrier, cette disposition « *constitue un recul regrettable* [...] »[1532]. Ce regret peut être cherché au regard de l'atteinte faite à la garantie de la spécialisation de la fonction.

691. La garantie de sa spécialisation. Depuis le 1er septembre 2017, la fonction de JLD se spécialise, ce qui constitue une avancée considérable et une réponse positive à la demande du syndicat de la magistrature. En effet, ce dernier, depuis la création de ce juge par la loi du 15 juin 2000, revendique « *cette spécialisation* [qui] *est un des préalables indispensables à un exercice véritablement indépendant de ses missions : contrôler les mesures les plus attentatoires aux libertés, tant dans les lieux d'enfermement (détention provisoire, rétention administrative et placement en zone d'attente, hospitalisation sous contrainte) qu'au cours des enquêtes pénales* »[1533]. Si son remplacement est effectué par des juges non spécialisés, l'apport de la loi du 18 novembre 2016 devient peu conséquent. C'est le retour à l'ancien système en cas d'absence du JLD. La spécialisation devrait toucher aussi le juge principal ainsi que ses remplaçants pour plus de cohésion. Le JLD au regard de la taille de ses prérogatives, ne doit pas être un juge ponctuel, mais un juge permanent capable d'intervenir promptement dans la procédure.

1531 Loi n° 2016-1547 du 18 novembre 2016 de modernisation de la justice du XIXe siècle, *JORF*, n° 0269 du 19 novembre 2016, texte n° 1 ; v. : *Gaz. Pal*, 22 novembre 2016, n° 41, p. 14, note E. DUPIC ; *Gaz. Pal.*, 31 janvier 2017, n° 05, p. 59, obs. L. MAYER.

1532 J.-B. PERRRIER, « Justice pénale- La justice pénale du XXIe siècle à propos de la loi n° 2016-1547 du 18 novembre 2016 », *Droit pénal* n°1, janvier 2017, étude 2.

1533 Communiqué de presse du syndicat de la magistrature du 12 juillet 2016 sur l'adoption de la nomination du juge des libertés et de la détention par décret dans le cadre de la réforme de la loi organique disponible en ligne : www.syndicat-magistrature.org.

B- Une prompte intervention du juge dans l'enquête

692. Renoncer aux interventions *a posteriori* du juge. Faire du JLD un juge de l'enquête revient à exclure l'abondance des contrôles *a posteriori*. En Allemagne, le juge de l'enquête ne peut assurer de manière effective le respect des droits fondamentaux du suspect. Il n'a pas un regard sur le déroulement de la procédure, son « *office* [est] *achevé lorsqu'il a donné son accord* »[1534]. Au niveau interne, il est possible de faire la même remarque. Le JLD n'effectue pas un contrôle efficace sur les opérations qu'il autorise. La Cour de cassation est venue dans de nombreuses décisions préciser les contours de l'intervention de ce juge. Si dans sa décision du 23 mai 2006[1535], elle note que le JLD a droit à une information sans délai de la part du procureur, elle souligne dans sa décision du 26 mars 2008[1536] que le JLD peut connaître les diligences effectuées par l'accusation et non leur contenu. En adoptant cette position, la Cour de cassation rend le contrôle du JLD peu efficace, car ce dernier, en autorisant les opérations, doit bénéficier d'une information, mais aussi d'un contrôle en temps réel du déroulement des investigations pour une meilleure protection des droits de la personne chez qui les opérations ont lieu.

693. Reconnaître au juge un réel droit d'information et de contrôle. Le Professeur Henri-Robert, analysant les solutions apportées par la Cour de cassation, écrit « *que l'information du juge des libertés et de la détention se réduit à une simple information des diligences effectuées abstraction faite de leur contenu, et que cette information n'a à être donnée qu'une fois les opérations terminées. Autant dire rien qui permette un contrôle effectif* »[1537]. Cette absence de contrôle effectif est aussi mentionnée par d'autres auteurs comme A. Maron qui, au regard du contrôle *a posteriori* opéré par le JLD, se pose la question de savoir de « *quels moyens ce magistrat disposera pour contrôler que*

[1534] S. GLEB, J. LEBLOIS-HAPPE, F. MAURO, F. MESSNER, V. MURSCHETZ, *op. cit.*, p. 211.

[1535] Cass. crim. 23 mai 2006, n° 06-83241, *AJ. Pén.*, 2006, p. 367, obs. C. GIRAULT.

[1536] Cass. crim., 26 mars 2008, n° 07-88281, *AJ. Pén.*, 2008, p. 380, obs. J. LEBLOIS-HAPPE ; *RSC*, 2008, p. 929, obs. R. FINIELZ.

[1537] J.-H. ROBERT, « Droit pénal et procédure pénale-chronique rédigée par Albert Maron et Jacques-Henri Robert et Michel Véron », *JCP G.*, n° 36, 3 septembre 2008, doctr. 181.

l'exécution des mesures qu'il a ordonnées s'effectuera de façon conforme à ses prévisions »[1538]. La solution pour que ce magistrat puisse garantir le respect des droits fondamentaux, mission à laquelle il est assigné depuis la loi du 15 juin 2000, est d'effectuer un contrôle en temps réels sur le déroulement des opérations qu'il autorise, mais aussi de connaître le contenu des investigations opérées par l'accusation pour se prononcer de manière claire sur la suite de la procédure. Sans un pouvoir d'information rapide, suivi d'un contrôle réel, c'est-à-dire effectif, la procédure demeurera bancale, ce qui ne profite guère à la défense.

1538 A. MARON, « Écoutes téléphoniques-Le maraîcher doit être informé sans délai lorsque les carottes sont cuites », *Droit pénal* n° 10, Octobre 2006, comm. 131.

CONCLUSION CHAPITRE 2

694. L'intervention du juge dans la phase policière est devenue, avec la montée de la lutte contre la criminalité organisée, un impératif. Cette juridictionnalisation de la phase d'enquête est encore justifiée par le contexte dans lequel plonge la procédure pénale. Non seulement l'enquête supplante l'instruction, mais en plus on assiste à un déplacement d'opérations autrefois réservées à l'instruction vers la phase policière. Il faudrait donc que ce mouvement soit accompagné de garanties pour le respect des droits fondamentaux des personnes, droits parmi lesquels figurent les droits de la défense. Si la CEDH reconnaît l'intervention prompte d'un juge pour contrôler certains actes portant atteinte aux droits du suspect, elle procède cependant à des distinctions selon que l'acte porte gravement atteinte aux droits et libertés du suspect ou que cette atteinte est moins grave. La prompte intervention n'est exigée que lorsque l'atteinte est grave. Dans les autres cas, un contrôle *a posteriori* suffirait. Une position regrettable, car il ne peut être permis de faire une classification des atteintes pour justifier l'intervention tardive de l'autorité judiciaire. Cette dernière doit, pour que le procès soit équitable du début à la fin, intervenir dès le début de la mesure. Cela est d'autant plus bénéfique, car il participerait à la crédibilité des décisions rendues par le juge. Ce dernier, de par sa rapide intervention et le contrôle effectif qu'il exerce, pourra connaître le dossier et mieux garantir les droits de chaque partie. La position de la CEDH est donc insatisfaisante. La France profite de cette jurisprudence peu protectrice des droits du suspect pour reconnaître à l'accusation des pouvoirs exorbitants pour lutter contre le phénomène criminel. Le législateur retarde dans certaines opérations l'intervention du juge en se référant à la CEDH. Or, cette dernière institue des garanties minimales et recommande aux États qui le souhaitent d'aller plus loin dans la protection des droits fondamentaux. C'est ce qui est conforme à l'esprit de la Convention, aller au summum de la protection afin que les droits ne soient pas théoriques et illusoires. Le juge doit donc intervenir pour exercer un contrôle sur l'ensemble de la mesure portant atteinte aux droits du suspect. Des exceptions peuvent cependant être aménagées comme dans le cadre de l'urgence, mais le juge doit toujours être informé de la diligence de l'accusation pour s'assurer de la légalité de ses opérations.

Conclusion titre 2

695. L'enquête de police devrait être le début de l'exercice effectif des droits de la défense si on sait l'influence qu'elle a sur la suite de la procédure. Cette effectivité, pour prendre place dans ce début de la procédure pénale, mérite un réaménagement de celle-ci. Il faudrait redéfinir les fonctions des différentes autorités qui interviennent dans cette phase afin de rendre la procédure lisible et cohérente. L'observation faite dans la phase du jugement à savoir l'existence d'une accusation, d'une défense et d'un juge indépendant et impartial doit être présente aussi à la phase de l'enquête policière. Pour y parvenir, le législateur devrait d'abord se pencher sur la position du parquet qui, aujourd'hui, exerce des fonctions propres au juge du siège. La qualification du parquet comme étant un « quasi-juge » ou encore comme « concurrent du juge du siège » doit disparaître. Chaque autorité judiciaire doit pouvoir exercer de manière cohérente ses fonctions sans qu'il y ait une fonction partagée par plusieurs acteurs à la fois. Cela rend la procédure complexe. Le parquet doit retrouver ses fonctions originelles consistant à rechercher des infractions à la loi pénale et à la poursuite. Il doit, pour mener à bien cette mission d'intérêt général, bénéficier de prérogatives particulières. La mise en œuvre de ces prérogatives doit cependant faire appel à un juge indépendant qui se chargera de vérifier leur nécessité, leur proportionnalité et leur légalité. Ce juge vérifiera si les droits de la défense sont respectés. Une défense qui ne doit pas être spectatrice, mais qui doit participer pleinement au déroulement des investigations. Elle doit, au nom du principe de l'égalité, des armes avoir les moyens pour combattre l'accusation. Elle doit accéder au dossier afin de bénéficier d'une information complète comme l'accusation. Elle doit aussi pouvoir demander au juge de procéder à certains actes nécessaires à la découverte de la vérité. S'il existe des restrictions pour l'intérêt de l'enquête, ces restrictions devraient être autorisées par le juge et non l'accusation. Même s'il est à l'heure actuelle difficile de connaître avec exactitude le juge de l'enquête, le JLD l'incarne parfaitement. Sa mission dans la phase policière demeure cependant limitée. Il n'intervient que de manière ponctuelle ce qui entraîne une méconnaissance en profondeur du dossier et favorise un entérinement quasi automatique des demandes du parquet. Cette situation prendra fin si le législateur poursuit le travail entamé à propos de la nomination par décret de ce juge par le Président de la République après avis conforme du CSM, mais aussi sa spécialisation.

Conclusion Partie II

696.L'élargissement des droits de la défense est devenu un impératif législatif. L'affaiblissement de l'instruction est aujourd'hui reconnu de tous. L'ensemble de la procédure se déroule quasiment en amont, c'est-à-dire dans l'enquête policière. Cette enquête supplante aujourd'hui l'instruction. Cette mutation ne devrait-elle pas motiver le législateur à déplacer, ou encore, à aligner les droits de la défense de l'instruction sur ceux de l'enquête policière ? Cet alignement se justifie non seulement par le fait que l'enquête de police a pris le dessus sur l'instruction, mais surtout par la mutation de la notion de suspect. Il n'est plus question de prendre comme suspect la seule personne présente devant un OPJ, ou celle qui n'a pas encore fait l'objet de poursuite de la part du procureur de la République. La suspicion traverse aujourd'hui toute la procédure pénale. La présomption d'innocence fait que toute personne demeure suspecte jusqu'à ce qu'un juge indépendant et impartial le déclare coupable. Les termes témoin assisté, mis en examen, prévenu ou encore accusé désignent le suspect. Au regard de cette acception, attribuer les droits de la défense selon les appellations semble incohérent. Les directives européennes viennent confirmer cette thèse en reconnaissant au suspect et à la personne poursuivie des droits identiques. L'insertion de ces droits dans l'enquête policière n'est pas encore achevée. Il ne suffit pas de procéder à des réformes, encore faudrait-il que ces réformes soient en adéquation avec les exigences d'un procès équitable. L'équité du procès dépend dans une large mesure du respect des droits de la défense. Une défense qui participe à la procédure et peut, comme dans la phase décisoire, accéder à un juge pour garantir l'effectivité de cette participation qui est indispensable pour la mise en place de cette équité. Le procureur de la République ne peut jouer ce rôle. Il est partie poursuivante au procès, et à ce titre, ne peut être source de garanties. Le législateur continue de lui attribuer plus de prérogatives en amont de la procédure. Avant le déclenchement des poursuites comme après leur déclenchement, le procureur dispose de plusieurs mesures lui permettant de résoudre parfois le litige sans saisir le tribunal. S'il saisit le tribunal dans le cadre de ces mesures c'est pour solliciter une homologation et il est rare que cette homologation lui soit refusée. Le rôle du juge du siège est réduit dans le jugement des affaires ; il intervient souvent pour valider les mesures d'une autorité qui ne présente pas les mêmes garanties que lui. L'équilibre de la procédure commande aujourd'hui que le procureur de la République retrouve ses fonctions originelles, à savoir l'enquête et la poursuite des infractions à la loi pénale. Les mesures portant atteinte aux droits du suspect doivent être placées sous l'autorisation et le contrôle d'un juge indépendant et impartial. L'intervention du JLD va dans ce sens. Ce magistrat est aujourd'hui très actif dans l'avant-procès pénal. Il autorise une bonne partie des opérations portant atteinte aux droits du suspect dans l'enquête policière. Mais le partage de ses prérogatives avec le procureur rend celle-ci plus lourde et incohérente. Le législateur doit étendre ses pouvoirs dans l'enquête policière, retirer au procureur certaines prérogatives et tout remettre à ce juge qui présente plus de garanties. Le procureur doit le solliciter pour recourir aux actes portant atteinte aux droits du suspect sauf urgence. En cas d'urgence, il peut procéder aux actes nécessaires à ses investigations, mais il doit en informer dans les meilleurs délais le JDL pour contrôler la mesure quant à sa légalité, sa proportionnalité et surtout l'urgence déclarée. Une juridictionnalisation de l'enquête semble aujourd'hui inévitable pour parvenir à cet équilibre procédural.

CONCLUSION GÉNÉRALE

697. La procédure pénale est source d'instabilité permanente. Depuis le Code d'Instruction Criminelle (CIC), les réformes se succèdent sans assurer une véritable cohérence procédurale. Cette absence de cohérence découle de cette difficulté de trouver un équilibre entre deux intérêts antagonistes, à savoir, la défense de la société et les intérêts de l'accusé. Le législateur avec le CIC de 1808 pensait atteindre cet équilibre en divisant la procédure en deux phases. Une première phase inquisitoire qui garantit les intérêts de la société et une deuxième phase accusatoire qui prend en compte les droits de la défense du suspect. Cette division, qui semble *a priori* simple et garantit les droits de chacun, s'est vite révélée conflictuelle. En effet, en dehors de l'instruction, l'avant-procès pénal était une « zone de non-droits ». Le juge d'instruction était considéré à la fois comme juge, enquêteur et protecteur du délinquant. Cette protection résultait du respect par le juge des différents intérêts des parties. Mais le juge d'instruction a très vite fait l'objet de critiques. Il était placé sous le contrôle du parquet qui le notait et usait parfois de techniques peu loyales pour obtenir l'aveu du suspect. Ce système inquisitoire qui poussait le suspect à s'auto-incriminer a rapidement été dénoncé. Le législateur n'a pas été insensible aux critiques adressées au juge d'instruction. Il a introduit, par une loi de 1897, l'avocat dans le cabinet du juge d'instruction pour qu'il veille au respect du bon déroulement de la procédure. Cette introduction de la défense dans l'avant-procès n'était pas unanimement partagée. Du côté des magistrats, le désaccord a vite été perçu. Ces derniers, dans le but d'appliquer l'inquisitoire dans toute sa rigueur, contournaient le juge d'instruction pour saisir la police qui n'avait pas sous le CIC de pouvoirs d'enquête en dehors des cas de flagrant délit. Ce contournement permettait d'éviter la présence de l'avocat considérée comme un obstacle à la manifestation de la vérité. De plus, le suspect, dans cette procédure inquisitoire, était privé de tout élément lui permettant de débattre de la véracité de l'accusation. Il était exclu de la procédure. Les OPJ menaient des enquêtes officieuses puis les transmettaient au juge d'instruction ou à la juridiction de jugement. L'instruction pénale, depuis cette date, est concurrencée par la police judiciaire. Mais cette concurrence a vite été décriée. Il n'était pas concevable que la police judiciaire, qui ne dispose d'aucun pouvoir en dehors des cas de flagrant délit, puisse mener des enquêtes et placer en garde à vue des personnes. Il fallait, soit reconnaître les actes illégaux qu'effectuait la police, soit les bannir de la procédure pénale. Le législateur a préféré leur attribuer une base légale. Il n'a cependant pas pensé à donner au suspect des droits pour se défendre dans l'enquête policière. La police menait des enquêtes sans l'intervention d'une quelconque défense au moment où l'instruction pénale présentait de plus en plus de garanties. Dans les enquêtes de police, des brutalités sont dénoncées, des méthodes peu loyales pour obtenir l'aveu ont été notées. Cette situation qui prévalait au niveau interne est bannie par la CESDH qui, à travers sa Cour, rappelle l'obligation qui pèse sur tout État membre de respecter les droits reconnus au suspect par la Convention. La France, pour éviter les condamnations, tente de répondre à l'appel de la CEDH qui, depuis l'arrêt *Imbrioscia contre Suisse*, démontre que la notion de droits de la défense ne peut être limitée à la seule phase de jugement. Mais comment des droits initialement réservés à la phase de jugement ont-ils fait leur entrée dans une phase qui ne présente pas les mêmes conditions ? En effet, les droits de la défense étaient initialement des droits du procès *stricto sensu*, des droits dont la garantie est assurée par un juge, arbitre qui n'est pas partie au procès, un juge indépendant et impartial. Or, dans la phase de l'enquête policière, il n'y a pas de juge présentant toutes ces qualités. En dépit de ce constat, le législateur a procédé à la réforme de son enquête policière en introduisant des droits réservés jusqu'ici au jugement dans l'enquête de police. Mais, il est constaté depuis le début de ces réformes, qu'il ne veut toujours pas se départir de son ancien système à savoir une réduction des droits de la défense dans l'enquête policière et une extension de ses droits après déclenchement des poursuites. Il lui arrive parfois de mettre en place des moyens de contourner les droits reconnus au suspect. C'est le cas de l'audition libre qui est un moyen de ne pas recourir à la garde à vue qui est un régime plus protecteur du fait des nombreux droits reconnus à la personne gardée à vue. Le législateur, dans le but de toujours maintenir les intérêts de la société dans l'avant-procès pénal, crée une procédure difficile à cerner. Il attribue les droits de la défense selon le statut du délinquant. Il distingue « simple suspect », « témoin assisté », « mis en examen » dans l'attribution des droits de la défense. Or, comme l'a constaté une partie de la doctrine, ces termes renvoient à la notion de suspect. Que la personne soit devant l'OPJ, ou devant le juge d'instruction, elle demeure suspecte. Rien ne justifie un traitement différent. Les directives européennes vont d'ailleurs dans ce sens. Ces dernières reconnaissent les mêmes droits au suspect qu'à la personne poursuivie. Une défense ne peut être effective que si la personne bénéficie, comme dans le cadre du jugement, du droit d'accéder au dossier. Refuser l'accès au dossier doit, au regard des dispositions issues de la directive, être exceptionnel. Seule la protection d'un intérêt supérieur semble justifier un refus du droit pour le suspect d'accéder au dossier de la procédure. Il n'appartient pas au procureur de la République de décider de l'accès au dossier. Il n'est pas une autorité judiciaire, il est partie au procès pénal. Le législateur qui lui accorde des pouvoirs avant le déclenchement des poursuites et après leur déclenchement jusqu'à ce qu'il concurrence le juge du siège rend la procédure peu équitable. Les réformes deviennent inopérantes tant qu'un juge indépendant et impartial n'intervient pas dans l'enquête policière. Cette juridictionnalisation de l'enquête de police serait bienvenue. Le législateur est sur cette lancée, mais de manière insatisfaisante. Le JLD intervient dans le cadre des enquêtes de police pour autoriser certaines opérations, mais il partage certains pouvoirs avec le procureur de la République. Ce dernier continue à autoriser des mesures attentatoires à certains droits du suspect. Ce partage de compétence entre plusieurs autorités rend la procédure complexe et peu cohérente. Le procureur doit retrouver ses fonctions originelles, c'est-à-dire s'occuper de l'enquête de la poursuite des infractions. L'ensemble des mesures d'investigation portant atteinte aux droits du suspect doit être autorisé et contrôlé par un juge arbitre, indépendant et impartial comme dans le cadre du jugement. En dépit des réformes qui transfèrent les droits de la défense du jugement à l'enquête, l'enquête de police demeurera déséquilibrée. L'équilibre ne peut être atteint que si la défense participe pleinement à la recherche des preuves, que le procureur se charge d'enquêter et de poursuivre et qu'il existe un juge neutre, qui, sans être partie au procès, autorise et contrôle les actes du parquet et veille au respect des droits du suspect.

BIBLIOGRAPHIE

DICTIONNAIRES, MANUELS ET TRAITÉS

AMBROISE-CASTEROT (C.), *La procédure pénale,* 2e éd., Gualino, 2009

AMBROISE-CASTEROT (C.), BONFILS (P.), *Procédure pénale,* éd. PUF, 2011

BENILLOUCHE (M.), *Leçons de procédure pénale,* 3e éd., Ellipses, 2017

BOCQUILLON (J.-F.), MARIAGE (M.), *Introduction au droit,* éd. Dunod, 2016

BOITARD (J.-E.), *Leçons sur les codes pénaux et d'instruction criminelle,* 4e éd, Gustave Thorel, 1863

BOULOC (B.), *Procédure pénale,* 26eéd., Dalloz, 2017, *Droit pénal général,* 25eéd., Dalloz, 2017

BOULOC (B.), MATSOPOULOU (H.), *Droit pénal général et procédure pénale,* 20e éd. Sirey, 2016

BOURGUIGNON-DUMOLARD (C.-S.), *Manuel d'instruction criminelle : contenant le Code d'instruction criminelle, le Code pénal, la Loi et le Règlement,* éd. Garney, 1810

CABRILLAC (R.), *Dictionnaire du vocabulaire juridique,* éd. Lexisnexis, 2018.

CONTE (P.), DU CHAMBON (P. M.), *Procédure pénale,* 4e édition, Armand Colin, 2002.

CORNU (G.), *Vocabulaire juridique,* 12ᵉéd., PUF, 2018.

DESPORTES (F.), LAZERGES-COUSQUER (L.), *Traité de procédure pénale,* 4ᵉ éd., Economica, 2015.

DOUENCE (D.), AZAVANT (M.), *Institutions juridictionnelles,* 3ᵉ éd., Dalloz, 2017.

DUVERGER (F. C.), *Manuels des juges d'instruction,* vol. 1, éd. Robin, 1839.

FRANCHIMONT (M.), JACOBS (A.), MASSET (A.), *Manuel de procédure pénale,* éd. Larcier 2009.

GARRAUD (R.), *Traité théorique et pratique d'instruction criminelle et de procédure pénale,* T. 2, éd. Sirey, 1907 ; *Précis de droit criminel, contenant l'explication élémentaire de la partie générale du Code pénal, du code d'instruction criminelle et des lois qui ont modifié ces deux codes,* éd. L. LAROSE, 1909

GARRÉ (T.), GINESTET (C.), *Droit pénal procédure pénale,* 9ᵉéd., Dalloz, 2016.

GASTON (A.), *Traité de police à l'usage des commissaires de police, des maires, du personnel de la gendarmerie et des candidats aux commissariats : conforme aux programmes officiels et à la jurisprudence la plus récente,* T. I, éd. Dalloz, 1925.

GUINCHARD (S.), BANDRAC (M.), DOUCHY (M.), FERRAND (F.), LAGARDE (X.), MAGNIER (V.), FABRI (H. R.), SINOPOLI (L.), SOREL (J.-M.), *Droit processuel droit commun du procès et droit comparé du procès,* 8ᵉ éd. Dalloz, 2015.

GUINCHARD (S.), MONTAGNIER (G.), VARINARD (A.), DEBARD (T.), *Institutions juridictionnelles,* 14ᵉ éd., Dalloz, 2017.

GUINCHARD (S.), BUISSON (J.), *Procédure pénale,* 10ᵉ éd., Lexisnexis, 2014.

GUINCHARD (S.), DEBAR (T.), *Lexique des termes juridiques*, 25e éd., 2017-2018, éd. Dalloz.

HELIE (F.), *Traité de l'instruction criminelle ou théorie du Code d'instruction criminelle*, Vol. 6, éd. Plon, 1867 ; *Théorie du Code d'instruction criminelle : de l'instruction écrite et de la détention préalable*, vol. 5, éd. C. Hingray.

HERZOG-EVANS (M.), *Procédure pénale*, 6e éd., Vuibert 2015

HERZOG-EVANS (M.), ROUSSEL (G.), *Procédure pénale*, 5e éd., Vuibert, 2014.

JAY (J. L.), *Dictionnaire général et raisonné des justices de paix en matière civile, administrative, de simple police et d'instruction criminelle*, T. 3, éd. A. Durand (Paris), 1859

LABBÉ (P.), *Introduction au droit processuel*, 1re éd., PUS, 1995.

LABBE (X.), *Introduction générale au droit : pour une approche éthique*, éd. PUS, 2010.

LARGUIER (J.), P. CONTE (P.), *Procédure pénale*, Dalloz, 24e, 2016

LARGUIER (J.), CONTE (P.), DU CHAMBON (P. M.), *Droit pénal général*, éd. Dalloz, 2014.

LE GRAVEREND (J.-M. E.), *Traité de législation criminelle en France : dédié à sa grandeur Monseigneur Dambray, chancelier de France*, vol. 2, éd. L'Auteur, 1816.

LEROY (J.), *Procédure pénale*, 5e éd., LGDJ, 2017 ; *Droit pénal général*, 6e éd. LGDJ, 2016.

MAYAUD Y., *Droit pénal général*, 5e éd. PUF, 2015.

MERLE (R.), VITU (A.), *Traité de droit criminel : procédure pénale*, 5e éd., Cujas, 2001.

MORIIN (A.), *Dictionnaire du droit criminel : répertoire raisonné de législation et de jurisprudence, en matière criminelle, correctionnelle, et de police, contenant le résumé de toutes les lois, opinions d'auteurs et solutions de jurisprudence*, éd. Durand, 1842.

MORIZOT-THIBAULT (C.), *De l'instruction préparatoire (Étude critique du Code d'instruction criminelle)*, LGDJ, 1906.

PAUVERT (B.), *Droit constitutionnel : Théorie générale, Ve*, 8e éd. Studyrama, 2017; *Libertés et droits fondamentaux*, 7e éd., Studyrama, 2017.

PIN (X.), *Droit pénal général*, 9e éd., Dalloz, 2017.

PONTIER J.-M, *Droits fondamentaux et libertés publiques*, 6e éd, Hachette, 2017.

PRADEL (J.), *Droit pénal comparé*, 4eéd., Dalloz, 2016, *Procédure pénale*, 19e éd. Cujas, 2017.

RASSAT (M.-L.), *Traité de procédure pénale*, éd. PUF, 2001; *Procédure pénale*, 3e éd. Ellipses, 2017

RENAULT (M. H.), *Histoire du droit pénal*, éd. Ellipses, 2005.

RENAULT-BRAHINSKY (C.), *Procédure pénale*, 18e éd., Gualino, 2017/2018

RENUCCI (J.-F.), *Droit européen des droits de l'homme droits et libertés fondamentaux garantis par la CEDH*, 7e éd. LGDJ, 2017.

RIBEYRE (C.), *Procédure pénale*, éd. PUG, 2016.

ROUSSEL (G.), *Procédure pénale*, 8e éd., Vuibert, 2017/2018.

SIREY (J. B.), *Code d'instruction criminelle annoté*, éd. Bureau de l'administration du Recueil général des Lois et des arrêts, 1817.

SUDRE (F.), *Droit européen et international des droits de l'homme*, 13e éd. refondue PUF, 2016, *La convention européenne des droits de l'homme*, 10e éd., Que sais-je, 2015

TAISNE (J. –J.), *Institution juridictionnelle*, 15eéd., Dalloz, 2016.

VERNY (E.), *Procédure pénale*, éd. Dalloz, 2016.

VERGES (E.), *Procédure pénale*, 5eéd., Lexisnexis, 2017.

VIENNOT (C.), *Le procès pénal accéléré : Étude des transformations du jugement pénal*, vol. 120, éd. Dalloz, 2012.

VOGEL (G.), *Lexique de procédure pénale de droit luxembourgeois*, 3eéd. Larcier, 2009.

MONOGRAPHIES, OUVRAGES SPÉCIAUX ET THÈSES

ADAM (A.), *La lutte contre le terrorisme étude comparative Union européenne États-Unis*, éd. L'Harmattan, 2005..

ABDELGAWAD (E. L.), *L'exécution des arrêts de la CEDH*, éd. Conseil de l'Europe, 2008.

ALBERTIN (S.), *La lutte contre la criminalité organisée au sein de l'Union européenne*, Master de droit de l'Union européenne, Panthéon-Assas, 2010.

ANGIBAUD (B.), Le parquet, Que sais-je, éd. PUF, 1999.

ARCAUTE-DESCAZEAUX (M.-J.), *L'aveu Essai d'une contribution à l'Étude Pénale de la Justice Pénale Négociée*, thèse, T.1, Toulouse 1, 1998.

AYELA (C.), KROSS (J.-C.), MANY (D.), *La garde à vue mode d'emploi*, éd. Lamy, 2011.

AYRAULT (P.), *L'ordre, formalité, et instruction judiciaire, dont les Grecs et Romains ont usé és accusations publiques : Conféré au stil et usage de nostre France ; avec les plaidoyers et arrêts, opuscules et diuerstraictez du mesmeautheur*, éd. Lean Caffin, et F. Plaignard, 1642.

BARBE (V.), *L'essentiel du droit des libertés fondamentales*, 7e éd., Gualino, 2017.

BEAULAC L., *La distinction police administrative et police judiciaire conserve-t-elle une utilité*, thèse, Pau, (Dir.) P. BON, 2001.

BECCARIA (C.), *Des délits et des peines*, chapitre IX, éd. Flammarion, 2006.

BÈGUE (L.), DESRICHARD (O.), *Traité de psychologie sociale : la science des interactions humaines*, éd. Boeck, 2013.

BETROM (G.), *Le principe d'égalité des armes au sens de la Convention européenne des droits de l'homme*, thèse, Montpellier 1, (Dir.) F. SUDRE, 2006.

BIOY (X.), *Droits fondamentaux et libertés publiques*, 4eéd., LGDJ, 2016.

BLIN (A.), *Le terrorisme*, éd. Le Cavalier Bleu, 2005.

BLOT-MACCAGNAN (S.), *Procédure criminelle et défense de l'accusé à la fin de l'ancien régime*, éd. PUR, 2010.

BŒUF (H.), *Résumé de droit criminel* (Code pénal et Code d'instruction criminelle), éd. L. Larose & L. Tenin, 1912.

BOITARD (J. —E.), *Leçons sur les codes pénal et d'instruction criminelle,* éd. Gustave Thorel, 1863

BOLZE (P.), *Le droit à la preuve contraire en procédure pénale,* thèse, Nancy 2, (Dir.) F. FOURMENT, 2010.

BORE (J.), BORE (L.), *La cassation en matière pénale,* 4eéd., Dalloz, 2017.

BOURSIER (M.-E), *Le principe de loyauté en droit processuel,* éd. Dalloz, 2003.

BRUSCHI (C.), *Parquet et politique pénale depuis le XIX siècle,* éd. PUF, 2002.

BUISSON (J.), *L'acte de police,* thèse, Lyon 3, T. 1., 1988.

BÜCK (V.), *L'influence des cours constitutionnelles sur la politique pénale : étude comparée France-Espagne,* LGDJ, 2002.

CADIET (L.), MEKKI (M.), GRIMALDI (C.), *La preuve : Regards croisés,* éd. Dalloz, 2015.

CAPDEPON (Y.), *Essai d'une théorie générale des droits de la défense,* éd. Dalloz, 2013.

CARBASSE (J.-M.), *Histoire du parquet,* éd. PUF, 2000.

CARCASSONE (G.), *La constitution,* 14e éd. Seuil, 2017.

CARIO (R.), MBANZOULOU (P.), *La justice restaurative : une utopie qui marche ?,* éd. L'Harmattan, 2010.

CARNOT (J. —F. —C.), *De l'instruction criminelle, considérée dans ses rapports généraux et particuliers avec les lois nouvelles et la jurisprudence de la Cour de cassation,* éd. De Mat, 1810.

CARNOT (J. F. C.), DRAULT (J. J.), *Commentaire sur le Code pénal, contenant : la manière d'en faire une juste application, l'indication des améliorations dont il est susceptible, et des questions les plus importantes qui peuvent s'y rattacher*, vol. 2, éd. De Mat, 1825.

CARTUYVELS (Y.), *Les droits de l'homme, bouclier ou épée du droit pénal ?*, éd. Fac St Louis, 2007.

CÉRÉ (J. P.) (dir.), *Procédure pénale d'exception et Droits de l'homme*, éd. L'Harmattan, 2011.

CHAMBON (P.), *Le juge d'instruction : Théorie et pratique de la procédure*, 4e éd., Dalloz, 1985.

CLEMENCE (A.), Garde à vue : Étude à partir de l'examen médical, Mém. master droit pénal et sciences criminelles, (Dir.) S. GRUNVALD, 2012-2013, Nantes.

CLEMENT (S.), *Les droits de la défense dans le procès pénal*, thèse, Nantes, (Dir.) J. DANET, 2007.

CLERE (J. –J.), FARCY (J.-C.), *Le juge d'instruction approches historiques*, édition universitaire de Dijon, 2010.

COLLET (P.), *L'acte coercitif en procédure pénale*, thèse université Panthéon-Assas, (Dir.) D. REBUT, 28 novembre 2014.

CONCHON (H.), *L'évolution des nullités de l'instruction préparatoire*, éd. L'Harmattan, 2002.

COULON (H.), *Ligue pour la défense de la liberté individuelle. Modifications essentielles à apporter à la loi de 1897 sur l'instruction criminelle*, éd. Marchal et Billard, 1902.

COURRÉGÉ (C.), *Dossier noir de l'instruction*, éd. Odile Jacob, 2006.

COURTIN (C.), *La réforme de la garde à vue*, éd. L'Harmattan 2013.

CROCQ (J.-C.), *Le guide des infractions*, 19eéd., Dalloz, 2018.

DEBÉCHILLON (D.), *qu'est-ce qu'une règle de droit ?*, éd. Odile Jacob, 1997.

DE GOUVILLE (P. L. M.), *Le juge des libertés et de la détention*, thèse, université Panthéon-Assas, (Dir.) D. REBUT, 2011.

DECOCQ (A.), MONTREUIL (J.), BUISSON (J.), *Le droit de la police*, éd. Litec, 1991.

DEFFERAND (F.), *La suspicion légitime*, LGDJ, 2000 ; *Le suspect dans le procès pénal*, éd. LGDJ, 2000.

DELAMORT-FELINES (M.), *Manuel du juge d'instruction*, éd. M. Aurel frères, 1836.

DENIZEAU (C.), *Droits des libertés fondamentales*, 6eéd. Vuibert, 2016/2017.

DESSAIGNE (P.), *Sanction de la loi sur la réforme de la loi sur la réforme de l'instruction criminelle* (8 décembre 1897), thèse, Paris, 1900, éd. A. Rousseau.

DILMI (J.), *Le pouvoir propre de police judiciaire*, Mem. Master de droit pénal et sciences pénales, Université Panthéon – Assas, 2010.

DUPIN (A. M. J.), *Réquisitoires, plaidoyers et discours de rentrée, prononcés par M. Dupin depuis le mois d'août 1830 à ce jour*, vol. 1, éd. Joubert, 1836.

DUTRUC (G.), *Le Code pénal modifié par la loi du 18 avril (13 mai) 1863*, éd. Cosse et Marchal, 1863.

ETRILLARD (C.), *Le temps dans l'investigation pénale,* éd. L'Harmattan, 2004

FARCY (C.), *Les sources judiciaires de l'époque contemporaine, XIX, XXe siècles,* éd. Bréal 2007.

FAUCANIE (J.-F), *La notion de contrainte en droit pénal,* thèse, Nice-Sophia Antipolis, T. 1, 1994.

FAGET (J.), *La médiation pénale essaie de politique pénale,* éd. érès, 1997.

FAVREAU (B.), *La Charte des droits fondamentaux de l'Union européenne après le traité de Lisbonne,* éd. Groupe de Boeck, 2010.

GAILLARD (B.), DURIF-VAREMBONT (J.-P.), *La médiation pénale théorie et pratique,* éd. L'Harmattan, 2007.

GARAPON (A.), *Bien juger : Essai sur le rituel judiciaire,* éd. Odile Jacob, 2001.

GARNOT (B.), *La justice et l'histoire, sources judiciaires à l'époque moderne (XVIe, XVIIe, XVIIIe siècles),* éd. Rosny-sous-Bois, 2006.

GILLIAUX (P.), *Le droit européen à un procès équitable,* éd. Bruylant, 2012.

GOMIEN (D.), HARRIS (D.), ZWAAK (L.), *Convention européenne des droits de l'homme et Charte sociale européenne : droit et pratique,* éd. Conseil de l'Europe, 1996.

GRABARCZYC (K.), *Les principes généraux dans la jurisprudence de la Cour européenne des droits de l'homme,* PUAM, 2008.

GUERY (C.), *Droit et pratique de l'instruction préparatoire,* 10[e]éd., Dalloz, 2018-2019

GUERY (C), LAVIELLE (B.), *Guide des audiences correctionnelles,* 2ᵉéd. Dalloz, 2017.

GUILLAUME-HOFNUNG (M.), *La médiation,* éd. PUF, 2015.

HAVET (P.), *Nature, chasse et société : les leçons de l'histoire,* éd. Harmattan, 2007.

HENNEBEL (L.), *La jurisprudence du Comité des droits de l'homme des Nations Unies,* éd. Bruylant ; *Secret et justice pénale,* thèse, Nancy II, 1997.

HENNETTE-VAUCHEZ (S.), ROMAN (D.), *Droit de l'homme et libertés fondamentales,* éd. Dalloz, 2017.

HEYMANN-DOAT (A.), CALVÉS (G.), *Libertés publiques et droits de l'homme,* 9e éd., LGDJ, 2008.

JOSEPH-RATINEAU (Y.), *La privatisation de la répression pénale,* vol. 2, éd. Publibook.

JOSSEAUME (R.), LE DALL (J.-B.), *Contentieux de la circulation,* éd. Wolters Kluwer, 2010.

JOSSERAND (S.), *L'impartialité du magistrat en procédure pénale,* éd. LGDJ, 1998.

KUTY (F.), *L'impartialité du juge en procédure pénale : De la confiance décrétée à la confiance justifiée,* éd. Larcier 2005 ; *Justice pénale et procès équitable,* V. 1 et 2, éd. Larcier, 2006.

LACAZE (C.)

- *Des enquêtes officieuses et des officiers de police judiciaire qui y procèdent*, thèse Toulouse, 1910.

LAMOURY (D.), *Des pouvoirs du juge d'instruction en matière de détention provisoire,* mém. master 2, Lille 2, 2004-2005.

LAURENT (R.), *Alternatives aux poursuites et droit au juge*, mém. Master droit pénal, (Dir.), Y. MAYAUD, Paris 2, 2011.

LAVEIX (J.), *Étude sur la loi du 8 décembre 1897 ayant pour objet de modifier certaines règles de l'instruction préalable en matière de crimes et délits*, thèse, Toulouse, 1898.

LE MONNIER DE GOUVILLE (P.), *Le juge des libertés et de la détention*, thèse, université Panthéon-Assas, (Dir.) D. REBUT, 2011.

LEFEVRE (C. L.), *Tarif raisonné des frais de justice criminelle, correctionnelle et de police*, éd. A. Wahlen et cie, 1838.

LEROY (J.), *La garde à vue après la réforme*, éd. Lexisnexis, 2011.

LESTRADE (E.), *Les principes directeurs du procès dans la jurisprudence du Conseil constitutionnel*, thèse, Bordeaux IV, (Dir.) F. MÉLIN-SOUCRAMANIEN, 2013

LEVY (M.), *De l'information officieuse*, thèse, Nancy, 1934.

LIONNARD (R.), *Théorie des nullités dans la loi du 8 décembre 1897 sur la réforme de l'instruction préparatoire, thèse*, Paris, 1902.

LOLIES (I.), *La protection pénale de la vie privée*, éd. PUAM, 1999.

LOMBARD (F.), *Garde à vue : Les fictions de la loi du 15 juin 2000*, Dalloz, 2002.

MARS A. (J.), *Corps de droit criminel, ou Receuil complet, méthodique, et par ordre des matières des codes d'instruction criminelle et pénal*, éd. Ménard et Desenne, 1821.

MASSOL (V.), *La présomption d'innocence*, thèse, Toulouse 1, T. 1, 1996.

MAUREL (J. J.), *Publicité et contradiction dans l'instruction préparatoire (loi du 8 décembre 1897)*, thèse, Bordeaux, 1900.

MIEN (L.), *L'effectivité des droits de la défense en procédure pénale*, thèse Paris 2, (Dir) Y. MAYAUD, 2006.

MILBURN (P.), KOSTULSKI (K.), SALAS (D.), *Les procureurs entre vocation judiciaire et fonctions politiques*, éd. PUF, 2010.

MILHAUD (L.), MONTEUX (B.), *La loi du 8 décembre 1897 sur l'instruction préalable, son histoire, son application, son commentaire*, éd. A. Pédone, 1898.

MOEYAERT (P.), *Le droit à l'avocat dans le procès pénal* (contribution à l'étude des droits de la partie poursuivie), thèse, université de Nice-Sophia Antipolis, 1997.

MORTET (L.), *Essai d'une théorie générale des droits d'une personne privée de liberté*, thèse, université de Lorraine, (Dir.) F. Fourment, 2014.

NADAU. (H.), *Des enquêtes officieuses dans l'instruction criminelle*, thèse, Lyon, 1913.

OBERDORFF (H.), *Droits de l'homme et libertés fondamentales*, 6eéd., LGDJ, 2017.

PANDELON (G.), *La question de l'aveu en matière pénale*, thèse, Aix-Marseille, (Dir.) S. CIMAMONTI, 2012.

PASQUIN (R.), *Organisation de la défense dans l'instruction préparatoire, loi du 8 décembre 1897*, thèse, Nancy, 1899.

PAWLOTSKY (O. B.), *Le contrôle de la garde à vue*, Mém. Master de droit pénal et sciences pénales, Université Panthéon-Assas, (Dir.) D. REBUT, 2011.

PERRIER (J.-B.), *La transaction en matière pénale*, éd. LGDJ, 2014.

PERRIER (J.-B.), GIACOPELLI (M.), *La garde à vue de la réforme à la pratique*, éd. Dalloz, 2013.

PIQUEMAL (A.), *Du flagrant délit en matière correctionnel*, thèse, Toulouse.

PLUEN (O.), *L'inamovibilité des magistrats : un modèle ?*, thèse, Panthéon-Assas, (Dir.) J. MORANGE, 2011.

PRIMOT (L.), *Le concept d'inquisitoire en procédure pénale, représentations, fondements et définitions*, LGDJ, 2010.

PRIOLLAUD (F.-X.), SIRITZKY (D.), *Le Traité de Lisbonne texte et commentaire article par article des nouveaux traités européens (TUE-TFUE)*, éd. La documentation française, 2008.

QUARRE (P.), *Le droit - la justice*, éd. Edipro, 2002.

RENUCCI (J.-F.), *Droit européen des droits de l'homme, droits et libertés fondamentaux garantis par la CEDH*, 7e éd. LGDJ, 2017.

RIGOURET (F.), *De la défense dans l'instruction préparatoire (loi du 8 décembre 1897)*, thèse, Toulouse, éd. H. MAURIN, 1900.

ROBACZEWSKI (C.), *Procédure pénale : Examen d'entrée aux CRFPA – Concours d'accès à l'ENM*, 3e éd. Gazette du palais, 2017.

ROUSSEL (G.), *Suspicion et procédure pénale équitable*, éd. L'Harmattan, 2010 ; *Les procès-verbaux d'interrogatoire*, éd. L'Harmattan, 2005.

RUYMBEKE (R. V.), *Le juge d'instruction : « Que sais-je » ?*, n° 2429.

SAINT-PIERRE (F.), *Avocat de la défense*, éd. Odile Jacob, 2009 ; *Le guide de la défense pénale*, 8e éd. Dalloz, 2015/2016.

SALAMA (D.), *La loi du 7 février 1933 sur les garanties de la liberté individuelle*, éd. A. Pédone, 1934.

SAURON (J.-L.), *Procédure devant les juridictions de l'Union européenne et devant la CEDH*, 4e éd. Gualino, 2016 ; *Comprendre le Traité de Lisbonne*, éd. Gualino, 2008.

SAURON (J.-L.), CHARTIER (A.), *Les droits protégés par la Convention européenne des droits de l'homme*, 1er éd. Gualino, 2014.

SCHENIQUE (L.), COURTIN (C.), *La réforme de la phase préparatoire du procès pénal*, éd. L'Harmattan, 2014.

SEGAUD (J.), *Essai sur l'action publique*, thèse, Reims Champagne-Ardenne, (Dir.) G. CLEMENT, 2010.

SOLDINI (D.), *Les grands textes de libertés et droits fondamentaux*, 2e éd., Dalloz, 2017.

SOUAL (R.), *Avant-projet de réforme de la procédure pénale du 1er mars 2010 : Faut-il supprimer le juge d'instruction*, Mem. Master II, Université de Valenciennes et du Hainaut-Cambrésis, 2009-2010.

THERY (S.), *Les nullités de la garde à vue depuis les réformes de 1993*, DEA de droit pénal et de sciences criminelles, 1997/1998.

TRILLES (O.), *Essai sur le devenir de l'instruction préparatoire* : Analyse et perspectives, thèse, (Dir.) G. R. DE BOUBÉE, université des sciences sociales de Toulouse 1.

TROLLIET (F.), *Les gardes à vue dérogatoires*, thèse université de droit, d'économie et des sciences d'Aix-Marseille, (Dir.) G. DI MARINO, 2002.

VALETTE (V.), *La personne mise en cause en matière pénale*, éd. LGDJ, 2002.

VOGEL (G.), Les *Pandectes-Droit pénal*, éd. Larcier, 2017

VIENNOT (C.), *Le procès pénal accéléré, Étude des transformations du jugement pénal*, éd. Dalloz, 2012.

VLAMYNCK (H.), *Droit de la police*, 6ᵉéd., Vuibert, 2017.

WILDHABER (M. L.), *La réforme de la Convention européenne des droits de l'homme un travail continu*, éd. Conseil de l'Europe, 2009.

ARTICLES, CHRONIQUES ET CONTRIBUTIONS

ABEDELGAWAD (E. L.), « L'exécution des arrêts de la Cour européenne des droits de l'homme », *AJ pénal*, 2010, p. 67.

ALCARAZ (H.), « La surveillance par GPS devant la Cour européenne des droits de l'homme, arrêt Uzun c. Allemagne, 2 septembre 2010 », in, *Rev. trim. dr. h.* 2011, p.653 et s.

ALIX (J.), « Les droits de la défense au cours de l'enquête de police après la réforme de la garde à vue : état des lieux et perspective », *D.*, 2011, p. 1699.

ALLIOT – MARIE (M.), « Pour une refondation de la procédure pénale », *AJ. Pén.*, 2010, p. 158.

AMBROISE-CASTEROT (C.), « Des contradictions dans le contradictoire en matière d'expertise pénale », *Mel.* en l'honneur de Jean Burgelin, éd. Dalloz 2008, p. 19 ; « Présomption d'innocence », *Rép. Pén. D.*, octobre 2013 ; « Aveu », *Rép. Pén. D.*, janvier 2016 ; « Le procès pénal, entre mythe et réalité », *Petites affiches*, 12 juillet 2007, n° 139, p. 22 ; « Arrestation », *Rép. Pén. D.*, septembre 2014.

ANDRIANTSIMBAZOVINA (J.), « Conv. EDH. Art. 5 : Droit à la liberté et à la sûreté », *Rép. Dr. Eur.*, 2016.

ARAY (A.), « La procédure pénale en matière de criminalité et de délinquance organisée dix ans après la loi Perben II », *Gaz. Pal.*, 21 août 2014, n° 233.

ASTAING (A.), « De la géhenne de Florence à la privation de sommeil en garde à vue », *AJ. Pén.*, 2009, p. 347.

AUDEBERT (R.), « Les droits du gardé à vue ? », Gaz. Pal., 30 juillet 2013, n° 221.

BACHELET (O.), « La réforme de la garde à vue : un jeu d'ombre et de lumière », *Gaz. Pal.*, 2 février 2010, n° 33, p. 10 ; « La garantie judiciaire, la garde à vue et les perquisitions », *Dalloz actualité*, 30 octobre 2013.

BEAUSSONIE (G.), « La nouvelle garde à vue est-elle plus contradictoire ? », *Gaz. Pal.*, 29 juillet 2014, n° 210, p. 13.

BEAUVAIS (P.), « Chronique droit pénal de l'Union européenne-Procédure pénale : droit à l'interprétation et à la traduction dans le cadre des procédures pénales », *RTD. Eur.*, 2011, p. 642 ; « La garde à vue et le droit à l'assistance d'un avocat dans la directive du 22 octobre 2013 », in : *La garde à vue, actes du colloque du 28 novembre 2014,* sous la direction de S. PELLÉ, éd. PUPPA, 2015, p. 93.

BELFANTI (L.), « Juge d'instruction », *Rép. Pén.* D., janvier 2016 ; « De la révocabilité du rappel à la loi en particulier des alternatives aux poursuites en général », *AJ. Pén.*, 2011, p. 584 ; « La perquisition au domicile du suspect n'exige ni son placement en garde à vue ni la présence de son avocat », *AJ. Pén.*, 2013, p. 420.

BERGEAUD-WETTERWALD (A.), « Les nouvelles techniques d'investigation face au principe de légalité de la preuve », in *La preuve pénale : Problèmes contemporains en droit comparé,* éd. L'Harmattan, 2013, p. 19.

BILLAUD (A.), « Quel contrôle du JLD sur les enquêtes ? », *AJ. Pén.,* 2004, p. 235.

BENOIT-ROHMER (F.), « Chronique les droits fondamentaux ans l'Union européenne – la nouvelle directive sur le droit à l'information dans le cadre des procédures pénales », *RTD. Eur.*, 2013, p. 654.

BOISSISE (J.), « Autorité de la chose interprétée, autorité de la chose jugée, CEDH, Conseil de l'Europe, Dialogue des juges, droits fondamentaux, Renvoi préjudiciel », in *Les grandes décisions de la jurisprudence française de droit international public,* éd. Dalloz, 2015, p. 626.

BONFILS (P.), « Partie civile », *Rép. Pén. D.,* janvier 2016.

BONIS-GARÇON (É.), « La Cour européenne des droits de l'homme et la juridictionnalisation de l'enquête pénale », in *La juridictionnalisation de l'enquête pénale,* actes du colloque organisé le 30 avril 2014 par l'École nationale de la magistrature (ENM) et l'Institut de sciences criminelles et de la justice de Bordeaux (ISCJ) sous la direction de O. DÉCIMA, éd. Cujas, 2015, p. 21 ; « Le parquet et les sirènes de l'indépendance. À propos du projet de loi du 27 mars 2013 », *JCP G..* , n° 17, 22 avril, 2013, p. 460.

BOCCARA (E.), « Garde à vue et accès de l'avocat au dossier : fausse alerte, mais vraie avancée », *Gaz. Pal,* 11 janvier 2014, n° 011, p. 4.

BOTTON (A.), « Droit à l'information dans le cadre des procédures pénales : un projet de loi contrasté », *D.,* 2014,

p. 431 ; « La loi du 27 mai 2014 : principales dispositions relatives aux droits de la personne suspectée », *JCP G.*, juin, 2014, p. 1113 et s. ; « Procédure pénale, entre renforcement et érosion des garanties de la procédure pénale. À propos du titre II de la loi n° 2016-731 du 3 juin 2016 », *JCP G.*, 2016, p. 1339 et s. ; « Coopération renforcée pour la création du parquet européen. Aspects procéduraux du règlement (UE) du 12 octobre 2017 », *JCP G.*, n° 5, 29 janvier 2018, doctr. 12 ; « Le rôle du Conseil constitutionnel dans le processus de juridictionnalisation de l'enquête pénale », in *La juridictionnalisation de l'enquête pénale,* actes du colloque organisé par l'École nationale de la magistrature et L'institut de sciences criminelles et de la Justice de Bordeaux, éd. Cujas, 2015, p. 55 et s.

BOUCOBZA (I.), « La politique saisit le droit, Italie : indépendance du parquet. Le cas de l'opération Mani Pulite », *Mouvements,* 2003/4, n° 29, p. 181.

BOULOC (B.), « Le sort des gardes à vue avant l'entrée en vigueur de la loi du 14 avril 2011 », *AJ. Pén.*, 2012, p. 222 ; « La loi n° 2000-516 du 15 juin 2000 renforçant la protection de la présomption d'innocence et les droits des victimes », *RSC,* 2001, p. 193 et s.

BOURGUIGNON (J.), « La réforme de la garde à vue : l'avis d'un juge d'instruction », *Gaz. Pal.*, 7 juillet 2011, n° 188, p. 33.

BRACH-THIEL (D.), « Le droit français en vigueur au temps des arrêts Salduz/Dayanan/Brusco », in *La garde à vue regard croisé belge, français et Européens* sous la direction de F. Fourment et A. JACOBS, éd. L'Harmattan, 2014, p. 8.

BUCK (V.), « Vers un contrôle plus étendu de la garde à vue. Contentieux relatif à la notification immédiate des droits », RSC, 2001, p. 325 ; « Le conseil constitutionnel et les reformes pénales récentes », *Cahiers du Conseil constitutionnel*, n° 10, mai 2001.

BUISSON (J.), « Preuve », *Rép. Pén. D.*, janvier 2016, « Preuve », *Rép. Pén. D.*, janvier 2016 ; La garde à vue dans la loi du 15 juin 2000, *RSC*, 2001, p. 25 ; « Droit à l'interprétation et à la traduction », *JCl Procédure*, n° 12, décembre, 2013, comm. 357.

CAHN (O.), « Réflexion désabusée sur le chapitre I du titre I de la loi n° 2016-731 du 3 juin 2016 », *AJ. Pén.*, 2016, p. 408.

CAPDEVILLE (J. L.), « Description succincte de la réforme de la garde à vue », *Gaz. Pal.*, 7 juillet 2011, n° 188.

CAPELLO (A.), « Question prioritaire de constitutionnalité », *Rép. Pén. D.*, juin 2015.

CARBONNIER (I.), « Récusation », *Rép. Pén. D.*, 2015, p. 13 et s.

CARIO (R.), « Potentialités et ambiguïté de la médiation pénale », in La *médiation pénale entre répression et réparation*, éd. L'Harmattan, 1997, p. 11 et s.

CARRÈRE (S.), « Le juge des libertés et de la détention : du juge de la détention à l'instruction, au juge des libertés dans l'enquête », *Gaz. Pal*, 21 août 2014, n° 233.

CASSUTO (T.), « La fin de l'instruction : Beaucoup de bruit pour rien ou La Comédie des erreurs », *Dalloz actualité*, 19 janvier 2017.

CÉDRAS (J.), « La spécificité du juge d'instruction français au sein des procédures pénales européennes », *RIDP*, 2010/1, vol. 80, p. 400.

CÉRÉ (J.-P.), « Prison normes européennes », *Rép. Pén. D.*, 2015 ; « Composition pénale », *Rép. Pén. D.*, octobre 2015.

CHAPLEAU (B.), « L'audition libre des mineurs à l'aune de loi du 27 mai 2014 », *D.*, 2014, p. 1506.

CHARIOT (P.), « L'intervention du médecin en garde à vue », *AJ. Pén.*, 2004, p. 279.

CHARIOT (P.), BRIFFA (H.), LEPRESLE (A.), « Intervention du médecin en garde à vue : contenu du certificat médical et de ses à cotés », *AJ. Pén.*, 2012, p. 521.

CHAVENT-LECLÈRE (A.-S.), « Le tribunal doit répondre aux conclusions en vue d'entendre un témoin », *Procédures*, n° 4, avril 2014, comm. 120.

CHAZAL de MAURIAC (R.), « Quelle réforme de la justice pénale ? », *Gaz. Pal.*, 3 mars 2006, n° 89, p. 2.

CIVININI (M. G.), « Le modèle italien d'administration de la justice », *Revue française d'administration publique*, 2008/1, n° 125, p. 264 ; « Le statut du magistrat en Italie », *RIDC*, 2007, vol. 59, n° 1, p. 7 et s.

COHEN-JONATHAN (G.), « La place de la Convention européenne des droits de l'homme dans l'ordre juridique français », in, *Le droit français et la Convention européenne des droits de l'homme*, actes du colloque de Montpellier, Février 1993, éd. N. P. Engel. Kehl. Strasbourg. Arlington, 1994, p. 1 et s.

COSTA (J.-P.), « Les droits de la défense selon la jurisprudence de la Cour européenne des droits de l'homme », Gaz. Pal., 5 octobre 2002, n° 278, p. 4.

DAGALLIER (F.), BAZENET (E.), « Commentaire théorique et pratique de la loi du 8 décembre 1897 sur la réforme de l'instruction criminelle (loi Constans) », *Revue critique de législation et de jurisprudence*, éd. Cottillon, 1853-1939, p. 174.

DANET (J.), « Garde à vue : une non-conventionalité bien réelle », RSC, 2011, p. 144 ; « Le rappel à la loi, préambule ou "alternative" aux poursuites, au choix du ministère public », *RSC*, 2011, p. 660 ; « Une amende de composition pénale ne peut constituer le premier terme de la récidive », *AJ. Pén.*, 2010, p. 187.

DANET (J.), LAVIELLE (B.), « Juge d'instruction, ni cet excès d'honneur ni cette indignité », *Gaz. Pal.*, 24 février 2009, n° 55, p. 2.

DAOUD (E.), MERCINIER (E.), « Garde à vue : faites entrer l'avocat ! », *Dalloz Constitutions*, p. 571.

- « Garde à vue, la french touch », *AJ. Pén.*, 2008, p. 269.

RENNUIT-ALEZRA (L.), « Le droit à un interprète : la consécration d'un nouveau droit », *AJ. Pén.*, 2013, p. 527.

DARSONVILLE (A.), « Le conseil constitutionnel rassure partiellement les avocats », *Dalloz Constitutions*, 2012, p. 316 ; « Le maintien de l'audition libre, une nouvelle occasion manquée ? », *Dalloz Constitutions*, 2012, p. 442.

DE GOUTTES (R.)

- « La Convention européenne des droits de l'homme et le juge national : vers une consolidation de la mission et du statut du juge ? », in Le droit français et la Convention européenne des droits de l'homme, éd. Engel, 1992p. 49 et s.

DE LAMY (B.), « Droit pénal des mineurs : une spécificité toujours limitée », *RSC*, 2012, p. 227 ; « La loi n° 2004-204 du 9 mars 2004 portant adaptation de la justice aux évolutions de la criminalité », *D.*, 2004, p. 1910.

DE SALVIA (M.), « La place de la notion de sécurité juridique dans la jurisprudence de la Cour européenne des droits de l'homme », *Cahier du Conseil constitutionnel*, n° 11 (Dossier : le principe de sécurité juridique), décembre 2001.

DEBOVE (F.), « Vers un droit pénal de la criminalité organisée », *LPA*, 12 novembre 2002, n° 226, p. 4.

DÉCIMA (O.), « Irrésistible juridictionnalisation ? », in *La juridictionnalisation de l'enquête pénale*, actes du colloque organisé le 30 avril 2014 par l'École nationale de la magistrature (ENM) et l'Institut de sciences criminelles et de la justice de Bordeaux (ISCJ) sous la direction de O. DÉCIMA, éd. Cujas, 2015, p. 13 ; « Le parquet et les sirènes de l'indépendance. À propos du projet de loi du 27 mars 2013 », *JCP G.*, n° 17, 22 avril, 2013, p. 460.

DEFFAINS (N.), « Le cadre constitutionnel de la justice pénale des mineurs », *Gaz. Pal*, 12 juillet 2012, n° 194, p. 13.

DEMARCHI (S.), PY (J.), « La fiabilité des parades d'identification en fonction de la méthode employée pour sélectionner les distracteurs : une étude comparative », *Revue européenne de Psychologie Appliquée* (REPA), 2003. 53 (2). 117-127.

DELGA (J.), « Réformes du système pénal et suppression du juge d'instruction ? "Maux et remèdes" », *Journal du droit des jeunes*, 2009, n° 283, p. 64 et s.

DEJEMEPPE (B.), TULKENS (F.), « L'esprit de justice, histoire et actualité de la détention préventive », in : *La détention préventive*, éd. Larcier, 1992, p. 33

DELMAS-MARTY (M.), « Le parquet enjeu de la réforme pénale », *Journal le monde*, 25 mai 2009.

DESPREZ (F.), « Accès au dossier lors de la garde à vue : le risque d'une condamnation par la Cour européenne des droits de l'homme » *D.*, 2012, p. 2640 ; « L'illustration d'une insuffisance législative à propos des alternatives aux poursuites », *D.* 2011, p. 2379 ; « L'application de la comparution sur reconnaissance préalable de culpabilité à Nîmes et Béziers. Au regard du principe de judiciarité », *Arch. pol. crim.*, 2007/1 n ° 29, p. 308 ; « Cour de cassation chambre criminelle, 29 octobre 2008, n° 08-84857, Sébastien X », *Gaz. Pal,* 29 janvier 2009, n° 29, p.21 ; « CRPC, consécration législative de la pratique de la double convocation », *Gaz. Pal.*, 25 juin 2009, n° 176, p. 3.

DERVIEUX (V.-O.), « La comparution sur reconnaissance préalable de culpabilité dans le cadre d'une information préparatoire (CRPCI), cette belle inconnue… », *Gaz. Pal.*, 12 juillet 2016, n° 26, p. 15.

DHOMMEAUX (J.), « Le Pacte relatif aux droits civils et politiques et le breton », *Revue Juridique de l'Ouest*, 1991, vol. 4, n° 4, p. 519-523.

DI FEDERICO (G.), « L'indépendance du ministère public et le principe de la responsabilité en Italie : l'analyse d'un cas déviant d'un point de vue comparé », *Droit et société*, vol. 38, 1998, p. 71 et s.

DINTILHAC (J.-P), « L'égalité des armes dans les enceintes judiciaires », www.courdecassation.fr

DOURNEAU-JOSETTE(P.), « Interceptions de correspondances émises par la voie des télécommunications électroniques », *Rép. Pén. D.*, février 2017 ; « La confidentialité des communications entre l'avocat et son client : un (nécessaire) état des lieux, *AJ. Pén.*, 2006, p. 254.

DREYER (E.), « Bas les masques : retour à la loi du plus fort ! », *Gaz. Pal.*, 19 juillet 2016, n° 27, p. 39 ; « La médiation pénale, objet juridique mal identifié », *JCP G..* , n° 14, 2 avril 2008, doctr. 131. C.

DUMONTET (B.), L'avocat et la garde à vue : aspects pratiques et critiques, *AJ. Pén.*, 2004, p. 275.

DUPIC (E.), « L'audition libre, bilan et perspective un plus tard », *Gaz. Pal.*, 27 juillet, 2015, n° 206, p. 7 ; « La loi n° 2016-731 du 3 juin 2016 renforçant la lutte contre le crime organisé et le terrorisme, Perben III de la procédure pénale française ? », *Gaz. Pal.*, 14 juin 2016, n° 22, p. 12 ; « L'audition libre, bilan et perspectives un an plus tard », *Gaz. Pal.*, 25 juillet 2015, n° 206, p. 7.

DURNEAU-JOSETTE (P.), « Convention européenne des droits de l'homme (jurisprudence de la Cour européenne des droits de l'homme en matière pénale) », *Rép. Pén. D.*, octobre 2013.

FAGET (J.), « Le cadre juridique et éthique de la médiation pénale », in *La médiation pénale entre répression et réparation*, éd. L'Harmattan, 1997, p. 46 et s.

FALLETTI (F.), « Propos introductif », in la *médiation un chemin de paix pour la justice en Europe*, éd. L'Harmattan, 2015, p. 23.

FAUTRÉ-ROBIN (A.), « L'accès à l'avocat des personnes soupçonnées ou poursuivies : les exigences insuffisantes de l'Union européenne », *Gaz. Pal.*, 10 octobre 2014, n° 130, p. 14.

FAVREAU (B.), « Aux sources du procès équitable une certaine idée de la qualité de justice », in *Le procès équitable et la protection juridictionnelle du citoyen*, colloque pour le 50e anniversaire de la Convention européenne des droits de l'homme, éd. Bruylant, 2001, p. 9.

FAYOLLE (D.), PERRIER (J.-B.), « Regards croisés sur la réforme de la garde à vue : un projet insuffisant et des attentes insatisfaites », *Gaz. Pal.*, 8 février 2011, n° 39, p. 8.

FAYOL-NOIRETERRE (J.-M.), « L'intime conviction, fondement de l'acte de juger », *Information sociale* 7/2005 (n° 127), p. 46 et s.

FLEURIOT (C.), « Droit à l'information dans le cadre des procédures pénales : La directive est publiée », *Dalloz actualité*, 5 juin 2012.

FONTEIX (C.), « Requalification : exigence de respect des droits de la défense », *Dalloz actualité*, 6 novembre 2004 ; « Jugement par défaut », *Rép. Pén. D.*, juin, 2015.

FOURMENT (F.), « La jurisprudence de la Cour européenne des droits de l'homme relative au droit à l'assistance d'un avocat au cours de la garde à vue », in *La garde à vue regards croisés belges, français et européens*, éd. L'Harmattan, 2014, p. 31 et s. ; « Audition libre du contrevenant ou garde à l'ouïe ? », *Gaz. Pal.*, 23 juillet 2013, n° 204 ; « Chronique de jurisprudence », *Gaz. Pal.*, 14 janvier 2012, n° 14, p. 44 ; « Droit à l'assistance effective d'un avocat et effectivité du droit au procès équitable », *Gaz. Pal.*, 9 février 2013, n° 040 ; « Le déferrement nouveau, ou l'assistance sans contradictoire (assumé) », *Gaz. Pal*, 29 juillet, 2014, n° 210, p. 19 ; « La perquisition "taisante" avance », *Gaz. Pal.*, 11 août 2015, n° 223, p. 32 ; « Chaud-froid strasbourgeois sur le procureur de la république et la garde à vue », *Gaz. Pal.*, 15 octobre 2013, n° 288 ; « Halte aux ordonnances du JLD motivées par référence aux réquisitions du procureur de la République », *Gaz. Pal.*, 24 janvier 2017, n° 04, p. 60.

FRICERO (N.), « Récusation et abstention des juges : analyses comparatives de l'exigence commune d'impartialité, in *Nouveaux Cahiers du Conseil constitutionnel* n° 40 (Dossier : le Conseil constitutionnel : trois ans de QPC) juin 1993 ; « Droit à un tribunal indépendant et impartial », *Dalloz action et pratique de la procédure civile*, 2014, Chap. 221.

FRISON-ROCHE (M. A.), « L'impartialité du juge », *D.*, 1999, p. 53.

FUNICI (S.), « Ce que prévoit la loi renforçant la lutte contre le crime organisé et le terrorisme », *Dalloz actualité*, 14 juin 2016 ; « Garde à vue : renforcement de l'exigence de motivation de l'ordonnance de prolongation », *Dalloz actualité*, 21 décembre 2016.

GAGNOUD (P.), « Réforme de la garde à vue : un projet de la loi à l'épreuve des juges suprêmes », *Gaz. Pal.*, 23 novembre 2010, n° 327, p. 17.

G'SELL (F.), « Vers un renforcement du rôle de l'avocat dans les procédures pénales : A propos de la directive 2013/48/UE du 22 octobre 2013 », *JCP G.*, n° 1-2, 13 janvier 2014, p. 2 ; « Avocats – vers un renforcement du rôle de l'avocat dans les procédures pénales – À propos de la directive 2013/48/UE du 22 octobre 2013 », *JCP G.*, n° 1-2, 13 janvier 2014, p. 2

GAILLARD (B)., MESSÉ (P.), ESSADEK (S.), VERGER (F.), « Évolution des modes traditionnels de médiation », in *La médiation théorie et pratique*, éd. L'Harmattan, 2007, p. 19 et s.

GALLOIS (J.), « Affaire de l'amiante : appréciation de la régularité des mises en examen », *Dalloz actualité*, 18 mai 2016.

GIACOPELLI (M.), JOSEPH-RATINEAU (Y.), « Témoin », *Rép. Pén. D.*, septembre 2015.

GINDRE (E.), « Une révolution jurisprudentielle à trompe-l'œil : les décisions de non conventionalité des régimes de garde à vue au regard des droits de la défense », *RSC*, 2010, p. 879.

GIUDICELLI (A.), « Exigence d'impartialité et participation d'un même magistrat aux phases d'instruction et de jugement d'une même procédure », *RSC*, 2012, p. 617 ; « La garde à vue après la loi n° 2004-204 du mars 2004 », *AJ. Pén.*, 2004, p. 261 ; « Le témoin assisté et la personne mise en examen : vers un nouvel équilibre ? », *Revue de Science criminelle et de droit pénal comparé*, n° 1, janvier-mars 2001, p. 44 ; « Premières applications jurisprudentielles de l'article préliminaire du code de procédure pénale », *RSC*, 2003, p. 122.

GLEB (S.), « Regards de droit comparé sur la phase préparatoire du procès », *La réforme du Code pénal et du Code de procédure pénale Opinio doctorum*, éd. Dalloz, 2009, p. 210.

GLOTOVA (E.), « Le rappel à la loi pour mineur : une expérience personnelle », *Journal du droit des jeunes*, 2016/I, n° 351-352, p. 128.

GOETHE (D.), « Terrorisme : accord de la commission mixte paritaire », *Dalloz actualité*, 18 mai 2016 ; « Indices graves ou concordants : confirmation de l'appréciation souveraine des juridictions d'instruction », *Dalloz actualité*, 19 juillet 2016.

GOGORZA (A.), « Arrestation et garde à vue : des fondements et de la régularité des interpellations pendant la phase policière », *Dr. Pénal*, n° 10, 2012, Étude 23.

GRÉCOURT (G.), « Surveillance par géolocalisation, le parquet sous contrôle », *Gaz. Pal.*, 27 septembre 20014, n° 270, p. 9.

GUERRIN (M.), « Nullité de procédure », *Rép. Pén. D.*, juin 2015.

GUERY (C.), « Commission rogatoire », *Rép. Pén. D.*, Dalloz, 2015 ; « Garde à vue sur commission rogatoire », *Droit et pratique de l'instruction préparatoire*, 2015, chap. 514 ; « La loi du 5 mars 2007 et l'instruction préparatoire », *AJ. Pén.*, 2007, p. 105 ; « Le témoin assisté », *Rép. Pén. D.*, octobre 2015 ; « De la nécessité accrue, pour le témoin assisté, de l'être bien... », *AJ. Pén.*, 2005, p. 111 ; « Les paliers de la vraisemblance pendant l'instruction préparatoire », *JCP G.*, T.1, 1998, p. 1031 et s. ; « La mise en examen par le juge d'instruction après l'entrée en vigueur de la loi du 15 juin 2000 », *JCP G.*, 2001, p. 2033 et s. ; « L'avenir du suspect », *AJ. Pén.*, 2005, p. 232.

GUERY (C.), ROLLAND (R.-P.), « Les houles inutiles », *Gaz. Pal.*, 5 octobre 2000, n° 279, p. 2.

GUINCHARD (S.), « Procès équitable », *RPC,* 2013.

HENNION – JACQUET (P.), « La consécration légale du statut du suspect libre », *Gaz. Pal.*, 29 juillet, 2014, n° 210, p. 9.

HENRION (H.), « L'article préliminaire du Code de procédure pénale vers une "théorie législative" du procès pénal ? », *Arch. pol. crim.*, 2001/1, n° 23, p. 192.

HENRION (H.), SALDITT (N.), « Le ministère public allemand, une institution ambivalente », in *La figure du parquet*, éd. PUF, 2006, p. 35.

INGRAIN (C.), LORRAIN (R.), « Le rôle de l'avocat lors des perquisitions pénales à la lumière des développements récents », *AJ. Pén.*, 2016, p. 246.

JACOBS (V. A.), « État du droit belge avant la tempête Salduz », in *La garde à vue regards croisés belges, français et européens*, éd. L'Harmattan, 2014, p.19.

JÉSU (F.), « Regards sur une garde à vue », *Journal des jeunes*, 2010/2, n° 292, p. 64.

JOSEPH-RATINEAU (Y.), « La comparution sur reconnaissance préalable de culpabilité : à nos actes manqués », *D.*, 2010, p. 875.

JUNG (H.), « Vers un nouveau modèle du procès pénal ? Réflexions sur les rapports la mise en état des affaires pénales », *RSC*, 1991, p. 526.

KOERING-JOULIN (R.), « Droit à être informé de l'accusation », *RSC.*, 1997, p. 479 ; « Droit de se défendre soi-même et accès au dossier pénal », *RSC*, 1998, p. 395.

KRAMER (P.), « La loi Perben II et les évolutions de la justice pénale », *Études*, 2005/2 (T.402), p. 140

LABLAYE (H.), « Espace de liberté, de sécurité et de justice », in : *Le traité d'Amsterdam*, éd. Dalloz, 1998, p.105 et s.

LAPEYROU-SCHENEIDER (B.), « La reconnaissance mutuelle des décisions judiciaires pénales, quelle perspective ? », *Rev. UE*, 2016, p. 331.

LASSERRE CAPEDEVILLE (J.), « La comparution sur reconnaissance préalable de culpabilité : présentation et interrogations juridiques », *Gaz. Pal.* 21 décembre 2011, n° 365, p. 5.

LAVRIC (S.), « Justice des mineurs : Censure du cumul de fonctions d'instruction et de jugement du juge des enfants », *Dalloz actualité*, 13 juillet 2011 ; « Assistance d'un avocat pendant la garde à vue : perspective », *Dalloz actualité*, 28 avril 2010 ; « Remise du rapport Leger », *Dalloz, actualité*, 3 septembre 2009.

LAZERGES (C.), « La présomption d'innocence en Europe », *Arch. pol. crim.*, 2004/1, n° 26, p. 230 et s. ; « Le rapport Leger : analyse des propositions », *AJ. Pén.*, 2009, p.385.

LE COZ (N.) ; « L'audition des personnes soupçonnées dans les enquêtes pénales », *AJ. Pén.*, 2014, p. 320

LE BORGNE (J.-Y.), « Le rapport Leger, le poids de l'habitude et la peur de la nouveauté », *AJ. Pén.*, 2009, p. 400 ; n° 14

LE MONNIER de GOUVILLE (P.), « Le régime juridique de la géolocalisation : une pierre de plus à la mosaïque processuelle pénale », *Gaz. Pal.*, 29 juillet, 2014, n° 210, p. 4.

LE POITTEVIN (G.), « Étude sur la loi du 8 décembre 1897 », *La France judiciaire : revue-bimensuelle de législation, de jurisprudence et d'éloquence judiciaire*, éd. A. Pédone, 1900, p.190.

LE POITTEVIN (M. A.), « Jurisprudence criminelle », *Revue critique de législation et de jurisprudence*, éd. Cortillon, 1900, p. 453.

LEBLOIS-HAPPE (J.), « CRPC et citation devant le tribunal : pas de concomitance possible », *AJ. Pén.*, 2007, p. 79 ; « Plaidoyer pour la légalité des poursuites », *JCP G.*, n° 7, 15 février 2010, p. 168 ; « Regards de droit comparé sur la phase préparatoire du procès », *La réforme du Code pénal et du Code de procédure pénale Opinio doctorum*, éd. Dalloz, 2009, p. 210.

LEMAIRE (P.), « La nécessaire refondation de la procédure pénale : l'enquête et l'instruction », *LPA*, 25 octobre 2000, n° 213, p. 17.

LENA (M.), « Procès équitable et nécessaire indépendance de l'expert judiciaire », *Dalloz actualité*, 15 octobre 2012 ; « Jugement », *Rép. Pén. D.*, octobre 2013 ; « Réaffirmation du droit à un avocat dès la garde à vue », *Dalloz actualité*, 2 novembre 2009 ; « Plaider coupable : pas de double convocation », *D.*, 2008, p. 2796.

LENNON (J.-L.), « Saisine du juge correctionnel et requalification des faits », *D.*, 2008, p. 1805.

LEROY (J.), Garde à vue, *JCL. Procédure,* Fasc. 20, 25 juillet 2016 ; « Garde à vue : le droit à l'avocat », *Gaz. Pal.*, 30 juillet, 2013, n° 211 ; « La décision du conseil constitutionnel sur la nouvelle garde à vue : une décision dérangeante », *JCI,* Droit pénal n° 1, Janvier 2012, étude 4.

LIOTARD (S.), SCHAPIRA (S.), « Les conséquences inattendues de la réforme », *Dalloz actualité,* 28 octobre 2016.

LOBAS (M. L.), « La loi du 5 mars 2007 tendant à renforcer l'équilibre de la procédure pénale », *LPA,* 2 mai 2007, n° 88, p. 4.

LOMBARD (F.), HAROUNE (A.), « Garde à vue : les fictions de la loi du 15 juin 2000 », *D.* 2002, p. 438.

LORHO (G.), « Casier judiciaire », *JCl Procédure Pénale,* Fasc. 20, 12 février 2015.

LOSAPPIO (P.), « Remarques sur l'article L.16B du libre des procédures fiscales », *LPA,* 13 juin 1997, n° 71, p. 4.

MAGNOL (M.), L'aveu dans la procédure pénale in *RIDC.,* vol. 3, n° 3, 1951, p. 516-541.

MARON (A.), « Écoutes téléphoniques-Le maraîcher doit être informé sans délai lorsque les carottes sont cuites », *Droit pénal* n° 10, Octobre 2006, comm. 131.

MAROT (P.-Y.), « Les résurgences de l'aveu et l'appréciation de la peine », *Revue Juridique de l'Ouest,* 2002, vol. 15, n° 4, p. 423-446

MATHIAS (E.), « La marginalisation du juge d'instruction : vers un renouveau du modèle inquisitoire ? », *LPA,* n° 164, 18 août 2005, p. 3.

MATHIEU (J.), « Audition libre », *Rép. Pén. D.*, février 2017.

MATHIEU (P.), « Avant le procès équitable : la place du contradictoire dans la procédure pénale française depuis l'époque médiévale », Le contradictoire dans le procès pénal nouvelles perspectives, actes de colloque organisé le 8 décembre 2011 Institut de Sciences Criminelles de Grenoble (ISCG), p. 13 et s. ; « Audition libre », *Rép. Pén. D.*, octobre 2015.

MATSOPOULOU (H.), « Plaidoyer pour une redéfinition du rôle de l'avocat pendant la garde à vue. À propos de l'arrêt de la CEDH, 13 octobre 2009, Dayanan c. Turquie », *Gaz. Pal.*, 3 décembre 2009, n° 337, p. 19 ; « Le contentieux de la nullité de la garde à vue », in : *Les droits fondamentaux du gardé à vue*, actes colloques du 30 novembre 2012, sous la direction Sébastian Pellé (dir.), éd. PUPPA, 2013, p.61 et s. ; « Les dispositions de la loi du 14 avril 2011 sur la garde à vue déclarées conformes à la constitution », *D.*, 2011, p. 3034 ; « La garde à vue une réforme inachevée », *JCP G.*, 2011, n° 632 ; « Le juge des libertés et de la détention : un acteur de premier ou de second rôle en matière de détention provisoire ? », *D.*, 2008, p. 1494 ; « Une nouvelle réforme de la procédure pénale ? Les principales propositions de la mission de réflexion sur les possibles évolutions de la procédure pénale », *JCP G.*, n° 39, 22 septembre 2014, 957 ; « Une réforme inachevée. À propos de la loi du 14 avril 2011. », *JCP G.*, n° 19, 9 mai 2011, p. 542 ; « Quelle étendue de la juridictionnalisation ? », in *La juridictionnalisation de l'enquête pénale,* actes du colloque organisé le 30 avril 2014 par l'École nationale de la magistrature (ENM) et l'Institut de sciences criminelles et de la justice de Bordeaux (ISCJ) sous la direction de O. DÉCIMA, éd. Cujas, 2015, p. 71 ; « L'illégalité des surveillances par géolocalisation autorisée par le ministère public », *D.*, 2014, p. 115 ; « La surveillance par géolocalisation à l'épreuve de la Convention européenne des droits de l'homme », *D.*, 2011, p. 724.

MAURO (C.), « Garde à vue », *Rép. Pén. D.*, juin 2015, p. 1 et s.

MÉSA (R.), « Le renforcement relatif des droits procéduraux du suspect pendant la phase d'enquête », *Gaz., Pal.*, 29 septembre, 2014, n° 263, p. 17.

MINIATO (L.), « Réflexion à propos de l'audition libre issue du projet de loi relatif à la garde à vue », *Gaz. Pal.*, 30 novembre 2010, n° 334, p. 13.

MOLINS (F.), « Ministère public », *Rép. Pén. D.*, 2016 ; « Comparution sur reconnaissance préalable de culpabilité », *Rép. Pén. D.* 2014.

MONJEAN-DECAUDIN (S.), « Les fonctions de la traduction dans le mandat d'arrêt européen », *Gaz. Pal.*, 24 décembre 2009, n° 358, p. 55.

MUCCHIELLI (J.), « Accès au dossier : en appel, la défense persiste, le parquet aussi », *Dalloz actualité*, 18 février 2014.

MULLER (Y.), « La réforme de la garde à vue ou la figure brisée de la procédure pénale », *Dr. Pénal*, n° 2, février 2011, étude 2.

MULLER (J.-C.), « Le point de vue du magistrat du parquet », in : *Les droits fondamentaux du gardé à vue*, actes du colloque du 30 novembre 2012, sous la direction de Sébastien Pellé, éd. PUPPA, 2012, p. 34.

MULLER-LAGARDE (Y.), « Synthèse des débats », *Gaz. Pal.*, 20 août 2009, n° 232, p. 34.

NADAL (J.-L.), *La procédure pénale en quête de cohérence sous l'égide de la Cour de cassation*, éd. Dalloz, 2007, p. 12.

NIORE (V.), « Nouvelle garde à vue : sœur jumelle de la détention provisoire à la discrétion de l'OPJ sous le contrôle du parquet tout-puissant », *Gaz. Pal.*, 12 avril, 2011, n° 102, p. 17 ;

« Du secret professionnel de l'avocat : permanence du triomphe et de la déchéance », *Gaz. Pal.*, 30 novembre 2014, n° 334, p. 19.

NIORÉ (V.), DUSSEAU (L.), « Le cœur de la défense », *Gaz. Pal.*, 25 avril 2015, n° 115, p. 10.

NUTTENS (J.-D.), « Présomption d'innocence : le Parlement fait la loi », *Gaz. Pal.*, 22 juin 2000, n° 174, p. 2.

OLLARD (R.), « Quel statut pour le suspect libre au cours de l'enquête pénale ? À propos de la loi du 27 mai 2014 », *JCP. G.*, n° 36, 1er septembre 2014, doctr. 912.

PARIZOT (R.), « Au nom de l'indépendance : le ministère public en Italie », in *Le figure du parquet*, éd. PUF, 2006, p. 112.

PELLÉ (S.), « La réforme de la garde à vue : problème de droit transitoire », *AJ. Pén.*, 2011, p. 235 ; « Le Conseil constitutionnel, la Cour de cassation et la garde à vue : Dialogue à l'ombre de la Cour européenne des droits de l'homme », in : *Les droits fondamentaux du gardé à vue*, actes du colloque du 30 novembre 2012, sous la direction de Sébastien Pellé, éd. PUPPA, 2012, p. 103 ; « Garde à vue, la réforme de la réforme (acte 1) », *Dalloz*, 2014, p. 1508 ; « Le suspect entre audition libre et garde à vue », in : *La garde à vue : vers un nouveau renforcement des droits de la défense ? Les réformes de l'Union européenne*, actes du colloque du 28 novembre *2014*, éd., PUPPA, 2015, p. 28 ; « La nécessité de la garde à vue : quel contrôle juridictionnel après la réforme », *D.*, 2017, p. 1339 et s. ; « Garde à vue et audition libre : acte final ? », *D*. 2017, p. 359.

PELTIER V., BONIS -GARÇON (É.), « Chronique de droit pénal et de procédure pénale », *Les Nouveaux Cahiers du Conseil constitutionnel*, 2016/1, n° 50, p. 103-115.

PEREIRA (B.), « Justice négociée : efficacité répressive et droits de la défense ? », *D*. 2005, p. 2041.

PERRIER (J.-B.), « Restriction au libre-choix de l'avocat lors de la garde à vue en matière de terrorisme : une inconstitutionnalité et une possibilité – Conseil Constitutionnel 17 février 2012 », *AJ. Pén.*, 2012, p. 342 ; « La transposition de la directive de la notification du droit du suspect libre à l'assistance d'un avocat », *D.*, 2014, p. 1160 ; « Report de la collégialité de l'instruction », *RSC*, 2015, p. 453 ; « Alternatives aux poursuites : orthodoxie juridique face à l'opportunité pratique », *D.*, 2011, p. 2349 ; « La constitutionnalité de la légalisation de la pratique de la double convocation en matière de CRPC », *AJ. Pén.*, 2011, p. 188 ; « La transposition de la directive de la notification du droit du suspect libre à l'assistance d'un avocat », *Rec. Dalloz*, 2014, p. 1160 ; « Les garanties de la procédure pénale dans la loi du 3 juin 2016 : entre illusion(s) et désillusion(s) », *D.*, 2016, p. 2134 ; « Justice pénale – La justice pénale du XXIe siècle à propos de la loi n° 2016-1547 du 18 novembre 2016 », *Droit pénal* n° 1, janvier 2017, étude 2.

PERROCHEAU (V.), « La composition pénale et la comparution sur reconnaissance préalable de culpabilité : quelles limites à l'omnipotence du parquet ? », in *droit et société*, 2010/1, n° 74, p. 258.

PETTITI (L.-E.), « Le droit de faire entendre des témoins dans un procès équitable », *RSC.*, 1994, p. 142 ; « Condition d'accès à un dossier pénal », *RSC*, 1997, p. 891.

PIOT (P.), « Perquisitions : les garanties spéciales de procédure pour les avocats et les journalistes », *Gaz. Pal.*, 11 février 2014, n° 042.

PITTI (G.), « Les nullités d'intérêt privé : le nécessaire équilibre entre droits de la défense et répression », *AJ. Pén.*, 2016, p. 194

PLATON (C.), « Mobilisation des secrétaires de la conférence de Paris pour l'accès au dossier par l'avocat du gardé à vue », *Gaz. Pal.*, 5 novembre 2013, n° 309.

PONCELA (P.), « Le combat des gladiateurs. La procédure pénale au prisme de la loi Perben II », *Droit et société*, 2005/2, n° 60, p. 473-493, « Le procès pénal accéléré étude des transformations du jugement pénal », *D.*, 2012, p. 805.

PORTERON (C.), « L'accès au dossier de la personne gardée à vue : un accès limité conditionné à une demande expresse Cour de cassation, crim. 18 décembre 2012 », *AJ. Pén.* 2013, p. 283.

PORTMANN (A.), « L'avocat de l'accusé doit pouvoir interroger les témoins à charge », *Dalloz actualité*, 31 mars 2016 ; « Procédure pénale : ce qui a changé au 1er janvier 2015 », *Dalloz actualité*, 5 janvier 2015 ; « L'avocat indésirable en perquisition », *Dalloz actualité*, 5 novembre 2013 ; « Défaut d'accès des avocats au dossier de la juridiction : La Roumanie condamnée par la CEDH », *Dalloz actualité*, 31 mars 2014.

PRADEL (J.), « Droit de l'accusé ou du prévenu d'interroger ou de faire interroger des témoins lors de l'audience, *D.*, 1991, p. 213 ; "Les droits de la personne suspecte ou poursuivie depuis la loi n° 93-1013 du 24 août 1993 modifiant celle du 4 janvier précédent", *Dalloz*, 1993, p. 299 ; "Les personnes suspectes ou poursuivies après la loi du 15 juin 2000. Évolution ou révolution ?", *D.*, 2001, p. 1039 ; "Vers une métamorphose de la garde à vue", Dalloz, 2010, p. 2783 ; "Haro sur le juge d'instruction", *D.*, 2006, p. 244 ; "La célérité de la procédure pénale en droit comparé", *RIDP*, 1995, p. 323 ; "Les suites législatives de l'affaire dite d'Outreau", *JCP G.*, 2007, T. 1, p. 13 ; "Les personnes suspectes ou poursuivies après la loi du 15 juin 2000. Évolution ou révolution ?", *D.*, 2001, p. 1039 ; "L'enquête pénale aujourd'hui. Vers une stabilisation dans l'équilibre ?", *D.*, 2014, p. 1647 ; "Investigations téléphoniques au cours de l'enquête", *D.*, 2006, p. 2836 ; "La loi du 14 avril 2011 sur la garde » à vue réussit son examen de passage devant le Conseil constitutionnel", *JCP. G.*, n° 52, 2011, p. 2564 et s. ; "Un regard perplexe sur la nouvelle à vue. À propos de la loi du 14 avril 2011", *JCP. G.*, n° 22-23, 2011 ; doctr. 655.

PRIOU-ALIBERT (L.), "De la notification du droit de se taire lors de l'audience correctionnelle", *Dalloz actualité*, 29 juillet 2015.

PRONIER (J.), "Géolocalisation", *J.-Cl. Proc. Pén.*, Fasc. 20.

RAYNE (S.), "Perquisition saisie visite domiciliaire", *Rép. Pén. D.*, janvier 2016.

RAYNE (N.), "Réflexion sur l'opportunité de la présence de l'avocat de l'avocat en garde à vue", *Gaz. Pal.*, 2 février 2010, n° 33, p. 13.

REBUT (D.), "Justice pénale et justice civile évolution, instrumentalisation, effet pervers…", *Pouvoirs*, 1/2009, n° 128, p. 49-59.

RENAUT (M. - H.), "Innovation pour les droits de la défense ou retour partiel au Code Napoléon", *LPA*, 30 juin 1999, n° 129, p. 14.

RENOUX (T. S.), "La réforme de la justice en France", *Gaz. Pal.*, 22 janvier 2000, n° 022, p. 2.

RENUCCI (J.-F.), "La requalification des faits doit respecter les droits de la défense", *RSC*, 2004, p. 966 ; "L'importance du droit d'interroger les témoins à charge", *D.*, 2004, p. 988 ; "Le droit aux témoins et les exigences du procès équitable", *RSC.*, 2004, p. 965 ; "Tout prévenu doit avoir accès à son dossier et obtenir communication des pièces y figurant afin d'être en mesure de préparer sa défense", *D.*, p. 360 ; "L'expertise pénale et la

Convention européenne des droits de l'homme", *JCP. G.*, 2000, p. 850 et s.

RIBEYRE (C.), "Loi n° 2016-731 du 3 juin 2016 renforçant la lutte contre le crime organisé, le terrorisme et leur financement, et améliorant l'efficacité et les garanties de la procédure pénale- Et maintenant ?", *Droit pénal*, n°9, septembre 2016, étude 17.

ROBERT (J.-H.), "Droit pénal et procédure pénale-chronique rédigée par Albert Maron et Jacques-Henri Robert et Michel Véron", *JCP G.*, n° 36, 3 septembre 2008, doctr. 181.

ROBERT (L.), "Réforme de la garde à vue : un projet de la loi à l'épreuve des juges suprêmes", *Gaz. Pal.*, 23 novembre 2010, n° 327, p. 17.

ROBERT (M.), "Les propositions du rapport Leger : point de vue d'un parquetier", *AJ. Pén.*, 2009, p.393 ; S.

ROETS (D.), "Le pouvoir de requalification du juge pénal à l'épreuve de la Convention européenne des droits de l'homme", *D.*, 2000, p. 357 ; "Du droit à la liberté et à la sûreté de l'avocat de 'permanence garde à vue' : La France rappelé à l'ordre par la Cour de Strasbourg", *RSC*, 2015, p. 731 ; "Le pouvoir du procureur de la République de prolonger la garde à vue à l'aune de l'article 5§3 de la Conv. EDH", *Gaz. Pal.*, 4 janvier 2011, n° 4, p. 21 ; "La loi du 14 avril 2011, entre la Cour européenne des droits de l'homme e le Conseil constitutionnel", Gaz. *Pal.*, 30 juillet 2013, n° 211.

ROUJOU de BOUBÉE (G.), "La réforme de la garde à vue", *D.*, 2011, p. 1570.

ROUSSEL (G.), "Police judiciaire", *Rép. Pén. D.*, janvier 2015 ; "L'essor de l'ordonnance pénale délictuelle", in *Droit et société*, 2014/3, n° 88, p. 244 ; "La perquisition : de la recherche de preuves à la recherche d'unité", *AJ. Pén.*, 2016, p. 233.

ROUX-DEMARE (F.-X.), "L'influence de l'Union Européenne dans le processus de juridictionnalisation de l'enquête pénale", in *La juridictionnalisation de l'enquête pénale*, actes du colloque organisé le 30 avril 2014 par l'École nationale de la magistrature (ENM) et l'Institut de sciences criminelles et de la justice de Bordeaux (ISCJ) sous la direction de O. DÉCIMA, éd. Cujas, 2015, p. 33.

ROYER (G.), "L'article préliminaire du Code de procédure pénale, quand vient l'âge, de la maturité", *D.*, 2006, p. 3045.

SAAS (C.), "La requalification face au respect du procès équitable", *AJ. Pén.*, 2007, p. 87 ; "Défendre en garde à vue une révolution… de papier ?", *AJ. Pén.*, 2010, p. 27 ; "Droits de la défense et alternatives aux poursuites : des rapports réciproques au soutien d'une politique criminelle pragmatique", *Arch. pol. crim.*, 2015/1, n° 37, p.69.

SALAS (D.), Parquets européens entre pouvoir judiciaire et politiques pénales », *Droit et société*, 2001/1, n° 74, p. 91 et s.

SCHENIQUE (L.), « De la confidentialité en médiation pénale », *LPA*, n° 121, 18 juin 2014, p. 6.

SICILIANOS (L.-A.), « Conv. EDH, art. 6 : La protection du droit à un procès équitable dans la jurisprudence de la Cour européenne des droits de l'homme », *RDE.*, 2016.

SOFFER (R.), NIORE (V.), « La restriction du libre choix de l'avocat en matière de terrorisme jugée inconstitutionnelle », *Gaz. Pal.*, 27 mars 2012, n° 87, p. 14.

SOULEZ-LARIVIÈRE (D.), « Quelle indépendance pour le parquet », *AJ. Pén.*, 2012, p. 508

STASIAK (F.), « Autorités administratives indépendantes », *Rép. Pén. D.*, 2015.

STRAEHLI (G.), « La réception de la jurisprudence de la Cour européenne des droits de l'homme par les juridictions françaises », in *La garde à vue regards croisés belges, français et européens*, éd. L'Harmattan, 2014, p. 59

SUDRE (F.), « L'office du juge national au regard de la Convention européenne des droits de l'homme », in *Les droits de l'homme au seuil du troisième millénaire Mel.* En hommage à P. Lambert, p. 821 et s. ; « À propos de l'obligation d'exécution d'un arrêt de condamnation de la Cour européenne des droits de l'homme », *RFDA*, 2013, p. 103

TERRYN (F.), « L'harmonisation des droits fondamentaux du suspect », *Rev. UE*, 2016, p. 324.

THERY (P.), « Organisation judiciaire et juridiction compétence action », *RTD civ.* ; 2010, p. 814.

THOMAS (D.), « Le droit à la sûreté », in *Liberté et droits fondamentaux*, sous la direction de R. CABRILLAC, éd. Dalloz 2015, p. 433.

THOMAS-TAILLANDIER (D.), « La procédure pénale en matière de criminalité et de délinquance organisées dix ans après la loi Perben II », *Gaz. Pal.*, 21 août 2014, n° 233.

TOMAN (M. J.), « Rôle du ministère public dans le domaine pénal » in : *Le rôle du ministère public dans une société démocratique*, éd. Conseil de l'Europe, 1997, p. 127

TROUILLER (M.), « Le statut du suspect à l'ère de l'européanisation de la procédure pénale : entre "petite" et "grande" révolutions », *RSC*, 2015, p. 1270.

VERGÉS (E.), « Principes directeurs du procès pénal. Principes communs aux parties », in *JCl. Procédure pénale*, Fasc. 30 février 2016 ; « Impartialité du juge des enfants et composition des juridictions des mineurs : le revirement de position (Loi n° 2011-1940 du 26 décembre 2011 visant à instaurer un service citoyen pour les mineurs délinquants), RSC., Janvier mars 2012, n° 1, p. 201-207 ; « L'effet normatif de l'article préliminaire du Code de procédure pénale », in *Mél offerts à Raymond Gassin*, PUAM, 2007, p. 327 ; « Principe directeur du procès pénal, Principes communs aux parties », *JCI procédure pénale*, Fasc. 30 ; « Le statut juridique du suspect : un premier défi pour la transposition du droit de l'Union européenne en procédure pénale », *Revue mensuelle Lexisnexis jurisclasseur*, juillet 2014.

VERGÈS (J.-P.), « Collégialité de l'instruction : les magistrats réclament des moyens », *Gaz. Pal.*, 9 avril 2013, n° 099

VIENNOT (C.), « Célérité et justice pénale : l'exemple de la comparution immédiate, *Arch. pol. crim.*, 2007/1, n° 29, p. 308.

VOGLIOTTI (M.), « Les relations police-parquet en Italie : un équilibre menacé », *Droit et société*, 2004/3, n° 58, p. 53 et s.

WEILLER (L.), « Principe directeur du procès », *RPC.*, 2016.

WEYEMBERG (A.), « L'Harmonisation des procédures pénales au sein de l'Union Européenne », in, *Arch. pol. crim.*, 2004/I, n° 26, p. 230.

RAPPORTS, AVIS, CONCLUSIONS ET COMMUNICATIONS

DELMAS-MARTY (M.), *La mise en état des affaires pénales* (Commission justice pénale et droits de l'homme), 1991, p. 8. (www.ladocumentationfrancaise.fr).

LARCHÉ (J.), *Rapport d'information,* Senat, n° 602, 1993-1994.

ZOCHETTO (F.), *Rapport d'information,* Sénat, session ordinaire de 2005-2006, n° 17, p. 9.

MAGENDIE (J.-C.), *Rapport au Garde des Sceaux ministre de la justice (Mission Magendie),* « La célérité et qualité de la justice, la gestion du temps dans le procès », 2004, p. 13 et s.

LÉGER (P.), Rapport du comité de réflexion sur la justice pénale.

LECERF (J.-R.), MICHEL (J.-P.), Rapport d'information, fait au nom de la commission des lois constitutionnelles, de législation du suffrage universel, du Règlement et d'administration générale (1) par le groupe de travail (2) sur l'évolution du régime de l'enquête et de l'instruction.

RASSAT (M.-L.), Rapport à Monsieur le Garde des Sceaux, ministre de la Justice.

BEAUME (J.), *Rapport sur la procédure pénale,* juillet 2014.

URVOAS (J.), *Rapport sur le projet de loi relatif au renseignement,* éd. Assemblée nationale, 201.

Index alphabétique

(Les nombres renvoient au numéro de paragraphe)

– A –

– C –

– D –

– E –

– J –

– *Q* –

– *R* –

.

Table des matières

A- La limitation des pouvoirs du ministère public aux investigations et à la poursuite....................................391

1. La direction des investigations par le procureur de la République..392

a. Le droit d'être informé du déroulement des enquêtes392

b. Le pouvoir du parquet de mener des actes d'investigation 393

2. . Le pouvoir du procureur de la République à exercer la poursuite..394

a. Le rejet de la légalité des poursuites 395

b. ***Un principe de légalité des poursuites altéré.*** *Cette altération est soulignée par la commission Leger et confirmée par d'autres auteurs. Il est clair que toutes les infractions ne peuvent donner lieu à une poursuite. Cela comme le note le Professeur Pradel conduit « à un encombrement des tribunaux et surtout interdit toute individualisation de la répression au stade de la poursuite ». Dans les pays comme l'Allemagne où le principe de légalité des poursuites est appliqué, il arrive souvent que le procureur ne respecte pas ce principe, et procède à des classements même dans des affaires complexes. Ce même constat est observé en Italie. Même si des auteurs comme le professeur Leblois-Happe plaident pour ce principe de légalité des poursuites, il ne faut pas oublier qu'il est remis en cause dans l'ensemble des pays où il est appliqué. C'est sans doute la raison pour laquelle la commission Leger a jugé nécessaire de maintenir l'opportunité des poursuites qui semble plus correspondre à la réalité de l'enquête.*..........................395

c. Le maintien de l'opportunité des poursuites........396

B- Le retrait au ministère public des mesures portant atteinte aux libertés individuelles..................................398

DROIT GÉNÉRAL
AUX ÉDITIONS L'HARMATTAN

Dernières parutions

LES BANQUES ET LE DISPOSITIF PRÉVENTIF ANTI-BLANCHIMENT DES CAPITAUX

Analyse de sa mise en oeuvre au Cameroun et en France

Laure Nathalie Tsobgni Djoumetio

La préservation de la bonne santé du secteur bancaire a toujours été au coeur des préoccupations de cette profession. La lutte contre le blanchiment des capitaux constitue un moyen pour les banquiers de préserver cette santé. Les banques camerounaises et françaises bien qu'assujetties à la lutte contre le blanchiment des capitaux, ont plus d'un intérêt à mettre en oeuvre le dispositif préventif anti-blanchiment. Cet ouvrage est un travail de recherche de référence pour les praticiens de la finance, les institutions monétaires en France comme au Cameroun, voire au sein de la CEMAC.

(Coll. Études Eurafricaines, 354 p., 36 euros)

ISBN : 978-2-343-15649-1, EAN EBOOK : 9782140105630

LE PROCUREUR DE LA RÉPUBLIQUE

La pratique du parquet

Youssoupha Diallo

Préface de Cheikh Ahmed Tidiane Coulibaly

Le rôle et la place du procureur de la République et de son parquet dans le fonctionnement du tribunal, du ministère public et de la justice en général restent un enjeu de taille dans un État de droit. Cet ouvrage passe en revue les tâches essentielles du ministère public : l'enquête, la mise en oeuvre de l'action publique, l'audience et l'exécution des peines. Aussi, sont examinées ses missions importantes souvent méconnues dans le contentieux civil et commercial. Le parquet d'instance est ainsi mis en perspective pour un meilleur fonctionnement du service public de la Justice à travers une étude descriptive et critique, ponctuée de propositions avisées.

(Coll. Harmattan Sénégal, 552 p., 48 euros)

ISBN : 978-2-343-15560-9, EAN EBOOK : 9782140105739

L'EXPLOITANT DE BANQUE ET LE DROIT AU TCHAD

Thomas Dingamgoto

De toutes les activités entrepreneuriales, le secteur bancaire est de celles qui font l'objet d'un encadrement législatif scrupuleux et d'une veille règlementaire permanente. Si l'histoire du droit bancaire tchadien est étroitement liée à celle du droit bancaire français, les textes législatifs et règlementaires des activités bancaires au Tchad ont connu des évolutions internes notables. Pour l'exploitant de banque comme pour l'ensemble des acteurs de la chaîne économique et financière, ces mutations rendent indispensables l'appropriation de ces normes nouvelles.

(Coll. Études Eurafricaines, 674 p., 49 euros)

ISBN : 978-2-343-16034-4, EAN EBOOK : 9782140104879

LA LANGUE ET LE DROIT

Joseph Fometeu, Philippe Briand, Léonie Metangmo-Tatou

Généralement appréhendés comme objets de sciences distincts, la langue et le droit sont pourtant deux phénomènes socioculturels qui ne s'indiffèrent pas mutuellement. Les rapports qu'ils entretiennent constituent un terrain fertile à la réflexion multidisciplinaire. Grâce à un certain ancrage historique et en s'appuyant sur l'expérience de différents pays, cet ouvrage appréhende ces rapports sous les prismes

de la théorie du droit, de la linguistique juridique et de la traduction juridique.
(Coll. Harmattan Cameroun, 670 p., 49 euros)
ISBN : 978-2-343-15387-2, EAN EBOOK : 9782140100956

L'ÉVOLUTION DES DROITS DE LA FEMME CONGOLAISE

Odilon Obami

Aux termes de l'article 798 alinéa 2 du Code congolais de la famille, "(la femme) ne peut pas être considérée comme un bien faisant partie du patrimoine du de cujus". Cet énoncé conforte le droit au respect de la dignité de la femme au Congo. Cet essai s'appuie sur un bilan de l'évolution des droits acquis de la femme congolaise, et propose des pistes sur de nouveaux droits à conquérir accompagnés d'un changement des mentalités.
(Coll. Études africaines, 132 p., 14,5 euros)
ISBN : 978-2-343-15039-0, EAN EBOOK : 9782140097362

LA LÉGISLATION SOCIALE CAMEROUNAISE ET LES GARANTIES DE MISE À LA RETRAITE

Zakari Anazetpouo
Préface de Robert Nemedeu

L'émergence du Cameroun en 2035 passera nécessairement par la reconsidération de la dignité humaine. Cet ouvrage aborde l'épineuse question de l'âge de la retraite en démontrant que le législateur social camerounais a prévu des garanties juridiques de sécurisation de l'assuré non seulement en amont mais aussi en aval des relations du travail. En amont, il s'agit des obligations qui pèsent non seulement sur l'organisme en charge de la sécurité sociale mais aussi sur toute personne utilisant une main-d'oeuvre subordonnée. En aval, il est question d'évaluer les droits de l'assuré de façon à ne pas faire de la retraite une clause-guillotine ou une fatalité juridique.
(Coll. Études africaines, 354 p., 36 euros)
ISBN : 978-2-343-14698-0, EAN EBOOK : 9782140096389

RETOUR DU BRÉSIL
Impressions d'un juriste anthropologue français

Norbert Rouland

Cet ouvrage a été rédigé à partir d'une série de conférences prononcées dans diverses villes brésiliennes en août 2016. Il s'attache à montrer la permanence des liens entre le Brésil et la France puis compare les approches de juristes brésiliens et français de sujets d'actualité tels que les droits de l'homme et l'égalité entre les femmes et les hommes. Il se conclut par une approche comparative du même type sur les rapports entre le droit et la musique.
(Coll. Portes océanes, 172 p., 18,5 euros)
ISBN : 978-2-343-15068-0, EAN EBOOK : 9782140094910

INTRODUCTION GÉNÉRALE AU DROIT CAMEROUNAIS

Jean-Marie Tchakoua

Le droit camerounais est, à bien des égards, singulier: il est un mélange des systèmes juridiques romano-germanique et anglo-saxon, du droit écrit et du droit coutumier. Il est affecté par une mutation d'une ampleur toute particulière : s'y conjuguent les forces du vent de l'intégration économique et juridique sous-régionale et régionale et des changements juridiques et institutionnels au plan interne. Le témoin le plus éloquent de cette profonde mutation est l'organisation judiciaire.
(Coll. Études africaines, 448 p., 39 euros)
ISBN : 978-2-343-12522-0, EAN EBOOK : 9782140048128

LE RAPPORT DU DROIT ADMINISTRATIF NATIONAL AUX DROITS ADMINISTRATIFS ÉTRANGERS
Les cas de la France et de l'Espagne

Anna Neyrat
Préface de Fabrice Melleray

Les droits administratifs français et espagnol sont souvent présentés comme des idéaux types opposés dans leur rapport aux droits administratifs étrangers. Comme exportateur, le droit administratif français considère ses homologues étrangers comme un réceptacle de son influence ; comme importateur, le droit administratif espagnol les envisage comme source de son enrichissement. Si une telle présentation repose sur des raisons temporelles et culturelles qui ont fait du droit administratif français un modèle et de l'espagnol un imitateur, elle se révèle partiellement inexacte. Elle est notamment dépassée à l'heure de la globalisation. Cette recherche invite à poser un regard différent sur ces présupposés.

(Coll. Logiques Juridiques, 680 p., 49 euros)

ISBN : 978-2-343-16682-7, EAN EBOOK : 9782140114588

DROITS FONDAMENTAUX ET CRISE(S) DES SOLIDARITÉS

Fabien Bottini

La solidarité renvoie aux liens sociaux qui font le ciment d'une communauté. Si c'est pourquoi il semble plus juste de parler de solidarités au pluriel, l'Etat a pendant longtemps été leur garant au travers des droits sociaux fondamentaux. Mais le constat s'impose : des débats qui ont agité la réforme du droit du travail à ceux qui portent sur les régimes de retraites en passant par la crise des migrants ; des hésitations sur la place des territoires et de l'Union européenne dans la mise en oeuvre des politiques sociales à l'apparition d'un droit constitutionnel économique... Les interrogations ne manquent pas quant à savoir si ces droits fondamentaux parviennent encore à faire la solidarité. Si crises il y a, signent-elles la fin de l'âge d'or de la solidarité ou sa mutation ?

(Coll. Le Droit aujourd'hui, 276 p., 28,5 euros)

ISBN : 978-2-343-16201-0, EAN EBOOK : 9782140114274

DÉCLARATION DES DROITS DE L'HOMME ET DU CITOYEN

Postérité et actualité

Remi Puigventos

Responsables scientifiques : Jimmy Meersman et Rémi Puigventos

Le 26 août 1789, l'Assemblée constituante adopte les derniers articles du texte de la Déclaration des droits de l'homme et du citoyen qui, traversant les siècles, deviendra l'un des textes fondamentaux de la Cinquième République. Si la Déclaration de 1789 est l'une des pierres angulaires de la garantie des droits de l'homme, l'étude de sa postérité et de son actualité interroge. Le présent ouvrage contribue à en dévoiler les éléments les plus essentiels au travers d'une douzaine de contributions.

(Coll. Droit privé et sciences criminelles, 238 p., 25 euros)

ISBN : 978-2-343-16359-8, EAN EBOOK : 9782140112164

ANNUAIRE DES ENGAGEMENTS INTERNATIONAUX AYANT FAIT L'OBJET D'UNE LOI D'AUTORISATION SOUS LA VE RÉPUBLIQUE

Didier Jamot

Au cours de la Ve République, près de 2000 engagements internationaux ont fait l'objet d'une loi d'autorisation. Dans les années 1960, seulement 22% des lois votés par le Parlement avaient pour objet la ratification ou l'approbation de tels engagements, alors que désormais 40% des lois visent un tel objectif. Par conséquent, le nombre de normes internationales intégrées au droit interne est considérable. Mais leur importance n'est pas seulement quantitative : tout engagement international régulièrement ratifié et publié s'impose au législateur. Aucune loi ne peut ainsi lui être contraire. Par ailleurs, les conventions internationales embrassant l'ensemble des matières juridiques, plus aucune activité humaine n'échappe aux droits et obligations prévus par les conventions. Cet annuaire recense enfin ces engagements internationaux avec des index thématiques et par pays signataire.

(Coll. Logiques Juridiques, 432 p., 42 euros)

ISBN : 978-2-343-16237-9, EAN EBOOK : 9782140112089

LES TITRES DE NOBLESSE DE LA VICTIME DEVANT LA COUR PÉNALE INTERNATIONALE

Guy David Mbara A Betsem

Préface de Gilbert Bitti - Avant-propos de Jean Claude Tcheuwa

La victime a longtemps été tenue à l'écart du procès devant les juridictions pénales internationales d'avant le début du XIXè siècle. Depuis l'avènement de la Cour pénale internationale (CPI), la victime est désormais admise dans le procès pénal. Ces droits, qui ne sont autres que des titres de noblesse, confèrent donc des privilèges permettant à la victime d'accéder à une justice pénale internationale très sélective, mais surtout réservée à une certaine catégorie de personnes. La CPI pose la problématique du rôle de l'État dans la mise en oeuvre des droits des victimes.

(242 p., 25,5 euros)

ISBN : 978-2-343-16718-3, EAN EBOOK : 9782140111631

MÉDIATION ET ENTREPRISES

Regards croisés Droit et Gestion

Responsables scientifiques : Gulsen Yildirim, Isabelle Sauviat et Romain Dumas. Textes réunis par Romain Dumas

La médiation, mode alternatif de résolution des différends, est un mécanisme désormais bien connu en Droit. L'entreprise apparaît comme l'un des lieux privilégiés de son application et ce, qu'il s'agisse d'aplanir un différend tant dans ses relations internes qu'externes. Toutefois, à la différence du Droit, le concept de médiation apparaît beaucoup moins familier en Sciences de gestion. C'est cette interaction singulière entre Droit et Gestion qui permet de mesurer la place réelle de la médiation dans les entreprises et les organisations. Entre acclimatation à parfaite et hostilité, un équilibre est possible afin qu'elle devienne un outil efficace.

(Coll. Droit privé et sciences criminelles, 142 p., 16,5 euros)

ISBN : 978-2-343-16643-8, EAN EBOOK : 9782140111556

PHÉNOMÈNE DISCIPLINAIRE DANS LE DROIT PUBLIC HELLÉNIQUE CONTEMPORAIN

Sotirios Lytras

Attachée constamment à l'idée que la notion de discipline concernait en principe les relations entre les ensembles organisés et leurs agents, la théorie traditionnelle du droit public a laissé hors de son attention des domaines entiers de la vie publique. Parue en grec en 1989, cette étude a pu montrer qu'en droit positif hellénique le phénomène disciplinaire a manifesté sa présence forte dans des relations entre ensembles publics et des personnes physiques ou morales y étant rattachées. A travers ce phénomène, l'activité publique s'avère décisivement élargie.

(Coll. Logiques Juridiques, 262 p., 27 euros)

ISBN : 978-2-343-16125-9, EAN EBOOK : 9782140111310

RECEL ET BLANCHIMENT

Nouvelles sources de cumul de qualifications

Théo Touzeau

Préface de Gildas Roussel

A la lumière de la jurisprudence, la question de l'impossible cumul de l'infraction d'origine avec celle du recel de choses concernant un même auteur mérite de nouveau d'être posée. C'est que les juges de la Chambre criminelle, malgré leur opposition à ce cumul, ont depuis admis la condamnation d'un individu tant pour une première infraction que pour le blanchiment subséquent. Cette différence de traitement des deux infractions interroge nécessairement. Cet ouvrage, dressant le constat de la possibilité de dépasser les arguments qui fondent le rejet de « l'auto-recel », invite le lecteur à mettre de côté ses certitudes et à prendre position : rien ne semble s'opposer à l'admission du cumul de l'infraction d'origine et du recel de choses.

(Coll. Bibliothèques de droit, 138 p., 15,5 euros)

ISBN : 978-2-343-16624-7, EAN EBOOK : 9782140110962

Structures éditoriales du groupe L'Harmattan

L'Harmattan Italie
Via degli Artisti, 15
10124 Torino
harmattan.italia@gmail.com

L'Harmattan Hongrie
Kossuth l. u. 14-16.
1053 Budapest
harmattan@harmattan.hu

L'Harmattan Sénégal
10 VDN en face Mermoz
BP 45034 Dakar-Fann
senharmattan@gmail.com

L'Harmattan Cameroun
TSINGA/FECAFOOT
BP 11486 Yaoundé
inkoukam@gmail.com

L'Harmattan Burkina Faso
Achille Somé – tengnule@hotmail.fr

L'Harmattan Guinée
Almamya, rue KA 028 OKB Agency
BP 3470 Conakry
harmattanguinee@yahoo.fr

L'Harmattan RDC
185, avenue Nyangwe
Commune de Lingwala – Kinshasa
matangilamusadila@yahoo.fr

L'Harmattan Congo
67, boulevard Denis-Sassou-N'Guesso
BP 2874 Brazzaville
harmattan.congo@yahoo.fr

L'Harmattan Mali
Sirakoro-Meguetana V31
Bamako
syllaka@yahoo.fr

L'Harmattan Togo
Djidjole – Lomé
Maison Amela
face EPP BATOME
ddamela@aol.com

L'Harmattan Côte d'Ivoire
Résidence Karl – Cité des Arts
Abidjan-Cocody
03 BP 1588 Abidjan
espace_harmattan.ci@hotmail.fr

L'Harmattan Algérie
22, rue Moulay-Mohamed
31000 Oran
info2@harmattan-algerie.com

L'Harmattan Maroc
5, rue Ferrane-Kouicha, Talaâ-Elkbira
Chrableyine, Fès-Médine
30000 Fès
harmattan.maroc@gmail.com

Nos librairies en France

Librairie internationale
16, rue des Écoles – 75005 Paris
librairie.internationale@harmattan.fr
01 40 46 79 11
www.librairieharmattan.com

Lib. sciences humaines & histoire
21, rue des Écoles – 75005 Paris
librairie.sh@harmattan.fr
01 46 34 13 71
www.librairieharmattansh.com

Librairie l'Espace Harmattan
21 bis, rue des Écoles – 75005 Paris
librairie.espace@harmattan.fr
01 43 29 49 42

Lib. Méditerranée & Moyen-Orient
7, rue des Carmes – 75005 Paris
librairie.mediterranee@harmattan.fr
01 43 29 71 15

Librairie Le Lucernaire
53, rue Notre-Dame-des-Champs – 75006 Paris
librairie@lucernaire.fr
01 42 22 67 13

www.ingramcontent.com/pod-product-compliance
Lightning Source LLC
LaVergne TN
LVHW011222061026
849535LV00001BA/139
* 9 7 8 2 3 4 3 1 7 2 5 0 7 *